知史丛书

医林扫径

47载医史研究文选

郑金生　著

YI LIN SAO JING
47 ZAI YI SHI.
YANJIU WENXUAN

广西科学技术出版社
·南宁·

图书在版编目（CIP）数据

医林扫径 ：47载医史研究文选 / 郑金生著 .
南宁 ：广西科学技术出版社，2025. 9. -- ISBN 978-7
-5551-2631-7

Ⅰ . R-091

中国国家版本馆 CIP 数据核字第2025JC8035号

医林扫径——47载医史研究文选

YI LIN SAO JING —— 47 ZAI YI SHI YANJIU WENXUAN

郑金生 著

策　　划：黄敏娴　　　　统　　筹：卢　颖　岳建峰
责任编辑：阁世景　安丽桑　黄玉洁　　　　责任校对：郑松慧
营销编辑：刘珈沂　　　　封面设计：梁　良
版式设计：黄　洁　　　　责任印制：陆　弟

出 版 人：岑　刚　　　　出版发行：广西科学技术出版社
社　　址：广西南宁市东葛路66号　　　　邮政编码：530023
网　　址：http://www.gxkjs.com　　　　电　　话：0771-5827326

经　　销：全国各地新华书店
印　　刷：广西民族印刷包装集团有限公司

开　　本：787 mm × 1092 mm　1/16
字　　数：615千字　　　　印　　张：29
版　　次：2025年9月第1版　　　　印　　次：2025年9月第1次印刷
书　　号：ISBN 978-7-5551-2631-7
定　　价：188.00 元

知了

ZHILIAO

格物以为学，伦类通达谓之真知

2024年，78岁的郑金生参加学术会议，欣慰于讲台上后起俊杰的高论

谨于此感谢

张志斌　于大猛
侯酉娟　郑　铁

为本书协编所付出的辛勤劳动！

前 言

《医林扫径》，友人说像是老和尚写的书，我说这就对了！我就是中医之林的扫地僧，终老为林子清扫落叶残枝，以便大家在林中徜徉之时，少些磕绊与窒碍。我习岐黄60年，专攻医史文献也有47年，守着蕴藏丰富典籍的中医宝库，搜寻清点，整理绍介，供广大中医爱好者来利用鉴赏，这不就是医林扫地僧干的活吗？

回顾研究生涯的前十来年，我主要是向前辈学习医史文献知识，并跟随导师李经纬研究员参与编写《中医人物词典》《中国医学百科全书·医学史》等多部学科基础书籍，此是练兵阶段。以撰成《历代中药文献精华》（1989）为标志，我开始独当一面，在自己主攻的本草领域发力。此后主编了《中华大典·药学分典》（1994—2013），又协助编纂《中国本草全书》（1996—2002），从而完成了搭建本草（中国古代传统药学）资料平台的历史重任。在此过程中，还开展复制回归散佚海外的珍稀中医古籍项目，费时20余年，主编的《海外中医珍善本古籍丛刊》（2016）也在中华书局出版。这20多年间，我奔走中外，并在德国参与了“《素问》英译”“《本草纲目》词典”等4个课题，拓宽了眼界，增强了自信。2009年退休以后，我依然退而不休，又与其他学者合作完成了《本草纲目研究集成》《国家图书馆藏中医稿抄本精粹》等大书的编纂。今后伏枥的老骥若还能奋蹄，我还会继续前行。抽空编辑本书，权当暂歇。

在编辑本书的日子里，重温自己几十年间亲笔撰写的旧文，百感交集。忙碌固然辛苦，忙得有收获，也是最大的幸福！更要感谢广西科学技术出版社的厚爱与大力支持，使本书得以问世，以就正于方家。

本书正文分为“本草典籍研究”“药史药物研究”“医史文献研究”三大类，选文50篇，故设副书名“47载医史研究文选”，书名全称为《医林扫径——47载医史研究文选》（以下简称《文选》）。选文原则有二：一是选自觉有些研究心得之文，希望有裨于读者；二是网上不易搜索到的拙文，例如个人早期发表之文、中国台湾地区期刊发表之文，尚未发表之文与讲稿等。当今时代，网上下载期刊文章非常方便，故属“大路货”（网上容易找到）类的拙文，选择从严，以免读者多破费。而为了让读者知道拙文发表的出处，本书附录设置了“文著题录”，重要之文有“后记”予以简介，并出示本人所有文著的分类索引，以便检索。

《文选》各文之后均出示原发表之出处。为了真实反映原文面貌，除明显笔误径改之外，凡观点、数据、语言习惯等一般不加润饰或更改，唯繁体竖排者一律改用简体横排，参考文献格式亦遵现代通行的方式统一修改。

与一般个人论文集在形式上不同，《文选》各篇正文之后，都有“后记”，长短不一、形式不拘，简述该文写作背景与缘由、提示重点、自揭不足或有误之处、链接该文相关文著，以及感谢撰写该文时曾获得的帮助等。此“后记”虽属个人反思，也可辅助阅读，发挥“链接”未能收入《文选》的其他相关文著之用。

《文选》书末附录“文著题录”，以发表年份为序，罗列与本人所撰相关的文章和书籍的名称及发表信息。本人在医史文献研究中的所得，部分撰写成文，也可见于所撰书籍、整理的古医籍之中。2009年退休之后，我很少为报刊撰文，更多致力于书籍的编辑与撰写。这些书籍的“题录”，也是本人医史文献研究的重要部分。

“文著题录”诸题之后，或仿正文，添加“后记”。收入题录的文著数量远超过正文所收之文，其中有本人独著、主编、合作主编及参与编述（含古医籍整理）的百余种书籍、科普类文章或演讲稿、用外文发表的论文、古医籍评介或提要、为师友著作所写的序文与书评、在年鉴中发表的综述、现代医药人物传记、医药评述类文章，以及已经被《本草纲目研究札记》《科技之星》等其他书籍收入的文章等。文著或大或小，形式不一，敝帚自珍，都是自己的研究“足迹”，故和盘托出，供大家批评指正。

整理《文选》的第一步，是收集本人40多年间散在发表的论文，并将其集结制成文本。这是一项颇费时间和精力的工作。承蒙张志斌首席研究员及其弟子于大猛研究员、侯酉娟副研究员的大力协助，才得以收齐所需文章，并完成部分文章的输入校对。我儿郑铁则在将中国台湾地区发表的繁体竖排文章转换成文本方面费力颇多。其他帮助过我编辑《文选》的亲朋弟子还有数位，谨此致谢！本人学术生涯中还曾得到许多亲朋好友、热心读者的帮助与支持，亦在此一并致谢！

郑金生

2025年1月25日

目 录

本草典籍研究

药史药物研究

医史文献研究

附　录

本草典籍研究

《履巉岩本草》初考

郑金生

《履巉岩本草》是南宋时期的一部地方性本草书。长期以来，较少流传，现存明抄彩绘本，藏于北京图书馆。该书收录了许多草药，多数药图彩绘精良，对了解南宋时杭州一带民间用药的发展情况及本草考证等方面有着重要意义。

一、作者及概况

作者王介，字圣与[①]，号默庵，工画，“善作人物山水，似马远、夏珪；亦能梅兰”[②]；南宋“庆元间内官太尉”；祖籍琅琊，生卒年代不详[③]；晚年退居临安（今杭州）皇城郊外慈云岭西。

王介感于药物“产类万殊，风土异化”，真伪卒难辨析，又无法足历目周，因此对住地周围的药草进行调查，“其间草可药者极多，能辨其名及用者，仅二百件”，然后编绘成书，以便应用。因居地“山中有堂，曰‘履巉岩’”，故以之名书。据序言记载，其成书于嘉定庚辰（1220）。

初步考证，此书从药物种类到分布情况，均与《咸淳临安志》及《杭州药用植物志》等书的记载相符，如《咸淳临安志》益母草下注“生龙井山谷，亦名草天麻”[④]，今考王介所画杜天麻，正是益母草。又上书与《履巉岩本草》都收千年润（万年青），今查此药名，

① 龙伯坚．现存本草书录［M］．北京：人民卫生出版社，1957：33. 书中引赵㵩黄跋，提到“王介，字圣与”，注出《图绘宝鉴》。今查几种版本《图绘宝鉴》，均无“字圣与”三字，待考。

② 夏文彦．图绘宝鉴：卷四［M］．刻本（缩微胶卷）.1366（元至正二十六年）：22.

③ 郭味蕖．宋元明清书画家年表［M］．北京：人民美术出版社，1962：47，59.“1158，王介（元石）生……1213，王介（元石）卒，年56。《宋史》卷四〇〇。”今查《宋史》，王介（元石）在《履巉岩本草》成书（1220）前7年即已亡故，且官职、籍贯均不相同，当为同时同名人。

④ 潜说友．咸淳临安志：卷五八［M］．补刊本.1867（清同治六年）：15.

在其前代、后世的本草书中皆无记载，似可视为当时临安独有的土名。可以认为：《履巉岩本草》记录的是南宋时期临安慈云岭一带的药用植物，堪称杭州历史上第一部民间草药书（或草药图谱）。像这样代表小区域的地方性本草书，在本草书史上也是罕见的。

二、特色和贡献

作者自叙编绘此书是“因拟图经”，“参以单方”，以期“药不旁求，方以单用”，即以实用为宗旨。全书分上、中、下3卷，共收药206味（现存202味），一药一图，先图后文，未加分类，但常用药多列在前面。正文主要记载性味、功能、单方及别名等，约2万字。内容或取自其他本草书，或采自民间经验。

（一）提供了22种新增药品（不计待定药），反映了宋代民间部分药品的实际使用状况

提供前代未取的新增药品的数量，往往是衡量本草书的重要标准之一。到宋《政和证类本草》(《政和本草》及《证类本草》二书的简称）为止，已著录1748种药物。在前代药物基数已经很大的情况下，要提供新增药品是很不容易的。由于王介深入民间，进行小区域普查，因此在书中新增了相当数量的民间草药。据统计，目前可考的新增药品有22种（品目见表1），尚不包括40余种植物基原待考的药物（这40余种药物的药名和药图亦不见于前代本草书）。这在宋代个人著述的本草书中，既属难能可贵，又体现出本书的编写特点。

表1 《履巉岩本草》新增药品目录

本书药名	初步鉴定
人参苗	粉沙参 *Changium smyrnioides* Wolff.
小金星凤尾草	凤尾草 *Pteris multifida* Poir.
盆纫草	粘毛卷耳 *Cerastium viscosum* L.
草决明	天蓝苜蓿 *Medicago lupulina* L.
醉鱼儿草	醉鱼草 *Buddleja lindleyana* Fort.
漆草	铜锤玉带草 *Pratia nummularia* A.Brown et Aschers.
虎耳草	虎耳草 *Saxifraga stolonifera* Meerb.
天苦荬	（苦苣菜属）*Sonchus sp.*
鸡肠草	拉拉藤 *Galium aparine* L.var.*tenerum*（Gren.et Godr.）Reichb.
羊蹄草	（堇菜属）*Viola sp.*
野鸡尾	（胡枝子属）*Lespedeza sp.*
千年润	万年青 *Rohdea japonica* Roth.
紫背红内消	（菊三七属）*Gynura sp.*

续表

本书药名	初步鉴定
飘摇豆	野豌豆 *Vicia cracca* L.
水香菜	水茴香（大叶石龙尾）*Limnophila rugosa*（Roth）Merr.
试剑草	（堇菜属）*Viola sp.*
山黄杨	黄杨 *Buxus microphylla* Sicb.et Zucc.var.*sinica* Rehd.et Wils.
连钱草	连钱草（活血丹）*Glechoma longituba*（Nakai）kupr.
山姜花	蝴蝶花 *Iris japonica* Thunb.
曼陁罗	曼陀罗 *Datura metel* L.
鹿蹄草	（堇菜属）*Viola sp.*
金粟狼牙草	龙牙草 *Agrimonia pilosa* Ledeb.var.*japonica*（Miq.）Nakai.

注：本表据药图初步考订列出，以实际品种不见于前代本草著录为准。其中，有的药物误引前代同名品种的文字，故不作为依据，以药图所示品种为定。龙牙草虽在宋《图经本草》著录，但其图不能表明是今龙牙草，故本表仍将金粟狼牙草列入。该书有2种龙牙草，今取其一。

（二）采用有利于表现药物特征的画法，提供了许多很有价值的彩绘药图

山姜花

我国本草绘图历史悠久。据传《新修本草》图经就是彩绘[①]，可惜早已失传。现存最早的本草墨线图还是宋《图经本草》。但因反复翻刻，其失真讹误之处颇多。我们评价王介本草图所依据的只有明抄彩绘本，虽不能完全反映原貌，但其基本状况当仍如此。药图主要采用双钩法，线条流畅，形态逼真。赵燏黄说："本图朱砂矿绿，历久如真；铁画银钩，古朴有力。宋以后之本草墨迹，以余所见，唯有明画家赵文淑所绘者可以并驾。"有相当一部分药图，其精美程度令人叹服；尤其是花比较大的植物，描绘更精。书中虽无植物形态记载，但不少药图一见即可辨认，如山姜花图很明显与鸢尾科蝴蝶花（*Iris japonica* Thunb.）相吻合。其他如凌霄花、金粟狼牙草、

① 冈西为人. 本草概说[M]. 大阪：创元社，1977：64. 据唐本序"丹青绮焕，备庶物之形容"一语推定。

小金星凤尾草、虎耳草、鱼腥草、南天烛等，也无不如此。

王介将马远、夏珪的山水画法化裁应用于本草图，即截取局部来表现全体，按比例画在小幅上，这样有利于突出植物的特征，表现细节，如接骨草（木）仅绘一树干和一叶，五叶藤（乌敛莓）仅示一卷须和一叶，红花、天仙莲重点描绘花序等，都较好地反映了它们的特征。相比之下，宋《图经本草》这种画法就比较少，后者经常不按比例将高大植株压缩到一个小图中，使细部描绘失真，或根本没有得到表现。同时，书中还吸收当时兴起的“点柳”法来画青蒿和长寿仙人柳（柽柳），效果也比较好。

（三）反映了宋代丰富的民间用药经验

该书很多药物的功效和单方都采自民间，例如，棠球（野山楂）消食，紫花香薷“截四时伤寒”，羊蹄草（紫花地丁）治疮疖，竹园荽（海金沙）治淋病热痛者并小便不利等。还反映了一些前代少用、在当时才风行起来的药物使用情况。典型例子是鹭鸶藤（原植物为忍冬），吴其濬曾说此药“古方罕见，至宋而大显”①。宋代医书如《苏沈良方》②、《备急灸法》③等均有记载，但在本草书中是王介首次收录了鹭鸶藤和金银花的名称，而且收载了宋代应用此药的经验。

该书收载了许多经验效方，为后世所重视。明《卫生易简方》及今《中药大辞典》均收录了许多首见于此书的单方，可见其至今仍有实用价值。从这些单方中，我们还可以窥知南宋已开始用大枫子油治麻风，以及其他一些民间疗法，以了解当时的民间用药情况。

此外，该书还有药名从俗的特点。全书共出首见药名或别名134个。这些药名形象生动，带有浓厚的乡土气息，如猫儿眼精（睛）草、鱼腥草、蜜蜂草、眼明草、醉鱼儿草、穿心佛指（珠）草、牛鼻冲草等，其中很多名称一直沿用至今。

三、流传的情况

该书在清代以前不见著录。其明抄本在1949年以前一直为私人收藏，后收入北京图书馆。1957年著录于《现存本草书录》（龙伯坚），1958年又著录于《全国中医图书联合目录》，以后《历代中药炮制资料辑要》及《中药大辞典》均加以引用。

那么，该书在古代有没有流传呢？它对我国医药学究竟有没有发挥过作用呢？这是值得探讨的。有明抄彩绘本，就说明该书在古代已有传播。据笔者考证，明代胡濙的《卫生

---

① 吴其濬．植物名实图考［M］．北京：中华书局，1963：547.

② 苏轼，沈括．苏沈良方：卷九［M］．北京：人民卫生出版社，1956：80.

③ 闻人耆年．备急灸法［M］．据十瓣同心兰室仿宋本影印．北京：人民卫生出版社，1955.

易简方》[①]中与《履巉岩本草》中药名、主治、用量及用法均相同的单方有106条，比较集中在湿痹（7方）、头风（4方）、痢疾（6方）、痈疮（12方）、疮疖（9方）等病名下。引用时连贯而书，排列次序与《履巉岩本草》的药物排列次序一致。这种现象可以认为是胡濙先将该书单方分类钩玄，然后汇入书中。《履巉岩本草》中许多独有的药名，如千年润、五叶金花、飘摇豆、水银草等，也都被收录，甚至连王介原来摘引《证类本草》中的单方，胡濙也收录不误，只略有改动而已。其时与王介相距200余年。又经过近200年，李时珍在《本草纲目》中引用了许多《卫生易简方》的内容，其中也包括原属《履巉岩本草》的单方，例如曼陀罗、醉鱼草、虎耳草等。其中少数药物，李时珍因不识而列入有名未用[②]，如水银草、双头莲、天仙莲等。今试举天仙莲为例。

《履巉岩本草》卷下："天仙莲，一名天荷叶，性大热、大毒。不可闻紫花，恐生鼻肉。多入炉火药用。叶治恶毒疮癣。"所出图，据考为八角莲。

《卫生易简方》卷九《疮疗》："治恶毒疮癣，用天仙莲叶捣傅（敷）之。"（此方前还连书8个引自《履巉岩本草》的单方）

《本草纲目》卷二十一《有名未用》："天仙莲［时珍曰］《卫生易简方》：治恶毒疮疗，捣叶傅（敷）之。"

可见三者之间的关系很清楚，也足以证明《履巉岩本草》在医药史上曾发挥过一定的作用。至于得不到翻印流传，那主要是技术条件关系。现知的五六种古代彩绘本草，同样都没有翻印过。笔者深望现在能加以翻印，以广流传，发挥作用。

四、存在的问题

由于王介的医药水平所限，书中还存在诸如图文不符、名实不符等问题，如人参苗，药图所示并非五加科人参。从该书表现手法分析，乃伞形科植物，可能是当时民间的一种土人参。清代赵学敏说"土人参各地皆产，钱塘西湖南山尤多"[③]，并描述了形态，据考与伞形科粉沙参 *Changium smyrnioides* Wolff. 相吻合[④]。王介把粉沙参当人参苗，因此误引了《本经》等书的人参条文，造成名实不符。其他如辣母藤，据考为葎草 *Humulus scandens*（Lour.）Merr.，讹标茺蔚之名，杜天麻（益母草）误引天麻之文，瞿麦下错出雀麦之图等，都说明王介对以上几种药物尚缺乏细致的考辨。在绘图方面，也有一小部分没有抓住特

---

① 胡濙．卫生易简方［M］．明刻本．善成堂：1562.

② 李时珍．本草纲目：第二册［M］．北京：人民卫生出版社，1979：1429–1431.

③ 赵学敏．本草纲目拾遗［M］．北京：人民卫生出版社，1963：76.

④ 谢宗万．中药材品种论述：上册［M］．上海：上海科学技术出版社，1964：40.

征，或存在细节上的粗疏。当然，也不能排除传抄时失真的可能。此外，书中还有20多味药仅注明“入炉火药”，药用价值尚须查考。由于历史条件的限制，作为一本由画家著述的地方性本草书，出现以上问题是不能苛求的。

辣母藤

五、结语

《履巉岩本草》为南宋时王介编著，成书于1220年，是杭州历史上最早的一部民间草药书（或曰草药图谱）。该书收录206味草药，可考为新增药品的有22种（另有40余种待考）。大多数药图彩绘精美，并具有简便实用、药名从俗等特点。其是一部成书于南宋、具有重要价值的地方性本草书，在历史上曾对医药发展起过一定作用。

（原载于《浙江中医杂志》，1980年第8期338–340页）

后记：此文是读研时完成的。在研究生论文选题时，我想做“宋代本草史”，于是去请教马继兴老师。老师听我说完选题意愿之后，沉默了片刻，从办公桌抽屉里拿出一卷缩微胶片，说：“那你先研究一下这本《履巉岩本草》吧！其他的以后再说。”我明白了老师的意思，于是埋头研究此书。随后苦研了3个月，却连这部地方本草图谱的“地方”在哪里都没弄清楚，这可是研究该书最重要的环节之一！此时我才领会到老师让我研究该书的深意：如果连宋代的一本本草书都拿不下来，还能做断代史吗？

但此书除了一篇短序与202种药的图文，没有发现其他可供参考的资料。自忖“读书千遍，其义自见”，于是我反复习诵该书，又在缩微器上将全部202幅图改绘成墨线图，借以熟悉药图特点。与此同时，我努力快速浏览其他宋代的书（医书、史书、方志、笔记等），想扩大一下眼界。幸运的是，没多久我在浏览《咸淳临安志》时，突然看到其中有药物“千年润”，此名同样也见于《履巉岩本草》！灵感突如其来：这是不是临安（今属杭州）特有的植物名啊？再一查，果然，还有好几个相同的罕见药名。又联想到作者王介是一名退休的太监，太监自然只能住在皇城！一通百通，接下来我就围绕临安，对序言中的“老夫有山梯慈云之西”一语，以及所有药物逐一展开研究，最后确定此书草药的标本来源，就在今杭州旧皇城附近凤凰山慈云岭一带。此后我又用了3个月，把全书药物考证一遍，最终完成了此文。随后我将文稿呈送马老师审查。次日，马老师把看完后的文稿还给我，说“你可以投稿发表了”，随后补了一句：“你可以做‘宋代本草史’研究了！”听到这话，我激动得眼泪都要出来了！

我想，《履巉岩本草》是杭州的地方本草，就投给《浙江中医杂志》吧。承蒙该杂志陆拯、方春阳先生厚爱（这是十几年以后才知道的），很快文章就刊登在那期的头条，还配了个手写的题目，这也大大鼓舞了我以后的研究劲头。在此文基础上，1986年我赴德国慕尼黑参加国际中医文献会议，在会上我宣读的论文是《履巉岩本草考校》。2007年，我整理的《南宋珍稀本草三种》就包括了《履巉岩本草》。该书后记里更详细地讲述了研究及出版此书的全过程。

宋代本草史①（提要）

研究生　郑金生　指导教师　马继兴

宋代（960—1279）的科学文化在诸多历史因素的推动下，达到了前所未有的高峰。这一时期，本草文献和民间药物经验得到了空前规模的整理和总结。本文通过研究宋代丰富的本草文献、本草学各专题内容的发展及成就，进而探讨此时本草发展的特点和规律，试图为现代中医药事业发展提供某些历史借鉴。

一、宋代本草学的有关文献

（一）北宋的本草书

在政府主持下，北宋医药典籍的整理校正工作取得了显著的成绩，将药典性本草（古代政府主持编集并颁行的药物书）发展推向鼎盛阶段。北宋主要的本草书，着眼于广泛汇辑、调查总结本草文献和实际经验。它的发展大致可划分为3个阶段。

开宝年间连续2次由政府主持校定本草，为最初阶段。代表作为《开宝新详定本草》（973）及《开宝重定本草》（974），以下简称《开宝本草》，校定者为刘翰、马志等。在本草典籍由传写变为版刻的转折性历史时期，《开宝本草》对宋以前本草文献整理做出了重大贡献。它校正了唐《新修本草》（20卷），使之首次“刊为定本”，又在此基础上进行增补修订。全书载药984种。新增的134种药品大多是从前代诸本草中第一次筛选得来，因此有不少是常用中药（如丁香、乌药、蛤蚧、天麻、延胡索等）。为适应雕版印刷，该书用白、黑字表示旧抄朱墨分书的内容。全书编写体例严密，从而较好地保持了前代某些本草的内容。

嘉祐年间由校正医书局统一规划，编修了《嘉祐补注神农本草》（1057—1060）和《本

① 原文为研究生班毕业论文，1981年7月通过答辩。

草图经》(1058—1061)(以下言“嘉祐二本草”即统指此二书)，可视为北宋本草发展的第二阶段。本阶段在广泛的文献整理和大规模药物调查这两个方面都取得了丰硕的成果。负责校修《嘉祐补注神农本草》(简称《嘉祐本草》)的有儒臣掌禹锡、林亿、张洞、苏颂及医官秦宗古、朱有章等人。该书以《开宝本草》为基础，“立例无所刊削”，旨在补其“漏略”。全书药品总数达1083种，其中新增99种。该书的特色在于引文广博(引用文献50余种)，选录了大量古本草资料，为后世辑佚和研究古本草提供了宝贵材料。书中注意采纳“经史百家”之说，进一步启迪后世注重本草资料的广博来源。

《本草图经》(20卷)的编写吸取了唐代编修本草的经验，由政府诏令全国，征集中外药物标本及药图。这一次全国性药物大普查(150多个州均呈送了药图)是世界医药史上的壮举，为编写《本草图经》打下广泛且坚实的实践基础。

该书由苏颂主编，共讨论药物780种，其中新增民间草药103味。在635个药名下绘有933幅药图，成为我国既知的第一部版刻药物图谱，对后世本草绘图实际影响很大。书中重点讨论药物的来源与鉴别，并把辨药与用药糅合起来加以探讨，收录了大量单验方，但由于多种历史原因，该书小部分药物的记载不免引述多而决断少，也有少数图文脱节的现象。

《本草图经》集中地反映了北宋民间药物发展的实际状况。它所取得的卓越成就，受到国内外本草学者的赞颂，被认为已达到当时世界药学的最高水平。此书与《嘉祐本草》实为姊妹书，应联系起来评价。它们各有分工，《嘉祐本草》偏于拾遗补阙，文献价值高；《本草图经》重在订伪求实，实用性强。

北宋本草发展的第三阶段所出的本草书，都是以嘉祐二本草为中心，进行合并、增补、考辨，从而使北宋本草向纵深、广博发展。

首先在元祐七年(1092)将嘉祐二本草合并的是陈承。他撰成的《重广补注神农本草并图经》(23卷)为本草正文、图经、药图合一之先例，便于披检。该书附有陈承自家注说，部分地反映了宋代用药新内容(另，陈承籍贯在宋时就有不同说法，笔者查出欧阳修谓陈承先世有“四世六公”一语的原出处，确认陈承祖籍为四川阆中，主要在杭州附近从事医药活动)。

蜀中名医唐慎微是一位杰出的民间医药学家，著有《经史证类备急本草》(简称《证类本草》)，将嘉祐二本草合一，并增加内容，扩为31卷。该书主要业绩在于集北宋以前本草文献之大成(实际引用文献243种)，拾掇经开宝、嘉祐2次筛选所余的前代本草已载的药品554种(全书药品总数达1748种)，具有资料丰富、内容广泛、药品众多、体例完备等优点。它几乎囊括了宋以前主要本草的精华，把宋代本草推向又一个高峰，在中国本草史上占有极为重要的地位，明代李时珍《本草纲目》即以此为蓝本。书中所录内容“比15和16世纪早期欧洲的植物学著作高明得多”(李约瑟语)。

应该指出的是，唐慎微在书中极少直接表述个人学术见解，因而招致“不过备录诸家异同，亦不能断其是非”（王继先语）的批评。唐氏自家补充的药物仅8味。

据考，《证类本草》初稿成于元丰年间（1082），经陆续增补，在1098—1108年定稿。直到大观年间（1108），才由集贤孙公（孙觌）委命艾晟校订刊行，即所谓《经史证类大观本草》（简称《大观本草》）。艾晟将陈承之说增入，又附以自家的注说及单方（据考，至少有11处以病名为题的条文为艾晟所加）。

政和六年（1116），医官曹孝忠奉诏领衔校正《大观本草》，更名为《政和新修经史证类备用本草》（简称《政和本草》）。该书在校勘方面是有成绩的。书版后为金人掳去，仅在北地流行，不为南宋人所知（后金人张存惠重刊此书，增入《本草衍义》内容，定名《重修政和经史证类备用本草》）。

北宋著名药学家寇宗奭在政和六年著成《本草衍义》（20卷）。寇氏集十余年调查实践所得，对《嘉祐本草》等书进行了一次全面订补，在探求药物来源、鉴别药材真伪优劣等方面做出了卓越贡献。寇氏经常用调查和实验来证实旧说之是非，为此他曾亲自检视鹳巢、观察鸬鹚、饲养鸠等，从而使《本草衍义》具备一种以实验为主的独特风格。他在药性理论方面的新探索，对金元药理学说的系统化影响很大。

以上3个阶段出现的9种本草书（其中5种为中央官刊，1种为地方官刊）形成北宋本草发展的主流。此外还出现几种各具风格的本草书（包括相当于宋初开宝年间成书的《日华子诸家本草》）。《日华子诸家本草》集常用药品，详论药效，兼述炮炙、鉴别等，简明实用，更多地反映了江南用药情况。丁谓《天香传》（1024—1032）与杨天惠《彰明附子记》（约12世纪初）是2本单味药专论。由于此二书作者分别在沉香、附子产区做过实地考察，因而所著具有较强的科学性。文彦博作《节要本草图》和《药准》，反映了当时对本草由博返约的需求（“小结”从略）。

（二）南宋的本草书

南宋本草著作留存至今的较少，故以往本草史研究处于详于北（宋）而略于南（宋）的状况。本文在研究近年发掘的几部南宋本草的基础上，初步勾画了此时本草学发展的轮廓。

靖康之乱严重摧残了北宋发达的科学文化，由政府校修的医药书籍已是寥若晨星。本草书仅有绍兴年间（1159）由医官王继先、高绍功等奉诏撰写的《绍兴校定经史证类备急本草》（简称《绍兴本草》）。该书以《大观本草》为基础，其特色是以全面考订药性和药效为目标，有所发明，丰富了临床药学的内容。该书在宋、明目录书中著录有22卷节略本。《永乐大典》引有此书若干条文。今存世者有28种日本残抄本，均以药图为主。笔者据国内所藏神谷氏抄本统计，存图801幅，文字约6万；在351味药名下残留有“绍兴校定”内容；至少有6味新增药。

北宋主要本草层层加注，卷帙浩繁，为此南宋许多私人所撰本草兴起，对前代本草加以改编、节要。简化本草以符实用，成为此时本草发展的总趋势。郑樵《本草成书》（1131—1162）将传统本草重新分类，内容重在疏解经文和释名求实。书虽不存，但尚可由郑樵的《通志·昆虫草木略》及《尔雅注》等书窥其端倪。

《新编类要图注本草》有4种同类刊本，均系将《本草衍义》散入《大观本草》，并加以删削。原题寇宗奭撰，许洪、刘信甫校正（一本作"元僧慧昌校正"），但实际上可能是南宋书商改削托名之书。该书虽删繁就简，但因编写无例，文献及实用价值并不太高。王炎《本草正经》是此时出现的《神农本草经》辑本，表明南宋已开始注意对早期本草经典著作进行辑复和探讨。

《履巉岩本草》为画家王介撰于嘉定庚辰（1220），今存明抄彩绘本，系取临安慈云岭附近206种草药彩绘成书，是本草史上较少见的小区域地方本草，也是现存成书最早的彩色本草图谱。今存202幅药图，多为写生，形象生动。据此可考为前代所无药品62种（已考科属学名者22种）。书中所载单验方，大多简便实用，曾由明《卫生易简方》部分收载。宋以后兴盛小幅花鸟画集册，受此影响，彩绘本草有所增多。既知南宋还有另外2部彩绘本草，惜已佚散。

《宝庆本草折衷》是南宋民间节要性本草的优秀代表作。作者陈衍，字万卿，号丹丘隐者，浙江黄岩人。陈衍医术精良、医德高尚、治学严谨。笔者认为他是宋代继唐慎微之后的又一位杰出的民间医药学家。《宝庆本草折衷》汲取历代本草编纂的经验教训，取材、编述均颇为得体，具有比较高的实用价值和文献价值。全书20卷，收药789味（今存14卷，药523种，其中新增药13种、新分药53种）。其序例首创按本草学专题荟萃诸家论说的编写法，学术性强。陈衍书中保存了许多佚散的南宋本草内容，同时附入了自家的经验和见解。全书"尤笃于论（药）性"，以疗效作为归纳药性的依据（如他认为薄荷、假苏、水苏、香薷、石香葇皆可"理风解热毒"，"则性之凉必矣"，前代本草"悉以温称，殆非所宜"）。然而该书撤去本草图，是为其不足之处。

据陈衍书后"诸家著述年辰"所记，可知当时还有6种节要性本草。其中，《（缙云）纂类本草》(1165—1173)削冗纂要，混合经注，一反前代本草层层加注的旧例。各药以"名体性用"四字为目，为后世分项提要论药之嚆矢。据初步推考，南宋名医陈言（无择）很可能就是该书的实际编撰者。其余5种本草为艾原甫《本草集议》、陈日行《本草经注节文》、张松《本草节要》、王梦龙《本草备要》及佚名氏《本草经注节文》。（"小结"及宋代主要本草系统源流简表及两宋80余种本草书目从略）

（三）宋代其他有关本草的文献

宋代主要本草著作都非常重视从非本草文献中汲取营养，这一时期众多的有关文献收载了丰富的本草发展史料。本文分别从类书、医方书、笔记、地方志及其他类别的文献中探求散存本草资料，为深入研究宋代药学发展情况提供线索。文中对《太平御览》《全芳备祖》《梦溪笔谈》《通志·昆虫草木略》等书的本草内容进行评述（略）。

二、本草各专题内容的发展及其成就

（一）药品数及辨验

现知宋代各本草收药总数达1883种，较唐《新修本草》增加了1033种（但其中以录宋以前诸本草所出为多，占734种；宋代本草书中始立条目的新增品较少，仅299种)。此时，实际新增品以植物类药占绝大多数，极少怪诞之品。例如，秋石、樟脑、银杏、炉甘石、胡萝卜、草果、曼陀罗、醉鱼草、大枫（风）子油等药，原以为元明时始出，其实宋代本草早已收载。

宋代主要本草书中的药品增长示意图（略）。

药材的经验鉴别和药物基原的实际调查是宋代（主要是北宋）本草的重点内容。两宋留存下来的1137幅药图(不计佚去的6幅)几乎全为写生，朴实精练。初虞世、沈括、郑樵、陈衍等人对旧本草中名实异同现象进行了一系列文献整理和考察。和剂局下设药材所，有“辨验药材”一职，当为我国最早的国家药检机构。

（二）采收与栽培

宋代民间采集药物活动十分活跃。当时的海南岛黎族人总结了许多宝贵的采药经验，切实注意保护药源。为提高药品产量和质量，民间药工采取了一些有效措施，如沉香的人工促香等。沈括曾科学地指出，采药时节必须根据物性、地气、天时、人力加以选择。将药用植物作为一种重要经济作物加以栽培的做法主要兴盛于宋代，因而栽培药物品种也在这一时期大大增多。笔者综合各本草及地方志、笔记等文献所记，常用药物栽培品不下70种（瓜果米谷除外）。多种著名的道地药材的栽培在宋时已经盛行，产量高，质量亦优（如四川的附子、当归，河南的薯蓣、牛膝，浙江的白芷、白芍、白术等）。外来药物也有引种（如巴旦杏、肉豆蔻等）。当时用相当于现在的肉引接种法栽培茯苓，是菌类植物栽培史上的新发明；在11世纪以前，我国已能较好地掌握淡水养珠法。这两项技术发明都走在当时世界的前列。

（三）炮炙和制剂

宋代倡行遵古炮炙主要是受《雷公炮炙论》的影响，但此时也发明了不少新炮炙法（如牛胆酿南星、半夏曲等），更多地注意炮炙前后药性的变化。宋代对古法炮炙烦琐无益之处加以改革，尽量采用简易有效的方法，对后世中药炮炙实际影响很大。随着煮散和中成药的风行，药物粉碎的方法和工具有比较大的改进。北宋时煮散一法极盛，以致汤、散不分，遭到不少医家（如庞安时）反对。此风至南宋渐衰，作坊里兴起了专门的饮片加工。

煮散因涉及如何经济有效地利用药材，故至今仍是值得全面探究和客观评价的问题。笔者认为不加区别地走“以散代汤”的老路是没有必要的，使用煮散应该注意因病制宜、因药制宜、因时制宜、因地制宜。

医药进一步分工及宋代商业、手工业的发达，使药肆和作坊几乎完全取代了原由医家掌握的药剂制备功能，并出现了规模较大的制药工场。国家颁布《和剂局方》，为药剂生产提供了规范，制剂理论有较大的充实和发展。

本文列述制剂方面的几项重要成就。沈括明确记载的秋石（性激素结晶制剂）制备法，分阴炼、阳炼2种。其中，阳炼法成功地应用了皂苷沉淀甾体这一特异性反应，从而在1061年以前就已“勾画出二十世纪优秀甾体化学家在二十到三十年代所取得的成就”，是世界制药化学史上的辉煌成就。秋石作为药物首次在《宝庆本草折衷》立条目，其制备法在南宋普遍推行。

此外，《本草集议》记有用“猪胆合为牛黄”之语，可知当时已出现人工牛黄；北宋已有用升华法制取龙脑的明确记载。樟脑已用于卫生防疫，作为药物首次载入《宝庆本草折衷》；至晚在北宋初发明的红曲已较多用于治疗（可能是利用其抗生的效力）。

丸剂在技术和理论上都有了新发展。创造了糊丸、水丸及化学丸剂。阿拉伯传入的金银箔丸衣促进了多种丸衣（朱砂衣、青黛衣、矾红衣、麝香衣等）的发展。

蒸馏器发展到宋代已比较完备，并应用于抽汞、取露、蒸酒。本文列举了5种宋代制水银的设备（附图略）。自后周（958）贡入蔷薇水以后，到北宋宣和年间，我国中原已掌握露剂的制法，南宋已普遍施用。烧酒（蒸馏酒）至少在宋金时已能制备，并很快将烧酒用于消毒和治疗。

（四）药局及民间药商

北宋设置的官药局，当为世界医药史上药政管理方面的创举，是为顺应医药发展及当时特定政治经济形势而产生的，始创时出于“惠民”和“理财”双重目的。药局分和剂局（制药工场）与惠民局（药店）。和剂局下设药材所，负责药材收购和检验。药局在保健和扑灭疫疾等方面曾起过一定的积极作用，而且制定了一系列财政、保卫及营业制度。药局制定的《和剂局方》，是世界最早的药局方，对中外医药学影响巨大。宋代官僚机构的日益腐败，侵蚀了这一具有进步意义的药政机构，严重阻碍了药局发挥惠民作用。

两宋大都市民间药商最为活跃。其商业分工细致，经营品种丰富，从适应医学分科而销售的多种专科药到除害灭病使用的蚊烟、老鼠药，都有经营。别出心裁的“市招”（相当于今广告、商标）花样众多。商业竞争促进了制药技术的发展，产生了许多专利出售的高效药品。沟通全国药物交流的药市，其数量和规模都有很大的发展。“川广生药市”之类的行市组织也已出现。

宋代药业的繁荣和香药、食药的畸形发展相关。据记载，仍有部分常用药（如附子、当归等）供不应求，价格高昂。除受政治、经济、交通等因素的影响以外，瘟疫流行和社会不良风气（私人蓄药、形式化的赠药、滥用药品等）也导致药物供应不足，从而连锁性地引起药源破坏、药品伪滥。当时盛行煮散、发展栽培药物、发掘利用民间草药等，客观上使药品供应紧张状况得到缓和。

（五）药理与用药新发展

大量刊行医药书籍、兴建医学校、举行医学考试等措施，部分地促进了对医药理论的探讨。“药理”一词作为专篇之名首见于北宋《圣济经》，表明在药理方面的探讨进一步加强。这一时期解释药效的主要方式和依据是“性味”和“法象”。五行学说贯穿于二者之中。“性味”药理说占主流。寇宗奭研究药理的方法及其创见对后世影响很大；沈括已能认识到药物经肠胃吸收而发挥作用的本质是“英精”(相当于“有效成分”);《本草衍义》《圣济经》对药物“气臭”有进一步的发挥。整体看来，宋代对性味的辨析还不够深入，没有再系统地区分气味功能的强度（厚薄阴阳）及药物作用趋势（升降浮沉）等。某些药物的归经在北宋末南宋初已为临床医生所熟知，却未被加以系统总结。北宋在药理上的进展，为中药药理在金元时期再度飞跃提高准备了条件。南宋诸家致力于统一性味、精炼药效，但对深化药理学说贡献较小。

宋代民间积累了许多用药新经验，如忍冬解毒疗痈、山楂消食、罂粟壳止痢定喘等。有关麻醉药使用的记载也大大增多，著名的中药麻醉药曼陀罗屡见应用，并首载于《履巉岩本草》。宋代多种方书已使用引进的大风子油治疗麻风等疾病，《宝庆本草折衷》对此油的来源和性质已有一定的认识。《圣济总录》所载用青葱筒子从鼻腔灌药进行抢救，已具鼻饲给药的雏形，此法的产生可能与民间“鼻饮”法有一定的联系。

（六）中外交流

宋朝与国外频繁的国事往来和商品交易，促进了药物交流。前述蔷薇水、金银箔丸衣、大风子油等技术或药物均属从外域引进。《本草图经》的编写也吸收了部分外来药物的知识。我国此时的本草已较多地流传到日本，成为日本早期出现的古本草诸抄的重要资料来源。这一时期与我国进行药材交流的国家有27个，进口药45种、输出药58种，香药的输入占很大的比重，对当时的处方用药产生了一定的影响。

三、宋代本草发展的特点及历史经验

宋代本草主要是在继承唐代本草某些传统和经验的基础上得到充实和发展的。药典性本草在北宋达到鼎盛。宋代本草以时间跨度大、地域范围广、学术内容丰富为主要特征，在本草史上起着极为重要的枢纽作用。

宋代本草蓬勃发展，取决于此时本草学发展的历史趋势及其内在因素。印刷术的发达为加速本草书传播和总结提供了必要的条件；政府的关注和赞助也是一个重要因素；大批优秀的医药学家和知识分子在总结民间经验、整理文献等方面发挥了积极的作用；医学及其他学科、其他行业对本草发展也有很大的影响。中外交流则进一步丰富了宋代本草的内容。

四、结语

宋代本草迅速发展的事实表明，它不仅整理了宋以前很长一段历史时期的本草文献，而且总结了当时全国药物调查的成果，对后世本草发展产生了深远的影响。宋代在药物辨识、栽培、制剂、临床用药及药政管理等方面取得了卓越的成就，在同时期世界药物学发展史上占领先的地位。宋代本草发展进程中的不少经验教训，可以为现代发展中药事业提供多方面的借鉴。

（原载于《中华医史杂志》1982年第12卷第4期204–208页）

后记： 这是我硕士论文的提要，原稿全文11.5万余字，文献脚注380余处。当时没有电脑，论文用印蓝纸复写了2份，一份有插图的原稿上交院图书馆，一份留底。十几年后得知图书馆把早期的研究生论文全部“处理”（不明如何处理）了，故仅有无图的。自留底稿还在手边。后来日本留学生久保辉幸君要借我的论文看看，非常感谢的是，他还回论文稿的同时，还给了我论文的电子文档。考虑到这毕竟是40多年的旧作，有些内容已经过时，再说毕竟文笔稚嫩，体量又大，故未考虑增进《文选》。

我之所以选宋代作为本草研究的入口，得益于李约瑟先生所说：“每当人们在中国的文献中查考任何一种具体的科技史料时，往往会发现它的焦点就在宋代，不管在应用科学方面或在纯粹科学方面都是如此。”而能在大约一年半的时间完成该论文，一是得益于尚志钧老师对《证类本草》所含诸书已有非常深入的研究，二是得益于日本冈西为人先生《本草概说》对宋以前本草发展态势的宏观描述，三是范行准先生的《两宋官药局》、恩师马继兴的《宋代的药商》等文开拓了我在药业方面的眼界。我开始写论文之时，上述4位老先生除冈西为人先生1973年仙逝外，都还健在，如今都先后作古，抚今追昔，深切感谢前辈所指之路、所铺之路。

本文对北宋主流本草研究没有更多的突破，但在南宋本草研究方面，以珍稀的《履巉岩本草》《宝庆本草折衷》《绍兴本草》三书为骨干，有些新的表述。在读期间，我已经发表了上述3本本草的专门研究文章，完成了此3本本草的考校与整理，并最终在2007年出版了《南宋珍稀本草三种》。非常感谢我的4位导师（马继兴、李经纬、蔡景峰、马堪温），感谢他们在我硕士研究生期间给予我的多方系统训练，使我受用终身。

《证类本草》中“唐本馀”的考证

郑金生

“唐本馀”是《证类本草》引文中的一种简称，共有45处（包括7个新增药物），其中25处标以“唐本馀”，另20处标以“唐本云”或“唐本注”。此外，有2处标明“苏恭”或“苏云”。所谓“唐本”“苏恭（敬）”，一般指唐《新修本草》(即《唐本草》)。按《证类本草》体例，“唐本馀”“苏恭”的条文应该指《唐本草》的遗留，但这些条文的内容却完全不像取自《唐本草》。对此矛盾现象，本草学者有3种意见：一种认为“唐本馀”就是《唐本草》（见《本草纲目》等）；一种认为“唐本馀”与《唐本草》是两种书，前者年代、撰人不详（见尚志钧《〈新修本草〉论文集》）；另一种则怀疑“唐本馀”是《蜀本草》。这个问题不解决，在辑佚《唐本草》时就无法决定“唐本馀”条文的取舍，同时“唐本馀”的7个新增药也无法注明出典。笔者的观点是，“唐本馀”确系取材于《蜀本草》，理由如下。

一、“唐本馀”绝不取自《唐本草》

对此，尚志钧曾列举了好些理由。最有力的证据是：“唐本馀”特有的7个药的名称不见于现存的保留有《唐本草》目录的任何一种古医书（如《医心方》《千金翼方》等）。宋《开宝本草》新增的6味药之下唐慎微也引有“唐本馀”，而且其中“胡黄连”是一个完整的条文。如果“唐本馀”就是《唐本草》，那就是说它有13味药被遗漏了，可实际上《唐本草》850余种药并不曾遗漏，足证“唐本馀”并非取材于《唐本草》。为了寻求内证，笔者全面检视了“唐本馀”的内容，发现在3味药（格注草、大黄、芋）的条文中引有“《图经》云”（即《唐本草》的《图经》）。同书不自引，《唐本草》绝不会引唐本《图经》。这一事实说明“唐本馀”中的“唐本”绝不是指《唐本草》。那么，唐慎微为什么偏要取“唐本”两个字呢？他一定知道“唐本”就意味着《唐本草》的。解决这一问题的重要思路：《唐本草》有没有其他同名传本？有。经过细考，笔者确认以下结论。

二、“唐本馀”取材于《唐本草》的另一种传本

五代时后蜀官修的《重广英公本草》即《唐本草》的补订本。后蜀经过“重广”，增加了内容，引用了《唐本草》的《图经》部分，但书名未改，仅增加“重广”二字。宋代掌禹锡为区别两书，自拟了“蜀本”一称代替《重广英公本草》，故又称《蜀本草》。唐慎微如果仍用“唐本”来称此传本，那也是完全可以。那么，“唐本馀”的“唐本”果然是指《重广英公本草》吗？看来不错。因为历史上除《本草拾遗》外，只有《重广英公本草》引了唐本《图经》，这是该书极为重要的特征之一，与“唐本馀”一致。“唐本馀”不见于《唐本草》的药物和注文，可以用经“重广”后增添来解释，完全合乎情理。为了确证这一点，笔者把“唐本馀”条文与掌禹锡所引“蜀本云”相对照，结果令人吃惊：凡两者皆引某药的同一内容，就可见它们互相重叠的文序和文字均同，可谓一字不差（见黄白石脂、百部根、白前、威灵仙、牛膝、牡狗阴茎、生大豆等药）。尤其是百部和白前的药性，诸家本草中只有“唐本云”和“蜀本云”作“微寒”，《唐本草》则与它们不同。因此，依据《重广英公本草》（即《蜀本草》）是《唐本草》补订后的传本，“唐本馀”条文内容符合该书特征，并经对照两者文字有相同处等理由，笔者认定“唐本馀”来源于《蜀本草》。

以下列述一些旁证和说明。

三、唐慎微有条件直接参考引用《蜀本草》

据掌禹锡介绍，嘉祐年间《蜀本草》“亦传行”，其时距唐慎微初撰《证类本草》（约1082年）不过20余年。唐慎微住在成都华阳，他看病不要钱，只求士人提供药物资料。从天时、地利、人和三者推断，他可能直接得到《蜀本草》。

四、“唐本馀”新增药有四川特产或分布在西南一带者

例如“辟虺雷”，李时珍说它产于四川峨眉、鹤鸣诸山，“彼人以充方物”，邬家林考得此物即峨眉特产背蛇生（*Aristolochia cinnabarina* C.Y.Cheng et J.L.Wu）；又一文钱（*Stephania delavayi* Diels）分布于四川、云南；胡黄连产于喜马拉雅地区，接近四川。这些药物首载于《蜀本草》是合乎逻辑的。需要说明的是，唐慎微既然把《重广英公本草》简作“唐本”，为什么在“麴”这味药下又出现了唯一的一条“蜀本云”呢？笔者认为，只要了解《证类本草》的体例和流传情况，这个问题就可以作出解释。这条“蜀本云”缀于条文的最末尾。《证类本草》唐慎微所引条文顺序：先本草，后方书，末经史百家。而这条“蜀本云”却列在“梁简文帝”“贾相公”之后，不合唐氏体例。根据大观年间艾晟刊行《大观本草》时曾将他所增加的条文缀于最末这一事实（参冈西为人《本草概说》），可

知此条是艾晟所补，因而与唐慎微无关。所以，《证类本草》中对本文论点唯一不利的孤证可以迎刃而解。

（原载于《浙江中医杂志》1984年第19卷第6期282–283页）

后记：此文乃硕士论文的副产品。因为做论文时需要熟悉《证类本草》，在研读该书时发现此书中有若干文献出处争议颇多，例如“别本注”“唐本馀”“蜀本图经”等，即便是李时珍，也没弄清楚。要解决这类问题，很难找到其他史料，答案就在《证类本草》中，也就是寻求内证。在40多年前，还不知道电脑为何物，更没有电子文档可供查索，靠人工排查搜寻，是很费力气的。但不解决又势必影响到文献源流的考镜。于是我选了条文不算多的“唐本馀”作为试点，写成了此文。文中提到的邬家林先生，是我研究生同班的大师兄，他是四川人，对川药辟虺雷等的考证为本文提供了旁证。我系统研究上述诸文献代称，是在2010年前后开展“本草纲目研究集成”课题时，有关的考证结果可见于《本草纲目药物古今图鉴》总论的“蜀重广英公本草”一节中。

试论《本草纲目》编纂中的几个问题

郑金生

《本草纲目》是一部举世闻名的伟大药物学著作。此书“虽命医书，实该物理”，内容广博，包含了极为丰富的动、植、矿物知识。因此，中外学者誉之为“东方博物学巨著”“古代中国的百科全书”。作为我国最优秀的文化遗产之一[①]，《本草纲目》受到中外各方面人士的关注。

对于这样一部鸿篇巨制，中外学者从不同侧面加以研究，已经取得了不少进展。笔者平素对此巨著反复摩挲研习，内心总是充满了“高山仰止，景行行止”之感。景仰之下，也常揣摩李时珍编纂此书的指导思想，探讨《本草纲目》编写体例的历史渊源及进步意义，考求此书依据的蓝本（包括版本）及其他资料来源。同时，也想从李时珍考辨药物的方法中汲取有益的经验。值此纪念伟大的医药学家李时珍逝世390周年之际，谨将学习《本草纲目》的一些粗浅体会写出，以就正于同志。

一、编纂思想

李时珍“刻意纂修”本草，是因为他认识到“本草一书，关系颇重”。当时摆在他面前的本草实际状况是“误解群氏，谬误亦多”。此时“若不类分品列，何以印定群疑”？正是为着完成这一本草发展史上的重任，满足社会医疗的需求，李时珍才“考古证今，奋发编摩；苦志辨疑订误，留心纂述诸书”，“行年三十，力肆校雠；历岁七旬，功始成就”。

但是，令人深思的是，李时珍为什么要把《本草纲目》的规模搞得如此庞大呢？假如只是为了“印定群疑”，即便他仅论药1000种，也足可称得上千古功臣，完全可以适应当时医药的需要。要了解李时珍制定编书规模方面的指导思想，我们可以从《本草纲目》中

① 蔡尚思．哪些书最能代表中国文化？［J］．书林，1982（5）．此文亦刊载于《编创之友》1983年第2期203-206页。

去找答案。

在《本草纲目·历代诸家本草》中，李时珍曾广为考求历代本草编纂的得失。通过李时珍对这些本草的评价，我们可以摸清他的某些思想脉络。历代本草学家中对李时珍影响最大的，莫过于唐代的陈藏器。李时珍对陈氏的崇敬，已然溢于言表（以下所引《本草纲目》，凡取自人民卫生出版社1977年校点者，仅注明卷、页，不注版本）。“藏器，四明人。其所著述，博极群书，精核物类，订绳谬误，搜罗幽隐，自本草以来，一人而已。”（卷一，5页）可见，陈藏器已被李时珍奉为历史上头号本草学家。倘若我们用李时珍称颂《本草拾遗》的词句来评价《本草纲目》，其实也是非常熨帖的。不难想见，“博极群书，精核物类，订绳谬误，搜罗幽隐”，也正是李时珍具体编写本草的着眼点。当然，《本草纲目》所取得的成就，却远非《本草拾遗》所能及。

《本草拾遗》（10卷）成书于《新修本草》之后约80年。该书除“序例”1卷外，用了3卷的篇幅对《新修本草》内容加以“订绳谬误”，又用6卷的篇幅容纳“搜罗幽隐”之所得。陈藏器不仅从本草书中撷取遗佚，还大量从非本草乃至非医学文献中汲取素材。仅宋代唐慎微收入“陈藏器馀”的药物就有488条之多。这些拾遗之品虽不乏常用药，但也有不少罕见稀用甚至怪诞不经之物。该书内容成为北宋几次修订本草的重要资料来源。然而，由于此书收药芜杂偏僻，颇为后世所非议。对此，独李时珍不以为然，他认为，“肤谫之士，不察其该详，惟诮其僻怪。宋人亦多删削。岂知天地品物无穷，古今隐显亦异，用舍有时，名称或变，岂可以一隅之见，而遽讥多闻哉。如辟虺雷、海马、胡豆之类，皆隐于昔而用于今；仰天皮、灯花、败扇之类，皆（万）〔方〕家所用者。若非此书收载，何从稽考？此本草之书，所以不厌详悉也”（卷一，5页）。

这一段对批评陈藏器者的反批评，明确地反映了李时珍正是以“不厌详悉”作为制定《本草纲目》规模、确定收药范围的指导思想。总其精神，莫非因为自然界物质众多，不同时期它们的名称用途会有“隐显”变化，故而不能以一隅（一时一地一人）之见，作为衡量取舍药品的标准。明智的做法是着眼于未来，否则那些“隐于昔”的药物就可能失传，以致无法“用于今”；而那些隐于今的药品若任意舍弃，后世也就无从稽考。这一思想表明，李时珍站在历史发展的高度，用动态的眼光决定编写本草的宗旨。可见，李时珍不仅着力于纠前人之误，而且留意于启后人之思。他的这一思想，在书中多有表述。例如，“凡例”（34页）中交代说：“诸物有相类而无功用宜参考者，或有功用而人卒未识者，俱附录之。无可附者，附于各部之末。盖有隐于古而显于今者，如莎根即香附子，陶氏不识而今则盛行，辟虺雷昔人罕言而今充方物之类，虽冷僻不可遗也。”这里提到的莎（草）根（即香附），虽然早在《名医别录》即已记载，但是到南北朝时，已然“方药不复用，古人为诗多用之，而无识者”（卷一四，888页）。《名医别录》所载莎根的功效与后世所传“气病之总司，女科之主帅”的作用相差甚大。此药至唐、宋才广为运用。李时珍从这一个例子得出教训：“此乃近时日用要药，而陶氏不识，诸注亦略，乃知古今药物兴废不同如此。则本草诸药，亦不可以今之不识，便废弃不收，安知异时不为要药如香附者乎?”(卷一四，888页)。将这段话与前引为陈藏器辩护之语相印证，可知“不厌详悉”这一思想在李时珍头脑里是相当牢固的。他十分注意阐释古今药物兴废的事例(兹不赘引)。《本草纲目》能以190余万字、1892种药(新增347味)的面貌问世，与这一指导思想有着直接的关系。李时珍根据药物有兴有废这一发展规律，已预料到《本草纲目》的某些药将来可能会成为要药。事实正是这样，我们现在广为使用的“三七”就是一例。此药明末才出现，当时只不过在广西少数民族和“南人军中”使用。“彼人言其叶左三右四，故名三七，盖恐不然”(卷一二，767页)，此为李时珍所述。《本草纲目》中无该药形态描述，图形亦误，看来他亦未必识得三七原植物。但他根据所获悉的三七疗效，首次在本草中著录该药，并将《濒湖集简方》收集的8个新方附入《本草纲目》，为推广传播三七一药发挥了巨大作用。

“不厌详悉”，是李时珍从陈藏器的本草编述中得出的一条重要经验。此外，陈藏器对药物的深入考辨也给李时珍以很深的印象，他称赞“历代本草惟陈藏器辨物最精审，尤当信之”(卷一二，720页)。一个“惟”字，一个“最”字，一个“尤”字，传神地表明了李时珍对陈藏器辨药的倾倒。陈藏器曾记载“石胡荽”一药有“去目翳，挼塞鼻中，翳膜自落”的功效，李时珍附和之，并称此药“除翳之功，尤显神妙”。为此，他还发了一通议论：“人谓陈藏器本草惟务广博，鄙俚之言也。若此药之类，表出殊功，可谓务博已乎?”(卷二〇，1392页)

此外，李时珍还从樗皮“多服微利人”的实践中，体会到“陈藏器言樗皮有小毒，盖有所试也”(卷三五，1989页)。综上引述可知，《本草纲目》取材广博、辨物精审的两个特点都曾受到陈藏器的影响。可是，如果认为李时珍对陈藏器的崇信会导致偏袒迷信，那就大错特错了。对陈藏器的一些失误，李时珍并不姑息。例如，陈氏认为“蕨”这味药“多食消阳气，故令人睡，弱人脚。四皓食芝而寿，夷齐食蕨而夭，固非良物”，李时珍批驳说“蕨之无益，为其性冷而滑，能利水道，泄阳气，降而不升，耗人真元也。四皓采芝而心逸，夷齐采蕨而心忧，其寿其夭，于蕨何与焉? 陈公之言，可谓迂哉! 然饥人濒死，赖蕨延活，又不无济世之功”(卷二七，1669页)。

从陈藏器《本草拾遗》中，李时珍汲取了他成功的经验，同时还总结了一条编写本草应予注意的重要教训。因为《本草拾遗》收“人肉”入药，故每多遭受后世讥刺。张杲《医说》认为，就是由于《本草拾遗》“载人肉疗羸瘵，自此闾阎有病此者，多相效割股”。李时珍认为这种指责是不公平的，但他又指出陈藏器也有不可推卸的责任：“按陈氏之先，已有割股割肝者矣；而归咎陈氏，所以罪其笔之于书，而不立言以破惑也，本草可轻言哉?”(卷五二，2968页)

编写本草必须善于“立言破惑”，而不是有文必录、漫然獭祭，这就是李时珍从“人肉”一药的历史影响中得出的一个重要教训。也许是基于这一思想，李时珍在《本草纲目》中立“辨疑、正误”一项，并做了大量的“立言破惑”工作。他大胆地抨击了各种神仙方士之谬说、愚昧迷信之习俗，不使他们流毒后世、贻误学者。由此可见，我们也可以体会到李时珍所谓“不厌详悉”，并非像某些类书似的剪裁拼凑，而是以“辨物精审”和“立言破惑”作为他的两大支柱。这也是《本草纲目》能以其资料广博、见解超群而雄踞于中国本草之巅的原因之一。

对李时珍编书主旨体味较切的是张鼎思。他说“良医之用药也简，而其储药也备……何也？储与用异也。此书之作，固储道也”（见“重刊《本草纲目》序”，21页）。这就点明了《本草纲目》原意不在节要实用，而是旨在集其大成（“储道”），成为药学知识的宝库。这一主旨在“进本草纲目疏”中亦有反映。疏中对此书规模的自我评价是“虽非集成，实亦粗备”。“虽非”二字是作者的谦辞，实际上《本草纲目》确实是达到了集大成的目的，这一点素为后世所公认。《明史》称：“本草之学，始称集大成。”《四库全书总目提要》认为：“盖集本草之大成者，无过于此矣。”当然，李时珍在服器部、人部等处所收的一些新增药，是否完全符合赅详、精审、破惑的初衷，还是有值得商榷之处的。

以上所述，涉及《本草纲目》编纂中处理取材、规模等方面的一些问题。下面转而探讨李时珍对阐发药理的某些贡献。

我国的本草，始终以总结药效作为基本课题。此外，自南朝梁陶弘景以降而至赵宋，围绕药物基原鉴别做了大量的工作，成为这一段时间本草研究的重心。逮及金、元，掀起了药理探讨的热潮。明代对药理的研究仍然方兴未艾。北宋以前的药物基原（以下简称“药原”）研究成果，已由唐慎微加以汇总，而金元药理探讨所取得的进展，却一直无人给予全面深入的总结。以药效、药原、药理三大基本课题构成的中国本草内容，在明代以前还没有完全融汇于一书。李时珍注意到了这一点，在药理方面进行了深入的阐释和补充。我们从李时珍对张洁古、李东垣等人的评价中，可以了解到他对医药结合及其理论上予以提高的某些思想。金、元诸医家在阐扬医理、指导临床方面的精到之处，每使李时珍钦佩不已。他说，“素问云：阴精所奉其人寿，阳精所降其人夭。千古之下，窥其奥典阐其微者，张洁古、李东垣二人而已”（卷一三，797页）。尤其是张洁古，备受李时珍崇敬。对洁古的褒语，也与陈藏器相近似：“深阐轩、岐秘奥，参悟天人幽微，言古方新病不相能，自成家法。辨药性之气味、阴、阳、厚、薄、升、降、浮、沉、补、泻，六气、十二经，及随证用药之法，立为主治、秘诀、心法、要旨，谓之珍珠囊。大扬医理，灵素之下，一人而已。”（“序例”卷一，9页）李时珍充分肯定了张洁古在辨析药性方面的历史功绩，但他随之又指出《古洁珍珠囊》的不足之处：“惜乎止论百品，未及遍评。”洁古弟子李东垣、王好古对药性虽也有阐发，却仍未能尽符人意。因此，尽可能地遍评药品，就成为《本草纲目》编纂中的重点内容之一。李时珍对药性理论的认识和阐释方法，除直接受金元诸家的影响以外，也与宋明理学的影响有关。他在“凡例”中声称“虽曰医家药品，其考释性理，实吾儒格物之学，可裨尔雅、诗疏之缺”（“凡例”，34页）。是知他把考释药物性理，作为格物致知的一个体现。基于这一认识，他颇为关注宋明诸儒格物穷理的一些文献和实例。例如，在“兰草”“正误”项下，他引证了朱熹《离骚辨证》及吴澄《草庐集》等有关论述，且认为兰草“其种盛于闽，朱子乃闽人，岂不识其土产而反辨析如此？世俗至今犹以非兰为兰，何其惑之难解也？呜呼！观诸儒之明析如此，则寇（宗奭）、朱（震亨）二氏之误可知，而医家用兰草者当不复疑矣”（卷一四，905页）。

《本草纲目》中对药性理论的总结和阐发主要见于“序例”、百病主治药及具体药物“发明”项下。“序例”中除《证类本草》原收诸家论说以外，还裒集了金元医家张洁古、刘完素、李东垣、张子和、王好古等人的药理学说精粹，分门别类加以归纳。药物的辨证配伍运用，主要集中在“百病主治药”2卷中。这两部分（共4卷）内容“于阴阳标本、君臣佐使之论，最为详析”（《四库全书总目提要》），对我国本草药理进行了一次空前的大总结。

李时珍在药理方面提出了不少新的见解，补充了大量的论述，而且善于发掘中医药理的核心和精粹。《本草纲目》“五脏五味补泻”一节中，在列举张元素（张洁古）的部分论述后特别指出“此特洁古张氏因素问饮食补泻之义，举数药以为例耳，学者宜因意而充之”（卷一，78页），说明李时珍能溯本求源，掌握金元药理说的来源和依据，因而可以举一反三，“因意而充”。在各药条下，他每多酣畅淋漓地剖析药性及其辨证使用，为中医药基本理论做出了巨大贡献。李时珍在讨论“芎䓖”久服则脏气偏胜偏绝的机理后，再次明确地提出“医者贵在格物”（卷一四，839页），是他重视药物理论的又一思想反映。

《本草纲目》评议药性的方法，本节不可能逐一细论，仅简介李时珍在这方面的若干创见卓识。尽管李时珍肯定了张洁古“言古方新病不相能，自成家法”，但他对“古方”与“新病”之间的关系有着更深一步的认识。他将《千金方》中的神曲丸（慈朱丸）与东垣羌活胜风汤相配合，治一士子病目获效，并从中引出结论：“孰谓古方不可治今病耶？”古方与今病并非一定是对立面，因古方往往“未发出药微义”，故使用药者每为之迷惑。李时珍认为解决这对矛盾的办法“惟在用者能得病情而中的尔”，强调了人在运用古方治今病中的能动作用。他还认为，药性升降可因物性所致（“根升梢降”），也可因炮制而变（“生升熟降”），故“是升降在物亦在人也”，揭示了决定药性的极为重要的人为因素。

李时珍探讨药性的可贵之处，是在大多数药物中坚持从临床实践出发，结合人体生理病理过程来加以推演论证。他虽然继承了金元诸家一些阐释药理的方法，但对其中一些机械唯心成分的论述也是不满意的。书中直截了当地批评朱丹溪“以诸药分配五行，失之牵强”。李时珍说理时注意简捷实用，一般不妄夸誉。例如，张元素在评议“玄参”时，用了一系列赞词：“枢机之剂，管领诸气上下，清肃而不浊”“治胸中氤氲之气，无根之火，当以玄参为圣剂”。而李时珍对玄参的评述，则显得朴实、确切得多，“肾水受伤，真阴失守，孤阳无根，发为火病，法宜壮水以制火，故玄参与地黄同功”（卷一二，755页）。李时珍辨析药性主治，注重以实践经验作为判断是非的标准，如“鹅”，《别录》云“利五脏”，《日华子》（也称《日华子诸家本草》《日华子本草》）言“性凉”。李时珍因“目击其害”，故为之辨正，“鹅气味俱厚，发风发疮，莫此为甚，火熏者尤毒”，并非“利五脏”。

至于“性凉”，李时珍说：“若夫止渴，凡发胃气者皆能生津，岂独止渴者便曰性凉乎？参苓白术散乃治渴要药，何尝寒凉耶？”（卷四七，256页）。这就提出了一个重要的问题：判断药性不能以消除某一症状作为唯一的标准，还应该分析该药消除症状的内在原因。口渴不全是热证，也可由津液不能随真气蒸腾造成，因而能止渴的药物，其性未必尽凉。这种推断药性的方法较之前人又高一筹。

《本草纲目》对医药理论的贡献不只是限于药理解释，在中医生理病理、方剂配伍等方面也有不少创见。麻黄条下，李时珍针对张仲景治伤寒无汗用麻黄（汤），有汗用桂枝（汤），表明了自己的观点：“历代明医解释，皆随文傅会，未有究其精微者。时珍常绎思之，似有一得，与昔人所解不同……麻黄汤虽太阳发汗重剂，实为发散肺经火郁之药也……桂枝虽太阳解肌轻剂，实为理脾救肺之药也。”（卷一五，1009页）他的这一见解，建立在脏腑病机辨证基础之上，是在深入分析风寒外邪与肺卫关系之后形成的，较之单纯六经和寒伤营、风伤卫、风寒两伤营卫的所谓“三纲说”又更深一层。无怪乎李时珍也因此颇为自得：“此千古未发之秘旨，愚因表而出之。”全书阐发医理、药理、物理之例很多，值得大家给予足够的重视，勿以《本草纲目》为寻常药物书。明代王世贞早就体会到了这一点，他说“兹岂禁（仅）以医书觏哉！实性理之精微，格物之通典”（《本草纲目》序，17页），称赞《本草纲目》的作用已大大超过了一般的医学书。

要之，李时珍在编纂这部伟大的著作之前，广泛地接受了前代本草的经验教训，确立了该书在取材方面“不厌详悉”的总原则，把“辨物精审”“立言破惑”作为处理素材的重要手段；同时，以总结发扬明代以前药理说为己任，强调医者贵在格物穷理，汇药效、药原、药理三大内容于一书，完成了我国明代本草集大成的历史任务。

二、编写体例

李时珍采用“目随纲举”的办法来类分品列众多的材料，为该书制定了详备的体例。他为什么会选择“纲目”这一形式呢？清代张绍棠认为，“（纲目）是朱子所以记今古、法春秋者也，书昉（仿）其意”（《本草纲目》味古斋本序）；也有后人同意这种说法，说李时珍是仿照宋代朱熹《通鉴纲目》的编写方法；还有人认为李时珍兼采《通鉴纲目》和楼英《医学纲目》之长而编写《本草纲目》。笔者在《本草纲目》中未找到任何能表明李时珍受朱、楼两家编书法启示的文字依据，不敢仅凭书名均有“纲目”二字遽断是非。但是，从具体编写体例来看，《本草纲目》与朱、楼二书（一属编年体史书，一属综合性医书）实无共同之处。只要对《本草纲目》体例溯源求本，就不难发现：此书体例并不是仅以某一本书作为楷模，而是在汲取众多前人本草经验教训的基础上发展形成的，也可以说是本草发展的历史必然。

李时珍为确定较为完备的编纂体例，同样下过一番考察功夫，尤其注目于全书、汇编一类的综合性本草书。在《本草纲目》之前，《证类本草》“人皆指为全书，医则目为奥典”。此书核心是《神农本草经》，经历代层层增补加注、扩充而成。从陶弘景《本草经集注》肇始，按药物自然性质分部归类法，一直在历代本草分类中占主流。至北宋虽然分部渐细，却没有完全消除《神农本草经》三部分类的痕迹（如玉石部、草部、木部等，又按上、中、下三品类聚诸药）。这种品类混杂的现象，必然会出现一些弊病。正如李时珍所说：“虽有朱、墨之别，三品之名，而实已紊矣。或一药而分数条，或二物而同一处；或木居草部，或虫入木部；水土共居，虫鱼杂处；淄渑罔辨，玉珷不分；名已难寻，实何由觅?”（卷一，44页）可知“寻名”之难，已妨“觅实”之真。改革旧例，势在必行。《证类本草》之后，起而改例的本草有多种。李时珍见到的如汪机《本草会编》，就已经“削去本草上、中、下三品，以类相从”。但是，此书改革并不完善，“菜谷通为草部，果品通为木部，并诸家序例共二十卷。其书撮约似乎简便，而混同反难检阅，冠之以荠，识陋可知；掩去诸家，更觉零碎……”（卷一，11页）。从这些剖析评议之中，我们不难理解《本草纲目》为什么选定“不分三品，惟逐各部。物以类从，目随纲举”（卷一，44页）的编写体例。

（一）框架结构的确立及其意义

在详细分析《本草纲目》体例细则之前，我们先来确定“纲目”二字的内涵。“目随纲举”这一总的要求处处体现在《本草纲目》之中。

就全书而言，“一十六部为纲，六十类为目，各以类从”（“凡例”）。这十六部排列大致按“从微至巨”“从贱至贵”为序，体现了可贵的进化发展思想。

各单味药，“每药标一总名，正大纲也。大书气味、主治，正小纲也。分注释名、集解、发明，详其目也”（卷一，44页）。此即所谓“标名为纲，列事为目”（卷一，11页）。

对于药名，“但标正名为纲，余皆附于释名之下”（“凡例”，33页）。凡前代重出、混注之药，悉加归并。

处理同基原异部位之药，“但标其纲，而附列其目。如标龙为纲，而齿、角、骨、脑、胎、涎皆列为目；标粱为纲，而赤、黄粱米皆列为目之类”（“凡例”）。

凡“诸物有相类而无功用宜参考者，或有功用而人卒未识者，俱附录之”（“凡例”）。列在与其有某种联系的药物之后。“无可附者”，集中在各部之末。

经过以上处理，《本草纲目》形成了独特而又完备的框架结构。清代孙星衍曾以“割裂旧文”相责难（《神农本草经》序），实为抱残守缺之论。如果说《证类本草》体例是“贴补式”的，那么《本草纲目》就是“剪裁式”的。前者宜于了解原材料旧貌，后者便于掌握整个本草体系的门径。在不同历史时期，这两种形式都是可取的，不能以此律彼。李时珍对这种编纂法曾加以评述：“虽旧章似乎剖析，而支脉更觉分明。非敢僭越，实便讨寻尔。”（卷一，45页）此后的本草发展也证明，这种便于讨寻的编排方法深受医药人员的欢迎。《本草纲目》框架已如上述，以下继续探讨该书各卷篇、各药品的体例渊源。

（二）总论篇目的形成及其发展

自《神农本草经》以下，大多数本草都可分总论（序例）与各论（各卷药条）两大部分。以序例而论，《证类本草》囊括的主要本草仍然采用缀补的办法，逐层加注补遗，其弊端依旧是不利寻讨。至南宋《宝庆本草折衷》，始以本草学专题定名目，荟萃诸家序例有关论说。虽然李时珍未见到过《宝庆本草折衷》，但自金元而至朱明，采用《证类本草》旧序例编法的本草已很少见，大多是以论题萃取相关材料（如《汤液本草》等）。《本草纲目》的总论在继承《证类本草》序例的某些做法之外，也采用了按专题内容归并素材的办法。这虽不能说是创新，但却补充完善了序例的内容。

例如，《本草纲目》序例卷一，较完整地保留了"《神农本草经》名例"及陶弘景"合药分剂法则"，同时又以"采药分六气岁物、七方、十剂、五味宜忌、五味偏胜、标本阴阳、升降浮沉、四时用药例、五运六淫用药式"等为题，补充了大量理论性内容。卷二分"药名同异、相须相使相畏相恶诸药、相反诸药、服药食忌、妊娠禁忌、饮食禁忌"等专题，将散见于前代医方本草的有关用药法集中分类排列。这2卷所增标题，多数不见于《证类本草》序例设置，而是后世医家总结临床体会形成，经《本草纲目》充实阐发，更臻于完备。以"药名同异"为例，这是处方、识药常遇到的一个问题。早在《隋书·经籍志》中，就著录了沙门行距《诸药异名》8卷。唐代《侯宁极药谱》实际上是药物名录，注出了一些异名廋词。宋代对此进行了系统整理。北宋初虞世《养生必用方》卷首列有辨名实之例。南宋郑樵《本草成书》将异名同状、同名异状现象一一纂附，以详其名。《纂类本草》（1165—1173）专立"名义条例"一节。陈衍《宝庆本草折衷》又在此基础上加以损益，撰成"名异实同、名同实异"两小节，收例条185则。这一传统，在明代本草书中也有体现。李时珍正是在前人经验启示下，立"药名同异"一篇，收例条308则，可谓药物名实异同集大成之作，其中如反畏、禁忌诸篇，内容之丰富也是前无古人的。由此也可见，李时珍所要完成的钩玄类纂的工作量是多么浩大。

继序例之后，有2卷"百病主治药"。显然，这一篇目的设立是沿袭宋以前本草中的"诸病通用药"旧例，也参考了明代王纶《本草集要》，该书下部"药性分类"以主治为纲，分十二门。但李时珍并非照抄旧文，而是经过了一番改组和增补。他说，"古本百病主治药，略而不切。王氏集要，祝（原作陆）氏证治亦约而不纯。今分病原列之，以便施用，虽繁不紊也"（"凡例"）。以病原为纲罗列主治药，较之旧本以病名主治为名目又深化了一步。李时珍力避"约、略"，在"切、纯"二字上下功夫。各药不像旧本那样只载药名性味，而是简介主要功效及用法。若某病主治药过多，又设"草""谷""菜"等部类为小纲，以便查阅。其内容之丰富，《证类本草》"诸病通用药"不可与之比拟。这部分内容约有8万字，且编排有序，自成体系。假如把它抽出作为单行本，那将是名副其实的临症用药手册了。

（三）各论体例的渊源及其作用

《本草纲目》各论体例特点有二：一是分部归类详明，二是分项说药简洁得体。全书药物总分16部，较《证类本草》新设的只有水、火、服器部，细分者有虫、鳞、介部（原统作“虫鱼部”）。调整名称者有金石部（原作“玉石部”）、谷部（原作“米谷”）。新设各部名称在《本草纲目》之前的类书或本草书中或可见到（如《太平御览》有火部、器服部，《食物本草》设水部等）。《本草纲目》分类的特色及其科学性，主要在于60类目和各类药物的排列。至于其大纲（16部），似仍在旧本草书传统分类的轨道之上。清代的《本草纲目拾遗》《植物名实图考》等，都没有脱离《本草纲目》分类的窠臼。近代学者经常从《本草纲目》分类法来探索动、植、矿物分类思想的发展演进。鉴于这方面已有专论，本文从略。

各药“列事为目”，共分八大项：释名、集解、辨疑、正误、修治、气味、主治、发明、附方。这种分项集要论药的形式至少可上溯到南宋。陈言在《三因方》中主张以“名、体、性、用”四字“节本草”①。在这一思想指导下，《纂类本草》“各（药）条以‘名体性用’四字而类之”。②这是最初的分项法。元代胡仕可说“医不读本草，何以知名、德、性、用”③，也是受这一分项法的影响。明初《本草品汇精要》则分成24项类解药物。因此，《本草纲目》分项集解各药，也是有历史渊源的。这8个项目的设立，繁简较为适度。其内容和作用可见“凡例”，“诸品首以释名，正名也。次以集解，解其出产、形状、采取也。次以辨疑、正误，辨其可疑，正其谬误也。次以修治，谨炮炙也。次以气味，明性也。次以主治，录功也。次以发明，疏义也。次以附方，著用也”。

对于“附方”一项，李时珍特别声明：“或欲去方，是有体无用矣。”本草附方，至少在唐初甄权《药性论》中已可见到。但在《本草纲目》之前，附方最多的当推《证类本草》。李时珍对这种以方证药、体用结合的形式比较赞赏。通过摘采附方，往往可借以保存大量的医药资料。李时珍评价《证类本草》时说：“又采古今单方，并经、史、百家之书有关药物者，亦附之……使诸家本草及各药单方，垂之千古，不致沦没者，皆其功也。”（卷一，8页）但李时珍并没有照搬《证类本草》附方的形式。《证类本草》是以单方出处为标题，而《本草纲目》则一律采用“方以病附”（以病名症状为标题，下列方药）的形式，使之更切实用。

《本草纲目》一书共有药方11096首（新增8161首——据“凡例”），大多数疗效确切，

---

① 陈言．三因极一病证方论［M］．北京：人民卫生出版社，1957：15.

② 陈衍．宝庆本草折衷：卷二〇［M］．元刻本．

③ 转引自《医籍考》173页，胡仕可《本草歌括》自序。

药味简单。被收入的方剂，事先经过一番筛选。除药味众多的大方极少收录外，事涉淫秽的“红铅方”，也在摒弃之列。李时珍在“人血”条下申明：“诸方用血，惟不悖于理者，收附于下。”书中也有一些疗效不确或属于服食之类的方剂，但李时珍往往先“立言以破惑”，然后说明收这些方剂的目的是供后人参考警戒，如《证类本草》“硇砂”之下收有单服之方，李时珍认为，此方易导致“助阳以纵欲”“损阴以发祸”，为了“以备考者知警”才予以收录。又如，“杏仁”条，李时珍说：“杏仁性热降气，亦非久服之药……古有服杏丹法，云是左慈之方。唐慎微收入本草，云久服寿至千万。其说荒诞可鄙，今删其纰缪之辞，存之于下，使读者毋信其诳也。”（卷二九，173页）

《本草纲目》的“附方”一项，保存了许多佚书之方。因此，这些单方“不致沦没，垂之千古”，也是李时珍的一大功绩。

此外，该书体例还继承了我国主要本草的优良传统，即重视注明资料来源和药物出典。据李时珍所述，这种做法有以下用处。

1. 纪原。释名之下“仍注各本草名目，纪原也”。

2. 便览。“直书诸家本草名目于药名、主治之下，便览也。”“三品书名，俱注各药之下，一览可知，免寻索也。”

3. 求实。“各以人名，书于诸款之下，不没其实，且是非有归也。”

4. 存古。“神农旧目及宋本总目，附于例后，存古也。”

由此，可以说明李时珍科学的治学态度和良好的科学道德，受时代风气及编书条件（李时珍子孙门生亦参与编写誊抄工作）等因素的影响。《本草纲目》引用文献时，不是特别严谨，但注明出处也为后人进一步研究核查提供了线索（本文后两节还将涉及该书处理资料的一些问题，暂略）。

《本草纲目》采用文字标注出处，免去了《证类本草》用黑白字、大小字、墨盖字等繁复标记法。尽管《本草纲目》还保留了大小字的方式，但这与出处毫无关系，主要是使重点内容（如气味、主治）或文字标记（如附方之前的病证）更为醒目而已。

最后应该提一下药图问题。李时珍对《图经本草》曾有过评价，认为该书“图与说异，两不相应。或有图无说，或有物失图，或说是图非”（卷一，8页），这说明他是主张图说相应的。可是在《本草纲目》的解说中，竟无一例提示须与药图相对照（苏颂《图经本草》则否），这就表明在纂述文字内容时，他并没有预先制订绘图计划，因而也就没有把绘图与文字纂述同时并举。药图的绘制是由李时珍子孙具体完成的这一事实，表明这一工作至少是在《本草纲目》初稿完成（1578）之后（李时珍完成初稿时已60岁，以20年一代计，其孙辈在1578年不过20余岁，恰有可能参与这一工作）进行的。在李时珍的熏陶下，其子孙也都具备一定的医药知识。《本草纲目》附图中可能就包含李时珍子孙的研究成果。以“辟虺雷”一药为例，李时珍原说，“今川中峨眉、鹤鸣诸山皆有之。根状如苍术，大者若拳。彼人以充方物，苗状当俟访问”（卷一三，828页）。这说明李时珍当时还不识此药苗状。可是附图中的辟虺雷却可见块根粗大，茎苗蔓状，叶长卵形。邬家林曾指出，辟虺雷即峨眉山著名止痛药背蛇生（*Aristolochia cinnabarina* C.Y.Cheng et J.L.Wu）。至今当地还有“辟水（虺之音讹）雷”之称[①]。联想到《本草纲目》绘图编辑李建元，其时官四川蓬溪县知县，所以这一药图恐即据其在川中所见绘成。

金陵本《本草纲目》附图的价值是比较高的，多数药图都能较准确地反映基原特点。毋庸讳言，这些药图的精美程度远逊于《本草图经》《救荒本草》等书，并不像某些学者所说的“刻意求工”[②]“最精美”[③]。不知当责之绘者抑或刻者。作为《本草纲目》这样一部集大成的巨著，在预定体例时未能事先虑及药图，似乎不能不说是一个缺憾。

综观《本草纲目》编写方法和各体例细则，我们几乎处处可以看到其与历代本草书之间的渊源。汲取前人编纂本草书的经验，并有所发展，是李时珍取得成功的重要原因之一。《本草纲目》以其“博而不繁，详而有要”的编写方式，彻底结束了延续千年的逐层贴补式的本草编写旧例。由于注重学术内容方面的内在有机联系，又部分保留了古本草重视资料出处的优良传统，因此建立了在当时堪称完备的本草学体系，使《本草纲目》具有一定的文献价值和相当高的实用价值，并使该书对后世本草书的编纂方式和体例有着深远的影响。

三、参引资料

李时珍为了撰写《本草纲目》，“渔猎群书，搜罗百氏。凡子史经传，声韵农圃，医卜星相，乐府诸家，稍有得处，辄著数言”，“书考八百余家”。当时的名儒王世贞一见之下，赞不绝口：“(纲目一书)上自坟、典，下及传奇，凡有相关，靡不备采。如入金谷之园，种色夺目；如登龙君之宫，宝藏悉陈；如对冰壶五鉴，毛发可指数也。”(《本草纲目》序，17页）

这些丰富的资料，是《本草纲目》的重要组成部分。探析这些文献的来源，评述它们在该书中所占的位置，将有助于了解《本草纲目》的构成，加深对此书各部分内容的认识，使我们能客观地从历史的角度评价《本草纲目》。

《本草纲目》参引文献的主体（如同一般所说的“蓝本”）是《证类本草》，即该书提到的“古有本草一书”(或直呼为“旧本”“古本”)。例如，“自陶弘景以下，唐宋本草引用医书，凡八十四家，而唐慎微居多。时珍今所引，除旧本外，凡二百七十七家”(卷一，

---

① 邬家林，郑金生.《本草纲目》图版的讨论［J］.中药通报，1981(4)：9-11.

② 丁济民.跋明金陵刊本本草纲目［J］.医史杂志，1948(3/4)：39-40.

③ 朱颜.介绍本草纲目［J］.中级医刊，1954(10)：15-18.

11页)；“自陶弘景、唐、宋已下所引用者，凡一百五十一家。时珍所引用者，除旧本外，凡四百四十家”(卷一，23页)。显然，李时珍是以“旧本”作为统计资料的对照书。各药附方亦准此，凡《证类本草》原有者称“旧方”，李时珍增引的称“新方”。《本草纲目》无论在体例还是资料方面，借鉴《证类本草》处甚多。但是《证类本草》版本众多，先后经过大观、政和、绍兴3次校定(通常分别简称为《大观本草》《政和本草》和《绍兴本草》)。李时珍直接参考的是其中哪一个系统的版本呢?

且看“历代诸家本草·本草别说”条下李时珍的注：“高宗绍兴末，命医官王继先等校正本草，亦有所附。皆浅俚无高论。”(卷一，8页)乍看起来好像李时珍亲见过王继先所校的《绍兴本草》，其实不然。《绍兴本草》在明代只有个别藏书家收有节略本。《永乐大典》虽引有该书佚文[①]，可惜李时珍无从得见。再说属于《绍兴本草》新添的药物，《本草纲目》全部误注出处。例如，“豌豆”，李时珍谓，“今为日用之物，而唐、宋本草见遗，可谓缺典矣”(卷二四，1518页)；又“银杏”，李时珍曰，“银杏宋初始著名，而修本草者不收”(卷三〇，1802页)。此二药均为绍兴新添药。其他如罂粟壳，《绍兴本草》云“其壳炒而断泄利，诸方颇用之，盖有收涩之性多矣”[②]，而李时珍却说，“(罂粟)其壳入药甚多，而本草不载，乃知古人不用之也”(卷二三，1493页)。凡此种种，均可证明李时珍未见过《绍兴本草》。李时珍所说“皆浅俚无高论”，乃复述陈振孙《直斋书录解题》之语，而且不恰当地用了一个“皆”字，把原来“其言皆可稽据不妄”的陈承之说一并搭进去加以贬斥。

看来李时珍所用蓝本只可能是《大观本草》或《政和本草》(或此二本合刊的所谓《大全本草》等)。卷首“历代诸家本草”中，李时珍竟认为《证类本草》是“宋徽宗大观二年”由唐慎微撰成，并“上之朝廷，改名《大观本草》”。看来李时珍是未细读只有《大观本草》(或《大全本草》)才有的艾晟原序，否则不会有此误。李时珍究竟见没见过《大观本草》呢?不妨先回顾一下《大观本草》和《政和本草》各自流传的简况。

《大观本草》是地方官刊本，《政和本草》是中央政府校本。后一书修成雕版后，就被金兵抢走，流行于金地，不为南宋所知。《绍兴本草》乃据《大观本草》校定(见王继先序及《玉篇》)，《履巉岩本草》序云：“至大观证类、绍兴校定，始详而备矣。”独不知有《政和本草》，可为佐证。《政和本草》流行于北方，元、明一统以后，流传于社会的主要是《政和证类本草》。尤其是明代，《政和本草》比《大观本草》的刊行次数多得多。现知明刻《大观本草》只有2种(分别在嘉靖和万历年间刊行)，而《政和本草》仅在明成化四年(1468)至万历六年(1578)之间至少翻刻了9次，嘉靖刊本就有3种，今国内约存15部。因此，

① 解缙，等.永乐大典：卷二三四六[M].影印残本.北京：中华书局，1959：17.(其他卷内有无引用尚须进一步辑查)

② 王继先，等.绍兴校定经史证类备急本草[M].神谷氏抄本.

李时珍当以使用他编书期间广为刊行的《政和本草》的可能性最大。

深入到内容中去考察，这一问题就更明朗了。后世所用《政和本草》祖本，皆出自1249年平阳张存惠（字魏卿，堂号晦明轩）。张氏在书前附列“证类本草所出经史方书”，又将《本草衍义》逐条散入《政和本草》。对此，李时珍是了解的，他说“平阳张魏卿以其（寇宗奭）说分附各药之下，合为一书”（卷一，9页），可见，他所参考的《政和本草》也是这一祖本所传。《本草纲目》引据书目即直接受此本的影响。最有说服力的是，《大观本草》脱漏的“石蛇、黑羊石、白羊石、天仙藤、金灯”五药，《本草纲目》照引无误；而《政和本草》脱漏的“人口中涎及唾”，李时珍却以“人津唾”为名作为《本草纲目》的新增药。因此，李时珍参考的不是《大观本草》，而是《政和本草》，似乎是可以成立的。可证明《本草纲目》所参为《政和本草》的例证还有许多，如“魁蛤”“蛏”两药下的《食疗》佚文，《政和本草》原脱，《本草纲目》竟也未收。又“秫”条附方，《本草纲目》作“诜曰：用秫米一石，数三斗……”，此与《政和本草》同，而《大观本草》“三斗”作“三升”，似更合情理。此条非李时珍不知，恐属未见。又因传世《大观本草》基本上都是从南宋重刻本衍生，当时为避宋孝宗赵昚名讳，凡“慎风”之类词句，均改“慎”为“忌”或“谨”。《政和本草》无此讳，而《本草纲目》同《政和本草》。其他校勘例证，不再罗列。至此，笔者认为《本草纲目》用作资料来源主体的应该是《政和本草》，而非《大观本草》。

节外生枝的是，《本草纲目》“蛴螬”条一单方下直接注出《大观本草》，这就使人不得不慎重对待。经查，该药为“赤白口疮”附方，仅见于《政和本草》，《大观本草》原脱。故而“大观”二字不过是误笔。考虑到李时珍误认唐慎微在大观二年（1108）作《证类本草》，这里出现此笔误实不奇怪。这一条文恰恰为李时珍参用《政和本草》提供了又一依据。

人民卫生出版社校点《本草纲目》，采用的《政和本草》是晦明轩本。从《本草纲目》实际参用《政和本草》的版本来看，单取此本做校勘是不够的。因为李时珍并没有使用元代晦明轩本，他用的是明代通行的晦明轩以后的翻刻本。不了解这一点，就很难弄清《本草纲目》某些引文致误的原因，给校勘和使用《本草纲目》带来一些困难。

我曾采用《政和本草》商务印书馆四部丛刊影印本[①]作校本，发现《本草纲目》有些文字与此本错误相同，而不同于晦明轩本。例如，“胡椒”条附方，《本草纲目》作“心腹冷痛胡椒三七枚，清酒吞之……孟诜食疗”，商务影印本作“食疗云：治五脏风冷冷气，心腹痛，用清水酒服之佳”，晦明轩本作“食疗云：治五脏风冷冷气，心腹痛，吐清水，酒服之佳”。

很明显，商务影印本误“吐”为“用”，语义为之一变。《本草纲目》承其误，直书“清

① 据日本冈西为人考证，此本底本为成化四年本，见《本草概说》（日文版）138–139页。

酒吞之”，漏去“吐清水”这一重要症状。

又“雉”条，《大观本草》、晦明轩本《政和本草》引孟诜云“又九月至十二月食之稍有补”，商务影印本《政和本草》“十二月”作“十一月”，《本草纲目》亦同。

又“水萍”条：“药录云……楚王渡江所得，乃斯实也。”人民卫生出版社校点本校记为：“乃：大观、政和本草卷九水萍条俱作‘非’，义正相反。似是濒湖有意改写。”然而，李时珍要把意义相反的字改过来，一般还是比较慎重的，甚至会因此发一通议论。为什么这里会迳改呢？经查商务影印本才恍然大悟，此本“非”字已先误作“有”，意义已变，李时珍又改“有”为“乃”，可见并非有意反其道而行之。

再如“钩吻”，其性味之下《本草纲目》转载时作“大有毒”。李时珍还特意加注：“其性大热。本草毒药止云有大毒，此独变文曰大有毒，可见其毒之异常也。”人民卫生出版社校点本校记云：“大有：按大观、政和本草卷十及于金翼卷三钩吻条均作‘有大’。”据此，亦显而易见李时珍并未参用上述他校本。他所见一定是原书有“大有毒”字样的本子，这才会让他以为是“变文”，并作其毒异常的依据。而商务影印本（261页）恰好误作“大有毒”，可见李时珍的议论亦是有所本的。那么，能断定李时珍参用的《证类本草》就是成化四年（1468）的《政和本草》吗？恐怕还不能。因自成化至万历年间，用此本翻刻多次，成化本的错误也会被沿袭下去。只有将所有李时珍可能见到的版本全面校勘，始能定出具体版本。但这样做工程之大，与得出结论所能说明问题的意义相比，实在是得不偿失，故本文未再加深究。

以上如此长的篇幅，想说明一个中心问题：《本草纲目》用作资料主体的《证类本草》，既非《大观本草》（孙星衍云“仅取《大观本草》”，失考），也非晦明轩本，而是以成化四年本为底本的翻刻本。明确这一点，在读《本草纲目》遇到疑点时，不妨从这些翻刻本中寻其原委，庶几可不诬李时珍。

下面进一步分析《本草纲目》其他资料来源。《本草纲目》参引文献可分两大部分。其一，医药书籍，即“引据古今医家书目”所列；其二，非医药文献，可见“引据古今经史百家书目”。这两部分又各分旧本所引和李时珍所引，我们主要讨论李时珍所引。鉴于《本草纲目》实际引书很难得出一个准确数字，故暂以书目为准。

1. **医药书籍：**书目所列为276家[①]，另“历代诸家本草”载元、明本草14家，总计290家。

本草书约有31部，数量不多，却为《本草纲目》提供了大量的药理和部分药物基原考订方面的材料。缀补《证类本草》未载药41种[②]，成为《本草纲目》内容主体构成的重要依据之一，其地位仅次于《证类本草》。金元诸家本草的药理论述，集中反映在《本草纲

① 人民卫生出版社校点本改为277家，实际上只有276家。《龚氏经验方》重出，不当计入。

② 江西本原载计39种，据人民卫生出版社校勘点时计有41种（从李珣至陈嘉谟，卷一，43页）。

目》中。宁献王《庚辛玉册》，是《本草纲目》土部、金石部常用参考书。汪颖《食物本草》首列水类、味类，对李时珍设水部和果部味类恐怕有直接的影响。

一般说来，《本草纲目》引用的宋以前本草都是从他书转引，李时珍并不一定见到原书。尚有疑问的是《孟氏诜方》(非《必效方》，当指《食疗》)。《本草纲目》"乌贼鱼""正误"项下所记"时珍曰"，"按本经云：主癥瘕无子。别录云：令人有子。孟诜亦云久服益精。而张鼎此说('久服绝嗣无子'——笔者注)独相背戾，亦误矣……恐人承误，故辨正之"(卷四四，2474页)。日本学者中尾万三据此推测"李时珍曾见到过张鼎之书"[①]。其实，就是这一孤证也还站不住脚。《证类本草》引此文为"食疗云……久食之，主绝嗣无子，益精"，李时珍凭臆见将上文割裂成孟诜云"久服益精"、张鼎云"久服绝嗣无子"，无视原文的"主(治)"字，人为地造成对立。在导师马继兴指导下，笔者参与辑校《食疗本草》，并以《本草纲目》互参，结果证实此书中的"孟诜、张鼎云"均从《证类本草》转引，或糅他人论述。李时珍将《孟氏诜方》列入"时珍引据"书目是不适当的。类似这样的例子还有《小儿宫气集》(即《小儿宫气方》)、《玄明粉方》(即《玄明粉传》)、孙用和《传家秘宝方》、初虞世《养生必用方》、杨炎《南行方》、《神医普救方》等。

还有一些书，李时珍虽然无法见到原书，但他善于从类书或大型医方书中加以搜寻，补入前人忽略的药物资料，如《魏武四时食制》《神农食忌》《彭祖服食经》《神仙服食经》等，多从《太平御览》《千金方》等书中引录。《千金月令》亦可见于《说郛》。宋代《太平御览》引有古本草佚文约434条[②]，成为李时珍进行校勘、纠谬的依据。因此，李时珍虽无法直接见到宋以前的本草，却能凭借类书等指出一些旧本的错误，如"斑蝥"一药，李时珍认为《太平御览》所引《神农本草经》佚文中已有解说，"其说甚明，而唐宋校正者反失所取，更致纷纭"。

《本草纲目》新增附方的主要来源，取自医方书及各科医书。290家医书中，除本草及15种医学理论著作、脉学、针灸等医书外，医方书(包括含医方较多的各科医书)有240余种，其中以明代医方书所占比例最大，宋代次之，元代又次之。明代医方书中，有相当一部分已经佚散，《本草纲目》所保存的这部分方书，就文献价值来说，比其他部分显然更高一些。宋代方书在数量上仅次于明代同类书，其中又以南宋方书为多。大型专科医方书(如《幼幼新书》《妇人良方》等)，均成为摘取单方常用文献。当然，李时珍也并非亲见每一本宋代医方书，他也间或从明代大型方书中加以转引。例如，《海上名方》为宋代钱竽作，李时珍引用时注曰，"蝇，古方未见用者，近时《普济方》载此法，云出《海上名方》也"(卷四〇，2291页)，是知该书乃从《普济方》转录。由此我们也可以得知，李

---

① 中尾万三．食疗本草之考察［J］．上海自然科学研究所汇报，1930，1(3)：139.

② 冈西为人．中国医书本草考［M］．大阪：南大阪印刷中心，1974：334–348.

时珍引用的某些佚散文献内容，实际上是自他处转引的二手资料。

2. **非医药文献：**今根据“引据古今经史百家书目”，制出各书的分类、朝代表(见表2)。限于个人水平，尚有一部分书弄不清它们的年代甚至类别，因而表中数字应该说只是一个大概，误差肯定是存在的。但从这些粗略的统计，也可以看出一些问题。

表2　李时珍“引据经史百家书目”分类、朝代

分类／数量／朝代	经		史			子						集	分类不明	小计
	易·诗礼·书谶纬	小学	史传	时令	地理	儒家·诸子·兵书	农家谱录	天文术数	杂家小说	类书典故	佛道			
汉魏以前	14	9	5	1	7	8	3	3	8	1	2	4		65
两晋六朝		3	7		16		1	1	13	1	5	4	1	52
隋唐五代		3	2	1	14	1	1		11	2	8	13		56
宋辽金	1	5	8		6	2	28	2	47	14	3	24		140
元	1	4	2	1	2		3		5	2		4	1	25
明		3	4		4	1	4		21	1	1	11	1	51
（朝代不明）			3	1	8		1	3	4	3	15	1	12	51
小计	16	27	31	4	57	12	41	9	109	24	34	61	15	
总计	43		92			229						61	15	440

首先，子部书（医书已除外）占所有经史百家书的一半以上。其中杂家、小说又约占子部书的一半。宋代的杂家小说几乎等于其他朝代同类书的总和。这是因为笔记小说在宋代迅速发展，当时的文人学士游历各地时，留下了大量的私人档案。医药是其中常见的内容。这些材料对考求药物名实有较大的作用，李时珍经常从中拾掇药物资料。麻醉药“押不芦”可见于周密《志雅堂杂钞》，秋石制法取自叶梦得《水云录》。沈括《梦溪笔谈》、方勺《泊宅编》等使用更是频繁。

宋代的农家、谱录类的文献也占较大的比重。范成大《桂海虞衡志》所收当地药品，被《本草纲目》取为新增者的就有龙荔、五敛子、甘剑子、木竹子、櫓罟子、罗晃子、铜鼓草等。宋代韩彦直《橘谱》、傅肱《蟹谱》、蔡襄《荔枝谱》、欧阳修《牡丹谱》、刘贡父《芍药谱》、赞宁《笋谱》、范成大《梅谱》《菊谱》(另引刘蒙、史正志两家《菊谱》)、陈翥《桐谱》、陈仁玉《菌谱》、叶庭珪《香谱》、洪驹父《香谱》、苏易简《文房四谱》(李时珍分作4本书)、杜季阳《石谱》等，成为李时珍深入研究各物品的重要参考书，为《本草纲目》增色不少。这类文献对考察药物形性出产等发挥了相当大的作用。

从朝代来看，以宋代诸书占明显多数。北宋《证类本草》未载及南宋诸部有关书籍，在《本草纲目》中得到一次大规模的汇集。李时珍在参引这些众多资料时，充分利用丛书、类书，如《百川学海》《说郛》《太平御览》《册府元龟》《事物纪原》《锦绣万花谷》《古今事类合璧备要》《事文类聚》等。作为治学方法，这是可取的。但将某些类书以及从这些类书转引的资料同时列入引据书目，不免给我们统计李时珍实际引书数目带来了一定的困难。

除子部书而外，经、史、集3部共有200多种，它们在《本草纲目》中发挥的作用自然要小得多。值得一提的是，史部地理类的文献，在求药物产地、形态等方面起到了一定的作用。应该注意的是，《本草纲目》所引地志、游记、异物志等，涉及的区域范围比较大，而且一大半取自唐以前（从类书转引居多），元、明两代方志取用极少。和后世《植物名实图考长编》等书相比（该书引用当时的县志、府志较多），《本草纲目》与这些地理书产生时代间隔太远，因此，这类书无法很好地反映明代的药物实际情况。李时珍收集当时的地方志较少，这与他受所处地位的限制有关。本文之所以对此加以说明，是想客观地评价地理文献在《本草纲目》中所起的作用及其不足。

经部书中以小学类文献发挥作用最大。李时珍正是利用这批资料，从音韵、训诂等方面考求药物的名实。各药“释名”一项，取材于此类书处甚多。具体例证，本文第四部分将详细列举。

至于集部，虽然数量不小，但被引用的频率不高。除少数诗文对药物考证有一定的作用之外，实际上多数只起到点缀作用，似无须给予过高的评价。其他各类（如佛道、史传等）数量不多，引用条文也少，不拟一一评述。

李时珍所引医药及非医药书籍总数（据书目）730余种。单从引书数目并不能找出对后世有益的东西，也无法看到《本草纲目》的特色与薄弱环节，故不揣浅陋，对该书资料来源作以上粗略的分析。在此，拟对李时珍引用文献时存在的一些问题，附带作一简析。

（1）引文有更改、杂糅现象。古代的类书及一些资料性较强的书籍，在引录前人资料时，往往根据需要割裂原文、截取缩写有关内容。因此，引文与原文有一些出入，是常见的。如果拿现存的《本草经集注》《新修本草》《食疗本草》残卷来校《证类本草》（该书文献价值之高是公认的），也可以发现同类问题。但是，《本草纲目》引文却常见更改、杂糅诸家原文的现象。胡道静曾说：“钞本书不能无误，但是这种错误还有迹可循，不似经过窜改的，反致混乱、迷惑的作用。”[①] 摘引古书也同此理。前面提到李时珍曾臆改《食疗本草》之文，就令人疑为他曾见过张鼎增补之书。笔者在考证龟甲应用历史时，就发现《本草纲目》曾窜改《图经本草》原文。《图经本草》：“入药须用神龟。神龟，底壳当心前有一处四方透明如琥珀色者是矣。”（见《政和本草》卷二〇）《本草纲目》：“苏颂曰……入药

① 胡道静．中国古代的类书［M］．北京：中华书局，1982：71.

须用神龟。神龟版当心前一处，四方透明，如琥珀色者最佳。”（卷四五，2492页）于是，文义由“神龟”辨识标志一变而为“神龟版”的质量讨论了。

《本草纲目》中类似的臆改原文处甚多，无法一一列举。由于未能及时注意到此书这一缺陷，中国、日本本草学者曾付出了很大的代价，如日本学者冈西为人、国人尚志钧在各自独立辑佚《新修本草》时，都曾先以该书作辑佚底本。待与《证类本草》等书相校，方知《本草纲目》在二次转引时有不少改动，并不能倚为辑佚依据（李时珍经考订后校改者除外）。我们现在看到的张骥所辑《雷公炮炙论》、姜国伊辑《神农本草经》等，系取材《本草纲目》。连一些中药辞典所引宋以前古本草条文时，也借重《本草纲目》，恐怕未必妥当。

刘衡如在校点《本草纲目》时指出：“著者引用它书时，大都不是抄录原文，而是经过一番化裁的，有时甚至综合二三家之说为一，和原文有很大的出入。这是当时一般的习惯。”至于李时珍在多大程度上受“明人好删前人书”这一风气影响，是否还有其他因素在起作用，我们就暂不去管了。要紧的是，从思想上注意对《本草纲目》一分为二，知其长、识其短，在研究中注意勿重蹈覆辙，以讹传讹。

（2）列举书目、注出书名的混乱。《本草纲目》实际引书与卷首列举书目并不一致。有漏略或重出者，也有将丛书、类书与其中所载书名并列者。至于书名、人名的错误，也存在（如将“邓德明”误作“邓显明”、“山堂考索”误作“山堂考察”等）。由于李时珍引用的一些宋以前的佚书大多是从类书或其他有关书籍转引，因此，我们在评价这部分引文的文献价值时就应该慎重客观一些。据初步统计，《本草纲目》引据经史百家书目中有84家可见于《太平御览》，这80余家宋以前的古籍在明代大多已散失。李时珍所引这部分文献，实系转录《太平御览》而来，我们不能把保存这些佚文的功劳堆在李时珍身上。又如，王安石《字说》，早佚，除《宋史·艺文志》外，元、明均未见著录。《四库全书总目提要》载，《埤雅》二十卷，宋代陆佃撰。陆佃“少从学于王安石……中多引王安石《字说》”。今《本草纲目》在引据书目中并举《埤雅》《字说》，又焉知《字说》内容（18条）不是转录于《埤雅》？

相似的书名在《本草纲目》引注时颇为混乱，如《海上名方》《海上方》《海上仙方》《温隐居海上方》等，引文就时或误注。前二书原书已佚，系转录自《普济方》，后二书尚存，胡文焕本《海上仙方》的前集为《温隐居海上方》，后集即所谓《孙真人海上仙方》。《本草纲目》“猫屎”条附方就把《孙真人海上方》内容注成《温居士方》。错注药物出典的例子也很多，本文无法悉数条陈。这些问题有待重校《本草纲目》时汇合集体力量加以清理，以免读者承误袭谬。

《本草纲目》引文存在的这些问题，确实部分降低了该书的文献价值，但决不可一笔抹杀它综合大量资料的历史功绩。必须声明的是，其大多数引文并未与原文相悖。能汇集古今近千种（包括转引）书籍中的药物资料于一书，且注明出处，为后世分析比较、溯源求本提供了很大的方便，这是《本草纲目》具有很高的学术价值的重要方面。

最后，附带谈谈李时珍未能见到的古本草书。这似乎是题外之言，但对了解李时珍所参文献恐不无裨益。由于受时代和个人条件限制，李时珍不可能尽览前代本草书。现存的李时珍未见过的本草书就有《绍兴本草》《履巉岩本草》《宝庆本草折衷》《本草元命苞》《本草品汇精要》《滇南本草》《药性粗评》等多种。因而，《本草纲目》中不曾反映这些书中的成就，其责任当然不在李时珍。但是，如果不指出《本草纲目》某些成就（如新增药品等）在前代早已有之，那么就无法反映本草发展的实际状况。

前面列举的李时珍未见本草中，《绍兴本草》的情况已经在本小节一开始时谈及。南宋王介《履巉岩本草》因系彩图，极少流传，其文字内容曾由明代胡濙《卫生易简方》部分引载。李时珍所引《卫生易简方》的条文，有一些即原出此书。拙文《〈履巉岩本草〉初考》曾指出，《本草纲目》附录于“有名未用”(卷二一，143页)中的天仙莲，即出自《履巉岩本草》。据其图可考为八角莲[①]。又《本草纲目》“曼陀罗”取自《卫生易简方》的一个附方，也是出自此书。该书的曼陀罗图，比《本草纲目》所绘要准确得多。

南宋陈衍《宝庆本草折衷》20卷（今存14卷），据戴良《九灵山房集》称“近代陈衍作《本草折衷》，王好古作《汤液本草》，亦删繁之遗留也”，是知元代此书尚流传。入明则除《永乐大典》摘抄外，未见医书引录。“秋石”一药，首次在此书立条，《本草纲目》云出《本草蒙筌》，后世谓始见《本草品汇精要》，均误。明代《本草品汇精要》在弘治年间修成之后，束之高阁。李时珍虽在太医院短期供职，却未知有此书。其余本草书，本文暂不逐一介绍，也不可能在本文做全面比勘。今先将《本草纲目》出典有误的药品（以新增品为主）列成简表（表3），以供同行参考。

表3 《本草纲目》所注药物出处勘误

药　名	《本草纲目》所注出处	实际出处	备　注
乌爹泥	纲目	本草权度	
锡蔺脂	纲目	绍兴本草	
炉甘石	纲目	绍兴本草	
土当归	纲目	履巉岩本草	《本草纲目》自《卫生易简方》转录
鹿蹄草	纲目	履巉岩本草	
紫花地丁	纲目	履巉岩本草	《履巉岩本草》有3种 Viola 植物（据图）

① 郑金生.《履巉岩本草》初考[J].浙江中医杂志，1980(8)：338-340.

续表

药　名	《本草纲目》所注出处	实际出处	备　注
曼陀罗	纲目	履巉岩本草	
醉鱼草	纲目	履巉岩本草	
虎耳草	纲目	履巉岩本草	
水银草	纲目	履巉岩本草	《本草纲目》自《卫生易简方》转录，列入“有名未用”
天仙莲	纲目	履巉岩本草	《本草纲目》自《卫生易简方》转录，列入“有名未用”
双头莲	纲目	履巉岩本草	《本草纲目》自《卫生易简方》转录，列入“有名未用”
黄杨木	纲目	履巉岩本草	
龙牙草	图经	履巉岩本草	《图经本草》有名称相似者，唯图形不符
烧　酒	纲目	（饮膳正要）	未专立条
蘑菰蕈	纲目	饮膳正要	《食物本草》附彩图
必思答	纲目	饮膳正要	《本草品汇精要》误作新增
鸨	纲目	饮膳正要	《本草品汇精要》误作新增
黄　羊	纲目	饮膳正要	
豇　豆	纲目	食物本草	见《本草纲目》药条中注“汪颖”
丝　瓜	纲目	食物本草	《食物本草》附彩图
蔊　菜	纲目	食物本草	《食物本草》附彩图
章　鱼	纲目	食物本草	《食物本草》附彩图（名“章举鱼”）
胡萝卜	纲目	绍兴本草	《食物本草》附彩图，系于“萝蔔”下
豌　豆	拾遗	绍兴本草	《本草拾遗》无此名，《绍兴本草》始以此名立条
山　茶	纲目	救荒本草	《食物本草》附彩图
木芙蓉	纲目	图经本草	《本草纲目》既并入《图经本草》地芙蓉，不当作新增
豪　猪	纲目	食疗本草	《图经本草》《本草品汇精要》《食物本草》均附述
银　杏	日用	绍兴本草	《本草品汇精要》亦作新增
糟	纲目	宝庆本草折衷	新分条，名“甜糟”，《食物本草》以“糟”立条
神　曲	药性论	本草拾遗	《嘉祐本草》原附“糟”下，《宝庆本草折衷》始分条
秋　石	蒙筌	宝庆本草折衷	新分条
紫梢花	拾遗	宝庆本草折衷	《本草拾遗》无此名，北宋本草均未单立条，《宝庆本草折衷》始分条
山　柰	纲目	品汇精要	名“山赖”
马槟榔	会编	品汇精要	
罂粟壳	（罂子粟附）	宝庆本草折衷	新分条，李时珍误认宋本草不载
草　果	（并入草蔻）	宝庆本草折衷	《本草品汇精要》亦作新增

以上仅择数书，尚未将《滇南本草》等对照。关于药品出典，是个很复杂的问题。何谓“新增”，何谓“首出”，本草界似未作统一规定。例如，玉蜀黍，公认《本草纲目》首出，但笔者在《本草品汇精要》中检得“薏苡”两张彩图之一，即玉蜀黍。究竟首出从名，抑或从实，当予统一。关于本草出典，日本森村谦一做了不少工作①。但据我国现有资料，似应该仔细重新加以考订。以上所述虽有蛇足之嫌，但借此切盼诸同道更加重视李时珍未见的明代以前本草。在现有资料基础上，对《本草纲目》中的一些记载应该有新的认识。将来校正《本草纲目》时，亦应扩大校勘范围，补注新的发现，以期更符合本草发展原貌。

四、考辨方法

李时珍曾把编写《本草纲目》所做的具体工作归纳为4条："剪繁去复""绳谬补遗""析族区类""振纲分目"。如果我们再加以归纳，那么“剪繁去复”“振纲分目”属于文献整理和编排（亦即“留心纂述诸书”），“绳谬补遗”“析族区类”则为对本草内容的考订、辨析和补充（所谓“苦志辨疑订误”）。

《本草纲目》在这两个方面都取得了巨大的成功，尤其是后者，更使全书熠熠生辉。夏良心评曰：“《本草纲目》大抵与苏颂《图经（本草）》、唐慎微《证类（本草）》相表里，而采摭名实，引据征验，不啻倍之。”（重刻《本草纲目》序）此非过誉。苏颂虽然汇集全国进献的资料，但他无法一一亲验，断其是非；而唐慎微则基本上做的是资料汇辑工作，其本人并无考订意见。李时珍立志绳谬订误，对药物的种类、功用等，进行了大量的考辨工作，解决了前代本草“当析而混者”“当并而析者”等许多疑误。李时珍是从哪些方面进行药物考辨的呢？质言之，不外乎实际考察和文献考据两途，其中有不少经验值得借鉴。

（一）实际考察

我们还是从李时珍对历代本草的评述入手，看看他是怎样强调编书应该有所发明的。李时珍评《本草集要》时说，“取本草常用药品，及洁古、东垣、丹溪所论序例，略节为八卷，别无增益，斤斤泥古者也”（卷一，10页），又论《食鉴本草》云，“取可食之物，略载数语，无所发明”，对《本草蒙筌》评价较高，“间附己意于后，颇有发明。便于初学，名曰蒙筌，堪称其实”。《本草纲目》中专列“辨疑、正误”及“发明”两项，表明李时珍不泥古人，力求有所发明。

李时珍的辨疑发明，是以实践经验为基础的，并非玄学空论。他对仅据目学耳食就妄

① 森村谦一．历代综合本草中植物新出品目之考察．内部印刷资料．京都大学人文科学研究所研究报告：中国的科学与科学者，1978.

自臆断的做法，甚为鄙薄。受批评较多的是汪机的《本草会编》，被斥为“臆度疑似，殊无实见，仅有数条可取尔”。对汪机所说“（茼蒿）本草不著形状，后人莫识”，李时珍大为慨叹：“（茼蒿）今人常食者。而汪机乃不能识，辄敢擅自修纂，诚可笑慨！”（卷二六，1629页）这表明，李时珍之所以敢于修纂本草，很重要的一个原因是他有着丰富的实践经验。

在《本草纲目》中，我们可以了解到，李时珍对其乡里出产的药品方物是何等的熟悉，如“蕲艾”，“艾叶本草不著土产，但云生田野。宋时以汤阴复道者为佳，四明者图形。近代惟汤阴者谓之北艾，四明者谓之海艾。自成化以来，则以蕲州者为胜，用充方物，天下重之，谓之蕲艾……”（卷一五，935页）可见，他对艾叶的历史了如指掌。当然，对蕲艾的熟识恐与李时珍受家学传授有关（李言闻《蕲艾传》），但他个人的经验也不容忽视。他根据临床治疗经验，断然纠正了前人对艾的药性记载之谬误，其言多中肯綮：“苏恭（敬）言其生寒，苏颂言其有毒……夫药以治病，中病则止。若素有虚寒痼冷，妇人湿郁带漏之人，以艾和归、附诸药治其病，夫何不可？而乃妄意求嗣，服艾不辍，助以辛热，药性久偏，致使火躁，是谁之咎欤？于艾何尤？”（卷一五，937页）又如蕲蛇，李时珍不唯熟知其形状，对商品药材及其炮制加工，所知亦详：“花蛇，湖蜀皆有，今惟以蕲蛇擅名。然蕲地亦不多得，市肆所货、官司所取者，皆自江南兴国州诸山中来……及以竹支定，屈曲盘起，扎缚炕干……”（卷四三，2401页）这些记载是十分翔实的，至今蕲蛇产地及加工方法基本上仍如上说。

“访采四方”是李时珍研究药物的一个重要方法。例如，《本草纲目》论茵陈，“茵陈昔人多莳为蔬，故入药用山茵陈，所以别家茵陈也……今淮扬人二月二日犹采野茵陈苗，和粉面作茵陈饼食之。后人各据方士所传，遂致淆乱”（卷一五，942页），其中所云淮扬人食茵陈饼这一习俗，恐怕就是实地采访得来。李时珍受条件限制，不可能像有些文章所说的“遍访名山大川”，周游各地。但他善于访问四方知药之人，从中汲取营养。又如，“钩吻”，历代本草颇有异议，李时珍“访之南人云：钩吻即胡蔓草，今人谓之断肠草是也”。据“南人”提供的花色形态，李时珍对当时常见的钩吻品种做出了比较正确的判断。

《本草纲目》“旋花”“发明”项下，有一段至今已为人熟知的记载：“时珍自京师还，见北土车夫每载之。云暮归煎汤饮，可补损伤。则益气续筋之说，尤可征矣。”（卷一八，1262页）该药“主治”项下所增“补劳损、益精气”之功效，就是采自车夫的经验介绍。他从京师归楚，并不因失去在太医院供职的机会而沮丧，而是深入民间、不耻下问，投身他所热衷的医药事业。依靠广泛的调查，李时珍解决了很多前代存疑的问题。如胡颓子一药，古代本草早著其名，陈藏器虽述形态，但不够详尽，因此知之者甚少。经李时珍“考访之，即雷敩《炮炙论》所谓雀儿酥也，雀儿喜食之。越人呼为蒲颓子，南人呼为卢都子，吴人呼为半含春，言早熟也。襄汉人呼为黄婆奶，象乳头也。刘绩《霏雪录》言：安南有小果，红色，名卢都子，则卢都乃蛮语也”（卷三六，2095页）。再看他描述该药的形态：“其叶微似棠梨，长狭而尖，面青背白，俱有细点如金星，老则星起如麸……”(同上)倘非多方求访，并实地长期观察，便无法做出这些细致而精确的描述。

古代药物基原的混乱是比较严重的，为了取得第一手材料，李时珍经常自采、自种，并亲自进行某些试验。如蓬虆与其同科属近缘植物形态多相似，李时珍曰：“此类凡五种。予尝亲采，以《尔雅》所列者校之，始得其的。诸家所说，皆未可信也。”(卷一八，1242页)。“蘋”也是名实混淆相当严重的一味药，古代诸家“皆无一定之言”。李时珍认为此“盖未深加体审，惟据纸上猜度而已。时珍一一采视，颇得其真云”(卷一九，1370页)。经他寥寥数语点破，则莼、荇、萍蓬草、蘋(田字草)判然而明。

在采视药物时，他很注意运用比较的方法寻求各药形态上的区别，如豨莶、地菘、火杴、猪膏莓等药名，“数说各异”，莫辨其原。“时珍尝聚诸草订视”，同时参考其他有关文献，得出一个比较明晰的结论——豨莶即猪膏莓。据此，他又进一步考订其效。尽管前人所记豨莶、猪膏莓“并无治风之说”，但他据“而今服猪膏莓之豨莶者，复往往有效”(卷一五，998页)，于是补上豨莶“治肝肾风气，四肢麻痹，骨膝弱，风湿诸疮”等重要主治。后世据此用药所取得的效果无不证实李时珍审药之精。在《本草纲目》一书中，经李时珍实地、实物考察而纠误之处不胜枚举。要之皆因他反对“纸上猜度”，主张“深加体审”，故能取得大量超越前人的成果。

李时珍用实验的方法辨析诸药，亦素为后人称道。脍炙人口的例子甚多，如剖穿山甲胃，得蚁升许，以知其食性；尝试饮曼陀罗花所酿酒，了解服药反应等。进行药物试验，不光需要严肃认真的科学态度，有时还要具备自我牺牲的勇气。观其云“花蕊石旧无气味。今尝试之，其气平，其味涩而酸”(卷一〇，613页)，是知李时珍也曾亲自以身试药。

在《本草纲目》中，经常可见一些简单的化学试验，如“石胆”，“但以火烧之成汁者，必伪也。涂于铁及铜上烧之红者，真也。又以铜器盛水，投少许入中，及不青碧，数日不异者，真也”(卷一〇，600页)。类似这样的试验在金石部屡见不鲜。李时珍在考辨药物基原方面所取得的成果是前无古人的。他也经常为自己能解决一些悬案而自慰。在辨析凝水石一类药物之后，他不无喜悦地说：“非时珍深察，恐终于绝响矣。”

“实践出真知”，李时珍编写本草所取得的巨大成功再一次雄辩地证明了这一点。注重实践，运用调查、比较、实验等多种方法取得可靠的知识，是李时珍赖以成功的重要原因之一。关于这一点，已有不少文章反复阐扬，给予了很高的评价，本文不复评述。

(二)文献考据

值得提出的是，李时珍通过文献考据所取得的许多成果很少有人给予应有的重视。其实，这也是李时珍取得成功的重要原因之一。《本草纲目》中相当多的药物就是通过辨析药名的字形、训诂、音韵及方言，分析比较各种文献的有关记载，校勘文字等途径进行药物考证的。如勒草(《名医别录》药)，原退入有名未用，《唐本草》失考，又另出葎草一药。

李时珍曰："此草茎有细刺，善勒人肤，故名勒草（南方某些地区至今犹有呼'刺'为'勒'者——笔者注），讹为葎草（《蜀本草》又名'葛勒蔓'——笔者注），又讹为来莓，皆方音也。"（卷一八，1327页）据此，李时珍将勒草并入葎草。《履巉岩本草》有"辣母藤"一图，即典型的葎草图。此"辣母藤"亦即"来莓"的方音转译，信乎李时珍所考不诬也。

果部（卷三〇）山樝，并入了《唐本草》赤爪木，宋《本草图经》棠毬子，元《本草衍义补遗》山查。试观李时珍对这些药名的考释："山樝味似樝子，故亦名樝。世俗皆作查字，误矣。查音槎，乃水中浮木，与樝何关？郭璞注《尔雅》云，杭音求，树如梅，其子大如指头，赤色似小柰，可食。此即山樝也。世俗作梂字亦误矣。梂乃栎实，于杭何关？樝、杭之名，见于《尔雅》。自晋宋以来，不知其原，但用查、梂耳……《唐本草》赤爪木当作赤枣。盖枣、爪音讹也。樝状似赤枣故尔。"（人民卫生出版社影印张绍荣本，1957年，卷三〇）经此一番训诂考辨，原先分列重出的三味药，终于合而为一，山楂这样一味常见之物的药用历史也就勾勒清楚了。类似这样的例子还有很多，如地榆与酸赭、白及与白给等。

李时珍引用的经部小学类的书达27种，这些文献为辨析药物名实发挥了颇为重要的作用。此外，李时珍对外来药名也有不少引述考证。这一内容，蔡景峰在《〈本草纲目〉中的医学交流》一文（见本书）已予详论，不赘。当然，在李时珍所处的环境中，他能接触并能加以考释的外来药名毕竟不可能像现代这样广泛深入。如由回回国传入的"押不芦"，李时珍就无法了解其名实，只能转载前人传闻。"押不芦"即阿拉伯语"yabrh"译音，属茄参属（*Mandragora*）植物，西方医学很早就用此作麻醉药。在现代条件下，我们应该汲取李时珍从文献入手考辨药物的经验，对本草学中出现的大量外来药应继续进行语源、名实的考察，这对了解中外药物交流，发掘这一部分医药遗产是很有意义的。

古代医药文献众多，往往记载各异，这就需要我们认真对待。李时珍主张"读书不可执一"，这是他在评判"泽泻"功效（诸家所记互相矛盾）时的一个体会。《名医别录》言泽泻"强阴气，久服令人无子"，《日华子》言泽泻"催生，补女人血海，令人有子"。表面看来，"似有不同"。李时珍认为，"既示强阴，何以令人无子？既能催生，何以令人有子？盖泽泻同补药，能逐下焦湿热邪垢，邪气既去，阴强海净，谓之有子可也，若久服肾气大泄，血海反寒，谓之无子可也"（卷一九，1351页）。至于《名医别录》《日华子》原意是否如此，当然还需推敲，但李时珍不拘一家之说，而是辨证地从药物配伍和服用时间等方面作出符合实际的阐发，这样来处理互相抵牾的文献记载，确有其可取之处。

历代文献的记载有时只是个人或局部经验的体现。仅凭具有局限性质的经验就做出理论上的解说，有时不免有所偏颇，这是在研究古代医药文献中常遇到的问题。李时珍的经验是既要重视前人的经验，又不能被文字记载所束缚，必须花一番精力推求其是否合乎道理。他在辨析黄芩功效的诸家异说时，充分注意到了这一点。他并不为诸家结论所囿，而是广泛地考求他们得出某一结论所依据的各种条件，并妥善地将各家观点组成一个有机的统一体。最后他总结说："故善观书者，先求之理，毋徒泥之文。"这真是一种良好的读书方法。李时珍正是依据常理，一再贬斥那些方士的不经之说。诸如"（此）皆方士幻诞之言，不足信也""方技诳说，未足深信"之类措辞激烈的语言屡在《本草纲目》中出现。哪怕是顶着"黄帝""神农"招牌的记载，只要不合道理，他都毫不迁就。

例如，《千金方》引有"黄帝书"，谓"丙午日勿食鸡、雉肉，丈夫烧死目盲，女人血死妄见。野鸡肉同家鸡子食，成遁尸，尸鬼缠身"(据《本草纲目》所引，卷四八，2615页)，对此，李时珍一分为二，肯定在春夏食雉肉可能会有某些损害，但对"丙午日勿食"之说，则深不以为然。他说："有鄙人者，假黄帝为书，谓丙午日不可食，乃成遁尸之说，乃不经谬谈；而陶（弘景）氏和之，孙（思邈）氏取之，皆误矣，今正其误。"（卷四八，2615页）尤其是古书中掺杂的一些糟粕，李时珍更是不屑一顾。他直截了当地指出，"《神农本草》言朴消炼饵服之，轻身神仙，盖方士窜入之言"，这和某些崇经复古之辈每牵强附会、曲意敷衍的做法大相径庭。李时珍对待古文献采取历史唯物主义的态度，是很值得我们学习的。

本文第三部分曾提到，《本草纲目》中存在着一些文献资料处理方面的缺陷，但是，这并不是说李时珍对文献资料的真实性不加考求、任意更改。检视《本草纲目》可知，李时珍十分注重考求古文献的正确性和可靠性。如蛤粉，汪机曾说："丹溪有言，蛤粉即海石，寇氏以海石注蛤粉，则二物可通用矣。"李时珍经查证原文后指出："海石乃海中浮石也，详见石部。汪氏诬引朱、寇之说为证，陈嘉谟本草又引为据。今考二公本书，并无前说，今正其误。"（卷四六，2535页）由此也可给后人以启发：不查原文，唯务抄引，容易因袭前人之误，以致以讹传讹，贻误后学。

通过文献校勘发现问题，是李时珍考辨药物内容的又一种方法。陈藏器在"予脂"一条下，引《广州记》云："予，蛇头鳖身……膏主蛭刺。"这段话颇为费解。李时珍在校勘原文后记曰："今考《广州记》及《太平御览》止云'弔，蛇头鼍身，膏至轻利'等语，并无所谓'蛇头鳖身，予膏主蛭刺'之说。盖弔字似予，鼍字似鳖，至轻利三字似主蛭刺，传写讹误，陈氏遂承其误耳。弔既龙种，岂有鳖身？病中亦无'主蛭刺'之证，其误可知，今改正之。"（卷四三，2380页）究竟是陈藏器原本有误，还是后世转抄翻刻之误，今已不可得知。但李时珍通过文献校勘（《广州记》文见《太平御览》卷九三二)，并证诸常理所做出的这一校改，却是十分令人信服的。

即使是《本草纲目》改动前人文词处，也不能一概加以非难。如"金疮小草"用于止血，《证类本草》引文作"又预知石灰杵为丸，日干，临时刮傅"，李时珍则将"预知"径改为"预和"。人民卫生出版社校点本校记中指出，"濒湖改知为和，以预和为丸与临时刮傅为对文，于义为长"，此评诚是。类似这样的改动，显然是经过思考后，以字形和义理作为改字的依据。所惜未能注明校改原委，徒遭后世"妄加增驳"之讥。又如，《证类本草》载猕猴头骨"作汤治小儿惊痫"，李时珍擅改"治"为"浴"，但未解释理由。人民卫生出版社校点本校记指出，“《大观（本草）》《政和本草》卷十八‘猕猴’条俱为‘作汤治’，究为内服或外用？义不明确。按《普济方》卷三七四‘治小儿暴惊鬼魅寒热方’云‘用野苏猴头煎汤浴之’。濒湖改治为浴，极是”。“浴”与“治”字形也易致误，后世又有“作汤浴之”为旁证，可见李时珍做出的某些更改还是很有道理的。

现在我们所了解的实际情况是，《本草纲目》引录某些材料时虽或有更改杂糅，但在考据前人记载时却又颇为精细。看来，只有一分为二、区别对待，才是正确的态度。既不需要为长者讳，忽视该书的某些缺陷；也不能以偏概全，否定李时珍在文献考证方面的成绩。清人孙星衍、日本人多纪元坚等对《本草纲目》文献方面之缺点的批评过于冷峻，直云可“迷惑后学”“学者眩惑”等，但李时珍在考证文献方面的表现不正是告诉我们应该怎样正确对待《本草纲目》吗？如果后学中有人满足于怀抱《本草纲目》转引节录，自以为找到了做学问的捷径，那么这是学者自误，怎么能肆意怪罪李濒湖呢？只有像李时珍那样，寻查原文、核之事理，才是正确的治学方法。

李时珍从实践和文献2种途径“考古证今”，做出了不朽的业绩。他考辨药物的一些具体方法，至今还能给人以启示。

受时代条件的限制，李时珍个人经历毕竟有限。传闻之言，亦难免有误。他所掌握的文献尽管十分丰富，但总归还有不少欠缺。因此，在这样一部卷帙浩大的本草中，对药物认识出现一些失误，是不可避免的。清代赵学敏《本草纲目拾遗》中，就曾揭示《本草纲目》的一些遗误。然而，这些遗误与整个《本草纲目》的伟大成就相比，仍旧是瑕不掩瑜，并不能遮盖《本草纲目》在我国本草史上散发出的光芒。李时珍在编纂《本草纲目》时的思想方法、工作方法等，将不断地启迪我们更深入地进行本草的研究。

（原载于中国药学会药学史学会《李时珍研究论文集》，湖北科学技术出版社，1985年，73–112页）

后记：1983年，趁着在湖北蕲春召开“纪念李时珍逝世390周年学术研讨会”之机，中国药学会药学史学会宣告成立。作为该二级学会的学术秘书，我在《药学通报》主编陈新谦老师的带领下，编辑了《李时珍研究论文集》，其中收录了潘吉星、蔡景峰等老师的大作。作为本草研究者，我自然也要写一篇文章。写什么呢？歌功颂德的应景式文章是很难拿得出手的。《本草纲目》我不是没有读过，但我始终在思考：李时珍，一位乡间医生，为什么要选择过去只能由政府组织集体力量才能编写的大型本草书？无论中外，科技史学者都给予《本草纲目》很高的评价，这难道仅仅是因为该书的体量吗？带着这些问题，我一字一句通读《本草纲目》，历时3个多月，从该书中寻找答案，最终写成了这洋洋3万多字的长文。这是我第一次通读该书，此后我已忘记了我通读过该书多少遍。每一次读都有新的收获。第一次的通读，我寻找到了李时珍编写此书的两大主导思想，一是取材“不厌详悉”，二是敢于“立言破惑”，也体察到李时珍采用“纲目”体例的种种表现，发现了该书研究存在的许多问题。2015—2020年，张志斌研究员与我联袂主编了《本草纲目研究集成》，其中《本草纲目影校对照》《本草纲目引文溯源》《本草纲目药物古今图鉴》等子书8部，是我与同道40多年研究《本草纲目》的心血之作，奉献给读者，以求教正。

《本草纲目》所引《汤液大法》考

郑金生　张志斌　汪惟刚

《汤液大法》(或作《医家大法》)题为元代王好古撰。《本草纲目》卷一《历代诸家本草·汤液本草》下提到王好古5种著作，第一种就是《汤液大法》。另同卷《引据古今医家书目》中著录了王海藏4种书，《医家大法》又列其首。奇怪的是，《本草纲目》药论正文没有任何地方引过《汤液大法》或《医家大法》。现代《本草纲目》各种校点本中，也无人将此书用于校勘。我们在编纂《本草纲目引文溯源》时，因须逐条追溯李时珍引文之源，才得以发现《本草纲目》所引80余条“好古”药论出自题为王好古撰的《伊尹汤液仲景广为大法》，即《汤液大法》。这一新发现不仅可以追溯大量的王好古药论原出处，而且解决了若干重要的学术源流及文字校勘问题。

一、《伊尹汤液仲景广为大法》简介

本研究使用的该书底本为从日本复制回归的明嘉靖十三年(1534)跋刊本。该本4卷，书后另附《皆效方》一书，书前有“伊尹汤液仲景广为大法题辞”，署名为“甲午夏六月古赵王好古信手题”。据考此“甲午”为公元1234年。①

该书卷首为脏腑、气海膈膜、六脉、三焦等解剖图形及解说，不涉及药物。卷二为方药理论，涉及七方、七情、气味、标本、八法、升降等，亦有图形表格，辅助说明用药大法。卷三以五脏六腑、奇经八脉为纲，每一脏腑经脉之下，先列相关部位、简述生理功能，再用简表区分该脏腑病证的标本、寒热、虚实、有余、不足，列举所用药物、方剂之名，继而在介绍该脏腑相关经络循行部位及所主病证时列举常用药名。卷四菲薄，仅有“诸气、痈肿、水气、五积”4项，下列辨证论治当用药名。附录《皆效方》，分17项，罗列诸方。

此书见于明代《脉望馆书目》著录，为一卷本。《澹生堂藏书目》著录王好古《医家

① 郑金生，张志斌. 海外中医珍善本古籍丛刊提要［M］. 北京：中华书局，2017：6.

大法》三卷本。此后清代书目亦有著录该书者。日本《经籍访古志·补遗》载："《伊尹汤液仲景广为大法》四卷，附录皆效仿一卷以上二帙合为一目，钞本，聿修堂藏。"此即本文所用底本，原书藏日本国立公文书馆内阁文库。《中国中医古籍总目》据该书之名将其归于"方书"类，著录明刻本（无具体年份）2种，抄本1种，未载附有《皆效方》。[①]现代整理的《王好古医学全书》未收录此书，但引用了清代钱大昕《补元史艺文志》所载的《汤液大法》，云已散佚。[②]该书今已影印，收入《海外中医珍善本古籍丛刊》(中华书局，2017)。此书因传世甚少，用者不多。明朝施沛《灵兰二集·藏府指掌图书》曾参用此书的脏腑图说，称为"王海藏《大法》"。使用此书最多的应该是明代李时珍，其《本草纲目》卷一《脏腑虚实标本用药式》篇，即深受此书启迪而创立。

二、《脏腑虚实标本用药式》来源辨

清末周学海《周氏医学丛书》(1891—1911)收录了《脏腑标本药式》一书。该书题为金朝张元素著。周学海题词曰："此编无单行本，世亦绝少知之者。止见李东璧《本草纲目》前载之，而高邮赵双湖收入《医学指归》中。"考赵术堂（字双湖）《医学指归》(1848)并没有收入《脏腑标本药式》专书。该书卷上以十二经络为纲，各经络先录《灵枢》经文，下列《经络解》《诸穴歌》《分寸歌》《病证解》《本草脏腑虚实标本用药式》诸篇。在各经的《本草脏腑虚实标本用药式》篇中，以《本草纲目》中的该篇内容为大字，其后赵术堂用小字加注解。[③]全文没有任何地方提到张元素。周学海将《医学指归》卷上各篇《本草脏腑虚实标本用药式》摘出来，托名金朝张元素著《脏腑标本药式》。

问题是《本草纲目》中的《脏腑虚实标本用药式》篇并没有注明出自张元素，明清书目也从未著录过张元素有此著作。然而从清末《周氏医学丛书》以后，近代《古今医学会通》《中西医学群书》等丛书均收入此书，1927年又有单行本问世。近二三十年学界对此质疑不断[④⑤]，最终确认《脏腑标本药式》为托名之书[⑥]。但在已出版的《张元素医学全书》[⑦]中，依然认为《脏腑标本药式》为张元素真作，且以此作为讨论张元素学术思想的依据，

---

① 薛清录．中国中医古籍总目：方书［M］．上海：上海辞书出版社，2007：271-272.
② 盛增秀．王好古医学全书［M］．北京：中国中医药出版社，2005：339-340.
③ 赵术堂．医学指归：卷上［M］．刻本．高邮：赵氏旌孝堂，1862.
④ 尚志钧，林乾良，郑金生．历代中药文献精华［M］．北京：科学技术文献出版社，1989：411.
⑤ 钟赣生．《脏腑虚实标本用药式》作者质疑［J］．中华医史杂志，1993，23(2)：127.
⑥ 李经纬，区永欣，余瀛鳌，等．中医大辞典［M］．北京：人民卫生出版社，1995：1455.
⑦ 郑洪新．张元素医学全书［M］．北京：中国中医药出版社，2006：91.

这就引起了学术上的混乱。

《本草纲目》中的《脏腑虚实标本用药式》出自李时珍，没有任何证据说明此篇摘引自前人书。在李时珍以前，只有“诸病通用药”，却无“辨证用药式”。那么，这样的用药式滥觞于何时何书？迄今所见，唯《汤液大法》首开此例。该书卷三就是以脏腑经络为纲，将生理病理、辨证用药等融合于一篇。该卷在脏腑辨证用药处方时，尤重有余不足、寒热、虚实、标本的辨析，且采用简表方式，其用药法一目了然。李时珍见过《汤液大法》，他敏锐地发现这种脏腑辨证用药表的新颖之处，然后取其旨意，将其简表化裁更新，撰成《脏腑虚实标本用药式》专篇。该篇剔除了《汤液大法》的用方，使之专于用药。除区分虚实、标本、寒热等外，又结合立法（补泻、燥润、清温等），配合简表形式，归纳相关用药。将《汤液大法》的脏腑辨证用药简表的雏形与《本草纲目》归纳的辨证用药式对比，就能知道二者的联系与差别。

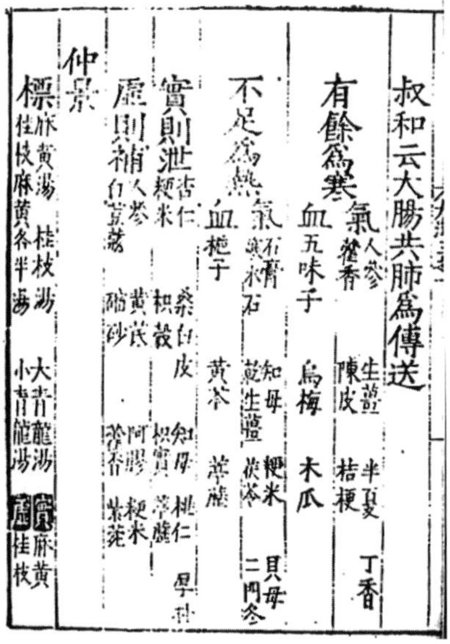
叔和云大腸共肺為傳送
有餘為寒 氣 血
不足為熱 氣 血
實則泄
虛則補
仲景
標

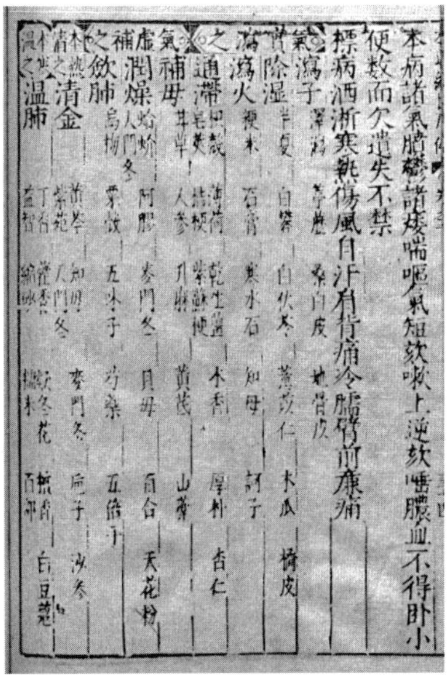
本病 諸氣膹鬱 諸痿喘嘔 氣短 欬嗽上逆 欬唾膿血 不得卧 小便數而欠 遺失不禁
標病 洒淅寒熱 傷風自汗 肩背痛冷 臑臂前廉痛
氣實瀉之 瀉子 除濕 瀉火 通滯
氣虛補之 補母 潤燥 斂肺
本熱清之 清金
本寒溫之 溫肺

左为《汤液大法·肺》书影，右为《本草纲目·脏腑虚实标本用药式·肺》书影

以上对比，其共同点是用表解的方式，列举肺脏诸病的辨证用药法。其中，《汤液大法》在肺脏病证下，先分“有余为寒”“不足为热”、“实则泄”“虚则补”、“标”“本”3组辨证用药及用方的大法，各组又有二级辨证（如“有余为寒”再分“气”“血”），最后再罗列当用诸药。《本草纲目》此节“肺”也是辨证用药，先区分本病、标病，再列出“气实泻之”“气虚补之”、“本热清之”“本寒温之”2组辨证用药大法，其下又分二级治法（如“气实泻之”列“泻子”“除湿”“泻火”“通滞”4种治法），最后再列举当用药物。可见，在用表解各种辨证用药法的形式上，二者是相通的，但其角度、具体用药却有很大的不同。《本草纲目·脏腑虚实标本用药式》更注意按治法列举用药，这当然更贴合各药功效。但其先

辨证、确立大法，再罗列药物这一点上，与《汤液大法》可以说是一脉相承。

由此可见，李时珍的《脏腑虚实标本用药式》虽属独创，但也曾受到《汤液大法》的启迪。《汤液大法》卷三在各种用药法之下列举了诸多药名，这部分内容成为李时珍萃取"好古"药论的重要来源。此外，《汤液大法》其他卷次中也包含了一些《本草纲目》所引"好古"药性功效的论说。

三、《汤液大法》中所存"好古"药论

《本草纲目》中标注出自"好古"的药性功效多达200处，但有80余处不见于常见的王好古诸书。经从《汤液大法》搜寻，这些难以溯源的问题绝大部分迎刃而解。一部以讨论脏腑经络为主、又被归于方书的著作，能为李时珍提供如此多的药学资料，确实令人始料不及。李时珍从《汤液大法》引用药论的方式有两种，一是直接摘引，二是取其意旨。

直接摘引的"好古"药论多出自《汤液大法》卷二。该卷在"七方大略""十剂大略""四气""用药气味""时药无论寒热虚实增损加减不可离""理元气药"等篇都有专门的药论，李时珍引用了其中的10条。例如，《本草纲目》卷一"七方·缓方"下引"【好古曰】治上必妨下，治表必连里。用黄芩以治肺必妨脾，用苁蓉以治肾必妨心，服干姜以治中必僭上，服附子以补火必涸水"。这段著名的药论出自《汤液大法》卷二，原文为"治上必妨下，治下必妨上。叔和《脉经》：用药治脾必连其胃，治表必连其里；治上必连其下，治下必及其上。至于手足之经，亦是必各相连及而不遗。但主病者多，而连及者少，理所当然也。用黄芩以治肺必妨脾，服干姜以治中必僭上，用苁蓉以治肾必妨心，服附子以补火必涸水"。这些文字较多、偏于理论的"好古"之言为本草理论增色不少。

所谓"取其意旨"，即时珍所引的"好古"药论多数在《汤液大法》中并无完全相同的文字，必须体察其意旨，才能知道时珍所引"好古"言的依据。这种引文方法在引用《汤液大法》时运用最多。

此类引用法最简单的模式：书中某标题下，罗列了若干药名，于是就将此标题（一般为功效、主治）归于这些药物名下。

例如，《汤液大法》卷二"理元气药"标题之下，列举了22个药名（白豆蔻、甘松香、乌药、益智仁等），因此《本草纲目》这些药物条下就可能引有"好古"所言的"理元气"的功效。

又如，《汤液大法》卷四"五积"标题之下，分别列举了"息贲、伏梁、痞气、肥气、贲豚"这五脏特有的病证，又列举了"肉积、酒积、血积、食积、气积、水积、涎积"诸病名。在这些病名下，分别列举了所用药名。于是，《本草纲目》就有如下引文。硇砂："消肉积。好古。"菖蒲："心积伏梁。好古。"远志："肾积奔（贲）豚。好古。"茯苓："治肾积奔（贲）豚。好古。"紫菀："……主息贲。好古。"黄连："主……心积伏梁。好古。"牵牛：

“【好古曰】……下水积。”这是因为，“五积”一节各病名之下，出示了上述的这些药物。

“取其意旨”的引文，多数源于《汤液大法》卷三。例如，在某经脉的是动、所生病之下，会列举当用药名。于是，《本草纲目》在相应的药名下，就会引用这样的条文，如生地黄“主心病，掌中热痛，脾气痿蹶，嗜卧，足下热而痛。好古”。追溯其源，此条引文在《汤液大法》卷三“心”条有：“所生病者……厥掌中热痛。生地黄。”又“肾”条有：“所生病……痿厥嗜卧，足下热而痛。生地黄……”由此可知，时珍是把分别在“心”“肾”二脏下出现的所生病的病证，归为其当用药“生地黄”主治的病证。溯源所得，可发现时珍所引的“脾气”实际上是“肾气”的错误。因为“痿厥嗜卧，足下热而痛”是肾的所生病，非脾也。类似这样的引文，还可见于《本草纲目》的芍药、当归、枸杞、厚朴、连翘、熟地黄、天门冬诸药之下。

此外，《汤液大法》卷三在各脏腑诸病辨证之后，列举了当用药物。例如，“肝”下有这样的辨证用药条文：

风实则泄　羌活、独活、细辛、何首乌、雄黄、大黄、牵牛、皂荚。

风虚则补　白花蛇、川乌、蝉蜕、天麻、牛膝、白僵蚕、杜仲、续断、芎䓖、南星、菟丝子、半夏、白术、白附子、萆薢、菝葜。

根据以上条文，《本草纲目》就有如下引文。何首乌：“泻肝风。好古。”皂荚：“……泻肝气。好古。”（以上依据肝“风实则泄”）乌头：“补……肝风虚。好古。”牛膝：“补肝脏风虚。好古。”杜仲：“补肝经风虚。好古。”天南星：“补肝风虚……好古。”菟丝子：“补肝脏风虚。好古。”白附子：“补肝风虚。好古。”萆薢：“补肝虚。好古。”菝葜：“补肝经风虚。好古。”（以上依据肝“风虚则补”）

掌握这个规律之后，就会发现从《汤液大法》中不仅可溯得“好古”药论的许多出处，还可以利用该书进行校勘。例如，“杜仲”条时珍引“【好古曰】肝经气分药也”。据《汤液大法》卷三“肝”，杜仲是属于“燥则宜润”的“血”分药，可知“气”字当误。同样的道理，也可以确定与杜仲并列的“槐荚”也属于肝经血分药。时珍在“槐实”条云“【好古曰】槐实纯阴，肝经气分药也”，其中的“气”字亦当为“血”字之误。

李时珍据《汤液大法》脏腑辨证当用药物，反向推导归纳药物的主治功能，这种引文方法在所引“好古”药论中表现得淋漓尽致。虽然《本草纲目》具体条文下没有直接引用《汤液大法》之书名，但通过逐条追溯《本草纲目》引文，我们证实李时珍所引“好古”并非虚妄，只不过注而欠明，未直接点出好古之书的名称而已。

此外，《汤液大法》书后附录《皆效方》，也给我们带来了意外之喜，解决了书志及《本草纲目》溯源中的某些问题。

四、《汤液大法》后附《皆效方》考察

《本草纲目》卷一《引据古今医家书目》著录了“坦仙《皆效方》”。全书引用《皆效方》10次、《坦仙方》1次。除《本草纲目》以外，明代及明以前书志均未著录该书。《汤液大法》后附的《皆效方》乃明嘉靖十三年（1534）杨充甫附刊（以下简称“杨本《皆效方》”）。此本未署坦仙名，作者不明。该书不分卷，在17个病证名下有方57首。这些方剂既有大方成方，也有简便单方。

将《本草纲目》所引坦仙《皆效方》11方与今存杨本《皆效方》核对，有8方见于杨本《皆效方》，仅3方未能溯得其源。另《本草纲目》所引《李延寿方》(黑牛散)，亦见于杨本《皆效方》。由此可以证明，所谓坦仙《皆效方》就是杨本《皆效方》。未能溯得其源的3方，或为误注出处，但有可能是杨充甫附刊的《皆效方》有所删节。该方未引任何医书名或医家名，但据杨本《皆效方》“斑龙宴”的内容详于《韩氏医通》(1522)，推导此书的成书时间或更早于1522年。今存杨本《皆效方》落实了《本草纲目》一个引文出处问题，同时也使一本过去误以为散佚的明代方书再度为世人所知。

五、结语

通过研究明嘉靖本《伊尹汤液仲景广为大法》及附刊的《皆效方》，发现此书即《本草纲目》著录的王好古《汤液大法》(一作《医家大法》)。将李时珍所引“好古”药论与《汤液大法》对照研究，证明《本草纲目》有80余处引文出自《汤液大法》、9处引文出自《皆效方》。《本草纲目》卷一《脏腑虚实标本用药式》篇的创立曾受该书的启迪。《汤液大法》卷三、卷四是李时珍萃取“好古”药论的重要来源，可供校勘《本草纲目》之用。同时，还发现李时珍引用《汤液大法》时，采用了反向推导归纳药物的主治功能的方法。此发现为研究《本草纲目》编纂法提供了新的思路。

（原载于张志斌、郑金生主编《本草纲目研究札记》，科学出版社，2019年，239–244页）

后记：《本草纲目》里有200多处引文出自“好古”，却不明见于何书。经逐一查找，最后还遗留80余处“好古”找不到见于何书。经考查，一部以讨论脏腑经络为主、曾被归于方书的《伊尹汤液仲景广为大法》，竟然是李时珍引用上百次的医书。该书启迪了李时珍设置“脏腑标本虚实用药式”，又是王好古十几条药论、几十味药物性能的文献出处。同时也提醒我们，寻找“引文出处”，有时不靠“引文”，要看“取义”。因《伊尹汤液仲景广为大法》是一部不常见的书，李时珍从中提取药物性能方法又比较另类，故将此文收入本《文选》，供大家参考。

《天宝单方药图》考略

郑金生

唐代《天宝单方药图》题为明皇（李隆基）撰，成书于天宝年间（742—756），是一部图文并茂的实用药物图谱。它虽然没有唐《新修本草》那样有名，但因对宋代《本草图经》的编写有直接的影响，而在本草发展史上占有一定的地位。

苏颂在《本草图经》序中专门提到此书："（唐）明皇御制，又有《天宝单方药图》，皆所以叙物真滥，使人易知；原诊处方，有所依据。"① 可知此书发挥着辨药、用药两方面的作用。至北宋时，唐代诸多的药物图谱丧失殆尽，"虽鸿都秘府，亦无其本"。只因为宋代朝廷向全国征集佚散古籍的明智之举，才侥幸搜罗到《天宝单方药图》残本一卷，使宋人编修本草时可资借鉴。故苏颂感慨地说："天宝方书，但存一卷。类例粗见，本末可寻。宜乎！圣君哲辅留意于搜集也。"《本草图经》的类例，很明显受到该书的影响，例如合药图、图经及单方于一帙，即效法此书。这一点有苏颂明文引用的该书条文可以为证。

那么，苏颂究竟引用了多少该书的内容呢？他是否转绘过该书的药图呢？如果《天宝单方药图》的药图被苏颂转绘而留存下来的话，那将是已知今存最早的药图了。要弄清这一令人倍感兴趣的问题，看来只有先分析被苏颂引用过的该书残存的内容了。

苏颂明文引用了《天宝单方药图》的白菊、连钱草、水香棱三药，今可分别见于《证类本草》草部卷六"菊花"、卷九"积雪草"和"莎草"条下（以下凡将此三药并称时简作"草部《天宝》三药"）。比较这三药的全部文字，可见其行文次序、用词格套及内容特色均相一致，由此可知，苏颂几乎是将其药条文全部照引入《本草图经》。今取一药以示其例：

连钱草：

味甘，平，无毒。

元生咸阳下湿地，亦生临淄郡、济阳郡池泽中。甚香，俗间或云圆叶似薄荷。江东吴越丹阳郡极多，彼人常充生菜食之。河北柳城郡尽呼为海苏。好近水生，经冬不死。咸、

① 苏颂．《本草图经》序［M］// 唐慎微．重修政和经史证类备用本草．北京：人民卫生出版社，1957：26.

洛二京亦有，或名胡薄荷。所在有之。单服疗女子小腹痛。

又云：

女子忽得小腹中痛，月经初来，便觉腰中切痛连脊间，如刀锥所刺，忍不可堪者。众医不别，谓是鬼疰，妄服诸药，终无所益，其疾转增。审察前状相当，即用此药：

其药夏五月正放花时即采取，暴（曝）干，捣为散。女子有患前件病者，取二方寸匕，和好醋二小合，搅令匀，平旦空腹顿服之。每日一服，以知为度。如女子先冷者，即取前件药五两，加桃人（仁）二百枚，去皮尖，熬捣为散，以蜜为丸，如梧子大，每日空腹以饮及酒下三十丸，日再服，以疾愈为度。忌麻子、荞麦。

草部《天宝》三药的条文，有许多极为明显的共同特点。在内容方面，该书最突出的特点是，对产地及各地别名记述尤详，且各药只出一个主治，并以单味药为主进行治疗，对制剂和服用方法的介绍则不厌其详。行文体例更加特别：整个药条分两大块，前一部分的行文次序是药名、性味良毒、产地生境及形态、别名，最后点一句主治；后一部分首列该主治疾病的症状，次叙药物采集时月及加工方法，再谈制剂和服用法，最后是服药禁忌。本草书中像这样介绍药物的可以说是只此一家，别无相似者。

在用词方面，有特异性的是，介绍产地时首先指出“元生”某某地，再说其他产地；且凡是带有行政区划名的地名，不像《本草图经》似的多用“州”“军”，而全都用“郡”。“郡”在宋代以后已经不是区划名了，这说明《天宝单方药图》确实是唐代之书，它在介绍产地时注重比较大的地名。根据以上特点，我们能不能发现《本草图经》中还引用了其他《天宝单方药图》的内容呢？能！李时珍已认定了两味药是来自该书的①。在水英、紫堇二药之下，李时珍均直接注明其某些内容出自《天宝单方药图》，却没有出示他的依据。其实，只要根据草部《天宝》三药条文的特点，就可以轻而易举地认定《本草图经》外草类的水英、丽春草、紫堇三药均属于《天宝单方药图》（以下凡将此三药并称时简作“外草类《天宝》三药”）。它们的内容和行文与草部《天宝》三药如出一辙。试以水英为例：

水英

味苦，性寒，无毒。

元生永阳池泽及河海边。临汝人呼为牛草，河北信都人名水节，河内连内黄呼为水棘，剑南、遂宁等郡名龙移草。蜀郡人采其花合面药。淮南诸郡名海荏，岭南亦有，土地尤宜，茎叶肥大，名海精木，亦名鱼津草。所在皆有。

单服之，疗膝痛等。

其方云：水英

---

① 李明珍．本草纲目：卷一六：水英，卷二六：紫堇［M］．北京：人民卫生出版社，1979：1084，1635.

主丈夫妇人无故两脚肿满，连膝胫中痛，屈伸急强者，名骨风。其疾不宜针刺及灸，亦不宜服药，唯单煮此药浸之。不经五日即差，数用神验。

其药春取苗，夏采茎叶及花，秋冬用根。患前病者，每日取五六斤，以水一石，煮取三斗，及热浸脚，兼淋膝上，日夜三四，频日用之，以差为度。若肿甚者，即于前方加生椒目三升，加水二大斗，依前煮取汁，将淋疮肿，随汤消散。候肿消，即摹粉、避风乃良。忌油腻、蒜、生菜、猪、鱼肉等。

水英

丽春草

紫堇

稍加比较，就知道这三味药与草部《天宝》三药一样，出自《天宝单方药图》。其中，个别药在细微处与他药略有小异，但对判断其出处毫无影响。李时珍没有注明的有出自《天宝单方药图》的丽春草一例。其文如下：

丽春草

味甘，微温，无毒。

出檀嵎山川谷。檀嵎山在高密界。河南淮阳郡、颍川及谯郡、汝南郡等，并呼为龙芊草；河北近山邺郡、汲郡名囊兰艾；上党紫团山亦有，名定参草，亦名仙女蒿。今所在有。

甚疗阴黄，人莫能知。唐天宝中因颍川杨正进名医尝用有效。

单服之，上疗黄疸等。

其方云：丽春草

疗因将息伤热，变成印黄，通身壮热，小便黄赤，眼如金色，面又青黑，心头气痛，绕心如刺；头旋欲倒，兼肋下有瘕气及黄疸等，经用有验。

其药春三月采花，阴干。有前病者，取花一升，捣为散，每平朝空腹取三方寸匕，和生麻油一盏，顿服之日惟一服，隔五日再进，以知为度。其根疗黄疸。患黄疸者，捣根取汁一盏，空腹顿服之。服讫，须臾即利三两行，其疾立已。一剂不能痊愈，隔七日更一剂，永差。忌酒、面、猪、鱼、蒜、粉、酪等。

此条中“元生”二字为“出”字，另有一句介绍单方来源的文字，与其他药不同。但前者无伤大雅，后者反而可以说明《天宝单方药图》中部分方剂来自各地名医所献。其中的“唐”字可能是苏颂所加，但这对判断该药出处并无妨碍。综观此药全部文字，可以断言其出自《天宝单方药图》。

因为外草类《天宝》三药是整个药条照引，未与其他时代的东西混述，所以更能反映《天宝单方药图》的原貌。例如，外草类《天宝》一药中，在后一部分叙说单方的文字之前，药名重复出现一次，这说明一个重要的问题，即原书的文字前后两大块是分开的，否则无须重出药名。联系其书名“单方药图”，可以想见原书各药前一部分的文字属于“药图”的解说（即所谓《图经》），后一部分文字属于“单方”。虽然我们现在还无法臆测原书究竟是什么模样，但是根据当时典籍多为卷轴而非册页，我们可以认为现存的该书各药文字有一部分（即性味、产地、别名等）随图，另一部分（即单方部分）则单独书写。苏颂引文时为了把这两部分连接起来，在草部《天宝》三药中用“又云”、在外草类《天宝》三药用“其方云”作为衔接词。由此，我们可以认为，新考出的外草类《天宝》三药对了解原书形貌有更重要的意义。

再进一步推考，我们就可以发现连外草部《天宝》三药的药图也来自《天宝单方药图》，并非宋时人的原作。

众所周知，宋《本草图经》的图文主要是在向全国各地征集来的药物资料的基础上编绘而成的，因而绝大多数药图之前标有地名。《本草图经》外草、外木蔓类共有药100种，这100种药的图名之前没有出示地名的只有外草类《天宝》三药，这难道能是一种巧合？这3幅药图在风格上是一致的，均标示在地面上生长着的药用植物，主茎位于图的中线上，构图左右较匀称等。它们与绝大多数其他外草类药图的风格不一致，只有“资州生瓜菜”等一两个药图有些相似。

光凭图名和图形风格就能下此结论吗？当然不能，我们还可以结合文字进行考察。《本草图经》所谓“外草”，乃因这些草类药是不见于《嘉祐本草》草部的新的种类，故而置于卷末称为外草。苏颂在记述外草类药物时，其行文亦有一定的格式和用语（如总是先述产地，几乎全用“州”“军”之名、绝无用“郡”者；再介绍性味、主治、别名、形态、采收、用药法等），寥寥数语。因极易与《天宝单方药图》的文字相区别，故无须繁引。如果说外草类《天宝》三药的图也是来自宋时征集所得，那么按朝廷敕令，在“逐件画图”的同时，必须“一一开说著花结实、收采时月、所用功效”（《本草图经》奏敕），绝不可能只贡药图，不说明文字。既有说明文字，按苏颂编书的宗旨（“参用古今之说，互相发明”），也不可能只字不录，连贡图地名也不标明。我们在外草《天宝》三药中寻不到任何宋代掺杂的实际内容，因此，综上所述，今存于《本草图经》的外草类《天宝》三药的药图，应该是苏颂将《天宝单方药图》原彩色药图转绘成墨线图而来的。

如果笔者这一考证结论能得到海内外学者的认可，那么我们就可以宣称唐代至少还有3幅药图被辗转留存到今天。

笔者在结论中之所以用“至少”这个词，是因为还无法认定草部《天宝》三药的图是不是也来自其原书。不错，今本《证类本草》这3种药的药图中均有图名之前不标地名者，但其风格和外草类《天宝》三药之图有些不同。此外，因白菊、积雪草、莎草是常用药，各地完全有可能征集到药图，而不像外草类药物那样少为人知（外草类《天宝》三药的原植物科属学名至今不是很清楚）。相反，《天宝单方药图》的水香棱虽然名称独特，但因其图文可考为莎草，苏颂还是将其录于“莎草”条。笔者并不排除草部《天宝》三药中没有州名的那3幅图确是《天宝》原图的可能性，但因没有特别有力的证据，为了立论稳妥，暂不作定论。其他问题，如《天宝单方药图》残存的一卷难道就只有六味药吗？它还有没有其他内容被苏颂引用？对这些疑问，笔者实无定见。发现宋《本草图经》中有录自唐代的药图这一事实本身，其意义并不仅仅在于把今存药图的历史往前提了300年，它还提示在《本草图经》中尚存在来自不同时代、不同来源的药图。例如，宋初《开宝本草》中提到“按广州送丁香图，树高丈余”，那么，苏颂在编写《本草图经》的时候会不会用上这个药图呢？今存于《证类本草》中的“广州丁香图”，是不是就是宋初征来的那幅图呢？再广而推之，为什么《本草图经》中会有一些药图不出示地名？诸如此类的问题，只有更深入地研究《本草图经》才可能有个答案。

（原载于《中华医史杂志》1993年第23卷第3期158–161页）

后记：这篇小文只考证了一件事，即在宋《本草图经》里，至少还保留着唐代3幅药图，从中可以窥见唐代药图的绘图风格。此文发表后，江苏启东的孙启明先生非常重视，并因此立志要考察苏颂《本草图经》。此后他费时数年，完成了《苏图研究》稿子，并在逝世前托其侄将遗著托付给我。14年后，张志斌研究员为《苏图研究》配入诸药插图，并进行文章形式规范等整理工作，最终将其遗著收入《本草纲目研究札记》一书。

明代画家彩色本草插图研究

郑金生

明代画家所绘的5部彩色本草图谱及其传摹本共有10709幅插图存世。其中，《本草品汇精要》绘成时间最早。该书1367幅插图中，据《证类本草》墨线插图敷色仿绘者700幅，新增图或改绘的插图667幅。该书的写生插图学术价值很高，但也存在凭文字或想象绘制插图的弊病。此后4部彩色本草图谱均在《本草品汇精要》的基础上摹绘或增删而成。《金石昆虫草木状》《本草图谱》系摹绘本。《食物本草》有图492幅，内新增279图，以百余幅水液类辅助图和饮食物品种图为特色。《补遗雷公炮制便览》存图1153幅，新增的人部药辅助图和224幅炮制图是其特色，后者前所未有地展示了诸多古代炮制技术实施的场景和器具。鉴于画家缺乏药学知识，忽视本草图的科学属性，以致凭文字和想象创造出许多缺乏本草学术意义的艺术品，并赋予古代本草插图每多辅助图（包含人物活动）的特性。因此，明代画家彩色本草插图虽然有很高的艺术价值，但其本草学术价值仍不可高估。

一、引言

本草著作中的插图是鉴定药物种类、辅助文字表现药物某些特定内容（如炮制、生长环境等）的重要手段。好的本草图具有很高的艺术和科学价值。

唐代《新修本草》所附《药图》25卷，“丹青绮焕，备庶物之形容”①，最为世人称道。但本草文、图相辅而行，唐以前已然多见②。正史最早记载的本草图是《隋书·经籍志》中的《灵秀本草图》6卷、《芝草图》1卷③。出自画家之手的本草图，不仅实用，也是珍稀的艺术品。唐代张彦远《历代名画记》就记载了贞观年间（627—649）名画家王定（580—

① 孔志约．孔志约序［M］//唐慎微．重修政和经史证类备用本草．北京：人民卫生出版社，1957：29.
② 郑金生．《唐本草》以前的本草图［J］．中华医史杂志，1980，10（2）：82.
③ 魏征，令狐德棻．隋书［M］．北京：中华书局，1973：1044.

668）的《本草训诫图》、原平仲（隋以前人）《灵秀本草图》以及《神农本草例图》1卷。[①] 唐明皇李隆基（685—762）御制的《天宝单方药图》图文并茂，至北宋仍残存1卷[②]。作为宫廷的本草药图，其绘图当有画家参与。

宋《本草图经》（1056）是现存最早而且最完整的本草图谱，存墨线药图932幅。其药图素材来源于各地进献的写生图及部分内府藏品，其中包括彩图。[③] 今存最早由画家所绘本草彩图是南宋王介（庆元间内官太尉）的《履巉岩本草》（1220）。王介"善作人物山水，似马远（1189—1223）、夏珪（1194—1224）；亦能梅兰"。[④] 他取所居之地（杭州慈云岭）[⑤] 的草药写生绘成图形，今存202幅图，其科学性及艺术性均为古本草彩图之佼佼者。

明以前画家绘制药物和动植物图的史实，对明代画家投入本草绘图肯定有积极的影响。明《金石昆虫草木状》赵均（1591—1640）序云："尝阅胜国郑氏《通志》，谓成伯玙（唐人）有《毛诗草木虫鱼图》，原平仲有《灵秀本草图》，顾野王（519—581）有《符瑞图》，孙之柔有《瑞应图》，侯亶有《祥瑞图》，窦师纶（唐太宗时人）有《内库瑞锦对雉斗羊翔凤游麟图》，又于符瑞有灵芝、玉芝、瑞草诸图，今皆逸而不传矣。"[⑥] 赵均所云，足证古代画苑艺术品中，本草实物绘图确实占有一席之地。

绘画是一门特殊技艺，画家依据写生绘制的图形，其科学性将大大提高。宋代王介《履巉岩本草》即一例。其药图之精细，无须文字就能鉴定出绝大多数植物来源。本草学家赵燏黄先生（1883—1960）对此书称赞有加："本图朱砂矿绿，历久如真。铁画银钩，古朴有力。"赵先生顺带评价了两种明代彩色本草："宋以后之本草图墨迹，以余所见，惟有明画家赵文俶所绘者，可以并驾。他如明内府所藏《本草品汇》图，虽亦色彩兼施，然自郐以下矣。"[⑦] 然赵老先生今日若健在，则必另有高见。20世纪50年代初，赵老先生仅知明代有刘文泰（明成化、弘治间太医院判）《本草品汇精要》和文俶（1595—1634）《金石昆虫草木状》，且对《本草品汇精要》内容语焉不详[⑧]，甚至认为该书还不如其摹绘本《金石昆虫草木状》。然而，近几十年来发现的多种明代彩绘本草图，已令人眼花缭乱。因此，深

① 张彦远．历代名画记［M］// 四库全书：子部艺术类：812. 上海：上海古籍出版社，1987：313-314.

② 苏颂．《本草图经》序［M］// 唐慎微．重修政和经史证类备用本草．北京：人民卫生出版社，1957，26.

③ 唐慎微《重修政和经史证类备用本草》引《本草图经》"腽肭脐"条："今沧州所图乃是鱼类而豕首两足，其脐红紫色，上有紫斑点。""漏芦"条："今诸郡所图上……秦州者花似单叶寒菊，紫色，五七枝同一榦上；海州者花紫碧，如单叶莲花。"据此，各地所上之图应该是有色彩的。

④ 夏文彦．图绘宝鉴：卷四［M］．刻本．1366（元至正二十六年）：22.

⑤ 郑金生．《履巉岩本草》初考［J］．浙江中医杂志，1980（8）：338-340.

⑥ 赵均．金石昆虫草木状叙［M］// 文俶．金石昆虫草木状．彩绘本．1620（明万历四十八年）：卷首．

⑦ 赵燏黄．跋［M］// 王介．履巉岩本草．赵燏黄复制本附页．

⑧ 赵燏黄．本草新诠［M］．哈尔滨：黑龙江科学技术出版社，1988：306.

入研究近代发现的多种珍贵的明代画家所绘彩色本草图，即为本文主题。

明代画家的彩绘本草图谱，罕见于一般书志。直到20世纪初，学术界始知还有明代唯一的官修本草《本草品汇精要》，但仍不敢想象这深藏内府的《本草品汇精要》，竟会在当时的画家之间不胫而走，反复传抄，并出现多种后续性图谱。本文研究将表明，这些均出画家之手的彩绘本草图全都源于《本草品汇精要》，其现存插图数量和种类之多，令人惊异。概而言之，《本草品汇精要》的后续性本草图大致可分为3类。

传抄摹绘类：即复制《本草品汇精要》图文，保持原书名称及形制。此类附有插图的《本草品汇精要》摹绘本至少有9种（或全或残）之多。

改编转绘类：仅转绘《本草品汇精要》之图，且改变书名。此类书有文俶《金石昆虫草木状》、周祜（清初人）和周禧（约1624—1705）《本草图谱》2种。

承袭增补类：即从《本草品汇精要》中转绘若干药图，又另外增绘若干新图，文字则全然不同于《本草品汇精要》。此类书有明佚名氏绘《食物本草》和《补遗雷公炮制便览》，两者又各有1种传抄本。

上述3类本草图谱按书名计则有5种，按存世部数计则有15部。要全面系统研究这些收藏分散的明代本草彩图殊为不易，更遑论将其互相比较。但如果不进行系统比较，则无法了解它们之间的承继关系，并做出合乎史实的评价。为此，本文拟研究上述明代画家所绘本草彩色插图的特色、依据及科学价值，并通过比较，寻找它们相互之间的联系。其中研究重点是含有创新图的3种本草图谱——《本草品汇精要》《食物本草》《补遗雷公炮制便览》。另简述《金石昆虫草木状》和《本草图谱》二书的改编转绘情况。

二、《本草品汇精要》的彩色插图

（一）《本草品汇精要》相关研究简述

《御制本草品汇精要》42卷是明代唯一的官修本草，由太医院院判刘文泰领衔撰修，完成于弘治十八年（1505）[①]。该书图文并茂，撰成后深藏内府，未曾刊行，对此后的本草学发展未产生任何影响。清康熙三十九年（1700），武英殿监造赫世亨等奉旨就弘治本《本草品汇精要》再行绘录一部，并由太医院吏目王道纯等编撰《本草品汇精要续集》10卷。[②]据清乾隆二十一年（1756）的《御药房医书总文件》记载，有《御制本草品汇精要》4套，《本

① 刘文泰，等.御制本草品汇精要［M］.影印罗马本.北京：九州出版社，2002.

② 见王道纯等《本草品汇精要》（人民卫生出版社，1982：965）“进《本草品汇精要续集》表”。

草品汇精要》4套。[①]据信此即该书弘治原本和康熙重绘本，[②]但这一记载直到近年才为世人所知。[③]

关于《本草品汇精要》流入社会和海外的历史过程，现有研究甚多[④]。对该书编纂过程、学术价值的探讨也非常之多[⑤]。本文限于主题，无法赘引。在探讨该书插图之前，有必要介绍对该书大相径庭的两种评价。《本草品汇精要》浮现之后，褒之者认为："十六世纪引人注目的是在其首尾各五年内产生了天然药物史上两部伟大的著作，后者之所以使前者大为失色，是因为前者在现代以前从未出版过，一直留在宫廷书库和太医院。"[⑥]这前者即《本草品汇精要》，后者即《本草纲目》。贬之者则认为该书实不足以传世，而问世后"竟为一班浅学之士所珍视，一倡百和，多不研究内容，更不考究原委""吹捧失于过当"。[⑦]

褒贬意见如此针锋相对，究竟孰是孰非？笔者以为，评价古本草图谱的学术价值，主要依据其文、图的原创性与科学性。本草文字的原创性主要体现在新增药物和资料的数量、作者自家见解的多寡及其科学性、药物分类和书籍编写方式的创新等方面；本草插图的价值则主要取决于其是否依据实际药物写生绘图、能否反映药物的鉴别特征以及一些药物相关的知识（如药物炮制、采集等）。关于《本草品汇精要》药图，下文有专节论述，

① 见刘玉、潘凤等《御药房医书总档》首页"乾隆二十一年（1756）"，曹晖惠赐此档影印件。该档末注曰："共医书八十七种，计二百零九套，一百一十五本。"其中，一套当指一函，一本指无函套一册。

② 曹晖.《本草品汇精要》丛考［M］// 刘文泰，等.本草品汇精要.曹晖，校注.北京：华夏出版社，2004：720.

③ 曹晖，谢宗万，章国镇.《本草品汇精要》版本及其源流考察［J］.中华医史杂志，1989，19（3）：129–134.

④ 除曹晖等上文之外，此类论著尚可见：那琦，刘正雄.本草学总论之研究（2）：明清两代惟一勅撰本草——本草品汇精要及续集之考察［J］.私立中国医药学院研究年报，1977，6（8）：621–699；冈西为人.本草概说［M］.大阪：创元社，1977：197–209；那琦.本草学［M］.台北：大文印刷有限公司，1982：59、174；Paul U.Unschuld. Medicine in China：A History of Pharmaceutics［M］. Berkeley：University of California Press，1986：144–145；曹晖，谢宗万，章国镇.《本草品汇精要》研究概述［J］.中医药学报，1988（3）：53–56；曹晖.《本草品汇精要》流传海外考［J］.浙江中医杂志，1990（7）：315–317。

⑤ 此类文仅举其要：傅再希.《本草品汇精要》的评价问题［J］.江西中医药，1982（2）：8–11；戴蕃瑨.纂修《本草品汇精要》始末与定稿后的遭遇［J］.西南师范学院学报（人文社会科学版），1983（3）：68–77；曹晖，谢宗万，章国镇.《本草品汇精要》研究概述［J］.中医药学报，1988（3）：53–56；尚志钧，林乾良，郑金生.历代中药文献精华［M］.北京：科学技术文献出版社，1989：272–277；曹晖，谢宗万，章国镇.《本草品汇精要》内容特色考察［J］.基层中药杂志，1993，7（4）：1–4。另上述冈西为人、那琦、Paul U.Unschuld 等先生之本草史著作亦多论述。

⑥ Joseph Needham（李约瑟），Lu Gwei-djen（鲁桂珍），Huang Hsing-tsung（黄兴宗）.Science and Civilization in China［M］.Taipei：Caves books，1986：302.

⑦ 傅再希.《本草品汇精要》的评价问题［J］.江西中医药，1982（2）：8–11.

这里先简论其文字价值。

《本草品汇精要》资料主体是北宋《政和证类本草》，同时收集了南宋《绍兴本草》、元代《饮膳正要》等数种医药文献。该书号称收药1815种（目录与正文多不相符），刘正雄先生考察为1809种，较《政和证类本草》仅增61种。其中，“今补”38条，还有2条重复，4条分自旧本草注，20条出自《饮膳正要》。① 如此，则该书新增药物微不足道。该书作者的考察或经验之谈，据考有151条（见书中“谨按”），补充了有关药物形态、品种、药性药理、主治功用及炮制等内容②。相比《本草纲目》书考800余家，新增药374种，且绳谬补遗、立言破惑之处数以千计，《本草品汇精要》不如多矣。

《本草品汇精要》较为公认的编纂特色在于其“分项说药”③ 的编撰方法，即将文字内容分成名、苗、地、时、味、性、气、臭等24项进行解说。但分项说药始于南宋《纂类本草》④，《本草品汇精要》虽更趋细致，可惜深藏宫中，不为人知。待其复见天日，已成明日黄花。相反，《本草纲目》成书虽晚，其“纲举目张”的编纂法却对后世本草产生了巨大的影响。因此，无论文字内容还是编排，《本草品汇精要》的学术价值十分有限，其实际影响尚不如明代二流本草（如《本草蒙筌》《本草经疏》等），更难与《本草纲目》并称伟大了。

那么，《本草品汇精要》绚丽的彩色本草药图的价值如何呢？这是本文考察的重点。鉴于该书有彩图的传本甚多，有必要首先深入考察以确定正确的底本。

（二）《本草品汇精要》现存彩绘插图传本

1. 弘治原本：藏于日本武田科学振兴财团杏雨书屋⑤。此为弘治十六年（1503）手稿彩绘本。据已发表的少数图影可知，该本彩图颜色艳丽，描绘精细，文字朱墨分书，书前有“御制本草品汇精要”题识⑥。此本文字及插图至今没有全面报道。今各种文著所称该书1538幅图，此乃 Dr. Guiliano Bertucioli（白佐良博士）50年前据罗马本统计的数字⑦。如果

---

① 见那琦、刘正雄《本草学总论之研究（2）：明清两代惟一敕撰本草——本草品汇精要及续集之考察》，第687页。

② 郝近大.《本草品汇精要》中“谨按”考［J］.中国药学杂志，1992（Z）：35-37.

③ 见尚志钧、林乾良、郑金生《历代中药文献精华》，第274页。

④ 郑金生.宋代本草史（提要）［J］.中华医史杂志，1982，12（4）：204-208.

⑤ 武田科学振兴财团杏雨书屋.杏雨书屋藏书目录［M］.京都：临川书店，1982：819，“贵研818”.

⑥ 武田科学振兴财团杏雨书屋.杏雨书屋图录［M］.大阪：武田科学振兴财团，1998：13.

⑦ G. Bertucioli.Nota sul Pen-ts'ao-pin-hui-ching-yao［J］.Rivista degli Studi Orientali，1954（29）：247-251. 此外冈西为人《本草概说》、那琦《本草学》等书及各种论文均沿用此数字。

以图名为计算单位，弘治本插图实为1367幅[①]。用弘治本研究《本草品汇精要》插图固然最佳，但该本不易观览，难以作考察用本。

2. 明抄残本：藏于中国国家图书馆。该本钤有明、清多位著名藏书家的11个藏书印记，如项子京、毛子晋、季振宜等。虽说有的印记可能是伪造，但不影响明抄本的鉴定。该本残存11卷（分13册，卷次序号系后人剜补，与原卷次不合），无卷首序例。其残卷分布于卷一、二、十三、二十四、二十八、二十九、三十、三十二、三十四、三十五、四十。经核实，该本存图267幅[②]。图名为深蓝底，双金边，金字，图形亦多类弘治原本。但该残卷有错简（如卷十三“藿香”下11个药图错入卷三十五）及脱漏之图，其卷二药图与文字竟与弘治本[③]及其他传本多有不同，卷三十五菜部茄图也与诸本迥异。该本与弘治差别如此之大，无法用作考察底本。

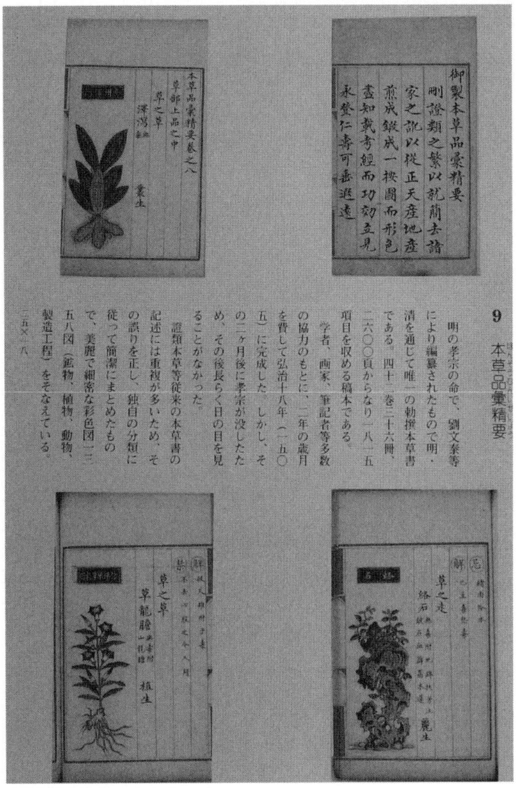

《杏雨书屋图录》展示弘治本图文书影

3. 明抄本：据载乃依弘治十八年原本重抄，3卷[④]，有“静致斋□觐堂藏书”“琅琊□家”图记，存卷首及卷一、二，当有图39幅（未亲自核实）。

4. 清康熙重绘本：康熙三十九年（1700）赫世亨等据弘治原本等重绘。今中国国家图

① 真柳诚、肖永芝实地考察杏雨书屋弘治本及康熙本（详情另文报道）。承蒙告知，弘治本插图1367幅。罗马本较之多五色石脂1图，少石龙子、柘木耳2图。另康熙本卷13—42存图844幅。曹辉校注之《本草品汇精要》统计为1371幅图，经核查，乃统计依据与本文有异。曹氏不依图名算图，而以内容为准，故多出4幅图。

② 原统计为246幅药图，见郑金生《中药书籍资料的查找与利用（五）——第三讲　本草图谱的概况与查找》(载于《中药材科技》1983年第6期39-41页)。今复核，实得267图。

③ 今存《本草品汇精要》各传本插图（卷二除外），绝大多数与弘治本相同。据肖永芝等考察，唯康熙本卷二之图与弘治本最为接近，详情将另文报道。

④ 见武田科学振兴财团杏雨书屋《杏雨书屋藏书目录》，第819页，“贵研11”。

书馆藏清抄残卷13册(含卷首序、例及前12卷)[①]。据考此即康熙重绘本[②]。该书后30卷(卷13—42)共23册，至今在日本杏雨书屋保存有原件[③]或缩微胶片[④]。因此，该本虽分藏中、日两国，但仍可凑成全帙，唯不便利用。其图名样式、字体(仿宋)明显与3种传本不同，然图形却与弘治本最近。该本前12卷存图522幅[⑤]，后30卷存图844幅，总计1366幅。

5. 清安乐堂本：藏于意大利罗马国立图书馆，习称罗马本。据考，该本抄绘年代上限约在1722年[⑥]，下限不迟于雍正年间(1723—1735)[⑦]。该本亦存全帙，唯无书前御制题记。据现代影印本计点(去重出)，实存药图1366幅。该本除卷二插图以外，其余插图与弘治本基本相同。

6. 大冢本：原藏于英国，1972年归日本大冢恭男先生收藏，其流传经过颇有戏剧性[⑧]。该书抄成年代或称“不迟于明末”，但现在一般都认为系清抄绘本。真柳诚先生考订大冢本与罗马本为同一底本的抄绘本，抄成年代可能稍晚于罗马本。该本存正文42卷，缺卷首1册。将其药图与罗马本比较，其结果完全支持真柳诚先生的考订。二书都原缺“石龙子”图，这是它们出自一源的特异性证据。该本实存图亦为1366幅。

7. 柏林本：残存13册26卷(存卷首、卷1—6、9—17、22、34—35、38—39、41—42)，藏于德国柏林普鲁士文化中心所属市立图书馆。1973年，文树德出版报道此本的专册，附彩图数十幅[⑨]。W. Fuchs发现此本的制作可以追溯到清乾隆年间(1736—1795)，因

---

① 薛清录．全国中医图书联合目录［M］．北京：中医古籍出版社，1991：162，“02254条”。(即该条下版本1之残本)

② 曹晖，谢宗万，章国镇．清抄彩绘《本草品汇精要》残卷考察［J］．江西中医学院学报，1991，3(1)：35-36，43.

③ 见武田科学振兴财团杏雨书屋《杏雨书屋藏书目录》，第820页，“贵12”。

④ 见武田科学振兴财团杏雨书屋《杏雨书屋藏书目录》，第820页，“研970”。

⑤ 郑金生．中药书籍资料的查找与利用(五)——第三讲　本草图谱的概况与查找［J］．中药材科技，1983(6)：39-41. 原报一道存图520幅，今复核，实得522图，卷3较弘治本少方解石1图。

⑥ 真柳誠．「本草品彙精要」ローマ本．大塚本．ベルリン本の成立関係［J］．漢方の臨床，2002，49(2)：1207-1220.

⑦ 曹晖，谢宗万，章国镇．《本草品汇精要》版本源流、内容特色及药物品种的考察［J］．江西中医学院学报，1989(1)：封页3、4.

⑧ 曹晖．《本草品汇精要》考略［M］// 刘文泰，等．御制本草品汇精要．影印罗马本．北京：九州出版社，2002：36.

⑨ Paul U.Unschuld. Yǔ-chih pen-tsáo p'in-hui ching-yao，Ein Arzneibuch aus dem China des 16.Jahrhunderta［M］.Heinz Moos Verlag Munchen，1973.

为避"弘"字讳[①]，或考可能抄成于大冢本稍后，属于民间抄绘。笔者核查该本实存869图，与罗马本属同一系统传本（笔误亦同），但小改动30余处，最明显的是某些图中人物的数量、面貌、服饰、姿态或异，多数人物头上戴巾不覆额，近似清代人。又，多数器皿（如缸、盆等），用单线勾边，而非双线。少数图中的指示牌被略去，象、白马2图重新绘制，"文州当归"较罗马本多出花序；"安石榴"构图变化较大。另有2处错简。

8. 中药所本：藏于中国中医研究院中药研究所，共9册，以往考为明抄[②]。然笔者复核原抄，见其书虽避清讳并不十分严格，但仍可见将"玄参"作"元参"之例，结合纸张墨色，绝非明抄。该本文字不分朱墨，图形色彩暗淡，线条较他本粗放，药图排列混乱。内容涉及《本草品汇精要》11卷（卷7—15、17—18）。原应有彩图600幅，今实存290幅，脱图达310幅。综合考察所得，笔者认为此本乃清后期节抄残本，药图价值不高。

9.《中国古籍善本书目》载上海图书馆藏《本草品汇精要》清抄残卷2卷（卷二四、二五）。[③]此2卷存35幅彩色插图，其文字笔迹表明该本与前述各传本均不相同。

除上述9种附图传本外，中国中医研究院存有近代节抄影写本1册。该本原藏范行准（1906—1998）栖芬书室[④]。封面题为"御制本草品汇精要"，朱丝栏，朱墨分书。该书节抄《本草品汇精要》11卷的目录与各卷首味药物的文、图；共有插图24幅，图名蓝底金边金字，然插图却改为墨线，未曾敷色；纸、墨簇新。据此书形制与书前有"御制本草品汇精要"题识等，可知乃近代某人据弘治本节抄影写。另最近出版的《本草品汇精要》校注本，书前有选择地影印了各类传本的彩色图274张[⑤]。此二书均为近现代人节抄或选印，无法作为考察《本草品汇精要》之底本。

此外，北京故宫博物院藏清康熙四十年（1701）重订续编本，仅存文字，不分朱墨，无图；中国科学院藏近代传抄本，仅残存26卷，无图，文字亦不分朱墨。此二书及其他无图之传本、印本，均不在本文讨论之列。

上述《本草品汇精要》附图传本，今影印者有1997年日本影印罗马本（黑白图），其

---

① Paul U.Unschuld. Medicine in China：A History of Pharmaceutics［M］.Berkeley：University of California Press，1986：144-145.

② 高晓山，张绍重. 明抄彩绘《本草品汇精要》残卷研究初报［J］. 湖南中医学院学报，1985（1）：15-18.

③ 中国古籍善本书目编辑委员会. 中国古籍善本书目：子部上［M］. 上海：上海古籍出版社，1996：187.

④ 中国中医研究院图书馆. 馆藏中医线装书目［M］. 北京：中医古籍出版社，1986：494. 该本影写《本草品汇精要》弘治本卷一、七、十六、二十二、二十三、二十六、二十九、三十二、三十五、三十八、四十一之目录与上述各卷之首味药图文。

⑤ 刘文泰，等. 本草品汇精要［M］. 曹晖，校注. 北京：华夏出版社，2004.

图失去层次，难见真面[①]；2002年，中国文化研究会将罗马本彩色影印，收入《中国本草全书》[②]；此同一版式复印件又由九州出版社分36册单行[③]；此外，《中国本草全书》还收入大冢本（灰度影印，效果不佳）。

对《本草品汇精要》附图传本考察结果表明，画家们在传抄过程中，间或改易原图。今存全帙的《本草品汇精要》附图4种传本中，唯康熙本与弘治原本最为接近。然弘治、康熙本殊难利用，故本文选择罗马本彩色影印本作为考察底本。该本与弘治原本不同之处，则以弘治原本为准。

（三）各类彩色插图数量的分析

刘文泰等"进本草品汇精要表"中用8个字总结其工作："翻诸旧刻，式以新图"[④]。可见，其文字不过是本于旧刻本草，而绘制新图是《本草品汇精要》极为重要而又值得炫耀的工作。该书绘图者8名：王世昌、王辅、赵贤、郑宣、刘缘、赵铎、赵海、吴瓒（均为明弘治间人）。在《本草品汇精要》纂修者署名中，这些画师多具有锦衣百户、锦衣千户等官职名[⑤]，可知他们均为画院画师。明代画院在宣德、弘治年间繁荣一时，其花鸟画远追南宋妍丽工致的画风，近宗元人花鸟画的意趣，而以浙派的用笔补缀树石流泉，别开生面，气势雄健，为前代所未有[⑥]。因此，虽然画院画师参与绘制《本草品汇精要》插图是"奉命纂修"，未必有主动投入的动机，但和当时画院花鸟画的兴盛恐怕也不无关系。当代学者对《本草品汇精要》药图褒多于贬，但褒扬者大多赞叹的是图像外观的精细与色彩的艳丽，只有少数学者注意研究其科学性[⑦]，并就其新增药图的数量和特色进行探讨[⑧]。鉴于《本草品汇精要》是明代画家系列本草彩图的源头，因此必须进行深入细致的探讨。

衡量本草插图的药学学术价值与科学性，重在考察其图是否原创、能否反映所绘药物的真实性、能否提供鉴别特征。有鉴于此，必须从考察《本草品汇精要》新绘药图数量入手，进而研究其彩色插图的内容与价值。

---

① 刘文泰，等．本草品汇精要［M］．影印罗马本．东京：科学书院，1997.

② 中国文化研究会．中国本草全书：第28–37卷［M］．北京：华夏出版社，2002.

③ 刘文泰，等．御制本草品汇精要［M］．罗马影印本．北京：九州出版社，2002.

④ 刘文泰，等．进本草品汇精要表［M］//御制本草品汇精要．北京：九州出版社，2002：4.

⑤ 同③，第12页。

⑥ 张光福．中国美术史［M］．北京：知识出版社，1982：400.

⑦ 高晓山．《本草品汇精要》再评价［J］．湖南中医学院学报，1986（1）：45–47.

⑧ 曹晖．《本草品汇精要》之药图及其特色考察［J］．杏苑中医文献杂志，1993（1）：5–8.

《本草品汇精要》插图有很多是敷色仿绘北宋《证类本草》[①]（以下简称“旧本”）的墨线药图。这些图缺乏创新，故必须确定该书有多少是新增绘插图。这一工作看似简单，实则颇为复杂。因为虽然该书目录注明了“今增图”，并在总目之后记有“三百六十六种今增图”，但细核即知此数字误差颇大。实际该书在“今增图”之外，还有很多增绘的插图。笔者将《本草品汇精要》与《证类本草》旧本插图逐一比勘，得出最后结果：该书至少有新增绘药图667幅。

下列示意图表示该书药图组成情况，然后按示意图中所标序数，出示计算新增药图的依据。

《本草品汇精要》总药图数1367

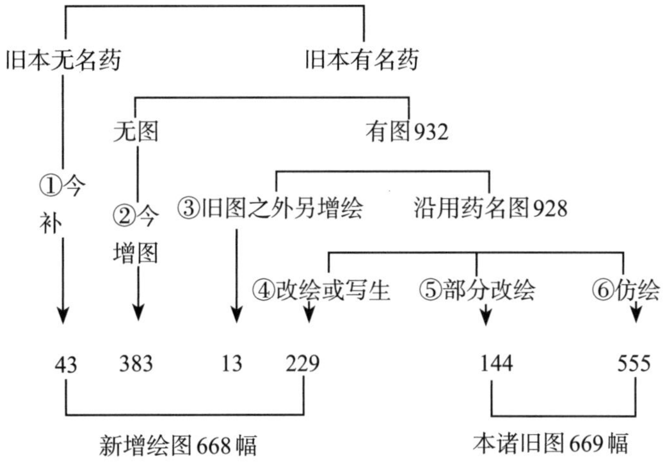

1. **“今补”药的新增插图**：所谓“今补”，即旧本原无此药，为之新补。《本草品汇精要》总目云“内四十四种今补”，实际新补仅38种，新增图43幅[②]。

2. **有名而无形质的“今增图”**：该书序例称“旧本虽有名而无形质者，今悉博考之，绘图增补”，即“今增图”。原载有“今增图”366幅，今计算为383幅，分布于372种[③]药物之下(其中6药不止一幅图[④])。但“今增图”实际包括“今分条”药之图。所谓“今分条”

① 宋唐慎微《证类本草》有多种版本系统。据该书有石蛇、黑羊石、白羊石、金灯、天仙藤5药，可知其本于《政和本草》；又根据其中有由跋、鸢尾2药，可知其本于《重修政和经史证类备用本草》系统的刻本。本文对照即使用《重修政和经史证类备用本草》晦明轩本，今统称《证类本草》。

② 此新补尚包括重出的东流水（千里水）、塔剌不花（土拨鼠），以及4条分条药（锡灰、狮子屎、豪猪、香圆）。其中，粉霜3图、樟脑3图、玉簪花2图，故药图数超出新补药数。

③ 原书漏算麦饭石、白兔藿、女菀、猪膏莓、柞木、槐花、柘木耳、鳝鱼8种，但误将有图的茅香花、白瓜子2种列入；另“赤柽木”本无图，然柳华有“赤柽柳”图名，故未算今增图。

④ 其中，熟地黄2（幅）、五木耳5、墨2、仙人杖2、白胶2、蜜蜡2。

药，即该药原附述于旧本某药条下，后被摭取出来独立成条。“今分条”药22种，凡有增绘之图，目录中多注明“今分条并增图”，仅麦饭石、槐花未注。鉴于这类图仍属于旧本“有名而无形质”，故今统归于“今增图”内。

以上2类共426幅图并非该书全部的新增药图。旧本有名而又有形质的药物条下仍可以见到部分新增药图。

3. **旧本图之外的新增药图：**旧本932幅药图（按图名计）中，《本草品汇精要》袭用旧本图名者（不论重绘时有无改动）只有928幅①。《本草品汇精要》除上述426幅新增图外，还余941图，故其中还有非旧本图13幅②属于新增。例如薏苡，旧本仅一图，今又增一幅；犀角亦仅一图，今再增两幅，等等。

以上3类439幅新增图的确定，均以旧本为参照，不容易产生争议。但袭用旧本图名的药图又可分3类：写生或改绘、部分改绘、基本仿绘。

4. **旧图名下的写生或改绘图：**计229幅。写生图属于创作，非临摹或敷色仿绘墨线图者可比（见牡丹、麝、虎、孔雀、鲎、蠡鱼等）。旧图滑石、白石英、石中黄子、铅等，只是不知所云的线条或墨块，改绘后立体层次分明，特征明显，虽袭旧名，不属仿绘。又如朴消、石胆、粉锡等，原为药材示意图，后改为采集炮制图，图形全改。故凡新、旧图差别很大，有重新写生者（如茵陈、茴香、蜀州蓝叶等），有据文字想象绘制者，都属于改绘图。

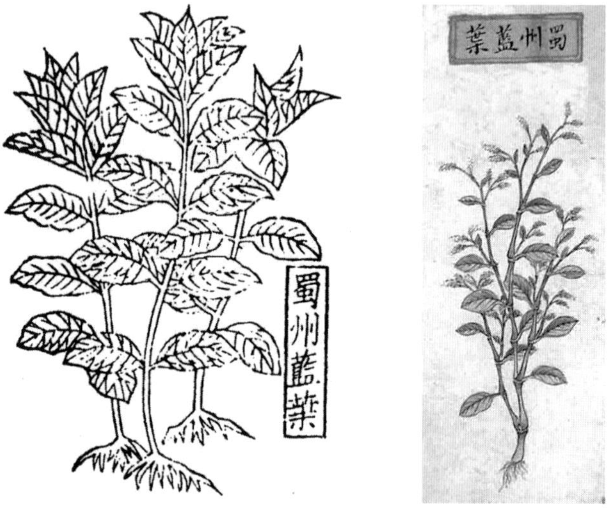

蜀州蓝叶《证类本草》（左）原图及《本草品汇精要》（右）写生改绘之图

① 有4个旧本图名未被袭用：蘹香子、桂花、龙眼（原有2图，取其一）、海盐（原有3图，删并为2）。

② 此13图为修事云母、生消、滦州柴胡、薏苡仁、四川芎藭、桂枝、蔓荆、龙、胡帽犀、兕犀、红娘子、椰子皮、青芥。

5. 旧图名下的部分改绘图：《本草品汇精要》仿绘旧图时，经常加以美化或局部变更。增减枝叶花果根茎、增绘生长环境等现象司空见惯。本文将表现同一物体、构图方式基本相似，很难看出是写生或改绘者，才计算为仿绘。但在具体计点时，要界定何为仿绘，何为新增图，委实比较困难。例如“蜀州大黄”，与《政和本草》旧图相差很大，却与《绍兴本草》[①]旧图粗似，将其列入新绘或仿绘都不合适，故设“部分改绘”一类。

这类插图最为复杂。该书绘图者首创将常用药材写生后嫁接转绘到原本旧图之上。例如甘草、牛膝、山药、黄连、当归等，其枝叶明显仿绘旧图，但根部却按照药材予以写生。河中府大戟还将根部特意削去一块，以展示其剖面的情况。商陆的果穗明显与原图不一样，很可能属于写生，但其他部分却与旧图相似。栝楼图唯果实属写生。画家们还经常根据文字叙述，增减旧图内容；或为美观，或因不谙植物特性，部分变更旧图构图。例如，预知子旧图是果实坠地开裂，新图是果实着树开裂；又秦艽、宜州桂的叶脉已改变。以上诸图虽有种种改变，但仍可见其与旧图的某种联系，故均归“部分改绘”类，计图144幅。

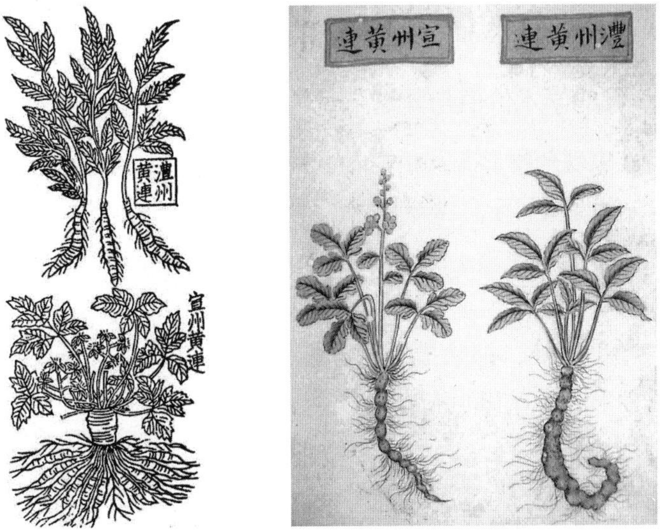

《证类本草》(左)与《本草品汇精要》(右)黄连图比较，
后者之根部“嫁接”写生药材黄连，并部分改绘花叶形态

① 据日本春阳堂1973年影印宋王继先等《绍兴校定经史证类备急本草》356页，该本之图乃承袭《大观本草》，故有所不同。

《本草品汇精要》河中府大戟图根部削去一片以展示内部形色

6. **基本仿绘旧本之图：**更改甚少，基本属于仿绘的一类插图，计555幅。这类图不过是增加色彩而已，无论是艺术还是科学方面都缺乏新意，不能反映明代用药实际情况。

要之，《本草品汇精要》在《证类本草》旧图之外，新增绘插图439幅。另袭用旧图名的288图也属写生或改绘，故全书新增图达667幅。此外，还有144幅部分改绘图也有新意。因此，《本草品汇精要》的插图并非多属简单的敷色仿绘旧图，属于画家创作之图接近半数，其中的药物写生图倍觉珍贵。

（四）该书插图的学术价值与弊端

本草插图旨在表现药物形态及相关内容（如生长、采集、炮制等），其性质属于科学绘图，目的是真实表现所描绘对象的特征和含义，体现科学性。本草插图也讲艺术性，但科学性更为重要。古代本草插图有不同于现代科学绘图之处，即除描绘药物形态之外，还会采取辅助图的形式表现其他药学含义。

1. 药物辅助图的分析

本文用药物“辅助图”一词来表达不描绘药物形态却展示药物相关内容（如生态、产地、采集、炮制、运用、民俗、传说等）的插图。宋《本草图经》中仅两味药下有辅助图。其中，食盐3幅，展示了海盐在官府控制下，从引海水入盐池、晒盐、称量收藏，以及海卤煎炼的全过程，场面宏大，有人物54个，较《天工开物》[①]所绘制盐图更为精细，是盐业史的重要

《本草品汇精要》“烧松烟法”图

① 宋应星．天工开物卷上：作咸第五［M］．扬州：江苏广陵古籍刻印社，1997：171-175.

史料。另水银之下有“煅水银炉”，展示了抽炼水银的器具和方法。也许是受此启发，《本草品汇精要》药物辅助图的数量急剧增加，达95幅，图中人物147个（其中10个外国人）。如果连同仿绘的食盐图（其图被缩减，人物仅29个），全书绘制了人物176个。

这95幅图中，只有玄明粉、粉霜、水银粉、粉锡、灵砂、熟地黄、墨、樟脑、白胶、鹿茸、酒、胡麻油等10余图的学术价值比较高。其中水银粉图被认为是一套完整的轻粉（甘汞 Hg_2Cl_2）制备方法。造墨法中的“烧松烟法”所用设备，比《天工开物》的雨篷式烧取松烟法[①]显得更加轻巧。此外，“胡麻油”图的大型榨油器、“舂杵头糠”图的脚踏舂杵，以及“酒”“沙糖”图的杠杆压榨器，不仅比《天工开物》“膏液”所出的榨具图要早百余年，而且有的尚属首见。这对药学、农学乃至其他学科技术史的研究有一定的参考价值。

除此以外的80余幅辅助图，很难给予过高评价。因为它们展现的内容过于平庸，多数没有绘图的必要。例如热汤、泉水、铁落、赤铜屑、梁上尘、东壁土、井底沙、地浆、井华水、腊雪、乌古瓦、甘烂水等。此外，对细小难以表现的植物、特征不明显的矿物，画家也为之绘制集图。例如苔藓类的船底苔、垣衣、屋游、土马鬃、桑花、桑黄，土石类的黑羊石、白羊石、铛墨、伏龙肝等，并非其采集方法特殊，只是借助人物和环境的烘托，提示其生产之地而已。有些文字已能清晰表达的东西，也要绘制辅助图（如半天河图）等。绘有10个外国人的图中，降真香图是一洋人抱着一段紫红色木材，苏合香为一洋人督促二仆人抬一罐装物，底野迦则是一洋人跪献盘中红丸状物。这些插图与采集、炮制无涉，只能理解为画家们借此表示该药来自海外而已。类似的还有陈廪米，绘的是官仓验米。严格地说，这些辅助图不属于现代意义上的科学绘图。

诚然，我们不能以今律古，苛求古人。明代宫廷画家发挥艺术想象力，巧思入画，借辅助图表达药物相关内容，又可增添本草插图情趣，无可厚非，甚至可视为古本草插图的一个特色。但笔者认为，这类图在该书中已有过滥倾向。试想：将医家极少用的甑带灰、笔头灰、屐屧鼻绳灰（鞋鼻绳烧灰）、败芒箔等绘成烧灰图，将燕蓐草、败鼓皮等绘制成收集图，一个人抱着一个罐子就算“石脑油”图，无论从艺术还是科学角度，又有多大意义？类似的虚耗笔墨滥竽之作，大大降低了该书辅助图的学术价值。至于插图中人物如此之多，笔者怀疑是擅长人物画的某画师借此宣泄其技痒之兴。

2. 药物形态插图分析

与上述插图相比，表现药物形态的插图就单纯得多。评价这类插图，关键是考察它们是否能表现药物基原（原植物、原动物、原矿物等）和药材的鉴别特征。从药物鉴定的角度来看，有些貌似生动的药图可能毫无科学价值。能否准确表现鉴别特征，主要取决于其

---

① 宋应星．天工开物卷下：丹青第十六：墨［M］．扬州：江苏广陵古籍刻印社，1997：1428-436.

图形是否以实物为依据。由于该书并没有说明绘制插图的依据，笔者逐图进行考察，并核对原书有关药物形态的文字描述，对该书的药物形态插图得出如下的印象。

宫廷画师有条件接触到的药物基原或药材，基本上都已经根据实物进行写生。这一论断的依据是笔者计点了该书各类药物图的如下数据。

单位：幅

分类	玉石	草	木	人	兽	禽	虫鱼	果	米谷	菜	外类	总计
各类图数	164	533	211	0	47	38	104	55	40	76	99	1367
新增图	122	147	109	0	40	38	75	33	35	68	1	668
新增形态图	78	134	91	0	33	38	74	31	26	68	1	574
写生图	35	49	20	0	29	38	62	24	22	59	0	338

根据表中的数据，各类药的插图数与全书总插图数之比，按照从高到低排列，结果：草（39%）、木（15.4%）、玉石（12%）、虫鱼（7.6%）、外类（7.2%）、菜（5.6%）、果（4%）、兽（3.4%）、米谷（3%）、禽（2.8%）。

但将各类写生药图数与该类新增药物形态图数的比例也按高低次序排列，次序几乎完全颠倒：禽（100%）、兽（87.9%）、菜（86.8%）、米谷（84.6%）、虫鱼（83.8%）、果（77.4%）、玉石（44.9%）、草（36.6%）、木（22.0%）、外类（0）。

《本草品汇精要》“麋”图

这一比较结果表明，宫廷画师所熟悉的禽、兽、菜、米谷、虫鱼、果类等日常习见之品，其插图绝大多数是写实而来；而占药物最多的玉石、草、木，情况却相反。这大概和画师们擅长画鸟兽虫鱼有关。这些写生药图极为生动精美，其中的孔雀、雉、鸥、天鹅、麝、鹿、麋、腽肭脐、蠡鱼、鳜鱼、鲨鱼等插图，就是现代科学绘画人员也要叹为观止。值得一提的是“麋”图，麋（四不像）是中国特产动物，近百余年其野生种在中国已经灭绝，近年才从国外引渡回归。《本草品汇精要》的画师们能绘制如此精美的“麋”图，恐怕是得益于明代北京皇家林苑蓄养珍禽异兽的便利。

画院画师高超的绘画技能，再结合写实，就能创作出许多珍贵的药物基原或药材插图。其中，某些写生药图的价值，恐怕连画师自己也未必知晓。例如菜部的“天花”，最早见于元代吴瑞的《日用本草》(1329)，称其“形如松花，大而香气足，如蕈”，“时人珍重之”[①]。元忽思慧《饮膳正要》(1330)也载此物，称其“与蘑菇稍相似，未详其性”[②]，并出示一简单的墨线图。博学如李时珍，也只知道“其价颇珍”而已[③]。今人或考天花为伞菌科侧耳 *Pleurotus ostreatus*(Jacq.ex Fr.) Quel.[④]。但是,《本草品汇精要》[⑤]云“其苗高五六寸，大小不等，上有碎瓣如木耳而黄色，数十瓣攒生一本”，又“(质)类鸡冠花而多瓣，(色)黄白”，结合“天花”图，可知此即当今珍贵补品银耳(白木耳，*Tremella fuciformis* Berk.)。

该书画师留下的另一疑案是两幅“薏苡仁”图[⑥]。左图乃真正的薏苡，右图却是玉米。文字记载丝毫不涉及右图。玉米原产美洲，哥伦布1492年发现美洲大陆,《本草品汇精要》成书于1505年，短短的10来年时间内，玉米就能传到中国并登录于本草？笔者这一发现已先后在国内[⑦]、国外[⑧]发表，然至今未引起学界关注。凭借此图，可以明确中国主食之一的玉米在1505年已经传入中国。笔者揣测，可能是玉米被带到欧洲后，很快传入明宫廷，在内苑试种。因玉米形态与薏苡近似，被画师们一并充作薏苡写生画入本草。该图可供农学、植物学、中外交流史等方面的学者进一步考察。

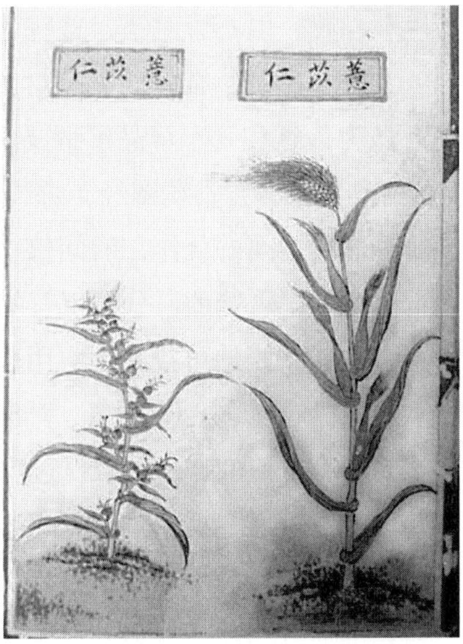

《本草品汇精要》“薏苡仁”图，
右图乃新绘玉米图

写生插图除见于上述日常习见物品之外，还可见于常用的商品药材。已经被学术界注意到的此类药图有忍冬、延胡索、常山、滦州柴胡、蜀州蓝叶、徐州白头翁等，这些药图对考证药物基原具有重要作用。此外，在桑寄生条下，原旧图所绘与新增图完全不同。《证类本草》旧图所绘，乃广寄生 *Taxillus chinensis*(DC.) Danser。新

---

① 吴瑞.日用本草：卷七［M］// 海外回归中医善本丛书：第八册.北京：人民卫生出版社，2003：432.

② 忽思慧.饮膳正要：卷三［M］.北京：人民卫生出版社，1986：145.

③ 李时珍.本草纲目：卷二十八［M］.北京：人民卫生出版社，1982：1718.

④ 谢宗万.本草纲目药物彩色图鉴［M］.北京：人民卫生出版社，2000：270.

⑤ 刘文泰，等.御制本草品汇精要：卷三十九［M］.鲁军，整理.北京：九州出版社，2002：4691.

⑥ 同⑤，卷七，第1003页。

⑦ 郑金生.中药书籍资料的查找与利用(五)——第三讲 本草图谱的概况与查找［J］.中药材科技，1983(6)：39-41.

⑧ Zheng Jinsheng.Dietary Hygiene and Allied Literature in the Ming Dynasty of China—History of Hygiene［M］.St. Louis：Ishyaku Euro America，Inc，1991.

图展示的却是当今常用桑寄生药材之一、主产于北方的槲寄生 *Viscum coloratum*（Kom.）Nakai。这一药图表明，居于北京的宫廷画师是根据当地用药习惯来写生药材的。另一写生药图香薷，可以肯定是当今多用的石香薷 *Mosla chinensis* Maxim.。而《证类本草》旧图所绘乃香薷 *Elsholtzia ciliata*（Thunb.）Hyland.。此例再次表明，画师们对常用药，往往根据实物重新写生绘制。这些药材写生图的产生肯定有赖于同样参与编书的药局官员的协助。由于药师和画师的辨药水平有限，有些药图虽然写生，却绘出了误图，如将兰草绘成了兰科植物。但不管对错，这些写实之作是反映明代用药种类最可靠的资料。

为什么集中了很多商品药材的草部、木部，其新增图和写生图所占比例如此之少呢？笔者认为，这和《本草品汇精要》的编纂方式有很大关系。该书不像唐《新修本草》、宋《嘉祐本草》和《本草图经》那样，在全国范围征集药物图画和标本，而是宫廷御医、御药师和画师之间的合作，时间仅一年半。因此，要画师们将散在全国各地的数百种植物药全部写生是不可能的。分析现有的草、木类药图，可以知道画师们采取的对策如下。

首先，将当地可找到的常用药物原植物写生绘图（如车前、丹参、茵陈、茴香、香附子、蓖麻、白头翁、蒲公草、酢浆草、地锦草、萱草、茼实、合欢、棕榈等）。这类药图多数是很有价值的，少数取材过滥（如故麻鞋底、败蒲席、弓弩弦、败天公、六畜毛蹄甲、蜜蜡、大豆黄卷之类）。

其次，就近找不到原植物者，一般就敷色仿绘旧本药图。例如，“外类”药，多属难以辨识的地方草药，所以几乎全是仿绘。但对常用药材，画师们则直接绘成药材图（如草果、两头尖、龟甲、八角茴香等），或将写生药材图与旧本药图进行“嫁接”，形成一半仿绘、一半写生的特殊图形。有关实例，本文在前面“旧图名下的部分改绘图”中已经列举。了解《本草品汇精要》彩色插图的这一特点，对使用该书插图鉴定药物是很有帮助的。不要以为某些图形与旧本相似而弃之不顾，要充分注意其中改绘过的药材部分。

最后一种情况是，画师们对不了解的药物，经常根据书中的有关文字，或者干脆根据想象（如“龙”图）绘出插图。此类药物形态图不下百余幅（尤以木部、草部居多），这是该书插图最大的败笔。因其流毒影响到此后的明代画家所绘彩色本草插图，故有必要详加分析。

此类药图多集中在《证类本草》旧本无图但有若干文字描述之药。例如，许多新增的木部图，并不表现细部，只是大写意绘一棵树，这样的插图与一般山水画中的树木一样，对鉴定并无意义，不过是乔木示意图而已。此外，该书有很多现代本草学家也鉴定不了的药物被画成了插图。例如，格注草、折伤木、椋子木、每始王木、突厥白、甘露藤、药实、苦苣仙人杖等，原文描述极为简单，但画师们凭生花妙笔，将子虚乌有的植物居然都画得栩栩如生。

此类例子甚多，今略举数例：“三赖”图该书首出，完全按照文字描述（“直上生一叶似车前而卷，至秋旁生一茎，开碎花红白色……”），画成了一种世间未有的怪物。“三白草”本来是因开花时茎端花序下的三叶变成白色而得名，结果被画成了三小叶植物。“猕猴桃”本非桃，但画师笔下的果实全是红桃状。又，“羊桃”，古人语焉不详，今人考为猕猴桃[①]。画师们仅据莫衷一是的描述，画出了花、叶似桃，果实又略似“阳桃”(果有棱)的藤本（当为乔木）。又，“溲疏”文字说似枸杞，画师就画成枸杞状；“列当”文字载“生山南岩石上如藕根”，画师就把这种寄生植物（地上部分有可能是据药材实物绘成）画成长在山上、根部有许多白色藕状物。纤弱的“鸭跖草”被画成直立坚挺的草本，“小天蓼”画成竹叶状。其他如及己、鬼督邮、蜀羊泉、菟葵、蔛草、百脉根、郁金香、鸢尾、荛花、赤车使者、狼跋子、合明、乌韭等药图，也都据文字画成错图。

画师们不仅根据文字“创作”新图，甚至会根据文字更改旧本本来不错的药图。例如“天南星”，旧图虽是墨线图，但特征突出，肉穗花序梗短于叶柄，但画师们却改成顶生穗状花序，连叶片也改得失真。又如“萹蓄”，旧图虽也欠精，但画师们却按《本草图经》“叶细绿如竹”的记载，绘成对生竹叶状。旧本“桂”图虽仅出一枝条，但叶脉准确，改绘成大树后，特征尽失。尽管《本草品汇精要》色彩绚丽，但若干新图还不如旧本图更能表现药物鉴别特征。

那么，怎样才能比较简便地判断该书某插图非实物写生呢？笔者认为，非常用的商品药材、不易得的饮食品及器物、《证类本草》部分有药无图之品，若有新绘图，则大抵在怀疑之列。再将该书药图与现代工具书图文对照，便知真假。若能与《证类本草》文字记载比较，还能找到画师们“创作”的依据。

《本草品汇精要》不仅有一些错图，而且因药物重复导致一物多图。例如鼠曲草、佛耳草二新增图，实为一物；旧本原有“鼠耳”，也是鼠曲草，一物竟然三出。其他如地笋与泽兰、棠梂子即赤爪木、水香棱即莎草、香菜即罗勒、薇菜即薇、塔剌不花即土拨鼠、水札即䴙䴘、豌豆即胡豆、青小豆即绿豆（李时珍考作豌豆）、草三棱即江宁府京三棱、小天蓼即木天蓼、平波即柰、必思答即阿月浑子、莙荙即菾菜、苦耽即酸浆、甘露子即草石蚕等，皆属重出药，故部分插图也重出。尽管本草中重复之药时可见到，但像《本草品汇精要》如此多的重复药，亦属罕见。最不可解的是，个别非药物也画成图。例如，苏合香初传我国时，俗称狮子屎，以示奇特珍重。但唐《新修本草》早已经断然指出，“此是胡人诳言”；唐代陈藏器也说：“人云师（狮）子屎是西国草木皮汁所为，胡人将来，欲人贵之，饰其名尔。”[②]明代何曾将狮子屎入药？该书将狮子屎分条，莫非专为画狮子而设？画师们药物知识贫乏尚可原谅，专门负责验药形质的药局官员不该如此粗疏。药家和画师之间的配合欠佳，导致该书绘制插图方面出现以上问题。

---

① 见谢宗万《本草纲目药物彩色图鉴》，第191页。

② 见唐慎微《重修政和经史证类备用本草》卷一二，第310页。

综上所述，《本草品汇精要》是在《证类本草》旧图基础上，“式以新图”。除敷色或部分更改（甚至将写生药材图与旧图“嫁接”）之外，又通过写生、根据文字描绘或想象等方式，新绘制了668幅图，其中多数插图的学术价值比较高。整体而言，该书绘图技巧和价值高于《本草纲目》，在明代画家所绘本草图中水平最高。与宋元本草插图相比，该书新增图中的95幅非药物形态插图是一大特色。在574幅新增药物形态图中，最有学术价值的是338幅写生图。这些图绝大多数是日常习见之动植物和常用药材，少数取材过滥。值得注意的是，该书根据文字或想象绘成的百余幅“创作”是最大的失误。这类插图违反了科学绘图的基本原则，容易对后世用药产生误导。一个显而易见的事实是，此后在其影响下的明代彩绘《食物本草》和《补遗雷公炮制便览》中，都出现了非写实药图、绘图取材过滥等弊病。

三、彩绘《食物本草》及其插图

（一）彩绘《食物本草》概述

该书4卷，内有彩图，中国国家图书馆收藏，定为明抄绘本。原著录作为明代卢和（明正德时人）《食物本草》的一个版本①。笔者在普查本草文献时得见此书，并首次报道了其简况②。此后该书被作为独立书著录③。2000年，该书影印本收入《中国本草全书》，由华夏出版社出版。同年该社又将该书单行。④此后，北京图书馆出版社影印的线装彩色四卷本⑤、日本杏雨书屋所藏三卷本彩绘《绣像食物本草》⑥分别于2001年和2003年陆续影印出版。

该书形制表明其为宫廷之物，流入民间的过程不明。据悉，该书乃汤尔和（1878—1940）于1912年创立北京医学专门学校（北京医科大学的前身）时从武昌医馆接收而来。1959年北京医科大学将此书送北京图书馆收藏⑦。

该书文字内容传世甚广。李时珍最早载其作者：“正德时，九江知府江陵汪颖撰。东

① 中医研究院，北京图书馆．中医图书联合目录［M］．北京：北京图书馆，1961：99，“1版本5”．另薛清录主编的《全国中医图书联合目录》196页02743版本5即此（北京：中医古籍出版社，1991）。

② 郑金生．中药书籍资料的查找与利用（五）——第三讲　本草图谱的概况与查找［J］．中药材科技，1983（6）：39-40.

③ 尚志钧，林乾良，郑金生．历代中药文献精华［M］．北京：科学技术文献出版社，1989：424.

④ 佚名．食物本草［M］// 中国文化研究会．中国本草全书．北京：华夏出版社，2000.

⑤ 佚名．食物本草［M］．北京：北京图书馆出版社，2001.

⑥ 见武田科学振兴财团杏雨书屋《杏雨书屋藏书目录》，第442页，贵210。

⑦ 该书近百年的流传经过乃承北京大学医学院医史教研室前辈程之范教授口述。

阳卢和字廉夫，尝取本草之系于食品者编次此书。颖得其稿，厘为二卷，分为水、谷、菜、果、禽、兽、鱼、味八类云。”① 以笔者所见，唯台湾“中央研究院”历史语言研究所藏明隆庆四年（1570）序刊本卷首题“东阳卢和著，清江王贵校”②。该书内容又与明代薛己（1488—1559）《本草约言》（卷三四即《食物本草》）基本相同。卢、薛二氏撰书年代均在正德前后，故此书文字作者至今尚有争议。③ 但其成书年代不会早于正德年间（1506—1521），故彩绘之年也只能在正德之后。彩绘《食物本草》无序跋，不著撰、绘之人，与明《本草品汇精要》有许多相似之处，如版式、大小尺寸、颜料、字体、画风均同④，工笔重彩，其为画院画师所绘，殆无疑问。

杏雨书屋存该书三卷本，原著录为“清・阙名撰，清彩色钞本”。宫下三郎先生最近订正为“明画士辑，正德时彩色钞本”⑤。笔者检视该本，书封有“鼎风读书堂”朱印（小方阴文）。其书形制、字体行款、绘图与明抄彩绘四卷本如出一手，难分伯仲。唯三卷本色彩更为亮丽，许多图名清晰如新绘。文字略有差异。此三卷本乃四卷本脱去卷首，但却书作“卷上、中、下”。卷中脱一叶（缺白鸭、黄雌鸭、绿头鸭图），余皆同四卷本。

（二）仿绘《本草品汇精要》的药图分析

四卷本收载食物药386味，彩图492幅。据报道，该书与《本草品汇精要》均有所记的235种药物中，画法完全一样的是44幅，相似的是80幅。笔者重新核实，在两书均有的267幅图中，《食物本草》仿绘图213幅（占全部药图的43.3%），仅水类完全无仿绘图。该书有很多图与《本草品汇精要》如出一手，例如麋、鲎、栗、胡桃、鳖等。但也有些图看似有些不同，实际上仍属仿绘。这是因为《食物本草》每图只占半页，均有栏线，因此要把《本草品汇精要》占一页或大半页的图塞进半页，就必须简化原图（多见于植物类药），或者把动物的头、尾方向扭转，例如鹰、孔雀、羚羊、黄狗等，都属此例。另外，还有很多仿绘药图特点全同，但方向全反，如粳米、练鹊、麋、鳜鱼等。本文判断仿绘图，只核实主要特点，不拘于惟妙惟肖、丝丝入扣。

---

① 见李时珍《本草纲目》卷一，第11页。

② 卢和．食物本草［M］．刻本．1570（明隆庆四年）：卷首序．

③ 尚志钧、林乾良、郑金生在《历代中药文献精华》中主张为薛己所撰；默公在影印《食物本草》彩绘本序提出了多种可能性，甚至认为该彩绘本就是原版文字，其余都属托名之作（见华夏出版社单行之《食物本草》影印本卷首1-4页）；近宫下三郎先生谓薛己《本草约言・食物本草》乃托名（见《绣像食物本草》解说）。

④ 默公．影印《食物本草》彩绘本序［M］// 食物本草．北京：华夏出版社，2000：1-4.

⑤ 宫下三郎．绣像食物本草解说：明代的食材图鉴［M］// 武田科学振兴财团杏雨书屋．绣像食物本草．大阪：武田科学振兴财团，2003：1-17.

值得注意的是，“水类”图无一仿绘，却继承《本草品汇精要》善于画辅助图的传统，发挥艺术想象力，去表现各种水的宏观状态、采集或制取方法等。即便两书都有的图名（如热汤、地浆、半天河等），画师们也不愿意因袭旧图。但其他各类情况就不一样了。尤其是谷类，仿绘图数竟占到两书均有图数的92%；其他各类图仿绘率也接近80%。

有些图未能仿绘，是因画师辨药能力有限，不识草木名实。《本草品汇精要》某药原有图，但因名称不一，《食物本草》画师们就另绘一图。此可见：茭白（菰根——括号内为《本草品汇精要》药名，下同）、蒟蒻（蒻头）、地蚕（甘露子）、稍瓜（越瓜）、金鸡爪（枳椇）、土瓜（王瓜）、山楂（棠球子）、凫茨（乌芋）、秃鹙（鹙［鹙］）、鹖鸜（水札）、獾猪（貒）、鲇鱼（鳀鱼）、鲛鲤甲（鲮鲤甲）等。油菜则与芸薹重出。《食物本草》绘者不解药物的同物异名，更无能识别《本草品汇精要》错误药图，故其猕猴桃图也被画成红桃状。

以上分析说明，《食物本草》应当是能得见《本草品汇精要》的佚名画院画师所绘。没有任何史料证明此图谱是奉命而绘，所以只能是画师们自己的选择。此类图谱在当时的条件下是无法印刷出版的，因此很难想象画师们是为促进医药发展而绘制此书。笔者揣测画师们很有可能是受其前辈的启发，选择绘制食物类本草插图来展示自己花鸟人物画的技艺。其动机可能是自娱或练习，也可能是供行内观摩交流。从绘图中出现的低级错误来看，此书似乎并未像《本草品汇精要》那样有药局官员的协助，因此其学术质量又等而下之。

（三）新绘图与错误图分析

彩绘《食物本草》既仿绘《本草品汇精要》药图，也借鉴其绘图方法（如大量绘制辅助图，出现人物93个），且变本加厉效尤《本草品汇精要》不凭实物而凭文字创图的陋习，因此新绘图中出现了很多错误图。该书新绘图279幅，超过了仿绘图数，其大致类型如下。

新绘279幅
- 辅助图 —— 42幅
- 形态图 ——
  - 单味图 152幅
  - 品种图 85幅

彩绘《食物本草》有42幅辅助图，总数不如《本草品汇精要》，但所占比例却更高。辅助图除33幅水类图外，另有纰米、面筋、罂粟、豆腐、咸豆豉、鱼脍、鱼鲊、盐、杏仁9图。此外，划入品种图的16幅酒图其实也是辅助图。分析其绘图对象，可知主要是针对无法表现形态的物品。其中，易于描绘形态的只有罂粟和杏仁。属于味类的杏仁因果部已有“杏”图，为免重复，绘一人敲核取仁图。罂粟图则不然，《本草品汇精要》已有该图，画师们视而不见，将罂粟误画成一人“罂”（缸）中取“粟”入炊的怪图。画师们连罂粟之名源于其果如罂、其子如粟都不知道，其辨药水平之低可见一斑。

对于作为古本草图特色之一的药物辅助图，不能仅从药学角度去认识其价值。例如，该书的“夏冰”图，描绘一卖冰人挑担售冰，这对民俗考察可能不无裨益。但是将水类33个条目全部绘出辅助图，包括屋漏水、洗碗水、溺坑水、猪槽水等，意义何在？更有甚者，将“梅雨水”（梅雨季节的雨水），绘成采集梅花瓣上的雨水，类似这等缺乏常识、犯低级错误的辅助图，有不如无！

那么，作为该书主体的药物形态图又如何呢？

该书一个引人注目的特点是品种图出奇地多。16物下竟有92品种图（新绘者85幅）。本文所谓品种图，指一物因栽培、制作法、产地、外形等不同而形成的异名同物图。例如“梨”有11个名称各异的梨图，“李”有21图，“酒”有16图，“茶”有10图。即便在当今的科学绘图中，要表现植物栽培品种的特征，已属不易，更遑论能绘出口感、气、味各异的果品、茶、酒之品种了。彩绘《食物本草》的画师果真有超时代的能力吗？倘真有此能力，则他们描绘其他特征各异的食物必定更加出神入化。要解此谜，当分析其他新增的152种药物形态图。

前已述及，《本草品汇精要》新增写生图达338幅，多为日常习见之品。彩绘《食物本草》描绘日常食物，应该更有佳作。遗憾的是，笔者能列举的可能属写生之作不过10余图而已（如笋、稍瓜、丝瓜、无花果、驴、猫、黄鼠、貂鼠、黑鱼、虾、海螺等）。其中，稍瓜描绘准确，而同物异名的越瓜，在《本草品汇精要》中却误绘为甜瓜状。但该书像稍瓜这样的例子竟屈指可数。笔者逐图考察，发现大多数新增形态图似是而非（如果然、狨兽、狒狒等），明显错误50多处，包括多处类似“罂粟”“梅雨水”之类的常识性错误。

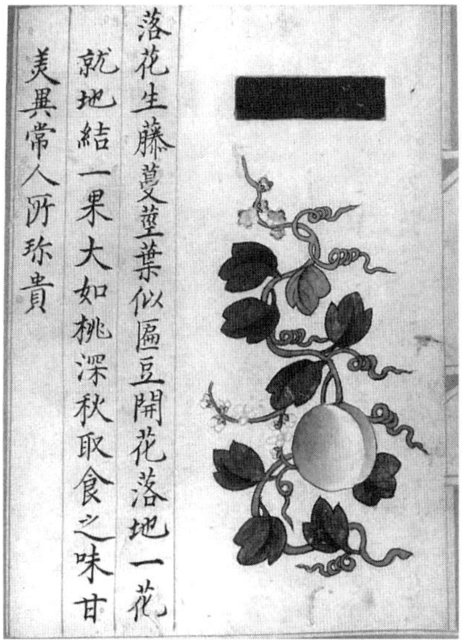

落花生

例如，《食物本草》首出“落花生”，此物也是首批美洲传来的植物①。其形态描述为“藤蔓茎叶似匾豆，开花落地，一花就地结一果，大如桃”。除了果大如桃（可能是“桃仁”之误）不准确外，其余形态都与今落花生（*Arachis hypogaea* L.）相符。但该书竟据错误文字绘一果如红桃状，足证画家并未见

① 落花生是否美洲原产，学术界仍有争议。今《现代中药学大辞典》谓《酉阳杂俎》有“花生”一名，无形态描述，孤证不信。至于《滇南本草》，向无明代真本，更不足凭。清代赵学敏《本草纲目拾遗》谓“近时有一种名落花生者……亦奇物也”，可知花生到清代尚视为近时之物，故笔者仍认为花生乃美洲传入之物。

到实物。类似这样根据文字（甚至错误文字）或顾名思义描绘药图的例子，还有多种。例如“金鸡爪”，其性能为“醒酒，其木造屋则屋中酒味皆淡”，可知即“枳椇”。本品果柄肥大扭曲，“如鸡爪形”，“经霜乃黄”[①]，故有“金鸡爪”之俗名。《食物本草》此名末字介于“爪”“瓜”之间，画师不解其物，故未仿绘《本草品汇精要》“枳椇”图；又不解其名，故画一树结四大瓜。又该书将“鲮鲤甲”（穿山甲）误写为“鲛鲤甲”，画师们不考其功效，误兽为鱼，画出大鱼一条。又藕丝菜，即藕蔤（藕鞭）[②]，别名“鸡子管”。因“管”字误写作“菅”，就被画成想象中的菅草。甚至若干常见植物图也会错得莫名其妙，例如把薄荷绘成百合样，把蕹菜绘成菠菜样，马兰误绘成马蔺，马槟榔误作槟榔，甚至把《本草品汇精要》原正确的银杏图改得面目全非。

画师们顾名思义虚构绘图造成了很多笑话。例如，比目鱼画成了两条鱼身共一个头，而不是一鱼之两眼在同侧；江豚 *Neophocaena phocaenoides* G.Cuvier 本是栖息水中的兽类，形如海豚而小，但却被画成一头健硕的猪；水母即今常食之海蜇 *Rhopilema esculenta* Kishnouye，又被画成了大蚌。茭白本草又叫“菰根”，《本草品汇精要》原有正确图，画师们竟凭一“白”字画一白菜充数。凫茨条文中已云“即今葧脐（荸荠）也”，《本草品汇精要》名为乌芋，图形准确，但该书却将其绘成茨菇状。“莼”在古代并非罕见之物，《本草品汇精要》“莼”图完全正确，而《食物本草》的“莼”则被画成了蒲、苇状。宫下三郎先生将这些误图称为“荒唐无稽的想象图”。

也许是画院画师久居京城，不谙山野及南方植物，因此许多动植物图名不符实，如荇菜、茭米、蕨、紫菜、石耳、蔊菜、蒟蒻、蘋、甘蓝、翘摇、槠子、金樱子、鹦鹉、寒号虫、鲟鱼、章举鱼、黄颊鱼、邵阳鱼、砂仁，等等。常见之物尚且如此，则稀罕之物如貊泽膏、貔、英鸡、鮰鱼、嘉鱼、鲭鱼等，今人都难定其种类，画师又如何能知底里？其图虚构可知。

笔者认为，彩绘《食物本草》中许多新增药物形态图乃根据文字想象绘制，并非写实。据此反过来看其品种图，就知道其虚构绘图套路了。其中，酒图16幅，凡是条文中出现的酒名均有一图。例如，广西蛇酒，画三酒坛，上各缠一蛇；枸杞酒则绘比人还高的枸杞树，一人将枸杞连果带枝投入酒坛。像这样的辅助图，并非写实之作。再类推到梨、李、茶等，也都是条文列举之各种品种，尽数入画。画家变换花样形色，看似琳琅满目，实则大多是虚拟之作（因毛色不同之禽兽图可能是写生），从本草学术角度来看，这些品种图价值不大。

该书新增绘图数量（267幅）有两个明显特点：一是水液类普遍绘制辅助图，二是出现

① 见李时珍《本草纲目》卷三一，第1846页。

② 见李时珍《本草纲目》卷三三，第1896页。

许多食物品种图。但这两类插图多依据文字描述甚至据品名想象绘制。新增药物形态图中属于写生者很少，多为似是而非甚至谬误虚幻之图。究其原因，当是承袭了《本草品汇精要》凭借文字虚构图形的陋习，疏于考证本草及考察实物，因此其新增插图的本草学术价值十分有限。

四、《补遗雷公炮制便览》及其插图

（一）《补遗雷公炮制便览》概述

《补遗雷公炮制便览》是明代彩绘本草，古今书志从未著录。该书所存彩图数量仅次于《本草品汇精要》。2002年承黄龙祥先生告知中国中医研究院图书馆新收藏此书，又蒙该馆裘俭主任帮助，得以顺利进行研究。

该书为手绘本，今存14册。黄绫封面，书高318毫米、宽210毫米。正文框廓为朱丝栏四周双边，粗朱口，上下同向双鱼尾。每半叶框廓高257毫米、宽185毫米；8行，行16字。正楷字体。以上形制，与《本草品汇精要》和《食物本草》非常相似。书前彩色牌记载“万历辛卯春制”，即绘成于1591年（以下简称“万历本”）。据其形制，该书为宫廷之物殆无疑问。

原书14卷，万历本存13卷（缺卷一二果部）。全书共有药物957种，万历本实存药物913种，图1122幅。该书和《食物本草》一样，不著撰绘之人，亦无序跋，不知撰绘始末。书前有一短文，将《素问·著至教论》之雷公与《雷公炮炙论》之作者雷敩混为一谈。

该书无总论，总目录后直接为药物各论。各卷分类同《证类本草》，计10部——金石、草、木、人、兽、禽、虫鱼、果、米谷、菜部。各药文字简要，以大字介绍药名、味、性、良毒，功效主治，出产，形态，别名等（多节引自《证类本草》）；其后或为“雷公云”（小字），摘引《证类本草》中所引的“雷公云”条文；最后为“歌曰”，以七言歌诀（小字）再次归纳药物的性味功能。

据初步考订，其文字的主体摘取自明代俞汝溪（约为明万历时人）《新刊雷公炮制便览》[①]。俞氏书有药968种，分类相同，药物排列基本相同。各药行文体例亦同，唯无七言歌诀。该书虽以“炮制”为名，却只有236种药物附有“雷公云”的炮制内容。彩绘《补遗雷公炮制便览》在其基础上增补七言歌诀，并配以彩色插图。这些插图除展示药物形态

①《补遗雷公炮制便览》见于薛清录主编《全国中医图书联合目录》02264（北京：中医古籍出版社，1991：165）著录。白华、郑金生《〈补遗雷公炮制便览〉文字作者考》[《中药材》，2003：26（Z）：57-59]考得《补遗雷公炮制便览》的文字内容主体源于俞汝溪《新刊雷公炮制便览》。

之外，重点表现药物加工炮制。书前有两大幅彩图，展示了该书的炮制主题：其一是雷公叩拜黄帝，接受赐书（且名为“受教图”）；其二为雷公指挥下的药工制药群图（且名为“制药图”）。这两幅插图成为全书的标志。

2003年2月笔者在日本杏雨书屋访书时，承该馆诸先生帮助，意外发现《补遗雷公炮制便览》还有另一个传本。此本《杏雨书屋藏书目录》著录为《精绘本草图》，明彩色抄本[①]。书前有一抄自《证类本草》的“雷公炮炙序”，各药条除插图及图名之外，无任何文字。书中“玄”字缺末笔，“谈”字变形，乃避康熙及嘉庆帝之讳，故当为清嘉庆以后抄绘本（以下简称“清转绘本”）。

清转绘本2帙8册，仅有插图409幅。存图之药属于草、果、谷、菜、金石水土诸部，无禽、兽、人、虫鱼之药。此《精绘本草图》卷首亦有万历本之“受教图”和“制药图”，另“天子藉田三推犁下土”图被挪至书前。此本绝大多数插图同万历本，而且存在和万历本一样的错误（如射罔、乌喙图均错，又均误“蜀漆”为“浊漆”等）。这些证据表明，清转绘本的确是万历本的一种传本。该本无文字内容，绘图质量较差，但很重要的是，清转绘本有万历本亡佚的果部插图29幅、玉石部图3幅，这对于考察《补遗雷公炮制便览》插图非常有价值。但是，清转绘本所存的插图，并不全出自《补遗雷公炮制便览》，其中包括《本草品汇精要》的插图，甚至有《本草纲目》首出的药物之图（如三七、瑞香、水仙等近20种）。关于万历本与清转绘本的比较将另文报道。

将万历本、清转绘本实存的插图除去重复的，可得1153图。下文的研究即以这两种传本实存的药图为依据。此外，该书可考的亡佚之图至少还有19幅[②]，因此现知《补遗雷公炮制便览》原本存图当在1172幅以上。经考察，该书插图与《本草品汇精要》有着密切的承继关系。

（二）仿绘《本草品汇精要》插图的数量与分析

在与《本草品汇精要》进行比较之前，有必要介绍《补遗雷公炮制便览》插图的特点，即该书的药物形态图、炮制图（包括辅助图）经常混杂成一图，或一图容纳两种植物，或有图无名，这种混乱状态给统计图数带来很大的困难。故本文计算该书插图幅数虽仍以图名为单位（含脱漏图名者），但这个数字却少于实际药物形态图与炮制图、辅助图的总和。

---

① 见武田科学振兴财团杏雨书屋《杏雨书屋藏书目录》，第501页。

② 万历本可考缺佚之图有白瓷瓦屑、槟榔、槟榔炮制图、羚羊角、炮制羚羊角图5图；清转绘本可考缺佚之图有豆蔻、芋、乌芋、石蜜、李核仁、林檎、杨梅、胡桃、猕猴桃、海松子、柰子、庵罗果、橄榄、榅桲14种。

逐图对照并统计，结果表明，《补遗雷公炮制便览》现存仿绘《本草品汇精要》药物形态图770幅（另有19种与其他图合一），炮制、辅助图85幅，总计855幅，占全书现存插图的74.2%。尤其值得一提的是，该书仿绘的药物形态图，是依据《本草品汇精要》弘治原本而来的①。在《补遗雷公炮制便览》新绘制的298幅插图中，药物形态图仅20幅。由此可知，《补遗雷公炮制便览》约97.5%的药物形态图属于仿绘。该书许多精美的动、植物形态图（如禽、兽、虫、鱼之类）实际上都是转绘而来。其中，泽泻、麋脂、孔雀、蛩等图几乎临摹得一模一样。但仿绘并非创作，因此，这部分插图本身并无创新价值，要考察的是画师为什么选择这些药物形态插图。

《补遗雷公炮制便览》错选之“薏苡仁”图（右实为玉米图）

《补遗雷公炮制便览》绝大多数药物只有一幅形态图②，这不同于前述两种彩绘本草图谱经常一药多种形态图。要从《本草品汇精要》一药多图中选取一幅代表正品的插图，殊非易事。例如“人参”，《本草品汇精要》有不同的人参图4幅，其中潞州人参才是历代的正品。《补遗雷公炮制便览》所选人参图正是潞州人参图。但此图选对并不能说明该书画师的辨药能力很强，相反，有很多例子说明画师们在多图选一时，其实非常盲目。例如常用中药薏苡仁，画师偏偏选中了《本草品汇精要》在其下新绘的玉米图（见右图，可能因其果穗膨大美观）。因此，像细辛、鬼臼、谷精草等图都选错了，也就不足为奇。

至于《本草品汇精要》原有错误药图（如及己、鸭跖草等），该书更无能辨识，甚至将原正确药图也改成错误图。例如腽肭脐，《本草品汇精要》原图比较准确，即今斑海豹，但《补遗雷公炮制便览》却改成前身为兽、尾巴如鱼的怪物。又如郁金香，其原植物自古以来众说纷纭，《本草品汇精要》根据文字画成一棵状似蓼的草，本来已属想象，但《补遗雷公炮制便览》又改为一棵树，其错就更加离谱。画师们的药学知识之低下，于此可见一斑。这种情况表明，和《食物本草》一样，该书绘图者有条件见到《本草品汇精要》的佚名画院画师。他们绘制该书，同样不是奉命之作，所选的本草书，也不是经典或者流传

①《本草品汇精要》弘治原本卷二的药图在各种传本中改动甚大，只有康熙转绘本与之相似。而《补遗雷公炮制便览》之图亦同弘治本，是知该书依据的是《本草品汇精要》弘治原本。

② 该书仅4图中绘有2种形态的植物：黄檗、楮实、吴茱萸、稻米。

很广的实用之书。因此，该书的绘图者很可能与《食物本草》画师一样，是借某一本草书作为展示自己花鸟虫鱼人物画技的一个依托。其动机同样有可能是出于自娱或行内交流的目的。该书的许多错误表明，画师绘制该书时同样没有专门药学人员的协助。

虽然该书绝大多数药物形态插图属于仿绘，但其主题是“炮制”，因此衡量其插图特点，应该在探讨各类新增图的基础上，侧重分析新绘制的炮制图。

（三）各类新绘制插图的分析

《补遗雷公炮制便览》现存的1153幅图中，新绘图298幅。按内容又可以分三类：一是20幅药物形态图；二是54幅辅助图（展示采集、生境习性、民俗、传说等）；三是224幅明确标名为“炮制某某药”的炮制图。分析这些新增插图，有助于了解该书插图的学术价值和画师编绘此书的宗旨。

1. 新增药物形态图

前已述及，该书药物形态图97.5%仿绘自《本草品汇精要》，新增者仅20幅，且乏善可陈。对药物考证比较有价值的是青葙子图。该书不取《本草品汇精要》的滁州青葙子图，另绘青葙子同属近缘植物鸡冠花。这提示当时已将鸡冠花子、青葙子两者混用（两者种子几乎无法区别）。另新绘的罗勒图也比《本草品汇精要》“香菜”图准确。但除此之外，该书新增的药物形态图或为常见易知之物（如赤马蹄、牛角、水牛角、淡菜、菠薐等），或为想象绘制（如辟虺雷、没离梨、柯树皮、榈木、楸木皮、秦荻梨、醍醐菜、郁金香、腽肭脐等），后者有很多明显的错误。就连南方极常见的蕹菜，居然也被画成开小碎白花、柳叶状的植物。此类根据文字想象的绘图可以说没有任何鉴定价值。

2. 新绘药物辅助图

这类图有54幅，其特点是加入了一些人物或者背景，辅助说明与药物相关的内容。其中最引人注目的是该书人部药辅助图。

自本草有插图以来，从来没有人想过为人部药这类药画插图。《本草品汇精要》甚至专门对此加以说明：“人部旧本不图，缘绘图之设，盖以取其便于识用耳。人身之物所同有者，故不复绘。”[①]但《补遗雷公炮制便览》画师们别出心裁，发挥其丰富的想象力，绘制了16幅人部药辅助图。其中有的图含义一目了然，如人胞，画一妇新产，抱儿睡卧，另一妇持马桶，欲倾倒在户外挖好的坑中，这就是古代的埋胞（胎盘）习俗。“男子阴毛”图则取其功效，俗传本品可以治蛇伤，故其图展示一人被蛇咬，另一人褪裤拔毛给伤者。至于“人精”，画面是一张古老的木床，帷帐垂闭，踏板有男鞋一双，桌上有男子冠带，其内容就任人遐想了。其他如发髲、乱发、人乳汁、头垢、人牙齿、耳塞、人屎、妇人月水、

① 见刘文泰等《御制本草品汇精要·凡例》，第35页。

浣裈汁、怀妊妇人爪甲、人血、人胆等，也尽皆有图。人部药辅助图对药物学并无价值，或许对民俗、服饰、家具等的研究能发挥一定的作用。

同样，还有多幅辅助图可能有益于本草学之外的研究。例如，“天子藉田三推犁下土”有2幅大图，其一表现大臣请求皇帝祭坛下犁，另一表现天子扶犁亲耕。这本是一种古老习俗。李时珍曰：“天子以元日祈谷于上帝，亲载耒耜，率三公九卿、诸侯大夫躬耕。天子三推，三公五推，卿、诸侯九推。”① 另“古镜”图实际上是古代磨铜镜场面。

《补遗雷公炮制便览》炮制图（自拟名）

有的辅助图是为说明药物特性而绘的。例如，“石胡荽”别名“鹅不食草”，故绘两人以草饲鹅，鹅不顾而走。蕗葵图则画一侍女向盛装主妇献蕗葵果实，表示本品可以悦泽人面。但鸡子、鸡窠中草、取鸡窠中草之类的插图，看不出有耗费笔墨的必要。有的辅助图是画师们孤陋寡闻凭想象绘制的错误图。例如，乌喙、射罔乃草本乌头和乌头的提取物，但该书却将二物绘成乔木，有人在其下攀折花实。又地菘已有文字描述“高二三寸，叶似菘叶而小”，但画师们竟然不知道“菘”（即白菜）与“松”不是一物，将其绘成两棵半人高（有一人在旁）的小松树。因此，54幅新增辅助图，大多凭想象绘制，有不少贻笑大方的错误。

辅助图中有前文已提及的“受教图”和“炮制图”，又以“炮制图”最有意义。该图雷公居中而坐，周围9名药工在切药、碾药、杵药、研药、煮药、蒸药、炒药、筛药、淘药，展示了炮制的主要手段和工具。像这样的炮制场面前所未见。“受教图”则是根据《素问》雷公受教于黄帝的记载附会而成。

3. 新绘药物炮制图分析

新绘药物炮制图是该书插图的重点内容。那么，该书确定绘制药物炮制插图的原则是什么？绘图的依据又是什么？

该书957种药物下，只有约1/4的药条下附有炮制插图，计224幅。经考察，该书插图选择的炮制药物种类和展示炮制的方法，并不是根据明代临床用药实际，而主要是根据该药有无“雷公云”的记载，少量是凭画师个人的兴趣。

① 见李时珍《本草纲目》卷七，第429页。

所谓“雷公云”，是指录自《雷公炮炙论》的条文。雷公即雷敩，隋（或刘宋）人，宋代就有不同说法①。北宋唐慎微《证类本草》中首次大量引述该书，计242条②冠以“雷公云”。《雷公炮炙论》的炮制法，多为道家之法，非医家所习用。其中有的药物后世已不明其为何物（如醍醐菜），或临床已基本不用（如赤地利、角蒿、灰藋、卖子木、蛴螬、虎睛、珂等）。但因此书是第一部炮制专著，后世又把雷公（雷敩）与黄帝时代的传说人物雷公混为一谈，故入明以后，言炮制必称雷公。实际上雷公炮制法过于烦琐且不切实用，后世制药直接沿用《雷公炮炙论》者并不多。但《补遗雷公炮制便览》的画师们并不了解炮制历史，遂主要根据“雷公云”条文，绘出炮制图。上述醍醐菜、赤地利、角蒿等诸多明代罕用药物的炮制图甚至药物形态图，基本上都是凭想象绘制。

画师们辨药的知识极其贫乏，从炮制图来看，他们对炮制所知亦不多，故其中亦有若干错误，甚至图形与图名不符。例如，牡丹本用根，“雷公云”也是谈炮制根，但插图却是炮制牡丹花。茵陈蒿历来是采嫩苗阴干，但炮制图却将其绘成小树，有人在采集其叶。而虎杖等炮制图，简直不知所云。此类错误也可见于缀有“雷公云”条文之外的药物条下的炮制图。例如，“炮制淡竹叶”图，实际绘的是制取竹沥的场景。又如，“剪草”，至今来源难定③，但该书却绘出了炮制图！其他如炮制鹰屎（乃拣拾鹰屎）、炮制扁豆，以及一些不需炮制、多为生用或鲜用的小草本和日常食物，该书也照绘图不误。部分炮制图的构思雷同，无法体现各药的炮制特点。因此，该书绚丽有余，科学性不足，部分炮制插图过滥、过虚。

有鉴于此，笔者揣测，该书画师绘制本草炮制图，其目的可能是把炮制作为他们创作人物活动画的题材，本无意总结明代炮制经验。所以他们不去描绘明代实际炮制法，而凭千年以前的“雷公云”条文及想象去绘图。这就是画师对药物炮制知识一知半解，却能画出224幅炮制和54幅辅助图的原因。笔者计点了该书万历本现存插图中出现的人物，竟多达867个；该本缺佚、见于清转绘本插图中的人物还有44个，合计911人，堪称空前绝后（此前宋《本草图经》插图中出现54人、明《本草品汇精要》176人、彩绘《食物本草》93人）。该书炮制图虽多凭《雷公炮炙论》条文，但画师们却无法得知千年前的炮制器具形制，还必须参考明代的炮制实际来绘图。和《天工开物》等许多技术图一样，《补遗雷公炮制便览》展示的炮制技术实施场景和器具，是古代非常珍贵的炮制图像数据。

该书炮制图所用器具种类丰富，有刀具（铡刀、菜刀、尖刀等）、粉碎器（杵臼、研钵、

---

① 苏颂之说，今存唐慎微《证类本草》卷三“滑石”条下，云“然雷敩虽名隋人，观其书乃有言唐以后药名者”。南宋赵希弁《郡斋读书后志》、晁公武《郡斋读书志》均将雷敩著录为“古宋”（即南朝刘宋）人。

② 见尚志钧、林乾良、郑金生《历代中药文献精华》，第172–173页。

③ 见谢宗万《本草纲目药物彩色图鉴》，第185页。

铁锤、人力推动的双轮碾盘等）、锯、蒸锅、炒锅、煅锅、炼丹炉、各种炉灶、盛器（坛、罐、缸、瓶、竹箢、箩筐、桶、盆等）、蒸笼、蒸桶、药秤、笊篱、晾药架等，其中描绘的切药刀在北方地区沿用至今。

该书展示的炮制方法则有净选（挑拣、净洗等）、干燥（风干、晒干、阴干）、切制（切片、切段或锯截）、粉碎（舂捣、研磨、碾碎、锤碎、过筛）、水制（洗、漂、泡、淘）、火制（炙、炒、煅、烘焙、烤）、水火共制（蒸、煮、熬胶），以及童便制、火煅取沥等一些特殊方法。上述图像数据在古代极为罕见。画师们能舍弃风花雪月，用画笔表现药物炮制技艺，不管其原始动机如何，已属难能可贵。

综上所述，《补遗雷公炮制便览》在明代俞汝溪《新刊雷公炮制便览》的基础上，各药条增补七言歌诀，并绘制彩色插图至少1153幅。这些插图仿绘自《本草品汇精要》的有855幅，其中药物形态图770幅（药物789种），辅助图、炮制图85幅。该书现存新增绘插图中，药物形态图20幅、辅助图54幅、炮制图多达224幅。在分析各类新增图之后，笔者认为，其中最有学术价值的是新增炮制图。这些插图主要根据《雷公炮炙论》条文绘制，部分反映了明代的各种炮制场面和炮制器具，为本草插图提供了许多珍贵的炮制图像数据。

五、《金石昆虫草木状》与《本草图谱》

《金石昆虫草木状》与《本草图谱》乃明末清初民间画家所绘。其书名与体例虽已变更，但仍属《本草品汇精要》传摹本。此二书因画史书有载而为世人所知，但当今美术史研究者似乎并不知道它们至今犹存，更不明了此二图谱的渊源所自，故于本文之末简述之。

（一）《金石昆虫草木状》药图分析

该书为明代文俶绘，今存台北图书馆。有关该书一般情况，已见报道[①]，兹不赘述。该书前有4序，以其夫赵均之叙（1620）言此书始末最详。

赵均（一作灵均）谓“此《金石昆虫草木状》，乃即今内府本草图汇秘籍为之”。“始于丁巳（1617），讫于庚申（1620），阅千又余日，乃得成帙，凡若干卷。”[②]观其彩图，此“内府本草图汇秘籍”当指《本草品汇精要》无疑。但地处江苏吴县寒山的文俶何以能得到此

① 所见报道有：容镕．台湾准备出版明末画卷《金石昆虫草木状》[J]．中药通报，1984，9（4）：10–12；曹晖．《本草品汇精要》之药图传摹本考辨［J］．杏苑中医文献杂志，1991（3）：10–12。其中引李清志文，见“图书馆”馆刊，1979，新12（1）：94.

② 赵均．金石昆虫草木状叙［M］// 文俶．金石昆虫草木状．彩绘本．1620（明万历四十八年）：卷首．

书摹绘？赵均语焉不详。或揣测底本乃其先祖文徵明在京时摹绘以归[①]，然有待确证。

该书12册，未分卷次。其分类与《本草品汇精要》相同。目录依次为金石（3）、草（9）、木（6）、兽、禽、虫（2）、果、米谷、菜、外草、外木类，计27部，故书志著录为27卷。实则当为26卷，因外草、外木类诸图排列在一起，《证类本草》同此，原作1卷。

此书各药除卷首目录及各药图之名外，别无文字。其图虽摹绘《本草品汇精要》，但亦有小变动。赵均云："中间雪华、菊水、井泉、垣衣、铜弩牙、东壁土、败天公、故麻鞋，以及陶冶盐铁诸图，即与此书不伦，然取其精工，一用成案，在所未删也。若五色芝、古铢钱、秦权等类，皆肖其设色，易以古图；珊瑚、瑞草诸种，易以家藏所有。并取其所长，弃其所短耳。"可知，文俶为了保持某些精美彩图原样，即便非金石昆虫草木类的水、土、器物、取盐炼铁等图也未加删除。另有一些物品或依古图重绘，或据家藏写生，取长弃短，使之更加美观。

该书各类目录为赵均编写[②]，合计1062条。但此目录乃药名与图名的混合物，且有疏漏（漏7药11图）。赵氏若能从图名看出某些图属一药之图时，他就用药名立条（下记图名或图数），否则他就径以图名立条。这表明赵均编制目录时，并未依据《本草品汇精要》旧目或正文。因此，此目录无法用于统计药数和图数。若依旧目及该书实际图数（仍以图名为准）计算，则该书在1017药物下出1315幅彩图。与《本草品汇精要》1367图相比，少绘54图，新增2图。

逐图考察54幅未转绘的《本草品汇精要》图，发现其中卷二的19幅药图全部未见。这和赵均所说"在所未删"的取舍原则不合。考虑到今存各种《本草品汇精要》传本的卷二，除康熙本外，与弘治原本都不相同，那么有可能：可供外界摹绘的底本其卷二原缺，所以摹绘者或自创新图，或缺脱不绘。据此，至少可以肯定，《金石昆虫草木状》的底本决非弘治原本之易名传绘本。

除此之外的未绘之图，以原属辅助图者居多[③]。这些图可能是绘图者觉得与金石昆虫草木之形态无关而被删除。至于其他散在的未绘之图，原因有多种。例如，菊花、白蒿、梧桐，可能是因已有同物形态相似之图，故略去其一；柘木耳为弘治本所独有，恐所用摹绘底本无此图；白瓷瓦屑图过于琐屑，而汾州甘草、衡州栝楼、齐州秦艽、冀州小蓟则恐是漏绘。

① 曹晖.《本草品汇精要》之药图传摹本考辨[J].杏苑中医文献杂志，1991（3）：10-12.

② 张凤翼："灵均为之序，述而纪其目。"见明彩绘本《金石昆虫草木状》卷首。

③ 计有：修事云母法、解盐、伏龙肝、铛墨、井底砂、浆水、热汤、冬灰、梁上尘、煅灶灰、乌古瓦、青黛、燕蓐草、屋游、铅霜、甘烂水、配合矾汞、胡麻油、饴糖、酒、曲、酱、醋、豉、春杵头糠、陈廪米26图。

在仿绘《本草品汇精要》插图时，文俶改动极少。由于该书基本上是每页一图，因此许多在《本草品汇精要》中只占半页的图，在《金石昆虫草木状》中就必须稍微左右扩充，使之更加美观大方，但这不算是改动。笔者核对的结果，稍事修改、略有增减的只有6~7张图（如生铁、海州卷柏、蘼芜、兰草、猪腰子、梅实等）。重新绘过，或改动重大的药物有珊瑚、秤锤、古文钱、铜锡镜鼻、五芝（青黄黑白紫5种芝草）、滁州百合、峡州贝母、龙、藕实共13种。其中，多数例子在书前赵均叙中已经提到。该书增补二图见桑寄生之下。桑寄生原有一图，绘图者已将原桑树之叶夸大，且另增二图，含桑寄生和槲寄生，此正是至今沿用的两种桑寄生药材来源。

要之，文俶的《金石昆虫草木状》极为精美，作为美术作品自有它的珍贵之处。但从学术角度，此毕竟属摹绘之作，并无多少创新。据赵均叙："余家寒山，芳春盛夏，素秋严冬，绮谷幽岩，怪黾奇葩，亦未云乏。复为《山中草木虫鱼状》以续之……务以形似求之。物各有志，志各以时，俾后览观，案图而求，求易获耳。亦若干卷，附之简末。"倘若文俶将外围之物写生而成的《山中草木虫鱼状》得以传世，其学术价值必将高过《金石昆虫草木状》。

（二）《本草图谱》之药图

此书2册原藏范行准（1906—1998）栖芬书室[①]，今归藏中国中医研究院[②]。后又在原北京图书馆发现此书的另外3册。曹晖对此书研究甚详[③]，始末已明。今《中国本草全书》将此5册合在一起影印出版[④]。

据该书所钤印记，绘图者为明末清初周淑祜（一作祜）、周淑禧（一作禧）姐妹。撰文者为其父周荣起（1600—1686）[⑤]，或考约成书于1620—1637年[⑥]。但据周淑禧的生卒年（约1624—1705）推测，也有可能是入清以后之作。原书每册前有目录，卷首题"本草图谱 / 卷之"，足见是未定之稿本。各册药数约15种，5册目录有74药，实存72图，属于《金石昆虫草木状》之金石、草、木、禽类。

《池北偶谈》提到周禧曾得文俶之本草图临仿[⑦]，可知该《本草图谱》乃前述《金石昆

---

① 范行准．栖芬室架藏书目：本草［M］．油印本．北京：北京医学院，1975.

② 薛清录．全国中医图书联合目录［M］．北京：中医古籍出版社，1991：168，"02279"．

③ 曹晖，谢宗万，章国镇．明抄彩绘《本草图谱》考察［J］．中药通报，1988，13（5）：6–7；曹晖．《本草图谱》再考辨［J］．中国药学杂志，1992，27（2）：32–36.

④ 中国文化研究会．中国本草全书：第27卷［M］．北京：华夏出版社，2000.

⑤ 周淑祜，周淑禧．本草图谱［M］．明彩绘本．

⑥ 曹晖．《本草图谱》再考辨［J］．中国药学杂志，1992，27（2）：32–36.

⑦ 王士禛．池北偶谈：卷一二［M］．北京：中华书局，1982：350.

虫草木状》的摹绘本。该书的“秤锤”即《金石昆虫草木状》改绘之图，可为明证。不同的是，该书每药有周荣起抄录的简短药性功治一篇。《池北偶谈》称周氏姐妹之作为“绝品”。这一记载也屡见现代美术工具书转载，足证此书在美术史上有一定的地位和价值。然研究其图之源流，乃纯属临摹，虽色彩艳丽、装帧精美，为美术之珍品，但从本草学术角度来考评其价值，似无可称道。

以上二书绘成时代较晚，且均属传摹，故其艺术与学术价值均无法与前三种本草彩色图谱相比肩。但就是这样的二本图谱，已经受到了古代书画家的赞誉，因此众多明代画家所绘本草图谱的浮现，似乎更应该引起当今中国美术史界的关注，对其艺术价值给予评价。

六、结语

本文对明代画家彩色本草插图的研究结果表明，其源头《本草品汇精要》并非深藏宫中不露，而曾在明清画家之中流传转绘。《本草品汇精要》及其附图传抄摹绘本共9种（内4种全帙），存图6965幅；更名改编转绘本《金石昆虫草木状》及《本草图谱》共存图1389幅；承袭增绘而成的《食物本草》和《补遗雷公炮制便览》二书及其传本存图共2355幅。以上各书总计有图10709幅，数量惊人。即便除去仿绘及重复之图，其插图也至少有1987种。这是非常珍贵的一批明代本草及绘画财富。其中，属于传摹本的《金石昆虫草木状》及《本草图谱》早已见诸记载并获得美誉，而其源头《本草品汇精要》及其增补本的《食物本草》和《补遗雷公炮制便览》反而少为人知。因此，该文探讨这批明画院画师为主绘成的本草图，也可能对中国古代美术研究者有所裨益。

从本草学术角度研究明代画家各种彩色本草插图，其中最有价值的还是《本草品汇精要》。该书以《证类本草》旧本为基础，1367幅插图中，新增图达667幅（其中写生图338幅）。此外，仿绘图也常将药材写生图与旧图“嫁接”。这些新增或改绘的插图丰富了本草学的内容。然其最大弊病是画院画家有时根据文字或想象绘图，导致取材过滥（辅助图急剧增多）及图形错误。这些弊病对此后佚名画院画师绘制的《食物本草》和《补遗雷公炮制便览》有直接影响。

彩绘《食物本草》以卢和《食物本草》内容为基础，绘制496幅插图。该书除仿绘《本草品汇精要》之图外，新增279图，其中引人注目的是水液类辅助图和饮食物品种图共百余幅。经分析其绘图依据，发现该书新增的写生图较少，大多是不凭实物而靠文字及想象绘制的插图，因此错误甚多。

以明代俞汝溪《新刊雷公炮制便览》内容为基础编绘的《补遗雷公炮制便览》存图1153幅，其中仿绘《本草品汇精要》弘治本之图855幅。该书97.5%的药物形态图取自《本草品汇精要》。新增人部药辅助图和224幅炮制图是其特色，后者前所未有地展示了诸多古代炮制技术实施的场景和器具。但其炮制药物种类和炮制法主要依据《雷公炮炙论》的文字记载，未能立足明代药物炮制实际。新增的人部药及其他辅助图，可能对本草学之外的研究有一定参考价值。

明代前期，画院体花鸟画在当时的花鸟画坛上占领导地位[①]，因此，留下众多明代画师的本草插图，这与其时美术发展不无关系。明代画院画师参与绘制《本草品汇精要》插图，最初是奉命而行，有药局官员协助，因此其插图对本草学术有较高价值。但此后的画院画师先自发选取某一专题（食物、炮制）本草，然后据其内容施展画技，而非旨在通过绘画总结当时该专题的本草知识。其绘图动机可能是展示技艺以自娱，或供行内艺术观摩。至于诸多摹绘本，也基本属于画家内部的技艺交流或传承。了解画家绘制本草插图的原因，有助于对其插图的学术考察和评价。

画家精湛的绘画技巧和敏锐的观察力一旦用于写生药物实体，就会产生艺术与学术价值均属上乘的精品。他们职业性的创作意识是许多本草新增图产生的原因。然而艺术家长于形象思维，具有美学眼光，却缺乏药学知识，忽视本草图的科学属性，以致凭文字和想象创造出许多缺乏本草学术意义的艺术品，并赋予古代本草插图每多辅助图（包含人物活动）的特性。

本文研究结果表明，明代画家彩色插图虽然有很高的艺术价值，但其本草学术价值是有限的。在评价或利用明代画家绘制的彩色本草插图时，必须充分注意分离其艺术性与学术性，不可轻易互相替代。

（原载于《新史学》2003年第14卷第4期65-120页）

后记：这是在台湾发表的一篇长文，原系繁体，今将其转换为简体。撰写该文需要统计各种类型的图绘数目，还要将各书互相比较，确实是费心费力。其时我正在德国慕尼黑参与文树德教授主持的课题，研究柏林国家图书馆收藏的中医抄本，只能利用业余时间完成此文。其时《补遗雷公炮制便览》刚浮现不久，为本文增添了新的资料。本文主题比较狭窄，药学之外的读者阅读此文，肯定是味同嚼蜡。撰写此文过程中，真柳诚教授、肖永芝博士、曹辉博士等诸多友人均予以大力帮助，谨此致谢！

① 张光福．中国美术史［M］．北京：知识出版社，1982：414.

新浮现《补遗雷公炮制便览》研究初报

郑金生　裘　俭

《补遗雷公炮制便览》14卷是最近浮现的明代彩绘本草。该书精美的彩色药图和罕见的219幅炮制图，为中国古本草（尤其是炮制工艺及设备）的研究，乃至古代美术研究，增添了大量绚丽而极具学术价值的新材料。该书的浮现将令本草界为之震惊，为此笔者对该书进行了初步的考察。

一、《补遗雷公炮制便览》的形制、年代与作者

《补遗雷公炮制便览》(以下简称《炮制》)从未见于古今书目记载，现存中国中医研究院图书馆善本库。今存本分3函，计14册。封面黄绫装饰，线装（四眼）。左上角书名笺红底、金字、行楷。书高318 mm、宽210 mm。正文框廓为手绘四周双边（均为红色），粗黑口，上下同向双鱼尾。版心高257mm、宽185mm。每半叶8行，行16字。正楷。

以上形制，与现知的明宫廷手绘本草《本草品汇精要》和《食物本草》如出一手。其封面用的黄色及其装饰形制，在古代都不是民间所能使用的。其版心的高度、宽度与《本草品汇精要》和《食物本草》的相近。全书从外观来看无大的损坏，但具体检视各册纸张、字体及墨色，仍可发现有残破及后人缀补的内容和封面。

该书封面书笺及卷首均题书名为“补遗雷公炮制便览”，书前无序，仅有一短文：

黄帝坐明堂，召雷公而问之曰：子知医之道乎？雷公对曰：诵而颇能解，解而未能别，别而未能明，明而未能彰。黄帝因而授之。事见《内经·著至教论篇》。由是雷公医道益著，有《炮制论》，其序载在本草云。公姓雷名敩。赞曰：太乙雷公，医药之宗。炙煿炮爁，千古无穷。

显然这不能算是一篇真正的序，乃引自明代熊宗立《历代名医图姓氏》(1476)。在该序页反面有极为精美的彩色牌记，上书“万历辛卯春制”。万历辛卯即公元1591年。这是该书唯一能判断其绘制时间的标记。据此，该书绘成时间比李时珍《本草纲目》刊行之年还要早两年。牌记左下有朱印两方，一为椭圆，一为大方，但都被用红色涂抹，难以辨认

字迹。

牌记之后有两幅图，但均无图名。其一为雷公拜黄帝受教图（姑且名为“受教图”），其二为雷公指挥下的制药群图（姑且名为“制药图”）。其后即“雷公炮炙论序”，其文抄自《证类本草》的“雷公炮炙论序”。

统观首册及其他各卷之首，均无作者与绘图者的署名。牌记叶的两方印章，本可判别原藏者，可惜被涂抹。今各卷之前，所能发现的印章有6枚，但其中3枚尚难辨认，比较容易辨认的是“王聘贤”（方形阴文）、“聘贤王域士之印”（圆形阴文）、“杲伴主人”（方形阳文）。王聘贤是贵阳中医学院的老教授，近年已过世。从以上形制和图章可知，该书原为宫廷之物，后辗转为王聘贤先生收藏。从宫廷流传到王先生的过程已不可得知。该书近年由收藏者献给国家中医药管理局，国家中医药管理局于1998年将该书转给中医研究院图书馆收藏。

二、《补遗雷公炮制便览》的结构与内容

《炮制》一书原为14卷，今存13卷（缺卷一二果部）。该书现仍有14册，是因为首册为总目录。但该总目录并不完全，缺卷一至卷四及卷八的目录，又将部分金石药名错入卷八的位置。然综合考察其目录与正文，可以得知《炮制》原书14卷的分类和药物数目（见括号中数字）次第为：卷首（总目录）、卷一金石上（67）、卷二金石下（71）、卷三草部上（82）、卷四草部中（108）、卷五草部下（127）、卷六木部上（83）、卷七木部下（81）、卷八人部（20）、卷九兽部（49）、卷十禽部（35）、卷一一虫鱼部（97）、卷一二果部（39）、卷一三米谷部（36）、卷十四菜部（62）。

全书共计10部。其分类与《证类本草》完全相同，这是《本草纲目》问世以前本草多用的一种分类法。原14卷共载药物957种。今实存卷首及正文13卷，药物928种。

其各单味药的行文规则是，先图后文。图有两类，一是药物基原图（极少数是药材图），二是药物炮制图。基本上每药均有药物基原图，炮制图则要看该药是否有“雷公云”之类的条文才出示。关于药图的统计及特点分析见下文专节介绍。

该书的文字部分非常简要。一个完整的药条，其内容大致可以分成3个部分。首为大字部分，介绍药名、味、性、良毒、功效主治、出产、形态、别名等（出产以后的内容可或缺），其文字主要节引自《证类本草》；次为“雷公云”，下为小字，摘引《证类本草》中所引的“雷公云”条文；最后为“歌曰”，小字，以七言歌诀四句或八句，再次归纳药物的性味功能。

以上文字的三部分内容中，“雷公云”可有或缺，但是大字的内容和“歌曰”下的小字内容每药均有。从文字来看，该书名为《补遗雷公炮制便览》，实际上是因为补充了200余条《雷公炮炙论》的条文，其文字主体仍然是临床治疗的内容。

考本草史上同类书名有二，均为明代著作。其一是明代吴武《雷公炮制便览》5卷，日本丹波元胤《中国医籍考》著录为“存”①，但现今中、日两国均未发现该书存世，故无法考证其内容。其二为明代俞汝溪《新刊雷公炮制便览》5卷，今中国国家图书馆存明刊本②。该本共收药968种，文字内容亦取自《证类本草》，且以性味功效为主，部分药条之后引“雷公云”条文，也是节取自《证类本草》中的《雷公炮炙论》佚文。这部分内容与今本彩绘《炮制》有相通之处，但无药后的七言诗。近据考证，《补遗雷公炮制便览》的主体文字当出自明代俞汝溪编撰的《新刊雷公炮制便览》，并在其基础上补益了独创的七言诗作为总结，辅以精美的彩色图画。然《补遗雷公炮制便览》补遗部分的文字内容作者以及绘画之人的姓氏，尚不可得知③。

据此，《补遗雷公炮制便览》的文字内容从学术原创性来考评，其中各药的七言诗为其所独见。其他的内容都是摘取自《证类本草》，但更为简洁实用（没有引用诸多别名）。为直观起见，今摘取该书马兜铃条正文，以窥一斑。

马兜铃：味苦寒，无毒。主肺热咳嗽，痰结喘促，血痔瘘疮。生关中。藤绕树而生，子如铃，作四五瓣。

雷公云：凡使采得后，去叶并蔓了，用生绡袋盛于东屋角畔，悬令干了，劈作片，取里子，去隔膜并令净角子，勿令去革膜不尽，用之并皮。

歌曰：马兜铃苦寒无毒，定喘消痰肺热清。通气又能医五蛊，瘘疮血痔用熏蒸。

将其图、文相比较，可以发现，该书更精彩的是其千余幅彩图，其中大量的炮制图是笔者从未见过的本草图，具有很高的艺术价值与研究价值。

但是，中医研究院所藏的万历本《炮制》仍属残本。据最近的研究，日本杏雨书屋所藏的《精绘本草图》乃万历《炮制》的一种传本④。该书仅有图412幅，其中有万历本所没有的插图32幅。因此，本文所有记录的数字，只是万历本的情况，并非是《炮制》一书的原貌。关于日本藏《精绘本草图》，将另文论述。

三、《补遗雷公炮制便览》的彩色插图

《炮制》一书的彩图，从形制到绘图风格均与现知的明宫廷画师绘制的《本草品汇精要》（以下简称《品汇》）及《食物本草》完全相同。为了更清楚地了解《炮制》一书的彩

① 丹波元胤．中国医籍考［M］．北京：人民卫生出版社，1983：156.
② 薛清录．全国中医图书联合目录［M］．北京：中医古籍出版社，1991：165.
③ 白华，郑金生．《补遗雷公炮制便览》文字作者考［J］．中药材，2003，26（Z）：57-59.
④ 郑金生．明代画家彩色本草插图研究［M］．新史学第十四卷第四期抽印本，2003.

图来源及价值，笔者将《炮制》与《品汇》彩图逐一对照，从而得知该书彩绘的来源和特色。

《炮制》彩图中，只有卷首的牌记、“受教图”、“制药图”与药物无关。此外，各药条前面的彩图从其表达的主题又可以分成三种类型：一是基原图（即原植物、动物、矿物图），二是炮制图（与该药相关的炮制过程图），三是示意图（对某些无法表达外形的药物，绘制其生存环境，以供想象）。

该书各药前的绝大多数药图的上方有一图名，深蓝底，金边金字，与明弘治原本《本草品汇精要》的形制完全一样。工笔重彩，色彩艳丽、图形生动，其画技水平与《品汇》《食物本草》一致。

要统计该书药图的准确数字有一定的困难，一则是因为现存本缺少卷八果部，只能统计现存的图数；二则是有少数药条将炮制图与基原图混为一图（即在炮制环境中插入该药基原图），或者将原来在《品汇》中的2个图压缩在一个图内，故而难以计点。因此，要确定该书药图的准确数目，必须要有一个统一的标准。本文为方便起见，以其图自成一幅者为准（即一幅图有基原、炮制者，或者压缩成一图者，都只算一幅）。共得药图1120幅。连同卷首的“受教图”“炮制图”，共1122幅。

这1122幅图的来源，经过将《炮制》与《品汇》(意大利国家图书馆藏安乐堂本彩色图)逐一比较，可以发现两者之间极为密切的关系。兹将粗略的比较结果陈述如下。

《炮制》有26幅药图与《品汇》完全相同。笔者将其中的“泽泻”图与日本武田制药厂杏雨书屋出版物中的“齐州泽泻”比较，二者一模一样。其他如“麋”“芒硝”“马牙消”等，也如同出自一手。其他《炮制》中的许多药图，与《品汇》相比虽有精粗之异，但非常相似，足以判断系仿自《品汇》的图多达829幅（含前述26幅全同之图，其中主要是药物形态图），该书新增之图有293幅（新增炮制图219幅）。更能证明此二书有渊源关系的是《品汇》中的某些错误图和有特征性的图，同样可以见于《炮制》。例如，《品汇》将“及己”图绘成了大叶萍，《炮制》也照摹。其他如《品汇》画错的鸭跖草、合明草，《炮制》也不知道改正，竟然照搬。

《品汇》最具有特征性的图是“薏苡仁”图，笔者早在1983年就发表过文章，指出该书有中国最早的玉米图[①]。玉米是从美洲传入中国的。《品汇》成书于1505年，距离哥伦布发现美洲大陆才不过十几年。玉米传入世界各地的速度如此之快，是令人惊异的。当时宫廷的画师不了解玉米，他们把所见玉米（可能是宫廷将贡品试验栽培之物）绘成图，和与其形态相似的薏苡放在一起，冠以“薏苡仁”之名。很有意思的是，《炮制》一书的绘图

① 郑金生．中药书籍资料的查找与利用（五）——第三讲　本草图谱的概况与查找［J］．中药材科技，1983（6）：39-41.

者可能不知道《品汇》的2张“薏苡仁”图哪一张是正确的，竟然采用了实质上是玉米的那张“薏苡仁”图，而没有采用真正的薏苡图。这就证明《炮制》的药图的确是以《品汇》作为蓝本的。

那么，《品汇》有图1367幅，为什么万历本《炮制》只仿绘了829幅呢？这是因为《品汇》与《证类本草》一样，一个药有多个来自不同地区的药图。而《炮制》只从多幅图中选取一幅。有的图从药物主流品种的角度来看，是选对了，有的却选错了。例如细辛，《炮制》就选绘了错误品种“信州细辛”图。此外，《品汇》还有一些外草木类的药图及一些食物类的图，《炮制》没有选用，所以其仿绘的图大大少于《品汇》原有的图。

尽管万历本《炮制》一书有829幅图来源于《品汇》，但是还有293幅图为该书首次绘制，这是该书最有价值的部分。

《品汇》没有绘制的这些药图主要有两类，一类是药物的炮制图，另一类是有关药物形态或示意图。其中，炮制图是该书的精华所在，共有219幅。中国古代本草中，关于药物炮制和制剂的图非常少。明代《品汇》之前根本就见不到这类图。到明弘治年间的《品汇》(1505)才开始有这方面的内容，但数量极少，只有寥寥几幅，如“截浸鹿角”“熬鹿角胶”，以及几幅带有道家色彩的炼丹图。真正的药业炮制或制药图非常罕见。然而《炮制》一书，却陡然绘出了200余幅药物炮制图，这是非常令人惊喜的历史记载。尤其是卷首那幅“炮制图”，雷公端坐在上，在他的前面有众多药工在进行炮制，简直就是一个小型的炮制工厂。在众多的炮制图中，我们可以看到当时所用的切药刀(类似今北方所用的切药铡刀)、杵、臼、研钵、锅、灶、坛、罐、竹篷等炮制工具和设备，以及众多炮制的场景。这部分内容以绘画的形式出现，为炮制研究提供许多新的素材。

除以上新绘的炮制图系以外，《炮制》中还有《品汇》中没有的74幅药图。这些药图有的是《品汇》虽有药图，但《炮制》未加摹绘而重新绘制的；有些则是《品汇》及明代以前本草从来没有过的药物形态或示意辅助图。

例如，《品汇》中的食盐图就是在《证类本草》基础上重新敷色重绘过的图，但《炮制》却新绘制了“戎盐”和“大盐”图，其制取法与《品汇》制取海盐不同。又如“牛乳”，《品汇》只是绘出了一头牛，而《炮制》则绘制了挤牛奶的场景。《品汇》中的青葙子与《炮制》中的同名图全然不一，《炮制》绘的是白鸡冠花，这为研究当时的用药品种提供了新的材料。郁金香，《品汇》绘的是草，而《炮制》绘的是树。其他如辟虺雷、楸木皮、没离梨、矾石、柳絮矾等，也都是新绘之图。

另外，在《炮制》首绘药物图中，最引人注目的是明代以前本草从来没有过的“人部”图。该书“人部”几乎每一个药都绘有图，甚至包括人精、人血等无法绘制原物的药物，也都用巧妙的示意法予以表示。这部分药图与其说是药物图，毋宁说是民俗图或者场景示意图。

《炮制》新绘制关于药物的炮制工艺图、部分药品图，是该书最为宝贵和值得研究的内容。虽然摹仿《品汇》的药图有的比原图粗糙，但也有的比原图更为精细。例如龙骨图，《炮制》的绘者肯定是参照原物再次写生，因此更能突出龙骨的鉴别特征。其他如麝、黑雌鸡、黄雌鸡等图也是如此。毋庸讳言的是，《炮制》的绘图者可能是宫廷画师，对医药缺乏深入的认识，因此有些新绘的药图不免也会有错谬，例如射罔、乌喙、地菘等图，都与原物相差甚大。

《炮制》一书的复出，再次印证了在《品汇》问世之后，明代的宫廷画师们曾经借用民间的本草书为文字依托，展现他们的绘画才华。在此书出现以前，我们知道有明宫廷画师绘制的《食物本草》。但《炮制》无论从内容的价值还是绘图的数量，都要胜过《食物本草》一筹。明代留下的彩绘本草中，《本草品汇精要》和《食物本草》均已影印出版，现在《补遗雷公炮制便览》一书的浮现，更为本草宝库增添了瑰宝。该书若能早日影印出版，必将引起中国医药界和爱好中国美术的中外人士的广泛关注。

（原载于《中国药学杂志》2004年第39卷第5期389–391页）

后记：彩绘《补遗雷公炮制便览》是近年浮现的一部明万历年间手绘本草书。2002年8月，我第一次从挚友黄龙祥教授那里得知本院收藏有一部精美的本草图谱，在图书馆善本库裘俭主任的大力支持下，得以阅览此书，并联袂发表此文，向世人介绍此书概况。此后裘主任又和我一起对该书在近现代的来历进行了一次深入的调研，在《中医文献杂志》发表了《〈补遗雷公炮制便览〉一书的坎坷经历》一文。为了让此书尽快传播，承蒙上海辞书出版社大力支持，2005年在该社仿真影印了《补遗雷公炮制便览》全帙，随后又由我对该书图文进行考校，于2012年在上海辞书出版社出版了该书的考校本。该书于2008年被收入第一批《国家珍贵古籍名录》，也成为中国中医科学院图书馆的镇馆之宝之一。从该书的浮现到完成影印、图文考校本，前后历经10年，此书得到了较为完整的整理研究，我能全程参与，倍感荣幸。

论中国古本草的图、文关系

郑金生

在以往的本草文献研究中，当涉及附图本草的时候，大多数研究者是把本草图和本草书正文捆绑起来加以评价。因此，就出现对一部本草书（正文）的评价很高，对其所附药物图的评价也就水涨船高（如《本草纲目》）的情况；或者某一书的药图非常精美，于是对整本书的评价也就多是溢美之词（如《本草品汇精要》）。

真实情况并非完全如此。对本草图、文的评价有时必须区分开来。这是因为相当多的中国古代本草图的绘制者和正文的写作者并非同一个人，许多本草书正文的水平并不完全等同于其所附药物图的水平。即便图、文出自同一个人之手，那也要看作者的专长所在。绘图者的知识结构和绘画风格直接对本草图的质量产生深刻的影响。

一、本草正文作者与绘图者不同所造成的影响

笔者统计中国清代以前有图的本草著作共计30部[①]，其中可以肯定正文作者和绘图者是同一人的为9种，两者不同的为13种，不明确的8种。由此可知，正文作者与绘图者不是同一人的情况几乎占了一半。

本草图是为了辅助文字表现药物的形态或相关内容而绘。如果一部本草书的正文和图画出自异手，且两者之间缺乏必要的沟通，就不可避免地会出现图、文不符的弊病。如果同一书的药物图是由多个不同的绘图者绘制而成，那还会出现更多的问题。

① 以图的原始来源为准。本草图来源相同，但文字经过改编，或版本不同者，仍旧按1种计算，例如，《证类本草》有大观、政和、绍兴3种，因其本草图都是源于《本草图经》，故计为1种书。但正文内容基本相同，而图的来源不同，则按不同的书计算。例如，《本草纲目》的金陵本、武林钱衙本、张绍棠本的文字基本相同，但图形已经改变，故按3种书计算。

(一)《本草图经》

这方面最典型的例子是北宋的《本草图经》。这部书的图、文素材是从全国各地征集而来的。《图经本草奏敕》记载："欲望下应系产药去处，令识别人子(仔)细详认根茎叶花实，形色大小，并虫鱼鸟兽玉石等堪入药用者，逐件画图，并一一开说。"[①]因此，其绘图者可能数以百计。其文字部分最后由苏颂统稿，但药图却基本上保留原样。仔细考察该书的药图，可以发现这些药图不仅不是同一个画家所绘，甚至不是同一时代的画家所绘。其图主要是北宋嘉祐年间征集所得，但也有北宋初年征集的药图，甚至还有北宋内府收藏的唐代本草图。

例如，《开宝本草》丁香条记载："按广州送丁香图，树高丈余。"[②]这说明，在北宋初年政府就已经开始收集药物图了。所以《本草图经》中的"广州丁香"图极有可能取自当时内府的收藏。

目前可以考证出该书还有《天宝单方药图》残存的3幅(水英、丽春草、紫堇)[③]。这3幅药图的风格独特：图名前无州郡名，植物全株被不合比例地压缩在同一图中、用地面掩盖其根部，图形布局比较死板、中轴明显、左右大致对称，等等。据推测，这些药图应该是宫廷画师绘制的。当时的药图注重表现植株的全貌，不讲究正确比例。这一风格对宋代《本草图经》药图的绘制影响很大。

正因为《本草图经》的药图是各地进呈而来，因此也有一些药图别出心裁，画师用各自喜欢的方法来描绘所见药物。例如，极少数药图采用截取局部枝条的方法来表现高大乔木或藤本植物全株(见木兰、女贞、柏实、黄檗等)，甚至开始出现个别的药材图(如干姜)。

有鉴于此，《本草图经》药图的风格不一，科学价值参差不齐。该书药图的可贵之处在于它们大多数来自写真，而最大的弊病是兼收并蓄、不判是非。该书作者苏颂无法逐一甄别诸药的正品和伪品，遂将所有不同来源的药图素材汇于一书。苏颂甚至专设"本草外类"来收容难以鉴定或局部地区使用的药物。客观地说，苏颂此举是不得已而为之，无可厚非。兼收并蓄总比师心自用、妄断是非要高明得多。但这毕竟使全书的图、文不能形成一个有机的整体。一些错误药图不加指正，则会对药物正品的使用带来负面影响。例如谷精草，《本草图经》有2图，其中"江宁府谷精草"可考为报春花科的点地梅，非正品，"秦州谷精草"则难辨其源。但苏颂只管叙说正品形态，对此2图视而不顾[④]。对此，李时珍提

---

① 唐慎微.重修政和经史证类备急本草[M].北京：人民卫生出版社，1957：548.

② 同①，第307页。

③ 郑金生.《天宝单方药图》考略[J].中华医史杂志，1993，23(3)：158-161.

④ 同①，第82页。

出了严厉的批评："图与说异，两不相应。或有图而无文，或有文而无图。"①

（二）《本草纲目》

李时珍虽然批评苏颂，但其《本草纲目》同样出现作者和绘图者不是一人的现象。据《本草纲目》附图卷前署名可知，其药图是李时珍的儿子李建中辑，李建元、李建木绘图②。根据《本草纲目》同样存在的"图与说异，两不相应"现象，以及药图的粗劣情况，笔者推测《本草纲目》药图是李时珍的子孙们匆忙补绘的。这些药图中，据实物重绘的图参考意义比较大，但还有许多图转绘自《证类本草》所引的《本草图经》。少数图、文相互矛盾，如前述谷精草，正文描述非常正确，属于今谷精草科谷精草，但其药图却是转绘《本草图经》中难考其源的秦州谷精草。

因此，李时珍《本草纲目》虽然伟大，但我们的确没有必要给予该书药图过高的评价。明末至清代刊印的《本草纲目》中，其图版遭到2次极为严重的篡改。一次是明末钱蔚起请陆哲改绘了800多幅药图③，另一次是清末张绍棠请许功甫再次改绘④，改绘的药图多达400余幅，甚至将清末的《植物名实图考》的药图也转绘进去⑤。改绘后的药图尽管看起来线条优美（如威灵仙等），但已不能算是李时珍《本草纲目》的成就了。

因此，注意到在很多本草著作中作者与药图绘制者不同这一点，将有助于我们正确认识和评价其图、文各自的价值。只要图、文的作者没有很好的配合，结果往往是"图与说异，两不相应"，这就直接影响到药图对考证药物作用的发挥。

（三）例外分析

但是，并非图、文作者不一的本草书都会存在上述问题。事实上，只要作者能与绘图者紧密配合，就能图文相应，学术价值将大大提高。最好的例证是明代朱橚的《救荒本草》(1403—1424)。朱橚编书过程是"购田夫野老得甲坼勾萌者四百余种，植于一圃，躬自阅视，俟其滋长成熟，乃召画工绘之为图"⑥，故其图不仅来自写真，且与正文紧密呼应。因此该书对鉴定植物作用很大。该书东传日本，对彼邦的农学和植物学产生了很大的影响。

---

① 李时珍．本草纲目［M］．北京：人民卫生出版社，1982：8.
② 李时珍．本草纲目附图：卷之上［M］．金陵初刻本．上海：上海科学技术出版社，1993：1.
③ 邬家林，郑金生．《本草纲目》图版的讨论［J］．药学通报，1981，6（4）：9-11.
④ 宫下三郎．本草の図について——本草纲目附図の解说として［M］// 本草纲目附図上卷．东京：春阳堂，1979.
⑤ 黄胜白，陈重明．《本草纲目》现行版本的讨论［J］．江苏医药，1975（2）：60-64.
⑥ 李濂．救荒本草［M］．影印太原本．北京：中华书局，1959.

本草图谱中正文与绘图都出于同一人，且两方面水平都很高的很少，明代李中立的《本草原始》和清代吴其濬的《植物名实图考》可以说是例外。李中立的药图特色在于，他不去仿绘前人已有的药物基原图，而是取当时鉴定药物最常用的药材来写实绘图，从而发挥了药图对鉴定药物的实际作用。他写实绘制的药材图非常准确，并在图中注明鉴别特征，科学性较强。在李中立的影响下，明清有至少2种本草附药材图，如明代倪朱谟《本草汇言》、清代郭佩兰《本草汇》。但在1911年前，论本草图文的学术水平，当数清代吴其濬的《植物名实图考》最高。他写实所绘的植物图，精确程度已接近现代的科学绘图。

像李中立、吴其濬这样的药物专业、画技水平都很高的人毕竟太少。即便是图、文出自同一人之手，其图、文的水平也可能相差很大。我们看到的更多是本草家、画师们各行其是。以下集中讨论本草绘图史上一个很特殊的现象：许多画家热衷于本草绘图。他们给后世留下了许多外观非常精美的药图，但是对这些画家所绘本草却不能简单地依据其花哨程度来进行评价，必须充分注意到专业画家所绘本草图的艺术性与科学性。

二、专业画家所绘本草图的艺术性与科学性

据考证，至少在魏晋南北朝时期已经有专业画家从事本草绘图①。唐代《历代名画记》就已经出现了原平仲《灵秀本草图》、佚名氏《神农本草例图》。这些唐代以前的药图都被收入画史书籍，可见其绘制者不是不懂美术的普通人。

唐代官修的《新修本草·药图》和《天宝单方药图》可能都是宫廷画师的作品。宫廷画师大多数擅长工笔画，色彩艳丽、布局庄重。虽然我们无法看到唐代的彩色药图，但从明清时代的画院画家作品中也可以窥见一斑。一般推测，画家给本草书作插图，应该处于从属地位。但实际上并非完全如此，历史上主动绘制本草图的画家并不少见。

（一）《履巉岩本草》

现存最早的彩色本草图是南宋王介所绘的《履巉岩本草》(1220)。王介是小有名气的画家。元代夏文彦《图绘宝鉴》载："王介，号默庵。庆元间内官太尉。善作人物山水，似马远、夏珪。亦能梅兰。"② 王介撰绘《履巉岩本草》乃出于爱好，他将住地周围的草药绘成图，加上极为简略的文字而成该书。其文字内容多为转抄的药性说明和民间收集的少量处方而已，其写实绘成的200余幅药物图具有很高的本草学术价值。③ 作为画家，王介具

① 郑金生.《唐本草》以前的本草图［J］. 中华医史杂志，1980，10(2)：82.

② 夏文彦. 图绘宝鉴：卷四［M］. 刻本 .1366(元至正二十六年)：22.

③ 郑金生.《履巉岩本草》初考［J］. 浙江中医杂志，1980(8)：338–340.

有写实绘图的特长，因此保留了许多写实的药物图。画家讲究美观，故他绘制的大花植物和某些草本全株的形态非常生动准确。而花的描绘，正是植物鉴定的主要依据。该书药图的另一个重要特点是合乎比例，许多大型的植物采用截取局部的办法表现全体，因此许多药图只展示一枝一叶、一花一果。

这种截取局部表现全体的画法，在《本草图经》中已露端倪，但仅少量使用于乔木和藤本植物。王介则大量用之于草本植物。按现代标准，王介的绘图已接近科学绘画，但他却并未意识到药物绘图属于科学绘图，必须按比例绘制，突出鉴别特征。他之所以变革本草绘画风格，与其所处时代不无关系。南宋的山水画法出现了新流派，领头人是王介所尊崇的马远、夏珪2位画家。马远人称“马一角”，夏珪人称“夏半山”，这是说他们的山水画已经从北宋的全山全水（如《清明上河图》），转向残山剩水。受其影响，王介的画药也常取一角半边，以一枝一叶来表现全株。王介的药物图已经达到了很高的水平，只可惜其书到近代才为人所知，并未对本草绘图产生实际影响。

（二）《本草品汇精要》

同样一种深藏密室数百年的彩色本草书《本草品汇精要》，近年来得到了较为深入的研究。该书已有多种影印本问世，以往科技史界对此书的评价很高。例如，李约瑟等认为：“十六世纪引人注目的是在其首尾各五年内产生了天然药物史上两部伟大的著作，后者之所以使前者大为失色，是因为前者在现代以前从未出版过，一直留在宫廷书库和太医院。”[①] 对此笔者不敢苟同。该书有两大缺陷：一是文字与药图脱节，二是药图的艺术性和科学性分离。

《本草品汇精要》是明代含药图最多的彩绘本草书目。文字作者由医官刘文泰领衔，而绘图者是王世昌等八名画家[②]。该书的文字部分除分24项体例解说药物有新意之外，在新资料和药物的增补、药物基原考订及药性甄选等方面乏善可陈。其文字材料主要依托《证类本草》，加上《饮膳正要》《绍兴本草》等少量材料重新编组，自家考证意见不多。

谈到图、文关系，二者也经常脱节。人们看到《本草品汇精要》的药图工笔重彩，绚丽非常，不免称赞有加。但冷静客观地分析，该书药图的价值和缺陷共存。

（1）该书具有重要价值的部分是新绘制的药图。据笔者统计，在该书1367幅彩色药图中，明确记载的新增药图是366幅，然而实际上新绘制的药图达668幅，此外还有144幅改绘图也有新意。新绘之图主要集中在画家熟悉的日常之物（菜、鱼、介、禽兽、昆虫等）

---

① Joseph Needham，Lu Gwei-djen，Huang Hsing-tsung. Science and Civilization in China［M］.Taibei：Caves books，1986：302.

② 刘文泰，等 . 进本草品汇精要表［M］// 御制本草品汇精要 . 北京：九州出版社，2002：7-12.

或常用药材。他们有条件依据实物写实绘图，尤其是一些珍禽异兽（如狮子、麋鹿、孔雀等），对画院画师来说，这更是施展技艺的好机会。这部分写实性的药图是全书的精华所在。

（2）该书部分药图是将《证类本草》所引《本草图经》墨线图敷色修润仿绘。对画家不熟悉的药物很少有新的补充或改进。这是因为画家们的药物知识有限，不可能将全部药物写实重绘。因此，无论是从美术创作还是从药物鉴定来说，仿绘药图的学术价值不是很高。

（3）必须注意的是，新绘之图中有少数示意图、加工方法图、药物背景图，以及一些凭文字记载绘制的插图。其中，药物加工炮制图虽然量很少，但已比前人本草前进了一步。但某些凭想象绘制的错误药图违背了科学绘画的基本原则。

综上所述，《本草品汇精要》彩图最有科学价值的部分，恰恰不是药物学最核心的植物药。这也是如今考证中国古代药物基原时，很少引用该书药图的根本原因。但其中某些写实绘制的食物类彩图有若干惊人的发现。

笔者在1983年就指出，《本草品汇精要》康熙本有写实的玉米图。现查明该书各种传本均有新绘玉米图。[①] 其时玉米还无人识得，因外形与薏苡相似，所以被画家们冠以“薏苡仁”的名字，放在“薏苡”一药之下。时至今日，有些专家对此还将信将疑：玉米一般被认为是哥伦布发现美洲新大陆之后才向世界各地传播，《本草品汇精要》成书于1505年，距离1492年哥伦布到达美洲大陆才不过十几年，这会是真玉米图吗？因此，现在有人将此图的真假视为历史的悬案。[②]

特别要指出的是，画师药物知识的贫乏造成许多药图错误。例如，在新绘药图中，猕猴桃被绘成桃形，阳桃也是如此，足见是顾名思义。“及已”，《证类本草》无图，《本草品汇精要》将其绘成田字草图。“兰草”则被绘制成兰科，而非医用的菊科植物。此外，还有鸭跖草、合明草等药图也与原植物不符。注意到以上的问题，我们才能明了，画院画师虽然能绘制精美绝伦的本草图，但他们的药物知识贫乏，降低了其图的科学实用性。

深入讨论专业画家所绘本草图的艺术性与科学性，进而讨论明代由画家们完成的多种《本草品汇精要》后续性著作，这是一个很奇特但在以往又不为人所关注的问题。可以肯定的是，《本草品汇精要》在20世纪以前，不曾被任何医药书引用过。它在古代对药物学的发展没有发挥任何实际作用。但随着近几十年研究的不断深入，人们发现《本草品汇精要》在古代医药界默默无闻，但在画界却不乏知音。《本草品汇精要》十几种传摹或改绘

① 郑金生．中药书籍资料的查找与利用（五）——第三讲　本草图谱的概况与查找［J］．中药材科技，1983（6）：39–41.

② 默公．影印《御制本草品汇精要》序［M］// 御制本草品汇精要．影印本．北京：东方出版社，2002.

的药物图谱大致可分成3类。

（1）原本转绘：即将《本草品汇精要》连图带文，不改书名地重新复制。此类古代传摹本有9种。其中，有清康熙年间转绘本、罗马收藏的安乐堂本、柏林收藏的清转绘本、日本大冢恭男收藏的清转绘本等。

（2）改头换面：即药图源于《本草品汇精要》，但不取其文字，并改变书名。这类书有明末文俶的《金石昆虫草木状》，明末清初周禧、周祜的《本草图绘》(以上均为女画家)。

（3）部分借用：即只从《本草品汇精要》取用部分药图，再增绘新图，另成一书。其文字则依附某一本草，如明佚名氏《食物本草》《补遗雷公炮制便览》。

前两类图谱缺乏原创性，故本文主要分析第3类由画家为主编绘的本草图谱。

（三）《食物本草》(彩绘本)

《食物本草》彩绘本属于宫廷之物，以往未引起学界关注。1983年始见报道[①]。该书现已有3种影印本。该书文字部分产生于明正德年间（1506—1520），其正文作者至今仍有争议，有卢和、汪颖、薛己诸说。绘图人不著姓氏，但可以肯定不是原书的作者。该书4卷，食物386味，彩图492幅。绘图风格与《本草品汇精要》完全一致。关于这两部书的比较，2002年我在德国哈雷(Halle)召开的医史会上宣读的论文中已进行过详细讨论[②]。这里仅围绕图文关系做一些探讨。

从绘图风格来看，该书的编绘者是明代画院画师。他们选择反映日常饮食之物的《食物本草》来施展绘画技艺。为此，他们抄袭或者借鉴了《本草品汇精要》中的213幅插图（这些图多数是据原动植物写实绘制，见鱼、菜、禽、兽等类），同时又补充绘制了279幅食物或者相关的辅助图。这部分图从外观看来也是精美绝伦。

该书的问题不出在图文不符，而出在有名则图、处处相应，甚至凭想象绘图。

例如，《食物本草》文字涉及若干动植物的品种（如李21种、梨11种、茶10种）、不同品名的酒12种。对现代科学绘图者来说，这是一个很难通过绘图来解决的问题，但该书却如数绘出了上述所有品种的不同图形，这会是写实图吗？

《食物本草》还有其他难以通过绘图表现的物品图（如各种水类、味类），令人佩服的是，画师们调动艺术家的想象力，居然全都绘出了图形。他们依据的是与这些物品相关联的内容（如生态环境、制备、民俗、传说等）。不可否认，这类示意性质的药图虽然未

① 郑金生．中药书籍资料的查找与利用（五）——第三讲　本草图谱的概况与查找［J］．中药材科技，1983（6）：39–41.

② Zheng Jinsheng. The Research on the Colored Illustrations in Ming–era Material MedicaManuscripts Shiwu Bencao.（郑金生《明代药物手绘本〈食物本草〉中的彩图研究》）

必对考证药物有直接的用途，但也可能有其他方面的价值。例如，“夏冰”就是当时夏天卖冰的民俗图。按现在的眼光来看，这种借助外在环境表现主体的方式并非现代科学绘画所应有，它也是中国古代药物图画中很常见的现象，应当视为具有中国古代特色的科学绘画。

可是，画师们浅薄的自然科学知识（不仅限于药物学）也通过一些错误图形表露无遗。

例如，“梅雨水”本来是梅雨季节的雨水，但图中所绘是一个人从梅树上收集露水。这是普通常识的错误。

江豚，属于哺乳动物，其形似猪，古籍中有别名“江猪”，画师们将其画成了一头怪猪。罂粟，名称的来源是其种子如“粟”，其果实如“罂”。这是古代一般人都知道的常识，但书中画的不是真正的罂粟（poppy）而是“粟”从“罂”中被盛出来准备下锅的示意图。画师们居然会画成这样令人啼笑皆非的图。

比目鱼，画成两条鱼共一双眼睛。水母（日常食用的海蜇即一种大型可食用的水母）被画成了大蚌。这证明画师肯定没有见过原物。

连上述物品图都会画错，则书中一些药物图（如薄荷、砂仁、银杏、胡椒、白花菜等）的错误就不用过多指责了。画师可能是久居北京城，对南方的食用植物一无所知。他们对生长于南方的椰子、莼、蕹、猕猴桃等植物，都是想象绘图。

《食物本草》的画师们可能自以为依据书中文字画出来的图，虽不能一模一样，亦相差不远矣。但令他们没有想到的是，他们依据的可能是错误的原文，或者原文被他们理解错误。这样单凭文字想象画成的图自然笑话百出。下面是他们依据笔误的文字画出的世上从来没有过的动植物。

书中有一药名为“金鸡爪”，这是解酒常用药物枳椇的别名（枳椇有着像鸡爪一样弯曲的肥大果柄）。但古代“瓜”“爪”字形相似，结果《食物本草》绘图者将“爪”错看成“瓜”，绘出一棵树上长了几个瓜的图形。

落花生是美洲植物，明代首次出现在《食物本草》中，其文曰：“落花生，藤蔓茎叶似扁豆，开花落地，一花就地结一果，大如桃。”这是关于美洲植物花生的首次记载。其植株形态、开花结果的形式描述得都很准确，唯独“果大如桃”（可能是“果大如桃仁”）是错的。画师依据文字画出了一种奇怪的长果如桃的花生图。

藕丝菜，就是藕蔤，即莲藕的嫩地下茎，别名鸡子管，但原文“管”误作“菅”，故被画成菅草样。

鲮鲤甲，本来是穿山甲，稍有药物学知识的人都知道。但因书中的“鲮”被误成了“鲛”，故图像是一条鱼。

此外，还有一些古人语焉不详、现代人至今也没有鉴定出来的动植物，该书却能照画不误（如昌侯鱼、鲍鱼、鳍鱼等）。据很宽松的标准来统计，该书中明显画错或完全虚构出来的图至少有55幅，这还不包括肯定不是写实的多种动植物品种图。不可否认，《食物本草》彩绘本确实美轮美奂，对药物学、农学、食品、民俗等多方面的研究有其一定的价值。该书药图是缺乏相关专业知识的画家的作品，其中某些凭文字描述绘制的药图错误百出，乍看起来该书图文紧密贴合，但因其文字和绘图都没有完全来源于实物观察，加之笔误和绘图者的错误理解，故导致了众多虚构图。

曾经笔者一直感到迷惑，《食物本草》并非名著，常用食物一般无须借助图画来鉴定来源，至今也没有发现朝廷责令宫廷画师绘制这样的图谱的记载，为什么他们要穷心费力，精心绘制《食物本草》呢？对此，笔者初步的假设是，食物毕竟可提供大量的绘画题材，画院画师可能把绘制其图作为宣泄花鸟人物画技的途径，本无意有补于医药，因此也就不顾及其科学性了。

（四）《补遗雷公炮制便览》

无独有偶，明代万历辛卯年（1591）在《本草品汇精要》的基础上又出现了一部大部头的彩绘本草书《补遗雷公炮制便览》（14卷）。这是最近才发现的珍贵古本草书。该书的形制、绘画风格、字体与现知的明宫廷手绘古本草书《本草品汇精要》和《食物本草》如出一手，因此可以断定这也是一部明代画院画家的杰作。

该书14卷，万历本存13卷（缺卷一二果部）。全书共有药物967种。万历本实存药物928种，图1122幅。如果加上日本杏雨书屋藏《精绘本草图》（即《补遗雷公炮制便览》的清节抄绘本），其图达1153幅。该书彩图之精美令人叹为观止。但存在同样的问题，即该书的图文关系如何？

可以肯定，该书与前述《食物本草》一样，原文作者和绘图者不是同一人。其主体文字由明代的俞汝溪所撰（作有《新刊雷公炮制便览》）。该书各药文字非常简要。一个完整的药条，其内容大致可以分成3个部分。首为大字部分，介绍药名、味、性、良毒、功效主治、出产、形态、别名等（出产以后的内容可或缺），其文字主要节引自《证类本草》；次为“雷公云”，下为小字，摘引《证类本草》中所引的“雷公云”条文；最后为“歌曰”，小字，为七言歌诀四句或八句，再次归纳药物的性味功能。

对这样的文字，画家们希望创作什么样的图画呢？他们选中了“炮制”这个主题。这是一个既可施展花鸟画技巧，又能发挥人物画特长的主题。那么，中药的炮制法能绘出1000多幅图吗？当然不行。为此，笔者统计了一下该书的药图组成和来源，基本情况是，足以判断系仿自《本草品汇精要》的图多达855幅。这些图基本上都是药物图。其中，有些药图几乎与《本草品汇精要》中的图一模一样，如出一手（见泽泻、麋脂、孔雀、鲨等）。还有298幅图是《本草品汇精要》所没有的，当属该书首次绘制，这是该书最有价值的部分。

新绘药图主要是炮制图（224幅），另有药物图和辅助图74幅。炮制图是该书的精华所在。中国古代本草中，关于药物炮制和制剂的图非常少。在明代《本草品汇精要》之前根本见不到这类图，到《本草品汇精要》（1505）才开始有这方面的内容，但数量极少，只有寥寥几幅，如“截浸鹿角”“熬鹿角胶”，以及几幅带有道家色彩的炼丹图。真正的药物炮制或制药图非常罕见。然而《炮制便览》一书却陡然绘出了200多幅药物炮制图，这是非常令人惊喜的历史记载。尤其是卷首“炮制图”，雷公端坐在上，面前有众多药工在进行炮制，简直就是一个小型的炮制工厂。在众多的炮制图中，我们可以看到当时所用的切药刀（类似今北方所用的切药铡刀）、杵、臼、研钵、锅、灶、坛、罐、竹匾等炮制工具和设备，以及众多炮制的场景。这部分内容以绘画的形式出现，为炮制研究提供许多新的素材。有了研究《食物本草》的经验，我们再来分析其图文关系，就比较容易了。分析的重点应该是新绘制的图。研究的结论与《食物本草》差不多：同样有很多图是画家们想象绘制的。对于200多幅炮制图来说，我们固然无法明确说出图像的正误，但有一条是可以肯定的，这些炮制图有相当一部分是滥竽充数。中药炮制的方法无非是水制、火制、水火共制，而重点需要炮制并值得出示制法图的种类不会很多。但书中将并不是商品药材的灰藋也绘出炮制图，又为“犁下土”绘制全图多达11个人物的插图。后者固然有反映民俗的意义，但对炮制完全没有意义，所以书中的炮制图固然对展示炮制法有重要的意义，但也有失之于滥的弊病。

其他新绘制的药图有没有新的意义呢？自然，也有少数是有意义的。例如，《本草品汇精要》中的青葙子与《炮制便览》全然不同，《炮制便览》绘的是白鸡冠花，这为研究当时的用药品种提供了新的材料。

必须指出，在这些新绘的图中，有很多是画家心血来潮的游戏之笔。例如人部药，在以往本草书中从不绘图，该书却把“人部”每一个药都绘成图，甚至包括“人精”“人血”等，也都用巧妙示意法予以表示。

这部分药图与其说是药物图，毋宁说是民俗图或美术作品。

画家们高超的画技、浅薄的药物知识，同样在此书中显露得淋漓尽致。《本草品汇精要》中的一个药经常有数个图，而该书只选一个图，选择时就经常出现错误。《本草品汇精要》中原来的错图，该书自然也是照搬，如及己、鸭跖草、合明草等。多图选一的错误有细辛等药物。细辛选绘了错误品种“信州细辛”图。《本草品汇精要》最具有特征性的玉米图，原来是因无名而被置于“薏苡仁”条下。该书在“薏苡仁”一药之下竟然没有选择正确的“薏苡”图，而把玉米图作为正品，可见药物鉴别力之差。

最能看出绘图者药物水平的是该书所绘射罔、乌喙、地菘等图，其图形与原物相差甚大。射罔本是从草本植物乌头中提取的生物碱，但该书的射罔图，却表现为从树上采集物质，简直是风马牛不相及。又如地菘，本来是一种形态像菘菜（大白菜）的草本植物，该书却望文生义，画成了松树。类似这样的错误，和前述《食物本草》一样，都是由于画家们不懂医药专业知识所致。画家参与本草绘图是一件很好的事，如果能与医药人士结合，深入实际去写生绘制某些药物图，完全有可能对中国古代的药物学产生很大的影响。可惜的是，他们仅仅把这样的绘图作为一种展示画技的题材而已，因此不免忽视其实用性和科学价值。

通过对以上专业画家的图谱分析，我们应该充分认识到，本草绘图的艺术性和科学性不是同一回事。我们既要关注本草图谱中的图、文关系，同时也要注意插图的艺术性和科学性的差异。

三、结语

研究中国古代附图本草，应该对其图、文分别评价。因为在清代以前的30种附图本草中，至少有13种图、文出自异手。这一状况容易导致图与说异、互不相应。只有图、文作者密切配合才能避免出现这一弊病。古代本草图文均出一手但质量却很高的本草书目比较少见。宋、明时期由画家编绘的若干本草图谱，或图、文质量悬殊，或出现艺术性高于科学性的现象。因此，注重对本草图、文之间关系的分析，才能充分认识和正确古代附图本草的学术价值。

（原载于傅汉思、莫克莉、高宣主编《中国科技典籍研究——第三届中国科技典籍国际会议文集》，大象出版社，2006年，210–220页）

后记：利用绘图来表现药物或与药相关的事物(采收、炮制等)，在本草书中比较多见。自古以来，对药图所能产生的作用就有不同的意见。我投入本草研究以后，对药图比较关注，研究药史第一步，就是研究《履巉岩本草》，此后陆续对《本草图经》《绍兴本草》《本草纲目》《本草原始》《补遗雷公炮制便览》《食物本草》(彩绘)等书中的药图进行了研究，发表了10余篇文章。此文是2006年在德国图宾根召开的第三届中国科技典籍国际会议上宣读的论文，重点是分析古本草中的图文关系。次年在北京香山由英国威尔康研究所主持的国际研讨会议上，我又宣读了一篇《论本草书中的写实插图与艺术插图》，进一步讨论了本草插图的不同类型。以上两文的主旨相近，都是为了更好地鉴赏与利用古代本草插图(后文未选编，可见书后“题录”)。

在长期研究药图的基础上，我与张志斌教授合著了《本草纲目药物古今图鉴》，此书以药物为单元，对近2万幅古本草插图的来源及所表现的药物进行了整理与研究，从而把以上研究药图所得，化为辨识图形所指、考证药物基原的必要积累。

李中立及其《本草原始》的考察

郑金生

李中立是明末雍丘（今河南杞县）一位年轻有为的生药学家，他所著的《本草原始》是一部颇有特色的药材学专书。可是至今人们对李氏生平了解甚少，而且在一些中医药工具书中误称李氏为上海人。他的著作也未见专文介绍。为此，笔者对其人其书作一初步考察。

一、有关李中立的考证

《本草原始》卷首题为“雍邱李中立正宇甫纂辑”①，这已清楚地交代了作者的籍贯、姓氏、字号，可王重民先生另出一说：“中立字士强，号正宇，上海人。万历二十三年进士，官至大理寺评事。李氏科名颇盛，然多精于医。兄中梓，侄延昰，皆著医书行世。”此说原载于《善本医籍经眼录》，今王氏遗著《中国善本书提要》亦存原文。赞同此说的相关书籍不少，日本本草学家冈西为人也引述此说（见《本草概说》）。

王重民先生在对李中立籍贯的考证上回避了《本草原始》所题的“雍邱”二字。且“正宇”之后有“甫”字，已表明这是李中立的字，而不是号。那么，王先生所说的李中立是从何而来呢？

考《同治上海县志》《明清进士题名碑录索引》，始知王氏误将同时代的另一同名人当作《本草原始》的作者。该李中立字士强，上海人，明万历二十三年（1595）进士。其曾祖李府即居上海南汇所城，因抗倭阵亡。李中梓（字士材）为其弟，李延昰乃其子，据朱彝尊“高士李君（延昰）塔铭”载，延昰“于医受业于季父中梓士材”，而不是其父中立。笔者遍查李中梓《本草通玄》《本草徵要》、李延昰补订的《药品化义》，都没有见到李中

① 拙文所引卷首，当出自清刊本，故用“邱”以避孔丘讳。写此文时，还未得到明末万历李中立自刊本。该本卷首题“雍丘正宇李中立纂辑并书画”，“丘”字不避讳。

立（士强）知医药及著《本草原始》的记载。《同治上海县志》也没有著录《本草原始》。因此，无法令人将此李中立与《本草原始》作者联系起来。

为此，笔者求诸《本草原始》序。现存该序的明、清刊本中，只有万历四十年（1612）版中有罗文英、马应龙2篇序，其余刊本只有马应龙序。罗文英为万历三十五年（1607）进士，河南杞县人。序中提到“李君名中立，少从余游”“余授李君业儒”，由此可见李氏是罗文英的学生。而上海那位李中立比罗文英早12年中进士。马应龙是渤海（今山东安丘）人，万历二十年（1592）进士。他认识李中立是因为他在杞县当官，其序称“宰杞时得李君中立，年幼而姿敏，多才艺”。罗、马2人作序时，上海那位李中立中进士已快20年了，可序中无一字提到雍丘李君的功名。因此，这一位杞人、一位杞官所说的李中立与王重民先生所说是两码事。

据罗文英、马应龙的2篇序可知李中立（字正宇）生平概况。李氏少从罗文英业儒，自幼聪敏多才艺，因感于当时的医家“谬执臆见，误投药饵，本始之不原而懵懵”，于是“核其名实，考其性味，辨其形容，定其施治”，“运新意于法度之中，标奇趣于寻常之外，皆手自书而手自图之”。所以马应龙称赞他“抑勤且工矣”。李氏并不是一名专职医生，而只是一名“博极秦汉诸书”的青年学者。“其医虽不敢即谓与古人方驾，而偏至之能，有足取焉”（马序）。所谓“偏至之能”，就是指他精于推原药物之本始。在本草史上，像李中立这样通药善画的人才，的确不多见。李中立正是依靠自己的精思力行，才完成了他的不朽之作《本草原始》，在本草史上占据了一席地位。

二、《本草原始》的考察

首先应该指出，清代以后该书的坊本刻工拙劣，难以窥李氏原书的精美面貌。只有明万历四十年（1612）原刊本及崇祯十一年（1638）鹿城葛校订本才能显示其原貌。该书12卷，其分部及药数如表所示：

《本草原始》分部及药数

卷数	1	2	3	4	5	6	7	8	9	10	11	12	合计
部类	草（上中下）			木	谷	菜	果	石	兽	禽	虫鱼	人	10部
药数	52	54	75	61	17	15	27	63	23	13	47	15	462种

该书无总论。各药体例有：药名（大字），下注产地、原动植物形态及性味（小字）；“主治”（大字）；药材图及解说（小字）；“修治”及附方等。叙述简明、重点突出。其有关临床用药的内容，绝大多数选取自《本草纲目》，特色部分是关于药材鉴别的内容。

全书附药材图379幅，各图插入相应药物的条文之中，并在药图旁直接指示鉴别特点。

这些药图绝大多数是作者据当时的实物写实绘制的。如刘寄奴图注明“市卖干刘寄奴草形”。石龙子图注“市卖干形”。狗脊图注“狗脊有金黄毛，肉青绿色，亦有赤色者；市卖皆此根也”。这些图文为药材鉴别提供了可靠的依据。当前人记载与实际用药相矛盾时，作者仍以眼见为实，不妄断盲从。如漏芦：“前人多用苗，今人多用根。今市通货之，医通用之，予无见使苗者，故画根以告之。”遇前人未载，己所不知的药品时，李氏采取实事求是的态度予以说明。两头尖一药可为例证：“自辽东来货者甚多，每称为附子。今呼两头尖，象形也。形似草乌而两头尖锐，黑色。予考诸本草，俱无载之者，是以不知出处之的，姑俟后贤再正之。”对儿茶一药也有同类记载，可以反映作者的科学态度。

药图注文一般都很简练，只言片语，往往能道出药材鉴别要点。今略举数例，以见一斑。广木香“形如枯骨”；肉豆蔻“外有皱纹，内有斑缬，纹如槟榔纹，肉油色者佳”；南藤“色紫有节”“雄丁香形瘦小，头有四瓣花者；雌丁香形肥，大似山茱萸”“世用羚羊角，当详角弯中深锐紧，小有挂痕，及角尖内有血色者真”……从作者所用药材名称可知，其均来自药工经验术语，如蚕头当归、马尾当归、凤眼降香、鹅眼枳实、绿衣枳实、云头术、狗头术、鸡脚术……这些带修饰词的药材名，形象地点出了品种鉴别特征，一直沿用至今。其中，鹤虱的鉴别法显然是从药工中采访得来：“撮百粒置掌中，势如动者真。”这是因为某几种伞形科鹤虱药材（果实）表面密生钩刺及短柔毛，当多数药材聚集时，由于压力使之互相缓慢嵌合，给人以如虱之动的感觉。由此反映了当时河南所用鹤虱的品种，同时也说明古代即采用群聚药材的宏观经验鉴别法（此法多用于细小果实种子及花粉）。

李中立并不满足于仅记录民间鉴别经验。他运用自己的广博知识，对某些混淆品进行考辨。当时药家常以姜黄充郁金：“谓原是一物。指大者为姜黄，小者为郁金。则一种之药，大小不齐者多矣，何尝因其异形而便（变）异其名也夫？何俗医不昧诸本草‘蝉肚’之语，而亦以姜黄之小者为郁金乎？”作者抓住“蝉肚郁金”这一特点，力斥以姜黄伪充之非。又如瞿麦，李氏云“按经云采实，实中子至细，燥熟便脱尽。今人惟合茎叶用，而实去壳空无子尔”，指出了古人记载失实及当时的用药习惯。

为了保证用药的准确，李中立深入实际，揭露了当时许多作伪的恶劣手法，对作伪现象深恶痛绝。他指出，“（肉苁蓉）今人多用金莲根、草苁蓉、嫩松梢，盐润充之贾利，用者审之”，进而总结了真品肉苁蓉鉴别八字诀“皮有鳞甲，肉有筋膜”，并附长度标准。他又揭示贝母作伪法：“近有无耻小人，以制过半夏削成两瓣，内入须心，合为一颗，仿佛西贝母形以欺人，深为可恨。买者宜细辨之。”此外，他还指出了以姜黄末和麦面充蒲黄、烧龙骨、蛤粉，杂入竹黄，以芥子黏合充荜茇等作伪法，为药物鉴别提供了有价值的资料。

除了中药真伪鉴别，李中立对药物质量优劣、规格、产地等都研究有素，如“（生地）钉头鼠尾沉水者佳”“（甘草）坚实断理粗大者佳”“（诃黎勒）六路黑色、肉厚者良”等。书中记录了若干药材的规格，如“（生地）形肥大者俗呼头条，二条俗呼中条，今多用”。

这为研究药材贸易提供了资料。作者对鉴别不同产地的药材品种也有丰富的经验，如谓“南羌活节少，西羌活节多”“官桂皮卷色紫赤，味辛辣；西桂皮薄不卷而味颇辣，柳桂皮厚不卷而味不辣”等。该书所记市卖“南五加皮，色白，仿佛白藓，柔韧而无味”，是五加皮分南北两种较早的记载。

那么李中立是否只知药而不知医呢？不是的。他对药物的鉴别经常落实到疗效上。他认为贝母伪品土贝母“堪医马而已”。天麻伪品羊角天麻“不堪用”，而“蚕头当归止宜人发散药尔”。他还记录了不少药物炮制方法，并有若干理论归纳。他指出，栝楼“子剥壳用仁，渗油只一度，免人恶心。毋多次，失药润性”。他充分注意到炮制与临床用药效果的紧密结合。他还说麦门冬“若以水浸多时去心，柔则柔矣，然气味都尽，用之不效。天门冬亦然”。这些宝贵的经验，至今仍当借鉴。

要之，《本草原始》之长在于专门介绍药材有关知识，是我国古代重要的药材学（或生药学）专著。书中不可避免会存在若干不足之处（如墓头回一图系上下拼凑而成等），但其绝大多数经验值得现今的中药鉴定学等有关学科参考。该书今有明刊本2种，清代以来共翻印近20次，但1949年后未见校勘排印，笔者很希望这一实用价值甚高的古本草书目早日整理出来，使之发挥更大的作用。

（原载于《中华医史杂志》1987年第17卷第1期32–34页）

后记：该文的新见解，就是破除了影响甚大的“李中立”是“李中梓”之弟的错误说法。此错误说法源于文献大家王重民。在参与编写《中医人物词典》时，因我专攻本草，所以凡本草相关的人物都归我写。另外，当时也同时在撰写《历代中药文献精华》一书，需要查看所有的本草原书。其时所有医药工具书皆按王重民的说法，李中梓、李中立为兄弟，对此大家都深信不疑。然在马继兴老师的指导下，我已不轻信任何二手资料，于是考察《本草原始》原书，发现这是一个非常明显且低级的错误。以这一考证为基础，再对原书予以梳理，撰成此文。2007年，我与同窗学友汪惟刚、内子杨梅香合作，校勘此书，用的是明万历四十年（1612）李中立自绘刻本，图形极佳。此本缩微胶片乃湖南中医学院学兄李钟文所赠，深致谢忱！

《续神农本草经疏》解疑

郑金生

《中医图书联合目录》中著录了江苏明代名医缪仲淳所撰《续神农本草经疏》(12卷)，把它列在缪氏撰《神农本草经疏》(30卷)之后，并将二书撰年均定为1625年。

那么，缪氏确在一年之内写过2部本草吗？又，明代殷仲春《医藏目录》记载了缪氏《神农本草经疏》，却注明为12卷，而不是30卷。这就令人生疑:《续神农本草经疏》究竟是怎样的一部书？它和《神农本草经疏》关系如何？经检阅原书并加以稽考，此疑涣然冰释，愿公诸同志，以求教正。

该书确为12卷，前3卷为序例，后9卷为各论。它的书名前后紊乱：前3卷卷首题书名为《续神农本草经序例》，书口作《续神农本草经》；后9卷卷首题书名为《读神农本草经》，书口作《本草经疏》。不仅如此，书内后9卷更是杂乱不堪：药品部类名目与《证类本草》相同，但次序颠倒错乱；各部药品数字悬殊，如卷五草部论药32种，而玉石部、木部等只述药一二味，还有的部类名目下根本无药物条文。全书共收药126种，各药注疏体例也不统一。像这样编次失例的本草书实在少见，它会是出自一代名医缪希雍(仲淳)之手吗？

取《神农本草经疏》(30卷)与其对照，却又不得不承认书中内容确是缪氏所撰。12卷本的序例和126种药物的条文基本上都没有超出《神农本草经疏》的内容范围。可以说，所谓《续神农本草经疏》不过是《神农本草经疏》的一种节录本，并不是后一书的续作(二书详细对照不赘)。

那么，造成这种一书两貌的历史原因何在呢？先看看《续神农本草经疏》(姑沿用此误名)的校刻者朱汝贤氏所言。朱氏为西吴(今浙江湖州)人，他在天启二年(1622)《缪仲淳先生方药宜忌考》序中云:“予友仲淳氏……故为作疏阐经，续序例以书变……爰令儿子之黯订之梓。”这里所云“疏”，即《本草经疏》;“经”指《本经》。且朱氏和缪仲淳时相过从，他所得的缪氏书并非伪作。然而朱氏父子订梓的所谓《续神农本草经疏》(或作《读神农本草经疏》)为什么这样支离破碎、杂乱无章呢？缪仲淳本人是否知道该书的刊行？它的刊行年代是在《神农本草经疏》之前，还是之后，或者同时呢？

这些问题，可从《神农本草经疏》顾澄先的题词中窥知梗概："（缪仲淳）先生殚一生精力，发神圣千古之奥，以利万世。门人李季虬氏几经参录，悉以付新安吴康虞氏，刻之金陵，未竟而遗焉。流传于知交者，西吴朱氏集而刻之，不及其半。然且序次弗伦，考覆未审也。"有鉴于此，缪仲淳遂命弟子顾澄先检存稿若干卷，按部选类，重汇复校，以成《神农本草经疏》定本（30卷），初刊于天启五年（1625）。殷仲春《医藏目录》记载的《神农本草经疏》12卷即朱汝贤父子所刻（1622年刊），刻年早于30卷本。

至此，我们可以说，现存朱汝贤等集刻的12卷本《神农本草经疏》是缪仲淳所著。但因朱氏仅得该书流传在知交手中的零散传抄资料，在集刻时又未细加考覆，致使12卷本编次失例，连书名也互相矛盾，或作《续神农本草经》，或作《读神农本草经》。《中医图书联合目录》仅据书名有"续"字，误订其成书年为1625年，且置于30卷的《神农本草经疏》之后。按《神农本草经疏》成书于1622年之前，付梓于金陵，但原书遗失。朱汝贤集刻散在条文，是为12卷节录本。该书学术价值不大（已有30卷本存世），但可供校勘考核《本草经疏》时用，故仍有一定的文献价值。缪仲淳在12卷节本问世后，又检存稿，重校而成现在广为流传的30卷本《神农本草经疏》。因此，建议今后不用《续神农本草经疏》这一书名，以免误认为另一书。缪仲淳只写了《神农本草经疏》一书，只是由于若干原因形成了12卷节录本和30卷全书。

（原载于《江苏中医杂志》1987年第1期46页）

后记：我在执笔撰写《历代中药文献精华》一书时，承蒙中国中医科学院图书馆严康维老师的照顾，允予进书库按书架所排诸书，逐本查阅，省却了很多提书时间，同时也方便随时核对。此文乃一篇小文，解决的问题也很简单，即《续神农本草经疏》与《神农本草经疏》是什么关系。这类的问题，只要查找原书与旁证，不难解决。2002年，我在中医古籍出版社出版了《神农本草经疏》校注本，其中就得益于此书的考证。伊广谦学兄任该书的责任编辑，给予多方帮助，谨此致谢！

本草研究的概况与创新

郑金生

本草研究指对中国古代传统药物学进行的研究。这一研究在近百年中取得了长足的进展。在促进传统药物学与现代科学接轨方面，本草研究发挥了重要的作用。和其他学科一样，如果本草研究缺乏创新，就只能在低水平的重复中自生自灭。而创新将使这一研究始终保持勃勃生机。与中药其他研究不同，本草研究必须依托古代遗留下来的药学史料进行，故离不开故纸堆。这样的研究也能创新吗？当然能！温故而知新。本草研究中的创新，其成果与临床、实验研究有所不同，但判断创新的标准大抵相同：研究领域的扩展、方法的更新、角度的变换、深度的掘进、层次的提高、新史料的发掘、新理论新观点的提出，等等。只要以科学的态度进行研究，发前人之未发，都可以称得上创新。

一、本草文献研究

近百年来，我国在本草文献（尤其是本草专著）方面的研究成果斐然。这方面的首要进展是本草目录学研究。龙伯坚《现存本草书录》、尚志钧等《历代中药文献精华》，以及《全国中医图书联合目录》（最近该书经修订后更名为《中国中医古籍总目》）等书，基本上完成了中国本草专著的目录学调查。

其次是本草重点古籍的研究卓有成效。研究比较深入的有《神农本草经》《新修本草》《证类本草》《本草纲目》《本草品汇精要》《植物名实图考》等主要本草著作，其研究成果都已附着在已出版的各书之中。所谓“研究深入”，指对重点本草著作的成书、内容及版本都有过较系统的研究。中医常用的本草著作，如《汤液本草》《本草备要》《神农本草经疏》《本草蒙筌》等，均有校点本。近30年来，我国对本草文献的整理研究进展非常迅速。也有学者开始对过去一些研究较少的本草著作进行研究。例如，谢宗万、邬家林新编的《天宝本草新编》，朱晓光整理的《岭南本草古籍三种》（包括《南方草木状》《生草药性备要》《本草求原》），笔者整理的《南宋珍稀本草三种》（含《履巉岩本草》《绍兴本草》《宝庆本草折衷》）等书。《本草乘雅半偈》《本草汇言》《本草原始》等书也陆续出版了点校本。

在已有对本草专著的研究中，研究对象绝大多数为明代以前的本草著作，对宋代及其以前的本草著作研究得比较多。随着对宋代以前本草文献研究的深入，古本草辑佚工作取得了巨大成就。马继兴《神农本草经辑注》取得的成功，有益于厘清我国本草文献发展的源头。尚志钧先生在宋代以前诸多本草文献的辑佚整理方面做出了巨大的贡献。可以说，得益于本草学者的努力，南宋以前的多种亡佚本草文献已经有了辑佚本。2002年，中国文化研究会编纂出版了《中国本草全书》。该书卷帙浩大（410卷），影印了我国1911年以前几乎所有的药学文献，包括本草专著、医籍、地方志、农书、类书、佛书道藏中的本草资料及少数民族、域外的本草资料。正在整理的《中华大典·医药卫生典·药学分典》，也将古代本草文献的主要内容分类编纂。这些对本草文献的研究为当今发掘中药宝库铺垫了道路。

必须看到的是，在本草文献研究论文中，热衷于探讨其中的医药“成就”的论文越来越多，而原始创见却越来越少。在《本草纲目》的研究中，这样的现象尤其突出。辗转抄录、选题琐屑，把书中反映的历代医药成就全部不切实际地归于李时珍的现象非常严重。

坦率地说，研究本草著作的文献学内容（目录、版本、辑佚等）需要能够获取第一手资料的良好条件，并非人人都能涉足。加之国内现存本草专著的研究已经比较广泛，且有一定的深度，因此这方面的发展空间已经比较狭窄。围绕着几部重要本草专著，变着法子为之粉饰颂德，或反复讨论前人已有定论的内容，或纠缠一些目前条件不可能定论的议题（如《神农本草经》的成书年代），个人认为这难免会使本草文献研究平庸化。

当然，这并不是说本草文献的研究已经到头。事实上，近百年之间，我们还只不过是围绕着中国内地所存的汉文本草专著打转。即便如此，有些本草的研究还很肤浅，如《滇南本草》有多种传本，究竟哪一种能算是兰茂所处时代的代表作？传世的《绍兴本草》的众多抄本能否找到一个祖本？国内还有可能发现或出土新的本草专著，流散海外的本草著作也有不为我们所知者。最近从日本复制回归的《药性会元》《药性要略大全》等本草著作，以往并不为国内学者所熟知。原以为失传已久的墨西哥传教士石铎琭（石振铎）所著的《本草补》，也是最近才点校出版。2002年，万历年间手绘彩色本草图谱《补遗雷公炮制便览》重新浮现，成为我国的国宝……以上均说明本草文献的研究尚未完结。此外，非本草专著的医书，乃至非医书（如经史书、笔记小说等）中蕴藏着大量未被本草专著收录的药物资料，这些资料的调查、汇纂和整理，是本草文献研究者未来的用武之地。

在以往的本草文献研究中，存在着厚古薄今现象，对近代本草文献关注不足。少数民族药学文献至今罕有报道。和中国本草一脉相承的日本、朝鲜本草也很少有中国学者问津。因此，未来本草文献研究不应该故步自封，开拓新领域是创新的重要体现。

二、药物品种的本草考证

在药物品种的本草考证方面，20世纪取得的成就最为辉煌。在此以前，中外动物、植物、矿物分类学家根据我国古本草或民间沿袭的名称来确定其分类位置。尽管在这一过程中也包含着本草考证，但前辈并没有将其考订依据记录下来。20世纪上半叶，赵燏黄、钟观光、黄胜白等前辈学者把现代植物分类和中国本草知识结合起来，对本草药物进行考证，确定其分类学地位，开创了我国药物品种本草考证之先河。日本的冈西为人等本草学家也进行了这方面的工作，并授徒传道。前辈们筚路蓝缕，确定了本草中大量的药物名称。近50年来，围绕中药品种进行的研究和资源调查从来没有停止过，成果巨大。《中国药典》收录的中药，首先必须确定品种。众多的动植物志及《中药志》《药材学》《生药学》等书籍中，都融入了药物品种考订的成果。药学界前辈将现代分类知识与传统本草相结合，使中药品种考证工作不断深化，积淀了丰富的本草考证方法。20世纪下半叶，徐国钧、楼之岑、谢宗万等许多前辈为此付出了毕生的精力。除大量药物品种的本草考证论文之外，集中反映这方面成就的专著当数谢宗万先生的《中药材品种论述》。该书以中药混淆品种为研究对象，这一选题本身就具有创新性。中药混淆品种的产生是一种历史现象，若想正本清源，就需要作者既具备现代分类知识，又精通古代本草内容。谢宗万先生正是把植物分类、实地考察和传统本草考证相结合，在药物混淆品种本草考证方面独占鳌头。同类的著作还有台湾本草学家那琦的《本草学》和大陆本草学家陈重明、黄胜白的《本草学》等书。这些书都收载了许多药物品种的考订。"本草考证"已经成了一个专有词汇，意思是依托本草文献、运用现代知识对药物学某一内容进行的考证。许多具有创新意义的考证结果直接保证了中药用药品种的准确性。在本草考证的基础上，谢宗万先生又编撰了《中药品种理论与应用》等书，使本草研究由散在的经验变得有规律可循。"中药品种理论"新意十足，是在继承基础上发扬中药宝库的典范。

本文侧重介绍谢宗万先生在药物品种本草考证方面的业绩，并无忽视其他专家成就之意，只是想借用此成功之例，说明要想在本草研究中不断创新，必须注意结合多学科的知识，解决实际问题，并及时将实践经验进行归纳总结，为下一轮更深入的研究开辟道路。学术创新不能安于老套路，必须根据自身的特点，选择适合自己创新发展的道路。

但近些年来，药物品种的本草考证低水平重复的现象非常严重。在已经发表的文章中就可以发现许多品种是早已有人考证过的，重复劳动、结论雷同。现有中药品种考证集中在植物药，但动物、矿物方面的考证文章少之又少，这和本草文献记载的各类药物数量比例是不相称的。以矿物药为例，至今只有王嘉荫于1956年出版的《本草纲目的矿物史料》一种专著。

药物品种的本草考证需要有与药物基原考订相关的专业知识（如动物、植物、矿物分类，药材鉴别知识等）。也正因为如此，散布全国的具有这方面知识的人员都可以利用自身的知识和地利之便，补习一些本草文献查找方面的基础知识，结合实际工作中遇到的药物品种混淆的实际问题，开展本草考证。至于这方面的研究进展，除关注最新发表的论文之外，还要注意检索中药的基本工具书和本草品种考证的专著。如果连《中华本草》《现代中药学大辞典》《中药材品种论述》等书都不看，怎么能保证不重复前人已有的研究呢？

时至今日，常用药物混淆品种的本草考证基本上都已经有人做过研究了。除非有新的材料和新的见解，否则最好不要重复选题。对基层中药工作者来说，从事本草研究要注意扬长避短，先从生产实际中发现问题，再运用本草考证去解决问题。地区药物品种的本草考证大有作为。这是因为药物品种混淆是有地区特征的，有些地区药物品种混淆历史非常悠久。熟悉本地区用药品种特点，对从事本草考证有地利之便。云南药学工作者考订《滇南本草》药物基原的成功经验值得学习。我曾经见新疆药学工作者考证当地用的人参品种中，有古代的“押不芦”，这是很有意思的事情。元代“押不芦”作为麻醉药传入中国，被蒙上了一层浓厚的神奇色彩。不曾想在丝绸之路的沿途，至今还有应用此药的地方，但此药却被作为人参的混淆品。

一种药物的运用，有时可以沿袭千年。民间代代相传的用药习惯有时可能解决文献记载中的千年疑团。在古本草中，至今还有很多不明基原的药物。例如，宋代《本草图经》的上百种“外草木类”药物，有很多已成为历史悬案。有些历史上被认为很有疗效的药物，至今没有人考出其基原。例如坐拿草，从宋代到明代，医方中都有用者。《本草图经》说：“土人用治打扑所伤，兼壮筋骨、治风痹。江西此甚易得。后因人用之有效，今颇贵重。”此药有图，江西吉州、安徽滁州是其产地，疗效也很明确，应该说是比较容易考证的。但由于其图形的粗糙，至今未有能令人信服的考证成果。要解决这个问题，唯寄希望于该药产地的药学工作者。如能在民间开展深入的考访，寻找到名称、疗效和形态近似的药物，就可能解决这一疑难问题。

在古代本草书中，还有很多药物的基原有待考证。在《本草图经》《本草纲目拾遗》《生草药性备要》等书中，此类问题最多。在本草考证时，除本草专著之外，应该注意充分发挥地方志等乡土文献的作用。实地考察可以弥补文献记载的缺漏。此外，药物品种考证不是为考证而考证，这是一个与药物运用和生产紧密相关的问题。从生产实际发现问题，解决问题，就可以使研究工作充满生命力。从文献到文献，其选题必然枯燥而无实际意义，这样的研究难有新意。

三、药物炮制的本草考证

药物炮制是中药学很有中医特色的内容。数千年间，我国在中药炮制方面积累了丰富的经验。不同的药物、不同的用途、不同的时代、不同的地区，会有不同的药物炮制方法。处理这些纷繁的炮制法，使之既有效又经济地为中医用药服务，仅靠实验研究是不够的。逐药逐法地去验证古代中药炮制法的真伪优劣是不现实的。实验研究并不能解决药物炮制的所有问题。立足于古代本草文献，运用历史考证的方法，将有助于缕清历代炮制法的源流、种类及其运用，为现代发掘、验证合理的炮制法提供符合中医用药实际的文献依据。

20世纪50年代至70年代，药学人员很注意收集总结各地炮制经验，但对历史上的炮制经验关注不够。近三四十年来，药物炮制的本草研究才真正蓬勃地发展起来。在这一研究中，应该特别提一下王孝涛先生的业绩。王先生专攻炮制研究，他接受过现代药学研究的系统训练，又具备本草考证的深厚功力。20世纪80年代，他发表了有关酒制法、地黄炮制法等个案研究，其中丰富的史料和严谨的考证为此类研究提供了范本。更重要的是，经过近20年的努力，王先生与许多同仁编成了《历代中药炮制资料辑要》(1973年内部印行)。这是一项前无古人的工作。古代炮制专著很少，远不能反映历史上炮制发展的实际。这方面的大量资料散见于医方书中，汇集这些资料不啻沙里淘金。《历代中药炮制资料辑要》从167种古医方书中摘取药物炮制资料，按引书顺序排列，为此后药物炮制的本草考证提供了大量的素材。在此基础上，王孝涛等又以药物为单元，于1986年正式出版了《历代中药炮制法汇典》，使药物炮制的本草源流更加系统，本草考证在炮制研究中的地位从此得以稳固建立。在从事药物炮制实验研究之前，进行与选题有关的本草考证，已成为一定之规。

近一二十年以药物炮制法沿革为题的文章大量涌现，可是仔细核对其原始资料不难发现，很少能超出《历代中药炮制法汇典》的引书范围。罗列史料、缺乏分析是某些此类文章的通病。此风若长，必将使药物炮制的本草考证平庸化，成为毫无新意的文献堆砌。本草考证之所以被称为考证，不是简单地堆砌资料，而是从生产实际中发现问题，从古代本草资料中缕清其发展脉络，寻求历史原因，提出去粗取精、去伪存真的个人见解。这才算是真正的研究，否则，就会使人看轻了本草考证的意义和作用。

那么，是不是说有了《历代中药炮制法汇典》这类书籍之后，单味药或单一的炮制法就没有再进行本草考证的必要了呢？否！我反对依据他人已经汇集的资料，略加组织就当成自己的考证。但如果有更丰富的史料、更有说服力的依据，又能对古代本草炮制资料提出另辟蹊径的分析和新颖的见解，能为解决某些炮制生产实际问题提供参考，那另当别论。毋庸讳言的是，《历代中药炮制法汇典》所引用的古医书才167部，而现存的医方书至少也有4000部。可以断言，在《历代中药炮制法汇典》所引史料之外，还有大量的炮制资料未得到筛选和发掘。因此，还有更广泛地汇集搜寻古代药物炮制资料的必要。此外，分析炮制史料，需要现代科技知识，以及史学、社会学等多方面的知识，才会得出比较正确的结论。因此，炮制的本草考证不是没有发展空间，而是需要把研究推向更深、更高的层次。

另一个必须注意的问题是以往注重炮制的本草研究较多，而对同样具有极为丰富内容的中药传统制剂学的本草考证却显得非常稀少。须知中药的制剂不仅种类众多，而且至今沿用不替。中成药的发展是与药剂防腐技术进步紧密相关的，但这方面的发展规律至今缺乏系统深入的考察。已故药学史专家朱晟先生生前曾和我讨论过大蜜丸蜡壳密封技术是什么时候发明的，这个问题到现在还不是很清楚。朱先生遗著《中药简史》最近出版，其中提出了许多关于制剂的有趣话题。

中药制剂的研究涉及许多技术。例如，蒸馏技术的运用牵涉到蒸馏酒、花露等剂型的产生时代，这是国内外科技史家存有争议的问题。英国著名科技史家李约瑟坚持认为中国最早发明蒸馏技术，并认为中药里的秋石（性激素）制备等先进技术，曾在世界医药科技发展史上占有领先的地位。但在中国，对中药制剂的本草考证在冉小峰、朱晟先生故去后，还没有见到卓有成就的后继之人，亟盼有志于此的青年学者能继往开来，发掘整理中药制剂的精华，为当代中药发展服务。

四、本草研究的相关问题

以上所谈的是20世纪以来本草研究最多的三个方面：本草文献、药物品种、炮制方法。但是，它们是本草研究的全部内容吗？当然不是。药学中最为多见的其实是药物效用的问题，而这方面的本草研究实在太少。一味药物的功效形成，绝不是一句“经验所得”所能概括。几乎每朝每代都有自己的热门时髦药，这些药物在历史上走马灯似地“你刚唱罢我登台”。我在拙作《药林外史》中已经简略地提到中药药效变化的历史，但还未系统展开研究。

影响药物使用的种种用药思想，是中药学一个很重要的内容。高晓山先生等的《中药药性论》在本草研究的药性理论方面做了很有意义的工作，为以后更深入广泛地开展此类研究蹚出了一条道路。最近“中药药性理论继承与创新研究”被列为国家重点基础研究发展计划（“973”课题），其中古代药性成因是重要组成部分。可以预见，药物效用的浮沉隐现历史的研究，将会为当代药学发展提供非常有意义的借鉴。这方面的研究是广大临床医生可以大显身手的地方。药物发展过程中不仅存在品种混淆、同名异物的问题，同时也存在同物异位（药用部位）的问题。有些药物古今用药的部位是不相同的。笔者曾对龟甲（全甲）向龟板（下板）演变的历史进行了本草考证，结果证实李时珍所说“（龟甲）古者上下甲皆用之”是正确的。现代实验研究也支持龟上下甲可以同等入药，因此从1990年开始，《中国药典》将久已废弃的龟上甲重新作为药物，龟甲用药部位又恢复了历史真面目。类似这样的例子绝不只是龟甲一味，还有待更多的学者从用药实际出发，将药物同物异位的种类加以梳理研究。

在药物品种、炮制、效用、入药部位、用药分量等方面，同样尊崇《神农本草经》和张仲景用药的日本、朝鲜，有很多与中国不一样的地方。例如茵陈蒿，中国讲究的是“正月茵陈二月蒿，三月茵陈当柴烧”，即使用幼嫩的苗，而日本却使用结了果实的老蒿。是什么历史原因造成其中的许多差异呢？这就是中外用药比较的本草研究课题。尽管已有许多学者注意到这一现象，但系统深入的调查和考证尚未开展。

道地药材的研究也是本草考证的重要方面。近年来，这一研究受到了重视，被列为重大科研课题进行攻关，有关道地药材的专著也已出版。道地药材是在历史发展过程中形成的，既有经验的总结，也有社会因素的促成；既有原药材种属的差异，也有地区气候、土壤、水质等因素的不同。各道地药材产区的药学人员如果也能参与这一研究，利用地利之便，调查乡土史料、民间口传，可望使道地药材的研究更加深入。

药物的栽培驯养在我国已有非常悠久的历史，但这方面的本草研究以往不受人重视。可是，就笔者所知，栽培菌类植物茯苓至少在南宋便已经开始了，其方法与现代相差无几。此外，我国唐代就有驯麝取香的先例，北宋就开始淡水养珠，南宋就有人工牛黄……这些研究的意义不在于和外国人争发明权，而是有可能为当今中医药发展提供直接的启示。对人们熟知的浙八味、四大怀药等道地药材的栽培历史，应当下功夫梳理清楚，为保证当今药物质量发挥积极的作用。此外，中国犀牛灭绝的原因之一是中医将此物作药，并赋予其神奇的色彩。历史上被中医用作药物的某些动植物，乃至动物化石（如龙骨），已灭绝或行将遭到灭顶之灾。犀牛已从中国绝迹，老虎、羚羊、穿山甲、野生人参、某些稀有的龟都已岌岌乎危哉。现在我国政府已经注意到动植物保护的问题，但是如果有人能运用本草考证的方法，全面探讨已经灭绝或濒危动植物的药用历史，也许会引人深思。

与中药相关的研究更加繁多。历代药物的价格浮沉与哪些历史因素有关呢？本草中体现的历代各地民俗民风有哪些呢？儒、释、道对中药药理的影响表现在何处呢？如何用现代药物实验、临床验证、野外调查等方法，辅助从文献入手的本草考证呢……总之，如果拘守本草考证旧套路，只是在几个问题上转悠，道路就会越走越窄。

以上只是选择中药学涉及的部分内容来说明，本草研究还有许多领域是荒芜的。进入21世纪，我们没有理由再把它们撂荒。我认为，本草研究应该注意从厚古转向不薄今，加强近代本草的研究。中国本草研究不能拘泥于国内，还应该扩大到与中药有承继关系的异国（如日本、韩国等）本草。目前本草是以汉族本草为主，今后应该关注民族本草研究。本草研究也不是单一的传统本草文献研究，有必要进一步采用多种现代方法辅助研究。本草研究的视野应该更宽阔，应该从自然科学扩大到人文科学（如社会学、人类学、经济学、哲学等）；注意及时总结各方面本草研究的经验，使之上升到理论；壮大本草研究队伍，使更多不同学科和地区的同志共同切磋。本草研究不是少数专家的事，它需要多学科的人士共同参与，这样才能使本草宝库“横看成岭侧成峰，远近高低各不同”。因此，我呼吁热心于本草研究的同仁，扩大视野、开拓新路、勇于创新，使本草研究之树长绿常青。

（原载于《上海中医药大学学报》2008年第22卷第5期4–8页）

后记： 十几年后再看此文，其中许多我提到需要加强的地方，已经逐步取得研究成果，而且进展非常迅速。本草研究方面的新人、新法、新思想不断涌现，这是非常好的势头，但这并不意味着不再存在“创新”的空间。如何克服“内卷”，在新领域、新高度取得更多的成绩，仍然需要我们共同努力，所以我将该文收入本《文选》。

药史药物研究

中药早期药理考略

郑金生

一、引言

中国传统医药学有一整套理论体系，中药药理为其中重要组成部分之一。“药理”一词，或以为源于西医，其实这是地道的中医固有名词。南梁陶弘景早就提到“药理既昧，所以不效，人多轻之”①，可知药理在南北朝时就已很受医家的重视。中药药理的源头可以上溯到巫、医混同的上古时代。秦汉之际的《神农本草经》已将药物的性味良毒、反恶畏忌等作为本草的重要理论原则。但中药药理体系的构建，已晚至宋金元时期。其时宋徽宗赵佶《圣济经》(1118)设《药理篇》，这是中药最早的药理专论。该篇于本草的性味良毒说之外，又从药物的性、用、所生等方面概括了用药之理：

“有因其性而为用者，有因其用而为使者，有因其所胜而为制者，其类不同，然通之皆有权，用之皆有法也。”②

赵佶所说的“因性而为用”，指的是“蝉吸风，用以治风；虻饮血，用以治血”之类；“因用而为使”，指的是“弩牙速产，以机发而不括也；杵糠下噎，以杵筑而下也”。而所谓“因其所胜而为制”，说的是“鸬鹚制鱼，以之下鲠；鹰制狐，以之祛魅”之类。显然，这些内容不同于《神农本草经》卷前的性味良毒理论。《黄帝内经素问·示从容论篇》载曰：“夫圣人治病，循法守度，援物比类。”③赵佶所说，正属于“援物比类”在探求中药药理中的具体应用。

北宋末期，中药药理被综括为两大内容，分别以“性味”和“法象”为代表。当时医

---

① 陶弘景．本草经序例［M］// 唐慎微．重修政和经史证类备用本草．北京：人民卫生出版社，1957：73.

② 赵佶．圣济经：卷九［M］．北京：人民卫生出版社，1990：159.

③ 王冰．黄帝内经素问：示从容篇第七六［M］．北京：人民卫生出版社，1963：552.

家们对此二者的折中看法是：

“玄牝赋形，形色法象者，固不可以不究；达士论药，药物气味者，尤不可以不明。审其性用而但取夫材之良，纪其功效而勿拘于物之合。然后权通而意使，致用而协宜，斯为医道之渊微，达药理之要妙也。

“形色既具，博物者必究其原；性味既存，用药者必达其理。则法象之本，功效之著，因是而两尽之矣。”①

然而“法象”和“性味”药理来源于两个不同的层面。性味基于药物的内在性质，如辛甘酸苦咸、寒热温凉等，法象则着眼于药物的外部特征（形色质地、属性生成）等。药物的内在性质可通过感官或临床用药实践得到验证，而药物的外部特征则可因援物比类的思维联想而被赋予某些特殊意义，更多地反映不同时代的文化特征。一般说来，性味药理说主要属于经验药理，而法象药理说多数属于文化药理。中药经验药理和文化药理的内容在其发生发展的过程中互相渗透交融。至金元时期，性味和法象被糅合为一体。

金代刘完素《素问病机·药略》首次归纳了以药物的形、色、性、味、体五大要素为主干的药理体系建构（见专影）。张元素《珍珠囊》又提出“药象阴阳”的药理模式，将药物与时、卦、季节相联系，并建立药物归经体系。李东垣《用药心法》明确地表示他采用“述类象形”的方法，归纳“用药根梢身例”②，将药物之法象与人体紧密结合。中药药理体系至此大备。明末贾所学《药品化义》仿字母、等韵、音律，创“药母”说，以药物的体、色、气、味、形、性、能、力等8个“药母”归纳药理，但其实质内容并未能脱出金元药理体系之窠臼。药物外形及其肖似不仅成为推导药物作用的理论依据，同时也被药商作为决定药物价格的条件。旧时人参“武形”贵于“文形”，何首乌肖人形者视为珍宝，皆凭药物的外形。这一特点与现代西药有明显区别。

后世医家多沿袭宋金元时所构建的药理体系，而对此前的中药药理内容（尤其是涉及文化者）知之甚少。现代学者对源自临床用药经验的药理学说（如四气五味、升降浮沉、归经良毒、反畏恶忌等）所进行的研究（包括实验研究）已经相当之多，但很少有人重视对中医用药产生潜移默化作用的中药文化药理内容，并借此探索社会文化和中药药理之间的互动关系。

属于文化层面的中药药理涉及古代哲学、社会学、民俗学、文化人类学等许多学科。古代的巫、道、儒、释也对中医用药产生过或多或少的影响。因此，即便是探讨宋金元以前的早期中药药理内容，也是一个很大的课题。本文不可能对中药早期药理做系统探索，仅取其中若干鳞爪略加考证，以窥早期中药药理之一斑。

---

① 太医局．太医局诸科程文［M］．当归草堂医学丛书本．1878（光绪四年）：12.

② 王好古．汤液本草［M］．北京：人民卫生出版社，1987：34.

二、万物有灵的巫医用药观

“药食同源”是流行最广的中药起源说。但只要查阅一下先秦医药史料，就不难发现，很多早期的药物是不能通过直接经验发现其效的。例如马王堆出土的古医书中有许多金石类（如铜、水银、云母等）、器物类（如女子布、死者裰等）、人部（如死人头、死人胻骨等）药。这些无法服用的东西被当作药物，只能从直接经验之外的因素去寻求某些解释。

在上古巫、医混同的医学发展初期，巫医已经使用了众多的“药物”。现代的药史书籍几乎都把《山海经》作为最早记载药物的文献之一，然而《山海经》盖古之巫书[①]，其中经常提到巫师名称及巫法，因此该书的药物一般属于“巫药”。这些巫药多数为传说中的奇鱼、怪兽、异草，虚无缥缈，难得其真，故后世本草实际上无法采录。此外，其时巫药虽也用来防治某些疾病，却常兼具某些非医用效力（如御火、御水、御兵、御凶、不迷、不溺、不骄、不妒、不畏雷、媚于人、走马等）。再者，巫药不一定非要经过内服或外敷直接进入人体，据载凭借其超距离的感应也能发挥神奇的作用，这就构成了巫药通灵的特征。

巫药的形成现已很难明了其全部的原委，但可以肯定的是，援物比类、述类象形的基本思维原则也是巫药产生和说理的重要方面之一。例如《山海经》中的沙棠，据说“可以御水，食之使不溺”[②]。郭璞注:“言体浮轻也。沙棠为木，不可得沉。”从沙棠木本身的浮轻，比类推想食用后可使人不沉于水，虽然这并不是医疗的内容，但仍可以说是后世法象药理的嚆矢。同样的例子还有“类”和“䔄草”。《山海经·南山经》载:“有兽焉，其状如狸而有髦，其名曰类，自为牡牝，食之不妒。”[③]这种雌雄同体的兽当然谈不上有异性妒忌的问题。援此推及于人，故有食之人不妒之说。又据说䔄草是帝女死后所化，美女化生的草，故被联想为可“服之媚于人”[④]。

巫药是中药产生和发展的源头之一。其影响所及，不仅渗透到后来与巫术分道扬镳的医术，同时也有些衍化为民间的风俗。江绍原在《发须爪：关于它们的风俗》一书中的研究，充分展示了源远流长的巫药对医药的影响以及被衍化为民俗的广阔画面（兹不重复引用）。在江先生《发须爪：关于它们的风俗》成书后，地不爱宝，若干汉代医书陆续出土。东瀛丹波康赖千余年前撰成的《医心方》等书也因得到影印而广为流传。这些医药书去古

---

① 袁珂．山海经全译［M］．贵阳：贵州人民出版社，1991：6. 此处引鲁迅《中国小说史略》之语，并称赞“这的确是一个目光犀利的学术论断，道出了此书的内容实质”。

② 同①，第38页。

③ 同①，第2页。

④ 同①，第142页。

未远，故从中常可以看到巫医用药的残余。其中马王堆汉墓出土的帛书《五十二病方》中载有巫医治疝法：用具有除杀鬼魅的桃枝东向者制成弓，以射颓疝[①]；或用女子布(月经布)烧灰，女子未嫁丈夫者布(处女月经布)清水服，治疗蛊病[②]；等等。《医心方》中集录了许多六朝隋唐以前的古方，其时巫医仍有一定的市场。该书所收载的美色方(桃花为常用之药)、相爱方(用妇人头发、鸳鸯心等)、求富方、避水火方、避兵刃方等，与《山海经》中的巫医用药具有共同的特点[③]。

即便在当今熟知的汉代及其以前的经典医著中，我们也能发现某些巫医用药的残余。例如《素问·缪刺篇》治尸厥方“鬄其左角之髮一寸，燔治，以美酒一杯。不能饮者灌之，立已”[④]，历代注家对此方解释不一，但无人敢说这是一个巫药方。不过只要看过江绍原《发须爪：关于它们的风俗》一书者，都能轻而易举地辨识出其中的方士气。头发在《神农本草经》中记载有“仍自还神化”[⑤]的功效，因此，在巫术看来，头发完全具有促使精或神气返回人体内部的魔力。江绍原氏通过整理大量的资料，揭示了古代用药的一种规律：“用发须，用爪甲，甚至于用阴毛，用洗阴水，以及用中衣来作药物，乃是一个体系的思想。”[⑥]在巫、医混同的时代，这些人身之物被视为最神妙、最有生命和精力的东西，可用于治疗一般药物无法治疗的疾病。在后世尊为医圣的汉代张仲景的医方中，也不免留有巫药的残余，这就是他用来治疗伤寒阴阳易病的“烧裩散”，其方“取妇人中裩近隐处，剪，烧灰以水和服方寸匕，日三服，小便即利，阴头微肿则愈。妇人病，取男人裩裆烧灰”。[⑦]伤寒阴阳易据说是在“患时行病起后合阴阳，便即相着，甚于本病”[⑧]。这种由不适当性交引起的疾病，按交感巫术的用药观念，只能用与性器相关的东西进行治疗。张仲景本人决非巫医，他的医方被视为后世群方之祖。但张氏还是收录了烧裩散，这只能说明当时有关此类人身相关之物的使用方法已是司空见惯，并渗透于医学之中，医家亦不以为怪。女子月经布和男女内裤近隐处，皆为污秽之物，后来的道家炼丹合药都必须避忌月经在身的妇女，以其“坏神气也”[⑨]。也正因为其污秽，巫术中常用此来对付某些被认为是鬼祟引起的疾病。

---

① 马继兴．马王堆古医书考释［M］．长沙：湖南科学技术出版社，1992：494.

② 同①，第634页。

③ 丹波康赖．医心方：卷二六［M］．北京：人民卫生出版社，1955：593.

④ 见王冰《黄帝内经素问·示从容篇第七六》，第239页。

⑤ 唐慎微．重修政和经史证类备用本草：卷一五［M］．北京：人民卫生出版社，1957：363.

⑥ 江绍原．发须爪：关于它们的风俗［M］．上海：上海文艺出版社，1987：21.

⑦ 张仲景．伤寒论［M］．上海：上海科学技术出版社，1983：91.

⑧ 同⑤，第363页。

⑨ 同⑤，第363页。

在巫术用药思想中，人死之后的骨骼、天灵盖以及各种遗物，都可以用来治疗与鬼气相关的疾病。此类医方也大量见于唐代以前的医方之中。《五十二病方》中的死者裰、死人头、死人胻骨等，皆属此类。唐代《本草拾遗》在“死人枕及席”一药下记载南齐名医徐嗣伯用此物治疗尸疰、石蛔、眼痛见鬼物三例由鬼气引起的疾病。有人问徐氏“三病不同，皆用死人枕而俱差，何也?”徐氏解释说：

“尸疰者，鬼气也。伏而未起，故令人沉滞。得死人枕治之，魂气飞越，不复附体，故尸疰自差。石蛔者，医疗既癖。蛔虫转坚，世间药不能遣，所以须鬼物驰之，然后乃散，故令煮死人枕服。夫邪气入肝，故使眼痛而见魍魉，须邪物以钩之，故用死人枕之气，因不去之，故令埋于冢间也。”①

徐氏的这番解释，把巫药用药的“道理”解释得很透彻，即用邪物或鬼物驱鬼气，钩邪气，发挥世间俗药所没有的功效，这就是巫医用药阴阳无界，“万物有灵”之一端。从现有史料来看，巫、医混同时期的药物，源于医疗经验者少，大多受巫文化的影响。巫术蒙昧的观念就是认为“万物有灵”，即人与外物之间存在着超距离的交感作用。弗雷泽把这种交感巫术思维原则归纳为顺势巫术（相似律）和接触巫术（接触律）②。其中相似律乃根据人与物的“相似”而建立某种联想。中国古代的“援物比类”“述类象形”的思维方式，与弗雷泽所说的“相似律”有共同之处，它们都是援引物体的同类特征或外形表象上的某些相似进行比类。

在自古以来中国传统的天人相应世界观的遮蔽下，运用“援物比类”“述类象形”思维去演绎推寻药物产生作用的机理是顺理成章的。巫医用药虽也用援物比类说理，但其特殊之点是其用药目的，并不仅仅着眼于疗效，而是追求人们在社会生活中趋利避害（如水、火、凶等）各方面的“灵验”，但后者已非关乎疾病，而兼及人事。故巫医用药之理，在于其企图沟通万物之间的灵性，而不在乎药物是否进入人体或作用于疾病。尽管巫药的医疗实用性无可称道，但其基于“万物有灵”因而互相感应的原始思维方式，促使初民能超越口尝身试寻求药物的经验方式，探索经验之外的药物种类。从这一点来说，巫医用药的原始思维仍具有某种积极意义。

三、炼饵服石中的假外固内说

在中国汉魏六朝乃至隋唐间，炼饵服石之风甚盛，绵延近千年，为祸甚烈。这是由道家、俗家掀起的用药歪风，为这股歪风张目的是所谓的“假外固内”说。

---

① 见唐慎微《重修政和经史证类备用本草》，第363页。

② 詹·乔·弗雷泽. 金枝［M］. 北京：中国民间文艺出版社，1987：21.

道家追求的目标是神仙不死，即所谓“老而不衰，延年久寿”(《抱朴子·对俗》)[①]，为此发明了种种延年益寿的方法。炼饵服药是其一端。记载道家不老神仙术的一类书籍通称“仙经”，其中收录了大量炼丹服药法。由于道家用药的根本目的不是为了治病，而是着眼于长生，因此其药物种类、用法及制备方法，都与俗家方有较大的不同。南朝梁陶弘景在《本草经集注》中对此介绍最详，并经常指明“仙经”用药与“俗方”用药的差异。

据陶氏所载，有些医家很少应用的药物，仅“仙经”有载，如白青，“医方不复用，市人亦无卖者，惟仙经三十六水方中时有须处”[②]。而另一些药正相反，俗方多用，“仙经”反倒不以为然。如石膏为医家常用药，而“仙经不须此”[③]；枳实“俗方多用，道家不须”[④]。还有不少药物虽仙、俗皆用，但目的各异，如车前，俗方取其菜“疗泄精甚验”，而“仙经”用其子服饵，“令人身轻，能跳越岸谷，不老而长生也”[⑤]。诸如此类的记载甚多，兹不赘举。必须指出的是，陶氏所谓的俗方，是指道家之外的医药文献。使用这些俗方者，既有一般的医家，也包括魏晋六朝热衷服用石药的一批人士。如陶氏曰石钟乳，“仙经用之少，而俗方所重”[⑥]。这里的俗方，指的就是当时充斥医书的服石之方(下文还将论及)。

造成仙经、俗方用药差异如此显著的根本原因是两者用药目的迥异。以金属为例，“仙经以酰、蜜，及猪肪、牡荆、酒辈，炼饵柔软，服之神仙”，但“医方都无用者，当是虑其有毒故也”[⑦]。由于今存《本草经》将仙经、医方的用药糅合成一体，致使后世有时很难看清某些药物或药效的来源，甚至误将道家用药当成医家的医疗实践所得。直到现代，很多人还是把道家、医家的用药混为一谈。但是，仙经、俗方用药虽仙俗殊途，但其理则近似。对此，陶弘景论曰：“道经仙方，服食断谷，延年却老，乃至飞丹炼石之奇，云腾羽化之妙，莫不以药道为先。用药之理，一同本草。”[⑧]道家的用药之理与医家本草相同之处，在于其考求药理的某些思维方式是一样的。

道家追求长生不老的途径很多，在服药长生方面，主要是通过服用烧炼过的丹药和某些天然药物。考察道家所用药物的机理，可知其中很重要的说理方式之一即取类比象，依托于药物的法象形质。

葛洪《抱朴子》集中反映了当时的道家思想，该书《仙药》篇列举的长生之药有数十

① 葛洪．抱朴子：内篇：卷三：对俗［M］．上海：上海古籍出版社，1990：18.

② 见唐慎微《重修政和经史证类备用本草》，第94页。

③ 同②，第108页。

④ 同②，第323页。

⑤ 同②，第159页。

⑥ 同②，第83页。

⑦ 同②，第109页。

⑧ 同②，第33页。

种，金石类的药物被誉为首要者，如丹砂、黄金、白银、诸芝、五玉、云母之类。葛洪笃信药物可以令人长生，其依据是："金玉在九窍，则在人为之不朽：盐卤沾于肌髓，则脯腊为之不烂，况于宜身益命之物，纳之于己，何怪其令人长生乎？"[①] 他援引汉代用金玉塞九窍使尸身不朽，以及用盐卤制作脯腊而使之不烂的事例，来比类说明将某些"宜身益命"之异物吃进身体可使人长生的观点。

在这些宜身益命之物中，葛氏（或曰道家）独重金石而轻草木。其理由是："草木之药，埋之即腐，煮之即烂，烧之即焦，不能自生，何能生人乎？"[②]而云母之类的"仙药"则不同："他物埋之即朽，烧之即焦，而五云以内猛火中，经时终不燃，埋之永不腐败，故能令人长生也。"[③] 丹砂、金丹之类仙药的长生之理亦然："凡草木烧之即烬，而丹砂烧之成水银，积变又还成丹砂，其去草木亦远矣，故能令人长生""金丹之为物，烧之愈久，变化愈妙。黄金入火，百炼不消。埋之，毕天不朽。服此二药，炼人身体，故能令人不老不死，此盖假求于外以自坚固。"[④]

从这些记载中，我们可清晰地了解到，道家服药以求长生的理论就是借用不朽的外物，以造就不朽的人体。用葛洪原话来说，即"假求外物以自坚固"。"服金者寿如金，服玉者寿如玉。"（《抱朴子》引《玉经》）在这种道家援物比类药物思想的指导下，术士们在如何销炼金石、制作金丹方面前仆后继，乐此不疲，企望将这些外物送进人体，经人体吸收，自我坚固，不老不死。这一努力持续了上千年，结果留下了众多包含宝贵化学实验记录的炼丹文献和因服食金丹殒命者的累累荒冢。由于《神农本草经》等早期本草书的成书时代正好处于道家炼丹服饵盛行之时，整理本草者又多为道家（如陶弘景之辈），因此，在《神农本草经》中，道家追求的"轻身益气，不老延年"之药被奉为上品。该书120种上品药中，留下了诸如"通神明不老""轻身神仙""耐寒暑，不饥渴，不老神仙""长年""增寿"之类的药效。然而这些药理药效的记载并非源于直接经验，而是产生于道家文化的土壤中。

几乎与道家炼丹服食同一时期，社会上出现了服用石药之风。服石之说，以及服石之方，在汉代及其以前已有之。但形成风气，一般认为始于魏晋，此后风靡数百年。与销金化玉、饵丹砂、吞云母等神仙家以求长生不死的方法相比，服石的目的似乎更现实，而服石之人也多为"俗家"。秦承祖认为，此类药"虽未能腾云飞骨，练筋易髓，至于辅生养

---

① 见葛洪《抱朴子·内篇》，第20页。

② 同①，第25页。

③ 同①，第25页。

④ 同①，第81页。

寿，无所与让”[①]。可见服石非为成仙，实为养生。“食石者，肥泽不老”(《养性延命录》引《神农经》)[②]，其本意在于强身益寿。服石形成热潮，魏国尚书何晏为始作俑者。晋时皇甫谧曰：“近世尚书何晏，耽声好色，始服此药，心加开朗，体力转强，京师翕然，传以相授。历岁之困，皆不终朝而愈，众人喜于近利，未睹后患。晏死之后，服者弥繁，于时不辍。”[③]因耽声好色而服石的何晏声称服石有神明开朗，兼具强身治病的功效后，仿效者络绎不绝，以至于在魏晋时期形成时髦的风气。

据余嘉锡的考证，服石方“五石散”由赤石脂、白石脂、紫石脂、钟乳石、硫黄等药组成。按当时的服石法，服用这些石药后应该尽量多运动（“宜烦劳”），就是体虚卧床的人也要扶起来行走，谓之“行散”。石药性热，故服用时宜“寒衣、寒饮、寒食、寒卧、极寒益善”，故此类石药方又名“寒食散”[④]。服石之人，常产生一种亢奋狂躁感，或裸卧冰雪而不觉寒，或登高而歌，翻墙过户，做出种种浪荡不羁的举动。魏晋间服石成风，见怪不怪，以上诸多反常之举反而被视为名士风度。有关服寒食散的由来、故事、药品组成，以及由此引起的疾病，余嘉锡先生已有考证在先[⑤]，毋庸赘述。本文仅略考石药用药的理论，借此探究石药何以能吸引众人敢于以身试石。

隋时巢元方《诸病源候论》记载：“石之为体，体冷性热”“其精华之气，则合五行，乃益五脏。其滓秽便同灰土也”[⑥]。即古人相信石药的精华之气在体内发作，会产生“攻热消疾”的作用，这就是服石之人不以发热狂躁为异的缘故。所谓石药，也不是任意一种石头，是特指的几种石药。其中最主要的是钟乳石（或名石钟乳，简称“乳”），《耆婆方》有“诸长生补益之中，不过乳也”[⑦]之说。钟乳石是石灰岩地区溶洞中常见的一种碳酸钙淀积物，富含碳酸钙的水白浊如乳，当其顺山洞之顶下滴时，因水分蒸发和二氧化碳的逸出，水中的碳酸钙积淀而成倒悬的钟乳状石柱。三国时的《吴普本草》已记载其形成过程，云其“聚溜汁所成，如乳汁，黄白色，空中相通”[⑧]。李时珍释其名曰：“石之津气，钟聚成乳，滴溜成石，故名石钟乳。”[⑨]又或谓“名之为乳，以其状人之乳也”。石钟乳随产地、形态的不同又有数种，而以石乳为上。据说“石乳者，以其山洞纯石，以石津相滋，

---

① 见丹波康赖《医心方·卷一九》，第425页。
② 陶弘景．养性延命录［M］// ［明］正统道藏：18册：475.
③ 巢元方．诸病源候论：卷六［M］．北京：人民卫生出版社，1955：33.
④ 同③，第34页。
⑤ 余嘉锡．余嘉锡论学杂著：上册［M］．北京：中华书局，1963：181-226.
⑥ 同③，第33页。
⑦ 同①，第424页。
⑧ 李昉．太平御览：卷九八七［M］．中华书局，1960：4369.
⑨ 李时珍．本草纲目［M］．北京：人民卫生出版社，1982：562.

阴阳交备，蝉翼纹成，谓为石乳”。[①]《拯要方》认为：“夫钟乳，此石之精膏也。不与土石染，独生石室，宜神丹为地。”[②]即把钟乳看成石中津气精膏凝聚而成，是石之精髓，服用丹药须用它来垫底。以石之精髓，与人体的精髓同类相生，故本草书载其“补髓添精”[③]。不仅如此，乳石的外观形色被认为与其质量和疗效有关。唐代柳宗元著名的“与崔连州论石钟乳书”，谓其中“由其精密而出者，则油然而清，炯然而辉，其窍滑以夷，其肌廉以微，食之使人荣华温柔，其气宣流，生胃通肠，寿考康宁”[④]。可知晶莹油滑的上等钟乳被认为可使人体产生同样交感效应。钟乳中空的特性，按述类象形的思维原则，又可使人胃肠宣通。相反，外观粗劣的钟乳石不仅无益，反而变生诸疾。故柳宗元认为：“君子慎取色之美。”[⑤]唐代著名文人可以兴致盎然地对钟乳石展开讨论，可以想见，其时人们对它的情有独钟。钟乳石之所以被魏晋至隋唐间人认为是重要的补养药，其理论之依据莫不凭借此物的外形和生成。其中尤为关键之处，是从“乳”字推广而来。人赖母乳以生，钟乳为石之精髓膏液，故以石之乳来补益人体，按早期药物援物比类法则，可谓顺理成章。不仅如此，古人认为如果吃了食用过钟乳石的其他生物，也同样可取得补养之效。唐代孟诜《食疗本草》记载一种嘉鱼，因“常于崖石下孔中吃乳石末”[⑥]，所以也被认为大有补益，甚至认为此鱼比钟乳石效果还好。

其他用于服石的石药虽不如钟乳石影响大，但也各有诱惑世人的形色特性。如后世火药中的主要成分硫黄，被认为是“太阳之精，鬼焰居焉”[⑦]。《太清服炼灵砂法》称其“纯阳火之精气而结成，质性通流，含其猛毒，药品之中，号为将军。能破邪归正，返滞还清，挺立阳精，消阴化魂”[⑧]。该药在先秦未见有被用作服食药品的记载，至魏晋服石之风大起，才因其为火中之精的特性，成为石药中的主将之一。石药中的另一主将是石英，因颜色不同又有白石英、紫石英等之分。石英的特性是晶莹明澈而有光，故《神农本草》载白石英“久服轻身长年”、紫石英“久服温中，轻身延年”。在服石的专著《乳石论》中，“以乳石为乳，以白石英为石”，“乳者阳中之阴，石者阴中之阳”[⑨]，互为搭档。无独有偶，食钟乳的有嘉鱼，而食石英的有英鸡。唐代陈藏器《本草拾遗》载此英鸡生长在有石英处，“常

---

① 见唐慎微《重修政和经史证类备用本草》，第94页。
② 见丹波康赖《医心方·卷一九》，第443页。
③ 同①，第83页。
④ 同①，第83页。
⑤ 同①，第83页。
⑥ 同①，第435页。
⑦ 同①，第103页。
⑧ 同①，第103页。
⑨ 同①，第92页。

食碎石英，体热无毛，飞翔不远。人食之，取其（石）英之功也”。唐代好服石英的人进而“以末石英饲鸡，取其卵而食，则不如英鸡”[①]。这种间接的服石法对那些惧怕石药之毒，又期盼石药之效的人来说，确是一个安全有效的办法。后世经常用具有补养作用的饲料喂养禽畜，恐怕皆源于此。

综上所述，服石养生的目的不像道家炼丹求长生那样虚无缥缈，不可企及。但在选择服用药品方面，它仍然依据的是援物比象的联想。石药并非没有治疗作用，但其也会因在人体内积累而使人中毒。用得合宜，可以治病，故至今这些石药仍然为中医所用，但若作为常服的补养药，则必然会引起祸害。依据石药外观推导出来的补养作用最终被医疗实践证实是不确切的。魏晋至隋唐间数百年，深受石药之害者不可胜数，以至于服石引起的危害成为当时医疗上的前沿问题。隋巢元方《诸病源候论》卷六“解散病诸候”，日本丹波康赖《医心方》卷一九、卷二〇等，均谈的是服石引起的疾病及其救治法。唐代孙思邈指出：“有进饵者，无不发背解体而取颠覆。余自有识性已来，亲见朝野仕人，遭者不一。所以宁食野葛，不服五石。明其大大猛毒，不可不慎也。有识者遇此方，即须焚之，勿久留也。”[②]医疗经验给予取类比象药理又一次沉重的打击。服石和服丹药一样，总想借自然界的金石药物坚固自身，结果却酿成医学史上惨痛的教训。

四、食物形色与禁忌间的联想

具有某些美妙形色和坚硬质地的金石药曾诱使古人梦想有像它们一样的不朽之躯，结果却事与愿违。那么，古代在饮食方面是否也用援物比象的思维方式去注重它们的法象外观呢？在古代同样的文化背景下，这是不言而喻的，只不过是表现形式不一样而已。

早在《汉书·艺文志》中，就已著录了《神农黄帝食禁》7卷。该书见载于史志的时间比《神农本草经》还要早，足见古人对饮食避忌的重视。神农尝百草，一日遇七十毒的古老传说，反映了初民寻求饮食或药物的艰苦过程。药食同源，在直接口尝身试的经验之后，许多食物也成为本草的必要组成部分。“用之充饥则谓之食，以其疗病则谓之药”[③]，食、药两用之品（如姜、葱、酒、醋之类）在古本草中比比皆是。应该说，中药这些内容大多为实际经验，而较少虚妄的想象。

但在饮食禁忌中，各种意想不到的中毒（包括食物本身的毒性以及不洁引起的毒害）宛如风声鹤唳，使得古人疑神疑鬼。尤其使古人感到困惑的是某些本来无毒的食物，在某

---

① 见唐慎微《重修政和经史证类备用本草》，第407页。

② 孙思邈．备急千金要方：卷二四［M］．北京：人民卫生出版社，1955：433.

③ 同②，第433页。

些情况下却变得有毒，让人防不胜防。于是，各种关于食禁的记载应运而生。汉末张仲景《金匮要略》、唐代孙思邈《千金要方》(也称《备急千金要方》《千金方》)、日本丹波康赖《医心方》等书中，连篇累牍地记载了大量的早期饮食禁忌内容。以《医心方》卷二九所载为例，就有四时食禁，月食禁、日食禁、夜食禁、饱食禁、醉酒禁、饮水禁、合食禁、诸兽禁、诸鸟禁、诸鱼禁、诸果禁、诸菜禁等，从各个角度去总结饮食的禁忌。

辨别动物在异常情况下不可食的早期记载可见于《周礼·天官冢宰》：

“内饔……辨腥、臊、膻、香之不可食者：牛夜鸣则庮，羊泠毳而毛膻，犬赤股而躁臊；鸟皫而沙鸣。狸、豕盲视而交睫腥，马黑脊而般臂蝼。”[①]

以上是通过动物出现不正常现象来判断可食与否。在古人看来，凡无毒之物，若出现异常现象则可能有毒。这些思想当然也有一定的实践基础。例如《神农黄帝食禁》载“一切禽兽，自死无伤处，不可食”“凡六畜五脏，着草自动摇，及得咸、酢不变色；又堕地不污，又与犬，犬不食者皆有毒”，又“乌牛自死北首者，食其肉害人”，等等[②]。类似的论说在食禁一类的书中既多且繁，难以尽述。就连孔子对食物也有“色恶，不食；臭恶，不食”等种种戒律。从食品卫生的角度来看，这些论说确有一定的合理成分。但古人推而广之，以至于形成了一种“异形恐惧”的心理，从而把某些外形异常、色泽异常的食物，也视为有害。《神农黄帝食禁》中所载的诸多禁忌就有：

“白羊黑头：食其脑。作肠痈。”“白马玄头，食其脑，令人癫。”“野猪青蹄不可食，及兽赤足者不可食。”“鸡具五色者，食其肉必狂。若有六指四距，玄鸡白头，家鸡及野鸡、乌生子有文八字，鸡及野鸟死不伸足爪，此种食之害人。”“鱼白目不可食之。鱼有角食之发心惊，害人。鱼无肠胆，食之三年，丈夫阴痿不起，妇人绝孕。鱼身有黑点不可食。鱼目赤，作脍食，成瘕病……”[③]

类似这样的饮食禁忌代代相传，不断积累增多。人们对这些记载抱着宁可信其有，不可信其无的态度，很少有人指出其中的不合理性。其实上述异常物中包括了许多先天变异或畸形的情况，这和毒性并没有必然的联系。

植物类食物的禁忌也不少，凡“异形”者皆在可避忌范围。其中对后世中医用药影响最大的莫过于杏仁、蜀椒等药。杏仁、蜀椒其实也可以算作食物。《名医别录》载：“杏核人(仁)……其两人(仁)者杀人，可以毒狗。”[④]杏仁(药用多为苦杏仁)的确具有一定的毒性，苦杏仁可以毒狗亦非虚语。这是因为苦杏仁中含有苦杏仁苷，此苷受酶作用后，可产生氢

① 周礼：天官冢宰：卷一［M］// 四部丛刊初编．上海：商务印书馆，1929：18.

② 见孙思邈《备急千金要方·卷二四》，第471–475页。

③ 同②。

④ 见唐慎微《重修政和经史证类备用本草》，第474页。

氰酸等物质，微量氢氰酸可轻度抑制呼吸中枢，表现出镇咳平喘作用的药效成分。但如果过量服用苦杏仁，其在体内分解出大量的氢氰酸，又可导致中毒乃至死亡。这种毒性与杏仁用量大小有关，若经炮制、煎煮，其毒性则可减弱或消除。总之，其毒性和杏仁是否是双仁并无直接关系。然而古人无法得知杏仁产生毒性的真正原因，在早期应用此药时，又尚未掌握减毒的方法，因此杏仁外形的异常就成为禁忌目标。因《名医别录》属中医早期经典著作，具有一定的权威性，故后世医家每每深信不疑，甚至为其圆说。如元代李鹏飞认为："桃、杏花本五出，而六出者必双仁。能杀人者，失常故也。"[①] 明代李时珍也同意此说，认为双仁"为其反常，故有毒也"[②]。此后这一禁忌又扩大化为"凡一切果核中有两人（仁）者，并害人，不再用"[③]。故本草书中许多种仁类药均注明"去双仁"，几乎形成一定之规。其实种子双仁只是一种双胚乳现象，是常见变异，与双黄鸡蛋同理，与毒性无涉。只是因为古人难以掌握某些食物或药物中毒的真正原因，于是异常形色的食物或药物就成为禁忌的目标。

古代对闭口蜀椒的禁忌亦同理。《名医别录》记载蜀椒"口闭者杀人"[④]，这是因为花椒成熟后种皮易开裂（开口），未发育完全的果实则不然（闭口）。蜀椒入药虽以成熟开口者为好，但闭口者并无毒性。因为蜀椒无论果皮还是种仁，都可以作药用，闭口蜀椒含有种仁并无妨碍。说到底，是因为古人对异常形态药物的防范心理，使得古代本草书中无不将双仁杏、闭口椒之类的禁忌转抄摘录，引为戒律。

古代援物比类、述类象形的思维方法在妊娠食物禁忌中表现得尤为突出。任何形状奇异、属性独特的食物都被认为可能导致难产、胎儿畸形或婴儿疾病。汉代以前常见的禁忌食物有生姜，据说"妊妇食姜，令子余指"[⑤]（《神农黄帝食禁》），也就是说，生姜多歧的外形会导致婴儿手指畸形（俗称六指）。又，传统认为麻雀性淫、饮酒乱性，故"妇人妊娠食雀肉、饮酒，令人淫乱无忌"[⑥]。流传最久远的是孕妇忌食兔子肉，《本草经集注》云："兔肉……妊娠不可食，令人唇缺。"[⑦] 这一禁忌至少沿袭了1500年。张紫晨先生介绍："在中国北方，孕妇不能吃兔子肉，因为如果吃了兔子肉，将来生下来的孩子便可能有兔子一样的三瓣嘴。"[⑧]

---

① 李鹏飞．三元参赞延寿书：卷三［M］．北京：中国书店，1987.

② 见李时珍《本草纲目》，第1730页。

③ 见孙思邈《备急千金要方》，第466页。

④ 见唐慎微《重修政和经史证类备用本草》，第340页。

⑤ 张仲景．金匮要略：果实菜谷禁忌并治第二十五［M］．北京：人民卫生出版社，1959：64.

⑥ 同⑤，第60页。

⑦ 同④，第385页。

⑧ 张紫晨．中国巫术［M］．上海：上海三联书店，1990：68.

《千金方》中的妊娠禁忌更多，如谓："妊娠食羊肉，令子多厄；妊娠食山羊肉，令子多病；妊娠食驴马肉延产；妊娠食骡肉产难；妊娠食兔肉、犬肉，令子无音声并缺唇；妊娠食鸡子及干鲤鱼，令子多疮；妊娠食鸡肉、糯米并鸭子，令子多寸白虫；妊娠食椹并鸭子，令子倒出、心寒；妊娠食雀肉并豆酱，令子满面多皯黯黑子；妊娠食鳖，令子项短；妊娠食冰浆，绝胎……"[①]

从多数禁忌可以看出，古人是据食物的外形或属性推想食用后的作用。麻雀色呈麻点状、豆酱色黑，时可见豆瓣，连这些食物也被认为可能导致婴儿满脸的黑麻子，可见古人对妊娠食物的禁忌草木皆兵到了何等程度。但令人费解的是，为什么唐代以前妊娠忌食驴、马、骡肉呢？直到元代的李鹏飞才给出解释："骡、驴、马，为其十二月胎，骡又不产，妊不可食。"[②]意即驴、马是怀胎12月始生，故孕妇食之会延长产期；而骡子又不能产育，故妊娠忌吃骡肉，否则也会难产。

古代饮食禁忌不仅是针对奇形怪状之物，而且还伴随各种文化影响渗透的许多禁忌。例如自从汉代术数家发明了十二生肖属相之后，东汉末张仲景《金匮要略》中很快就有了"父母及身本命肉食之，令人神魂不安"[③]的记载。把本命动物与自身形成交感联系，出于自我保护或某种特殊动物崇拜或畏惧心理而忌食其肉的风俗，在历史上一直沿袭。术数家在一年之内给各种动物设置的忌讳时月最为繁复。如正月勿食虎、豹、狸肉，二月勿食兔肉，三月勿食蛟龙肉及一切鱼肉，四月勿食蛇肉，五月勿食马肉、獐肉，六月勿食羊、骛、肉，七月勿食生蜜，八月勿食鸡、雉肉，九月勿食犬肉，十月勿食猪肉，十一月勿食鼠、燕肉，十二月勿食牛肉及蟹、鳖，等等，据说会"伤人神气"(《千金要方·食治》)。不仅如此，食禁之类的书中还记载一年十二月各月禁忌食用的某些植物类食物。

在五行学说进入医学领域后，五脏与时令就形成了对应联系。五脏各有主时，因而至少在汉末出现了与之相关的食物禁忌："春不食肝，夏不食心，秋不食肺，冬不食肾，四季不食脾。"[④]其理由是："春不食肝者，为肝气王，脾气败。若食肝，则又补肝，脾败尤甚，不可救。又肝王之时，不可以死气入肝，恐伤魂也。若非王时，即虚，以肝补之佳。余藏准此。"[⑤]这是五行学说在食禁方面的运用。按中医的生理观，心为十二官之主，神明出焉，这本与食物无关。但《金匮要略》却记载："凡心皆为神识所舍，勿食之，使人来生复其报对矣。"这虽与毒性无关，但却是涉及来生报应的大事，因此成为新的食物禁忌的理由。

---

① 见孙思邈《备急千金要方》，第21页。
② 见李鹏飞《三元参赞延寿书·卷三》，第15页。
③ 见张仲景《金匮要略·果实菜谷禁忌》，第60页。
④ 同③。
⑤ 同③。

古代与饮食禁忌相关的内容不胜枚举，其禁忌的理由形形色色，但总其大者，仍以食物的形色外观为主。而食疗的原则同样也是援物比类。其中对动物类食物一般是遵循以脏补脏的原则。在唐代有关食疗的书中大量记载了以羊肝治目疾（肝开窍于目），鹿靥或羊靥治瘿瘤，牛肾、猪肾补人之肾虚，羊肚补人胃病虚损，熊骨、虎骨治骨节间病，白马茎、牡狗茎益丈夫阳气等。这些典型的法象药理内容一直在中医食疗法中沿用不替。后世中药的虎骨、鹿鞭、海狗肾等，也都是古代援物比类食疗法的遗风。鉴于这方面的内容为世人所熟知，故不赘述。

五、灵物与民俗象征物入药始因与演变

如上所述，援物比象是中药药理的重要说理方式。但是，也有一些药物很难从一般的性味、形色探索其最初入药的原因。对这些药物的药效，有时必须寻本溯源，从古代神话、民俗等方面去寻求其与古代文化相关的内容。

早期中药里有相当一批药物属于所谓的“灵物”。这些灵物往往起源甚早，深入人心，形成某些民俗的一部分。也有一些民间习俗中用来寓意的象征物逐渐演变为药物，本文难以尽考此类药物的来源，仅略举数例，说明它们在古代某些药效形成的理由及其演变。

（一）桃仁

桃仁是中医常用药之一，它和另一味常用药杏仁为同一科属，所含化学成分基本相同，种仁外形也极为相似。但是，在中医用药中，桃仁属于活血祛瘀药，杏仁属于化痰止咳药。无论按中医的法象还是性味理论的原则，我们都很难对它们的功效差别作出解释。个中道理，只有从古代与桃相关的神话传说中寻求答案。

桃是先秦时期厌鬼的常用之物。《典术》曰：“桃者五木之精也，故厌伏邪气者也。桃之精生在鬼门，制百鬼，故今作桃人梗，着门以厌邪，此仙木也。”[①] 因此用桃木可以击杀鬼神。《淮南子》云：“羿死于桃棓。”注云：“棓，大杖，以桃木为之，以击杀羿。犹是已来，鬼畏桃。”[②] 关于神荼、郁垒二人桃树下阅百鬼，无道理者缚以苇索而饲虎的传说见于多种古代文献之中[③]。所以古代制作桃符板，左神荼、右郁垒，以避邪鬼。这种由神话促成的以桃避鬼的民俗，自先秦以来，不绝于华夏。因此，用桃木及相关之物治鬼病的习俗也渗透

① 见李昉《太平御览》，第4289页。

② 同①，第4288页。

③ 唐慎微《重修政和经史证类备用本草·卷二三》，第473页引“东京赋”;《太平御览·卷九六七》，第4289页下引《汉旧仪》，均提到神荼、郁垒的故事。

到医药之中。

在医药方面，与桃有关的东西基本上都可以用来杀鬼气为祟，如《神农本草经》载“桃花杀疰恶鬼，令人好颜色”“桃枭：主杀百鬼精物”“桃蠹杀鬼邪恶不祥”①，等等。前述马王堆汉墓出土的古医书《五十二病方》用桃枝做成箭，射颓疝，亦有驱邪之义。桃仁在《神农本草经》中的功效是：“主疗血，血闭瘕，邪气，杀小虫。”②虽未明确说桃仁可驱鬼，但指出可辟“邪气”。结合其他医书所载该药的功效，这种邪气并非指一般的六淫之邪，而是与鬼有关。如《肘后方》水煮50枚桃仁治疗尸注、鬼注病，此病“挟诸鬼为祟”，症状多变，死后还会传染。《千金方》载：“凡人好魇，桃人(仁)熬去皮尖三七枚，以小便下之”，又治鬼疰心痛等病。唐代的《食医心镜》用本品做食疗品，“主传尸鬼气咳嗽，痃癖注气，血气不通，日渐消瘦”③，这些疾病明显都与鬼祟有关。在汉末张仲景医书中桃仁被用于下瘀血，治血癥漏下方中（如桃仁承气汤、抵当汤等），而杏仁却只用止咳平喘。此后的医方本草也都记载桃仁祛瘀血，并据此认为孕妇应该禁服。孕妇禁服桃仁是否必要，值得商榷。桃仁和杏仁一样，是可作果品食用的，北宋时“都下市贾多取炒货之，云食之亦益人”④(《本草图经》)，故桃仁不应该有那么峻厉的下胎作用。唐代的《删繁方》记载妇人难产，数日不出，取桃仁一个，劈开，一片书“可”字，一片书“出”字，合吞之即生⑤。这是明显的巫法，并不表明桃仁可以催生。桃仁之所以被用来祛瘀通血，归根到底还是与其驱鬼祟邪气有关。

在医药发展早期，许多民俗中的“灵物”通常是用来治鬼气相关疾病的，其中不乏与桃仁所主疗瘀血、血闭、癥瘕邪气相似者，如“龙骨”，《神农本草经》云“主心腹鬼疰，精物老魅……女子漏下，癥瘕坚结，小儿热气惊痫”⑥。又占卜过的龟甲用于治疗妇人“血麻痹”⑦。另一神物“太一余粮”，据说其中的“还魂石中黄子，鬼物禽兽守之，不可妄得，即其神物也”⑧。而《神农本草经》记载太一余粮的功效几乎和桃仁完全一致：“主咳逆上气，癥瘕血闭，漏下，除邪气。”⑨此外，在古代几乎和桃仁一样有传奇色彩的辟邪之物就是古铜镜。在华夏民俗中，明镜高悬是识破一切邪鬼妖魔的法宝。《抱朴子》认为：“万物之老

① 见唐慎微《重修政和经史证类备用本草》，第471–473页。

② 同①。

③ 同①。

④ 同①。

⑤ 王焘．外台秘要方：卷三三［M］．北京：华夏出版社，1993：671.

⑥ 同①，第368页。

⑦ 同①，第413页。

⑧ 同①，第92页。

⑨ 同①，第91页。

者，其精悉能假托人形，以眩惑人目而常试人，唯不能于镜中易真形耳。”[①]古铜镜因其古老，更具有驱邪的魔力。古医药书中记载古鉴可以辟一切邪魅，如女人鬼交、飞尸蛊毒、小儿惊痫[②]。《神农本草经》所载“锡铜镜鼻”的功效与桃仁的功效极为相似：“主女子血瘕，伏肠绝孕。”可见，妇女血闭癥瘕是桃仁、古镜、龙骨、龟甲、太乙余粮等灵物神器共同的适应证。由此可知，在古代医药发展的早期，妇女血癥瘕亦与鬼邪之气有关。古代女子血闭癥瘕经常被误认为是鬼胎，因此桃仁特有的祛鬼魔力使之成为治疗古代女子血闭癥瘕的常用药。受这一习俗的影响，桃仁成为活血化瘀药，逐渐用于各种瘀血方中。究竟它有无下血祛瘀之功，还可以通过临床再实践或试验研究加以证实。但古代桃仁与杏仁同样用于止咳平喘，这一功效倒几乎被人忘却。

杏仁不如桃仁有那么源远流长的传奇色彩。三国董奉种杏的典故毕竟出现太晚，尚未影响它的功效。但是，在古代众多服食品种中，杏仁也曾位列“仙药”。《左慈秘诀旨》称本品“服之寿二千二百年不死”，并谓“彭祖曰：宁可见此方，不用封王；宁可见此药，不用封侯”[③]。但从历代本草记载来看，服食杏仁的方法非常复杂，极难施行。也许是杏仁的“仙气”远不如桃仁能驱鬼的影响深远，所以至宋代以后，杏仁“仙气”褪尽，只成为一味止咳化痰的俗药。

（二）龟甲

龟甲是中医常用中药，元代以来，该药专用下甲，并以滋阴见长。但在此之前，无论是入药部位还是疗效，都有很大的不同。追溯其演变，可以清晰地看到该药所受文化变迁的影响。

龟在古代作为长寿的灵物备受人们崇敬。《礼记·礼运》称“麟凤龟龙，谓之四灵”[④]。实际上四灵之中，只有龟是实实在在的动物。龟的灵寿和它特殊的外形是其成为古人占卜工具的主要原因。《白虎通德论》曰：“尚书曰：女则有疑，谓武王也。干草枯骨，众多非一，独以灼龟何？此天地之间寿考之物，故问之也。龟之为言久也，蓍之为言耆也。久长竟也。”[⑤]《淮南子》的说法也与之相同：“牛蹄彘颅，亦骨也，而弗灼，必问吉凶于龟者，以其历岁久矣。”[⑥]龟形“上隆法天，下法地”（或曰“上员法天，下方法地”“背上有文象八卦”），也是它被作为可明吉凶工具的原因之一（见《太平御览》所引）。因此，问卜于龟

---

① 见葛洪《抱朴子·内篇》，第128页。

② 见唐慎微《重修政和经史证类备用本草》，第128页。

③ 同②，第475页。

④ 礼记：礼运：卷七［M］// 四部丛刊初编．上海：商务印书馆，1929：71.

⑤ 白虎通德论：卷六［M］// 四部丛刊初编．上海：商务印书馆，1929：50.

⑥ 淮南鸿烈解：说林训：卷一七［M］// 四部丛刊初编．上海：商务印书馆，1929：127.

甲成为古代卜师们的主要手段。据李零先生考证，在约5500—3500年前，曾有过一段专用动物肩胛骨占卜的发展时期。至商代才发展出龟卜，并且用龟逐渐多于用骨。商周时期，龟卜一直很发达。汉代龟卜由盛转衰，直到唐代，龟卜之书在史志中时有著录①。《史记·龟策列传》提到杀龟的程序："择日斋戒，甲乙最良。乃刑白雉，及与骊羊。以血灌龟，于坛中央。以刀剥之，身全不伤。"虽然出土的商周卜甲中也有少量龟上甲，但到汉代，龟"输太卜官，因以吉日剔取其腹下甲"②，可见其时已专用下甲供卜。

龟甲入药的最早记载当推《神农本草经》，此前载有药物的古医籍（包括马王堆出土古医书），不见用龟甲，唯《五十二病方》用龟脑外敷痔核③。用龟脑（即龟头）或鳖首治痔疮，乃基于述类象形，与其灵寿无关。《神农本草经》龟甲的功效为："主漏下赤白，破癥瘕，痎疟，五痔，阴蚀，湿痹，四肢重弱，小儿囟不合。久服轻身不饥。"④晋代葛洪《抱朴子》记载的取龟甲入药的程序与《史记·龟策列传》取卜甲很相似："千岁灵龟……以羊血浴之，乃剔取其甲，火炙，捣服方寸匕，日三。尽一具，寿千岁。"⑤用龟甲以求长寿，与《神农本草经》"久服，轻身不饥"是同一目的。其中道理，当与龟寿绵长的援物比类联想有关。因此龟甲在用来治病的同时，也被道家选作长生的"仙药"。南朝梁陶弘景《本草经集注》记载当时的龟甲有三大用途："厌（靥）可以供卜，壳可以充药，亦入仙方用之，当炙。"⑥可见当时的巫家、医家、道家都在利用龟甲，只不过占卜多用龟下甲而已。

受巫家占卜的影响，唐代对龟甲的运用有了一个变化，即医家也开始重视经过占卜后的龟下甲。唐代孟诜《食疗本草》载："（龟甲）卜师处钻了者，涂酥炙，治妇人风疾。"⑦五代李珣的《海药本草》也认为："（龟）其壳味带苦……或经卜者更妙。"⑧五代末《日华子本草》记有药用卜甲的新名称："卜龟小者，腹下可卜，钻遍者名'败龟'，治血麻痹，入药酥炙用。又名'败将'。"⑨这种用法在北宋时更为多见。苏颂《本草图经》云："方书中又多用败龟，取钻灼之多者，一名漏天机。"⑩可见当时多用卜甲的原因还是巫师钻灼之后所赋予它"漏天机"的感应力。而北宋使用龟甲的一个重要功效是补心，其机理是以"其（龟）

---

① 李零．中国方术考［M］．北京：人民中国出版社，1993：219-227.

② 司马迁．史记：龟策列传第六八［M］．北京：中华书局，1975：3227.

③ 见马继兴《马王堆古医书考释》，第508页。

④ 见唐慎微《重修政和经史证类备用本草》，第412页。

⑤ 见葛洪《抱朴子·内篇》，第79页。

⑥ 同④，第414页。

⑦ 同④，第414页。

⑧ 同④，第414页。

⑨ 同④，第412页。

⑩ 同④，第414页。

灵于物，方家故用以补心，然甚有验”[①]。这是古代最常见的援物比类推理法。李时珍认为："陶氏用生龟炙取，日华用灼多者，皆以其有生性神灵也。"[②]可见龟甲作为“灵物”，是它被用作药物的重要原因。但在宋代，药用的龟甲（又称龟筒）并非全是卜甲，只是卜甲更妙而已。宋代龟甲的用途已经很狭窄了，苏颂认为“盖近世货币不用，而知卜者亦稀，唯医方时用龟甲，故尔弗贵矣”[③]。也就是说，随着时代的变化，社会文化背景已经有了很大的改变，至宋代巫、医、道三家均用龟甲的局面变成医家独用了。据考，由于宋代占卜术的衰败，卜甲已很难得，于是药家直接杀龟取板（下甲）入药，或用自死肠肉腐败后的龟甲来充当败龟。到元代时，药家所用的“败龟”，则以未钻卜过的龟下甲（即龟板）为主[④]。龟甲药用部位遂为之大变，由上甲一转而为下甲（龟板）。元代朱丹溪因创立滋阴说的需要，倡言龟板“大有补阴之功”，使其充当补阴方的主角，龟板遂作为滋阴药，从此风行海内，并沿用至今。龟板滋阴是医家总结出来的经验，而元代以前龟甲的用途一直受其为灵物的影响，元代以后，龟甲才真正广为医家所用，以致供不应求。

由于唐代以后卜甲所具有的神灵色彩，使之逐渐受到重视，为元代卜甲（败龟）被普通龟板取代埋下了伏笔。龟甲由全甲到卜甲，又进而被龟板取代。弃去上甲，使得药源日渐窘迫。这一历史错误早经李时珍指出：“古者上下甲皆用之。”但因积重难返，龟上甲始终没有改变被废弃的命运。直到20世纪80年代，药史研究者与药理、药化研究者通力合作，才在《中国药典》中恢复了龟甲的名称，还其历史本来面目[⑤]。

（三）合欢、萱草

古代有许多历史悠久的民俗，其中要用到某些象征物。例如崔豹《古今注》曰：“牛亨问：将离别赠以芍药，何也？答曰：芍药一名可离，故将别赠以芍药，犹相招则赠以蘼芜，蘼芜一名当归也。”[⑥]此处以芍药作为送别时的相赠物，以当归作为希望回归的相赠物，都是取其名以喻义。除此之外，《古今注》还记载：“欲蠲人以忧，则赠以丹棘，丹棘一名忘忧。欲蠲人之忿，则赠以青裳，青裳一名合欢，能忘忿。枝叶繁弱，互相交结。每一风来，辄自相解，不相牵缀。嵇康种之舍前。”[⑦]

嵇康在《养生论》中说过：“豆令人重，榆令人瞑。合欢蠲忿，萱草忘忧，愚智所共

① 见唐慎微《重修政和经史证类备用本草》，第414页。
② 见李时珍《本草纲目》，第2492页。
③ 同①。
④ 见李时珍《本草纲目》，第1292页。
⑤ 郑金生．“龟甲、败龟、龟板”考辨——论龟甲当用上、下甲［J］．中医杂志，1982（3）：56-58.
⑥ 崔豹．古今注［M］// 李昉．太平御览．影印本．北京：中华书局，1960：4377.
⑦ 见李昉《太平御览》，第4260页。

知也。”可见他在庭院种合欢树，恐怕是确有其事的。古人对庭院种什么树，颇为讲究。“白杨多悲风，萧萧愁杀人”，因此白杨只能“种于墟墓间”，不能植于庭院。合欢则不然，它以传说能蠲人忿而得到古人的青睐。萱草（即丹棘）则不仅可“忘忧”“疗愁”（《述异记》），据《风土记》所载“怀妊妇人佩其花，生男也”，故又名“宜男草”。萱草“宜男”，或云“交广人佩之，极有验。然其土多男，不厌女子，故不常佩也”[①]。在汉魏两晋时期，关于“合欢蠲忿，萱草忘忧”，真是愚智共知。王郎与魏太子书称：“惠书慰沃，虽萱草忘忧，皋苏释旱，无以加也。”曹子建甚至有《宜男草颂》。古代诗词中也经常提到合欢和萱草，如“消忿赠合欢”（古诗）、“忘忧当树萱”（李白）等[②]。

能对人情绪产生良好作用的合欢和萱草毕竟不同于单纯表达意愿的芍药、当归，它们的功效居然被载入了本草，例如《神农本草经》中载合欢“主安五藏，利心志，令人欢乐无忧。久服轻身明目，得所欲”[③]。到底是合欢“令人欢乐无忧”的功效深入人心成为民俗？还是民俗所传，被载入本草？

如果是确有其效，医方不会不用。对此，《本草经集注》作者陶弘景有所评述：“按嵇康《养生论》云‘合欢蠲忿，萱草忘忧也’，诗人又有萱草宜男，此即今鹿葱，而不入药用。至于合欢，俗间少识之者，当以其非有疗病之功，稍见轻略，遂致永谢。犹如长生之法，人罕敦尚，亦为遗弃。”[④]此足证在南北朝时，人们并不认为合欢能治疗疾病。那么，是什么原因使合欢被人认为可以蠲忿呢？

《本草音义》将合欢形态与其作用联系：“树似梧桐，枝弱叶繁，互相交结。每一风来，辄似相解，了不相牵缀。树之院庭，使人不忿。”[⑤]这里将《古今注》的相赠合欢，改为树之院庭。笔者体会其意思是使气忿之人，得见一风吹过合欢树，交结枝叶不再牵，给人以冤家宜解不宜结的启示，从而气平心静。

另有一说不可忽视，这就是合欢的别名。《唐本草》记载合欢“或曰合昏”。陈藏器《本草拾遗》解释说：“叶至暮即合，故云合婚也。”[⑥]唐代众方书又称之为“夜合”。《本草衍义》亦云：“其绿叶至夜则合，又谓之夜合花。”[⑦]合欢有“合昏”“夜合”之名是非常有道理的，因为豆科含羞草属及合欢等植物，都有叶片夜间闭合的特点，故有诸名。宋代以前方书中

---

① 陈景沂．全芳备祖［M］．北京：农业出版社，1982：707.

② 同①。

③ 见唐慎微《重修政和经史证类备用本草》，第332页。

④ 同③。

⑤ 同③。

⑥ 同③。

⑦ 同③。

未见用合欢解郁消忿者，却经常用合欢皮治疗外科或伤科病。唐代韦宙《独行方》用夜合皮治肺痨，名为“黄昏汤”。此方甚有名，故后山诗云：“探囊一试黄昏汤。”[①]

考芍药、蘼芜用作民俗象征物，都是取名寓意。那么，合欢当也是因其有“合昏”“夜合”之名，附会为“合欢”，民间遂因其名，以其作为人消忿的象征物。北宋韩琦对清馥逾众芳的夜合花情有独钟，有诗略曰：“叶叶自相对，开敛随阴阳。不惭历草滋，独擅龙尧祥。得以合欢名，忧忿诚可忘。”[②]诗中明确地介绍了夜合叶片随时开合的特点，并认为它的忘忧忿作用实在是由于“合欢”名字所带来的祥和气氛。韩氏又云：“最是清香合蠲忿，累旬风送入纱窗。”这是他酷爱夜合花香的感受，并没有文献记载合欢蠲忿是因为其香气。然而后世有些尊经的医家，以《神农本草经》有载，遂以合欢为安神解郁之药。元代龙辅《女红余志》亦载：“杜羔妻赵氏，每端午取夜合花置枕中。羔稍不乐，辄取少许令婢送饮，便觉欢然。当时妇人争效之。”[③]这已经与古代巫医用药相近似，难以为医者道。清代张璐《本经逢原》已经指出嵇康《养生论》的合欢蠲念，萱草忘忧，“宁无顾名思义之实乎？”[④]明明是民俗之传，而为本草误载。但直到现代，中药教科书中仍然堂而皇之将合欢花“安神解郁”的功效笔之于书，中医处方亦每以合欢解郁安神，以讹传讹，积重难返，此一例也。

至于萱草，尽管早在《诗经 · 卫风 · 伯兮》中就有“焉得谖草，言树之背”之名句，但直到唐代陈藏器《本草拾遗》才载其根的药用，且丝毫不涉及忘忧、解愁。宋代苏颂《本草图经》始将合欢的功效复制于萱草之下，无理之至。尽管萱草在古诗词中作为比兴经常出现，但也有不少诗人幽默地质疑了萱草忘忧之说。《全芳备祖》中所引有[⑤]：

“萱草儿女花，不解壮士忧。”（孟郊）

“修茎无附叶，繁萼攒庭首。每欲问诗人，定得忘忧否？”（宋祁）

“种萱不种兰，自谓忧可忘。绿叶何萋萋，春愁更茫茫。”（刘敞）

“萱草生堂阶，游子行天涯。慈亲倚堂门，不见萱草花。”（聂夷中）

梅尧臣有一首七言绝句，更是一针见血地指出萱草忘忧的实质：“人心与草不相同，安有树萱忧自释？若言忧及此能忘，乃是人心为物易。”

明代李时珍确实还对萱草忘忧作了一番考证。他认为，“诗云：‘焉得谖草，言树之

---

① 见陈景沂《全芳备祖》，第531页。

② 同①。

③ 转引自《古今图书集成 · 草木典》，第296页。

④ 成都中医学院 . 中药学讲义［M］. 上海：上海科学技术出版社，1964：220.

⑤ 同①，第709–711页。

背。’谓忧思不能自遣，故欲树此草，玩味以忘忧也”[1]，并不是萱草本身确有其效。李时珍又云：“李九华《延寿书》云：嫩苗为蔬，食之动风，令人昏然如醉，因名忘忧。此亦一说也。”当然，李九华（鹏飞）此说完全指的是萱草的毒性作用。萱草根有较强烈的毒性，不可食用。若采嫩苗连及根，自然也会出现“令人昏然如醉”的毒性。但这与古人相赠萱草以寓劝人忘忧之意风马牛不相及。好在后人没有听李鹏飞之说，医家亦无用萱草解郁忘忧者，否则中毒事故就层出不穷了。

佩萱草以期生男，同样也是一种民俗。古代欲生男，方法众多，但大多带有巫术气。《医心方》卷二四专书“变女为男法”，食宜男草花，或妊身佩戴宜男草，据说“即生男”。又法，“取石南草四株，着席下，勿令知之，必生男”[2]。这些都是唐代以前就有的方法。总其要，无非是在妇人怀孕之时，用雄性之物、阳刚之物，甚至用带“雄”字或“男”字谐音之物，佩戴或服用，以求交感之效。宜男草、石南草皆属此类。萱草花即今常食的黄花菜。若有宜男之效，天下尽男矣。幸而古人信此者少，毋庸多考。古代民俗象征物还有不少，用作药物者亦非仅合欢、萱草。但限于篇幅，不赘述。

六、结语

中国传统药物学源远流长，许多药物的产生和运用都经受了历代文化的深刻影响。尽管中药发展到现代，已经淘汰了以往许多荒诞不经的内容，但历史文化的影响就像冰川时期的磨痕，深深地刻印在中国传统药学中。在历代文化的影响下，形成了古代中药药理源于直接经验者和源于文化影响者并存的局面，使中药药理具有很强的人文特质。其特点在于，传统中药药理不仅植根于药物内部物质的性质（如性味良毒等），而且借助与药物外在表象相关的各种因素（如形色质地、生态习性、相关文化等）进行说理。这是与现代西药药理的显著不同之处。

在中国药物学发展的早期，源于文化的药理说几乎无处不在。随着时代的发展，用药直接经验的积累增多，许多在援物比类思维原则指导下形成、并为某种特定目的（如寻求道家的神仙不老药等）服务的药理说渐次沉沦。然而在新的文化背景下，又出现了新的药理解说。甚至旧的药理说又改头换面，沉渣泛起。文化和药理就是这样不断地在互动中前进。直到现代，这一过程仍未停止。要全面系统条理中国本草学的这一发展过程，是十分艰巨但又十分有意义的工作。因笔者的社会文化史知识十分贫乏，尚难以将本草学与社会史的结合分部做出恰如其分的论述，故仅选取在中药药理体系形成之前的若干药理认识问

---

① 见李时珍《本草纲目》，第1036页。

② 见丹波康赖《医心方》，第533页。

题做一粗浅探索，并考证中医药界若干至今见惯不怪用药现象之原始，以期引起中医药同仁对中药与文化关系的关注。

（原载于《大陆杂志》1999年第98卷第6期15–35页）

后记：20世纪90年代后期，中国大陆和台湾医史学者交流较多。此时台湾地区医史学者的“外史”研究新角度，对我的研究也产生了一定的影响。加之台湾学术刊物对稿件字数没有上限，因此我的几篇长文得以在台湾的杂志发表，此文即其中之一。本文以“中药早期药理”为题，是因为现代中医院校的学生往往只知道教科书中的性味归经药理，不了解古代还有其他多种药理说。这些药理说往往渗透到现代中医用药之中，从而影响到药源与药效，故有必要加以探讨。此文发表后，大陆学者不易检索到此文，故将本文收入本《文选》，将原繁体改简体，参考文献格式也有较大的改变，再略加修正。本文的许多观点与例证，也部分融入了拙作《药林外史》一书中。

“道地药材”的形成与发展（Ⅰ）

郑金生

一

先秦时期，医药知识积累有限，医药分工还未形成，因此还未能以产地辨药之优劣。为了寻药之需，有关药物产地和生长环境的记载仍散见于早期史料之中。《五十二病方》提到“堇”生“泽旁”，以及《神农本草经》中载药物生长环境，表明此时人们对药物生态环境的重视强于药物产地。不过，《吕氏春秋》提到“阳朴之姜，招摇之桂”，指出了姜、桂的著名产区，可见重视物产来源之地的风尚已初露端倪。

中国最早的药书《神农本草经》中，收载了大量的先秦药物知识。该书于各药条后一般不注明产地，但从药名所示，仍可看出若干药物与产地的联系（如代赭、蜀漆、蜀羊泉、吴茱萸、秦皮、秦椒、蜀椒、阿胶等）。客观地说，这些药名前所冠地名，并不完全像后世那样冠地名于药名前以示正宗质量，而是早期药物命名的主要方式之一。此时地名多为先秦列国名（秦、蜀、吴），也有小地名，如阿胶，《名医别录》云“出东阿”，此即后世阿胶道地药材之滥觞。要之，在医药发展的早期，“道地药材”就整体内容来说还未形成，但重视药物来源的传统已经肇始。

二

秦汉一统促进了药物知识的总结和药材的交流，药材作为商品在各地流通。著名的韩康卖药典故，说明汉代长安市上已有药材交易。汉代张楷也常乘驴车至县上卖药，以此为生。商业的发展促进了经济作物的生产。汉时栀茜千亩，可抵万户侯。《史记》载寡妇清以开采丹砂致富，大臣梁冀囤积牛黄以牟利。商品流通需要对药材质量进行鉴别，因此产地对药材质量的影响很快受到药家的注意。约成书于西汉的《神农本草经》明确指出：“药有采造时月，生熟，土地所出。”提示如果不注意药物的采收、加工和产地，就会影响其质量。此后在《名医别录》中，大量的药物之下注明了产地，甚至注明了何地何种土壤生长者佳，如谓地黄“生咸阳川泽黄土地者佳”等。以特定地区所产为佳品，这就具备了道地药材的主要特征。《名医别录》载有产地的若干药物，后来发展为素负盛名的道地药材，可见至少在汉代，某些种类的具有真正“道地”意义的药材已经产生。

三

魏晋南北朝时期，道地药材这一内容实际上已经完全形成，此时医药分家已经比较明显。陶弘景《本草经集注》序例称：“今诸药采造之法，既并用见（现）成，非能自采，不复具论其事。”医生用现成的药，用不着自采，他怎么会再去管药物采收加工呢？这就造成“众医都不识药，惟听市人（药商）；市人又不辨究，皆委采送之家；采送之家，传习造作，真伪好恶，并皆莫测”的局面。市人将药品作商品，注重的是把握当时的习俗行情，谋取利润。故陶弘景指责说：“且市人不解药性，惟尚形饰。上党人参，世不复售；华阴细辛，弃之如芥，且各随俗相竞……”上党人参、华阴细辛一度成为抢手的道地货。但到陶弘景之时，“随俗相竞”，人参“乃重百济者”“次用高丽”，细辛则“用东阳临海者”。

我们且不论当时这种“随俗相竞”的具体品种是否正确，但可以确定这样一种事实，即至少在南北朝时，追求特定地区所产药材已是药业界的普遍现象。反映当时道地药材情况最丰富的著作是陶弘景的《本草经集注》，该书记载了大量的道地药材鉴别经验、变迁情况，也注意探讨其中的道理。他说：“按诸药所生，皆有境界……江东以来，小小杂药，多出近道。气力性理，不及本邦。”这就明确了道地药材是以“气力性理”胜于他处作为实质内容的。最明显的例子是当归：其时道地品是黑水的马尾当归，历阳的草当归“阙少时乃用之”，又“虚而客热，加地骨皮，白水黄芪；虚而冷，用陇西黄芪”。这是白水黄芪“冷补”、陇西黄芪“甘温补”的缘故。以上两例完全可以作为“诸药所生，皆有境界”，产地不同“气力性理”各异的注脚。故陶弘景又说：“假令荆、益不通。则全用历阳当归、钱塘三建，岂得相似？所以疗病不及往人，亦当缘此故也。”由此可以得知治病的效果是道地药材形成的基础。

为什么当时不同产地的药材会有气力性理的差异？我们只需把《本草经集注》所说的各产区药材加以比较考究，就可以知道：在药物栽培还不是很盛行的南北朝时期，不同产地药材间的差异多数是药物“种”的不同，少数是同种的不同生态型。例如马尾当归应是主产甘肃一带的当归（*Angelica sinensis*），而历阳（今安徽和县）当归“色白而气味薄”，这与宋代《图经本草》的滁州（今安徽滁州）当归（*Peucedaum decursivum*）在形态上十分相似，而且产地也相近。上文陶弘景描述的上党人参是伪品，《唐本草》指出“陶说人参苗，乃是荠苨、桔梗”，今考为轮叶沙参（*Adenophora tetraphylla*）。陶氏认为不太好的高丽人参是真正的五加科人参（*Panax ginseng*），而所谓华州细辛，乃华细辛（*Asarum sieboldii*），其气味较之高丽者（即辽细辛 *A.heterotropoiders.poides* var. *mandshuricum*）又差一等。

综观陶弘景所说各种不同产地的药材，多数是不同种植物，极少数甚至是伪品，可知药材种类的差异是早期道地药材形成的主要原因，当然也有属于同种植物不同生态型的例子。如地黄，陶弘景记载了三种产地：彭城、历阳、江宁板桥。地黄是方士服食之品，栽培历史较早，其基原却并不复杂，故产地虽异，却非种的不同。

值得注意的是，陶弘景提到地黄“中间以彭城干地黄最好，次历阳，今用江宁板桥者为胜”。而《名医别录》载地黄“生咸阳川泽黄土地者佳”。从陕西的黄土地到江淮的壤土，可见人们评价地黄质量的标准改变了。同是江淮，其道地也是变迁的，绝非一成不变。宋代苏颂在谈到地黄出产时说：“古称种地黄宜黄土，今不然，大宜肥壤虚地，则根大而多汁。”宋代地黄“以同州（今陕西大荔）为上，亦各处随时兴废不同尔”（李时珍）。陈嘉谟解释说：“江浙壤地种者，受南方阳气，质虽光润而力微。怀庆山产者，禀北方纯阴，皮有疙瘩而力大。”从而把药物“气力”产生差异的原因归于生态环境。栽培药物的道地品在不同历史时期有所变迁，其原因多种多样（如时代风尚、栽培方式、土壤气候、人们对药物的认识水平等）。因此，不能认为最早见于记载的道地药材就是经典之品。陶弘景在《本草经集注》中，记载了大量的鉴定不同产地药材的经验，许多道地药材的特征被归纳成形象的语言。如称黑水当归为马尾当归，历阳芎蓉为马衔芎蓉等。这些记载生动地反映了医药人员的辨药经验。在此后的本草书中，类似的知识不断积累。如唐代《药性论》称蜀升麻为鸡骨升麻，《唐本草》称历阳当归为蚕头当归之类。

除《本草经集注》一书之外，在此时的其他医药方书中有关道地药材的记载也不断增多。不仅植物药如此，矿物、动物药也有道地品。如张仲景《五脏论》云：“蓝田玉屑，镇压精神。中台麝香，差除妖魅。河内牛膝，疗腰冷而去腰疼。上蔡防风，愈头风而疗胁痛。晋地龙骨，绝甘利而去头疼。泰山茯苓，发阴阳而延年益寿。”这说明道地药材已相当深入人心。又如汉魏六朝炼丹术士所用的雄黄，以武都（今甘肃西和）所出为佳。晋末武都民族地区发生一些纷扰，阻隔了武都雄黄进入中原，以至于“时有三五两，其价如金。合丸皆用石门（今属湖南），始兴石黄之好者尔”。可见时局的动乱、交通的阻绝也是新药材产生的原因之一。

（未完待续）

（原载于《中药材》1990年第13卷第6期39-40页）

“道地药材”的形成与发展（Ⅱ）

四

唐宋时期，道地药材的数量以及人们对其认识都有了长足的发展。人们对药出州土更加重视。《唐本草》孔志约序指出，“动植形生，因方舛性……离其本土，则质同而效异”，进一步认识到特定的生态环境对同一药物产生的种内变异的影响。孙思邈《千金要方》记载：“古之医又自将采取，阴干暴干皆悉如法，用药必依土地”等，所以“治十得九”。今之医不了解“出处土地”等，故“治十不得五六”。又云：“凡草石药皆须土地坚实，气味浓烈，不尔治病不愈。”孙思邈在《千金翼方》中专设“药出州土”一节，载“出药土地，凡一百三十三州，合五百一十九种。其余州土，皆有不堪进御，故不繁录”。在全国药物普查基础上编成的《新修本草》，记载了大量的道地药材知识，从中可以看出，唐代的药出州土和六朝以前有较大的变化和发展。

宋代嘉祐年间进行的第二次全国药物大普查记录了道地药材有关知识，其成果集中反映在苏颂《图经本草》一书中。该书共载药635种，附图933幅，多数图名前冠有地名，涉及150个州郡，为鉴定药材真伪优劣提供了大量的来自药物生产的实际经验。苏颂云：“五方物产风气异宜；名类既多，赝伪难别……今医师所用，皆出市贾，市贾所得，盖自山野之人。随时采获，无复究其所从来。以此为疗，其中病不亦远乎？”因此《图经本草》“广药谱之未备，图地产之所宜”，成为现代考察道地药材的主要著作之一。北宋寇宗奭也重申：“凡用药必须择州土所宜者则药力具，用之有据，如上党人参、川蜀当归、齐州半夏、华州细辛。”寇氏走访之处甚多，也记载了许多有关道地药材的知识。

唐宋时的道地药材，因基原种的不同引起的差异固然不少，但栽培品种形成的道地药材则较前大大增加，成为一个特点。唐宋时药物栽培有了较大发展。人工培植的某些药物在质量上胜于野生，故每每取而代之。如《唐本草》载芎䓖“出秦州，其人间种者，形块大，重实多脂润；山中采者瘦细，味苦辛”。这种芎䓖取代了陶弘景时的历阳芎䓖。到宋代时，虽多处均产，但“以蜀川者为胜”（苏颂）。寇宗奭甚至说唯川中为佳，“他种不入药，止可为末煎汤沐浴”。川芎一名，从此作为正式处方用名，几乎取代了芎䓖原名。

宋代药物栽培在方式上更加进步。这和药材生产能获取较多的收益有关。如署预（山药）苏颂云："近都人种之，极有息。"这就是久负盛名的怀山药。在四川，彰明县（今四川江油）已成了生产附子专业县，苏颂云："（附子）其种出于龙州、绵州、彰明县多种之，惟赤水一乡为佳。"杨天惠为之撰《彰明附子记》，详述其种植面积、产量、栽培加工方法等。历经千余年，彰明附子一直是享誉不衰的道地品。

唐宋时期药物交流随着贸易的发达而较前代有更为突出的发展。中外药物交流十分频繁。通过河北榷场交易的高丽人参，以及通过海舶在广州等地集散的香药，每可获取巨利。据考，药材贸易在商业中形成专门行业至少不晚于唐代。梁代陶弘景在《本草集注》序中已提到蜀药、北药之称，是以来路为名之始。日本僧圆仁《入唐求法巡礼行记》会昌五年（845）条载有敕依道士言，到"药行"觅龟毛兔角等药之说。宋代《西湖老人繁胜录》载有"川广生药市"，这种以某一区域药材形成的专业药市，是明清盛行的药业依地区组织帮会之滥觞。由此而来的是某些药材以集散地作为道地名称，如木香，苏颂云"今惟广州舶上有来者，他无所出"，此即今"广木香"一称之由来。

五

明清两代，道地药材的经营贸易发展甚快，在全国形成了诸如樟树、禹州、祁州等大规模的药材交易市场。地区药材帮会在清乾隆至清末发展到了高潮。他们经营各自地区的道地药材，以增强竞争力。由此又进一步促进了药出州土的研究。

明中期著名药学家陈嘉谟，将"出产择州土"作为《本草蒙筌》一书的第一节。他明确而又客观地表述了他对药物产地的看法："凡诸草本、昆虫，各有相宜产地，气味功力，自异寻常……摄生之士，宁几求真，多惮远路艰难，惟采近产充代。殊不知一种之药，远近虽生，亦有可相代用者，亦有不可代用者。可代者以功力缓紧略殊，倘倍加犹足去病；不可代者，因气味纯驳大异，若妄饵反致损人。"陈氏提出的这一可代、不可代的问题，至今值得深入研究，其原则是功力"缓紧略殊"者可代，"气味纯驳"者不可代。例如陈氏认为，"木耆茎短理横，功力殊劣，缺岁多收倍用"，即可代；又"蚕头当归，质黑气薄坚枯。此为下品，不堪入药，"即不可代。《本草蒙筌》一书简明扼要地介绍各地产药材，其与现代道地品十分接近，价值甚高。陈氏在书中抨击了重道地而走向邪端的时弊。他认为艾叶自古以来"未尝以州土拘也，世俗反指此为野艾，至贱视之""其治病症，遍求蕲州所产独茎、圆叶、背白、有芒者，称为艾之精英。倘有收藏，不吝价买。彼处仕宦，亦每采此，两京送人，重纸包封，以示珍贵"。而陈嘉谟认为蕲艾是另一种植物九牛草，并非真艾。他感慨："大抵人之常情，贵远贱近，泥于习俗，胶固不移……可胜叹哉，可胜叹哉！"陈嘉谟指出的这一种现象在明清两代并不稀见。注重道地的初衷不过是为了保证药优效佳，但有些人却"贵远贱近"，盲目崇拜，而好利之徒则利用世俗心理，炫名矜贵，巧立名目，唯尚形饰，甚至不惜以假充真，人为地哄抬冒名的道地货。清代出现的桔梗科党参，就是僭冒上党人参之名而出的另外一种药材。又如银柴胡，用它充作柴胡（伞形科）的道地之物已有1000多年，其实它是石竹科植物 *Stellaria dichotoma* L.var.*lanceolata* Bge.，纵然它有清虚热之良效，但其并非柴胡，又何必充柴胡之最佳者？

明代后期，李时珍《本草纲目》又搜集了许多有关药出州土的资料，在具体药物下，也有他自己的一些见解，对反映明代道地药材实际情况颇有裨益。明末李中立的《本草原始》绘有众多的药材图，这对了解道地药材实际品种有一定参考价值。必须一提的是，明初刘文泰《本草品汇精要》将“地”（生态环境及产地）作为药物的项目之一单独列项。但其内容却大多摘自《证类本草》，新意殊少。

明末汤显祖《牡丹亭》中，首次出现了“道地药材”一称。这一名称的出现就像是胎儿落地后赋予的名字而已，绝不意味着道地药材的起始。道地药材发展到明清，无论是在生产、流通、应用方面，还是在有关理论探讨方面，都已日臻成熟并形成体系。

清代徐大椿《医学源流论》在讨论药性变迁时，列举了4条原因，即地气之殊、种类之异、天生与人力之异、名实之讹。他认为药物移植他处，“则地气移而力薄”；栽培的品种未必是原来最好的品种，这就造成“物虽非伪而种则殊矣”。人工种植的药物，“非山谷之真气，又加灌溉之功，则性平淡而薄劣矣”。再加上后世药品名实讹误，遂引起了药物“依方施用，竟有应有不应”。徐大椿提出的这几条意见，依然值得我们深入探讨。

清代药业帮会组织甚多，但很少有人去总结各路药材的道地情况。清末乃至民国年间，各种道地药材名目繁多，规格各异。但这些内容一般被视为药业的生意经，没有得到充分的总结，仅散见于各种本草书。值得庆幸的是，中华人民共和国成立后陆续编写的几部中药书保存了相当一部分道地药材的鉴别经验，其中有1959年出版的《中药材手册》（卫生部药政管理局）。该书收集了全国老药工的药材鉴别经验资料，并由许多专家座谈讨论而成，洵属珍贵。另一书《药材资料汇编》（科技卫生出版社，1959年）由中国药学会上海分会、上海药材公司合编，也是一部难得的药材鉴别专著，多为经验总结，绝非摘抄汇编之作。全书按西怀类、川汉类、南广类、山浙类、草药类及附录分类，体现了各路道地药材的特点，是研究药材产销的重要参考书。此外，谢宗万的《中药材品种论述》每多结合历代不同州土所产，考订其品种基源，对探讨道地药材形成基础颇有参考价值。

道地药材在“文化大革命”以后没有得到应有的重视，有些良好的传统被视为烦琐哲学而摒弃。为了不使这份宝贵遗产湮没，近年来许多药学研究人员再次开展对道地药材的深入研究。本文从历史文献角度，粗略地梳理了道地药材形成发展简况，从中可归纳出如下几点意见：

（1）药材商品化是道地药材形成和发展的动力，而临床疗效是道地药材产生的基础。

（2）在南北朝及其以前，同名药物的不同产地药材较多的是其药物“种”的不同。唐宋以后，同种植物、不同生态型的道地药材逐渐增多。随着药材贸易的发展和地区性药材专业行会的形成，以集散地作为道地药材来源的情况也不断增多。

（3）道地药材常随时代的变迁而演变，其原因多种多样（如时代风尚、栽培方式、土壤气候、药学水平等），后世某些人的“贵远贱近”等崇拜名牌道地货的心理，助长了道地药材中某些畸形现象的形成。

（4）研究道地药材势在必行。建议在整理历代有关道地药材资料的基础上，借鉴历史经验，吸取教训，结合现代科学手段进行深入研究。

（全文完）

（原载于《中药材》1990年第13卷第7期43–45页）

后记：本文发表得比较早，从某种意义上来说，本文仅限于宏观地讨论“道地药材”形成概况、不同时代的含义以及存在的问题，并没有具体评述现代各道地药材。由于如今“道地药材”关乎经济利益，因此争“道地药材”之名也就成了一件大事。于是判断“道地药材”的标准是什么，就成了非常重要的问题。对此，本人至今没有琢磨透，不敢信口开河。

本文中有一处的表达是不对的，即说石竹科的银柴胡充作伞形科柴胡的道地之物已有1000多年，此说不严谨。宋代本草学家所云“根如鼠尾，长一二尺，香味甚佳”的银州柴胡，实为伞形科植物 *Bupleurum yinchowense*。李时珍提到的“根似桔梗、沙参，白色而大，市人以伪充银柴胡，殊无气味”者，才是石竹科植物银柴胡 *Stellaria dichotoma* L. var. *lanceolata* Bge.，其历史不过500来年。现代已经将该银柴胡与柴胡分作两种不同性用的药物。

历代中药功能变迁的原因及其背景

郑金生（演讲）

今天我主要谈谈“历代中药功能变迁的原因及其背景”，同时也涉及若干我研究的其他问题。

一、我为什么选择历代中药功能变迁进行研究

我曾经多次撰文表达过这样一种观点：医药历史研究具有双重意义，即历史意义与现实意义。所谓历史意义，就是尽量真实地展示医药发展的历史面貌，并寻求其发展的历史规律；所谓现实意义，就是直接解决当代中医药发展中的某些实际问题。

中国医史文献研究的双重意义，也是基于中医药文献的双重作用。中医文献既是历史文献，又是应用文献，这是中医药文献的一个特点。可以说，中国古代科技文献还很少有像中医药这样的学科，其2000多年来的书籍仍然没有过时，至今被临床广泛使用。

我个人研究的主要方向是中国药学史和本草文献，因此我经常考虑的一个问题是：我应该从哪一方面入手进行研究，才能为中医药发展的现实服务？

临床对中药最基本的要求是4个字：安全有效。然而要保证中药的安全有效却牵涉好几个方面，例如药物的基原必须正确、采集时间必须恰当、药物产地最好要地道、炮制方法必须适中、用药的剂量和配伍必须讲究、药物功效的记载必须准确等。

其中和历史研究关系最密切的是3个方面：品种、炮制、功效。

关于品种，中国本草从南北朝到明代的千余年间，考证药物基原一直是本草学研究的重点。这是因为历代同名中药，其基原可能完全不同。因此，确定正确的中药基原，是保证用药安全有效的头等大事。

传统中药要转变为现代中药，涉及中国古本草中的药物来源与现代动物、植物、矿物分类学接轨的重要问题。在解决这一问题的过程中，单味中药品种的沿革考订做出了巨大的贡献。

必须指出的是，在确定古代中药的分类学位置方面，日本学者起步比中国要早将近

200年。20世纪，中国学者用了近80年的时间，解决了绝大多数中药品种来源的问题。随着20世纪末《中华本草》的完成，中药品种考订的任务已经基本完成。

完成这一任务必须精通药物历史和本草文献，因此中国许多生药学家同时也是本草文献研究大家。例如，1905年留学日本的赵燏黄先生，致力于将中国传统本草历史、植物分类学和实地考察紧密结合起来进行研究。他甚至撰写了《本草新铨》这样的本草专著。我的老师谢宗万教授在这方面的成果也非常显著，出版了很多非常有影响的著作。他的《中药材品种论述》(上册、中册)、《本草纲目药物彩色图鉴》(2000)，集中反映了他数十年来正本清源的本草考证成果。

关于炮制，中药不同于西方天然药的一个重要之处是中药必须经过炮制。炮制的基本目的就是"减毒增效"。但是历代炮制方法多种多样，不同时代、不同地区、不同药物，或同一药的不同用途，都可能会有不同的炮制方法。如何去伪存真、去粗取精，是摆在炮制研究者面前的重大课题。

中医研究院中药研究所王孝涛研究员等把握了研究这一问题的正确途径，即从整理分析研究中国已有的丰富史料入手，弄清诸药炮制沿革，了解中药传统炮制的理论和方法，然后再有的放矢地进行实验研究。近几十年中国炮制的现代研究成果迭出，为国家节省了大量的资金，同时又使中药的炮制更加科学化。这里炮制史的研究发挥了很大的作用。随着王孝涛研究员《历代中药炮制法汇典》的出版，炮制历史的研究在20世纪末也基本告一段落。

但是，在中药功效的变迁考订方面，却至今没有广泛开展。因此，我花了近20年，从事中国本草资料的目录学研究，以及汇集中外现存本草书籍。在完成以上工作之后，我决定把主要精力投入历代中药功效变迁方面的研究。

1989年，我和尚志钧、林乾良两位老师合撰了《历代中药文献精华》。2001年，我担任学术委员会主任委员，由中国文化研究会组织，完成了《中国本草全书》400卷的影印工作。由我担任主编的《中华大典·药学分典》正在编纂之中，预计2000万字。但这些目录学和文献汇集工作都是为了进一步服务于中药功效变迁研究。

我为什么选择历代中药功效变迁进行研究呢？一是因为这是药学史的空白领域，二是因为我在20多年的研究中，发现本草中药物功效的记载有很多水分，存在着许多名不副实的问题。

因此，即便药物的品种明确，如果功效记载本身不准确，其结果仍然不能保证药物的安全有效，同时会造成自然资源的浪费，或者贻误患者的病情，耗费患者的钱财，同时也会给现代的实验研究带来很大的困难，浪费研究的经费和研究者的精力。为此我主张在进行中药的药理实验前，对所研究的药物功效演变历史进行系统的研究，首先摒弃那些由历史上各种原因造成的虚假功效，选择真正来自实践的功效进行研究，这样才能最快、最省、最可靠地取得实验研究成果。如果不做这一工作，就很容易走弯路。

那么问题是，为什么不同时代中药功效会发生变化呢？我认为其中最重要的原因是有部分中药的功效记载并不取决于它的实际效果，而取决于当时人们头脑中的思想观念，这是引起历代中药功效变迁的根本原因。

二、历代中药功能变迁的根本原因

关于历代中药功效记载的可靠性，过去很多人都认为这些功效记载应该是经过实践的，即便不是普遍经验，至少也是个别的经验。这种观念其实并不正确。最近两年我经常在德国慕尼黑大学医史研究所与文树德教授合作进行研究。文教授提出一个观点：许多药物和疗法之所以被人们接受，并不是因为它们真正具有某方面的功效，而是因为人们头脑里先有某种观念，然后才想象出某些药物的功效。

也就是说，现有的中药功效形成有两个途径：(1)先有实践，后有功效；(2)先有观念，后有功效。

根据个人的研究体会，我很快接受了文教授的观点。因为即便是药物非常有效，如果医生没有接受这一功效的思想基础，那么这种功效也不会被认可。例如清代传入中国的金鸡纳，其抗疟疾功效是很可靠的。但是当时的许多中医并没有重视它，因为它不符合当时中医治疗疟疾的思想体系。相反，中药历史上经常有波及面很广的用药风潮，那绝对不是因为药物真实功效引起的，往往都是当时时兴的思想影响下的产物。

由于时间短暂，要讲具体药物功效的演变历史比较困难，我想从历史上最有影响的几次用药热潮，来探讨药物功效变迁的历史原因。

我在3年前的演讲中已经提到，本草中的药物功效记载来源于巫医用药、道家用药和医家用药等多个途径。关于巫药、仙药（也就是道家用药），我今天就不多说了。我想就历史上围绕着养生保健出现的几次用药风潮来谈谈药物功效的变迁。

历史上曾经发生过的多次养生保健药物热潮（这不包括巫医和道家追求长生不老），没有一次是由于药物真正具有这方面的功效。

最早的一次是三国时兴起的服石热。魏国的大臣何晏首先倡导服石以强壮身体，掀起了长达数百年的服石风气。这些石药（主要是钟乳石、紫石英、白石英、石硫黄、赤石脂等）服用后使人亢奋发热，因此被当时的士大夫所钟爱。魏晋时期的许多名士都喜欢服石，服石被视为名士风度的一种表现。这股风气一直延续到唐代，尽管当时已经有许多关于石药引起事故的记载，但还是有许多人乐此不疲，因为在他们的思想中，石药强壮是有道理的。在他们看来，钟乳石是由石中的津液（乳汁）凝成的，人能服用石中的乳液，就能发挥强壮作用。唐代著名的文学家柳宗元就很推崇服用钟乳石。

但实践是检验真理的唯一标准，数百年来很多人因为炼丹、服石而死亡或者残疾。于是道家的炼外丹逐渐转为炼内丹，而社会上的服石也在改变，即对石药进行伏火减毒处理，其办法是用某些植物药来煮炼石药。著名的《雷公炮炙论》里有很多这样的方法。其实没有任何实践依据证明，经过草药煮过后的石药就没有毒性了，但在当时人们的头脑中有一种思想，认为石药有毒是因为其中含有火，这种火可以通过植物吸收，或者放在土里，让土地来吸收这些火毒。

但是无论怎样伏火，石药的毒性还是非常强烈，医书中关于石药毒害的例子越来越多。因此，人们又产生一种思想，既然石药强悍，那么用植物药养生应该是较为安全可靠的。因此唐宋时期，服石之风逐渐减弱，而用植物药养生保健之习逐渐抬头。像黄精、地黄、枸杞、杏仁、莲子、天门冬等，都是古代常用的养生植物药。著名的《何首乌传》出现在唐代，并不是一种偶然。

但是《何首乌传》毕竟是个神话故事，何首乌有没有养生乌须的作用，古代并没有可靠的实践依据，那为什么还有这么多人相信它的功效呢？这是因为人们相信名人撰写的文章，文献记载的何首乌“夜合昼疏”的习性、实际可见的何首乌根形可以长得如“鸟兽山岳”，引起了人们思想上对其所谓养生功效的认同。实际上何首乌并没有“夜合昼疏”的习性，而根形是可以改变的，直到近几十年，还有何首乌根形如男女的报道，但追踪的结果是其乃人为造成。把何首乌栽培在特定形状的陶罐中，就可以生出怪异的根形。何首乌属于蓼科植物，和大黄同科，所含成分也很相似，生用可引起腹泻，经过反复蒸煮之后颜色可以变黑（大黄反复蒸煮之后也会变黑成乌膏状）。但何首乌被人们作为乌须黑发、养生滋补的良药，为什么没有人把大黄乌膏用作补药呢？这就是先有观念，后认同功效的缘故。

在我的家乡，农村很多人把商陆经过蒸煮后作为养生补品，这对于一般中医是不可思议的。商陆是峻下逐水药，为什么民间会将它作为补药？其实这也和思想观念有关。商陆根蒸煮后变红，民间叫它土人参。早在2000年前的《名医别录》就记载商陆根“如人形者有神”，《雷公炮炙论》说“仙人采之作脯”，这可能是民间一直流行将其作为补品的原始思想根源。

用植物药作为滋补之品的历史虽然很悠久，但在宋代以前，还没有形成全国性的服用热潮。到宋代，开始出现全国性的滥用植物药作保健品的风潮。此风最盛者有二：一是香药，二是熟水。香药又称香料药，多指丁香、肉桂、豆蔻、胡椒、乳香、没药、麝香、檀香、降真香、木香、安息香、冰片等药物。宋代方剂中经常堆砌滥用香药，这是由当时的社会风尚引起的用药习俗。除此之外，社会上又盛行“熟水”，熟水既是开水，也指熬制好的汤药，如大顺散之类。这种汤药很多都是能调理脾胃的香药，如紫苏、檀香等。当时人们早上起来之后就喝大街上到处叫卖的熟水，将其作为保健饮料，每天服用。

乍看起来，这种香药、熟水的用药方式没有什么大的危害，但实际上其危害也不可小觑。香药多燥，滥用香药的弊病是冲突经络，漂荡气血，耗气损神，伤津伤液。而以药代食，是自古以来的用药大忌。食可以作药，但药不能充食。凡药必有偏性，长期将某些药物作为保健饮料，必定会引起体内的平衡失调。宋代好用香药和熟水的用药风气在元代遭到朱丹溪等医学家的激烈批评，此后这股风气渐渐平息。

但是在明万历年间，又兴起了一股新的用药热潮，那就是“以人补人”。所谓“以人补人”，就是使用人体废弃物或排泄物制成滋补药物，这些药物有女子初次月经制成的红铅、童便制成的秋石、人乳制成的蟠桃酒、胎盘制成的隐名紫河车等。“以人补人”从明嘉靖年间兴起，直到万历以后，前后持续近百年，波及整个朝野和医学界。

我的硕士研究生甄雪燕，其论文题目就是《明末“以人补人”用药风气兴衰的研究》，她把这一时期的“以人补人”用药风潮的来龙去脉都研究得很清楚。为什么这些人体的废物能变成从皇帝到大臣都追捧的养生保健药？为什么像龚廷贤、孙一奎、高濂、吴正伦、张景岳、缪仲淳等著名医家也会推崇这些“人部药”？这是因为当时有一种理论，“以人补人，真得其真”。他们认为“竹破还将竹补，哺鸡当以卵为”。这和以往用金属炼丹、矿石强壮、草药滋补有着完全不同的属性。他们否认以往的养生药，提倡“以人补人”，其理论核心是“同类易收功”“异类之物，岂得与人相契乎?”这样的思想和以往迥然不同，因此带有很大的诱惑。

“以人补人”风气在明末非常盛行，这段时间的医书很少有不记载这方面内容的。围绕着“以人补人”，医学界也形成两派，李时珍是坚决反对红铅方的。加上明光宗因红铅而死，导致“以人补人”风气在清代迅速消亡。这一用药风潮的兴衰，是药物疗效往往取决于人们固有思想观念的典型例子。没有任何实践证明红铅等“人部药”有养生的功效，但“竹破竹补”的思想让人们很容易就接受了凭空想象出“人部药”的功效，并在整个社会流行。

以上简单地介绍了养生保健药在历史上几个高潮的变迁。从金属、矿石到植物、人药，我们可以看出养生保健思想的变化。清代末年兴起了服用九龙虫的热潮，20世纪50年代中国兴起服用红茶菌的风气，70年代兴起了鸡血疗法，结果都快起快落。这种变化与其说是药物功效的变化，不如说是不同时代思想观念的变化。

目前中国养生保健品走马灯似地变化。只要有什么思想观念兴起，就会跟着出现什么样的保健药。马王堆出土了汉代医药文物，立即就有据说是从马王堆发现的保健药酒；现代研究说很多人都缺钙，于是本草从来没有记载壮骨作用的龙骨、牡蛎立即被做成了“龙牡壮骨冲剂”；人类对基因的研究已取得突破性进展，基因研究成了热门，于是很快出现了基因药物。实际上基因药物要真正付诸实践还为时过早，但为什么就有人相信这些迅速出现的基因药物呢？就是因为人们头脑里已经出现基因代表先进科学水平的思想，因此一旦有打着这样的牌子的药物出现，人们就很容易认同。可以断言，将来如果还有什么新思想出现，一定会跟着出来一串未经证实效果的新药。这就是历代药物功效不断变迁的根本原因。

但是我说的这种思想变化，不是某一个人的思想，而是某一特定时期整个社会的一种思潮，或者说是流行的观念。因此，不同的时代，就会有不同的思想背景。

三、影响中药功效变化的历史背景举隅

可以说，每一个时代的思潮都有自己特殊的历史背景。由于时间的关系，我无法在此逐一进行讨论。这里我只想谈谈金元时期中药功效的变化。金元时期延续的时间很短，也就只有200多年，但是在中药功效演变过程中，这是非常关键的一个历史阶段。说它关键，是因为这一历史时期建立了模式化的中药理论体系。

中医用药理论，当然在金元以前就存在。《内经》里就有很多关于药物的气味、阴阳、厚薄、五脏五味补泻等方面的记载。《神农本草经》也早就有四气、五味等方面的记载。但为什么说中药理论体系建立于金元时期呢？这是因为《内经》时期的药理论说并没有和具体的药物紧密联系起来，还停留在哲学高度。因此，我们在南北朝、唐代、宋代的本草著作中看到的中药功效记载，主要还是处于功效积累的阶段。宋代本草的每一味药物之下，记载的功效可能很多，但并没有关于这种药物为什么具有众多功效的理论解释。这对临床医生来说，显然是不利的。

作为临床医生，他最需要知道的是一个药物最主要、最有价值的功效。同时，他需要知道为什么这味药会具有这些功效。这样才能灵活用药，应付千变万化的临床疾病。而金元医家正好在这些方面满足了临床医生的需要。他们建立了一个模式化的中药理论体系，并且根据个人的经验，将药物功效予以精练。这一工作直接影响到以后的中医用药。

金元药理模式主要是把《素问》中的某些药理原则和用药实际结合起来，再加上后世发展起来的某些理论。概括地说，他们将药物本身的形、色、性、味、体与功效联系起来，气味之中又分阴阳、厚薄，同时讲究药物作用的趋势（升降浮沉）和作用的特定部位（归经引经）。这样一来，就形成了一个比较丰富的解释药物产生功效的理论体系。

为什么这样的理论体系会在金元时期产生？为什么在金元统治的中心地区能产生许多自然科学的杰出成果呢？

我个人的理解是，金元时期的科技成就得益于北宋灿烂文化的延续和惯性。金元的中心地区，正好是北宋文化最发达的地区。金元医学争鸣最激烈、成就最大的地区在今河北地区。金代早期最有成就的医学家（如成无己）在其接受医学教育的时候，北宋尚未灭亡。为什么金元医家能创立中药理论体系？这是和北宋时的医学教育和考试方式分不开的。

北宋时医学书籍大量出版，为医学教育、医学学术探讨提供了有利的条件。北宋时大量兴建医学校，举行医学考试，促进了医药理论的探讨。我们可以在现存的宋代医学校考试范本《太医局诸科呈文》中发现，考试时经常要求把理论和临床使用方药紧密结合。这样的考试无疑培养了当时的医学生将经典著作中的理论和临床用药结合起来探讨的习惯。我认为金元医家能建立中医药理体系是北宋医学教育和考试熏陶影响的结果。

北宋时期的“官医”最为活跃，国家组织出版医药书籍，政府举办医学教育，皇帝亲自撰写医书（如《圣济经》）、颁布每年的运历，这一系列活动都有官医参与其中。但金元

时期，统治者无力也无意去参与医药管理，因此各地有学识的临床医家成为医学发展的主力。他们的治学风格与北宋官医大不相同，他们注重的是临床最为实用的问题。就中药来说是药效的提炼和功效的药理解释。

金元医家精炼药效、建立药理体系，改变了本草药效堆积、莫衷一是的局面，对此后的中医用药产生了非常深远的影响。有关其正面的影响，可见于当今的医学教材，我就不说了，这里略微谈谈负面的影响。

金元医家精简药效是基于其个人的经验，因此这种人为的选择必然带有局限性。再者，金元药理模式相当机械死板。有些理论的归纳完全是出于他们的想象，其中最明显的是所谓“用药分根梢”。

张元素认为:“凡药根之在土中者，中半已上，气脉之上行也，以生苗者为根；中半已下，气脉之下行也，以入土者为梢。病在中焦与上焦者用根，在下焦者用梢，根升梢降。人之身半已上，天之阳也，用头；中焦用身；身半已下，地之阴也，用梢。乃述类象形者也。”

他的这个理论，把一个植物的根又再分成两部分，上面的叫作“根”，下面的叫作“梢”。然后和人体的上下相联系。这一理论深受北宋《圣济经》法象说的影响，讲究述类象形。从理论上说他是有依据的，在当时这是很流行的天人相应思想。但是联系到具体药物，就漏洞百出了。首先，中药临床的绝大多数根类药并不需要分根梢使用，只有少数的药据说要分根梢。最典型的是当归分头、身、尾，还有甘草梢走茎中。

我且不说当时的中医根本没有拿出分根、梢用药的疗效证据，即便是要确定哪是根、哪是梢也很不容易的。我问过药店的老药工师傅，他说将当归拿来，从头部连切三刀，就算当归头。但是这三刀切多厚呢？他说没有一定的标准，就是普通药片那么厚吧。当归尾又怎么算呢？据书上记载是当归的支根就可以算当归尾。可是临床上用归尾者很少，若严格按此标准执行，那就要造成当归尾大量积压。药店的师傅告诉我，谁的处方里开当归尾，就把当归药斗中碰断的碎根碎皮给他就完了。连头身尾都无法截然区分，我们又怎么能肯定当归分头身尾入药的功效呢？

甘草梢也是这样，甘草根很长，从哪里才算是梢呢？谁也说不清。我问药店师傅，他说谁要开甘草梢，就给他细小的甘草。

所以说，金元医家对建立中药理论体系有功劳，也有局限。中国古代像这样从理论推导的功效还有很多，其实际价值究竟如何？这很值得研究。因此，还要回到我前面说的问题上去，就是中药功效有一些不是来自实践经验的总结，而是源于某种理论的推导。对于这样的功效，我们就必须分析研究，不可盲从。

后记： 20多年前我在访问日本期间，曾应日本学术组织之邀，做过几次演讲。其中接受了东京临床中医学研究会两次邀请，分别以《本草功效的变迁》(1999年10月15日)、《历代中药功能变迁的原因及其背景》(2003年1月17日)为题进行学术交流(后者即本篇讲稿)。

因为面对的是临床工作者，故我选择讲解传统药物功效的变迁历史，并探讨相关的历史原因。在我的药史研究生涯里，最多研究的是药物的来源与药理，也关注到药物的炮制与功效，但很少正式发表讨论炮制与功效的文章。明确与“疗效”研究相关的论文只有《中华医史杂志》发表的《中药疗效和炮制的外史研究》一篇。此外拙作《药林外史》中的《药效的发现与“传信”》一篇也谈及药物功效的演变。鉴于药效是中药研究非常重要的一环，这方面的研究至今仍很薄弱，故我希望能引起学界对临床药效演变的关注。本《文选》一般不收录未发表的演讲稿，但检视此类旧稿时，自觉本篇内容能较好地表达我对药效变迁研究的某些看法，故予以收录。郭秀梅女士为组织这两次演讲费力甚多，她出色的翻译也使我的演讲增色不少，谨此致谢。

中国古代对外国药物知识的接纳
——谈中国本草文献中对非中国原产药物的结合

郑金生（演讲）

首先，我想指出的是，中国传统医药并不都是土生土长的。

古代的中医曾经接纳了大量的外来医药知识，其内容既包括医学理论和医疗技术，也包括众多的药物、制药方法与用药经验。古代的印度医学、阿拉伯医学、西洋医学都曾经对中医发展产生过影响。

但是，在一篇文章中是很难介绍清楚整个中国古代对外国药物知识的接纳情况的，因此，本文将重点放在中国本草文献中对非中国原产药物的结合方面。有鉴于此，我必须首先介绍中国古代本草著作中有关外来药的情况。

一、中国本草著作中的外来药及其传入

中医使用的药物中，有多少是来自外国的？这是一个很难精确回答的问题。中国传统药物种类众多，涉及范围很广，要确定每一个外来药都必须考察它的历史。尽管如此，我还是尽自己所能，把中国古代本草著作有记载的，或者现代学者已经研究清楚的外来药物加以统计。结果如下：在1911年以前的中国本草著作中，有230种药物来自国外。其中有当时非中国原产的药物195种，还有中国虽产但外来药物质量更好的35种。这些外来药约占全部中国古代药物的10%。

在中国古代最具权威性的两部药物著作中，外来药物所占的比例是：

宋代《证类本草》(1098)：1748种药物中，有143种外来药，占8.18%。

明代《本草纲目》(1658)：1892种药物中，有181种外来药，占9.57%。

这一比例与整个中国古代药物中外来药所占的比例非常接近。

当然，无论是中国古代的原产药物还是外来药物，如今能被中医继续使用的毕竟是少数。当今中医仍在使用的古代外来药还有50余种，但这已经超过了当今中医常用药的10%。

目前继续使用的古代外来药，最常用的有薄荷、姜、延胡索、乳香、没药、红花、番红花、血竭、龙脑香、硼砂、益智、番木鳖、西洋参、丁香、肉豆蔻、缩沙蜜、荜茇、荜澄茄、胡椒、胡黄连、阿魏、仙茅、葫芦巴、芦荟、胖大海、诃子、鹤虱、胡荽、白芥子……但这还不包括古代作为药物记录的几十种食物，其中包括葡萄、石榴、胡桃、豌豆、蚕豆、扁豆、豇豆、黄瓜、西瓜、丝瓜、南瓜、苦瓜、葱、洋葱、大蒜、辣椒、番薯、马铃薯、玉米、小茴香、八角茴香、菠萝蜜、落花生、胡麻、亚麻、胡萝卜、开心果、甘蓝、茄子、菠菜、莴苣，等等。其中多数为当今中国人餐桌上的食品！

当然，不能不提的是，外国也传入了现在世界各国政府都严格管控、曾经引起过战争的鸦片；还传入了既可带来巨大经济利益，又可导致许多人患上肺癌的东西，我想大家都猜到了，那就是烟草。

我初步统计了不同时期从不同地区传入的药物数字：

中国的南部国家，包括印度、印度尼西亚、越南、柬埔寨等。它们与中国的药物交流历史最早，在汉代以前占主要地位。这些位于热带或者亚热带的国家2000多年来持续不断地向中国输送或转输了大约83种药物。

中国东部的朝鲜、日本输入中国的药物数量很少，只有8种，但朝鲜与中国药物知识交流的历史却很早。

中国古代所说的西域，位置在中国西南、西部乃至西北的广大地区，包括今阿拉伯国家和地中海周边的国家。古代的波斯（今伊朗）、大秦（古罗马）是与中国交流药物最多的国家。古代外来药主要来自西域，约有126种。

与西域交流是中国历史上的一件大事。公元前2世纪，中国有一位伟大的使者张骞，他两次进入西域，文献记载他带来的外国物品就有7种，包括葡萄、石榴、红花、苜蓿等。

唐代和五代的几百年间，通过当时的丝绸之路，从国外输入了106种药物，其中西域的药物占了2/3。这也是中国历史上输入外来药最多、最重要的一个时期。此后的宋代、元代，西域仍然是中国外来药的主要输入地。

元代回回地区（信仰伊斯兰教的地区）的医药在中国有较大的影响。当今常用的番红花就是元代传入的。此外，阿剌吉酒（也就是烧酒）第一次见于元代《饮膳正要》。尽管现代学者认为中国早已经能制造蒸馏酒，但李时珍那时只能认为“烧酒非古法也，自元时始创其法”。

明代传入的外国药数量虽然不多，但这段时期最值得注意的是美洲植物的传入。这些见于本草记载的美洲植物虽然数量不多，对药物学影响不大，却大大改变了中国人的食谱。其中玉米、番薯、南瓜已经成了清代以后某些地区的重要食物，而花生、辣椒也成为人们生活中的常食之物。

清代美洲植物陆续传入，在药物方面最重要的是西洋参、金鸡纳，食品则以马铃薯最为重要。在清代，西洋药物开始加速传入中国。甚至出现了专门撰写外国传统药物的专著。

以上是历史上外来药物传入的简要情况。必须指出的是，我们了解外来药物传入情况，主要依据的是中国古代本草著作中的记载。因此有必要介绍一下古代相关的本草著作。

二、古代记载外来药物的著作

中国古代的药物著作有一个非常好的传统，就是详细记载了各种药物出现的时代和地区。这使我们考察外来药物有十分可靠的文献依据。

中国古代大约产生了近1000种药物著作，而留存至今的只有大约1/4。在这些药物著作中，还有专门记载外来药的专著。

唐代郑虔的《胡本草》7卷，主要记载中国西北和北方地区以及周边国家出产的药物。这是最早的外来药物专著，但可惜早已佚散。

五代李珣的《海药本草》、佚名氏《南海药谱》，则主要记载中国南方周边国家出产或经过海上传入的药物。这位李珣的先人就是波斯人，而他的弟弟则是贩卖香药的商人。

元代忽思慧的《饮膳正要》，是一本宫廷的食谱，其中记录了阿拉伯、蒙古等地的饮食和药物情况。

清代传教士在向中国人传教的同时，也把西方的药物传入中国。清康熙年间出现了2种外来药物著作，一种是比利时传教士南怀仁（P. Verbies）的《吸毒石原由用法》，还有一种是墨西哥传教士石铎禄（Petrus Pinuela O. F. M）的《本草补》。

虽然这两种外国人所著的药物著作并没有对中医用药产生多大的实际影响，但它们却是最早传入中国的西洋药物学著作。此后西洋药物学著作不断传入中国，但因为它们很少对中医用药产生影响，故这里不罗列此类著作。

除外来药物专著外，我们必须简单地提一下历史上介绍外来药物最多的几部药学著作。

前已述及，唐代外来药物传入最多，因此这一时期的重要本草著作都记载了很多外来药物。其中主要的有唐代官修的《新修本草》、孟诜的《食疗本草》、陈藏器的《本草拾遗》。

宋代集大成的本草著作《证类本草》，不仅记录了宋代及其以前的143种外来药物，而且还汇集了宋代《图经本草》的药物插图。宋嘉祐年间，政府组织了一次全国的药物调查，对于外国所产的药物，则向外国客商进行调查。在此书中，有许多外来药物的插图，例如芦荟、肉豆蔻、荜茇、荜澄茄、胡黄连等，据文字记载，这些药物都来自国外。

明代伟大药物学家李时珍的《本草纲目》，则记录了明代及其以前的181种外来药。而清代赵学敏的《本草纲目拾遗》，则记载了清代传入的30余种外来药物。其中包括西洋参、金鸡纳等重要外来药。

在中国的本草著作中，外来药物的名称常常有明显的标志，最常用的字如下：

海：泛指来自海外的物品。品名如海椒、海棠、海红、海梧子、海松子……

胡：古代对北方和西方各民族的泛称。药物有胡椒、胡桃、胡葱、葫、胡豆、胡黄连、胡萝卜、胡桐泪、胡荽……

番：古代对西方各族或外族的通称。药名如番薯、番瓜、番红花、番木鳖、番木瓜、番石榴、番打马……

洋：外国的通称。药名如洋金花、洋芋、洋白菜、洋虫……

西：西方国家的通称。如西洋参、西番莲、西瓜、西米……

此外，某些药物直接把外国名放在药名前，如突厥白、波斯橄榄等；有的药物则采用外国音译，如淡巴孤、必思答、押不芦、荜茇、底野迦等。

查阅中国古代药学文献关于外来药的详细记载，可以得出这样一个清晰的结论：中国古代对外来药物的引进态度是十分积极开放的。

但随之而来的问题是古代传入中国的230种外来药物中，为什么有的能被接纳，而有的（甚至包括国外著名的药物）却遭到冷落甚至遗忘？

三、影响外来药物被接纳的历史因素

在中国古代，什么样的外来药物最受欢迎？这是一个看似简单，实际上却很复杂的问题。

按照一般的思维逻辑，最有效的药物应该最受欢迎，而且最容易被接纳。当然，药物效果确实是一个非常重要的因素。前述至今被中医常用的外来药，基本上都是效果很好的药物。例如乳香、没药、红花、血竭、延胡索、丁香、荜茇、荜澄茄、胡椒、胡黄连、胡荽等。

但必须注意的是，同样一些有效的外来药物却几乎被人遗忘。例如，唐代作为贡品进入中国的底也迦，曾被载入唐代官修的《新修本草》，据说可以“主百病”，是中世纪欧洲最重要、最著名的万应药，明代的本草中还专门绘有外国人进贡此药的图。还有一种药叫质汗，据记载是一种非常好的治疗金疮、活血化瘀的药物。甚至传说“蕃人试药，取儿断一足，以药内口中，以足蹋之，当时能走者，至良”。清代南怀仁专门介绍的吸毒石，据说能“治痈疽、一切肿毒恶疮，其效甚速”。以上三药，应该说都是西方的名药，为什么最终被中医遗忘？

我以为，在古代中国，最适合中医用药的是原料药，可以适应中医配方需要。但上述三药，却都属于成药。

底也迦据说是由五六十种成分组成的复方成药。质汗，据宋代《开宝本草》记载，是“蕃人煎甘草、松泪、柽乳、地黄，并热血成之”。吸毒石，其据说是用毒蛇头中的石头，加上毒蛇的肉，以及当地的土做成。

这样的成药在中国难以推广，可能是由于这些药物的供应来源受到一定的限制，同时药物成分复杂、难以调配，且难以辨别真伪。因此，习惯于药材配方的中国医生，自然对这些外来著名成药不感兴趣。

那么，是不是只有天然药物才较容易被中医接纳呢？不，也不尽然。应该说，古代传入中国的药物绝大多数都是天然药物，都适合中医作为药材进行配方，但有的很常用，有的却被淘汰。其中又有不同的原因。

中国古代的医生并不认为外国的月亮比中国圆。他们发现，从外国进口来的药物，有的是假货，有的夸大功效，甚至神化药物来源。例如苏合香，当时外国商人说这是狮子屎，故《唐本草》指出这是"胡人诳言"。狮子在中国人眼中是珍稀动物，外国商人为了让中国人觉得苏合香非常珍贵，才捏造出狮子屎的说法。而且当时有的外国药商把这种药先煎出汁，做成香，却把提取有效成分后的渣滓卖到中国。因此这样的药材质量很差，难以得到中国人的信任。

又如玛瑙，唐代曾经被作为辟恶、熨眼睛的药物进入中国。外国商人欺瞒说这是马口中吐出的宝贝，《开宝本草》指出，"多是胡人谬言以贵之耳"。看来，某些外来药物不受中医重视，是因为它们名不副实，所以最终在使用过程中被淘汰。

但是为什么同样确有疗效的天然药物，有的很受欢迎，有的却鲜为人知呢？最典型的例子是西洋参和金鸡纳，它们都是在清代传入中国的有效天然药物，西洋参很快在中国家喻户晓，金鸡纳却始终代替不了中医治疗疟疾的常山。这是为什么？

我认为这恐怕和外来药能否适应中医用药理论有关。西洋参是清代传教士受中国人参的启发，在加拿大发现了同一科属的植物 *Panax quinquefolium*，然后又把它引入中国，因此被称为西洋参。中医很快接纳了这个人参的"外国兄弟"，并认为它具有性凉而补的特点，加以广泛运用。

金鸡纳治疗疟疾效果非常好，《本草纲目拾遗》记载清代在澳门的外国人用它治疗疟疾，一服即愈。1693年，康熙皇帝患疟疾，外国传教士用金鸡纳治好了他的病。为此康熙皇帝赐给了传教士一栋房子。但是这样一味完全可以适合中医配方使用的好药，居然一直被中医冷落。药源不足是一个问题，更重要的是，假如当时有人称它为西常山，或者洋常山，并赋予它适合中医治疗疟疾的性味功效，又能保证药源的供应，那情况又会怎么样呢？

当然，我们还必须考虑外来药物传入中国的时间和时代背景。一般来说，越早进入中国的药物，越容易被中医同化。在重视香药的唐宋时期，外来的香药很容易被中医接纳，因为那时使用香药是一种时尚。但到清代，虽然也传入了好几种香药，但它们已经无法引起中医的重视。

此外，在中医用药的早期，很重视食物疗法，药、食经常不分。许多食物以之充饥则谓之食，以之治病则谓之药。因此在唐代及其以前，许多食物都被本草记载。例如，薏苡就是既可作食物，又可作药物的一个例子。汉代马援从越南带回来薏苡的优良品种。2000多年来，薏苡始终是常用的中药。相比之下，与它同科的玉米虽然在清代很快发展成为北方地区的主食，但在药用方面玉米却始终无法与薏苡相比。

顺便提一下玉米传入的时间。玉米是1492年哥伦布发现美洲大陆之后传入中国的。现代农学史学者认为，记载玉米的最早文献是1511年编写的地方志《颍州志》。但我在1505年编成的《本草品汇精要》中发现了最早的玉米图。这说明从哥伦布发现新大陆到玉米传入中国，大概只用了10年的时间。这么快的传播速度在古代是非常不可思议的。可惜的是，本草书中关于玉米的药用记载非常少，这可能与明清时期的用药风气有关。医生已经习惯于使用商品药材，或者说当时的商品药材已经足够医生们应付临床，所以很少有人再去考虑使用日常的食物入药。

很相像的例子是胡椒与辣椒。胡椒在唐代传入中国，它不但成为中国人常用的调料，而且成为重要的药物，几乎所有的后世本草书都把它作为温暖脾胃、驱除寒气的重要药物。但是比它晚大约1000年传入的辣椒，在本草书中就不那么有名了。辣椒在17世纪主要是观赏植物，但清代以后迅速成为中国南方或西北某些省份嗜好的蔬菜。例如，湖南、四川、贵州等地都嗜好食用辣椒，以至于有人认为这些地区人们性格泼辣可能与吃辣椒有关。其实很少有人知道他们吃辣椒的时间充其量不过300来年。虽然清代以后辣椒的食用比胡椒广泛得多，但在本草书中，辣椒的记载却非常少。这也与药书编撰者的传统思想有关，孔夫子“述而不作”的思想影响很大。因此，本草书中乐于转述早已有记载的胡椒，却无视食用已经非常广泛的辣椒。

不过，外来药物传入时间早，并不等于它就一定被中国接纳。这方面的例子有必思答。必思答在唐代传入中国，古代多种药物著作都有记载。这是一种很好吃的果仁，唐代甚至将它作为能提高性能力的药物。但直到近几十年，这种果品才以“开心果”的名字大量进入中国市场。

花生的命运与必思答截然不同。它第一次见于记载大约是在1550年间出现的《食物本草》，并有一幅错误的彩色图，但这并不妨碍它在清代很快成为中国人喜爱的果品。或许这与传入植物能否很容易地在中国广泛栽培有很大的关系。必思答中国不产，要依赖进口，而花生可以在中国广泛栽培。进口物品的成本很高，而且货源难以保持稳定，当地栽培则可以廉价地出售。所以价值规律和市场供应渠道可能是必思答难以在古代大量进入中国的主要原因。

我们还可以研究更多的外来药物的命运，可以发现更多的影响外来药物在中国生根的历史因素。由于时间限制，在此没有必要再细致地进行讨论。以上简单地探讨了影响外来药物被接纳的历史因素，我们也可以了解到，外来药物进入中国以后，要想真正成为中医使用的药物，并不那么容易。它们必须适合中国的国情，适合中医用药的特点，同时还要受到时代风尚、价格、市场供应等多方面的影响。

所以，我对中国古代接纳外来药物知识的看法是：中国古代引进外来药的态度是积极的、开放的，但在实际使用外来药时却是挑剔的、审慎的。

后记：2002年9月9—12日，中国科学院上海交叉学科研究所成立，同时召开了国际会议。以上是我宣读的论文报告。很少有人专门对古本草里的外来药物进行研究，因为这牵涉如何确定外来药物的问题，需要花较多的时间逐药考察。本文虽然不长，但在统计外来药数字方面费了一番工夫，然因宣读论文的时间限制，无法展示确定传入的外来药物的所有依据。所以这篇讲稿只能说是一个很粗浅的引子，若能作为专题研究，则有望形成一部专书。本讲稿因深度不够，未曾投稿，也无暇继续深入研究。后来有几位友人谈到这个方面的内容，曾将此稿赠送。今将此稿收入本《文选》，实有抛砖引玉之意。

关于宋代“以药入食”风气的思考

郑金生（演讲）

中国传统药物包含大量的饮食物，故“以食作药”是中医用药特色所在。在中国古代也出现过“以药入食”的风气，这一风气在现代社会仍有余波。由此带来的思考是：“以食作药”和“以药入食”都是有益的吗?

本文在对“以药入食”风气进行回顾与评述之前，首先简要表述饮食之物在中医保健和治疗中的作用。

一、饮食疗法是中医的优良传统

寻找食物是中国先民发现药物的重要途径之一。古老的神农尝百草神话，是中国“食药同源”的常用例证。更重要的证据是，中国古代本草著作中的水、谷、果、菜、鳞、介、虫、鱼、禽、兽等类的药物，绝大多数可作食物。至今中药里的姜、枣、胡椒、肉桂、山药、莲子、银耳等，都是食、药两用之品。

日常所需的食物迫切需要人们对其性质有更多的了解。《周礼·天官》将医学分成四大类，其中就有“食医”。“食医”的职责是调配君主的日常食谱，发挥饮食的滋养保健作用，避免饮食带来的伤害。中国最早见于书目记载的药学著作不是《神农本草经》，而是《汉书·艺文志》收录的《神农黄帝食禁》。这是一本讨论饮食禁忌的专书。该书虽然早已亡佚，但其部分佚文仍保留在汉唐时期的医药著作中。避免因饮食造成的疾病，是中国药物学早期的重要内容。陈纪方(约3世纪)甚至认为：“百病横生，年命横夭，多由饮食。饮食之患，过于声色。”他的理由是：“声色可绝之逾年，饮食不可废之一日。”[①] 可见饮食不当(包括饮食的方式和饮食物的种类)可以引起疾病，这早已被古人所知。关于食物对健康的重要性，卫汎（3世纪）曾有名言——“安身之本，必资于食”“不知食宜者，不足以存生也”。他认

① 丹波康赖．医心方：卷二九［M］．北京：人民卫生出版社，1955：661.

为最好的医生是能“用食平疴，释情遣疾”，也就是用食疗和精神心理疗法来治病。他主张高明的医生治病时应先采用食疗，“食疗不愈，然后用药”[①]。由此可见，食疗一词很早就已出现，并成为治疗的重要手段。

在中医发展的早期，人们非常注意发挥饮食物的保健和治疗作用。《黄帝内经》已经讨论了饮食五味与五脏的各种关系。该书认为保养五脏应该进食不同味道的食物，其中涉及谷、果、畜、菜。该书还第一次讨论了药、食的不同作用：“毒药攻邪，五谷为养，五果为助，五畜为益，五菜为充。气味合而服之，以补精益气。”[②]《太素经》注解：“五谷、五畜、五果、五菜，用之充饥则谓之食，以其疗病则谓之药。”[③]也就是说，食、药两用之品，可根据使用目的加以区分。

为了推广食物的治疗作用，唐代孙思邈摘录本草中的食物药，集成《千金要方》“食治”一卷。孙思邈的弟子孟诜，又专门撰有《食疗本草》。自此以后，宋、元、明、清都留下了大量的食疗相关著作，其中记载了历代积累的丰富食疗经验。日本学者篠田统曾经对中国的食物及食疗著作有非常深入的研究[④]。

尽管古代的中医把食疗提到很高的地位，但在实际医疗中，药疗仍然是最主要的手段。药疗压倒食疗，有很多历史原因，其中医药市场的扩大和竞争是促使药疗发展的重要原因之一。药疗的发展，也深入到日常饮食之中。宋代以前，一些具有保健治疗作用的药物逐渐被掺入食品或制作成饮食之物。至宋代，以药入食已经形成了一种社会风气。

二、宋代“以药入食”风气的背景与表现

宋代“以药入食”的主要表现是将药物制成日常饮用的“汤药”，其中所用的药物大多是含挥发性芳香物质的香药。但药用饮料的出现并不始于宋代。

《药性论》有一个著名的冷饮方，采用虎杖根，“暑月和甘草煎，色如琥珀可爱，堪看，尝之甘美。瓶置井中，令冷彻如冰，白瓷器及银器中盛，似茶啜之。时人呼为冷饮子，又且尊于茗”[⑤]。虎杖一药可主治大热烦躁，止渴，利小便，压一切热毒，故被制成凉茶类的

① 孙思邈．备急千金要方：卷一三［M］．北京：人民卫生出版社，1955：333.

② 郭蔼春．黄帝内经素问语译：藏气法时论篇：卷七［M］．北京：人民卫生出版社，1992：154.

③ 见丹波康赖《医心方·卷二九》，第688页。

④ 日本学者篠田统研究中国食物的论文甚多，今有其《中国食物史研究》(北京：中国商业出版社，1987)，由高桂林等摘译。

⑤ 唐慎微．重修政和经史证类备用本草：卷一三［M］．北京：人民卫生出版社，1957：333.

冷饮。关于《药性论》的成书年代有不同的说法[①]，但其记载的冷饮子大约出现在唐代，这应该是没有问题的。

"饮子"是中药剂型名，通常指将药物煮取多量的汁液，饮服次数较一般汤药为多，或不拘时候，可代茶饮。虽然《金匮要略方论》中记载了"四时加减柴胡饮子"一方[②]，但据考证，其中有的内容在宋代以前罕见[③]，故此方当为后人所续。"饮子"一名至少在唐代时已经广泛使用。唐代王焘《外台秘要》中，以"饮子"为名的方剂有数十个，且绝大多数用于治病，而非代茶。其中"代茶新饮方"用药14味，制成药末，"煎以代茶"，据载功效甚多。"禅居高士特宜多饮，畅腑藏，调适血脉。少服益多，心力无劳。饥饱饮之甚良。"[④]《药性论》记载枸杞子叶，"若渴，可煮作饮，代茶饮之"[⑤]。由此可见，将某些药物制成代茶的饮料，在唐代早已有之。但其种类及运用的范围非常有限，并未形成社会普遍服用的风气。

《外台秘要》"代茶新饮方"毕竟属于药方，并未成为茶的替代品。宋代阮阅《增修诗话总龟》记载："王焘集《外台秘要》有代茶饮子一首，云格韵高绝，惟山居野人乃当作之。予尝依法治服，其利鬲（膈）调中，信如所云，而其气味乃一服煮散耳，与茶了无干涉。"[⑥]也就是说，代茶新饮在唐代只有山野之人服用，并未广泛流行。据亲身尝试过此方的人体会，虽然其确有利膈调中的功效，但它的气味和唐宋时流行的煮散（中药剂型名）方一样，与作为日常饮料的茶并不相同。

综上所述，以药物作饮料或代茶饮，至少在唐代已经肇始。逮及宋代，这样的药物饮料已经遍及朝野，并和茶一样作为日常饮料在市面出售。据记载，北宋都城汴梁（今河南开封）早市中，"卖药及饮食者，吟叫百端"[⑦]。南宋的都城临安（今浙江杭州）"有浮铺早卖汤药二陈汤，及调气、降气并丸剂安养元气者"[⑧]。这里所谓"卖药"，并不是兜售用于治病的药物，而是出售用作保健的"汤药"。这样的汤药已和早点一样成为人们日常食物。宋代甚至形成了"客至则啜茶，去则啜汤"的风俗。这种"汤药"的制作，"取药材甘香者

① 宋代掌禹锡记载《药性论》虽题为陶隐居撰，但内容不似陶氏所为。明代李时珍认为该书是唐代甄权（541—643）所撰。今人尚志钧认为可能五代之作。故此书至少不会晚于五代，其内容当在唐末或其以前。

② 张仲景．金匮要略方论：卷下［M］．北京：人民卫生出版社，1956：57.

③ 丹波元坚．金匮玉函要略述义：卷下［M］．北京：人民卫生出版社，1957：109.

④ 王焘．外台秘要：卷三一［M］．北京：人民卫生出版社，1955：856-857.

⑤ 见唐慎微《重修政和经史证类备用本草》，第293页。

⑥ 阮阅．增修诗话总龟：前集：卷七［M］// 四部丛刊初编．上海：商务印书馆，1929：43.

⑦ 孟元老．东京梦华录注：卷三［M］．邓之诚，注．北京：中华书局，1982：117-118

⑧ 吴自牧．梦粱录［M］// 四库全书：史部地理类：卷一三：8.

屑之。或温或凉，未有不用甘草者。此俗遍天下”[①]。此类“汤药”被宋代人“朝暮饮之”[②]，成为一种社会时尚。北宋苏东坡有一首诗，名“闻米元章到，送麦门冬饮子”。诗云：“一枕清风直万钱，无人肯买北窗眠。开心暖胃门冬饮，知是东坡手自煎。”[③]由此亦可知，日常将“饮子”待客，在宋代确实相当普遍。

二陈汤（含陈皮、半夏、茯苓、甘草）是沿用至今的中医常用方剂，主要作用是理气和中、化痰燥湿。但在当时，其一度被作为保健饮料。类似的饮料方可见于宋代官修的《和剂局方》“诸汤”一节，其中有豆蔻汤、木香汤、桂花汤、破气汤、薄荷汤、紫苏汤、枣汤、厚朴汤、五味汤、杏霜汤、生姜汤、茴香汤等26首方剂[④]。南宋《十便良方》中，也有专门的“有益诸证名汤”，其中有补气汤、清中汤、解醒汤、辟寒汤、乌梅汤、健脾汤等20余方。作者认为：“以上诸汤，非惟爽口悦神，亦能祛痰防患，诚为有益。”[⑤]

这类药方与一般治疗用药方不同，其主治比较近似，多为祛一切冷气，治胸膈痞塞、饮食减少。各方药物种数多少不一，均以气香之物为主，而且都要加甘草调味。药物多研成细末，用量多为一钱，用“沸汤点服”或“如茶点饮”。这样的剂型类似“煮散”。服法简便，故可和茶一样成为日常饮料。

分析宋代的保健汤方，可发现所用药物有些是食、药两用之品，例如枣、姜、胡椒、小茴香、乌梅、桂心等，本来就是日常果品或烹调佐料。所用药品多数属理气健脾药，例如木香、丁香、白芷、苍术、檀香、高良姜、砂仁、益智仁、姜黄、莪术等，其中以姜科的植物居多。有的可用于开提肺气、疏通肠胃，最常用的是桔梗、杏仁等药。在具体配方中，有的药方使用较多的药物，而有的药方则以食、药两用之物为主。后者性质更为平和。例如著名的“紫苏汤”，由紫苏叶、乌梅、甘草、杏仁、盐组成，其作用是“调气利膈，消痰止嗽。治心胸烦闷，口干多渴”，每“服一钱，沸汤点服，不拘时候”[⑥]。乌梅是日常的果品，在方中发挥调气利膈、治口干多渴的作用。其次是紫苏叶，可以调气宽中，治疗心胸烦闷。紫苏叶实际上也可以作为蔬菜。李时珍介绍说：“紫苏嫩时采叶，和蔬茹之。或盐及梅卤作菹食甚香，夏月作熟汤饮之。”[⑦]可见紫苏虽为药物，其嫩叶也可食药两用。甘草、杏仁是宋代保健汤方中经常使用的药物。该方重在调理脾肺，故在宋代广泛

---

① 朱彧．萍州可谈：卷一［M］// 丛书集成初编：2754册．上海：商务印书馆，1935：2.

② 见唐慎微《重修政和经史证类备用本草》，第514页。

③ 苏轼，王十朋．增刊校正王状元集注分类东坡先生诗：卷二五［M］// 四部丛刊初编．上海：商务印书馆，1929.

④ 太平惠民和剂局．太平惠民和剂局方：卷三［M］．北京：人民卫生出版社，1985：393-401.

⑤ 郭坦．备全古今十便良方：卷四〇［M］．日本江户初影宋抄本．

⑥ 见吴自牧《梦粱录》，第395页。

⑦ 李时珍．本草纲目：卷一四［M］．北京：人民卫生出版社，1982：920.

流传。

宋代服用保健汤药的时尚，不仅在民间流行，朝中人士也喜好服用保健汤药。据元代《三元参赞延寿书》记载，“宋仁宗命翰林院定熟水，奏曰：紫苏（汤）第一，沉香（汤）第二，麦门冬（汤）第三”，理由是紫苏“能下胸膈浮气”①。“熟水”原本是指沸水，但在宋代却成为饮子一类汤药的代称。宋代的商家、医家、道家为拉拢主顾，经常互赠物品，其中就包括各种保健汤药。《东京梦华录》记载：“四月八日，佛生日，十大禅院各有浴佛斋会，煎香药糖水相遗，名曰浴佛水。”②由此可见，在宋代服用各种香药制成的保健汤药已成社会风尚。

除上述保健汤药之外，宋代还有所谓“果子香药”“蜜煎香药”，都属于掺杂香药的果品或副食品③。《和剂局方》里的“木香饼子”，就是用多种香药，加甘草熬膏，做成小饼子，可以不拘时候服用④。此外，市场上还流行用香药加工的糕点、果品、粥、酒等，名目繁多⑤。兹不赘述。

三、“以药入食”的弊病与“药膳”辨析

“以药入食”虽然在宋代以前已然有之，但却是在宋代蔚然成风。究其历史原因，可能有多种。宋代的保健汤药中经常使用具有调气健脾功能的香药，这与当时社会竞相奢靡，酷好香药的社会风尚有关。国产香料药很早就见于本草书，但种类有限。随着海外交通的发达，至少在南北朝时香药已经开始进入中国。唐代从阿拉伯及南洋进口的香药日渐增多，本草记载的香药种类也随之增长。伴随香药输入的是外来的香文化。香料被广泛地运用于宗教仪式、个人卫生乃至医疗保健中。

北宋好香之风，以朝廷上层人士为最。据载大臣梅询“性喜焚香。其在官所，每晨起将视事，必焚香两炉以公服罩之，撮其袖以出。坐定，撤开两袖，郁然满座浓香”⑥。北宋帝王经常赐赠臣下香药，臣下进奉皇家的奇香异药种类更多。

据陆游（1125—1210）《老学庵笔记》记载：“京师承平时，宗室戚里，岁时入禁中。妇女上犊车，皆用二小鬟持香球在旁，而袖中又自持两小香球。车驰过，香烟如云，数里

---

① 李鹏飞．三元参赞延寿书：卷三［M］．北京：中国书店，1987：5.

② 见孟元老《东京梦华录》，第202–203页。

③ 同②，第73页。

④ 见太平惠民和剂局《太平惠民和剂局方》，第107页。

⑤ 周密．武林旧事：市食：卷六［M］．李小龙，赵锐，注评．北京：中华书局，2007：167–174.

⑥ 欧阳修．欧阳文忠公文集：归田录［M］//四部丛刊初编．上海：商务印书馆，1936：991.

不绝，尘土皆香。”[①] 可见宋代在和平时期，社会上的贵族人士崇尚香料到了何等的程度！

在养生保健方面，曾经风行于南北朝及隋唐的服石、炼丹之风，到宋代已经日益衰落。丹石造成的伤害，越来越使人们认识到长生不死的荒谬。宋代医学理论随着印刷术的发展而广泛普及。借助普通的药、食来调理自身的功能，以达到日常保健的目的，成为社会保健的新尝试。唐代早已出现的保健饮子在宋代得到了飞速的发展，医家们创制了许多保健汤方。香药具有调气理脾的作用，在保健汤方中发挥着重要作用。

但是，将用于治疗的药物作为日常食物，这对于使用食物辅助治疗，是一种逆向的行为。前文已提到，古人说食物“用之充饥则谓之食，以其疗病则谓之药”。但是，这句话却不适用于药物。在中医理论中，药物皆有偏性。中医用药治病，正是利用药物的偏性来纠正人体的某些失衡。古人甚至把具有偏性的药物比喻成军队。用药如用兵，军队是猛暴的，不能轻易使用。军队如果用得不好，就会产生很多副作用。用药治病不当，也会造成灾祸。[②] 有鉴于此，平时饮食经常掺杂药物，必然造成慢性伤害。

宋代滥用香药、以药入食的风气，早在北宋末期就遭到了著名药学家寇宗奭的批评：紫苏“能散，其气香。令人朝暮汤其汁饮，为无益。医家以谓芳草致豪贵之疾者，此有一焉。脾胃寒人，饮之多泄滑，往往人不觉”[③]。寇氏认为像这样每日饮用芳草做成的汤是没有好处的。芳香之物多昂贵，只有富贵之人才能置办享用。芳香的植物如果多服，也可以使富贵人产生疾病。寇氏用作例子的紫苏汤，就是宋代最常用的日常药用饮料之一。

宋代以后，滥用香药、以药入食的风气渐渐平息。社会风气的转变是其中的重要原因。此外，医家的思想也在逐渐转变。元代医家李鹏飞批评了滥用“熟水”的弊病。他指出：“世之所用熟水，品目甚多。贵如沉香则燥脾，木骨草则涩气，蜜香则冷胃，麦门冬则体寒。如此之类，皆有所损！”当时最受推崇的紫苏汤，在李鹏飞看来，此汤“久服则泄人真气，令人不觉”[④]。李氏和寇氏都认识到，久服具有偏性的药物会造成慢性伤害。现代科学也证明，即便是甘草这样性质平和的药物，如果长期大量服用，也会引起水肿、血压升高等不良反应。[⑤]

但宋代以药入食的风气对后世还是有一定的影响。如元代忽思慧《饮膳正要》卷二“诸般汤煎”就收录了一些用药物制成的保健饮料，但数量有限。多数饮膳处方还是以性

① 陆游．老学庵笔记［M］// 四库全书：子部杂家类：卷一：5.

② 见孙思邈《备急千金要方》，第464页。原文为：“药性刚烈，犹若御兵。兵之猛暴，岂容妄发？发用乖宜，损伤处众。药之投疾，殃滥亦然。”

③ 见唐慎微《重修政和经史证类备用本草》，第514页。

④ 见李鹏飞《三元参赞延寿书》，第4–5页。

⑤ 陶御风．临证本草［M］．北京：人民卫生出版社，2005：458.

质平和、具有调养作用的食物为主。

明清时期，在食疗之外，人们也采用性质比较平和的补养药物，与某些饮食调配起来治疗疾病。例如用黄芪入米煮粥，治疗虚阳下陷引起的各种疾病[①]，等等。这类适合某些特殊人群的药物与膳食结合方，属于辨证用药，与前述宋代整个社会喜好滥用掺有药物的保健饮料是有区别的。

20世纪80年代初，中国出现了一批“药膳”书[②]。随之而起的是一阵药膳热。药膳和食疗是不是一回事？先考察其名词的由来与含义。

食疗一词的出处及含义已见前述。现代对“药膳”的定义是：“本身具有药用价值或烹调时配合某些药物的膳食也称为药膳。”[③]也有人定义为：“药膳是以药物和食物为原料，经过烹饪加工制成的一种具有食疗作用的膳食。”[④]后一个定义有欠严谨，以药物作为原料的膳食，其已非单纯的食疗作用。

药膳一词的出处，现代药膳书[⑤]称其凡三见：《后汉书·列女传》中有“亲调药膳，恩情笃密”；《北史·外戚·胡珍珠传》中有“灵太后亲侍药膳”；《宋史·张观传》中有“蚤起奉药膳”。其实在二十四史中，“药膳”一词出现了数十次。史书之药膳并不具有当代药膳的含义，而是药疗和膳食的合称。所谓“亲调药膳”，指的是亲自操持医疗和饮食诸事宜。《旧唐书》记载：“茂乃屏斥元礼侍卫，断其药膳。仍云：‘既得五十年为王，更何烦服药？’竟以馁终。”[⑥]这里“断其药膳”，即停止医疗，不给饮食，故最后元礼因饿馁而死。如果只是现代意义的药膳，则不至于停用后导致饿死。笔者至今未在古代医药书中发现现代意义的“药膳”一词。

仔细考察现有的“药膳”方，绝大多数还是属于食物疗法，其中多用的银耳、枸杞、莲子、山药、山楂、白果、鸭、乌骨鸡、鳖、龟等食、药两用之品。从这个角度来看，所谓“药膳”实际上还是“食疗”。

但也有少数“药膳”方用到黄芪、人参、冬虫夏草、当归等补养药物。当然，配用药物的“药膳”能在当代流行，自然也有它的道理。此类“药膳”方实际上也是中医的一个创举。早在张仲景《金匮要略方论》中就有“当归生姜羊肉汤”，主治寒疝腹痛、产后腹

---

① 章穆．调疾饮食辩［M］．北京：中医古籍出版社，1999：109.

② 最早有翁维健《药膳食谱集锦》(人民卫生出版社)，此后陆续出版了很多同类书籍。

③ 李经纬，程之范．中国医学百科全书：医学史［M］．上海：上海科学技术出版社，1987：69.

④ 顾奎勤，方欣，杨娟．家庭药膳［M］．北京：金盾出版社，1991：1.

⑤ 同④，第2页。

⑥ 刘昫，等．旧唐书［M］．北京：中华书局，1975：2427.

中绞痛。[①]羊肉具有温热补养之性，配合当归活血养血，比单纯药疗更能取效，并易为患者接受。但“当归生姜羊肉汤”并不能因此替代日常膳食。如果在羊肉中随意投入当归，则药味必将掩盖羊肉的香味。且当归本身有润滑偏性，不适合脾虚泄泻之人。故药膳需要辨证使用于特定人群。

中医的药物和食物的交叉重叠，就在于有药、食两用之品。但这绝不是说药物和食物就可以完全等同，无须区别。事实上，没有人会把多数中药作为食品。药性各有所偏，不能随意掺入或充作膳食。膳食可以辅助药物治疗，但这个意义的“药膳”，其本质还是属于药疗的一种形式，不能常服、久服，也无法广泛使用于各类人群。而“食疗”是利用日常饮食本身的性质来调理人体机能状态，从而获得“不药而愈”的效果。这样的“食疗”，即便是常服久服，副作用也不会太大，同时可以未病先防，广泛运用于一般人群。

目前中国某些饮食店的“药膳”，多为冬虫夏草炖白鸭，人参、黄芪炖乌骨鸡之类。所用药物性质较平和，药味不怪异，但多属补品，价格较贵。此类“药膳”偶尔服用，不易取效。一般人又难以坚持服用这些昂贵的“药膳”。因此，这类“药膳”可以展示中医治疗特色，但并不实用。最实用的“药膳”是选食、药两用之品制成。这样的“药膳”实际就是食疗，加上“药”字，反为不美。

四、结语

饮食疗法是具有悠久历史的中医优良传统。中医发展的早期，食疗在保健、治疗方面具有重要地位。

“以药入食”至少在唐代已经出现，在宋代形成社会风尚。其表现是将某些药物（尤其以香药居多）制成饮料或食品，每日服用。造成这一风气流行的原因很多，其中包括社会好用香药风尚的影响，人们养生观念的转变等。“以药入食”给人带来的慢性伤害，受到宋元医家的批判。

古代史书的“药膳”一词，是药疗和膳食的合称，并无现代“药膳”的含义。古代医药书不用“药膳”一词。当今多用的“药膳”方主要是“食疗”方，少数是借助膳食配合的药疗方，仅适用于特定人群，适应范围比较狭窄。

本文旨在回顾宋代社会“以药入食”风气的兴衰，提醒后人汲取历史教训。笔者主张采用食物疗法，也可以运用膳食辅助药物治疗，但要警惕不恰当地将药物掺入食物，以保护自然资源，预防药物对人体的慢性伤害。

---

① 见张仲景《金匮要略方论》，第29，53页。

后记： 该文是英文演讲稿的中文底稿。2006年4月27—30日，在美国得克萨斯州奥斯汀（Austin）召开国际亚洲传统医学大会上，我宣读的论文题是 The Vogue for “Medicine as Food in the Song Period（960–1279 CE），中文题即“关于宋代‘以药入食’风潮的思考”。该论文后来发表在英文杂志 *Asian Medicine*，*Tradition and Modernity* 上（《亚洲医学，传统与现代》2006年第2卷第1期第38–58页）。

宋代社会“以药入食”风气的兴衰，非常值得现代借鉴。当今鉴定何为药？何为食？仍然是一个颇多争议的问题。国家有关部门虽然一直很重视药、食界定，但目前的趋势是可作食物的中药数量越来越多，其中既关乎学术，也与某些集团的经济利益相关。本文只是想展示一段历史教训，供有关人士参考。

本届国际亚洲传统医学大会向我颁发了2006年度 Basham 奖，这也是我国中医研究者第一次获得该奖项。国际亚洲传统医学研究会于1989年以著名印度学者及该会创建者 Arthur L. Basham 的名义设立了 Basham 奖。在1994年的国际大会上，2枚奖章被授予每5年间在亚洲传统医学研究领域做出突出贡献的杰出学者。我能获得此奖项，倍感荣幸。

中药材经验鉴别法及其发展

郑金生

为了保证用药的安全有效以及适应药材商品交流的需要，几千年来，我国人民积累了丰富的药材鉴别经验。人们用直观简便的方法，依据药材的形色气味及其他特性进行鉴别，现多称之为经验鉴别法（或形性鉴别法）。此法简便实用，又多符合科学道理，是我国医药宝库中一份重要的遗产。

中药材一般是指可供医用的原料药材。古代中药材的鉴定主要是依据其药用部分（往往无法窥见全貌）来判断真伪优劣，因此人们只能利用自己的视觉、嗅觉、味觉、听觉、触觉等来鉴别药材。这样就逐渐形成了一整套丰富多彩的鉴别法，概括起来可分为尝、看、嗅、试及其他方法。

尝：“神农尝百草之滋味，水泉之甘苦”（《淮南子·修务训》）的传说，反映了上古人民很早就用口尝来认识药物。我国最古的医方《五十二病方》中有毒堇“叶实味苦”的记载[①]，最早的药物专著《神农本草经》记曰：“药有酸咸甘苦辛五味。”五味后来演变为药性理论的一个组成部分，但其最初起源于口尝药味。《本经》收载的甘草、苦参、五味子、细辛等药物名称，就反映了这些药物各自“味”的特征。如当归与独活在外形（特别是饮片）上不易区分，但当归尝之先苦辛后微甜，而独活先苦辛后麻辣。

口尝还可以感知药物其他一些特点，如薄荷嚼之有清凉感、木瓜滞涩、花椒麻舌等。南朝梁陶弘景云“（龙骨）舐之着舌者良”属于广义的尝法。此外，运用尝法还可以判断某些药材（如半夏、乌头）是否符合炮制要求等。

看：观察比较是识别药物最基本，也是运用最广的方法。古人最先抓住药材外观（形状、颜色等），比如在秦汉以前即已使用的人参（似人形）、牛膝（茎节膨大如牛之膝）等药，就是以形似物命名的。而黄芩、白茝（芷）、雄黄、紫草、丹砂则表述了药物的颜色。“水银”药名，则突出了形色两方面的特征。以形似物作药材名称的例子还有很多，如马尾当归、

① 马王堆汉墓帛书整理小组．五十二病方［M］．北京：文物出版社，1979：68.

马蹄决明、鸡骨常山（陶弘景），剑脊乌梢、紫油厚朴（寇宗奭），酱瓜天麻、鸡爪黄连（“如鹰鸡爪形”——李时珍）。此外，如粉草、绵芪、蚕羌、鬼脸升麻、绵纹大黄、花槟榔等，都是据形色鉴别药物。

随着药物的增多，外形相似（或伪作）者也多起来。人们对药物的观察日益由表及里，由粗至细。不仅更细致地注意到表面特征（各种纹路形式、突起、裂缝、瘢痕、附属物等），而且深入药材内部，注意质地（光滑、粗糙、粒状、角质型、粉性、油性等）和结构（维管束排列、油室分布等）的区别。《名医别录》云，防己“文如车辐理解者良”[①]，就是指其断面木质部射线的形状。后世在鉴别过程中，总结了一些术语，生动易记。如朱砂点（油室）、金井玉栏（浅棕黄色形成层环纹与类白色皮部）、星点（异形维管束等）、车轮纹、菊花心等。

嗅：某些药材的特殊气味可以帮助鉴别。《本经》中木香、麝香即以其香气命名。败酱一药，是用嗅法鉴别药材的典型。近代败酱的混淆品甚多，在进行本草考证时，“气如败豆酱”（陶弘景）是一重要依据。结合植物形态描述，证实古代药用败酱，是指败酱科白花败酱（*Patrinia villosa* Juss.）[②]。古本草这方面记载尚有不少，如白藓皮“气息正似羊膻”（陶弘景）、徐长卿“有臊气”（《唐本草》）等。有时还将药材火烧，再来闻其气。因为药物的气味是由多种挥发性物质产生的，故比较难作伪，对有经验的鉴别者来说，嗅法是比较可靠的。

试：用简便的试验来检验药物。最常用的是借助水、火。

水试：观察药物在水中的各种现象，如颜色改变。汉代《淮南子》梣（秦）皮注云“以水浸之正青”，陶弘景又云“水渍以和墨书，色不脱，微青”，《唐本草》曰“水渍便碧色”，都是记述秦皮在水中的蓝绿色荧光现象。这一特性至今仍然是鉴别正品秦皮的重要依据。又如观察药材比重差异判断优劣，《雷公炮炙论》以沉香沉水者为上（现代科学证明，沉水沉香的挥发油比重大于1）、半沉者次之。《日华子本草》用类似法鉴别地黄质量：“生者水浸验，浮者名天黄，半浮半沉者名人黄，沉者名地黄。沉者力佳，半沉者次，浮者劣。”此外，还可以观察水试中的特殊现象及变化。如宋代《图经本草》载鉴别熊胆法：“取粟颗许，滴水中，一道若线不散者为真。”此法至今仍在使用。

火试：用火烧、锻药材，观察产生的现象来帮助鉴别。早在《本经》中就有“丹砂能化为汞”的记载。火煅可使丹砂（HgS）还原出汞。火煅观察金石产生的各种变化，是古人在长期的冶炼、炼丹实践中所总结出来的方法。很多矿物药采用此法。除观察生成物之外，还充分注意到火烧时颜色、声音、气味的变化。陶弘景记录的鉴别硝石（KNO_3）的方

---

① 苏敬，等．重辑新修本草［M］．冈西为人，辑．东京：学术图书刊行会，1978：219.

② 谢宗万．中药材品种论述（上册）［M］．上海：上海科学技术出版社，1964：342.

法是“强烧之，紫青烟起”。这与现在火焰分析法的原理相符合，成为后世区分硝石与芒硝（$Na_2SO_4 \cdot 10H_2O$）的依据。《唐本草》指出，火烧琥珀，嗅之“有松气”为真。宋代寇宗奭辨别枫香、松香与乳香时，也指出“烧之尤见真伪”，即嗅其产生的气味。清末郑肖岩《伪药条辨》识别麝香，“将香少许弹于炭火上，真者如燃人发，其质爆裂。奇香四溢；伪者不但无香，且质如灰烬”。火试法例子很多，不胜枚举。

除水试、火试法外，还有很多其他的方法，大体上是利用药材的某一突出特性。如“磁石召铁”(《吕氏春秋》)、琥珀拾芥（《雷公炮炙论》云：琥珀“如血色，熟于布上拭，吸得芥子者真”，说明我国很早就已观察到琥珀经摩擦可产生静电，并用以辅助鉴别）、牛黄透甲（陶弘景云：牛黄“俗人多假作，甚相似，唯以磨爪甲，舐拭不脱者真”）。又如用手触摸，感觉药物表面性质；敲击药物，听其声音判断优劣；折断药材，观察有无粉尘飞出、体会其坚韧的程度，新鲜药材还可观察有无特殊颜色的汁液流出等。

众多的中药材鉴别经验多散布在历代本草书中，内容极为丰富。今择要简述于下。

约在2000年以前，《神农本草经》中就提出了“药有土地所出，真伪新陈”的问题。从所记药名推求，其时已经具备了药材的主要鉴别方法(见前述各法)。稍后的《名医别录》则突出地记载了产地和生长环境，对药物形态描述稍有增多。南北朝时陶弘景的《本草经集注》一书，在药物的来源和鉴别方面收录了丰富的资料和经验，并指出当时存在着严重的药品混淆情况。刘宋雷敩的《雷公炮炙论》在判断药材优劣方面的记载比较多。

唐代是我国封建社会发展的上升阶段，药物学的发展很快。显庆四年（659）撰成的世界第一部药典《新修本草》，对药物的辨识又比陶弘景《本草经集注》前进了一大步。同时，有药图与本草并行，对识别药物有很大的帮助。虽然这些药图已失传，但这一做法一直为后世所效仿。唐代讲求道地药材，《千金翼方》(681）在“药出州土”一节中，列举了133州所产的519种药物。《新修本草》中也有很多道地药材的鉴别经验。唐代高僧鉴真在双目失明情况下，仍然可以凭嗅、尝、听、摸来鉴别药材，并将这些经验传到日本。可见唐代的药材经验鉴别已达到较高的水平。

在唐代药物学的基础之上，宋代中药材品种日趋繁复。政府设“收买药材所”，辨验药材，“以革伪滥之弊”。宋代本草书中对药物鉴别贡献最大的是嘉祐年间的《图经本草》。编写此书时，政府下令各郡县将所产药物加以绘图解说呈报，对外来药物也要客商提供标本和来源情况。该书已佚，主要内容保存在后世本草书中，成为鉴定古代药物的重要依据。该书的药图名称大多冠以州县名，这反映道地药材已十分兴盛。宋代著名的药物学家寇宗奭注重实际，撰有《本草衍义》，其中有丰富的鉴别经验，甚为后世推崇。

药材经验鉴别在明代得到了进一步的总结。《本草品汇精要》所列的苗、用、色、味、嗅诸项下，记有不少鉴别知识。明初陈嘉谟在《本草蒙筌》的“贸易别真假”一节中，列举了很多诸如“古圹灰云死龙骨，苜蓿根谓土黄芪”的作伪现象。该书除附有265幅原植物图外，还有28幅药材图，有的还展示了断面。李时珍《本草纲目》所收录的药物是古本草中最多的（1892种），其中也有丰富的鉴别经验。值得一提的是，在李中立的《本草原始》（1612）中，药材鉴别是主要内容，全书379幅药图中绝大多数是药材写生图，形象简明，并将不同产地、不同品种的药材对比绘画。由于该书总结了明代以前的经验鉴别，因此有人称它是"我国最早的一部生药学性质的本草著作"。

清代药材经验鉴别知识已开始普及，很多本草书中都或多或少谈到药材的鉴别。但除了在具体经验方面不断增加，同时更多地将药物形色气味与药理相结合之外，并没有特别值得称道的发明。这一时期赵学敏《本草纲目拾遗》、吴其濬《植物名实图考》记录了很多民间草药，后者的植物图可靠性高。清末民初郑肖岩的《伪药条辨》，可视为药材辨伪专著。

但因历史条件的限制，古代药材鉴别始终停留在经验的阶段，方法上没有新的突破。如"看"（观察）一法，一直囿于肉眼所及的范围，对药物更细小的结构无能为力，使鉴别的精确性和适应范围（如药材粉末鉴定）受到限制。

运用近代科学技术发展起来的显微鉴定和理化分析，将中药传统鉴定从经验进展到实验，扩大了鉴定范围（如中成药）。21世纪以来，我国许多药学工作者在中药材商品调查、品种考证、理化分析等多方面做出了很大的成绩。尤其在1949年后，中药鉴定得到了空前的发展。1957年，中央卫生部发出编写中药手册的通知，短短数年，成果辉煌。《中药材手册》①在"性状鉴别"中大量吸收老药工的鉴别经验，《药材资料汇编》②则在药材的产销及规格方面记载尤详。如四川、甘肃、河北、浙江、江苏、江西、黑龙江、辽宁、安徽、山东、河南、广西、湖南等省（自治区），都编出了富有地方特色的药材手册或中药志，其中许多是在实践调查中得来的第一手经验鉴别资料。

1949年前后出版的多种《生药学》以及1949年后出版的《中药志》《药材学》等书，都注意发挥我国传统药材鉴别经验的作用，并从不同角度加以整理总结。1974年编成的全国大学统一教材《中药鉴定学》，将药材传统的经验鉴别与原植（动、矿）物鉴别、显微鉴别、理化鉴别等方法相结合，中药鉴定学在理论上也不断提高、趋于完善。要之，1949年后我国中药鉴定发展到了一个新阶段。

目前，由于经验鉴别法简便易行，它仍然为广大医药人员所习用。进一步发掘整理这一部分祖国医药学的宝贵遗产，是我们医药工作者的长期而又艰巨的任务。

（原载于《中药材科技》1981年第2期28-30页）

后记：1972年，我受委派到北京中医学院中药系中药鉴定教研室进修1年，学习中药

---

① 中华人民共和国卫生部药政管理局．中药材手册［M］．北京：人民卫生出版社，1959.

② 中国药学会上海分会，上海市药材公司．药材资料汇编［M］．上海：上海科技卫生出版社，1959.

鉴定各种技术，其中包括中药材的经验鉴别法。除了深入北京市药材公司下属的各区仓库实地向老药工学习，教研室年近80岁的刘仙洲老师还为我们3个进修生“开小灶”，拿出药材标本，单独讲解各种药材的经验鉴别法。刘仙洲老先生是当时中药行业的“大佬”，若干年后我与金世元老师闲聊时提到刘老的名字，金世元先生立即说：“你还见过刘老？他也是我的老师啊！”可见刘老与金老一样，都是在药材行业摸爬滚打数十年的老师傅，精通经验鉴别法。这段学习经验鉴别法的经历让我终生难忘，所以在研究生在读期间，就撰写了这篇近似科普之文，对历代的经验鉴别法予以介绍。

注意中药品种的历史性

郑金生

研究中药必须注意品种鉴定，这已为药学工作者所熟知。自古至今，中药品种是在不断发展变化的。古人总结当时的用药经验所依据的中药品种，不一定与现时用药品种相符。因此，研究古代用药经验，就应该尽可能采用当时作为依据的药物，这样有针对性的研究，才更有说服力。今以“十八反”研究为例，谈谈个人的一点浅见。

据考，“十八反”具体内容最早可追溯到《神农本草经》。那么，其中的药物至少是依据汉代以前的用药品种。可是，现在却存在着将晚近发展的同名异物品及历史上的混淆品划为反药的现象。这使本来就有再验证必要的“十八反”更加繁杂和混乱。

大戟：据我国历代本草书记载及近代考证，历代沿用的大戟主要是大戟科京大戟（*Euphorbia pekinesis* Rupr.），长于峻下逐水。古本草记载“反甘草”的大戟应指此种。目前大戟药材中使用最广的是茜草科红大戟（*Knoxia valerianoides* Thorel et Pitard）。该药不见于本草收载，长于解毒疗疮（谢宗万《中药材品种论述》上，148–151页）。其毒性与京大戟相比是很小的。因此，研究大戟反甘草，不宜以红大戟为对象。

但崔珉等进行的实验中（见《中医杂志》1：39，1966及内部资料），所用大戟即红大戟。其实验结果之一是甘遂、芫花、大戟分别配伍甘草，动物实验表明“大戟毒性最小”。这与采用红大戟有很大关系。李安域等试验所取药材为广西产（见《青医学报》2：1，1959），据《中药鉴定手册》，这种药材也是红大戟。用红大戟作为验证古代“大戟反甘草”的材料，是不符合历史实际的，因而也就缺乏说服力。

现今许多教科书和词典均将京大戟、红大戟并列于同一条目之下，而不说明反甘草当指哪一种，这是欠妥当的。《中国药典》（1977年版）将红大戟另立条目，不载与甘草相反，这是符合历史及现时用药情况的。

但《中国药典》（1977年版）在北沙参、党参条下注有“不宜与藜芦同用”，这就值得商榷了。

北沙参：南、北沙参之分，有明文记载是从清张璐《本经逢原》才开始的。这之前本草记述的沙参均指桔梗科南沙参［*Adenophora tetraphylla*（Thunb.）Fisch；and *A.spp*］。北沙参系伞形科珊瑚菜（*Glehnia littoralis* Fr.Schmidt ex Miq.）是清代以后才发展起来的，将北沙参列为反藜芦药根本不符合传统用药。

有的书囿于后世歌诀中"诸参"二字，将凡带"参"字的药，都列为与藜芦相反，这简直像是"避名讳"。

党参：现党参主要是桔梗科党参［*Codonopsis pilosula*（Franch.）Nannf.］，它也是直至清代才正式被著录于本草中。在此之前的古本草中均无党参反藜芦的记载。现有人认为："实际古代的人参除五加科人参外，还包括某些桔梗科植物。我国药典规定："党参不宜与藜芦同用，应是合乎传统的。"（见《中医杂志》3：7–11，1980）。笔者认为，在没有临床实践观察和动物实验重复验证的情况下，仅据人参的以上推断，其说服力是不强的。

陶弘景《神农本草经集注》中确提到有"以荠苨乱人参"的事，但从"乱"字就可以了解到当时就有将荠苨视为混淆品。从陶氏和《唐本草》在人参下的注文可以推知，五加科人参应是古代人参的正品，占主流。古代所谓上党人参，即人参 *Panax ginseng* C.A.Mey.（见江苏植物研究所《本草整理资料》25页，1975）。因此，当时总结"人参反藜芦"应该以正品人参作为依据。《神农本草经》总结人参的功效，很明显是以五加科人参为依据，并非依据荠苨、桔梗类的伪品。那么，怎么能认为总结人参反藜芦时所依据的药物就一定会包括荠苨、桔梗呢？更何况党参（桔梗科）一名的出现比人参晚千年以上，只不过与荠苨、桔梗一类人参伪品同科而已。本草人参传统上就不包括党参，所以即便从人参去推论，也没有充分证据认为党参不宜与藜芦同用。

以上略举数例，以说明必须重视中药品种的历史性。研究中药"十八反"，首先应该按一定的标准确定相反药物，即采用该药性理论最初形成时所依据的品种。研究其他药性理论或复方，在确定所用中药材料时，应该既注意药物的品种鉴定，也要注意中药品种的历史性。

（原载于《中医杂志》1980年第21卷第7期77–78页）

后记：此文是我研究生在读期间的习作。其时刚进入医史领域，所学不多，从行文可以看出，我那时还是太嫩，火气太盛，竟然点名点姓批评已发表文章的错误。如此锋芒毕露，确实伤人，深致歉意。学术文章，可以不隐瞒观点，但点到即止，没有必要剑拔弩张地点名批评。做学问不易，谁能保证自己没错？当然，如果读者批评我的文章，我不会有任何抱怨或抵触。能挑出我文章错误的人，一定是关注我、仔细读过拙文的高人，我应该感激才是。不过，虽然拙文点名批评了《中国药典》的有关记载，但是我至今不悔、不改。私人文章，各有观点，信与不信，读者任取。但《中国药典》及某些具有权威性的学术书籍（包括专业工具书、教科书等）编写有公费支撑，集体撰成，书成后具有法律效应或一定的约束力，或发挥指导作用。这类专业书如果有错，不予指出，就会产生负面作用，有损其权威性。

中药研究应注意了解药物兴衰史

郑金生

古代本草书中有记载的药物大约3000多种，而当代常用药不超过三四百种，还有几乎十之八九的药物被搁置，处于衰败状态。药物有各自的兴衰史，注意了解药物的兴衰是很有意义的。明代李时珍指出“天地品物无穷，古今隐显亦异。用舍有时，名称或变”，常有“隐于古而显于今者”。例如，香附子虽见于《名医别录》记载，但南北朝时一度“方药不复用”，而无识者。数百年后，香附子大兴于世，成为妇科、气病的要药。李时珍综观“古今药物兴废不同”，意识到“本草诸药，亦不可以今之不识，便废弃不用，安知异时不为要药如香附者乎!”据此，他在编写《本草纲目》时，取材“不厌详悉”“虽冷僻不可遗也”，从而使《本草纲目》成为古代药物资料的渊薮。

现代中药研究同样应该注意了解药物兴衰史，这是发展中药事业的需要。本文试分析中医用药的类群、品种、药用部位、药效等方面的兴衰现象，以阐明药物兴衰史与现代中药研究的密切关系。

一、中医用药类群的兴衰

药物的兴衰，很大程度上取决于它本身的疗效，但又不尽然。由于科学水平、社会风尚、文化背景，尤其是用药思想的不同，不同时代所使用的中药类群也有所不同。先秦医方（见《五十二病方》等）书中所用的死者裰、女子布、蔽褐、久溺中泥等，是一类原始用药思想的产物。随着时代的进步，它们很自然地被淘汰了。唐代以前的医方中，热性药(如蜀椒、乌喙、肉桂、吴茱萸等)使用较多，主要是因为人们对寒邪致病的认识比较深刻。宋代由于中外贸易的发展和社会风尚的影响，香药和食药发展畸形。此后金元火热派、滋阴派的兴起，使寒凉药的应用逐渐增多。逮至清代温病学派崛起，多数医家便视温热药为畏忌。他们不仅治热病用凉药，即便治内伤，也多选择平和轻淡柔润之品（如沙参、玉竹、玫瑰花、玳玳花等）。这种风气不单是学术观点影响，也和医生执业要加大保险系数有关。因此，某一时期被冷落的药物并不全是无用之品。一部分药性峻烈（甚至有毒）的药物也很有发掘的必要（如雷公藤之类）。我们可以利用现代科学条件，寻求最佳剂量或炮制方法，使之安全有效。听任用药唯务平和之风蔓延，必将把中医药疗效的优势销蚀过半。目前中药实验研究大体是围绕着常用中药转，但从长远来看，还应该把研究“冷宫”里的中药提上议事日程，以求获得新的发现。

在中医用药史上，早期金石药使用频率比现在高得多。金石药（包括无机盐类）的消退原因是多样的，在旧时代这种消退甚至还具有某种进步意义，但是当现代发现微量元素与人体健康的关系之后，许多矿物药也许会以新的用药方式再度兴起。与此相反的是，一度盛行的“血肉有情之品”却在现代遇到了新问题。动物药里有一些来源于当今世界受保护的生灵，如犀角、虎骨、熊胆、羚羊角等，尽管它们是名贵药材，但现实决定了它们必将暂时隐退。药物类群的资源无情地决定了某些药物命运的浮沉。在人们超乎寻常地迷恋某一药物并不顾一切狂采滥用的同时，也决定了该药总有一天会消失的命运。野山参就是最佳例证。

现在中医医生习惯用什么药，和他所受教育有关。经典医著（《伤寒论》等）、中药普及图书（《本草备要》《药性赋》等）以及现代中药教材中的药物一般为大家熟知。但是，这些书籍的编撰者在选材时会受其个人用药实际的限制和影响。因此，我们必须认识到，在这些书籍之外，还有一部分有效药物值得深入发掘。提高用药者的学术素质，增进其知识的深度广度，也是发展中药的一个重要途径。

二、中药品种的兴衰

历史上某一名称下的药物品种并不都是单一的、固定不变的。一般来说，疗效较好或产量较大且容易获得的品种会后来居上，但也有各种原因造成的以伪充真、同名异物现象。唐宋时出现了酸橙（*Citrus aurantium*）、香圆（*C.wilsonii*）之类取代同科植物枸橘（*Poncirus trifoliata*）充当枳实的局面，这是合乎一般药物发展规律的。我们无须顾虑枸橘是正宗而复古的，如有条件可以考虑开发这冷落已久的老药药源，使之物尽其用。人参与党参则不然，以党参代人参充其量也只能算是权宜之计。研究和使用含人参的古方必须注意这一历史用药实际，不可将党参与人参等同。即便如此，含人参的古方在现代用起来也未必符合当时的要求，因为古方人参用的是野山参，现已濒临绝迹了。这提示我们在研究和评价古方时，注意用药品种的差别。

除了弄清一些名近实异的中药品种，还应该了解各品种出现的时代，否则将影响临床和实验用药品种的正确性。例如“十八反”研究应该知道该说法最初形成时所依据的品种。可是，现在许多人都误将党参、太子参、北沙参、西洋参作为反藜芦药。他们不了解“十八反”产生1000多年后，上述诸“参”才陆续问世。大戟也是这样，它在“十八反”形成时用的是京大戟（*Euphorbia pekinesis*），毒性较大。现在多用的是不同科的红大戟（*Knoxia valerianoides*）。有人用红大戟作原料去验证“十八反”，这等于“无的放矢”。

三、中药药用部位的兴衰

同种药物的不同药用部位也有兴衰变化。例如枸杞子首先用的是果实，后来其根皮也发展成为一味新药（地骨皮）。有时后来者反而居上，例如大青，最早是用其叶，后来大青品种越来越复杂，有些品种的根（板蓝根）竟比大青叶更为常用。总的说来，药用部位扩大是一件好事，像罂粟那样的例子是极个别的。我国唐代就用罂子粟（种子）煮粥喝。北宋末学会了用罂粟壳治病，虽说这也有损害，但并不为祸。明代知道了鸦片制法，但仅用于治病。至清代英、美商人向我国倾销鸦片后，鸦片就成了毒品。现鸦片在我国被禁绝了，连带罂子粟、罂粟壳也少有人问津——这是比较特殊的物极必反的例子。

值得注意的是，也有一部分药物的药用部位萎缩了，而且是不合理的萎缩。例如五加皮，《名医别录》指明其茎皮、根皮同用，但后来渐渐变为全用根皮。笔者曾考得宋代以前龟甲是上下甲同用的，元代以后龟板（下甲）才盛行（《中医杂志》1982年第3期），或以为下甲是阴中之阴，但是与龟甲功效相近的鳖甲为什么又用上甲呢？须知后世附会的一些理论解释往往掩盖了早期质朴的用药经验，由此造成龟上甲被大量废弃。针对这些现象进行研究，必将为扩大药源提供依据。最近，“龟上下甲化学成分及药理作用的比较研究”课题证实古代上下甲同用是正确的。该课题在药史研究基础上进行的现代实验研究，已获1987年国家中医药管理局中医药重大科技成果乙级奖。龟上甲已作为一味新药收入药典。

四、中药药效的兴衰

中药药效的兴衰和药用部位一样，对于某些药物来说，新的药效兴起总是占多数，这当然是一个好现象。例如忍冬，南北朝以前不过用来酿酒，有“补虚疗风”之说。宋代以后，忍冬藤用于清热解毒获良效，它的花（金银花）在明清时期已成为清热解毒要药，大行于世。像这样的例子甚多。但是，对于中药研究来说，更有意义的是注意那些莫名其妙、阴差阳错衰落的药效，应把它们发掘出来，丰富临床用药内容。这方面的出色例证是青蒿抗疟作用的再发掘，它使1000多年前用青蒿绞汁治疟疾的经验得到证实和提高。五加皮也是如此，它在早期古典药学著作中，最引人注目的是补气益精作用，甚至有“宁得一把五加，不用金玉满车”的夸张之语。但到明清之时，五加皮的主要功效却成了散风胜湿。该药有无直接补益作用呢？现代药理研究者经实验证实了它确可补益，临床上现又开始发挥五加补益功效的作用。龟甲也是如此，宋代以前它曾是知名的骨伤科用药，以至于有“昔有伤折，宜用生龟”的民谚。但元代以后它的滋阴作用兴盛，反而掩盖了它祛瘀止痛的良效。现代药理研究已初步证实龟甲可以止痛。

当然不可否认，许多药物效果的衰落不是人为的失误，而是长期用药实践经验证实其疗效不确切的结果。早期药书中若干药物的效果的记载，有一部分是方士们的说法。例如朴消，方士用它炼饵服食，说是可“轻身神仙”，李时珍批评说“盖方士窜入之言”。又如地榆，一度也是方士推崇的补脑药，甚至有“宁得一斤地榆，不用明月宝珠”之说。事实证明地榆并无此神效。翻开《神农本草经》，可知该书上品的许多药（云母、钟乳石、白石英、紫石英、防葵、蓍实……），现已衰落，这主要是因为它们的疗效不佳而被自然而然地淘汰。类似的药物数以百计，这也是医学发展的必然结果。

药物发展史上的许多例子还表明，某些药效的时兴，并非都是经过医疗实践检验的。走红的药物，可以是因徇名，也可以是因以讹传讹而受人青睐。像追求长生者一度捧上了天的甘露、秋石、红铅等，最终还是衰败了。那么，当今走红的药物中有无药效掺水分的宣传呢？像供不应求的冬虫夏草、天麻之类，其疗效和价值是否相配呢？这些值得我们用科学的态度予以研究。我们既要查验古代所载某些药效的失实处，也要防止继续产生新的不实的药效。鸡血疗法的昙花一现，说明现代也可能出现“吹捧”起来的药效。以上介绍了中医用药兴衰的几个方面。这几方面有时又互相影响。例如中药秦皮，汉代曾是眼科良药，随着品种混淆现象的出现，秦皮治眼的疗效也就跟着衰落了。只要找出问题的症结，再次发挥秦皮治眼的作用是完全可能的。因此，了解药物兴衰史对当今中药科研有着不可忽视的作用。

（原载于《中医杂志》1989年第1期48–49页）

后记：再看30多年前的小文，我很庆幸自己数十年来还是初心未改。科研固然不能光图功利，但对于附属中医学的历史文献研究来说，如果脱离医疗实际，仿乾嘉学派皓首穷经，窃以为也未必可取。我进入医史文献研究领域之后，确立的目标就是用本学科的知识，为现代发展中医药服务。我花了很大的精力进行本草目录研究与资料收集，为深入研究并解决中医发展中存在的问题做准备。1980年，我曾发表过《注意中药品种的历史性》一文，仅谈及中药鉴定必须注意品种的历史变化。又经过近10年，阅历增多，我发现在品种之外，还有用药的类群、药用部位、药效等其他方面也要注意历史变化，于是又写成此文，希望将医药历史研究与现代中医药研究紧密结合起来，温故而知新，吸取历史教训，使中医药研究能有利于中医药的现代发展。

此文能在当时的《中医杂志》发表，实得益于该杂志费开扬老师的慧眼。当年费老对拙文《“龟甲、败龟、龟板”考辨》提携有加，足见他老人家的开阔视野。能在当时很有名望的《中医杂志》刊登医史、药史研究文章，荣幸之至。费老不幸在2022年故去，哀莫大焉，谨借此后记表达弟子的哀思。

“龟甲、败龟、龟板”考辨
——论龟甲当用上、下甲

郑金生

扩大药源，是发展中药事业的重要课题之一。对于“龟甲”一药来说，把很长时间以来被废弃的龟上甲（背甲）加以利用，就是扩大该药来源的一条途径。然而，现在绝大多数中药教科书、词典乃至《中国药典》，都说龟甲当用下甲（腹甲）。即使人们能从情理上推想龟上甲、下甲可能具有相同的作用，却因惧怕违背中医用药传统，只好坐视龟上甲被弃置不用。近年虽有采用上甲者[①]，但并不普遍。

其实，中医古代所用“龟甲”，本来就是采用上、下甲。明代李时珍就指出过“古者上下甲皆用之”[②]，完全采用下甲（多称“龟板”）入药只是在元明以后才盛行。本文拟从探讨龟甲的药用历史入手，为恢复使用龟上甲提供文献依据。

一、“龟甲”古来即用全甲

“龟甲”，始载于《本经》。考诸字书，“甲”字绝无特指“腹下甲”的含义。用甲入药之品（如鳖甲、蛇鱼甲、鲮鲤甲等），都是采用它们护身的硬壳入药。“龟甲”在早期药用时并不例外。

晋代葛洪《抱朴子》一书记载：“千岁灵龟……以羊血浴之，乃剔取其甲，火炙捣服方寸匕，日三。尽一具，寿千岁。”[③]这里所谓“一具”龟甲，无疑是指完整的上下甲。

南朝梁陶弘景明确指出：“此用水中神龟，长一尺二寸者为善。厌可以供卜，壳可以充药。”[④]“厌”通“厣”，此处指龟下甲，供占卜用；入药则不分上下甲。陶氏此说，就是

① 江苏新医学院．中药大辞典：上［M］．上海：上海人民出版社，1977：1154.
② 李时珍．本草纲目：卷四五［M］．上海：商务印书馆，1954：3.
③ 葛洪．抱朴子：仙药篇［M］// 诸子集成（八）．上海：上海书店，1996：47.
④ 唐慎微．重修政和经史证类备用本草［M］．北京：人民卫生出版社，1957：413.

李时珍认定“古者上下甲皆用之”的依据。

自唐、五代而至宋，龟甲的取材出现了某些异说（详见下文）。但是，采用全甲仍然是使用“龟甲”的形式之一。五代时《蜀本草》：“《图经》云，江河湖水龟也。湖州、江州、交州者，皆骨白而厚，色分明，并堪卜。其入药者，得便堪用。”[①] 北宋《本草图经》也有类似记载：“水中龟，其骨白而厚，色至分明，所以供卜人及入药用。”[②] 这些记述都笼统地用“骨”字，不分上下。

除上述水龟外，《本草图经》还记有一种大山龟，云：“乡人取壳，以生得全者为贵。初用木楔出其肉……工人以其甲通明黄色者，煮拍陷玳瑁为器。今所谓‘龟筒’是也。”[③] 寇宗奭补述“取龟筒治疗，亦入众药”，这表明北宋时除水龟外的某些龟类也并不要求只用下甲入药。

以上引述宋代以前特别是南北朝以前的文献记载证明：“龟甲”入药本不分上下甲。《本经》《别录》及唐宋时期的某些医药书所载龟甲的功效，自然是使用全甲的经验总结。那么，从什么时候起，出于什么原因专取龟下甲入药呢？

二、“败龟”及其他使用龟甲的异说

李时珍认为，“至日华始用龟版，而后人遂主之矣”，他还将“败龟版”一名，注出“日华”[④]。“龟版(板)”专指下甲，取下甲平坦如版(板)。可是，这一名称并非出自日华子(五代末吴越人)。而且，仅仅由于一本书记有“龟版”，就能骤然改变古代用全甲的习惯吗？事实并不是这样简单。

我们先来更正一下李时珍把“龟版”作为日华子首出的错误。经查多种版本的《大观本草》和《政和本草》，其中所记“日华子”原文为：“卜龟小者，腹下可卜，钻遍者名‘败龟’，治血麻痹。入药酥炙用。又名‘败将’。”[⑤] 明代各种本草均属转引此文。可知李时珍在引述上文时，在“败龟”之后加“版”字是很不严谨的，不可引以为据（另明代《本草品汇精要》亦有此误）[⑥]。

那么，日华子所说的“败龟”，又是指什么样的龟甲呢？很明确，是指卜甲（占卜时

---

① 见唐慎微《重修政和经史证类备用本草》，第413页。
② 同①，第414页。
③ 同①。
④ 见李时珍《本草纲目·卷四五》，第3页。
⑤ 同①。
⑥ 刘文泰，等．本草品汇精要［M］．上海：商务印书馆，1936：3.

钻灼过）。唐宋时期，关于龟甲的取材出现了某些异说。采用“败龟”一说，是当时比较流行的一种。《本草图经》也说：“方书中又多用败龟，取钻灼之多者。一名‘漏天机’。”①由此可知，方书中一度多用的“败龟”，其本意取用经卜“钻灼之多者”（“败”当为经钻灼而破败之意），并未刻意于下甲。

为什么取经卜之甲呢？是出于迷信？占卜本身就是一种迷信行为。而用龟甲占卜，源于对龟的崇敬。《淮南子》说：“牛蹄彘颅，亦骨也，而弗灼，必问吉凶于龟者，以其历岁久矣。”②可见，龟的长寿引起了人们的膜拜。《礼记·礼运》云：“麟凤龟龙，谓之四灵。”③此外还有“甲之虫三百六十，而神龟为之长”等说法。由此可知，古人给龟加上了神灵的光圈。在用药过程中，古人对龟甲的疗效，也曾用龟的“灵”性来附会曲解。如寇宗奭云：“（龟甲）以其灵于物，方家故用以补心。然极有验。”④求神问卜用过的龟甲，更是被蒙上一层迷信的色彩，“漏天机”这一别名即明证。在这种迷信思想影响下，方家追求“败龟”。

占卜用的龟甲，多用下甲。《史记·龟策列传》记：“神龟……输太卜官，因以吉日剔取其腹下甲。”⑤据考古所见，也有用背壳的⑥。因此，即便取钻灼者药用，恐怕也不能绝对排除上甲。但卜甲毕竟以下甲为多，这也为后世专取下甲入药埋下了伏笔。

追究用卜甲入药之源起，其实也并非始于日华子。现知唐代孟诜《食疗本草》记有：“（龟甲）卜师处钻了者，涂酥炙，治妇人风疾。”⑦唐代（一说五代）李珣《海药本草》云：“（龟）其壳味带苦……或经卜者更妙。凡甲，炙令黄，然后入药中。”⑧这里所谓“更妙”，提示未经卜的甲壳也同样可以入药，不过在当时认为其较经卜者稍逊而已。可见至少在唐代，已有取用卜甲入药的先例⑨。

比使用“败龟”更难解的是分龟之阴阳入药。《本草图经》记：“其头方壳圆脚短者为

---

① 见唐慎微《重修政和经史证类备用本草》，第414页。

② 刘安．淮南子：说林训第一七［M］//四部丛刊初编．上海：商务印书馆，1929：127.

③ 礼记：礼运：卷七［M］//四部丛刊初编．上海：商务印书馆，1929：71.

④ 同①。

⑤ 司马迁．史记：龟策列传第六十八［M］．北京：中华书局，1975：3227. 此段文字为褚少孙所说。

⑥ 北京大学历史系考古研究室．商周考古［M］．北京：文物出版社，1979：124.

⑦ 同①，第413页。

⑧ 同①。

⑨ 见李时珍《本草纲目·卷四五》，第4页。原文为：“肿毒初起：败龟甲一枚，烧研酒服四钱。小品。”如时珍此条属实，则“败龟甲”一名还可上溯到南北朝。但笔者反复查找《千金方》《外台秘要》《证类本草》《医心方》等书中小品方佚文，均不见此条。鉴于李时珍引文欠严谨，不拟据此立论。（后记：《本草纲目》金陵本此条出“小山”，非“小品”。笔者当年所用《本草纲目》版本乃张绍棠本，非佳本，故有此误。）

阳龟，形长头尖脚长者为阴龟。阴人用阳，阳人用阴。”[①]大概是过于荒诞，北宋“医家亦不复如此分别也”。

随着时间的推移，一度流行的“败龟”在药源方面出现了新问题。北宋时“知卜术者亦稀，惟医方时用龟甲”[②]。那么用什么来取代“败龟”呢？南宋陈衍在《宝庆本草折衷》中提出：“局方乌犀丌、返魂丹悉用败龟。败龟者，日华子取钻卜十遍者——此不能常有。今但以水龟或斗噬及为物伤而毙，其肠肉败尽，惟甲独存于水浒，收燥而不腥者入药足矣。”[③]这表明，直到南宋本草书中还未主张仅用下甲替代经卜败龟，但却赋予“败龟”以另一种含义（肠肉腐败后之残甲）。关于“败龟”的含义，明代医药家曾发生过争论[④]，这里就不予赘述了。

陈衍虽然提出了一种取代经卜“败龟”的办法，但是那种死于水边的龟的龟甲实是可遇而不可求，又岂能适应临床所需呢？当另有他法。

考南宋周辉《清波杂志》记：“淳熙壬寅（1182）……次吴江，见岸傍渔舟取龟板，用铦刀剜其肉，最为残酷。”[⑤]按北宋知卜术者已稀，南宋渔家大量取“龟板”何用？比较合理的解释是药商以此代经卜之“败龟”。甚至用此加工成卜甲亦未可知。笔者在南宋以前的很多医药书中还找不到“龟板（版）”一名[⑥]。它首见于元代方书《瑞竹堂经验方》（成书于1236年）[⑦]，其下有小字注：“取卜卦者。”可见，作者虽未改取卜卦败龟之意，但附加“板”字。这一处方用名，当与药家提供的药材商品有关。因此“败龟板”一名，实意味着由取用卜甲（败龟）向采用普通龟下甲（龟板）过渡。

三、“龟板”在元明之后盛行

“龟板”专指龟下甲，这不光是从字面上理解，还有更可靠的依据。如五代时蜀国杜

---

① 见唐慎微《重修政和经史证类备用本草》，第414页。

② 同①。

③ 陈衍．宝庆本草折衷：卷一七：552号药［M］．元刻本．

④ 陈嘉谟《本草蒙筌·卷一一》认为：“方药用败龟版者，乃龟死深山之中，形肉烂，渗甲内，人或检拾，因有此名。”《本草纲目》转引吴球的看法为：“惟灵山诸谷因风坠自败者最佳，田池自败者次之。人打坏者，又次之。”李时珍辨正为：“败者，谓钻灼陈久如败也。”

⑤ 周辉．清波杂志：卷一一［M］// 知不足斋丛书（第十八集）嘉庆己卯（1819）重刊：8．当时周辉之弟“以一千（钱）得（龟）大小五百六十余枚”，可见龟数量之多，价亦廉。

⑥ 南宋陈自明《妇人良方》经明代薛立斋校改后，多处出现“龟板”。今查证，未经薛氏校改本，只有“龟甲”“败龟”两名。

⑦ 沙图穆苏．瑞竹堂经验方：卷二［M］．当归草堂医学丛书本．1878（光绪四年）：9-10．

光庭在《录异记》中云："西梁居民捕龟为业。生解其板以为卜灼之货。既解，其甲与肉俱弃水中，犹能运动。或云其板复生。"[①] 但这里指明龟板仅供卜灼，并非直接以此入药。

如前所述，"败龟板"一名始于元代方书。用得最多的是朱震亨（又名朱丹溪），在《本草衍义补遗》中，他首次以"败龟版"取代"龟甲"立条目[②]。但朱氏所记"败龟版"的功效，吸取了元以前本草"龟甲"的功效。在朱氏书中，"败龟版"与"龟甲"无疑是同一药，不过换用当时常用处方名而已。

因朱丹溪对该药的使用有独到心得，从而使元代以前用途不广的龟甲（或败龟）逐渐成为中医的常用药[③]。

朱丹溪力主"阳有余阴不足"（滋阴派），因而加强了对滋阴方药的探索实践。他认为，"（败龟版）大有补阴之功而本草不言，惜哉！"并盛赞"龟下甲补阴，主阴血不足"，且"补阴之功力猛而兼去瘀血，续筋骨，治劳倦"[④]。《丹溪心法》"补损"类方24首，有15方含有龟板[⑤]。丹溪创制的卓有成效的补阴方中，龟板往往是主药。朱氏还给予本品新的药理解释，"属金而有水，阴中阳也""龟乃阴中至阴之物，禀北方之气而生"为龟板滋阴功效搜集理论依据。这种解释在当时比迷信龟之"神灵"显然要进步得多。

经朱丹溪的发明与倡行，龟板应用越来越多。可是医家只盯住疗效，而不管药材来源。药家沿用成习，积重难返。在当时医药分家态势下，想纠正龟上甲被废弃的局面十分困难，钻灼之甲无人再提，古代知用全甲者亦稀。李时珍虽明知古人用上下甲，但却未呼吁加以纠正。他没有分析龟板是由对"败龟"的迷信演化而来的历史事实，因而也未能提出恢复使用上甲的主张。

同时，李时珍引用文献的不严谨，为人们提供了失真的文献依据，造成五代时就始用"龟板"的假象。除前面提到的妄改日华子之文一事外，他还多处改动《本草图经》的条文。如《本草图经》云："入药须用神龟。神龟，底壳当心前有一处四方透明如琥珀色者是矣。"[⑥] 这本来是谈"神龟"的辨识标志，但李时珍转引时改作："神龟版当心前一处四方透明如琥珀色者最佳。"文义一变而为"神龟版"的质量讨论。如按李时珍所改，龟板可作药用的部位恐怕还会缩小。

---

① 杜光庭．录异记：卷五［M］// 说库本．上海：上海文明书局，1915：2.

② 朱震亨．本草衍义补遗：卷首［M］// 丹溪心法附余本．墨润堂，1920：11.

③ 龟甲在丹溪以前方书用得较少，主要用治妇人漏下赤白、痢疾，风毒流注等。

④ 朱震亨．丹溪心法［M］．上海：上海科技出版社，1959：192–209.（笔者以《太平圣惠方》卷二六至卷三一所收各种治虚劳方相比较，共查方759首，无一用龟甲滋阴补劳者）。

⑤ 陈嘉谟．本草蒙筌：卷一一［M］．明刘孔敦增补万卷楼本 .1620（崇祯元年）：8.

⑥ 见唐慎微《重修政和经史证类备用本草》，第414页。

明代专用龟下甲已成不易之规。陈嘉谟《本草蒙筌》称："只取底版，悉去旁弦。"[①]李中立《本草原始》载"古人皆用上下甲，今惟用底版矣"[②]，并首次绘有龟版药材图。这一习俗延至清代，毫无改变。虽然清代黄宫绣《本草求真》又发展使用"龟版胶"一药，但他要求煎胶仍用龟版[③]。近代有关书籍中一致认为"龟甲""龟板"是同一药，可是又千篇一律地误指"龟甲"只用下甲。因此，这种由多种历史原因造成龟上甲被废弃的现象仍在继续，运用全甲的真相仍被淹没。

四、结语

以上对"龟甲、败龟、龟板"等药名的演变进行了初步的考究，这些药名在不同历史时期所代表的药用部位也不尽相同。"龟甲"一名历史最悠久，古来即采用上下甲，后世专取底板是不对的。恢复使用龟上甲，有着充分的文献依据，建议药材部门予以纠正并开始使用龟上甲。各有关书籍对"龟甲"药用部位应作符合历史事实的记述。

（原载于《中医杂志》1982年第3期56–58页）

后记：本人于1981年硕士研究生毕业，留院工作，其时，尚无课题等任务缠身，自思脱产学习本草三年，尚不知所学能否有裨实用，何不选个用药实际问题一试牛刀？忆及1965年初进大学上中药课，见有龟板一药，只许使用龟板（又称下甲或腹甲），却废弃上面那块更大的龟壳盖（上甲），不明是内藏玄机？还是阴差阳错？遂奋力对此加以研究。文成，蒙费开扬老师赏识，随即在《中医杂志》发表。此文发表后，数年内无人关注。内子杨梅香从事药理研究，遂根据此文考证结果，申请课题，开展"龟上下甲化学成分及药理作用的比较研究"。1987年该课题成功验收，且获1987年度全国（部级）中医药重大科技成果乙级奖，并获得卫生部颁发的"龟甲"新药证书（88卫药证字2–08号）。《中华人民共和国药典》从1990年版（上册）开始，改"龟板"之名为"龟甲"，规定来源为龟的"背甲及腹甲"。中药教材也随即遵照《药典》改名。龟甲来源被颠倒的历史，终于又重新颠倒过来。文献考证与现代研究结合，可解决实际生产问题，由此例可见一斑。本人后来与张志斌教授合著的《本草纲目药物古今图鉴》《仲景经方药源》二书，对专书所用药物来源进行系统深入的考订，所用方法仍与《"龟甲、败龟、龟板"考辨》一文相同，注重追根寻源。

---

① 见陈嘉谟《本草蒙筌·卷一一》，第8页。

② 李中立．本草原始：卷一一［M］．刻本者作手书并绘本．1612（万历四十年）：30–31．

③ 黄宫绣．本草求真［M］．上海：上海科学技术出版社，1979：41．

旋覆花汤中的“新绛”考

郑金生

“新绛”见于《金匮要略》旋覆花汤（方组：旋覆花三两，葱十四茎，新绛少许）。旋覆花汤在叶天士《临证指南》及清代诸家医方中常见使用，治络瘀肝着之症确有疗效。但此汤中的“新绛”究系何物？清代方书常将“新绛”写作“猩绛”。这当然与《金匮要略》原文不合。1949年前曾有人取清代官员所戴红缨帽上的红色丝线充作“猩绛”，然汉代之方何以得用清代官员帽缨入药？足证其非。旧时认为，猩绛正品是以真丝线染猩猩血晒干而成，今难考其源。但猩猩已属难得，取血染丝，如何能供临床所需？因此过去常用颜料将人造丝及麻线染成红色，又分广猩绛、细猩绛两种规格，实属自欺欺人，1949年后已被取缔。那么现在“新绛”当用何物，实有加以考究的必要。

可是历史上有的医家连旋覆花汤也表示怀疑，他们就更不谈及新绛了。考旋覆花汤两见于《金匮要略》，一主肝着，一治妇人半产漏下。《医宗金鉴》在“肝着”条注云：“‘旋覆花汤主之’六字，与肝着之病不合，当是衍文。”又注妇人半产漏下：“此条详在《伤寒论》辨脉法篇，错简在此。旋覆花汤一句，亦必是错简。半产漏下，则气已陷，焉有再用旋覆花下气之理？”日本多纪元简附和说：“旋覆花汤，徐（彬）程（林）诸家为妇人杂病中方，然千金不载，金鉴为衍文，今从之。”近人陆渊雷亦从之。

按肝着症旋覆花汤宋校原注为“臣亿等校诸本，旋覆花汤皆同”（程、林认为“同”恐“阙”字讹。但因此处有汤名无方组，即使作“阙”字解，也不能认为连汤名亦缺。否则，诸本皆缺，此汤名又从何来？），说明当时诸本都有此汤。临床用以治肝着确效，故不能说“不合”。至于此汤在妇人杂病篇，“千金不载”，也不能引以为据。因为《千金方》出现时，“江南诸师秘仲景要方不传”，孙思邈所收《金匮要略》内容本系残卷。又半产漏下，瘀阻可知，行气祛瘀，并无不可。且旋覆花治结气而通血脉，虽云下气，不同于枳朴。故《医宗金鉴》的推衍，实为一家之言。况时隔千年，又怎能处处要求张仲景用药合乎后世的框架呢？笔者考诸本草，苏颂云：“张仲景治伤寒，汗后心下痞坚，噫气不除，有七物旋覆代赭汤；杂治妇人有三物旋覆汤。”故至少在宋代校正《金匮要略》时，旋覆花汤确已有之。结合前引林亿校肝着之语（苏颂、林亿同在北宋校正医书局，所见多善本）可知，后世“衍文”“错简”之说不过是臆测。即便“错简”，也不过是顺序错乱，并不能确认此汤汉代没有，故“新绛”仍应考求。

对旋覆花汤不疑的诸家，在“新绛”的解释方面却又见仁见智，今择要列于下。赵以德：“新绛疑是绯帛也。凡丝皆理血，血色红，用绛尤切于活血。”周扬俊：“取有色无质者，能入藏血之地而不着耳。”尤在泾：“绛帛，入肝理血……”唐容川：“惟新绛乃茜草所染，用以破血，正是治肝经血着之要药。”陈伯坛：“新绛着水便赤，具有血色之华，且绛为草本，少许作汤服，则脉道之色如纁染，其去瘀生新之效力何待言？”黄树曾：“新绛乃红蓝花所染绯帛，是治肝经血着之要药。”也有一些书对此避而不谈。上列诸说以新绛为“绛帛”或“绯帛”影响较大。

考本草书未载“新绛”，也无名“绛”之植物。陈藏器另记有“故绯帛”，云可治疗肿痛等。《金匮要略》治坠马及一切筋骨损伤方，也用了“绯帛如手大，烧灰”。倘以为新绛即绯帛，即一药两名，这在张仲景的书中确为罕见。结合药名、用法、主治来看，两者应该有所差异。

汉代许慎《说文解字》释“绛”云：“大赤也，从系，条声，古巷切。”（又“绯：帛赤色也，从系，非声，甫微切”）故作为药物的“绛”，似可认为是绛（大赤）色的丝织物。古代用什么染绛呢？《名医别录》云：“茜草……可以染绛。”今考古专家对汉代丝织物进行化学分析，可知染料中有茜草素（alizarine）和靛蓝（indigotin），前者当由茜草（*Rubia cordifolia*）而来。《史记·货殖列传》云：“千亩卮茜……此其人，皆与千户侯等。”三国魏时孟康注：“茜草、栀子，可用染也。”故汉代用茜草染绛，应该是很普遍的。所谓“新绛”，大概是指茜草初染，尚未经洗涤使用之丝织物。用于煎剂，其起作用的似乎主要是茜草之汁（也可能包括染色时配料）。

按茜草有“止血、内崩下血”（《名医别录》）之功，《素问·腹中论》用四乌贼骨一藘茹（即茜草）治“血枯”“有所大脱血”。因此，茜草对于旋覆花汤的主治是完全符合的。唐容川认为，新绛是“茜草所染”并非虚妄。那么，有无用茜草提取物（如马蓝中取青黛）作新绛的可能性呢？从所示用量为“少许”来看，也许有可能，但尚无进一步的旁证，待考。此外，像茜草这种历史悠久、疗效可靠的药，为什么张仲景不使用呢？这的确令人费解。会不会张仲景借“新绛”而发挥茜草之功呢？现已难知张仲景原意。但从汉代广用茜草染绛可知，“新绛”一物与茜草的联系是比较明确的。

但是，“绛”与“绯”均是红色（据《说文解字》所释稍有差异），能够染红的也并非茜草一物。茜草另一名称为“染绯草”（《蜀本草》引《图经》），晋代徐广释“茜”云：“茜，音倩，一名红蓝，其花染缯赤黄也。”此处将茜草作红蓝花是不对的，但说明红花在晋代也用于“染缯赤黄”。其他文献记载红花可染真红，且多用制胭脂。《博物志》云，红花为张骞所得。红花作为药物在本草书中首见于宋《开宝本草》，可见它的使用历史远不如茜草悠久。用以染丝的记载也不如茜草多（考古研究多未提及）。张仲景书中已用红蓝花，是否还有必要再用其染织物？当然，从红花功效来看，用于旋覆花汤其理不悖。但若论与新绛的关系终不如茜草染绛更为贴切。

古代染红之物可能还有，因记载不多，不予罗列，其使用肯定也不如上述二药广泛。要之，“新绛”当指茜草等初染的丝织物，旧时以红缨或“猩绛”等伪品混充是不切合实际的。清代诸家所用“猩绛”也可能是伪品，但他们多配加活血化瘀药，因此旋覆花汤仍然取效。笔者初步认为，现在似可用茜草以代“新绛”，既不悖古方，又切实用。区区管见，请同道批评。

（原载于《辽宁中医杂志》1982年第1期42–43页）

后记：此文与龟板考证文是同一年发表的，那时我硕士研究生刚毕业，宛如仙山学剑归来，总想小试锋芒，因此就拿自己在大学时不明白的问题练手。新绛是《金匮要略》中的药物，这样的药物，连其来源都弄不清楚，作为药史学者，当引以为耻。尽管本文所考新绛并非我的创见，仅取古今众说中最靠谱的一种说法，但毕竟可以排除一些误说、异说，用于临床有益无害。近年我与张志斌研究员合著《仲景经方药源》，其中也论及新绛，所用材料更多，但结论依然是“茜草新染绛丝之说”。

从唐代底野迦到宋代人工牛黄

郑金生

底野迦（theriaca）是唐代传入的外来成药，今或有将此药名作为鸦片异名的记载[①②]，这是不够准确的。

英国人李约瑟（Joseph Needham）在《中国科学技术史》中专门介绍了底野迦[③]。他说此药是古代和中世纪早期西方药物学家的一种万应药。公元前275年，苛勒丰的尼肯特（Nicander of Colophon）将它作为解毒药，医治各种因动物咬伤而引起的中毒症。于是旁杜斯国王米特里达斯（Mithridetes）萌发制造一种万能解毒药的念头，用很多种混合成分制成底野迦，其中包括胆、没药、鸦片和大麻等[④]。夏德（Tr. Hirth）藏有一篇1506年写的《本草》手稿，其中有一幅彩图，画着献给国王的红黑色的底野迦药丸[⑤]。据此可知底野迦实系一种红黑色、由多种成分制成的药丸，虽含有鸦片，但并非单纯的鸦片制剂。尚志钧在谈到鸦片传入中国时，认为底野迦是仅含阿（鸦）片的制剂[⑥]。

唐代初期，随着中外陆路贸易的发展，像底野迦这样一种在当时西方风行一时的名贵药，也被传入中国。《旧唐书》记有“拂林国，一名大秦……乾封二年（667）遣使献底也（野）迦”[⑦]。据考证，拂林国（波斯语Farang）即指东罗马帝国及西亚地中海沿岸诸地[⑧]。但在唐

① 范行准．胡方考［J］．中华医学杂志，1936，22（12）：1243.

② 江苏新医学院．中药大辞典［M］．上海：上海人民出版社，1977：1640.

③ Joseph Needham.Science and Civilisation in China［M］.Cambridge：Cambridge Vniversty Press，1954：204–205.

④ 6. Д. 彼得罗夫，等．医学史［M］．任育南，等，译．北京：人民卫生出版社，1957：107. 此书记有芬香鸦片剂 Tepuak，恐亦指底野迦，据称包含70多种成分。李约瑟记底野迦多时达600种成分。

⑤ 同③。

⑥ 尚志钧．阿片输入中国考［J］．人民保健，1959（6）：573.

⑦ 刘昫，等．旧唐书［M］．北京：中华书局，1975：5315.

⑧ 冯承钧，陆峻岭．西域地名［M］．北京：中华书局，1980：27.

显庆四年（659）成书的《新修本草》却已经收载此药，云："底野迦，味辛苦，平，无毒。主百病，中恶客忤邪气，心腹积聚。出西戎。"又注云："彼人云用诸胆作之，状似久坏丸药，赤黑色。胡人时将至，此甚珍贵，试用有效。"书中所记产地形态与李约瑟所述一致，说明此药在7世纪初已常进口，并经我国医家试用，补以性味功效，载入我国第一部药典。

《新修本草》通过向"彼（胡）人"调查，得知底野迦的成分中有"诸胆"，这与李约瑟介绍的成分之一相合，但未言及其他成分，所谓"主百病"也与西方作万能解毒药有关，经试用后按中药体系补记了性味功效。另据日本丹波元简《医賸》所引，底野迦尚可"治眼疾。龙树菩萨眼论摩顶膏方中用之。云西番者，状如驼胆"。《医方类聚》引《五脏论》云："底野迦善除万病。"《职方外纪》曰："里亚迦，能治百病，尤解诸毒。有试之者，先觅一毒蛇咬伤，毒发肿胀，乃以药少许咽之，无弗愈者，各国甚珍异之。"① 这些功效大多与西方所记吻合，然在成分方面，却仅知与"胆"有关。

唐《新修本草》的底野迦条文被宋代诸官修本草所保留。此外，苏颂《图经本草》在牛黄条下提到了底野迦："又有底野迦，是西戎人用诸胆和合作之。状似久坏丸药，赤黑色。今南海或有之。"说明此药在宋代从海路仍有输入，但已是"或有之"②，不如唐代频繁。苏颂为什么在牛黄条叙述底野迦呢？从《图经本草》体例推测，可能是苏颂认为"诸胆"中应包括牛胆，故附在牛黄条下叙述。

然而到了南宋，陈衍在《宝庆本草折衷》牛黄条下却有新的叙述："艾原甫又言有猪胆合为牛黄，其色赤，皆不可用也。"③按南宋艾原甫所著《本草集议》，此乃"遴选近要药物，会集唐慎微、寇宗奭诸书，复以己意，发越叙括条品，考订精详，议论明整"。因此所记"猪胆合为牛黄，其色赤"，不太可能是笔误。即便"诸胆"有可能被误为"猪胆"，但以各种胆汁合为牛黄，也不见于前代本草。尽管这种人工牛黄并未得到当时医家的认可（所谓"皆不可用"），却明确反映了南宋有人以此作为牛黄代用品使用过。这种人工牛黄的制作，有可能是受苏颂在牛黄条引述底野迦由"诸胆"合成的启示。宋代中成药盛行，牛黄用得很多，《太平惠民和剂局方》中用牛黄的成药就有15种。因此，在这种情况下，人们创制人工牛黄的愿望是可以想见的。

近代制取人造牛黄，据记载有两种方式。一是利用牛胆汁浸膏制成人造牛黄④；另一种

① 丹波元简．医賸［M］．皇汉医学丛书13册．上海：世界书局：92.

② 唐慎微．重修政和经史证类备用本草［M］．北京：人民卫生出版社，1957：370.

③ 陈衍．宝庆本草折衷：卷一五：492号药［M］．元刻本．

④ 石坂音治，堀正由．人造牛黄的制法［J］．特许公报，1956.（转引自刘寿山《中药研究文献摘要》107页）

是分析牛黄所含成分，然后从猪胆或牛胆汁中抽提各成分，按一定比例合成[①]。由于猪胆汁每毫升含胆红素40～60毫克，比牛胆汁所含胆红素高6～7倍，因此利用猪胆可以解决制取人工牛黄的原料供应问题。对于后一种方式，宋代还不可能有此技术。但利用胆汁浸膏制取人造牛黄，在古代是完全可能的。我国从南北朝至隋唐，就已有卓越的"煎丸"技术[②]。将易得的猪胆汁浓缩成红色的牛黄代用品，就宋代的制药水平来说并不困难。这种人工牛黄的颜色，与用多种原料混成的赤黑色底野迦药丸也有明显的差别。

众所周知，我国至迟在北宋（11世纪）已能从人尿中提取相当纯净的性激素结晶制剂秋石[③]。其工艺比猪胆合为牛黄复杂得多。我国古代也有用自制代用品取代外来药品的例子。如"质汗"一药，《开宝本草》云："……出西蕃，如凝血。蕃人煎甘草、松泪、柽乳、地黄并热血成之。"可是唐《外台秘要》就有"近效土质汗（益母草膏）"的记载。宋代林亿也说："今以益母成煎，故谓之土质汗也。"[④]这是由于益母功效与质汗相近，故相替代。以此观之，猪胆合为牛黄代用品，在临床使用方面也应有其相似之处。《外台秘要》引深师疗青盲方就曾将猪胆煎成丸，云"猪胆一枚，一味，微火煎之，可丸如黍米，内眼中食顷良"。联想到《龙树菩萨眼论》摩顶膏中也用底野迦治目疾，这是否启示了猪胆煎丸的制成呢？猪胆汁苦寒清热解毒，与牛黄的作用并不相悖。近代以猪胆汁等合成的人造牛黄，经实践证明，确有与牛黄近似的功效。古代用胆汁合成人工牛黄以代牛黄是有其医疗实践作为基础的，这也可能与人们了解到牛黄生成于牛胆囊有关（陶弘景云"今人多皆就胆中得之"）。

综上所述，底野迦并非单纯的鸦片制剂，我国宋代以前只知此药含有"诸胆"。从宋代制剂水平和对胆汁及牛黄的认识程度来看，《宝庆本草折衷》所记"猪胆合为牛黄"一语，并非虚妄，这一过程很可能受底野迦由"诸胆"合成的启示。

应该补充指出的是，明代《本草品汇精要》和《本草纲目》在引述底野迦时，均将《新修本草》的"诸胆"改为"猪胆"（《本草品汇精要》还补记了收贮、气、臭等内容）。这种改动是笔误还是有意的纠正，尚难定论。但因为《本草纲目》影响很大，所以李约瑟据《本草纲目》认为，我国的底野迦"猪胆是其成分之一"，其实宋代以前的记载并非如此。

李约瑟据我国本草书一直将底野迦摆在不重要的位置认为，中国人相当轻视拜占庭的

---

① 天津市药品检验所，药物研究所．人造牛黄［J］．综述与讲座．（后记：据中国医药出版社《中华人民共和国药典》2025年版一部，人工牛黄"由牛胆粉、胆酸、猪去氧胆酸、牛磺酸、胆红素、胆固醇、微量元素等加工制成"。）

② 冉小峰．中药丸剂的起源和发展［J］．中药通报，1959（1）：25.

③ 阮芳赋．性激素的发现［M］．北京：科学出版社，1979：118-134.

④ 王焘．外台秘要［M］．北京：人民卫生出版社，1955：779.

万应药，显示了中国人具有令人钦佩的怀疑精神[①]。从底野迦传入我国的历史来看，古代医药家对外来药既不排斥，也不盲从，他们立足于实践，并善于从外来成药中得到启示，用易得的原料制成某些药物的代用品。从唐代的底野迦到宋代的人工牛黄，体现了我国人民可贵的实践精神。

（原载于《中成药研究》1982年第2期34–35页）

后记：此文所议，不是现代中药界接触的问题，只是看书偶得。我在整理《宝庆本草折衷》时，见其中有“猪胆合为牛黄”一句，很是好奇，于是上溯、旁求，写成此小文。制药不是我熟悉的内容，故专门去请教了王孝涛老师。承蒙王老指点，至今难忘。

① Joseph Needham.Science and Civilisation in China［M］.Cambridge：Cambrdge University Press，1954：204–205.

诺藤、含水藤与大瓠藤原植物的考订

郑金生

诺藤、含水藤和大瓠藤是三种原植物不明的中药，失传已久。诺藤见于南朝梁陶弘景《本草经集注》“续断”条下；含水藤、大瓠藤首载于唐代陈藏器《本草拾遗》。从有关记载来看，这三种中药具有良好的作用，故有必要予以考订发掘。

1. 诺藤：陶弘景云：“广州又有一藤，名续断，一名诺藤。断其茎，器承其汁，饮之，疗虚损绝伤。用沐头，又长发。折枝插地即生。”（《证类本草》卷七）李时珍《本草纲目》转录了以上记载，且称诺藤为“续断藤”。陶弘景所载点出了该植物的下列特征：产广州，为含水多的藤本植物，插条繁殖，有疗虚损绝伤、长头发的功效。这些特征，与清代赵学敏《本草纲目拾遗》中的买麻藤一致。《本草纲目拾遗》引《职方典》：“出肇庆，缘树而生。有子味苦可食。山行断取其汁饮之，可以止渴。”又引《粤志》：“买麻藤，其茎多水，渴者断而饮之，满腹已，余水尚淋漓半日。性柔易治，以制履，坚韧如麻，故名，言买藤得麻也。治蛇咬，鲜者干者俱效。”（《本草纲目拾遗》卷七，263页）

将诺藤与买麻藤的记载相比较，很明显，二者产地一致，均为藤本。更重要的是，二者发挥治疗作用的均是藤茎中所含的丰富汁液，这是一个具有特异性的判断标记。在广东生长的药用藤本植物中，除了买麻藤，没有其他植物的藤茎中含有如此多的可供饮用和药用的汁液。因此，诺藤应该就是买麻藤。

2. 含水藤：细考历代本草可以发现，一些药物也具有买麻藤的特征。如“含水藤中水”，陈藏器云：“味甘平。主止渴，润五藏（脏）。山行无水处，断之得水可饮。清美，去湿痹烦热。生岭南，叶似狗蹄。煮汁服之，主天行时气。捣叶，敷中水烂疮、皮皲。刘期《交州记》亦载之也。”（《证类本草》卷一二）据此可知，含水藤的产地（岭南）和“断之得水可饮”的特征均与买麻藤相同。但是陈藏器说它“叶似狗蹄”，则与买麻藤殊不相类。但是《海药本草》中有一段记载可与之相印证：“谨按《交州记》云：生岭南及诸海山谷。状若葛，叶似枸杞。多在路，行人乏水处，便吃此藤，故以（含水藤）为名。主烦渴，心躁，天行疫气，瘴疠。丹石发动，亦宜服之。”（《证类本草》卷一二）这里提到“叶似枸杞”，而不是“叶似狗蹄”。如果说含水藤叶片像狗蹄，则意味着叶片三裂或五裂，这种叶形的岭南生藤本植物未见具有“断之得水可饮”特征者。买麻藤的藤茎具有很好的纤维特性，叶片全缘，椭圆形，因此说它“状如葛，叶似枸杞”是可以说得通的。“狗蹄”与“枸杞”音相近，许是传抄之误。《中国树木分类学》认为含水藤即木天蓼（葛枣猕猴桃）[*Actinidia polygama*（Siebold & Zucc. ）Maxim.]，实际上全然不合乎古本草的记载。

3. 大瓠藤：李时珍《本草纲目》视含水藤和大瓠藤为一物，将二者合并。按大瓠藤首见于陈藏器《本草拾遗》：“大瓠藤水，味甘寒，无毒。主烦热，止渴，润五藏（脏），利小便。藤如瓠，断之水出，生安南。”陈氏又引《太康地记》：“朱崖、儋耳，无水处种用此藤，取汁用之。”（《证类本草》卷八）以此与含水藤对照，两者产地相同，均系藤本，又都有“断之水出”“取汁用之”的特征，故李时珍合二物为一是完全正确的。但《证类本草》于大瓠藤下又引了一条《海药本草》的文字。细考之，恐系误引。《海药本草》引《太原记》云：“生安南，朱崖上。彼无水，唯大瓠中有天生水。味甘冷，香美，主解大热，止烦渴，润五脏，利水道。彼人造饮馔，皆瓠也。”这段文字虽与大瓠藤有相似之处，但根本不同之处是大瓠藤是藤形像瓠藤（“藤如瓠”），取水时断藤取之，而不是像《海药本草》所说的从大瓠中取水。故《海药本草》所述乃是大瓠，而非大瓠藤。

综上所述，诸藤、含水藤和大瓠藤均产自岭南，且都具有断藤可饮其水的特征，结合有关描述可以认为，三者都是今买麻藤科植物买麻藤（*Gnetum montanum* Markgr.）或小叶买麻藤 [*G.parvifolium*（Warb.）C.Y.Cheng ex Chun]。由此可知，买麻藤在1500年前已作药用。该品具有补益、清热除烦及预防疾病的作用，因此，当今用买麻藤汁作为清凉饮料，是有长期的临床实践作为依据的。这样一味历史悠久的滋养清润良药，应该得到进一步的开发和利用。

（原载于《中国中药杂志》1989年第14卷第3期6-7页）

后记：想不起是因为什么而写了这篇药物考证。之所以将此文收入本《文选》，只是想说明熟读本草，才会遇到这样的机会：把具有产地相同、特性相同的植物联系到一起，一次可以解决好几个原植物不明的药物。好在这几个藤本植物的特征很明显，但类似这样的事例可能也不会太多。遗憾的是，我非广东人，也没有机会在广东一带多待一段时间，否则我一定要去找找这种买麻藤，看看它是不是藤里真的有很多水？还得尝尝这水是不是真好喝？要是真好喝，是否能开发出一种天然饮品？我有时喜欢这样遐想，读者勿笑我是老顽童。

走方医伪药初探

郑金生

中药出现伪品的年代很早。《神农本草经》中就指出药有“真伪新陈”[①]，此后历代本草书中均记载有中药材的作伪现象。除不法药商之外，走方医是古代伪药的主要制造者。走方医三字诀为“贱、验、便”，其所用药物都是价廉易得之品。但是某些走方医经常宣称自己掌有某些贵重药品，甚至有人专卖虎骨、麝香等药。这并不表明他们抛弃了“贱、验、便”三字诀，只能说他们在贩卖伪药。清代赵学敏《串雅》记载，走方医把“作伪药皆曰何兼”[②]。《串雅外编》卷三有“伪品门”，记载了数种伪药。赵学敏因怕过多辑录这些伪药容易启奸诲骗，故仅略述数例。清末鲁照（字三桥）《串雅补》一书则认为，造假药是方士四大方术之一，其方术有四：一顶、二串、三抵、四色。“抵”者，偏药抵金以欺人也[③]。此书卷三为“抵方”，专门辑录一些走方医造假药的秘法。走方医的作伪手法极为隐秘，仔细分析其作伪方法可以知道，他们在造假时，除追求形似外，也兼求具备某些真品的鉴别特征和疗效。贵重的药材在民间大多有名气，故走方医多以此为作伪的目标，牟取暴利。本文仅据有关材料对走方医的伪药进行初步的探析。

熊胆，《串雅补》载：“猪胆不拘多少，取汁涂板上，晒干。又涂、又晒，至胆汁数百。将胆胶刮下，用鸡镫皮裹如熊胆样，阴干。能分墨解尘，以伪熊胆。”[④]分墨解尘是俗传的熊胆鉴别法之一。《本草纲目》熊胆下记曰：“周密《齐东野语》云：熊胆善辟尘，试之以净水一器，尘幕其上，投胆米许，则凝尘豁然而开也。”[⑤]走方医用猪胆作为原料，也能达到辟尘的效果，以此蒙蔽世人。且猪胆的性味与熊胆有相似之处，故伪熊胆亦可取得一定

① 唐慎微．重修政和经史证类备用本草［M］．北京：人民卫生出版社，1957：31.

② 赵学敏．串雅内外编［M］．北京：中国书店，1987：1.

③ 鲁照．串雅补［M］．石印本．上海：扫叶山房，1919：自序．

④ 同③，卷三，熊胆。

⑤ 李时珍．本草纲目［M］．北京：人民卫生出版社，1982：2840.

的疗效。

牛黄，《串雅补》载："捡囫囵禹余粮石轻轻敲碎，取中心黄子似牛黄而有层晕者，用大黄汁煮透，晒干为伪。"①牛黄的伪品早在南宋《宝庆本草折衷》里已有记载，但那是用猪胆制成的红色物，外观很容易鉴别。清代走方医进一步改进作伪手法，他们选禹余粮中心黄色而带层晕的黄子，目的是模仿牛黄所具有的环状层纹。再用大黄汁煮，一是进一步染色，二是赋予伪品以清热解毒泻下的作用。

类似的作伪例子还有制伽南香："将花栈沉香或速香，并青皮浓汁煮干，或同青皮煮一伏时。"②花栈沉香或速香常被用作伪品的材料，尽管真伪之品不在一个档次，但这些伪品的材料也有一定的疗效。赵学敏《串雅外编》记载的作伪例子中，贵重的药品不多，其中假冰片的制作过程还挺复杂："真片脑形如冰雪。如造假者，其性亦寒，用之颇与同功，往往欺人，亦得高价。用新砖一枚，纳于厕中。一二月取出，同新汲水洗十分净，于室中阴处下，用新砖盖之。待霜出冰雪收之。如此数次，霜尽而止，用瓷罐与潮脑同包，取其香气。智者辨之。"③赵学敏记载的伪造冰片方法还有数种，多用樟脑作为基本原料。

又，天竺黄的伪品在宋初就出现了。《开宝本草》云："人多烧诸骨及葛粉等杂之。"④《增订伪药条辨》则云："真者难得，故肆中有伪品。"曹炳章注云："近时作伪者，不独以蛤粉等制造，甚至有用水门汀伪造者，可谓天良丧尽者也。"⑤但《串雅补》所载的"制天竺黄"法很有意思："南天竺叶，捣烂绞汁，入南星末和匀。将原树根开皮去膜，霜降前放前药于内，立冬日取出晒干，功倍竺黄。"⑥此法利用南天竺这一与天竺黄名字相近的物品，将南天竺叶汁拌和的天南星末，在南天竺根皮内放置一段时间，这样作伪的天竺黄实际上具有南天竺和天南星共同的功效，无怪乎《串雅补》的作者也称赞其"功倍竺黄"了。这和某些丧尽天良的作伪法相比，虽牟利图财的目的是一致的，但能有些疗效，罪孽会轻一些。

以上引述的造假药方法，看上去似乎不算太黑。但必须指出的是，这些例子是经过赵学敏、鲁三桥（鲁照）两位学者筛选过的。赵学敏说："药品尚真，奚录伪焉？曰：所以著奸也。知其术始不受其愚，而作伪者更无以巧取厚利。"⑦对一些可能"易以启奸"的伪药，赵氏均删而不录。应该说走方医药品作伪大多数是荒诞不经、居心不良的。

---

① 见鲁照《串雅补·卷三》，牛黄。
② 见鲁照《串雅补·卷三》，制伽南香。
③ 见赵学敏《串雅内外编·卷三》，第1页。
④ 见唐慎微《重修政和经史证类备用本草》，第333页。
⑤ 郑肖岩．增订伪药条辨［M］．曹炳章，注．上海：上海科学技术出版社，1959：73，75.
⑥ 见鲁照《串雅补·卷三》，制天竺黄。
⑦ 见赵学敏《串雅内外编·卷三》，凡例1。

例如，走方医有时出示金箔裹药，看似贵重，实际上这种金箔是金精石在炭火上烧松后层层揭下来的[①]。又如，琥珀，因其难得，故自古以来多伪品。《本草蒙筌》记有“煮鸡子及鲭鱼枕造琥珀”[②]的方法，但毕竟难以乱真。清代的走方医造假琥珀，其手段又要高出一筹：“上黄蜡三钱，入器熬清，去浮沫净，下提净老松香七钱，再熬清，入紫草浓汁和匀，色赤为度。先以篾圈圈定，或印子做成锭子块。先以木贼草打磨后，以新白布细细揩摹至光泽，与真琥珀无异。”[③]又如假狗宝：“炉甘石（拣有层晕坚赋者用）降香煎浓汁，加月石同煮干，洗净阴干伪之。”[④]这些伪药唯求形似，牟取钱财，别无深意。

值得一提的是，走方医作伪药是根据各个时期的用药习俗来作伪的。像《串雅》所载的造假胡椒、假雄黄、假胆矾，在当时真品也许是紧缺药，但现在容易获得，恐怕就无人愿意费时费力去作假了。清代有些药物是很怪异的（如赵学敏《本草纲目拾遗》中记载的猴经、狮子油、山羊血、通血香等），这些怪药在当时医学界十分风行，因此走方医随俗，竞相作假。如通血香，《本草纲目拾遗》载：“出西洋，色如干酱……治血癥及肝血气，入药最良。”[⑤]清代许多医书中都记载了该药。赵学敏还记载了山羊血，清代本草及方书中有关本品的记载更多，据说是活刺山羊的心头血而得，《本经逢原》称之为和伤散血之神药。《药性考》载其鉴别特征为“入水一丝不散者真”。但此物就是在清代也难得其真。赵学敏说：“今市中每多此物，高索重价，非亲历其地、真知灼见而得者，勿用也。”[⑥]

据《串雅补》所载，走方医对所谓通血香、山羊血的造假法都是一样的：“通血香：方士以此伪孩儿口中血，药肆以此伪山羊血。风化石灰（筛细再研无声，一两）、生大黄（为末，二两五钱），浣衣白碱（一两）。加水一大碗熬化，下前二药煮干，捏如枣核样者，谓孩儿血；揿作薄片，晒干，谓山羊血。置米粒许于水上，即一红丝下放。”[⑦]《药性考》所载的鉴别特征，兴许就是根据伪品而来的。

清代江南医家喜用张仲景《金匮要略》的旋覆花汤，其中的“新绛”一药，笔者曾考证其在汉代指茜草初染成的丝织物。但清代的医药家往往将本品讹为“猩绛”，连许多名医亦误以为“猩绛”是用猩猩血染的丝织品，故猩猩血的伪品应运而生。《串雅补》两处记载了假猩猩血的制法：“端阳午时白碱一两二钱，风化石灰一两二钱，生大黄三钱，

---

① 见鲁照《串雅补·卷三》，金精石。

② 陈嘉谟. 本草蒙筌［M］. 北京：人民卫生出版社，1990：16.

③ 同①，假琥珀。

④ 同①，狗宝。

⑤ 赵学敏. 本草纲目拾遗［M］. 北京：人民卫生出版社，1983：135.

⑥ 同⑤，第395页。

⑦ 同①，通血香。

川倍子二个。先将大黄、倍子入砂锅内，用水一大碗煎汤，沸时加水添上。如此数十次，仍盛一宫碗，捞起黄、倍，入灰、碱搅匀，置瓷器内封固。遇毒时，将鲜草梗挑点，一刻数次即退。”这种猩猩血似乎不是用来制新绛，而是用来解毒的。另一猩猩血的制法比较简单：“五倍子五钱，瓜儿竭一两为末，入茶内黑色。”[①]清末民初有用红花染绛纬者，尚属合理，但当时有用“洋红染轻麻伪充”者，则危害不浅。洋红有毒，尚不及用大黄、五倍子等所作者。

现代出版的许多揭露旧时皮门内幕的书籍中，也常有药物造假的记载。如卖假虎骨者多作藏民打扮，他们当场用刀剔削带有虎爪的虎骨，这些假虎骨用的是骆驼的后腿骨。因为虎腿骨是三节，而驴、马、牛、骡的腿骨只有二节，骆驼的后腿骨才是三节，所以用它来作假。虎爪可以是真的，用牛筋经火烤后把虎爪和骆驼骨连在一起，就成了一般人很难识破的带爪虎骨，卖假虎骨的都不卖虎爪，因为这是招牌[②]。江湖卖假药的人经常利用民间流行的某些说法来伪造某些药材的特征。如虎鞭，卖假药的根据虎阴茎有刺（故有些带刺的草药也常用“老虎卵”来命名），以及狗最怕虎，闻虎气就跑开等民间传说来制造虎鞭。笔者在德国见一医者收藏的假虎鞭标本，是用某种植物带倒刺的肉质茎梢经蒸煮成干筋状物，再将此物与某种动物的筋膜黏合在一起，给人以连输精管一起割下的真正虎鞭的印象。据资料所载，真正的虎鞭仅有稀疏的疣状突起，绝非假品呈现的夸张的倒刺。早年听广西一同行说，有些商人还会在假虎鞭上面涂些狗最怕闻的药品，使狗远远一闻就跑，然后借机吹嘘其药为真。虎是受保护的动物，现在政府已禁止将其作药，民间卖假药的骗子所卖与虎相关的药物，绝无真品，不可相信。

走方医伪造假药的记载，除《串雅》《串雅补》所载之外，新发现的《铃医书》中也有此类内容。但此书系走方医所用原书，未经他人删改，其中多用黑话。因笔者手头有关皮门黑话的资料尚难以解决这些问题，故不加解说地引其作伪之方于下，以窥一斑：“走虎法子：中将，妇科良药，尖嘴照子做的汤。”“肖落汗：皂矾、倍子做的。”“耳廷子：尖嘴气筒做的。”“水付子方：元血做的，染线上。”“火付子方：用明矾染线做的。”[③]经查询，鸡的黑话是“尖嘴子”[④]，那么上述引方中用上了鸡的某一部位呢？

小结：以上根据现存走方医资料对部分药品作伪现象进行了初步的探讨。从中可以看出，走方医所造的某些伪药，并非简单地追求形似，也参考了药物鉴别和效用方面的知识。了解走方医作伪药的内幕，对辨识伪药、不受其愚是有益的。同时，从这些作伪的药

---

① 见鲁照《串雅补·卷三》，假猩血，猩猩血。

② 雪漠．江湖内幕黑话考［M］．上海：上海文艺出版社，1991：41.

③ 佚名氏．铃医书［M］．清抄本．

④ 孙一冰．隐语行话黑话秘籍释义［M］．北京：首都师范大学出版社，1993：191.

品中，也许能发掘出一些新的简、验、廉、便的药物。

（原载于《中药材》1996年第19卷第11期587–590页）

后记：1993年，我就任中国医史文献研究所所长。此后的几年，因任期行政事务缠身，撰写的文章与书籍大大减少。之所以对“走方医”感兴趣，要从1992年的一件小事谈起。那年德国文树德教授邀请我去参与《黄帝内经素问》英译课题，我负责中文诠释，故在慕尼黑大学医史所待了15个月。文树德教授有个爱好，喜欢收集市面上的中医抄本。那时潘家园的旧货市场刚起步不久，这类抄本既多且廉，几块钱一本。在他收集的数百种此类抄本中，有一个经折装的袖珍小本，里面的内容似医非医。文树德教授此前请教了许多人（也包括我），都不敢肯定这是医书。我去慕尼黑之后，他把这本书交给我，让我业余时间帮他看看，这究竟是本什么书。我费了好几天的工夫，终于悟到这是旧时走方医授徒的秘本。以此为契机，我摸索出了一套判别走方医抄本的方法，此后又发现了10多种走方医的秘籍。1993年回国后，我在供职的中国中医科学院图书馆找到了清代鲁照的《串雅补》等书，对走方医的了解更深了。本文就是将部分伪药摘出来形成专文。与此同时，在1996年的中医文献及医古文学术会发表了《走方医秘籍考》一文。至于其他的走方医相关内容，看以后能否有空将其撰成专书。

紫草茸名实功效考辨

卢穗万　郑金生

紫草茸今用作紫矿(矿原作铆，一种虫胶)的别名[①]，甚至正名[②]，一般认为不能将紫草的绒状物充作本品[③]。但古人亦有颇多对将紫矿(虫胶)作为紫草茸持异议者[④]。对紫草茸为何不属紫草，反为紫矿虫胶的处方用名，紫草茸（紫矿）作为治痘神药始自何时，其治痘与紫草有何关联等问题，本文试加考辨如下。

一、宋代兴起的紫草茸源于紫草

考紫草治痘，肇始于唐代韦宙（？—866）的《独行方》，而通行于北宋。此可见于北宋苏颂的《本草图经》(1058)："（紫草）古方稀见使。今医家多用治伤寒时疾，发疮疹不出者，以此作药，使其发出。韦宙《独行方》治豌豆疮，煮紫草汤饮，后人相承用之，其效尤速。"[⑤]《证类本草》所引的《经验后方》就用了紫草治"婴儿童子患疹豆"[⑥]。至于紫草茸一名的使用，最晚见于北宋钱乙的《小儿药证直诀》的紫草散。紫草散系用钩藤钩子、紫草茸各等分，用于发斑疹[⑦]。长此以往，用紫草茸治疗痘疹热疮者甚为多见。此外北宋末《圣济总录》中的治脑风摩顶油方用到紫草茸[⑧]；南宋杨士瀛的《仁斋直指方》所记载的治

---

① 刘寿山．中药研究文献摘要(1820—1961年)[M]．北京：科学出版社，1975：647.

② 江苏新医学院．中药大辞典[M]．上海：上海人民出版社，1977：2365.

③ 祝之友，严铸．紫草茸临床性效考释[J]．中国中药杂志，1990，(9)：54.

④ 唐笠山．吴医汇讲：卷三[M]．刻本.1792(乾隆五十七年)：12.

⑤ 苏颂．本草图经[M]//唐慎微．重修政和经史证类备用本草：卷八．北京：人民卫生出版社，1957：209.

⑥ 同⑤。

⑦ 钱乙．小儿药证直诀：卷下[M]．北京：人民卫生出版社，1991：96.

⑧ 赵佶．圣济总录：卷一五：脑风[M]．北京：人民卫生出版社，1982：408.

热疮之紫草膏，亦用紫草茸[①]；刘昉的《幼幼新书》更是多处引录含有紫草茸的方剂。

宋代兴起的紫草茸，应该属于紫草类药材，其证据有二：其一是当时紫矿在本草书中尚与麒麟竭（血竭）混在一条，很少用于临床。苏颂云："（紫矿）今医方亦罕用，惟染家所须耳。"[②]不仅宋代紫矿未曾如紫草一般广泛用于痘疹，就是在明代集大成的《本草纲目》（1578）中，也找不到用紫矿治痘疹的记载。其二是距宋代不远的元代曾世荣《活幼心书》（1294）直接指明紫草茸是植物而非虫胶："戴氏方名紫草茸饮，后人讹传此方，缺其茸字。盖茸者春月才生之芽，色泽而红嫩，得阳气之使然。以类触类，所以用发痘疮，故效。"[③]这里所说的戴氏，是指宋徽宗（1101—1125）时的侍御医戴克臣（尧道），其生活时代与钱乙相同，且二者均为御医。因此，可以说北宋末出现的紫草茸原本是指紫草的嫩芽。直至明清时期，多数医药家沿用此说。如明代李时珍节引曾世荣《活幼心书》云："紫草性寒，小儿脾气实者犹可用，脾气虚者反能作泻。古方惟用茸，取其初得阳气，以类触类，所以用发痘疮。今人不达此理，一概用之，非矣。"[④]清初张志聪亦明确指出："又有如麒麟竭者，谓之紫草茸。非也，乃紫矿耳。"[⑤]可见历史上认为，紫草茸为植物而非虫胶的医家甚多，兹不赘引。

凭以上两点，可认定紫草茸至少在明代中期以前确源于紫草，而非紫矿。

二、紫草茸误作紫矿别名的由来

有人认为，紫草茸变为紫矿药始于清代以后[⑥]，其实这一演变还更早。笔者从数百种医药书中检索到50多种书籍的数十个医方中用到了紫草茸，但可以肯定其所云紫草茸为紫矿者，首推明万历二十九年（1601）谭应梦《真似宜辨论》一文所载。

该文系紫草茸专论，收在明代邱柳樊《痘疹神应心书》中。谭应梦乃一地方官，并非医家。其论紫草茸，源于他的一段亲身经历。1601年，谭氏的儿子因患痘疹险些丧命，经郡民刘文光用九味神功散抢救，得活。后刘氏要求加用紫草茸，谭氏刚好有几年前他人所赠之紫草茸，此物正是刘氏所需。据载"止擂三分调下，立见生发红活"，余毒尽解。事后谭氏询问刘文光之术所出，刘氏云出自邱柳樊。于是谭氏将邱氏书刻印，冠以《痘疹神

---

① 杨士瀛．仁斋直指方：卷二四：诸疮［M］．福州：福建科学技术出版社，1989：640.

② 见苏颂《本草图经》，第321页。

③ 曾世荣．活幼心书：卷中：明本论：疮疹二六［M］．刻本．武昌：武昌医馆，1910（宣统二年）：46.

④ 李时珍．本草纲目：卷一二［M］．北京：人民卫生出版社，1982：673.

⑤ 张志聪．侣山堂类辨［M］//张志聪．张志聪医学全书．北京：中国中医药出版社，1999：1078.

⑥ 见祝之友、严铸《紫草茸临床性效考释》。

应心书》之名，并附上其文《真似宜辨论》，讲述用紫草茸治痘的经过。谭氏所见紫草茸，“色淡红，出乌思藏，着大树枝梗上，如白蜡，然竟不辨其何树。先时价如金”①。这种如“白蜡”的紫草茸显然是紫矿而非紫草。谭氏在当地“遍问之名医，或直云不知，亦或以紫草对”，可见当时一般医生根本就不知道有虫胶类的紫草茸。谭氏认为，南方没有这种紫草茸（紫矿），故一般“都误以沉黎之紫草皮丝为茸矣”②，故专门作文一篇以记此药。

此外，清代叶大椿《痘学真传》记载的紫草茸（紫矿）亦较为详细：“紫草茸古本不见，近刻但在紫草项下注明‘紫草茸，染手者为佳’，竟不知别有一种。余幼时见世叔华泓卿家有紫草茸，为发痘神丹，乃其高祖学士鸿山公使外国带归者。余取而藏之。每遇血热毒雍，失血烦闷，顶陷不起，痘疔肿胀，于清解药中，研加四五分，无不神效。惜乎方书不载，不敢擅增本草。近见《神应心书》独标紫草茸色淡红，出乌思藏，着大树枝上，如白蜡，其价如金……此溆水谭应梦屡获其效，并请正西番贡僧之语。至近时亦知茸非紫草之嫩苗，复误认胭脂渣即是紫草茸，此说更谬。”③由此可知，清代民间确实有人将紫草茸（紫矿）作为治痘神丹。《痘疹神应心书》中最早记载的紫草茸（紫矿）的专论，当为该药的传播起了一定的作用。但即便如此，直到清代中期，医药书中对紫草茸（紫矿）的记载较为罕见。清代著名本草学家赵学敏据叶大椿的记载，怀疑叶氏所说的紫草茸“似紫矿，亦无的解。以其亲试历效，故存其说，以俟后之博访”④。可见紫草茸（紫矿）的使用在历史上并不普遍。

以上记虫胶类紫草茸的特点有二：一是外形如白蜡，二是用量极少（3~5分）。其用量少恐怕与从国外进口、价格高昂（“价如金”）有关。如果根据这两个特点去检查宋以后医书所用紫草茸，可知绝大多数医书所载的紫草茸都是紫草类（其用量少则数钱，多则数两）。

清代时，虫胶类的紫草茸应用渐多。虽然有张志聪等医家起而为之辨，指出不能将紫矿称之为紫草茸⑤，但仍然阻止不了紫草茸（虫胶）的使用。20余年后，张璐的《本经逢原》（1695）首次在本草书中正式将紫草茸作为紫矿别名⑥，紫草茸转移为紫矿，遂记录在案。张璐又在《张氏医通》中再次明确指出：“原夫紫草茸，本名紫矿，乃蚁穴骐（麒）麟竭树脂凝结而成。不但可以活血起胀，兼得虫毒，攻发内陷之邪最锐，且无咸寒过润作泻之虞。”⑦但是，紫矿和紫草一属虫胶，一属草根，两者形态除色紫近似外，并无共同之处，

---

① 谭应梦．真似宜辨论［M］// 樊如柏．续刻简易验方：卷六：删订痘疹神应书全集．明刊清印本：17.

② 同①。

③ 叶大椿．痘学真传：卷八［M］．刻本．书业堂，1820（嘉庆二十五年）：21.

④ 赵学敏．本草纲目拾遗：卷五［M］．北京：人民卫生出版社，1957：125.

⑤ 见张志聪《张志聪医学全书》，第1078页。

⑥ 张璐．本经逢原：卷四［M］．北京：中国中医药出版社，1996：218.

⑦ 同⑥，第509页。

是什么原因将它们联系起来的呢？

张璐在《本经逢原》中有一种推测，“紫矿，即紫草茸……其功倍于紫草，故以紫草茸呼之，实非紫草同类也”[①]。他又在《张氏医通》中再次称“盖缘紫矿之功，甚于紫草，故有紫草茸之名，其实非一物也”[②]。这一说法毫无道理。前已考证，宋代兴起的紫草茸完全属紫草。紫矿在明代后期才用于治痘。医家为什么要选用已经先期存在的药物名作其别名呢？即便其功效胜过紫草，尽可用“赛紫草”之类的名字，为什么单单选用“紫草茸”来命名呢？张璐的说法完全不合中药命名的规律，乃臆测而已。

笔者在孤本《宝庆本草折衷》中找到了另一种解释。该书为南宋陈衍所撰。陈氏辨析血竭与紫矿不同时，云紫矿“《杨氏方》用为末，沸汤调服以止血崩”，可见这是一味好药。然其时紫矿出产于南海及国外，比较难得，于是“今薄夫以紫草茸团以胶物，贯以木枝，伪以为矿”[③]。紫矿是紫胶虫分泌在树枝上的胶质，采集时一般将长有紫胶的枝条剪下。南宋作伪的“薄夫”用紫草茸和其他胶类混合，粘在树枝上，颜色和形状都与紫矿相似。据此，笔者认为这是紫草茸（植物）和紫矿产生联系的重要证据。

宋代以后，社会上医药分家已很普遍。“卖药者两只眼，用药者一只眼”（《本草蒙筌》），药家既知药物来源，又知其功效。当医生开出紫草茸治痘时，药家将冒充紫矿实为紫草茸的药品来应付处方，是没有错的。紫草茸不过是伪紫矿的原料，而后人竟把真紫矿也称为紫草茸，此可谓“假作真时真亦假”了。这种作伪现象，至少持续到清初。张志聪《侣山堂类辨》中提到：“（紫矿）产于异域，殊不易得。近有市利之徒，以伪物假充，索价甚厚。非徒无益，而反害之，不若用草之为当也。”[④]清代伪紫矿是怎样作伪的，不可得知。但据此可以推想，明清时虫胶类的紫草茸，实际上很少有真品。而伪造色紫的紫矿虫胶，除了紫草茸（植物）以外，别无他物可任此用了。

三、紫草茸当为紫草根皮加工成的茸状物

紫草茸一名，按中药以“茸”命名的规律，可以有两种情况。一种是植物初生的纤细柔软物（如茵陈蒿别名茸蒿，鼠曲草别名茸母），鹿茸的命名亦取此义；另一种是，“茸”又与“绒”通，故植株碾成绒状（如艾绒）者也可称“茸”。

---

① 见张璐《本经逢原·卷四》，第218页。

② 同①，第509页。

③ 陈衍．宝庆本草折衷：卷一三［M］// 南宋珍稀本草三种．北京：人民卫生出版社，2007：515.

④ 见张志聪《张志聪医学全书》，第1078页。

前已提及，元代曾世荣在《活幼心书》中曾指出紫草茸是“春月才生之嫩芽”[①]。明代李时珍的《本草纲目》沿袭此说，谓“其根头有白毛如茸”。龚廷贤《万病回春》有“嫩紫草茸”一名[②]。此后清代张志聪在《侣山堂类辨》(1607)中更加肯定：“夫所谓茸者，即初生之蒙茸。非紫草之外，另有茸也。”[③]刘若金在《本草述》中云：“修治：凡资入药，去根取茸，取其初发阳气，用发痘疮也。”[④]《吴医汇讲》中也遵曾世荣之说，认定“痘科所用紫茸，即紫草之嫩苗也”[⑤]。

综上诸说，可知紫草茸为紫草嫩苗一说，源自曾世荣。然而这种紫草茸在药店是否确有其物，确有疑问。因为最早提出嫩苗说的曾世荣指出：“但罕得嫩茸，后以紫草头仅半寸代之，即与茸初萌处同类。”[⑥]曾氏在《活幼心书》紫草茸饮方中的紫草茸下也有注解曰：“无嫩苗，取近芦半寸者代。”[⑦]可见，真正紫草地上的茸状嫩苗极为罕见，实际使用的是紫草根头半寸的部位。但这哪里是什么紫草嫩苗，分明是紫色的紫草根。当然，若直接用根，又与紫草无别，因此，药家最恰当的做法是将此紫草碾成茸。

这一点也可由南宋陈衍的记载作为反证。既然“以紫草茸团以胶物，贯以木枝，伪以为矿”[⑧]，那么这种紫草茸无论如何不可能是紫草带白毛的嫩苗。紫草嫩苗绝对伪造不成紫色的紫矿。前已提及，要想用合适的紫色植物伪造紫矿，除了紫草根皮，别无他物。紫草因其根色紫而得名，自《名医别录》以来，均采根入药。古代判断紫草根的优劣，以“根紫色，外紫，内白”“可以染紫”[⑨]为标准。紫草随植物种的不同，药材形状虽略有不同，但其皮部一般都呈紫色，有鳞片。其中软紫草皮部尤为疏松，鳞片成条状，常重叠十几层，极易剥落成碎条。用这样的根皮碾成茸状，加胶粘合，伪造成紫矿，自然可蒙人一时。

事实上从明代到清代，用紫草根皮作紫草茸的现象，一直都存在。前述谭应梦的《真似宜辨论》一文中，就提到南方“都误以沉黎之紫草皮丝为茸矣”[⑩]。紫草皮丝，正是紫草根皮的条状鳞片。因为民间确实有紫草根皮做成的紫草茸，因而南宋陈衍《宝庆本草折衷》所说的紫矿伪品，显然也是用这样的“紫草茸”制成。

---

① 见曾世荣《活幼心书·卷中·明本论·疮疹二六》，第46页。

② 龚廷贤．万病回春：卷七［M］．北京：中国中医药出版社，1999：430.

③ 见张志聪《张志聪医学全书》，第1078页。

④ 刘若金．本草述：卷七［M］．还读山房重刻本.1810（嘉庆十五年）：95.

⑤ 同①。

⑥ 同①。

⑦ 同①，第83页。

⑧ 见陈衍《宝庆本草折衷·卷一三》，第86页。

⑨ 李中立．本草原始：卷二［M］．北京：人民卫生出版社，2023：107.

⑩ 见谭应梦《真似宜辨论》，第17页。

笔者认为，元代曾世荣说的紫草嫩苗为紫草茸一说，是基于药物象形比类理论，取其初生之气，如同茵陈蒿之取嫩苗，此物罕见。但民间伪造紫矿的紫草茸，应当是紫草根皮。明代药家生产的紫草茸，也确实是用紫草根皮加工而成，并非紫草的地上植株。

以上事实表明，伪品紫矿如果用于治痘产生疗效，那应该归功于紫草根皮，而不是紫矿。

以上考证提示，紫矿之所以被用于治痘，当得益于用紫草茸作伪，后来又袭用紫草茸一名所致。紫矿在古代就作为止痛、止血、活血消肿的药物，用于治疗痘疮。明以后用其治痘，主要是借其活血、解毒之力，清除未尽之余毒，因而获效，被当作治痘神丹。紫草为治痘疹专药，不仅有千余年的经验，而且也被近代众多的临床和实验所证实。因此，治痘疹应该是紫草的主要功效。古代虽然将紫草加工成茸，但其作用应该没有太大差别。有鉴于此，建议今后不再用紫草茸作紫矿的别名。紫草（或紫草茸）与紫矿当各尽其能，区别使用。

四、小结

本文考证的紫草茸从宋代开始用于治疗痘疹，原系用紫草初生嫩苗。但因紫草嫩苗罕见，故实际上采用的是紫草根（根头半寸）。此种紫草茸用量较大，明清方书亦多沿用。据此，古方所用紫草茸绝大多数源于紫草根皮。南宋出现用紫草茸（紫草根皮碾成的茸状物）和胶一起伪造紫矿（虫胶类）的现象，明代亦以紫草根皮为紫草茸。笔者认为，明代后期紫草茸逐渐被移作紫矿的别名，源于用紫草茸伪造紫矿。紫矿有紫草茸一名，因而也逐渐用于治痘。根据上述考证，本文认为紫草茸不宜再用作紫矿的别名，二者当区别使用。

（原载于《中国中药杂志》2001年第26卷第8期第562–565页）

后记：本文的资料有两个关键处：一是南宋《宝庆本草折衷》，二是明代邱柳樊《痘疹神应心书》中收载的谭应梦《真似宜辨论》。一般读者很难把这两本书的记载联系到一起。我在做硕士学位课题时就整理过《宝庆本草折衷》。1999年我在日本访学，大量通读了明代书籍，得以发现谭应梦论紫草茸的文章。这两处记载是解决紫草茸如何被当作紫矿别名的关键。此文发表以后，至今没有反响。市面上、药店里的紫草茸还是虫胶紫矿，被认为治血证神妙的虫胶紫矿也没有研究者愿意去做验证。也许是天花已经消灭，紫草茸治痘的“神效”也无法验证。至于虫胶紫矿的活血作用是否真的很好，也无人验证。希望拙文能引起实验研究者的兴趣。当年青蒿抗疟，在古籍中的记载不止一处，要不是现代研究，如何能发掘出抗疟新药青蒿素？

“青黏”考

郑金生

“青黏”见于正史记载，是华佗传授给弟子樊阿的养生方“漆叶青黏散”的主药之一。自古以来以萎蕤（玉竹）为青黏之说较多，但非定论。明代《灵寿丹方》所载青黏即十大功劳一说为考其来源提供了新思路。

一、萎蕤（玉竹）说

“漆叶青黏散”首见于晋代陈寿《三国志·魏志》，云华佗弟子樊阿“求可服食益于人者，佗授以漆叶青黏散：漆叶屑一升，青黏屑十四两，以是为率。言久服去三虫、利五藏（脏）、轻体，使人头不白。阿从其言，寿百余岁。漆叶处所而有，青黏生于丰、沛、彭城及朝歌云”。刘宋时期裴松之注：“《佗别传》曰：青黏者，一名地节，一名黄芝。主理五藏，益精气。本出于迷入山者，见仙人服之，以告佗。佗以为佳，辄语阿。阿又秘之。近者人见阿之寿而气力强盛，怪之，遂责阿所服。因醉乱误道之，法一施人，多服者皆有大验。”① 陈寿生活的时代距华佗才几十年，所载之方药名、剂量皆全，不像是虚无的传说。

此后著名道家人物葛洪在他的《抱朴子·内篇》中再次提到华佗所授服食方：“漆叶、青蓁，凡弊之草，樊阿服之，得寿二百岁，而耳目聪明，犹能持针以治病。此近代之实事，良史所记注者也。”② 这说明葛洪认为当时确有漆叶青黏散，因此才能被“良史”记载。不过葛洪记载的药名是“青蓁”而非“青黏”。青蓁和漆叶在当时乃“凡弊之草”，可见其并非珍稀难得之物。

可惜无论是陈寿还是葛洪，都没有描述青黏（或青蓁）的形态，只记录了产地。到刘宋裴松之所引的《华佗别传》才提供了青黏的两个别名，这就给考证带来了很大的困难。

---

① 陈寿．三国志：魏志［M］．陈乃乾，校．北京：中华书局，1959：804-805.

② 葛洪．抱朴子：内篇：至理卷：第五［M］．上海：上海书店，2011：22.

古代本草对这一见诸正史的药物自然不会放过。最早对此药来源提出意见的是唐代药学家陈藏器，他认为："《魏志·樊阿传》，青黏一名黄芝，一名地节。此即萎蕤，极似偏精。本功外，主聪明，调血气，令人强壮。和漆叶为散，主五藏（脏），益精，去三虫，轻身不老，变白，润肌肤，暖腰脚。唯有热不可服。晋嵇绍有胸中寒疾，每酒后苦唾，服之得愈。草似竹，取根、花、叶阴干。昔华佗入山，见仙人所服，以告樊阿，服之寿百岁也。"[①]

陈藏器在提出以上意见之前，引用了苏敬《唐本草》考证女萎、萎蕤的文字："苏又云：女萎与萎蕤不同。其萎蕤一名玉竹，为茎似竹；一名地节，为茎有节。"可见促使陈藏器认定青黏即萎蕤的依据，乃萎蕤和青黏有着同一个别名——"地节"。至于陈氏所引晋代嵇绍服药之验来自何处，已经无法追溯原始文献。

陈藏器上述意见是在讨论女萎与萎蕤二名是否属同一药时发表的。按陈藏器的意见，女萎与萎蕤"更非二物"。对此观点，北宋《本草图经》的作者苏颂不以为然："陈藏器以为更非二物，是不然矣。此女萎性平，味甘；中品女萎味辛，性温。性味既殊，安得为一物？又云：萎蕤一名地节，极似偏精，疑即青黏，华佗所服漆叶青黏散是此也。然世无复能辨者，非敢以为信然耳。"苏颂认为，陈氏能把性味不同的药物混为一谈，又凭萎蕤一名地节，就怀疑萎蕤是华佗所服漆叶青黏散中的青黏，这样的结论不能令人信服。此外，苏颂在干漆一药下再次谈到青黏，他在引述《华佗传》的内容之后说："其后无复有人识青黏，或云即黄精之正叶者。"[②]

苏颂一再声明：后世不再有人能辨识青黏。对当时出现的青黏来源的某些说法，苏颂非常审慎，用"或云"来表示只是一家之说。直到北宋时，对青黏只有两种说法：一是陈藏器推论的萎蕤（玉竹），另一种是苏颂提到的"黄精之正叶者"。陈藏器的玉竹说有一个致命之点，即该药之性不符。"有热不可服"、治"胸中寒疾"的药物，自然是温热之性，但古本草均记载萎蕤（玉竹）味甘性平，近代玉竹还常用来滋养胃阴，显然并非温热之药。清代《本草崇原》还认为玉竹"阴病内寒此为大忌"。至于"黄精之正叶"的说法，也没有更多的依据。但不管是玉竹还是正叶黄精，都是百合科植物。

自此以往，明代李时珍在《本草纲目》"萎蕤"条对古代青黏争议表达了他个人的意见："苏颂注黄精，疑青黏是黄精，与此说不同。今考黄精、萎蕤性味功用大抵相近，而萎蕤之功更胜。故青黏一名黄芝，与黄精同名；一名地节，与萎蕤同名。则二物虽通用亦可。"[③]其中的"此说"即陈藏器之说。李时珍根据玉竹、黄精性味功用相近，青黏的两个别名"黄芝""地节"又分别是黄精和玉竹的别名，因此认为黄精、玉竹都不妨用作青黏。

① 唐慎微.经史证类备用本草：卷六［M］.北京：人民卫生出版社，1957.

② 同①。

③ 李时珍.本草纲目（第2版）［M］.北京：人民卫生出版社，2004：724.

李时珍此说对后世影响较大。

清初陈士铎《本草新编》在前人意见的基础上，径称萎蕤“一名玉竹，即华佗所食漆叶青黏散中之青黏也”，并举楚大中丞林天擎“曾服此方，年七旬而须髯如漆。问其服食方法，二味各等分，子午卯酉之时，各服三分，数十年如一日也”。[①]又，清初《本草崇原》“萎蕤”条也把玉竹当作青黏，并云：“青黏，茎叶青翠，根汁稠黏也……性柔多脂，最难干。”[②]如此难干、难研碎之物是否可作散屑之青黏，并非无疑。

要之，在古代本草中，青黏为萎蕤说虽然有少许赞同者，但多数本草学家对此仍持审慎态度，或直云难信，或略而不顾。医书《灵寿丹方》中提供了青黏的另一种来源，希望能引起现代学者的关注。

二、十大功劳说

《灵寿丹方》(1588)为明代道家陈楚良所撰。该书仅出陈氏祖传“群仙灵寿丹”一方(药36味)。陈氏根据本草所载及其祖、父平日所谈，对36味药逐一注解。“青黏”是其中的一药，解说如下：

“青黏、枢、极：青言其叶之色也，黏谓煮其汁可和胶以黏物也。子赤者名朱枢，取其木为定方之针盘，可知真午向，故能补心。子黑色者名玄极，为定方针之外盘，可知真子向，故能补肾补胆也。其叶深青光泽，凌冬不凋，能补肝胆。叶有数角，角尖有刺甚锐，人取其茂枝以覆食，鼠畏刺而不敢犯者是也。根皮色黄，能补脾；根肉色白，能补肺。刮取枝干根皮和叶煮汁和作胶，能生擒诸鸟，故华佗名此为青黏也……阿所服乃彭城山中产者。秋视其子之赤、黑，各并其根干上之皮，同其子叶，入石臼打碎，焙干为末。又以其根干之去皮者切片，用长流水入砂釜中煎汁数次为膏，以和丸。杭、绍人呼此根为十大功劳，谓其能补精益髓，坚骨壮筋，止吐血，治劳嗽，除盗汗，绝梦遗，健足力，多子嗣，久服聪耳明目，长生不老。樊阿以漆叶青黏叶共为细末，长流水调服之。此方不用漆叶者何哉？漆乃檀桓之所恶也。青黏之根一名黄芝，言其皮色黄而功与芝同。又名地节，言其根极长而入土至深，将尽地之厚以为节也。”[③]

这是医书中第一次详细描述青黏形态。与此相近的植物有冬青科枸骨，小檗科阔叶十大功劳。青黏叶片“深青光泽，凌冬不凋”“叶有数角，角尖有刺甚锐”，与枸骨叶全同，

---

① 陈士铎．本草新编：卷三：萎蕤[M]．刻本．本诚堂，1691(康熙三十年).

② 张志聪，高世栻．本草崇原：卷上[M]// 医林指月．1767(乾隆三十二年).

③ 陈楚良．武林陈氏家传仙方佛法灵寿丹方[M]．北京：中医古籍出版社，2014：12-16. 该书简称《灵寿丹方》。

与十大功劳叶片近似（小叶两侧有数个刺状锯齿）。又，青黏果实有赤、黑两种，而枸骨之果色赤，十大功劳之果蓝黑色。又，青黏“根皮色黄”，此与十大功劳同（断面黄色），“根肉色白”则是枸骨根的特点。至于“刮取枝干根皮和叶煮汁和作胶，能生擒诸鸟”，也是枸骨的特性。《本草纲目》早就指出：“人采其木皮煎膏，以粘鸟雀，谓之粘𥻆。”① 陈楚良认为此特点是“华佗名此为青黏”的来由。此外，陈氏还提到“杭、绍人呼此根为十大功劳”，核清代诸种本草，江南确实将枸骨称为十大功劳（见下文）。综合陈楚良所述青黏形态，其来源当以枸骨为主，也可能将叶形近似的小檗科十大功劳混入其中。

若说青黏就是枸骨，为什么枸骨晚到《本草纲目》才单独立条？这是因为在《神农本草经》上品补养药“女贞”条中，多种具有叶“凌冬不凋”特征的木本植物还未能细加区分。至南朝梁陶弘景时，也只知道女贞“叶茂盛，凌冬不凋，皮青肉白……其树以冬生”，且云“《仙经》亦服食之。俗方不复用，市人亦无识者”。但符合以上特性的植物不止一种。“凌冬不凋”的特性使此类植物很早就被《仙经》作为服食品，医家倒不常用，药家也不能辨识。《唐本草》第一次提到女贞“叶似枸骨及冬青树等，其实九月熟，黑似牛李子”。唐代陈藏器又进一步描述了枸骨：“树如杜仲，皮堪浸酒，补腰脚令健……木肌白似骨，故云枸骨。”由此可知，唐代药家才逐渐区分女贞、冬青与枸骨，这三种药都有可能被作为《神农本草经》的“女贞”。明代以前的本草书中，经常在“女贞”药条中讨论多种特征相近的植物。例如，宋代苏颂《本草图经》“女贞”条下提到：“枸骨木多生江、浙间，木体白似骨，故以名。”在李时珍《本草纲目》中，枸骨才正式被独立设条，并详细描述其形态：“狗骨树如女贞，肌理甚白。叶长二三寸，青翠而厚硬，有五刺角，四时不凋。五月开细白花。结实如女贞及菝葜子，九月熟时绯红色，皮薄味甘，核有四瓣。”② 其中也提到其木皮煎膏可粘鸟雀，却没有把这一特性与“青黏”联系起来。

“礼失求诸野”，这类事也常出现在医药史上。许多古老的疗法和有效药物一直在民间流传。青黏大概就是其中一例。明代陈楚良家传数百年的《灵寿丹方》中，不仅记载了青黏的形态，也有完备的炮制粉碎法，并称其有良好的补精益髓、坚骨壮筋功效。明末清初倪朱谟在《本草汇言》“枸骨刺”条称该药可以祛风湿、活血气、利筋骨、健腰脚，并介绍了治痰火久不愈、妇人诸血蓄聚证及一切风湿腰脚不利的用法③。清初张璐在《本经逢原》中则认为，《神农本草经》中的女贞实“味偏寒滑，脾胃虚人服之，往往减食作泻”。女贞功效失实，是因为“《本经》枸骨主治误列此味之下，后世谬认女贞有补中安五脏之

① 见李时珍《本草纲目》，第2104页。

② 同①，第2103页。

③ 倪朱谟．本草汇言：卷十：枸骨刺［M］．清康熙刻本．

功”①。

换言之，张璐认为《神农本草经》女贞的主治功效原属枸骨。张氏在枸骨条记载：“枸骨一名猫儿刺，俗名十大功劳。”他把《神农本草经》女贞的功效全部挪给了枸骨，并称“其木严冬不凋，叶生五刺，其子正赤。允为活血散瘀、坚强筋骨之专药，又为填补髓脏，固敛精血之要品，仅见丹方，不入汤丸”。这和陈楚良所载相符。张氏还提到：“今方士每用数斤去刺，入红枣二三斤熬膏蜜收，治劳伤失血、痿软，往往获效。”②

枸骨叶是民间著名的苦丁茶原料，在清代赵学敏的《本草纲目拾遗》中名为“角刺茶”。该药下记载：“出徽州，土人二三月采茶时，兼采十大功劳叶，俗名老鼠刺，叶曰苦丁，和匀同炒焙成茶。”此茶“味甘苦，极香，兼能逐风活血。绝孕如神”。③清代陆以湉在《冷庐医话》中记载周某“患遍体发细瘰甚痒，以枸骨叶煎汤代茶服之获痊”。陆氏在引述多家本草的记载之后，感慨地说：“盖其功用至宏，而医者概不以入汤剂，屈此良药矣。”④其实用枸骨叶制成苦丁茶，比一般汤剂更方便，不算委屈此药。

综上所述，明代陈楚良所述青黏，实为冬青科枸骨（*Ilex cornuta*），因叶形近似，也曾混入小檗科十大功劳。枸骨叶青、皮黏的特性用于解释青黏一名，殊为允当，其功能用法也都符合青黏的记载。枸骨在本草书中单独立条虽晚，但因其“凌冬不凋”的特性，使之可能与其他同具此特性的植物一起，以“女贞实”之名载入《神农本草经》，作为“轻身益气，不老延年”的上品药。枸骨在民间流传不绝的种种补养用法是支持青黏即枸骨的重要依据，这比仅凭别名来认定青黏即玉竹要可靠得多。

附言：著名的“漆叶青黏散”之所以一直无法应用，一是因为漆叶的毒性不适合服食，二是因为青黏的来源无法确定。青黏今考为枸骨，那漆叶又是什么植物呢？

清代杨友敬（字希洛）在《本草经解要》之末附《考证》，其“萎蕤”条对此有所考证：“《解要》内同漆叶方，即华佗漆叶青黏散。青黏世无能识，或云黄精之正叶者，或云即萎蕤也，然吾乡有两老儒，先后服此方皆致殒。或云漆叶乃五加皮叶，《本经》名豺漆也，里有兵子，臂痛不能挽弓，或教用萎蕤一斤，五加皮四两，浸酒饮，尽一卣（贞），健旺胜常，岂古方正尔，《纲目》殆误附漆树下耶？漆本有毒，《本经》久服轻身，及《抱朴子》云通神长生，皆难信。《纲目》谓因货漆人杂桐油，故多毒，亦非。有割漆人误覆漆，遍体疮，至莫救。向在山中亲见，况服食乎？弘景云生漆毒烈是也。古无用叶者，故气味

① 张璐．本经逢原：卷三：枸骨［M］．刻本．吴门天禄堂，1695（康熙三十四年）．

② 见张璐《本经逢原·卷三·枸骨条》。

③ 赵学敏．本草纲目拾遗：卷六：角刺茶［M］．上海：商务印书馆，1955：258．

④ 陆以湉．冷庐医话：卷五：药品［M］．刻本．乌程庞氏，1897（光绪二十三年）．

缺，《纲目》殆因古方，臆立主治耳。”[①]杨氏在此文中举了致殒、健旺两个效果完全相反的例子，但无论是哪一种，都关乎漆叶究竟是漆树之叶还是五加皮之叶，与性质平和的玉竹并无直接关系。若认定漆叶即漆树之叶，出现副作用是可能的。但如果漆叶是五加科植物五加皮之叶，则完全可能有治疗作用。

杨友敬的考证，后世得见者少，仅见《冷庐医话》卷五引录，并加按语：“余按：以五加皮叶为漆叶，前此所未闻，然二物气类迥别，是以应验亦殊，明理之士，自当舍漆叶而取五加皮。究之古方药品，最宜详审，不可过信前人之说，为所误也。”[②]可见支持漆叶是豺漆（五加皮）者，古已有之。

五加皮在古代非常有名，最早见于《神农本草经》，一名豺漆，五叶者良，乃五加科植物。《神农本草经》载其“益气，疗躄，小儿不能行”，《名医别录》载其一名豺节，主“两脚疼痹风弱，五缓虚羸，补中益精，坚筋骨，强志意。久服轻身耐老”。这些功效出现的时代与华佗所处时代非常接近。宋代《证类本草》引《东华真人煮石经》，提到前人云：“宁得一把五加，不用金玉满车。”五加皮酒在古代曾被传为“服此酒而房室不绝，得寿三百年，有子二十人。世世有得服五加酒散，而获延年不死者，不可胜计。或只为散以代汤茶而饵之，验亦然也”。上述疗效未必真实，但却说明在华佗时期的“漆叶青黏散”若用五加作“漆叶”，是完全有可能的。

因此，若从清人杨友敬之说，漆叶即五加皮（豺漆）之叶；又从陈楚良之说，青黏即枸骨说，则失传已久的“漆叶青黏散”，就可以重见天日。但这样的“漆叶青黏散”究竟有没有疗效，只能依靠现代实验及临床研究去探知，非我等医史文献研究者所能妄言。

（原载于张志斌、郑金生主编《本草纲目研究札记》，龙门书局，2019年，348–353页。收入本《文选》时，又略加增补修改。）

后记：“漆叶青黏散”是见于正史的完整处方，其中药仅2味，且皆为“凡敝之草”，但千百年来竟然失传，这对我这样的药史研究者来说，真是说不出的惭愧。因此几十年来一直惦记着此事。不是想弄清楚此方，也不是想像樊阿一样，“服之寿百岁”，只是想还历史一个真面目。我侥幸能找到比较有意思的资料，撰成此文，与同道共享。

① 姚球．本草经解要［M］．刻本．稽古山房，1724（雍正二年）．原题清代叶天士撰，实为清代姚球所撰，该书末附杨友敬《考证》。

② 见陆以湉《冷庐医话·卷五·药品》。

蒴藤考

郑金生

《唐本草》孔志约序云：“乃复采杜蘅于及己，求忍冬于络石；舍陟厘而取蒴藤，退飞廉而用马蓟。承疑行妄，曾无有觉；疾瘵多殆，良深慨叹。”其中提到的“蒴藤”，至今无人考证其来源。

孔志约提到的这四组药物中有三组属于形态混淆（杜蘅—及己、忍冬—络石、飞廉—马蓟），那么将“陟厘”与“蒴藤”列在一组是出于什么原因呢？“陟厘”的来源尽管有各种说法，但毫无疑问，它是生于水中或水边的苔类（或藻类、蕨类）植物。“蒴藤”虽不明来源，但从“藤”字来看，是与陟厘形态相差很大的藤本植物，两者不可能存在形态混淆的问题。

前三组药物，在古代本草书中都提到它们在来源上与相应药物存在混淆问题，独陟厘药，丝毫没有谈到与之混淆的藤类药。然而《唐本草》序言作为药物来源“承疑行妄”的例证，这组药应该存在非常明显的问题，不至于过于偏僻琐屑。为了找出其原因，只能将《证类本草》卷九“陟厘”的内容反复阅读琢磨，希望能从中找到线索。

陟厘药条关于其来源和用途，陶弘景只有一句话：“此即南人用作纸者，方家惟合断下药用之。”而在《唐本草》中，则完全不谈用途，只谈一个问题：陟厘是苔纸的来源。其文如下：

“唐本注云：此物乃水中苔，今取以为纸，名苔纸，青黄色，体涩。《小品方》云：水中粗苔也。《范东阳方》云：水中石上生，如毛，绿色。《药对》云：河中侧梨。侧梨、陟厘，声相近也。王子年《拾遗》云：张华撰《博物志》，上晋武帝，嫌繁，命削之，赐华侧理纸万张。子年云：‘陟厘，纸也，此纸以水苔为之，溪人语讹，谓之侧理也。’”

苔类植物能否作为造纸的主要原料？这是造纸史上一个存而未决的问题。现代专家用实验证明纯用苔类或藻类是无法制造纸张的，所谓苔纸，只是在其他原料的纸浆中掺入苔类或藻类，形成纹理颜色上的艺术感。据考，这种苔纸在晋代比较盛行，至唐代则退居剡藤纸之后了。

唐代李肇《国史补》下记载：“纸则有越之剡藤、苔笺，蜀之麻面、屑末、滑石、金花、长麻、鱼子、十色笺。”其中的“剡藤”是指越之嵊县剡溪流域出产的藤类植物，用这种藤类制造的纸，在唐代非常兴盛。唐代诗人皮日休诗云：“宣毫利若风，剡纸光如月。”这种白光如月的剡纸又叫白藤纸。李肇在《翰林志》中云：“凡赐予、征召、宣索、处分曰诏，用白藤纸。”李肇在《国史补》中又云：“白纸之妙者，越之剡藤。”可见唐代的白藤纸就是剡纸。“剡纸”最受唐人的追捧，这种纸直到宋代还依然盛行。因此，苏东坡有诗云：“剡藤开玉版。”

以上简短引述说明，陟厘与剡藤作为造纸原料，至唐代处于此起彼落的时期，故《唐本草》注的主要精力是引述陟厘与造纸、“侧理纸”的关系。侧理纸盛行于晋代，因此晋武帝赐张华侧理纸万张。但陟厘并不是制造这种纸的主要原料，充其量是添加剂。这种纸的颜色是青黄色，体涩不光滑。到了唐代，以剡藤为原料制成的剡纸白如玉，光如月，成为新的高级纸品。有鉴于此，可以认为，“舍陟厘而取蒴藤”指的是在造纸原料上，蒴藤取代了陟厘。古老的苔纸屈居于剡纸之下，引起孔志约的感慨。“蒴”与“剡”字形相似，因此，初步认为“蒴藤”可能是“剡藤”的传写之误。

（原载于张志斌、郑金生主编《本草纲目研究札记》，龙门书局，2019年，356–357页）

后记：此文是上海中医药大学段逸山教授给我的“命题作文”。《唐本草》孔志约序中提到“蒴藤”一名，我虽读过，但不明其意，未曾深究。段老师知我研究本草，故通过微信询问。老师之问，岂容躲懒？于是下功夫揣摩此药究竟是何物。“蒴藤”从来不见于医方书所载，也不是中药的混淆品种，这让我不知该从何下手去探究。最后我从造纸原料的角度，提出了“蒴藤”可能是“剡藤”的传写之误的考证意见，是耶？非耶？段师未明示，祈读者诸君赐教！

医史文献研究

宋金元时期南北分裂对医学发展的影响

郑金生

中医学是我国各族、各地区人民医疗实践的融合体，同时也吸收了部分国外医学知识。众多的研究表明，广泛的医学交流是促进这一融合体形成和发展的重要原因。那么，当国家分裂、医学交流受阻时，又会对医学发展产生什么样的影响呢？本文拟选择宋金元时期来探讨处于南北分裂状况下的医学交流情况及其对医学发展的影响。

一、南北分裂对医学交流的滞碍

宋金元时期，我国处于南北分裂状态下的时间约有150余年，即从南宋建炎南渡（1127）到元朝忽必烈灭南宋（1279）。在此之前，北宋也曾与西夏、辽国相拒持，但时战时和。国与国的交往，尤其是民间往来，还未彻底隔绝。澶渊之盟以后，宋辽两国维持了较长时间的和平共处关系。赵宋政权虽不曾完全统一中国，但当时中国繁盛的文化区都处在宋王朝疆域之内。自金兵攻陷汴梁后，中原地区就与吴头楚尾以南的地区（江南一带）形成敌对势力。持续的战争将南北经济文化发达地区的正常交流拦腰斩断。科技（自然包括医学）交流不可避免地受到严重影响。

古代医学知识的传播主要通过两种途径：一是书籍交流，二是学者交流。从许多史实来看，南宋与金、元之间医学交流的两条途径均被切断。我们先看看书籍的传播历史。

北宋时期，中医学学术的总结和书籍的整理发展到了一个高峰。政府十分重视校定刊行古典医学名著，并组织编撰多种大型医学书籍。北宋政和年间，出现了几种很有影响的医书，主要有：《本草衍义》(1116)、《圣济经》(1118)、《政和本草》(1116)、《圣济总录》(约1118)。此后，部头不大的《本草衍义》和《圣济经》很快得以刊行，广传各地，而洋洋百万言以上的《政和本草》和《圣济总录》却只在金地流传，南宋医家对此一无所知。

以《政和本草》为例，该书是在唐慎微《经史证类备急本草》(初刊本为地方官艾晟校刊的《经史证类大观本草》)基础上校勘而成的，全称《政和新修经史证类备用本草》。医官曹孝忠奉诏校正该书，参与其事者还有太医学博士、翰林医官、医候、太医学内舍生等多人。书成，由节使杨戬总工刊写，是知此书已经着手刻版。这一版本，即后世所称“政和监本”。

可是，南宋绍兴二十九年（1159），医官王继先再次奉诏校定本草时，仍然用《经史证类大观本草》作底本，而没有采用精加校勘的《政和本草》。在王继先《绍兴本草》序文中，甚至看不出王氏知道世间还有《政和本草》存在的迹象。南宋另一部地方本草《履巉岩本草》也反映了相同的情况。该书由内官太尉王介编绘（1220），其序称“至《大观证类》《绍兴校定》，始详而备矣”，独不提《政和本草》。王继先、王介都有相当高的社会地位，身居朝廷要职，却不知有《政和本草》，可见北宋监本《政和本草》从来就没有流传到南宋辖地。

北方的金国，《政和本草》却屡次刊行，其祖本即政和监本。据金泰和甲子下己酉（1204）平阳张存惠刻本所存麻革（信之）序称：“行于中州者，旧有解人庞氏本。”写于金皇统三年（1143）的宇文虚中“书《证类本草》后”，可能就是应解人庞氏之请而写。宇文虚中与《证类本草》作者唐慎微同居成都，且为世交，故第一次披露了唐慎微的有关情况。但由于北方金朝的《政和本草》重刻本从不曾流传到南宋，因此，南宋只有《大观本草》的多种重刻本，宇文虚中的介绍自然也不会被南宋习诵本草者所知。甚至在陈衍《宝庆本草折衷》(1248）一书中，还仅著录《大观经史证类备急本草》，且注云：“此编卷帙浩繁，诸郡斋及书肆刊行盛矣”，“其序且言：谨（避“慎”字讳）微姓唐，不知为何许人。传其书者，失其邑里族氏，故不及载云。”南宋赵与皆《宾退录》虽然简单介绍了唐慎微里贯师承，但并非依据宇文虚中所言，也未引起医药家的注意。考诸书目也可证明，《政和本草》从未流传到南方。无论是晁公武《郡斋读书志》，还是陈振孙《直斋书录解题》，乃至《宋史艺文志》，都未提到《政和本草》。因此，该书虽成于北宋，却未曾在南宋流传，这一点十分明确。

与《政和本草》同样命运的还有《圣济总录》。这部200卷、近300万字的“御纂”方书如果有版片留存在南宋，肯定不至于束之高阁，至少也应该著录于书志。然而经清代四库馆臣“考晁、陈二氏书目，但有徽宗《圣济经》，不载是书”。日本学者丹波元胤也注意到这一点：“先子（丹波元简）曰：是书《宋志》并诸家书目不载。南宋诸方书未见引据者。”但金元时期该书却已行世。程林《圣经总录纂要》凡例称：“是书……厥后再刻于金大定，三刻于元大德。”丹波元胤经比较彼邦医官家藏元版，认为“原文书法端雅，盖为宋版之旧，但每卷首页‘大德重校圣济总录卷第某’数字，书刻并劣，系于元人改刊无疑矣。”如此说来，《圣济总录》在北宋末年也有刻版，但仅在北方流行而已。

为什么会出现这样的情况呢？《四库全书提要》猜测：“殆汴京破后，随内府图籍北行，南渡诸人未睹其本欤?”丹波元胤有更详细的考证：“洪迈《容斋随笔》云：‘宣和殿、大清楼、龙图阁所储书籍，靖康荡析之余，尽归于燕。’考之《宋史》则云：‘靖康二年，少帝在青城，金人尽索国子监书版、三馆秘阁四部书、大尝礼物。大成乐舞、明堂大内图，以至乘舆服御珍玩之物，辇致军前。’意者如此书，镂版才成，未及颁布，亦在其中。尔后南北殊域，彼此不通，不得观之，遂至并其目而无知者。”《政和本草》之所以不为南宋人所知，其理由应当也和《圣济总录》一样。

像《圣济总录》《政和本草》这样有影响的书籍，在当时“南北殊域，彼此不通”的情况下，南方人竟连它们的书名也不知道，可以想见，南宋和北方金元之地的医学书籍交流滞碍到了何等程度。检视现存的南宋及与此同时的金元医书，还未能发现双方有互相引用的情况，更足以说明当时南北的医书交流几近于无。

北宋覆亡后，大规模整理总结医学经验的势头一落千丈。无论南北，医学发展的重心都转向临床实践。但是，就学术研究风格而言，南北迥然不同。北方医学围绕着临床实际问题展开了热烈的理论探讨，引起了学派争鸣。刘完素的火热学说，张元素的“运气不齐，古今异轨，古方新病不相能也”的思想，张子和的“六门三法（汗、吐、下）”，李东垣的补土升阳说，极大地活跃了学术探讨氛围，形成河间学派和易水学派。这就是四库馆臣所说的“医之门户分于金元”的依据。同时期的南宋，医书数量大大超过了北方，但理论建树却寥寥无几。陈言的三因说脱胎于《金匮要略》，对病因学有一定的贡献，但对临床治疗的指导作用有限。在儿科、妇科、诊断、药学、伤寒、外科、法医等方面，南宋也涌现了一些总结性的著作，但此时整个南方医学界流行的风气却是追求“易简”。其风自王硕《易简方》肇始。《易简方》只“取方三十首，各有增损；备㕮咀生料三十品，及市肆常货圆药一十种”，主要应付“仓猝之病，易疗之疾”。就是这样一本薄医书，竟风靡南宋域内，以至有人认为：“自《易简方》行，而四大方废，下至《三因》《百一》诸藏方废，至《局方》亦废……故《易简方》者，近世名医之薮也。”孙志宁、施发、卢祖常等竞相为之改编、增补，竟形成了《易简方》后续系列医书，把中医学引向机械用药的平庸之路。南宋医学的平淡与北方医学的争鸣相比，黯然失色。

令人惊奇的是，南北殊域、差距甚大的不同风格的医学，竟然在百余年间既无沟通，也无交锋。看不出南、北医学有相互影响的痕迹。直到南宋覆亡，才有人在南宋遗老的著作中找到一些关于北方医学的传闻。如周密（1232—1298）的《志雅堂杂钞》记曰：“范元长云：北方医书有《宣明论》，内有鼻渊方用凉药者。亲见赵消及孙某用之有效。盖鼻渊有寒热两证，即脑溜也。风脑溜臭者即热证。”《宣明论》是金朝刘完素1172年的著作，隔了100多年才作为新鲜事物传到南方人的耳中。这时的北方医学对南方人是有吸引力的，如周密《癸辛杂识》曾提到“北方有宋彦举者，针法通神，又能运气……”，这对针灸不太发达的南方人确系新闻。周密还在《癸辛杂识》中描述了“押不芦”的形态，带有浓厚的传奇色彩。押不芦即今之曼陀茄属（*Mandragora*）植物，是西方早已使用的麻醉药，金元之际从阿拉伯传入。宋亡之后，南方人才有所耳闻。因此，我们可以说，在宋金元南北分裂期间，医学的学术交流出现了严重的滞碍，甚至可以认为，这段时间南北两地医学是毫无交流，各自独立向前发展的。

那么，这种隔绝是有利于还是不利于医学发展呢？我们只要看看元朝一统中国之后，南北医学融合的缓慢和艰难，就可以知道国家分裂对医学发展的恶劣影响。

二、北方医学南传崎岖历程

蒙古铁骑冲破了南宋赖以偏安的所有天堑和防线，也踏平了南北医学交融的道路。然而，长期的文化隔绝在不同地区人们头脑中形成的藩篱，却并非一夜之间所能荡平。南北殊域，彼此不通，会造成人们思想观念、语言文字、风俗习惯等多方面的差异。久而久之，同根共梦的民族互相之间也会变得陌生，甚至形同路人。而这些文化思想上的隔阂，不可避免地会影响文化交流的速度。对于作为谋生手段的医术，它的传播自然又更加困难一些。

元朝一统之时，北方医学以其先进的理论优势，摆脱了经验医学的桎梏。其成功之处，就是立足中医经典理论著作的钻研，结合当时的疾病情况，制定对策；中医的“理、法”得到了高度的重视，在理论指导下发展出了一批新方，以改变“古方新病不相能也”的局面。南方医学则仍受《局方》《易简方》的影响，重“方、药”而少变通，与朝气蓬勃的北方医学相比，处于下风。因此，元朝南北医学的混融，其主流是北医南下。

据记载，最早将北方刘完素、张洁古之说传授给南方人的是元朝浙西提刑李判官。李氏为中州名医，有一次他父亲患病，由他自行诊治。为了慎重起见，他与苏州人葛应雷进行讨论。葛应雷三代皆为医，对医学有独到见解。李判官听了葛氏的言论后，“父子相顾骇愕曰：南方亦有此人耶？尽出所藏刘守真、张洁古诸书，与之讨论，无不吻合，而刘张之学行于江南者自此始”。葛应雷的儿子就是元末名医葛可久。由此可以想见，南方能很快接受刘、张之说的医者并不多见。

北方医学向南传播的另一重要路径是通过罗知悌向朱震亨的学术传承。朱震亨，又名丹溪，他昼夜研习，终于领悟到“操古方以治今病，其势不能以尽合。苟将起度量，立规矩，称权衡，必也《素》《难》诸经乎？”于是他治装出游访师，“渡浙江，走吴中，出宛陵，抵南徐，达建业，皆无所遇”。最后在武林访得罗知悌。罗氏为太监，“精于医，得元士刘完素之学而旁参于李杲、张从正二家”，为人倨傲，不轻易传人。朱丹溪往谒，“十往返不能通”“日拱立于其门，大风雨不易”，才感动了罗知悌。罗知悌认为：“学医之要，必本于《素问》《难经》；而湿热相火，为病最多，人罕有知其秘者。兼之长沙之书，详于外感；东垣之书，详于内伤——必两尽之，治疾方无所憾。区区陈、裴之学，泥之且杀人。”朱丹溪释然解疑，学成而归。如果说朱氏得北方医学要旨实属不易的话，那么，他所学的东西要得到周围医家的认可更加艰难。据宋濂介绍，朱丹溪用北方医学的办法治病时，“乡之诸医，始皆大惊，中而笑且排，卒乃大服”。这种惊讶和讥笑非议，不正反映了南方医者对北方诸名医一无所知吗？不正说明南北殊域造成南北医家思想观点的差异和隔膜吗？

朱丹溪之学迅速在南方传播，到明朝已是风靡全国。然而我们不难推算，从金朝刘完素、张从正、李杲创立新说，到他们的思想传到南方，足足经过了200余年。我们并不否认古代医学书籍和学术思想的传播比现代缓慢，但是，古代的条件也绝不至于将南北医学交流延缓如此漫长的岁月。试想，北方医学学派争鸣何等热烈，新说出现何等迅速；南方印刷条件何等发达，《易简方》系列著作的产生又是何等轻易，哪有阻碍医学交流技术方面的原因呢？

要知，宋金元时期南北分裂的150余年间，南北医学由于交流途径的隔绝而互不相通。处于优势地位的北方医学在元朝实现大一统后，也经过了相当曲折的历程才传到南方。我们不妨设想，如果当时中国不出现这长达百余年的南北分裂，如果地域虽裂而允许医药科学文化贸易交流，那么，先行一步的北方医学本可以早日南传，中医的发展步伐不至于如此蹒跚踟蹰。然而无情的历史毕竟阻碍了这段医学正常的发展。

（原载于《医学与哲学》1989年第2期18-21页）

后记：攻读硕士期间，我深入研读本草诸书，得知宋金元南北分裂时期，《政和本草》竟然不被南宋医界所知的事。研究生毕业留所后，即投入编写《中医人物词典》的工作，为撰写词条看了很多非本草的医药书籍，因此得知元朝北医南传的种种艰难旧事。故起意撰写此文，投寄给《医学与哲学》杂志。该杂志在20世纪80年代影响还挺大，我试着投稿，侥幸获中。

《医学史》分卷的框架和体例

郑金生　刘素慧

《中国医学百科全书》的《医学史》分卷，涉及的时间跨度大（上下数千年）、内容范围广（中西医药各科、中外医学成就及医事组织、人物、书籍等），错综复杂。如何使条目设置恰当、内容简明实用，是编纂工作中始终要探讨的一个课题，编委会特别注意抓住这两个环节。

一、设计严密的框架

该分卷包括中国医学史和世界医学史两大部分，现试以中国医学史为解剖对象，谈谈其框架结构的设计。

为了使构成全书框架的条目设置恰当，将其按内容范围和叙述顺序分成纵（经）、横（纬）两大类。

断代史属于横向叙述，主要介绍某一特定时期内医学发展的全貌。这一类条目除介绍时代背景、医学发展总特点外，还要全面叙述各科进展、主要成就、人物、著作等内容。按时代划分，计有原始社会、夏商周、春秋战国、秦汉、两晋南北朝、隋唐五代、宋辽金元、明清时期的医学8个条目，加上根据近代特点而设置的“太平天国医学”“革命根据地医学”，共10条，依次列于卷前部分。这样就组合成了中国医学的通史，使读者对此有整体认识。

专科史的条目属于纵向叙述，即按历史演进的时序做介绍。这类条目要求在准确反映中医极为丰富的内容、探讨其独特理论体系的发生发展规律上起重大的作用。条目排列按基础学科（或理论）、临床各科及其他医学流派医事组织等三部分为序。前一部分设中医预防医学的发展、中医发展与哲学思想、中医解剖学的发展、经络学说的发展、辨证论治理论的发展等条目，借以突出中医特色；此后则设有内科学、妇产科学、儿科学等十几个专科发展的条目，囊括了中医学各主要科目的内容。各专科发展中有特殊意义的专题内容（如麻醉术发展、外治法发展、古代急救术等）则另立条目，排在相关条目之后。

对个别内容特别庞杂的条目采用“簇合”形式，即首列总条目（如民族医学发展、中外医学交流），其后选主要分题再列分条目。少数专题条目不宜按时代先后统叙的，采取不同的处理方式（如考古发掘与医药、历代名医遗迹等）。

这一框架从不同的侧面呈现了中国医学发展的概貌，这些各具独立性的条目有机地排列，构成了较为完整的中医发展体系。

此外，为使全书具有较强的资料性、实用性与检索性，又精选了人物、医学书籍条目各200余条。人物按时代顺序排列，医籍则为时代与内容兼顾排列，从而使全书有骨有肉，既有线，又有面，还有点，把表述内容、体现特色和方便查阅紧密地结合起来。

二、制定细致的体例

条目纵横交错，最容易交叉重复，甚至互相矛盾。例如，每一位有著作的医家，几乎都要在断代、专科、人物、医籍4种类型条目中多次出现，因而就有如何避免同一内容多次重复的问题。对此，我们采取明确分工、详定体例、精选条目、交叉审稿的办法来解决。

避免内容过多重复的关键是分清各类条目的重点。例如，专科史条目首先要抓住本学科发展的主流，揭示它在发生发展中的规律性，理清它所涉及的书籍、成就、理论等方面的承继关系。断代史则须概述特定时期医学发展特点及相关的历史因素，对各科发展中的相互联系也要有所交代。人物以叙述其学术渊源、治学方法、学术思想及主要贡献为重点。医籍则要求介绍内容及安排，学术见解及成就，主要版本及有关改编、校注、阐释本的情况。在各类体例中开列内容重点及书写顺序，打印成本，人手一份，使撰者、审者都有章可循。

精选条目是防止重复矛盾的重要环节。人物与医籍条目最容易重复，因此在确定条目时特别予以注意。对医学著作很有名而作者生平却无史料可考，或有史料而与医学关系不大的这类情况，采用“以书带人”的办法。例如，《刘涓子鬼遗方》(外科第一部专著)、《日华子本草》(本草名著)的作者龚庆宣、日华子生平失考；《救荒本草》作者朱橚，也无多少内容可写，对此则不设人物条，将其极少数的材料移到著作中一笔带过。相反，像明清之际的方以智，既是著名的思想家、科学家，又对医学有很多精辟的见解，但反映他医学言论的材料都收入《通雅》，不便立条，对此，就“以人带书”。

此外，还有“以人带人”“以书带书”等情况。中医医家常世代相传，徐之才一门六代，以医传家；郑梅涧一家以喉科为业，至清末已历八世，形成“南园、西园喉科”学派，名医迭出。对此，选最突出的一名医家，附述其他有成就者，此为“以人带人”。《内经》《伤寒论》《金匮要略》等经典医著，历代阐释注解之书层出不穷，收不胜收。对此，我们一般选择重点，附在各名著之后介绍。像成无己的《注解伤寒论》，颇有卓识，其内容和成就已经汇入“伤寒论”等条目，不立专条，属于“以书带书”。

各类条目的比例要视其在医学发展中的位置来确定。如法医学，原有专科1条，人物5条，书籍10条，经删并，只设5条，内容并未削弱，条目及篇幅却大减。又如痘科书在中医史上数量庞大，而天花已经消灭，故有关书籍极少立条，但在预防医学及各断代史中，仍然介绍了我国对防治天花的历史经验和重大贡献。

《医学史》分卷的编写者众多，为了在初稿中避免重复矛盾，在选择撰稿人时尽量做到容易交叉的条目归一人执笔（如“李时珍”与“《本草纲目》”条等）。另外在审稿时，注意将可能交叉重复的条目对照比较以发现问题。同时，充分发挥索引和“参见”的作用，使之联络相关内容，便于查阅，保证工具书的资料性、实用性与检索性。

（原载于《辞书研究》1984年第5期14–16页）

后记：1981年研究生毕业后，我开始跟着老师写书。除了参与编撰《中医人物词典》外，还担任了《中国医学百科全书·医学史》的学术秘书（这段经历可参见书后附录1987年为该书题录的“后记”）。此文就是反映当时确定该书框架的一些思路。刘素慧是此书的责任编辑，我那时因编写《中医人物词典》，经常住在上海辞书出版社的招待所，知道该社有《辞书研究》杂志，就向这个刊物投稿了。工作之初，我参与编写词典、中医百科全书、大百科全书，跟着出版工具书的编辑们学习到很多东西，这是一段很宝贵的经历。

近代医史研究的重要史料
——1949年前的医药期刊概述

郑金生

期刊在中国出现的历史并不算很久远。最新出版的《中文期刊大词典》认为，“第一份具有近代意义的中文期刊创刊于1833年”①。即使把中国期刊的雏形官报、钞报考虑进来，其历史也不过近200年。然而中医界一般认为《吴医汇讲》(1792—1801)是中国医学刊物的雏形。如果此说能成立的话，中国期刊实际上滥觞于中国医学界。中国的医学期刊真正兴盛起来，应当说是从清末开始，并在20世纪30年代形成了一个小高潮。

期刊适时而真实地记载了各个时期人们的活动，乃历史的真实写照。因此，期刊在近代史（自然也包括医学史）研究中具有非常重要的意义。近年来，在少数有关中国近代医学发展的研究论著中，医药期刊是其重要的史料来源，学界应该给予高度重视。目前存世的1949年以前的医药期刊虽经战乱有所损失，但其数量仍十分可观。可惜的是这些期刊分布散乱，又缺乏有用的工具书指示其收藏情况，因此，目前史学界在利用这批宝贵的史料方面仍非常欠缺。有鉴于此，本文拟概述1949年以前医药期刊的种类和数量、馆藏分布、学术价值等有关情况。

一、种类数量

目前对这批期刊的种类和现存的数量尚无广泛的实地调查和比较精确的统计。《中文期刊大词典》收录了中国馆藏的33036种期刊，其中中西医药期刊1600余种，属于1949年以前的中医药期刊300余种。不过可以肯定，这一数字并不精确，因为该书没有著录收藏医药期刊最多的医药院校图书馆所藏的期刊。

20世纪40—50年代，曾有10多种局部地区或单个图书馆的馆藏期刊目录（大多为油

---

① 伍杰．前言［M］// 中文期刊大词典．北京：北京大学出版社，2000.

印本，绝少铅印出版物)问世[①]。但当笔者为写此文而欲参考上述目录时，才发现时隔数十年，这些目录书也大都散失了。“文化大革命”中，中国旧期刊损失很大，即便过去的目录书有著录，也很可能早已散失。因此，究竟中国各图书馆收藏有多少1949年以前的医药期刊，至今尚无统计。《中文期刊大词典》所载这类医药期刊数目，只能说是现存的最低数值。

1987年，中国出版了第一部《中国医学百科全书·医学史》。该书设立了“中医药刊物”和“西医药刊物”两个条目，专门介绍了1949年以前的中西医药期刊，并有附录，注明各有关期刊的名称、主编者、发行处、创刊年月等关键信息。根据此书的记载，1949年以前出现的中医相关期刊共有392种，西医相关期刊共有203种[②]。这是目前所知最明确的统计数字。但这些数据是在以往各种馆藏书目和有关资料基础上综合而成，并非全部从实际调查得来，因此不能视为现存此类医药期刊的实际数字，只能说是曾经出现过这么多医药期刊。由于该书的附录没有注明医药期刊的现存情况及藏馆分布，因此，要利用这些史料仍然存在很大的困难。只有对各收藏了1949年以前医药期刊的图书馆进行调查，才能获得现存期刊的准确数据及具体馆藏分布，才有可能方便地利用这些史料。

二、馆藏分布

目前了解1949年以前医药期刊实际馆藏地情况的主要途径是依据《中文期刊大词典》。该词典调查的图书馆虽然有63家（数据由该词典副主编赵含坤先生提供），但词典显示的藏馆只有40家。这些图书馆以各省、直辖市、自治区图书馆为主，加上少数几家大学图书馆，但没有1家医药院校图书馆参与调查。因此，虽然《中文期刊大词典》是当今唯一能指示医药期刊馆藏地的工具书，但这些图书馆的医药期刊收藏可以说仍然十分有限。

1981年笔者曾访问过全国数十家省（直辖市、自治区）及医药院校的图书馆，旨在了解北京没有收藏的中医药图书和刊物，因而对1949年以前医药期刊的馆藏地有一个初步的印象。可惜当时未注重对医药期刊的调查，故而没有留下精确的数字。

可以肯定地说，目前藏有1949年以前医药期刊最多的地方是上海。在20世纪上半叶，上海是创办医药期刊最活跃的城市，早期的中医期刊大多产生于上海。例如，1900—1910年这10年间创办的医药期刊共有10种，有7种发行地在上海，其中最早的是上海医学公报社蔡小香等人在1904年创刊的《医学报》。现知20世纪上半叶的392种医药期刊中，创办地在上海的就有148种。其次在近代医药发展史上，上海处于非常重要的地位。1929年

① 中医研究院，北京图书馆．中医图书联合目录［M］．北京：北京图书馆，1961：723–724.

② 李经纬，程之范．中国医学百科全书：医学史［M］．上海：上海科学技术出版社，1987：394–407.

中医界围绕“废止旧医案”展开的抗争，其中心地就在上海。上海不仅有许多著名的中医药学校，而且名医辈出，故收藏医药刊物的单位和个人也很多。1949年以前，中国医史文献研究的中心也在上海。因此，早在1941年，王吉民就曾经辑抄有《中西医学期刊目录》。1952年，上海市医学图书馆协会编写了《上海各医学图书馆所藏期刊联合目录》；1958年，中华医学会上海分会医史博物馆还编写了《中医期刊目录》。可见上海不仅收藏甚富，而且非常重视对这批宝贵的医学史料的整理。故而最新出版的《中文期刊大词典》仅仅记载了上海图书馆一家的馆藏，这是不够的。笔者在上海中医学院（现为上海中医药大学）见到了数以百计的中医药期刊，这些期刊完好无损地保存至今。

与上海接近的杭州、南京、苏州等地的通用图书馆及医药院校图书馆的期刊收藏也比较多。其中浙江中医学院（现浙江中医药大学）、南京中医药大学、南京医学院、苏州中医医院等地的馆藏数量也很可观。

就西医期刊来说，广东省、上海市的收藏比较丰富。这也是因为早期的西医药期刊主要在广州和上海两地创办。1880年，美国传教士嘉约翰（John Glasgow Kerr）主编的《西医新报》为最早的西医期刊，由广州博医局发行。在1910年以前创刊的中西医期刊有11种，其中广州4种、上海3种。笔者曾访问过广州中山医学院，其收藏的中西医药期刊确实比较多，但与上海相比仍稍逊色。

其次是西南地区的收藏。笔者访问了贵州省图书馆、云南省图书馆及云南中医学院图书馆等地，也见到不少早年的医药期刊。这些期刊大多是抗日战争期间及抗战胜利之后出版的。其时因为战争，很多大学内迁至西南地区，因而使这些过去属于偏僻的省份有了许多图书和期刊的收藏。

北京的收藏情况一般说来首推北京图书馆（现为国家图书馆），这主要是因为该馆的中心地位。但因缺乏精确地统计，很难说中国医学科学院图书馆和中国中医研究院的收藏是否会亚于北京图书馆。中国医学科学院图书馆收藏的主要是西医期刊。该馆前身是协和医院图书馆，因此期刊积累非常丰富。可惜近年来对这批期刊的重视不够（可能与检索率很低有关），未见到有专门的目录。笔者供职的中国中医研究院的图书馆也收藏了部分1949年以前的医药期刊，但数量不多。笔者所在的中国医史文献研究所资料室本来很少收藏此类旧医药期刊，可是十几年前一个偶然的机会，本所从上海购得一批旧杂志（近400种），其中有医药期刊184种，因此本所也就成为旧医药期刊的重要收藏之地。

除上述诸馆外，中国其他地方也有可能收藏旧医药期刊。由于旧医药期刊在现代医药科研中的现实作用不是很大，学者们都热衷于追踪最新的报道和近几十年的进展，往往将50年前的期刊视为过时之物而不予重视。许多图书馆对书籍的编目不敢轻忽，但对旧杂志却不闻不问。究其原因，还是对旧医药期刊的学术和史料价值认识不足，还没有意识到这是研究近代医学发展最可靠的宝贵资料。

三、学术价值

从史学研究的角度来看，医学刊物自身的产生、发展、演变，就是非常值得研究的一个课题。虽然以往对此已经有一些初步的研究，但从深度来说还是相差甚远，对以往期刊的数量、质量、特点、传承演变、影响等方面都缺乏系统全面的探讨。

一般来说，期刊相对于书籍具有出版快速、篇幅长短不拘、具有连续性、题材广泛、参与者多、方便组织同好等优势。因此，期刊一出现，很快在中国发展起来，成为医药学界必不可少的学术交流载体，对促进医学发展和交流发挥了巨大的作用。例如，近代医药期刊真实地记载了医药史上的各种重大事件。发生在近代医学史上最大的事件当数中医界为生存发展而发起的抗争活动。1929年，余岩（字云岫）等人提出“废止旧医以扫除医事卫生之障碍案”（或称“废止中医案”），引发了全国中医的抗争。历史上中医从无全国联合的举动，形同一盘散沙的中医界在危及生存的压力下终于联合起来进行了抗争。这一段历史的全部过程，都详细地通过医学报刊记载下来。在医药刊物上，“废止中医案”全文、各地的中医药行业以及商会等纷纷发函电表示反对、上海市中医协会与卫生部的电文往来、全国医药团体代表大会的每日会况报道等，都在期刊上连篇累牍地报道过。“废止中医案”的斗争，以及此后对中医产生的影响，都可以从期刊中得到反映。可以说，期刊中的报道是研究20世纪30年代中西医之争最为生动可靠的原始素材。

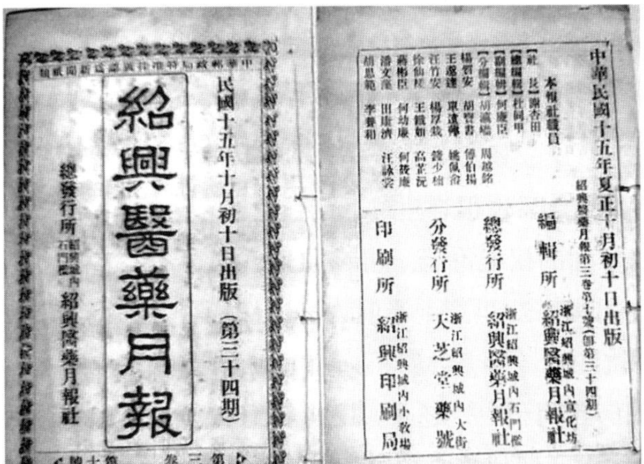

杜同甲、何廉臣主编的《绍兴医药月报》（1926）

研究近代医药的发展，必须重视医学教育和学术团体两个重要的方面。与此相关的史料在一般书籍中很难寻觅到，而在医药期刊中最为丰富。有些医药刊物本身就是某一学校或者团体创办的，因此这些刊物及时而又系统地反映了它们的创办过程和发展历史，记录它们的各种医学活动。即便有些学校或学术团体没有自己的刊物，它们也会在其他刊物上登载成立的经过，从中可以得知这些学校或团体成立的宗旨、章程，以及主要的成员等有关情况。某些学校还专门出版校友会年刊（如浙江中医专门学校校友会年刊等），记录其每年的活动情况。如果能够梳理当年的期刊所载内容，基本上就可以勾勒出当时的医学教育、学术团体发展概况。

由于1949年以前的医药期刊几乎遍布全国，因此，这些期刊又是反映全国各地区医药卫生发展的最好史料。笔者在众多的医药期刊中，发现有《台湾国医药报》（共10期）。在粗读该刊之后，始对台湾在光复之后的中医药发展有所了解。该刊物系台湾国医药改进社主办，编辑及发行人为苏锦全，1946年9月复刊。复刊号注明“更生第六十号，光复第一号”，可见在此之前，该刊还曾出版过60期。光复第一号在发刊词之下，有“公文摘要”，其中包括台湾国医药改进社沿革史略及各种批文。在此后的各期中，还有中医师考试拟题特刊、台湾国医分馆成立的有关文件等内容。该刊有“公文摘要”“各地通讯”“论说研究”“证治研究”“方剂研究”“药物研究”等栏目，从中可以窥见台湾在光复之后最初几年的中医药发展水平。《台湾国医药报》不见于《中文期刊大词典》，但《中文期刊大词典》又著录了其他几种台湾地区的医药期刊，如《台湾大学医学院研究报告》《台药界》《台湾医界》。这些期刊自然是研究台湾医药发展的重要史料。

除发挥史料作用外，现存的旧医药期刊在学术研究方面也有较高的学术价值，对于中医药期刊来说，其学术价值更加突出。1949年后在中国享有盛誉的诸多中医药界的耆老，在20世纪上半叶正值风华正茂的年岁。他们在杂志上发表了很多非常有见地的文章，这些文章就是在今天读起来，仍然非常有教益。这些耆老名宿有谢观、陆渊雷、沈仲圭、祝味菊、丁福保、范行准、谢诵穆、叶橘泉、秦伯未、恽铁樵、何廉臣、丁甘仁、裘吉生、曹炳章、张赞臣、章巨膺、杨则民、余无言、赵燏黄、陈邦贤、陈无咎、张山雷、吴汉仙、陆士锷、张锡纯、朱仁康、杨医亚、朱振声等。以医史界前辈范行准为例，他写过的一些文章，后人往往在几十年后也很难超越。例如他在《医文》杂志发表的《两宋官药局》一文，至今仍然是这方面的权威论著。可惜的是，由于1949年以前的医药期刊至今没有得到系统整理，因此无法将20世纪上半叶许多中医药界名人的文章汇集起来，进而探讨他们学术思想发展的轨迹。

从1949年前的医药期刊中，还可以窥见当时的学术风尚、学术研究的热门题目、重要进展等相关问题。由于期刊的种类和馆藏尚且未能明了，目前还谈不上汇集各种医药期刊的学术论文题目（仅医学史论文有初步的汇集整理）。这种状况是很不利于当前中医药学术发展的。近年中国在期刊信息方面的现代化已经有很大的发展，近几十年的期刊论文题录和摘要，都已经通过计算机处理，转化为方便检索和使用的信息。但是，1949年以前的论文资料至今仍是空白，以至于有些在半个世纪前已经解决了的问题，还会被作为新话题再度提起。因此，即便是从中医药学术发展本身着眼，对这些50年前的医药期刊也有尽快整理的必要。

以上简述了1949年前的医药期刊的有关情况，希望能引起学术界（尤其是史学界和医药界）的关注。

要让这批近代医药史研究的重要史料尽快对学术研究发挥作用，尚需要做大量的工作。笔者以为当务之急是调查海峡两岸收藏的旧医药期刊的种类和藏馆分布，摸清家底，编写出类似《全国中医图书联合目录》的《全国医药期刊联合目录（1949年以前）》，使学者能对这批期刊心中有数，并有地可查。在此基础上（或与此同时），将现存的旧医药期刊主要论文、文件、通讯、有关人物及学术团体、学校、医院、书籍的介绍等内容编制成题录索引，分门别类，以便两岸学者检索。

要完成以上工作诚然有相当大的难度，主要是涉及的图书馆和期刊种类多，工作量非常庞大。但这项工作也不能无限期地拖延下去。因为随着时间的推移，这些旧医药期刊如果再无人予以关注，就有可能进一步散失。有的图书馆在藏书日多、场地有限的情况下，首先将过期的期刊作废品处理。倘若听任这些宝贵的史料渐次散失，若干年后再想研究近代医药的发展，就必然面临无米之炊的境况了。

笔者认为，一个比较可行的办法就是首先从几个或十几个收藏旧医药期刊比较丰富的图书馆开始调查，并将调查结果汇成册，供学术界使用。然后再逐步扩大调查范围，最终完成海峡两岸收藏的1949年前医药期刊的调查和整理工作。相信随着利用这批史料得出的研究成果的增多，这些史料的价值必将提高，进而引起社会的关注，从而加强对它们的保管和利用，使之真正造福于社会和子孙。

（原载于《古今论衡》，2000年第5期123–129页）

后记：此文在台湾“中央研究院”历史语言研究所主办的半年刊《古今论衡》上发表，但写此文的起因却要从1981年谈起。那年研究生毕业留院之后，李经纬老师组织编写《中医人物词典》，需要调查京外收藏、京内所无的中医人物资料，委派我与学友胡乃长做一次全国实地调查（此段经历可参书后附录1988年《中医人物词典》“后记”）。我俩在上海中医学院图书馆调查时发现，该馆收藏了大量的旧杂志，里面含有许多民国医家的传记事迹，我俩当即就意识到这是一个宝库，于是在该馆拍摄了2个月之久，所用胶片花了4个电影拷贝盘。我虽以本草为主攻方向，但看着这批宝贵的资料也舍不得放下，因此平时也注意收集。海峡两岸实现双向交流以后，我多次访问台湾，也想与台湾同行联合起来完成这项工作。时任台湾“中央研究院”近代史研究所所长梁其姿教授对此也予以大力支持，于是我就把已经调查的情况写成此文，在《古今论衡》发表。

2002年，梁其姿教授为我争取到一个赴台湾历史语言研究所开展合作课题“1949年以前的中医期刊资料库”的机会，李远哲院长签署聘书，聘我为该院客座研究员。在台湾历史语言研究所工作2个月，完成了1949年以前的部分中医期刊题录的资料。但因两岸合作课题存在经费使用不便等技术问题，最终这个课题不了了之。其时我受聘为德国慕尼黑大学医史研究所客座教授，非常忙碌，无法继续开展近代杂志课题，但让这个课题荒废也很可惜，于是我想到了同所老友王咪咪老师。她对期刊整理编目非常有经验，医史研究所编纂的《医学史论文资料索引》，她是主力。于是我与她深谈了一次，请她来做民国期刊的工作，她欣然同意。

此后王咪咪老师申请到了国家中医药管理局课题，连续奋战了20多年，先在学苑出版社出版了《二十世纪初中医名家医学文集丛编》(2011)，第一辑收录了10位医家的论文;《1900—1949中医期刊医案类文论类编》9册(2012)、《1900—1949期刊医案类编精华》5册(2015)。后来又在北京科学技术出版社影印出版了《中国近现代中医药期刊续编》共3辑[1]32册(2020—2023)，把民国期刊的收集整理做得风生水起。

此外，以段逸山教授为首的上海中医药大学团队与上海辞书出版社共同编纂出版了《中国近代中医药期刊汇编》(2011年，212册)，收集了近代中医药史上的重要期刊。我当年的梦，终于由我的同行们实现了，想想都高兴啊！

① 第三辑是王咪咪与侯酉娟共同主编。

现代中国医学史研究的源流（节录）

郑金生　李建民

一、中国医学通史的奠基石

中国现代医学史通史以陈邦贤《中国医学史》(1919）为最早。此后有王吉民、伍连德的 *History of Chinese Medicine*（《中国医史》)、谢观（字利恒）的《中国医学源流论》、范行准的《明季西洋传入之医学》等。回顾现代中国医史研究的源流，不妨先从这几部专著说起。

陈邦贤先生的《中国医学史》是中国近代医学史的开山之作，筚路蓝缕之功甚伟。而且，他在从事医史研究工作的60多年中三度改写该作。陈老师是我的师祖。1978年我负笈北上求学时，先生已仙逝两年。从老师们平时的言谈中，我得知陈老为人极为敦厚诚朴，且治学勤谨，至老不辍。其《中国医学史》创建了中国医学通史的框架，搜集了许多重要史料，为此后的医史发展起到了奠基作用。但因此后医史发展十分迅速，新作如长江后浪推前浪，故自1957年以后，陈老的《中国医学史》不见再版。中国的青年医史学者已很少有人攻读此书。1982年中国医史文献研究所在李经纬所长主持下，内部印行了陈老的《二十六史医学史料汇编》一书，此书在当今中国的医史界仍颇受欢迎。

王吉民、伍连德两位先生合撰的 *History of Chinese Medicine*，我们平时习称“王伍医史”。该书系英文，故即使是在医史界，也很少有人读过此书。我在读研究生时，曾得览该书的中文译本。此中文译本一般不为外界所知，我也只是从老师们那里听来如下逸闻：1966年一批医史学者曾将“王伍医史”译成了中文，译者中有我所的蔡景峰、马堪温老师。书成付梓，清样甫出，属于“资产阶级”的作品，自然不宜出版。但版已排好，钱也花了，不出可惜，最后只准用打纸型的版印刷10份，并限制流传。其版片随之毁弃，这10本中文译本自然成了医史前辈们珍藏的书。

我所收藏有中文版“王伍医史”，我的印象是该书重在记述当时的医学发展情况，故是当今了解19世纪末20世纪初中国医学的极为宝贵的史料。

对王、伍二位前辈，我知之甚少。但伍连德先生发奋使世界了解中国医学史的故事却令我终生难忘。伍先生曾于1913年函询美国学者嘉立森（Garrison），何以其《（世界）医学史》巨著700页，中国医学之篇幅尚不及一页，且多错误？嘉立森答曰："中医或有所长，顾未见有西文述者。区区半页之资料犹属外人之作，参考无从，遂难立说。简略而误，非余之咎。"伍连德、王吉民二位先生为此深受刺激，遂联袂用英文撰写了《中国医史》。"王伍医史"向海外传播中国医史的功劳不可磨灭，同时也激励我等后学自强不息，把中国古老的医药文化介绍给世界各国。

谢观先生的《中国医学源流论》是我最喜爱的医史著作之一。该书的特点是不堆砌史料、不做獭祭工夫，而是高屋建瓴，纵论中国医学史上的主要典籍、学派及中医发展的规律和特点。秦伯未曾评说是书"海内医家，叹为绝作"。

谢先生肄业于苏州东吴大学。吕思勉云："君于医，虽不以为业，顾自幼熟诵医经经方，长而浏览弗辍。亲故有疾，或为治疗。遇儒医世医若草泽铃医，有一技之长，必殷勤询访讨论，未尝一日废也。"（吕思勉，《谢利恒先生传》）大概是基于上述背景，谢先生的高明之处是，在几十年前就注意到社会、文化对医学发展的影响。例如，他支持中国医学发展与儒学之间的密切关系，用大量的事实阐述历史上中医发展总是比儒学慢半拍，即所谓"儒之门户分于宋，医之门户分于金元"。他还提倡攻医史者须略涉自然、社会诸学科。他的许多见解即便在现代也仍有实际意义。谢先生是近代医史上的一位伟人，他不仅为中医的生存呕心沥血，奋斗不已，而且在学术上多有所建树。其功绩不是三言两语所能尽述的。

范行准先生今年91岁，现在就住在中国中医研究院（今中国中医科学院）内，安度晚年。他虽因年事已高，不再有精力从事医史研究，但他的医史著作和许多学术论文，至今仍令我们这些晚辈受益无穷。范老的《明季西洋医学的传入》系统地梳理了明代至近代西医传入的途径、方式，以及重要人物、著作、事件等。恕我直言，在同类论题上，至今无人能掌握如此丰富的史料。我有这样的体会，范老做过的题目，经常会使后人有"崔颢有诗在上头"之感。其爬梳剔抉史料的功底，我等难望其项背。

除《明季西洋医学的传入》之外，北京中医古籍出版社出版了范行准先生的《中国病史新义》和《中国医学史略》，这也是先生的力作。其中《中国医学史略》集中反映了先生毕生研究医史的心得。1979年我到先生家的"栖芬书室"看书，先生告诉我，《中国医学史略》20万字，是他在1960年时以半年工夫一气呵成撰写的。许多史料凭脑中记忆，未遑细核。但也正因如此，该书予人一泻千里、荡气回肠之感。此书最早于1960年曾内部印行，极少流传。直至1988年才由北京中医古籍出版社正式出版，此时范老垂垂老矣，无力多改。

范老治学从不追风赶浪、人云亦云，每直抒胸臆，绝不媚俗。他对五运六气之说的抨击从不留余地，对各朝代医学发展的特点自成一家之言。1981年我们这一届5名医史硕士生的毕业论文均请范老审核，这5篇论文涉及领域相差甚大，且共计数十万言，不料老先生不仅逐一看过，而且均能提出中肯的意见，令我们钦服不已。

二、1949年后的医史发展

陈邦贤、李涛、范行准、宋大仁、耿鉴庭等先生在20世纪50年代创办杂志、成立学会、出版专著，相当活跃。他们的活动对1949年以后的中国医史研究有相当深远的影响。有关这一问题，李经纬教授曾有文章谈及。有兴趣者可参考李先生的《中国医史学的三十五年：1949—1984》。上述几位前辈，正是20世纪50年代医史界的领头人和中坚力量。但要谈他们对1949年以后的中国医史研究有何具体的影响，我以为特别要提到的是李涛、陈邦贤二位前辈对医史教育的贡献。我个人的观察是，影响此后中国医史发展的主要因素不是杂志，不是学会，也不是几部专著，而是他们培养的医史接班人。这些接班人促成了此后医史的新发展。

李涛教授早在1946年就在北京医学院组织了我国第一个医史教研室，他在立言的同时，从事树人的工作。1949年以后，他不仅赴济南、上海讲学，还于1956年在中医研究院主办了“全国医史师资进修班”，亲自授课，所培养的学生均为今天中国医史的学科带头人。可惜1957年该班甫结业，李涛教授竟因积劳成疾，溘然长逝。

再者，陈邦贤作为中医研究院医史研究室副主任（李涛兼任主任），也培养了好几位医史学者。现在我的老师辈学者中，大多是李、陈二老的传人，例如，程之范、李经纬、蔡景峰、马堪温、甄志亚、张慰丰、龚纯、姒元翼、陆肇基、熊同俭等，他们是20世纪60年代以后医史发展的主力军。因此，我个人认为，李涛、陈邦贤等老前辈重视医史教育，是对医史发展影响最大的一项业绩。

其次，20世纪50年代中国与苏联交好，政府提倡中医，中国医史研究简单地归纳为以下5个方面，作为线索：

（1）首先是保持了医史学会继续开展学术活动。1950年召开了第三次全国医史学术会议，并选举产生了第五届医史学会委员会。此后该学会的活动由于多种因素不甚活跃。但陈邦贤等老前辈在维持这一学术组织的日常工作方面仍发挥了重要的作用。全国医史研究人员以此学会为纽带，联系在一起，在学术上多有建树。

（2）成立了医史研究专门机构，即1951年中央卫生研究院成立的医史研究室。后该室并入中医研究院，与该院的编审室共同成为现在中国中医科学院中国医史文献研究所的前身。

（3）培养了医史专门人才。1956年由中医研究院医史研究室主办了“全国医史师资进修班”，其学员成为此后医史发展的主力。

（4）继续出版《医史杂志》，促进了医史研究的学术交流。

（5）开展了医史文物的收集工作和医史遗迹的田野调查研究。在医史前辈王吉民先生的带领下，中华医史学会在20世纪50年代收藏了大批的医药卫生文物和早期的医学期刊。在此基础上，20世纪50年代末上海中医学院（今上海中医药大学）创建了医史博物馆。再者，对任丘的扁鹊庙、耀县的孙思邈故里等进行的医史遗迹调查取得了重要的成果。

特别值得一提的是，在政策指引之下，1955年中国有一批学习中医的西医人员（“西学中”人员）改行从事医学史研究，这是一段有趣的历史。我想，20世纪50年代可以说是中国中医的“黄金时代”。那段时间政府大力提倡中医，反对民族虚无主义。为了继承和发扬中国医学遗产，20世纪50年代初期组织西医学习中医。1955年12月，在中医研究院开办了第一期全国西医离职学习中医研究班。1958年7月该班毕业，有一些外地的学员便留在中医研究院各部门工作。当时医史学科人员较多，因此有的“西学中”人员便被分配到医史室工作。

举个例说吧，李经纬先生就是当时从事医史研究的“西学中”人员之一。李老师原来是西医外科训练背景出身的，我曾问李老师为什么当时选中了他学医学史。李老师回答，他毕业的论文是谈中医古代外科的成就，发表后受到好评。根据其论文的内容，就把李老师分配到陈邦贤先生门下从事医史研究。这种改行是根据当时学科发展的需要进行的。

我想，“西学中”人员参与医史研究行列，的确为当时的医史队伍增添了新鲜血液。针对社会上和医学界都有“中医不科学”的成见，这批“西学中”人员利用他们的西医知识，弘扬中医的历史成就，为中医的科学性张目。

三、医史期刊的沿革

《医史杂志》《医学史与保健组织》与《中华医史杂志》这3种医史刊物名称虽有不同，但彼此却是紧密关联的。而且不同时期的刊物也反映着各时期的政治、文化情况。先谈《医史杂志》的沿革。

《医史杂志》由中华医学会医史学会于1947年创刊，出版了2卷8期（包括合期，实际只有5期），1949年因故停刊，1951年复刊，至1952年又出刊2卷8期（共计4卷13期）。根据中华医学总会决议，1953年自第5卷起改名为《中华医史杂志》，以此刊名出刊3卷12期。1956年，有关部门为了给学术组织提供学术交流阵地，同时也是为了“集中人力物力合办一个期刊物，以响应政府节约的号召”，遂从1957年起，将《中华医史杂志》改名《医学史与保健组织》。此时医史方面的论文数量明显减少，但质量仍然较高。这本杂志只办了2年（季刊），由于许多因素，1959年该刊与《中华医学杂志》合作，改名为《人民保健》。《人民保健》中每期的医史文献只有1~2篇，故从1959年起，《中华医史杂志》实际等于停刊了。直到1980年，《中华医史杂志》才正式复刊，至今没有中断过。以下简述各期刊的特色。

《医史杂志》（1947—1952）的风格基本上是一致的，注重对古代医学文献、疾病史及医史重大问题的探讨。这一时期的作者队伍规模比较小，但水平很高。经常发表文章的有范行准、王吉民、余云岫、李涛、宋大仁、吴云瑞、叶劲秋、耿鉴庭、伊博恩、陈邦贤、谢诵穆、丁济民等老前辈。这一时期有很多重头文章发表，如范行准先生的《预防医学史》等，至今仍有其学术参考价值。

《中华医史杂志》(1953—1955）的风格有了比较明显的改变，国外医学史占了很大的比重。在此之前，虽然医史杂志也有国外医史的作品，但并没有偏重哪一个国家。而在这一时期，杂志却被划分为三个栏目：祖国医学、苏联医学、世界医学。其中最为显目的是苏联医学。

据说该杂志设此栏目的在于“介绍苏联医学的发展和成就，作为新中国学习苏联医学的参考”。由于苏联医学史的文章占了很大的比重，而彼邦医史学又好争“发明权”，这种风气也就不可避免地给中国医史界带来影响。因此，像首先应用汞合金充填牙齿的光荣史、《新修本草》是世界最早的药典之类的文章也就应运而生。这在当时对提高中医地位、反击中医“不科学”的成见发挥了一定作用。

《医学史与保健组织》的创刊正值1957年的“反右”和1958年的“大跃进”运动时期，有些老医史学者受到不公正的待遇，文章明显减少。虽然这段时间该刊也发表了几篇疾病史、中医学科史的高质量论文，但总体而言，医史研究是停滞了。到1958年，该杂志登载的医史论文已经很少了。

1980年《中华医史杂志》复刊，其重要特点是医史研究领域显著扩展、作者队伍明显扩大。在内容上除中国古代医学外，有关近代医学史、少数民族医学史、世界医学史、医史学理论研究、医药行业史、地方医学史调查研究等方面的文章显著增多。大批中青年医史学者一显身手，无论在内容还是角度方面都较此前有很大的改观。

但“文化大革命”(1976年）之后中国的医史研究似乎越来越局限于医药学术（即台湾学界所云“内史”）的讨论，其内史的研究深度不断加深，以至于少数著作非医学人士很难读懂。由于新人多为医生出身，因而文史功底不足（当然也包括我本人），对社会史、文化史知之不多。20世纪90年代以来，随着国门的开放，学人的眼界不断开阔，因而有些学者（准确地说是中青年）开始注重从多角度、多层次来研究医史，已有一些新作问世（如廖育群《岐黄医道》等）。这些新凸出土的苗芽不免稚嫩，相信会有更多较深沉之作会随后而起。换言之，中国以内史为主、以叙述医学“发现”与“成就”为重点的医史研究取向，今后或许会有新的转变。

四、医史机构的建立——中国医药研究所医史研究室

1951年，在中央卫生研究院的中国医药研究所之下设有医史研究室，此乃中国医史专门研究机构之起始。1955年12月，该室并入新成立的中医研究院，由李涛、陈邦贤先生

任正、副主任。与此同时，中医研究院成立了编审室（后曾改名文献资料研究室），于道济、余无言、王雪苔等先生曾先后任该室正、副主任。在中医研究院成立之初，研究机构只有3所2室，即内外科研究所、中药研究所、针灸研究所、医史研究室、编审室。可见医史文献在中医研究中是具有比较重要的地位的。

医史室的任务是研究医学发展之规律，编审室除整理研究中医药文献、编写教材之外，还负责中医杂志等刊物的编辑工作。1971年，医史室与编审室合并，成为医史文献研究室。陈邦贤、马继兴、马堪温、丁建塘等先生，以及1958年西学中班毕业后从事医史文献研究的李经纬、蔡景峰、余瀛鳌等先生均为该室成员。直到1978年之前，该室研究人员不过十几人。

1982年5月28日，在医史文献研究室主任李经纬先生等的努力下，中国医史文献研究所正式成立，李经纬先生为首任所长。该所下设第一、第二医史研究室，第一、第二文献研究室，另有中国医史博物馆、图书资料室，以及行政办公室、科研办公室。这一体制沿袭至今。1985年所领导班子换届，仍由李经纬先生任所长。1991年换届，由余瀛鳌先生任所长。1993年换届，由我任所长。1997年4月又值换届，全院招聘所长，有志者可以应聘。

回忆起来，1978年是医史文献研究室人员扩充最剧的一年。1978年有6名工农兵学员毕业，分配到医史文献研究室，跟随各位老师从事医史文献研究工作。同时该室在全国率先招收了第一批5名医史硕士研究生，以后每年招收数名研究生，最多的一年招收了9名研究生。这些研究生毕业后部分留所工作，充实医史文献研究队伍，解决了科研队伍青黄不接的问题。到了1992年，本所人员为60名，其中研究人员维持在40名上下。1992年以后，随着经济大潮的冲击，人员开始分流。有些研究人员或科研辅助人员下海经商，或调到经济收入较好的出版社、杂志社。因此，到目前为止，本所人员数量下降到45人。30余名研究人员中，有研究员8人，副研究员14人。

我所的前身医史室、编审室在20世纪五六十年代就已经作出了许多重大业绩。例如，出版了《中国医学史》《伤寒杂病论语译》《金匮要略语译》等书，对当时的中医教育产生了重要影响。到了20世纪七八十年代，以马继兴先生为主的《武威汉代医简》、马王堆出土的《五十二病方》《导引图》等方面的研究，以李经纬先生等为主的《中医名词术语选释》《简明中医词典》等，均在国内产生了良好的影响。近20年来，本所科研成果斐然。由本所研究人员主编的《中医大词典》《中医人物词典》《中国医学百科全书·医学史》《马王堆古医书考释》《神农本草经集注》《敦煌古医籍考释》《中医文献学》等多种医史文献著作，均获得学术界的好评。

在培养医史文献人才方面，本所发挥了重要的作用。早在20世纪50年代，就在李涛教授主持下举办了第一届全国高等医学院校医史师资进修班，其学员成为20世纪60年代以后医史队伍的主力。20世纪80年代，本所成立了全国医史、文献两个培训中心，举办了医史培训班和文献培训班，先后为全国各地培养了高级医史文献研究或教学人才百余名。此外，本所从1978年到现在，已经培养了50余名硕士、博士研究生。经本所培养出来的医史文献人才有许多已成为学术研究的骨干或带头人。

近几年，在经济体制改革转轨的过渡时期，由于医史文献研究很难直接产生经济效益，因此不可避免地带来研究经费不足等方面的困难。我想引用最近《健康报》的一篇报道以作说明：

据了解，现在国内各地的古医籍文献达1.2万多种，目前已整理出版了400多种。那么是否可以说，重要的医学经典已经整理过了，不用再咬文嚼字去抠那些古籍了？中医研究院医史文献研究所研究员李经纬谈了他的看法：经多年努力，中医典籍确实整理出不少。总体上看，有些搞的较严谨，也有些在整理中还存在不少问题。由于在医籍文献的整理出版上缺乏统一的、有约束力的规划，国家花钱不少，但力量分散，效果仍不尽如人意。人民卫生出版社的老同志也反映了中医古籍出版质量方面的问题：目前出版社出书不少，许多出版社都出版中医古籍。一方面出版有学术价值的书困难，中医古籍出版费用高、发行量小，有相当一部分好书是赔钱出版的；另一方面出书滥，不少书粗制滥造，低水平重复。

我想这样的问题在其他某些国家的医史界也同样存在。但我相信，有志于献身医史文献专业的人士一定会克服暂时的困难，把医史文献研究继续向前推进。

五、走上医史之路

我走上医史之路带有很大的偶然性。我虽然从小对历史、文学较喜好，但却从未接触过医史。1965年我考取江西中医学院，入学一年，就碰上“文化大革命”。一直折腾到1968年12月，我被下放到江西生产建设兵团，接受工农兵再教育，其实也就是务农种田。这段时间，我担任连队的卫生员，曾在深山老林采集草药数月，从而与中草药结下不解之缘。

1970年7月，我们这批“文化大革命”前入学的最后一批大学生总算分配了工作，我被分配到江西药科学校从事中药鉴定教学工作。2年后，药科学校并入江西中医学院，于是我又返回母校。1972年10月，我曾到北京中医学院（当时该院与中医研究院是一个整体）进修鉴定药物近一年，与我现在的医史老师们共处一栋楼，却无缘相识。

1976年，“文化大革命”结束，百废待兴。至1978年，中国中断了十几年的招收研究生制度重新恢复。对我们这一代人来说，“研究生”三个字是相当陌生的。但有一点是明确的，考上研究生就意味着有机会再读几年书，这对我有很大的吸引力。因此，在1970—1978年这8年间，为了补上此前所耽误的课程，我几乎是夜以继日地复习大学功课，有时是边学边教。除复习中医课程之外，我又因中药教学工作所需，学习了植物分类学、中药鉴定（相当于过去的生药学）等课程，并自学了日文（高中时学的俄文毫无用处）。那时，我教的是“工农兵学员”，时兴“开门教学”，因此一年当中有半年在野外或基层医疗单位带着学员边实践边教学。这段经历使我对中药从种植、生产到使用的全部过程有了系统的了解。因此，在报考研究生选择专业时，我很自然地考虑中药专业。可惜的是，1978年中药专业招生的导师奇少，而我自己又不愿意放弃求学机会，于是选择了医史专业，指望着能从事药学史研究。这一选择就使我从此走上了医史之路。

1978年10月，我别儿离妻，负笈北上，压抑了多年的求学欲望终于得到了满足。那年我已32岁了。在硕士研究生的3年学习期间，我如饥似渴地汲取新知识，并选修了英语。我的几位导师给了我多方面的教益。

说起导师，也非一言能尽。我所第一届医史硕士生有5人，属于李经纬、蔡景峰、马堪温3位导师集体指导。因为“文化大革命”的耽误，这3位导师当时还仅是助理研究员，不能单独招生，故采用集体指导的办法。但3人指导5人，毕竟不方便。于是一年后，我们就要求“分导师”。老师们让我们各自报出自己的兴趣所在，然后根据各自的研究领域决定谁指导谁。结果是李经纬老师指导傅芳，蔡景峰老师指导胡乃长，马堪温老师指导马伯英、赵红军（后改名为赵洪钧），剩下我，特别为难。因为我选的是中药史，而3位导师都是西医学习中医出身，都说对中药不熟悉。于是他们决定请马继兴老师来指导我。马先生1945年毕业于华北国医学院，曾出版《中国本草学源流初集》等。承蒙马先生不弃，收为门下，从此我选定中国药物学史作为终生主攻的方向。

那时医史研究生在中国历史上还从未有过，应该怎么培养，可让我们几位导师辛苦了。当时大学的医史课用的是《中国医学史》统编教材。但这只是入门书，教育研究生肯定不够用。于是，老师们邀请了在北京的科技史、世界医学史及其他方面的历史专家为我们授课。我记得曾经听过宗教史、哲学史、数学史、天文史、生物史、农学史、化学史、物理学史、西洋医学史等许多课程，开拓了自己的眼界。我所的老师们各自讲授自己的专长、治学的经验和研究心得。例如，蔡景峰老师的魏晋南北朝医史、少数民族医史，李经纬老师的隋唐医史和外科史，赵璞珊老师的宋金元医史和儿科史，马堪温老师的明清医史和中外医学比较史等，综合起来，就是比较系统深入的中国医学史课程了。此外，马继兴老师则从20世纪70年代后期开始讲授他编写的《中医文献学基础》，使我们对古代中医文献的总体状况、阅读技巧和研究方法有了初步的认识。马老师当年油印的《中医文献学基础》，经十几年的增补修订，终于在1990年正式出版了《中医文献学》一书，成为这一学科的奠基之作。

对我治学影响最深远的是马继兴先生。马老的个人经历可以说是历尽坎坷，但他对中医医史文献研究却始终痴心不变。他治学的特点是特别注意使用第一手资料，决不空虚浮泛。记得我读研究生时写了一篇习作，他阅过之后立即发现有一段引文有误，我承认是从《医籍考》上转引的。他马上带我进资料室，将《医籍考》之文和原文对照，发现了《医籍考》的排印错误。马老师严肃告诫我治学要注重第一手资料，不能偷懒耍滑，不能凭想象推测立论。此后，在工作中老师严谨的学风和刻苦的治学精神给了我很深刻的教育。马老曾引用白居易律诗中的几句话：候病须连脉，防流要塞津。救烦无若静，补拙莫如勤。（《白香山诗集·后集》卷七）这诗末最后的“勤”字，也正是马老师一辈子的治学写照。

另外，马老特别“惜名”，从不做败坏学术名誉的事。有些人喜欢在书上领衔挂名，不管书的质量是否高。但马老却不然，挂名不做事的事情他从不接受。凡署有他名字的书，都是他辛勤劳动的结果。偶尔也有人假借他的名字以抬高其书的价值，对此老先生是“不依不饶”的。马老师对医史文献均有很深的造诣，但偏重文献研究。因此，这对我从事医史研究帮助颇大。这些年在马老的影响下，我扎扎实实看了很多书。例如，在撰写硕士论文《宋代本草史》时，我通读了所能找到的所有宋代医药书，涉猎了在北京能搜集到的宋代史书、地方志和笔记小说，收获很大。这些都得益于先生的言传身教。我跟随马老师学习快20年了，还是觉得老师身上有我学不完的东西。

另一位对我治学影响很大的老师是安徽芜湖皖南医学院的尚志钧老师。尚老师毕生研究本草史，我久闻其大名，因此好几次回南昌探亲时绕道芜湖拜访尚老。尚老和马老治学的共同之处是刻苦严谨，但尚老的工作环境则更为艰苦。记得20世纪80年代初与尚老通信，他连正规的稿纸都无力购置，平时写信用的是印刷厂印刷商标的报废品。尚老知识渊博，但他坚守“学贵乎博而业贵乎精”的信条，经年累月，夏挥蚊，冬呵冻，从事本草文献的辑佚、校勘，以及本草史源流的研究。至今他已出版了《神农本草经校点》《名医别录》《新修本草》《本草图经》等多种辑佚校点本草书。在本草研究方面，我有幸得到尚老许多具体指导，并跟随尚老出版了《历代中药文献精华》《证类本草》(校点本)。

为了求学，我和家人分居两地长达7年。1985年，妻儿始成为有北京户口的居民。尤其感到惭愧的是，在儿子童蒙初启时期我未能尽到父亲之责。但在北京这藏龙卧虎之地、文化交流的中心，自己能得到许多前辈的教益，对我来说是幸运的。例如，陈垣的弟子赵璞珊先生是本所唯一一位学文史出身的老师，他赠送给我的《陈垣史源学杂文》一书，使我获益匪浅。山西的贾得道老师所著《中国医学史略》(1978)是我刚步入医史之途常读之书，他对历代医籍的评价有其独到的见解。黑龙江中医学院车离教授善于把哲学和医史学结合起来进行研究，成果斐然。车老师为人耿直坦率，敢于直言，具有史家之风。虽然我们各自的研究领域不同，交往不多，但我对他相当钦慕。辽宁中医药研究院的史常永教授也是我敬佩的老师之一。读他的文章，长文令人不忍释卷，短文令人咀嚼难忘，每文必有新意。中国医史文献界对我有影响的老师有很多，除以上所述之外，还有：

(1)邓铁涛教授，广州中医药大学。邓老师不仅精于临床，对医史也很有研究。我在参与编写《中医药百科全书·医学史》一书时，经常得到邓老的教诲。

(2)凌一揆教授，成都中医药大学。凌老精于中药，旁及药史。承凌老厚爱，1991年他邀我参与他主编的《中华本草·本草史》一书。次年凌老仙逝，其时我正远在慕尼黑，连灵前吊唁也办不到，抱愧终生。

（3）裘沛然教授，上海中医药大学。裘老虽以针灸闻名，但医史文献造诣之深，不亚于其同辈医史专家。我在编写《中医人物词典》时，向裘老学了不少东西。

（4）程之范教授、宋之琪教授，北京医科大学医史教研室。

（5）甄志亚教授，北京中医药大学医史教研室。

（6）张慰丰教授，南京医学院医史教研室。

（7）傅维康教授，上海中医药大学医史教研室。

（8）陈新谦教授，《中国药学杂志》原主编，药史研究的专家。

（9）谢宗万研究员，中国中医研究院中药研究所。谢老早在中药鉴定方面指导过我。他的《中药材品种论述》实际上可看成单味药品种演变史。他的《中药品种理论研究》又在药品理论上进一步升华。

（10）王孝涛研究员，中国中医研究院中药研究所。王老是炮制专家，他主编的《历代中药炮制法汇典》是研究炮制史的必备参考书。

以上十家，是我略举曾追随过或共事过的几位医药史界的前辈。

至于非医药界的前辈，对我影响较大的是胡道静先生。胡先生对《梦溪笔谈》的研究之深是海内外皆知的，在农业史的研究成果卓著。我研究本草，胡老大作是必读的。我有几次到上海登门求教亲炙的机会。老先生学贯中西到了炉火纯青的地步。其为人纯朴厚道，对我们这些无名后学呵护备至，我从他那里学到不少东西。1989年，胡老推荐我参与他主编的《中国古代科技名著译注丛书》，在他主持下完成了《食疗本草译注》(1992)。胡老虽然身体不好，但不管是谁的信，他必及时亲笔回复。他事务繁多，终日操劳不已。我在他家亲眼见他如老黄牛般负重耕耘写作，心中是既敬且惜。

除老师辈之外，我的许多同辈朋友，事实上也对我治学产生了很大的影响。其中，我必须提一下两名外国友人，一位是德国的文树德（Paul U. Unschuld）教授，另一位是日本的真柳诚教授。

文树德先生曾邀请我到慕尼黑和他一起英译《黄帝内经素问》，我俩并肩工作近两年之久，朝夕相处，切磋琢磨，眼界大开。文先生对我来说亦友亦师。他对中国和中医药情有独钟，这些年撰写了不少中医医史著作，翻译了几部中医药书籍。在掌握中医药历史资料方面，对一位外国学者来说是不能苛求的，但文教授研究医史的视野开阔，这是我所不及的。我所接触的中国学者以学医出身者为多，治学思路近似，大家主要关注医药本身的发展，而较少深入探讨影响医药发展的外部环境因素。文教授则不然，他知识面广，思维敏捷，他的许多见解令我领会到“他山之石，可以攻玉”这一古语的含义。例如，他曾在中国发现一旧时经折装的医药小册子，后几经考证，发现这是过去所谓“走方医”（又称“铃医”）的授徒文本，尔后他又陆续发现多种这方面的书籍。我想文教授的发现，可以开拓出走方医研究的一片天地。近年我的研究思路有所扩展，主要得助于文教授的教益。

其次，日本真柳诚教授也是对我影响甚大的好朋友。他钻研中医药古籍几乎到了入迷的程度。最近，在王铁策副教授的首倡下，我和马继兴教授、真柳诚先生共同努力，已将六七十种中国早已散逸，但却独存于日本的中医善本古籍陆续复制回国，加以考证，为研究医学史提供了许多信而有征的史料。真柳诚先生的研究范围和思路与我比较近似，因此我们之间的共同语言比较多。

六、医史研究取向——以宋代本草史属例

宋代本草学是整个本草史的主要焦点所在，发挥着承上启下的枢纽作用。造成其特殊地位的历史原因很多，其中之一是北宋印刷术的发展。现存医药书籍到北宋才开始借助印刷术以广其传播，从而结束了手抄医药书的时代。

再者，宋代的帝王中有颇多对医药感兴趣者。王公大臣中通医知药者亦不乏其人。他们在本草书由手抄转向版刻的历史转折关头，注意充分发挥政府的组织和协调作用，向全国征集散落民间的医药书籍，在全国范围展开药物普查，成立专门的医药文献整理出版机构——校正医书局，确立由儒臣和医家联袂组成的医药书籍整理班子等。这些举措使得宋代本草在文献整理与药物实际调查方面都取得了前所未有的成就。

具体来说，北宋时期政府3次纂修本草（开宝、嘉祐、政和），有效地将当时所能收集到的宋代以前的本草资料汇成一书。官修本草严密的编纂体制，使得宋以前历代本草资料出处详明，发展脉络极为清晰。宋代本草的成就集中在《证类本草》一书。可以说，一部《证类本草》是北宋以前本草资料的渊薮，又是宋代以后本草发展的主要依托。明代李时珍《本草纲目》实际上是以《证类本草》为蓝本重加编纂的。由此我们大略可知宋代本草在中国医史的位置了。

其次，国家介入医学，在我国古代也多见于宋代。这主要取决于当时的统治者或统治阶层对医药的态度。如上所述，北宋有好几个帝王对医药特别感兴趣。这一传统始于宋太祖赵匡胤，他不仅自己会灸法，而且在征伐南汉时就注意征集医药图书。宋太宗赵光义“昔自潜邸，求集名方”，这大概也属于“家藏方”的传统。太宗即位之后利用国家力量向全国征集图书，并下令撰写《太平圣惠方》，使大量的医药资料在兵燹之余不致散逸。

北宋政府下诏征集民间图书之举有若干次，延续百余年之久，保存了大量的医药书籍，故苏颂称赞说：“宜乎圣君哲辅，留意于搜辑也。”北宋时国家介入医学的举措主要有以下5项：（1）成立校正医书局，系统整理出版医药书籍10余种；（2）创立官药局，参与药材市场竞争；（3）颁布制药规范《和剂局方》；（4）兴办医学教育，举行医学考试，大力选拔医药人才；（5）开展全国药物大普查，为官修本草准备素材等。而北宋皇帝为医药书籍写序也是历代最多的，专门以宋徽宗名义撰写的医书有《圣济经》。最高统治者重视医药，对提高医药的地位具有重要作用。

当然，国家介入医学也要看如何介入。对那些靠个人之力无法成就的医药事业，国家的襄助无疑是有力的。但国家不宜直接介入学术，更不能指望靠政府之力左右医学学术的发展方向。古今中外，常可见当权者因个人爱好、宗教信仰、政治倾向等因素而插手医学学术的例子。例如，宋徽宗凭个人喜好，利用国家力量强行推行五运六气学说，颁布运历等，对此后世颇多诟评。

七、21世纪的医学史——"生命医疗史"的诞生

1980年，我第一次在首都图书馆拜读过刘伯骥先生的《中国医学史》。此书虽与陈邦贤先生之作品风格近似，但搜罗史料之详尽（尤其是医政史的记载更是丰富），令人钦佩。此书是目前在中国影响较大的一部台湾医史专著。其次，我接触较早的是那琦先生的《本草学》。此书受日本冈西为人《本草概说》的影响较大，但也不乏那老自己的研究成果。大陆研究本草史的学者都很喜欢这部本草史专著。此外，台湾地区还有一些医史作品，但其成就似都不如上述二书。

不过，近年来台湾"中央研究院"历史语言研究所异军突起，发表了一系列的医史文章。这些文章思路新颖，史料翔实，令人耳目一新。后来杜正胜教授惠赐《作为新社会史的生命医疗史——并介绍"疾病、医疗与文化"研讨小组的成果》一文，我方知其中来龙去脉。恩师马继兴先生访台带回来一批资料，并在本所专门介绍了历史语言研究所的研究业绩，增进了两岸医史研究的互相了解。

最近，我拜读了历史语言研究所学者的诸多文章，获益良多。我的初步印象是，台湾学者目前发表的医史文章在史料搜集方面是相当扎实的，但研究的内容大多是介于社会史与医疗史之间的一些课题，还很少深入中国古代医学的核心地带，我指的是中医学术理论和学科发展等内容。作为社会史的医疗史研究是非常有意思的，因为过去我很少涉猎，所以读到这方面的医史文章，觉得很新颖。我冒昧地猜测，也许是因为贵所学者不是医者出身，所以不轻易直接探讨医学理论源流等问题。而大陆从事医史研究的人员，绝大多数是学医（中医或西医）出身，所以研究范围大概属于杜所长所说的"正统医疗科技史"。因此，两岸医史研究可以说是各有所长。

现在我们是分别从"外史""内史"两头向对方开凿隧道。希望经常交流信息，早日打通内、外史之路，不要形成"两股道上跑的车，走的不是一条路"。这种局面下，内、外史是无法汇通的。

就个人来说，我近年通过和西方学者交往，以及最近从历史语言研究所众多研究文章得到启发，已经开始注意医药发展与社会文化的广泛联系。我是学医出身的，社会史方面的知识相当欠缺，以后打算边学习、边研究，请台湾各位医史同道不吝赐教。

（原载于《大陆杂志》1997年第95卷第6期26–35页）

后记：我得把该文的“后记”放在文前，以利阅读。此文实为访谈录的整理稿，由李建民先生整理、加注而成。我任中国医史文献研究所所长期间，于1997年迎来三位来访的台湾青年医史学者（祝平一、李建民、金仕起）。李建民先生曾采访过我，事后给了我一份采访提纲，我按提纲的问题，书面作出了回答。此采访稿发表后，我才看到建民先生使用的文名，他将全文分成七节，各设标题，并在文中增加了注解，以适应台湾读者阅读。整理稿正文基本上采用我提供的文稿，但有的地方则按台湾行文或语言习惯遣词造句，且未经我审阅该文章清样就公之于世，这很容易让读者产生误解。今此文收入本《文选》，我只能截取原属于我提供的信息。凡整理者后改或后加的内容，除保留文题、各段标题及建民的署名外，其余均还原为本人原文。此文后补之名《现代中国医学史研究的源流》，若让我来取名的话，绝不敢口气这么大。当时两岸医史学者互相不熟悉，让我介绍一下我所了解的中国医史研究的情况、个人学习研究医史的经历体会，何敢以讲述“现代中国医学史研究的源流”自居？但考虑到不用此文名，则无法提供原载出处，故仍保留，请读者谅解！

中医文献学刍议

郑金生

中医文献学是怎样的一门学科？它和文献学（或历史文献学）、中国医学史及中医学等学科的关系如何？对此，笔者愿以刍荛之言，求同志教正。

一、中医文献学与文献学

笔者认为，研究中医文献的著录、考订、整理的理论和方法的科学就是中医文献学。

中医文献是中国文献的一部分，其通过文字（包括科学绘图）反映中医的学术内容。为讨论方便，本文暂不涉及日益增多的反映中医学术内容的视听资料和计算机阅读型资料。就研究对象而言，中医文献学和文献学（一般指历史文献学）除了所研究的文献内容各有侧重，在文献本身外在形式上并无不同。

二者的基本工作有无根本差异呢？张舜徽先生认为，整理、编纂、注释已留存和发现的图书资料，"使杂乱的资料条理化、系统化，古奥的文字通俗化、明朗化。并且进一步去粗取精，去伪存真，条别源流，甄论得失，替研究者们提供方便，节省时间，在研究、整理历史文献方面，做出有益的贡献，这是文献学的基本要求和任务"①。在这方面，中医文献学也与文献学相类似。

但是，由于所研究的文献内容不同，在为什么样的研究者服务这一点上也就不尽相同。张舜徽先生提出文献研究的最大目的，"便是要在对文献进行了整理、编纂、注释工作的基础上，去粗取精，删繁就简，创立新的体例，运用新的观点，编述有系统、有剪裁的总结性的较全面、完整的《中华通史》"②。很明显，这与中医文献学的研究目的大不相同。中医文献学研究并不是以编写系统全面的"中国医学史"为最大目的。中医本身的特殊性

① 张舜徽.中国文献学［M］.郑州：中州书画社，1982.

② 同①，第363页。

也赋予中医文献以不同于一般历史文献的特殊性。

我国传统医学的理论体系和临床经验都寓于自古至今的众多文献之中，它们记载的方药、针灸、推拿等许多疗法，都可直接为治病服务。在这个意义上，大多数中医文献是一种应用文献，而不仅仅是历史文献。或者说，利用中医文献学研究成果的不仅是医史工作者，更主要的是广大中医工作者。正因为如此，现在的中医文献研究机构绝大多数设置在医学科研、教学单位，从事这一工作的主力是具有一般文献学知识的中医人员。考订文献时，除运用历史文献学知识外，经常要运用医药专门知识。对药物名实、疾病种类、孔穴部位等的校注、整理，以及按医药内容需要编类资料等，都要结合专业知识进行。从这些情况来看，中医文献学是中医学与文献学的交叉学科（或边缘学科）。其研究目的、某些研究方法和参加研究的人员，都与属于社会科学的历史文献学有所不同。但是在研究对象（文献）、基本工作及要求、所用的某些方法上，二者又紧密相连。

二、中医文献学与中国医学史

有人说：医史研究人，文献研究书。但这并未揭示这两者的本质区别。研究医学史是为了了解医学发展的过程和规律。为此要依据与医学相关的人、事、书、物等史料，运用一定的观点作指导，对史料进行综合分析，得出符合历史事实的结论。医学文献是史料的重要组成部分之一，和医学言论、遗迹、古物（出土的医疗器械、药物等）一样，可供医史科研人员研究参考，但它不是历史研究的对象。

中国医学史和中医学都要利用中医文献，但所着眼的文献种类时有差异。例如明代以后产生了众多的治疗痘疮（天花）的医书，但对今天来说，天花已被彻底消灭，整理研究或者出版这些文献就很少有实际意义。然而，为了探讨像天花这样一类烈性传染病的发生、蔓延、控制、消亡这一全过程所提供的历史借鉴，寻求与之斗争的历史经验，宣传我国医学家对此做出的巨大贡献，医史工作者仍然要参考这批文献。这就提示在整理研究中医文献时，应该注意到它的应用文献和历史文献的双重价值。

目前整理中医古籍还存在着忽视其历史价值的问题。如只要整理者、出版者认定的不合时宜、不切实用的内容，则径自删除。其借口多归为反动、封建迷信、淫秽荒谬等，然而事实未必尽然。这实际上也是“左”的思想在中医文献研究中的表现。随意从内容上阉割古代文献的轻率做法是不足取的。我们不能设想在整理《医心方》时，以含有“房中”内容为名而删去其第二十八卷，会给后人留下什么样的印象。这充分地说明有些同志对中医文献的历史价值还认识不足，很值得引起大家的注意。

目前，医学史这门学科在国内外已初步建立，中国医学史的研究也有较大发展。与此相比，中医文献学在理论、专著、刊物、机构、队伍、教育等方面还有一定的差距。过去把许多中医文献学的研究都划归医史范围，如果按梁启超“广义的史学，即文献学”的旧说，似乎无须细分。但迅速发展的中医文献研究，预示着这一专门学科到了“破壳而出”的时候。壮大队伍、出版刊物或专著等，当然是必要的，而更为紧迫的是如何建立全面系统的理论体系，充实其内容，使之尽快具备“学”的格局，才能立身于学林。

三、中医文献学与中医学

乍看起来，前者研究的是中医文献，后者研究的是中国传统医学如何认识人类生命过程和防治疾病。但是，在实际工作中，这两者的界限却常常模糊不清。例如，近年来某些研究生的毕业论文已分不出是哪一个专业的学生所为，尤其是医史、各家学说、中医文献、中医理论等专业，更是如此。甚至中医临床科目的研究生课题，有少数也只是综合若干文献、介绍某一学术内容的历史状况而已。缺少个人临床资料，只是梳理一下古人的经验，对中医临床学者来说，恐怕很难有更多新的发现。同时，有的中医文献专业的研究生课题，致力于探讨医家学术思想、医学贡献或讨论医学理论，这样做似乎也没有反映中医文献学工作的基本特色。

具体到每一个研究者，他可以从各个不同的角度，或糅合几个专业的内容进行学术探讨。但作为一门学科，为培养训练专门人才，使之具备本专业坚实的基本功、熟练的科研能力，就不得不在研究课题和所要做的科研工作上具备各自学科的特点，体现各专业的分工。

那么，中医文献专业的分工包括哪些方面呢？笔者认为，中医文献相当丰富（近万种），但至今对这份遗产的数量并没有弄得很清楚。中医的系统理论和丰富经验绝不是几部经典医著所能囊括得了的。如果靠蜻蜓点水式地寻章摘句，或拘执于一家一说，是无法采中医之骊珠的。要想全面深刻地认识中医，重要的一条就是钻研尽可能多的中医原著。为了研究和应用的方便，亟待把中医文献这份“家底”好好地清一清，掸尘去垢，分门别类，然后和盘托出。我认为这“清家底”的工作，就是中医文献学的职责之一。

当然，整理中医文献毕竟和一般意义的“清家底”有所不同。搜寻、登记、分类、说明等固不可少，更重要的是要使这份“家底”方便使用，创造财富，而不仅仅是为人所知。就整理中医文献而言，应该使之达到好看、好懂、好用的要求。所谓“好看”，包括看得到和容易看两层意思。将各种形式的古医学文献（如简牍、卷子、线装书等）影印或排印出版，这就需要经过整理编次、标点，将古字译为今字，辑其佚，考其阙，订其讹，勘其误，等等，使读者有书可读，而且文字正确，可以信赖。所谓“好懂”，则要做注释疑义、白话语译、提要钩玄等工作。而“好用”的牵涉面最广，也最容易体现中医文献学的特色。一般的工作如编制目录、解题、索引等，更复杂一些的如编集专题类书和有关文献的各类工具书等。这些工作更需要掌握中医和文献两方面的知识。如何使有关文献好用，在这一点上中医文献与文史学科同类工作相比，还相差很远。例如索引，至今缺乏一种方剂或中药专题索引，能把古代主要有关著作中的方药资料串联起来。为了便于研究中医学术源流，对各种文献的产生、流传、影响等也应该有所研究（即所谓“辨章学术，考镜源流”）。这些工作，都属于中医文献学范围。

回顾历史上中医文献整理和研究的业绩，我们不难体会到，有成就的中医文献学家并不在于他是否就中医学术本身提出了什么见解，形成了什么学派，而是看他在整理中医文献上做了哪些有益的工作。如唐代王焘编《外台秘要》、宋代唐慎微编《证类本草》，不过是汇编类纂前人文献，却成为千古名著，其中并无他们个人的多少学术见解可谈。许多有名的医书，都是文献整理的产物。如陈梦雷等《古今图书集成·医部全录》、汪昂《本草备要》和《汤头歌诀》等。至于校勘注释之书更是不胜枚举。北宋成立的校正医书局，是最有名的国家中医文献整理研究机构。没有他们校勘整理出10部医药名著，恐怕中医发展也要大大延缓。

然而这些中医文献学的工作，长期被划归中医学的范围。因此在某些辞典中，将为整理中医文献做出了贡献，而并未从事医疗或医学学术研究的人，也一律戴上“中医医家”“医学家”的头衔。从现在的学科分工看，这又人为地模糊了中医文献学和中医学的界限。如林亿、掌禹锡、刘昉、熊宗立、倪朱谟、汪昂……皆功在中医文献。像这样的学者，比较准确的称号应是“中医文献学家”。

中医工作者热衷于中医文献工作或理论探讨，这是大好事。能同时驰骋于两个学科者，往往多有建树。近代著名中医秦伯未即一个典型。对于整个中医学来说，要想发挥其特色和优势，得到新的发展，则必须以中医传统理论和临床经验为基础，在现代条件下不断地进行再实践。以医疗实践甄别旧说，以医疗实践发展新说，争取有所突破。如果说中医文献学的主要任务是理清中医宝库这份家底，那么，中医学的主要任务则是如何利用它创造财富。这一清一用，就是这两门学科对中医文献的不同处理法：“清”采用文献学的方法，“用”则必须处处结合临床或实验等医疗实践。“清”的目的是方便“用”。因此，只清不用，或重清忽用，都是不利于中医学术发展的。

以上选择了与中医文献学相关的几个学科加以比较，试图借此阐明中医文献学的目的、任务、工作要求等问题。该学科所涉及的理论和方法问题远不止这些，很希望与志同者共同探索。

（原载于《上海中医药杂志》1985年第11期38–40页）

后记：1981年进入医史室工作以后，我就确定了此生的研究目标，因此效仿李经纬老师，经常从学科建设角度来考虑问题。我在马继兴老师指导下完成了论文，也因此对中医文献学这门学科的研究范围、目标等有所考虑。于是，我在一次学术会上发表了自己对中医文献学的看法。其时《上海中医药杂志》的仇以瑾先生参加了这次会议，觉得此说法有自己的见解，于是约我再修润论文，在杂志上发表。40年后，中医文献学的发展越来越迅速，成果不断增多，但是对这门学科的理论论述还是不够充分，期待高明再论！

《医学疑问》
——明末中朝医学交流纪实

郑金生

明万历四十五年（1617），朝鲜国派遣内医院教习御医崔顺立等，就医药学有关问题就质于明太医院。明朝廷对此甚为关注，批准太医院衙门“并发门票，以便往来”。又指令医官“务各尽心”，“俾岐黄方诀，曲畅无蕴”（见《医学疑问》，北京大学藏本。以下不注出处之引文均出此书）。经查得御医傅懋光（浙江绍兴人）曾任太医院教习官，又在东北一带诊治过疫疾（清代王鸿绪《续经济考》引《医宗正眼》傅懋光序），理论与实践经验俱丰，遂任命为正教。太医朱尚约、杨嘉祚及教习官赵宗智为副教。逢单日在太医院轮流质论。这次交流的内容被记录下来，整理成书，即《医学疑问》，同年刊行。

全书载问答38则，涉及运气、医理、药物、针灸及各科证治等多方面的内容。在这次友好交流中，傅氏等毫无保留地介绍了明太医院在治疗眼疾、气虚、血虚、小儿痘疹、龋齿、痔疾等12种病证的方剂78首，又详细介绍了神枕法及明末盛行的炼脐法（药物敷脐，施用艾灸），反映了明季宫廷用药的部分实际状况，因而也使《医学疑问》一书具有一定的实用价值和史料价值。

药物讨论是这次交流的重点内容。双方互相介绍了本国药物品种、炮制及临床用药等有关情况。例如大豆黄卷，《本草图经》只记载了“以生大豆为蘖，待其芽出，便曝干取用”。可是崔顺立等发现“今人只取其芽，去其身而用之”，对此深表疑惑。傅懋光等答道：“大豆黄卷即生大豆以水渍生芽蘖立名。本院入药未尝去身存芽。用麦蘖亦同此意。”崔顺立又问：“（龙骨）诸家所说亦多，莫知是非。设是他鱼骨，从来用之已久，亦龙骨之功耶?”对此，傅氏等在介绍了鉴别龙骨真伪优劣的方法之后又提出：“鱼骨之伪，难以冒真，本院不用。”这些内容加深了两国医家对邻邦医药情况的了解。

傅懋光等除了如实介绍某些药品在明太医院的使用情况，还积极地为澄清混淆品种提供参考意见。比如崔氏等发现药店有以“轻麻实为破故纸”的现象，傅氏等根据破故纸（即补骨脂）炮制时要有“拌乌油麻（黑芝麻）炒熟，去麻”这一过程，推测以轻麻实作补骨脂“毋乃泥于油麻之炒而误之耶”。该书讨论的药物近60种，有不少是辨识方面的问题，如龙脑与樟脑、青木香与南木香、各种粉霜一类药物等，这对考察明代用药品种有一定参考意义。当时中国输往朝鲜的贝母中，有一“大如栗”，色黄且坚硬，与习用贝母“大小极不相类”的品种，朝鲜医官指出：“（此）近古所未见之物也。”傅懋光等解释说：“贝母荆襄多生，因瓣如聚贝子，故人以贝母名。洁白轻松，形圆如小算盘子者佳。迩来市家贸利，多采辽东或两浙产者，即所问‘大如栗’，而其色黄、坚硬，竟抵贝母，以欺众目。本院不用。”按双方所说的这种新出品种，即相当于今之浙贝母（或包括平贝）。这一段记载为考察贝母发展成川贝、浙贝等多个品种的历史经过，提供了较早且又比较可靠的材料。由此也可看出朝鲜医药人员在进口药材检验鉴别方面具有比较丰富的经验。

朝鲜医官不仅对中药药理、运气学说、中南北政等理论问题提出了质疑，而且就好几部医书中某些字句的含义加以探求。试看以下问答：

问：又有“闪朒”之言。字书曰“月生三日为朒”，未知以此字为病名也。俱愿详知。

答：月生三日为朒者，月生三日，状如弯弓。人感腰痛之疾，屈而不伸。其取义如此，然闪朒皆病名也。

问：《直指方》……病名有“茄子疾”。

答：“茄子疾”者，乃耳中耵聍，津液结聚而成，虽人人有之而不能为害。但加以风热乘之，则结成丸核塞耳，故名茄子疾，是即停耳之症也。

朝鲜医家对中成药的钻研也是很深入的。他们提出：“龟龄延寿丹材料中，海马有雌雄分辨之语，未知何者为雌，何者为雄耶？此药养火法有‘火行三方’之语、‘铃内滴水响’之言，俱未详知，切愿见教。”这些问题在一般医书上的确很少见有解释。傅懋光等以简洁的语言作出了解答：“海马形长腹小者雄，形短腹大者雌。‘火行三方’：用炭火作‘品’字样，放灰缸内。‘铃内滴水响’之言，此云每换火时，以铃内漏水响为度。止宜中热以文火，不可大热而用武火，唯取温和以养之。‘意意’，水响之声，其音渍渍也。”其中对龟龄延寿丹制法的阐述至今对我们仍有参考价值。

目前留存下来的这一份珍贵的中朝医学交流纪实，其价值不仅在于它的学术水平之高，更主要的是它记录了历史上中朝两国医学家的友谊，反映了两国医学家高超的医学理论水平、丰富的临证经验和实事求是的科学态度。这次两国的医学交流是成功的。担任正教的傅懋光也因此“以功升上林苑右监丞”（见傅懋光《医宗正眼》序）。据《明史》等书记载，类似形式的医学交流在明代还进行过多次。就在此后的天启四年（1624），崔顺立等朝鲜医官再次来明太医院进行质论，主持答辩的是医官王应遴，并将交流内容辑成《答朝鲜医》一书（国内不存，马继兴1981年赴美国曾见此书）。这些频繁的医事交流，表明中朝两国人民和医家的友好往来源远流长。

（原载于《浙江中医杂志》[①]1983年第8期375-376页）

① 2013年《越医薪传》一书转载此文，未出示原出处。

后记：1981年我在全国访书时，在长沙图书馆看到明末御医傅懋光的《医宗正眼》序，其中有他颇具传奇色彩的生平介绍，于是写下了《明季太医傅懋光传略》一文（见后文）。后来我又在撰写《中医人物词典》时，翻阅了《医学疑问》一书，证明傅懋光的自我介绍不假，于是就写下了此文。也是通过此文，我知道了明后期朝鲜医官来中国讨论学术的事，而且知道还有类似的医书《答朝鲜医》。但当时国内找不到此书，直到1999年我在日本访书，才在日本内阁文库发现了此书，并复制回国，请北京中医药大学梁永宣老师校点整理，并发表研究专文。由点及面，不断深入，这就是研究医史文献的乐趣。

明代女医谈允贤及其医案《女医杂言》

郑金生

我国古代的女医非常少，有名气的女医更少，而女医有著作留存于世的则属凤毛麟角。明代无锡女名医谈允贤就属于这凤毛麟角之一。她的《女医杂言》明代重刊本留存至今。这不仅是现知女医最早的医学著作，而且是我国仅存的几种早期医案文献之一。该书为我们研究古代女医的习医方式、职业特点，以及谈氏的临床治疗经验提供了不可多得的资料。

一、谈允贤生平及其习医经历

在《女医杂言》自序中，谈允贤详细介绍了她的身世和学医经历：

妾谈氏，以儒鸣于锡。自曾大父赠文林郎南京湖广监察御史府君，赘同里世医黄遇仙所，大父封奉政大夫、南京刑部郎中府君，遂兼以医鸣。既而伯户部主事府君、承事府君，父莱州郡守、进阶亚中大夫府君，后先以甲科显，医用弗传。亚中府君先在刑曹，尝迎奉政府君暨大母太宜人茹就养。妾时垂髫侍侧，亚中府君命歌五七言诗，及诵女教、孝经等篇以侑觞。奉政喜曰：女甚聪慧，当不以寻常女红拘，使习吾医可也。妾时能记忆，不知其言之善也。是后读《难经》《脉诀》等书，昼夜不辍。暇则请太宜人讲解大义，顿觉了无窒碍，是已知其言之善而未尝有所试也。[①]

谈氏在言及其先人时用了很多敬称，故使上述文字显得佶屈难明。为弄清其身世，笔者查阅了地方志及有关的资料，才得以对谈氏自序内容有进一步的了解。谈氏曾祖父（佚名）“赘同里世医黄遇仙所”，从而使得其祖父能够得家传医学而“兼以医鸣”，这是谈氏先人业医之始。

经查县志，谈允贤的祖父应该是谈复：“明谈复，字采芝，以医药济人，衣食常不给，

① 谈允贤．女医杂言［M］．刻本，锡山谈氏纯敬堂，1585（明万历十三年刊本）．

而所得悉施贫者。子经、纲皆贵。复亦高寿。”[①] 所谓“子经、纲皆贵”，指的是谈复的儿子谈经、谈纲皆履仕途。这一点可从谈允贤自序得到证明，“伯户部主事府君、承事府君，父莱州郡守、进阶亚中大夫府君，后先以甲科显”。其伯父谈经，于天顺四年（1460）中进士，后官至户部主事。其父谈纲，在《无锡金匮县志》中有记载：“谈纲，字宪章，成化五年（1469）进士，授南京刑部主事，善折狱，出守广信，属邑永丰有警，纲筹其久远利害，条上十事，巡抚用之，大为民便。移莱州，引疾归。”[②] 从谈复有“衣食常不给”的经历，可知谈氏家族真正的“以儒鸣于锡”实际上是从谈经、谈纲开始的。正是由于谈经、谈纲的仕贵，才使得谈复得赠“奉政大夫、南京刑部郎中”的封号。

谈允贤的父亲谈纲在刑部任职时，把其父谈复接到任上奉养，此时谈允贤才不到10岁。谈复因为两个儿子都当官了，“医用弗传”，又见孙女谈允贤甚聪慧，才决定让谈允贤弃女红，习医学。谈允贤从10来岁开始“昼夜不辍”地攻读各种医学典籍，其中包括《难经》《脉诀》等。在谈氏学医过程中，真正起引导作用的是她的祖母茹氏。据《女医杂言》茹銮序：“奉政君（即谈复——笔者注）暨配太宜人皆善医。宜人传于其孙杨孺人（即谈允贤，夫家姓杨——笔者注）。”谈允贤自序中也明确提到是其祖母给她讲解医书大义。在此后谈允贤由书本知识到临床实践的过程中，其祖母茹氏起了关键的作用。

从《女医杂言》自序中，可以得知谈允贤行医的历程大致为以下几个阶段：先是“不知其言之善”的阶段，这时谈氏还是个孩子，尚不知道祖父母让她学医的美意。在经过艰苦的学习，并聆听了祖母的讲解之后，谈氏进入了“已知其言之善而未尝有所试”的阶段，即学习有了兴趣但并没有经过临床实践。此后，谈允贤在及笄之年出嫁，夫家姓杨，故有些书中又称其为“杨谈允贤”。出嫁后谈氏“连得血气等疾。凡医来，必先自疹（诊）视，以验其言。药至亦必手自拣择，斟酌可用与否。后生三女一子，皆在病中，不以他医用药，但请太宜人手自调剂而已”。这段时间谈氏是以身试药，通过自己患病医治的经历来体察用药。其祖母是治疗她的疾病的主要人物。谈氏称这一时期“已有所试而未知其验也”。谈氏真正为人看病是在她祖母亡故之后。谈氏自序云：“及太宜人捐养，尽以素所经验方书并治药之具，亲以授妾曰：‘吾目瞑矣。’妾拜受感泣过哀，因病淹淹七逾月。母恭人钱，私为妾治后事，而妾不知也。昏迷中梦太宜人谓妾曰：‘汝病不死，方在某书几卷中。依法治之，不日可愈。汝寿七十有三，行当大吾术，以济人宜母。’患妾惊觉，强起检方调治，遂尔全瘳。是已知其验矣。相知女流眷属，不屑以男治者，络绎而来，往往获奇效。”到谈氏50岁时，自谓离梦中祖母告诉她的可活73岁的期限已三去其二，故“谨以平日见授于太宜人及所自得者，撰次数条，名曰《女医杂言》，将以请益大方家”。《女医

① 秦缃业.无锡金匮县志：卷二九：耆硕［M］.刻本，无锡：1881（光绪辛巳）.

② 同①，卷一九：宦望。

杂言》约首刊于正德六年（1511）。因当时女性不便抛头露面，故由其子杨濂抄写付梓。

从以上谈氏学医历程来看，谈氏医术主要得益于祖母茹氏。据谈允贤的弟弟谈一凤"跋女医杂言"所叙："《杂言》若干，则皆吾姊杨孺人所经验者也。孺人聪慧警敏，迥出吾兄弟辈，为祖母茹太宜人所钟爱，饮食动息，必俱所言，莫非医药，孺人能入耳即不忘，书得肯綮，长复究极诸家秘要，而通融用之，故在在获奇效。乡党女流得疾者，以必延致为喜。晚恐其沦胥而泯，乃著是书。"[①]谈氏书在万历十三年(1585)由其侄孙谈修重刻。谈修在跋语中记载："祖姑杨孺人，以女医名邑中，寿终九十有六。生平治人不可以数计。余在龆龀，目睹其疗妇人病，应手如脱，不称女中卢扁哉?"[②]据此，谈允贤的生卒年可以确定为1461—1556年。据说谈氏在"庚午年（1510）后年益高，术益神"，可惜她再也没有把她的治疗经验刊刻行世。其原因可能是其子早亡，而"孙（杨）乔复以株连罪死"。一介女流，晚年遭此变故，自然无力无心于著述。

谈氏成为一名职业医生的经历，可视为封建社会女医成才的典型。由于当时社会对女性的桎梏，女性学医多数只能从家庭接受医学教育，而很少能通过从师或进学的方式获得医学知识。在封建礼教的束缚下，像谈允贤这样的职业女医也不可能与男医一样随处应诊，而只能是坐堂行医。其治疗的对象也只能局限于女性或儿童。这一点从《女医杂言》一书中的病例记载可以得到证实。谈氏是我国古代接受过系统训练的一名女医。她在当地有一定的名气，尤其深受当地妇女的欢迎。谈允贤所撰的《女医杂言》一书，保存了许多治疗妇科疾病的实际经验，值得重视和研究。

二、《女医杂言》的内容及特点

《女医杂言》是妇科专门医案著作，共收载病案31例。此书的重现于世，应归功于医史界前辈范行准先生。该书今仅存万历十三年（1585）谈氏纯敬堂刊《谈氏文献录》本，系海内孤本，原藏于范老栖芬书室，后捐归中国中医研究院图书馆。范老不仅藏有此书，而且最早对此书的价值予以评述。他在谈到个人医案的发展历史时说：

北齐徐之才后人所辑的《徐王八代医方》可能亦为医案传书的滥觞，而书佚不传。一直到了十四世纪后，才有人为朱震亨做《丹溪医案》，可说是个人医案专书之嚆矢，今其书不传，惟《永乐大典》曾载台州团浦陈氏妇一案。而现存较早的个人医案，据我所知，或为十六世纪初明正德五年（1510）无锡谈允贤（1461—1556年，杨某妻）……自辑治验

① 谈允贤.女医杂言：谈一凤跋.

② 谈允贤.女医杂言：谈修跋.

30案为《女医杂言》一书……及汪机门人所辑的《石山医案》。其后作者日繁。[①]

由此可见，《女医杂言》在我国医案发展史上是较早成书的医案专著之一。但由于在《中医图书联合目录》和《全国中医图书联合目录》中，《女医杂言》一书均被置于临床各科的众多妇科书籍之中，没有归于医案类著作，故难以引人注意。纵观现存的医案著作，在1510年以前成书的医案只有4种。这4种早期医案专书中的《仓公诊籍》和《罗谦甫治验案》均系后人辑录，真正撰成于谈允贤之前的医案专著大概只有南宋许叔微《伤寒九十论》和元代朱丹溪的医案。

和此后众多的医案著作相比，《女医杂言》可以称得上是极少数的专科医案书之一。该书记载的患者均为女性，所治疗的病证中，除部分内、外科疾病之外，基本上都是妇科疾病，其中涉及习惯性流产、月经不调、产后诸疾、腹中结块、血崩、不孕等病证。病人年龄最大的69岁，最小的为6岁，其中育龄妇女占了一大半。

妇科疾病在古代属于比较难治疗的一类疾病，故自古有"宁治十男子，不治一妇人"的俗谚。造成妇科疾病难治的原因除某些客观因素之外，以男性为主的医生难以与女性病人沟通恐怕也是重要因素之一。明代朱恩在《读女医杂言》中对此现象进行了讨论："余闻医家之说有曰：宁医十男子，不医一妇人。其所以苦于医妇人者，非徒内外相膈（隔），亦由性气不同之故也。惟妇人医妇人，则以己之性气，度人之性气，犹兵家所谓以夷攻夷，而无不克。"从《女医杂言》所载病案可以看出，女性医生在治疗妇科疾病时，确有容易被患者信任的优势。

例如，谈氏记载有一43岁的妇人，"其夫因无子，取（娶）一妾，带领出外。妇忧忿成疾，两腿火丹大发"；又"一妇人，三十二岁，生四胎，后十年不生，因无子，甚是忧闷。某询其故，乃因夫不时宿娼，偶因经事至，大闹乘时，多耗气血，遂成白淋"；又，"一妇人，年三十八岁，曾生十胎。后有孕怕生，因服药堕胎，不期恶露丢多将死"……诸如此类因家庭变故、不育、多育等原因引起的病例较多。在当时的社会条件下，这些事情女患者一般难以对男医生启齿。但对同性别的大夫，某些隐秘则尽可倾诉无妨。由于能够深入地了解病情，故谈允贤可以在治疗中丝丝入扣，得心应手。

《女医杂言》采用追忆的方式撰写医案，因此，每一验案的诊治过程均十分清楚。在各案例中，首先讲述病情与病史，次列治法，如系药物或灸疗法，多数还记载了处方。在这些处方中，谈氏经常注明方剂的出处。我们可以从这些出处得知谈氏平日常用的书籍和引用次数：《摘玄方》（13次）、《丹溪方》（8次）、《局方》（3次）、《袖珍方》（3次）、《试效方》（2次）、《拔粹》（2次）、《良方》《脉诀》《明堂针灸》各1次。其中使用《摘玄方》最多，而

① 范行准．中国医学史略［M］．北京：内部印本，1961：135.

此书在医学史上的知名度很低。通过谈氏引用的这些书籍，可以部分地推知她的知识结构，以及当时社会上实际使用的某些书籍。

该书虽然所载的病例不是很多，但从临床治疗角度来看，都是非常成功的案例，有许多的治疗经验值得后世研究参考。例如，谈氏对灸法的运用十分娴熟，31例病案中有13例采用穴位灸法，用以治疗瘰疬痰核、疮癞、泄泻、呕吐、膈气、产后寒热、不孕症、腹中结块等。其中以灸法治愈瘰疬痰核4例。她用灸法治疗瘰疬取得了令人吃惊的效果："一女子一十九岁，患两颈疬疮。灸八穴，遂发脓，溃其根如灯心状，其疮即愈。翳风（二穴）、肩井（二穴）、天井（二穴）、肘尖（二穴）。"谈氏所说的疬疮与今颈淋巴结结核相似，能用灸法奏效，这在传统的中医治疗中是比较少见的。

谈氏不仅能治愈比较普通的瘰疬，对一些很严重的疬疮同样能用灸法取效。例如她曾治疗一富家女，12岁时"小腹有块，生于丹田。医者误认肚痈开刀，七年脓水不干。至一十八岁，两颈绕腰皆生肿块。某细询其原，即缠腰疬也。遂灸一十二穴，其块渐消。误开刀疮口亦愈"。这是一例淋巴结结核误作肚痈（约为阑尾炎）开刀的病案，谈氏也能用灸法配合药物将其治愈，可见灸法治瘰疬确有验证和研究的必要。此外，谈氏在治疗某些皮肤病用药以及妇科病方面的经验都值得我们借鉴。在上述病例中，谈氏提到肚痈开刀，也可为研究明代外科手术的发展提供参考史料。

作为早期的追忆体裁的医案著作，该书是非常成功的。除列举病例必要的信息（如年龄、性别等）之外，该书重点是通过问诊获得尽可能详细的病史资料，其中尤其重视家庭境遇。至于后世医案中常见的脉象记录，在此书中反而缺如。作为一名女医的专科医案，该书有很多地方值得我们深入研究，今仅择其要简述如上，以期更多的学者对此书给予关注，使之发挥应有的作用。

（原载于《中华医史杂志》1999年第29卷第3期153–156页）

后记：我最早看到谈允贤的事迹，是在范行准先生的《中国医学史略》（1961）最末的"医案学"一节。范老并没有把她作为女医来谈，而是谈其书在医案中的地位。1996年我去韩国参加第八届东亚科学技术史国际会议，提交的论文是《中国古代的女性行医者》。文章很长，其中的亮点是女医谈允贤，非常引人注目。我回国后就把谈允贤的事迹仔细考察了一番，写成此文，可以说是最早专论谈允贤的学术文章了。此后在学术界，陆续可以看到好几篇专文，从不同的角度探讨《女医杂言》的意义。但我只知道中国有个女医谈允贤，不承想朝鲜古代也有一女御医徐长今，她生活的时代与谈允贤非常接近。2003年，韩国推出了一部女御医《大长今》影视剧，火了一阵。更没想到的是，国内的影视界在2016年推出的《女医·明妃传》里，主角就是谈允贤，还让她和明英宗朱祁镇配了对，真是戏耍了真实的谈允贤！

蔡西山《脉经》考

郑金生

南宋《脉经》之所以引人注目，是因为其作者是南宋著名的理学家蔡元定。在中国脉学史上，除王叔和《脉经》之外，隋唐及其以前的医家以《脉经》名书的并不少。但宋代以后，敢于把自己的脉书称之为“经”的人凤毛麟角，而蔡元定《脉经》就是其中之一。

蔡元定（1135—1198），字季通，建州建阳（今属福建）人。《宋史·蔡元定传》中记载他“既长辨析益精。登西山绝顶，忍饥啖荠读书。闻朱熹名，往师之。熹扣其学，大惊曰：此吾老友也，不当在弟子列。遂与对榻讲论诸经奥义，每至夜分。”①蔡氏苦读于西山，成名后又不仕于朝，筑室于西山，学者尊之曰“西山先生”。《宋史》称其“于书无所不读，于事无所不究。义理洞见大原”。医学医书，自然也是蔡氏研读的范围。他以治理学的绪余，撰就了《脉经》一书。中国古代提到蔡氏《脉经》的有明代李时珍《濒湖脉学》②、刘浴德《脉学三书·应手录》③。而宋代以后诸家书目，均未记载此书之名。只有日本多纪（丹波）元胤《中国医籍考》著录了“蔡氏元定《脉经》一卷，存”，而且录有该书的跋：

跋曰：元定放逐舂陵，地近西广，倏寒忽热，日备四时。素疾多病，遂尔日增，因取《内经》《难经》，张仲景、王叔和及孙真人诸家脉书读之。苦其乱杂无伦，因为之部分次第，则为一书，以便观览。近世所传叔和《脉诀》，昔年见其乖谬鄙俗，疑非叔和所作。近见《三因方》，具言乃高阳生所作，颇自信以为知言。今之医者，自《脉诀》之外，无所闻见，欲以意见决死生，亦何怪其悖谬也。同书于此，使学者知《脉诀》之伪。④

如此看来，蔡元定是在被贬谪舂陵期间撰成《脉经》，约在1198年前。可以肯定，多

① 脱脱.宋史：儒林四：卷四三四［M］.北京：中华书局，1982：12875-12876.

② 李时珍.濒湖脉学：考证诸家书目［M］.刻本，吴氏太和堂，1655（清顺治十二年）.

③ 刘浴德.脉学三书：应手录［M］//中国科学院图书馆馆藏善本医书.影印本.北京：中医古籍出版社，1991：1.

④ 丹波元胤.中国医籍考［M］.北京：人民卫生出版社，1983：207.

纪元胤曾亲见过此书，这说明日本也曾有过该书的原本。然而现存的日本诸多书目，却没有著录此书。自1996年以来，余友王铁策、真柳诚二教授潜心考察日本现存中国散佚古医籍，所获甚丰，但并未访得蔡氏书目。1999年，笔者又流连于日本诸家图书馆，饱览彼邦珍藏中国古医书，亦未见有蔡氏《脉经》。然而2001年，笔者在进行国家科技部科技基础性工作专项资金项目“国内失传中医善本古籍的抢救回归与发掘研究”过程中，意外地在日本回归的《（新编）诊脉须知》一书中发现蔡元定《脉经》的正文。

《（新编）诊脉须知》原本藏于日本国立公文书馆内阁文库。《内阁文库汉籍分类目录》著录该书为：“新编诊脉须知，五卷，要诀三卷，明吴洪，江户写。”[①] 但笔者在校点时，考得吴洪（仲广）实际上是南宋人，《诊脉须知》5卷实际上至少是3种宋代（也可能含有元代）脉书的集合。蔡元定《脉经》就是其中的一种，位于卷四。

《诊脉须知》卷四有一个明显区别于其他各卷的特点，就是该卷各节之前，又另有《脉经》一名。这引起了笔者的好奇，且心中窃疑宋代以后竟有如蔡元定敢命书名为《脉经》者！细览之下，觉得此书之文风别具一格。其书重在辩理，其学直探《素》《难》，而对风靡于世的七表、八里、九道脉置若罔闻，与宋元医家所论脉学大相径庭。那么，这会不会是失传已久的蔡元定《脉经》呢？

要认定此《脉经》为蔡氏所撰，自然不能仅凭揣测，必须有可靠的凭证，且最好是直接引用了蔡氏《脉经》原文者。查李时珍《濒湖脉学》并未直接引用此书。我苦心思索，忽忆昔日读元代戴起宗（同父）《脉诀刊误集解》时，似乎见引有蔡氏之论。于是遍索戴氏书，果然检得所引蔡氏脉论2条。以之与《诊脉须知》卷四之《脉经》核对，两相符合，于是疑惑冰释，喜不自持。戴氏所引蔡氏之言为：

《脉诀刊误集解》卷上“三部须教指下明”条：“蔡氏曰：手太阴之脉，自腕中横纹，至鱼际横纹，得同身之一尺一寸。自腕中横纹，前尽一尺，为阴之位；自鱼际后一寸，为阳之位。太阴动脉，前不及鱼际横纹一分，后不及腕中横纹九寸。故古人于寸内取九分，尺内取一寸。冥契阳九、阴十，自然之数。尺寸之间谓之关。关者，阴阳之限也。”[②]

经核查，这一段文字，取自本卷《脉经》“论寸关尺”一节。上引文字，在“尺内取一寸”以前，一字不差，此后《诊脉须知》卷四《脉经》作：“又阳九、阴十，冥契自然之数。尺寸之间谓之关。关者，阴阳之限。古人于阴取三分，阳取三分，以为关部。前六分以为寸部，后七分以为尺部。三部既定，尺部所以多一分者，脉比寸、关长一分也。”

---

① 国立公文书馆内阁文库．（改订）内阁文库汉籍分类目录［M］．东京：国立公文书馆内阁文库，1956：193.

② 戴起宗．脉诀刊误集解：卷上［M］// 中国科学院图书馆馆藏善本医书（第六集）．北京：中医古籍出版社，1991：8.

戴氏引蔡氏脉论的第二段，见于注释“阿阿缓若春杨柳，此是脾家居四季”一句：“蔡氏曰：凡脉不大，不细，不长不短，不浮不沉，不滑不涩，应手中和，意思欣欣，难以名状者，为胃气。亦可谓善于形容者矣！”[①] 此段引文见于《诊脉须知》卷四《脉经》“论胃气”一节，一字无讹，唯无最后一句“亦可谓善于形容者矣！”但这是戴氏赞叹之词，本不属于《脉经》之文。

问题是，戴氏只是引“蔡氏云”，那么，有何证据能敲定这蔡氏就是蔡西山？为此，笔者广索群书，在明代刘浴德《脉学三书》后附的《医林续传》中找到了更可靠的证据。刘氏书中有专门的“蔡西山传”，传曰：

宋钜儒蔡西山，字季通，名元定，程明道高第弟子，著《皇极经世指要》。旁通医理，因撰《脉经》，中云：凡脉中指，不大不小，不长不短，不浮不沉，不滑不涩，应手中和，意思欣欣，难以名状者，是为胃气。善乎其言之哉。又论三焦一篇，后引《礼运记》有曰：上焦若窍，中焦若编，下焦若渎。西山此论，与有熊氏所谓上焦如雾，中焦如沤，下焦如渎之论，大相符合。是以三焦为有形矣。世以三焦为无形。何《灵枢·本藏》曰：肾应骨，密理厚皮者，三焦膀胱厚；粗理薄皮者，三焦膀胱薄；疏腠理者，三焦膀胱缓；皮急而无毫毛者，三焦膀胱急；毫毛美而粗者，三焦膀胱直；稀毫毛者，三焦膀胱结也。

赞曰：於庇三焦无状空有名，高阳生之谬言。西山先生以为有形，深契轩皇氏之秘旨。噫！安得起蔡氏于九原，而吾与之以语三焦之形状。[②]

以上传记，同样引用了深得戴起宗赞赏的脉之“胃气”论，证明戴氏所引蔡氏确实是蔡西山。更重要的是，刘浴德提到蔡氏《脉经》尚有论“三焦”一篇，其观点与高阳生托名的《脉诀》所说三焦无形有名完全相反。至此，我们不但可以肯定《诊脉须知》卷四的《脉经》就是南宋蔡元定的《脉经》，而且可以得知这是经过节选的版本（此外尚未载多纪元胤引录的蔡氏《脉经》跋），将来还有可能在日本发现《脉经》的原帙。

现存于《诊脉须知》中的蔡氏《脉经》只有脉论8篇：“论十二经、论寸关尺、论胃气、论三阴三阳、论四时脉、论三部、论男女、论奇经八脉。”然而这毕竟是现存内容最多的蔡氏脉论，以下逐一简介这8篇脉论的主要内容及思想渊源。

“论十二经”乃本《内经》，是条理“气口决生死”的理论依据。蔡氏除引十二经脉循行路线为据外，还以“太过”“不及”为纲，阐释脉理。

“论寸关尺”一节，明确寸关尺的确定依据是与阳九、阴十的“自然之数”相冥契的。这里显露其理学家的所谓“洞见大原”。这一节内容十分丰富，始终以阴阳为纲，讲述两

---

① 见戴起宗《脉诀刊误集解：卷上》，第8页。

② 刘浴德. 脉学三书：医林续传［M］// 中国科学院图书馆馆藏善本医书（第六集）. 北京：中医古籍出版社，1991：7.

手寸关尺所见脉象的主病及其缘由。

“论胃气”首先用极为生动的语言来形容脉的“胃气”（已见前引），然后把胃气脉按太过、不及分两大类：“其太过为大、为长、为实、为坚、为弦、为浮、为芤、为滑”“其不及为细、为短、为虚、为软、为弱、为沉、为伏、为涩”，然后分别讲述各脉的体状和主病。其言简要明确，不愧为名儒手笔。

“论三阴三阳”乃从《难经·四难》中拔萃而来，将脉分作三阴三阳，又互相组合，“各以其所在名病逆顺也”。

“论四时脉”“论三部”也都是取材于《素问》《难经》，阐释四季脉象与古代的三部全身诊法。“论男女”一节说的是“男脉在关上，女脉在关下”，这是由《难经·十九难》取材编撰而成的。

值得一提的是，蔡元定第一次在脉书中突出“奇经八脉”的诊断地位。虽然这一节的内容比较单薄，也没有与具体脉象相联系，但是这一篇论述相信曾给专门写《奇经八脉考》的李时珍以启示。这是因为，李时珍是实实在在看过蔡氏《脉经》的。

综上所述，蔡氏《脉经》长于论理，而不像一般医家喜罗列脉象主病。蔡氏本非医家，因远谪他乡，病体所扰，一时兴起，根据古典医著，对脉理发些议论，旨在探脉理之本原，本无意全面论脉。蔡氏为名儒，其论脉自然不会蹈寻常普及性脉书之旧套，这些脉学基本理论的探讨正与其身份相符。蔡氏《脉经》部分正文的浮现，可以拨去云遮雾绕，窥见其庐山真面目，对脉学学术探讨，将不无裨益。其《脉经》全帙还有待进一步发掘。

蔡元定（西山）为南宋巨儒，其《脉经》在国内久已亡佚。本文依据元代戴起宗《脉诀刊误集解》、明代刘浴德《脉学三书》后附《医林续传》等，考得从日本内阁文库回归的《诊脉须知》卷四“脉经”，正是蔡氏《脉经》的节选本。文中进一步探讨了蔡氏论脉，重脉理本原而疏于具体脉象主病的特点。

（原载于《中华医史杂志》2002年第32卷第2期82–84页）

后记：此文是我整理从日本复制回归的医书时，从题为明吴洪《新编诊脉须知》中，考证出其卷四“脉经”正是国内久已失传的蔡元定（西山）《脉经》节选本。此外也订正原藏馆著录的“明吴洪”，实应为“宋吴洪”。

海外求书二十年

——国内失传珍稀中医古籍调研回归之路

郑金生

我很早就听说过“礼失求诸野”，却不知古籍佚失也可求诸邻！1978年我转攻医史研究之后，才知道早在1092年北宋政府就从高丽迎回了国内失传的《黄帝针经》(《灵枢经》)等珍贵古医籍。日本明治维新时，“旧学”遭贬，汉医浸废，许多珍稀汉医籍也遭冷落流散于市。其时在日本的杨守敬等有识之士借机搜罗回归了大批古汉籍，其中就有很多医书。

1987年我赴日本参加学术会，会上挚友真柳诚先生展示了刚整理完毕的《小品方》卷子本。此书是南北朝医学名著，在唐代曾与《伤寒论》齐名，不承想失传千余年后竟在日本发现残卷！真柳诚先生还告诉我，1972年伦敦图书馆注销处理一批“旧书”，其中竟有国人没听说过的明代《本草品汇精要》清摹绘全本。此书被识宝的日本医家大冢恭男先生“捡漏”，才免于再度失传！这时我才知道至今还有许多珍稀古医籍流落海外，应该赶紧抢救回归。但那时“文化大革命”刚结束不久，要回归流落海外的古医籍，还只能是存在心中的一个梦！

1995年，时在日本研修的同行友人王铁策教授提出设想：开展调查并复制回归日本现存的中国散逸古医籍。这一设想得到日本医史学家真柳诚教授的大力支持。他俩来到中国与马继兴教授及我共商此回归大业，大家一拍即合，说干就干！马教授是中医文献学泰斗，我的导师，他关注流散海外的古医籍已经数十年。我时任医史所所长，有责任、也有条件负责组织这样的大课题。但从哪里寻得经费？又如何在海外开展调研并复制古医籍？谁也没有经验！

万事开头难，但难不倒有心人！第二年我们先从日本国际交流基金亚洲中心获得了第一笔资助，当年就从日本复制回归了30种国内失传古医籍。我们采取回归一批—研究一批—及时公布一批研究成果的办法，借助媒体报道，很快在业内产生了影响。1997年，国家中医药管理局将我们的课题列入重点支持项目，使我们底气更足、士气更旺。这一年我卸下了所长一职，全身心投入这项工作。

随着课题的深入扩展，难度也逐渐加大。没有人能告诉你哪些古医籍需要复制回归。要想用有限的经费复制更多的珍稀古医籍，就必须选准书种。虽然我们都是从事医史研究多年的学者，但平时积累毕竟有限。当最初的几十种失传古医籍复制回归之后，接下来就必须在日本开展更进一步的调查。上百家图书馆的馆藏书目，数千种古医籍，必须一种一种与国内书目对比、考查。枯燥单调的核查工作，极需耐心和定力。光查书目还不够，对著录欠明的古籍，必须亲自考查原书。1999年，在日本学术振兴会的资助下，我赴日本工作了10个月，得以走访日本收藏中医古籍较多的十几家公立、私立图书馆，仅在日本内阁文库就逗留了大约4个月。那段时间，我每日早出晚归，手不释卷，写下的古医籍经眼录就有40余万字，解决了很多学术疑难问题。终日里手抚先人手泽，看着前人，有的甚至是李时珍也未曾见过的某些珍稀古医籍，我想到它们将很快回归故里，再度问世，心中那份愉悦真是难以言表。到20世纪末，日本所藏古医籍调研全部完成，为此后陆续复制回归奠定了基础。

从事古医籍调研与回归当然需要经费，但与其他行业相比，我们属于"给点阳光就灿烂"的类型，投入少，见效快。2000年以后，国家科学技术部首次提供科技基础性工作专项资助，帮助我们从日本复制回归了400多种古医籍，基本完成了日本调研与复制回归的任务。但海外回归古医籍的梦到此还没有圆！国家科学技术部此后又陆续给予资助，使我们"得陇望蜀"，把目光转向了欧美，开展更大范围的古医籍调研与回归工作。

最近十几年，我们把主要精力放在流失欧美的中医古籍调查、回归，以及整理出版业已回归的古医籍方面。欧美收藏的中医古籍数量少，藏馆分散，缺乏现成书目可查，比在日本调研的难度更大，颇似沙里淘金。若因袭日本调研模式，必然会投入多、见效少，想全靠国家支持是不现实的。为了不留遗珠之憾，我们得另辟蹊径。好在德国文树德（Paul U. Unschuld）教授多次邀请我参与他组织的中医文献研究课题，使我在德国有了立足点。借助多年学术交往建立的人脉网，我先逐步了解欧洲各国的收藏情况，发现线索，立刻前去考察。依靠互助共赢、细水长流的工作方式，我们得以完成对德、法、意、英、俄、梵蒂冈等十几个国家的初步调研，并逐书考察了德国所藏的800多种中医抄本（已由莱顿出版社出版了英文书目），并复制回归了数十种国内失传的古旧医籍。

在海外调研的同时，我们团队的成员配合默契，同步开展回归古医籍的整理出版工作。中医古籍既是历史文献，又是应用文献，将回归的古医籍影印或校点出版，供广大中医界使用，才是我们的终极目的。近20年间，我们已整理出版了5套丛书（含子书130种）。我主编的《海外回归中医善本丛书》出版后，当年即予重印，可见很受读者欢迎。当今国内中医文献相关课题越来越多地使用海外回归的古医籍，这令我感到十分欣慰。但我仍不满足，我与团队成员正努力在近期内将复制回归的古医籍（440多种、11万余叶）全部影印出版。

人生难得几次搏。为圆古医籍回归之梦，花20年太值！我今年近古稀，只要一息尚存，古医籍的整理研究将伴我终生。

（原载于国家古籍保护中心办公室编《书卷多情似故人——“我与中华古籍”优秀征文作品选》，国家图书馆出版社，2016年，65-69页）

后记：从海外抢救复制回归国内失传的珍稀中医古籍，是我研究生涯中主持的又一个大项目。从1995—2016年，这个项目前后20余年，终于圆满地完成了调研回归、整理出版的任务。这期间我与我的团队先后开展了7个课题，整理出版（校点或影印）了6套丛书，其中最大的一套丛书是2016年在中华书局影印出版的《海外中医珍善本古籍丛刊》(403册，含子书427部)。关于该课题的实施过程，我写了很多汇报文章，其中以《海外中医珍善本古籍丛刊》的前言最为详细（约9000字）。但最终我选择这篇仅2000字的小文，向读者汇报此课题的来龙去脉。这是一篇应征之文。2014年，光明日报社、国家图书馆联合举办“我与中华古籍”有奖征文活动，这个活动与我们开展的海外回归中医古医籍的主旨最为贴合，于是我用此小文，全面简洁地介绍了“海外求书二十年”的概况，与读者分享20年的辛苦与幸福。

日本内阁文库所藏元明医籍的初步考察①

郑金生

日本国立公文书馆内阁文库收藏有丰富的传统医籍，其中所藏中国古医籍可见于《(改订)内阁文库汉籍分类目录》之“五、医家类”著录②。据计点，内阁文库藏有清代以前完成的医药书1632部、11591册。除去其中重复的相同版本及其抄本，有书目956种③。这尚不包括丛书子目和某些与医药关系甚密的植物书。

在内阁文库丰富的收藏中，有100多部为中国业已亡佚的珍贵中国古籍。为了促成这些日本现存中国散佚古医籍回归祖国并逐步出版问世，中日两国学者共同协力开展了专门的研究课题。笔者在参加这一课题的过程中，于1999年在日本国立公文书馆内阁文库进行了考察，其中成书于元明时期的中医古籍引起了笔者的浓烈兴趣。

从中医文献研究角度来看，前辈学者对宋金以前的医籍已有相当深入的研究（见冈西为人《宋以前医籍考》等书），而清代医籍虽然量多，但毕竟距今不远，散佚者少，故传承源流尚比较清晰。笔者最关注的是元明医籍，其中存在的许多问题亟待研究。但以往因条件限制，中国学者难得亲见藏于中国之外的珍稀古医籍，由此带来的负面影响给元明医史文献研究方面留下种种缺憾。所幸内阁文库元明医籍收藏量特别丰富（日本现存中国散佚古医籍绝大多数属于元明医籍），笔者又幸运地获得进入内阁文库进行考察的机会，因此，得以通过检视该馆所藏元明中医古籍原著，核定内阁文库的原著录，进而根据现有书志加以比较研究。元明中医古籍对考镜中医文献传承具有重要的价值，对其中涉及原著中收藏者的手跋（以多纪氏一门居多），本文也予以初步探讨。

---

① 本稿得到日本文部科学省科学研究费特定研究领域A2“东亚汉籍医药书的出版流通及相互影响”课题资助。同时非常感谢给予本考察提供诸多帮助的日本茨城大学真柳诚教授、黑龙江中医药大学王铁策教授、北京中医药大学梁永宣副教授以及日本国立公文书馆内阁文库。

② (改订)内阁文库汉籍分类目录[M].东京：国立公文书馆内阁文库，1956：188-239.

③ 真柳诚，王铁策.日本内阁文库收藏的中国散佚古医籍[J].中华医史杂志，1998，28(2)：65-71.

一、内阁文库元明医籍的数量及相关著录考略

日本国立公文书馆内阁文库编写的《（改订）内阁文库汉籍分类目录》，是引导笔者全面系统考察其所藏元明中医古籍的指路标。以内阁文库福井保先生为主编修的《（改订）内阁文库汉籍分类目录》（以下简称《内阁目录》）是质量上乘的书目，其严谨准确素来为学界称羡。但因其改订成书又历近半个世纪，而相关学术研究在此期间不断有新的进展，所以笔者在计点其元明医籍的数量时，仍然逐一检视原书，并结合其他书目和研究成果，对其原著录进行核定。在此基础上，按拟定的方法，计点了内阁文库收藏的元明医籍数量，并与中国等地的收藏进行了比较。

（一）计点内阁文库元明医籍数量的方法

在计点任何一个馆藏书籍的种数（而非部、册数）之前，都必须确定一个计数的原则。这些原则是根据计点中所遇到的问题来确定的。

统计某一特定时期出现的医籍有很多难点。除少数原书年代难以考订之外，最常见的困难是如何处理介于朝代更迭时期所出现的文献。若断然以成书年代为准则，则不免会使同一个医家的书籍分属于不同的朝代。对此，本文探取的办法是以书籍作者的主要医学活动所属朝代为准计点其书籍。对少数医学活动跨越两朝（多见于金元或元明之间）的作者，一般按多数工具书认可的说法确定其所属朝代。

另一个难点是如何处理经后人增补、校订过的前人的书籍。笔者认为，后人如果对前人的书籍进行了有意义的增补、评注、阐发、改编，则可以作为后人的书计入。但如果仅仅是刊刻和一般性的校正，则不能视为一种有别于前人原著的新书。

现各种藏书目录在著录丛书、全书中的子书及篇章方面标准不一，甚至同一书目之中对此也有不同的标准，这给计点，尤其是比较不同馆藏书的种数带来很大的困难。例如《内阁目录》将明代张介宾《景岳全书》作1种书著录，而在《全国中医图书联合目录》（以下简称《联目》）和中国中医研究院图书馆《馆藏中医线装书目》中，却将《景岳全书》内的《脉神章》《伤寒典》《杂证谟》《妇人规》《小儿则》《痘疹诠》《外科钤》《本草正》均设书目专条。也就是说，同一书在《内阁目录》作为1种书计算，但在《联目》中成了9种书。丛书中子目书的著录更是存在大量的类似问题。对此，本文采用计算书籍实际种类数的办法，而不按藏书目录的条目计数。具体地说，只要是某书有序跋、发凡起例、内容确属独立之书，都可以作为1种书计数。照此办法，藏书的子目也应该分别计入。但对全书（如《景岳全书》《轩岐救正论》等）的篇目不作为独立的书计算，除非确实存在其篇章的单行本。如果只是数书合刊，并无丛书总名的书籍，一般只计算其中所含的独立书，而不将合刊书视为一种书。

计点内阁文库元明医籍数量，实际上也是对诸书逐一细致的考证过程。由此也发现了

《内阁目录》著录中的一些值得商榷之处。这部分考察实例本文将另节专论。

此外，在计点元明医书过程中还有多种意外情况，考虑到这些意外不具有普遍意义，故文内不予赘述。正因为在医籍种数的确定方面存在上述多种实际困难，所以，本文计点所得的数据只是一家之见。但笔者在得出内阁文库所藏元明医籍数量的同时，也按照同样的原则计点出了2个数据：一是中国中医研究院的馆藏，二是中国、日本，乃至笔者所能掌握的其他书目所载现存元明医籍总数。因此，下文将这3个数据进行比较的时候，就具有相对可靠的可比性。

按本文拟定的方法计点出的内阁文库所藏元明医籍的种数，最后的结果竟然出乎笔者的意料。

（二）内阁文库所藏元明医籍的数量及相关比较

按照本文确定的计数原则，笔者计点得内阁文库藏有中国的元明医籍多达577种。这一数据只有和其他图书馆馆藏进行比较之后才能显示其意义。笔者首选自己供职的中国中医研究院图书馆作一比较。

中国中医研究院图书馆收藏的中医书籍极为丰富，无论品种、版本及数量，皆居全国首位[①]。该馆编写的《馆藏中医线装书目》著录中医线装书4203种。其计算书籍品种数字的方法当然与本文有所不同。除绝大多数中国传统医药书籍之外，中国中医研究院图书馆馆藏也含少量日本等国的传统医药学书籍。其收藏线装医籍的年代下至20世纪上半叶，甚至有极少数20世纪50年代的书籍。尽管如此，从所藏中医书品种的总数来看，中医研究院图书馆的馆藏量显然大大超过内阁文库的收藏量。因为即便按本文制定的标准计算，内阁文库藏清以前中医书也只有千余种。但是，从来没有人专门统计过该馆所藏元明医籍的数量，并将此数据与内阁文库的收藏进行比较。

为了比较中国和日本这两大中医书籍收藏中心的元明医籍总数，笔者按照同样的标准计点了中国中医研究院的收藏。其数字亦出乎意料：仅有510种，比内阁文库还少67种。由此可知，中国中医研究院收藏的元明医籍原来并不占优势，只是在清代医书方面大大超过内阁文库而已。当然，这两家图书馆所藏元明医籍均在500种以上，此是中国各地区和其他国家图书馆难以与之相比的。

为了了解内阁文库和中医研究院收藏的元明医籍分布情况，笔者又计点出这两家图书馆收藏相同的元明医籍数量为271种。而内阁文库中不见于中国中医研究院图书馆收藏的元明医籍种类竟高达306种，其中仅中国散佚的元明医籍就有111种。这个数字是十分惊人的，足以反映内阁文库的馆藏元明医籍对中医文献考订及学术发展的研究价值。

---

① 王雪苔．王序［M］// 中国中医研究院图书馆．馆藏中医线装书目．北京：中医古籍出版社，1986：1.

笔者很注意收集国内外书目中的元明医籍种类。单从著录来看，笔者已掌握的各地现存元明医籍达到1264种。如果按照计点内阁文库元明医籍的标准，并剔除某些严格说来不属于中医体系的书籍，那么可以肯定这一数字还会下降（估计在1100左右）。因此，内阁文库一家所藏的元明医籍种数，已经达到了全部现存元明医籍的一半。如果加上中国中医研究院图书馆的收藏，那么，仅这两家元明医籍的数量差不多就达到全部现存元明医籍的80%。这一现状表明，如果要研究发挥重要的承上启下作用的元明医籍，内阁文库的收藏具有举足轻重的地位。

为了便于其他学者今后更有效地利用内阁文库丰富的藏书，本文将考察计点内阁文库所藏元明医籍过程所发现的一些相关问题表述于下。

（三）同书异名及作者著录的考订

在计点内阁文库元明医籍的过程中，一个首要问题是要考察原著录的书籍朝代是否确实。如果出现同书异名和作者的错误著录，则必将影响到计点数据的准确性。经检视数百种原书，发现以上顾虑的情况虽然很少，但确实存在。笔者在本文撰成之前，已经将1999年上半年在内阁文库考察中发现的一些问题条理成文，又蒙日本茨城大学真柳诚教授审定并惠予翻译，送呈内阁文库汉籍部主管先生，供其参考。本文仅叙述其中涉及元明医籍计点的有关问题。这些问题看似出现在内阁文库，实际上也涉及整个中医文献的目录学考订。

1. 同书异名

同一书籍，因名称不同，而被误置于不同的类别，或被作为不同的书籍处理，这是书目中常见的现象，非经核查原书难以发现。今择要列举如次。

《伤寒五法》与《窥垣秘术》：前者在《内阁目录》中被置于“方论·伤寒”类，后者被置于“杂记”类[①]，但二者实际上是一种书。笔者检视了《窥垣秘术》日本抄本崇祯五年(1632)雷芳序，其中已经明确指出《窥垣秘术》是将《伤寒五法》更名而成[②]。而《伤寒五法》的清刊本则将这两个书名同时刻在扉页上，其卷首仍然用的是《伤寒五法》一名[③]。这一刊本是清康熙二十二年(1683)石楷(蕴初)校刻的，因此在《石氏藏书》(丛书)中所含的《伤寒五法》也同样是将《窥垣秘术》与《伤寒五法》二名同时在扉页上标出[④]。这一同书异名现象多纪元胤早已发现，并指出《伤寒五法》乃“安陆雷芳易名《窥垣秘术》”[⑤]。

---

① 见《(改订)内阁文库汉籍分类目录》，第205、230页。

② 陈长卿(原误著录为陈志明).窥垣秘术[M].江户写本，1632(崇祯五年)：雷芳序.

③ 陈长聊(原误著录为陈志明).伤寒五法[M].清刊本，扉页.

④ 石楷.石氏藏书[M].刻本，清颐志堂，1673(康熙十二年序刊)，扉页.

⑤ 见多纪元胤《中国医籍考》，第450页。

《眼科全书》与《青囊完璧》:《内阁目录》将前者置于“方论·眼疾”类，后者置于“方论·方集”类，而且均把作者著录为清·王协。[①]但检视《眼科全书》中的“抄刻始末述”及《青囊完璧》序，可知这二书皆系王协根据所获明代无名氏抄本刻印者。《眼科全书》“抄刻始末述”云其于辛卯（1651）得见此抄本，手录一部，刻于戊申（1668）。[②]《青囊完璧》序中又云：“予曩令华亭时，尝刻《眼科全书》……越六年，又获抄本一部，较之于前刻者，其议论精确，证方至备，盖原本之完美者也。”王氏略加增补润色，“更题《青囊完璧》，寿梓公四方”[③]。可见就是王氏本人，也不会将前后所刻视为二书。

《医经正宗》与《医学正传》：此二书均为8卷，明·虞抟撰。但检视原书，内容完全一样。虞抟的《医学正传》已广为人知，然据研究，《医经正宗》书名虽改，却是现存最古的《医学正传》的版本[④]。《内阁目录》将此二书同置于“方论”类，但排列则相距4页之远，显然很容易被人误解为两部不同的著作[⑤]。多纪元胤在《中国医籍考》中亦载有《医经正宗》8卷，注云“存”，却不载著者姓氏[⑥]。《医经正宗》为红叶山文库旧藏，多纪氏恐未必亲见，故不敢将此书判定为《医学正传》之异名者。后世或将《医经正宗》作为明代黄五辰之书[⑦]，则更是以讹传讹。

《痰火颛门》与《国医宗旨》：二书作者、卷数均同，唯刊刻堂号不一。《内阁目录》将前者置于“方论·杂病”类，后者在“方论·病总”类，二书相距9页之遥[⑧]。将二书对比，完全相同。对此，多纪元胤早已指出《痰火颛门》乃“陆世科刻本改名《国医宗旨》”[⑨]，所惜这一注说为小字夹注，未能引起人们的注意。

《急救仙方》与《青囊杂纂》：前者在《内阁目录》中归于“方论·方集”类，无撰人姓氏，有江户抄六卷本和十一卷本（多纪元胤手跋本）两种；后者放在“丛编”类，著录为明邵以正编，亦有两种江户抄本，一出子目5种，一出子目9种[⑩]。仅从著录来看，无法认定二书之间有何联系。但披览原书，考察其内容，则知它们本是同一丛书。

《急救仙方》十一卷本后有多纪元胤手跋，更进一步说明了二者之间的关系：

---

① 见《（改订）内阁文库汉籍分类目录》，第219、225页。

② 王协．眼科全书抄刻始末述［M］// 明亡名氏．眼科全书，江户写本：卷首。

③ 亡名氏，原撰．王协，校刻．青囊完璧［M］．抄本，1824（日本文政七年）：卷首王协序．

④ 小曽户洋．《医学正传》解题［M］// 和刻汉籍医书集成第八辑．东京：エンタプライズ，1990：3.

⑤ 见《（改订）内阁文库汉籍分类目录》，第195、198页。

⑥ 见多纪元胤《中国医籍考》，第749页。

⑦ 李经纬，等．中医人物词典［M］．上海：上海辞书出版社，1988：561.

⑧ 见《（改订）内阁文库汉籍分类目录》，200页国医宗旨、209页痰火颛门。

⑨ 见多纪元胤《中国医籍考》，第809页。

⑩ 见《（改订）内阁文库汉籍分类目录》，225页急救仙方、235页青囊杂纂。

右五种，原收《道藏》中。佐伯源公抄以见赠。后从秘府借《青囊杂纂》，此五种全收。其中此书之外有五种，另抄订装，朱笔记次第云。宽政辛亥十二月九日，丹波元胤廉夫诚。①

弄清了以上二书之间的关系，在阅览其他书志时就不至于为之困惑。

《（东垣先生）伤寒正脉》和《东垣先生医学纲目》：此二书也是同书异名，但前者被作为伤寒类的书，后者则被置于“丛编”类②。事实上归于丛书比较合适。

《医门秘旨》（明代张四维）与《医门正宗》（王肯堂撰，李中梓校），虽然书名、作者均不相同，但二书同为15卷③。将二书对照，正文内容完全相同。综合多种证据（本文从略），笔者认为后者是一托名之书。

在查阅原书时，笔者还发现在《内阁目录》被暂时定名为《医书八种》④的一丛书，实际上就是多种书志所著录的《医要集览》。虽然在内阁文库未见有同书异名者，但因此丛书多见于其他馆藏，故亦将之摘出，以免在更大范围内出现同书异名现象。

此外，书商剜改书名的现象也有存在。例如中国现知最早的一部军阵外科专著《急救军门秘传》，由于书名被剜改，致使出现在《内阁目录》中的主要书名是《太医院新刊诸症》⑤。对此，王铁策先生已有专门考订，以正其非⑥。然而类似这样的问题，非经专门研究，难以发现。此非编制馆藏书目者力所能及，本文亦不予赘述。

与同书异名同样影响计点内阁文库所藏元明医籍的问题是在著录医书作者时出现的错误。

2. 作者著录误差

作者所属的朝代误差直接影响到元明医籍的计点，而所著录的作者名字差异，也会出现和同书异名一样的结果，即同一部书可能被作为不同的书处理。

例如根据《内阁目录》的记载，有二同名书《山谷便方》，其一作者为欧士海⑦，而另一作者为唐欧⑧。究竟是一书误录还是异书同名？笔者将二书比勘过，其内容完全相同。被

① 多纪元胤手跋［M］// 江户抄本，底本为明急救仙方十一卷本 .

② 见《（改订）内阁文库汉籍分类目录》，第205页伤寒正脉、233页医学纲目。

③ 见《（改订）内阁文库汉籍分类目录》，第199页。

④ 见《（改订）内阁文库汉籍分类目录》，第233页。

⑤ 见《（改订）内阁文库汉籍分类目录》，第217页。

⑥ 王铁策 . 新刊军门秘傳解题［M］// 日本现存中国稀觏古医籍丛书 . 北京：人民卫生出版社，1999：894-866.

⑦ 见《（改订）内阁文库汉籍分类目录》，第211页。

⑧ 见《（改订）内阁文库汉籍分类目录》，第199页。

著录为唐欧的《山谷便方》，其卷首署名同样是“闽福唐欧士海”[①]。问题在于如何理解这一署名。将作者定名为唐欧，则必然是采用“闽福 / 唐欧 / 士海”的读法。按此读法，作者当为福建福州人，姓唐名欧字士海。但实际上在《山谷便方》序中已经出现了“欧士海”一名，故而作者署名正确的读法是“闽 / 福唐 / 欧士海”。福唐是地名，今属福建省福清市，该县在唐代时名福唐县[②]。因此，福唐应该是作者的籍贯而非字号。解决了这一问题，这两种作者名不同的《山谷便方》显然是同一书。

无独有偶，在《痘疹心书》的署名上同样出现类似问题。内阁文库所藏江户写本《痘疹心书》的作者著录为“明·柳樊邱”[③]。该书也被收入明代樊如柏辑刻的《(续刻)简易验方》卷六，题书名为《删定痘疹神应全集》或《删定痘疹神应心书》。《内阁目录》之所以将作者如此定名，恐怕是受了多纪元胤的影响。多纪元胤收藏有此书，并有过反复的考证(见原书多纪氏手跋)。他在《中国医籍考》中明确地著录“柳氏樊邱痘疹神应心书”[④]。同时他在原书后的手跋中一再使用“樊邱公”来称呼作者[⑤]。在多纪元胤的这一说法影响下，《全国中医图书联合目录》[⑥]《中医人物词典》[⑦]等多种工具书无不沿袭此说。其实只要细读原书，就可以发现把作者定为“柳樊邱”是一个错误。

刻本《删定痘疹神应心书》卷首署名为“贵溪柳樊丘可封裁定”。如果仅仅这一署名，则其姓名可以有两种理解：柳樊丘，字可封；或者丘可封，字柳樊。但是考诸原书序言，其作者姓氏就只有一种选择。该书谭应梦序称，“正统壬戌间上饶柳樊丘公教授凌江时所著”。序中还有“一以广丘公神明之德于无穷”“又丘公所未常见、未常用矣”等语[⑧]，据此，可以认定作者为丘可封，柳樊为其字号。

可以印证丘可封实有其人的一个重要的旁证是《古今图书集成·医部全录·医术名流列传》载有明代医家丘可封：“《贵溪县志》：丘可封，字汝礼，由岁贡历官国子监典簿。博览群书，通天文，尤精《黄帝素问》”[⑨]云云。地方志记载的本乡人士，其姓氏应该是比较准确的。从名、字关系来看，丘可封的字当为汝礼，柳樊或为其号。

以上对一个作者的姓名反复考证，似乎过于琐屑。但只要看看一个错误的著录，影响

① 欧士海．山谷便方［M］．刻本，1639(明崇祯十二年)序刊：卷首署名．

② 辞海编辑委员会．辞海［M］．上海：上海辞书出版社，1980：1587.

③ 见《(改订)内阁文库汉籍分类目录》，第215页。

④ 见多纪元胤《中国医籍考》，第1050–1051页。

⑤ 多纪元胤手跋［M］//痘疹心书．江户初写本(馆藏号304–79)，卷末．

⑥ 薛清录．全国中医图书联合目录［M］．北京：中医古籍出版社，1991：501.

⑦ 李经纬，等．中医人物词典［M］．上海：上海辞书出版社，1988：426.

⑧ 丘可封．痘疹神应心书［M］．刻本，明刊清印，文福堂藏版.1550(嘉靖二十九年)：谭应梦序．

⑨ 陈梦雷，等．古今图书集成：医部全录［M］．北京：人民卫生出版社，1962：389.

到此后多种颇有影响的中医工具书以讹传讹(有的工具书甚至将此人分成4人著录)[①]，则花此功夫不算白费。

《内阁目录》中关于作者著录的可商榷之处还有10余处。其中有几处是将作序者或者刊刻者作为原书作者。例如《心印绀珠经》的作者被著录为朱抝[②]，而实际上朱氏只是一名作序者。其序称："予父既袭祖术，又受业于李君汤卿之门，而得传心书九篇。"[③]据此序言，几乎所有的中医文献工具书都将《心印绀珠经》的作者著录为李汤卿，而非作序者朱抝。

类似的情况还可见于《证治百问》，该书的作者被著录为"明刘元琬"[④]。考诸原书，刘元琬乃康熙十二年(1673)《证治百问》作序者。该书的另一作序者唐启哲对著者有明确的表述："《百问》一书，昔默生刘先生所著《青瑶疑问》是也。"刘默，字默生，钱塘(今杭州)人。明末清初医学家。据唐启哲序，其《青瑶疑问》到顺治十三年(1656)才成书。正当唐氏为无力刊行此书而惋惜的时候，"知有海盐临初石子，宝爱是书，而督学刘公以梓行于世者也"[⑤]。其中提到的"督学刘公"，就是刘元琬，河南汝阳人，清顺治六年(1649)进士[⑥]，他并非明代人，也绝不是《证治百问》的作者。

这类著录错误还有多处。其中《伤寒五法》(即《窥垣秘术》)的作者被著录为"明代陈志明"[⑦]也是一例。该书的若干清刊本确有《陈养晦先生伤寒五法》的书名(陈养晦即陈志明)，且卷首或署为"楚黄陈养晦先生著"。但在书中，却掩盖不了书商妄题的痕迹。连陈志明自己也承认："至伤寒一诀，乃陈公长卿之所传也。"[⑧]其早期刻本署名"楚安陆雷芳�倩甫发刻/黄安陈志明养晦甫参阅"，根本就没有"陈养晦先生著"的记载。这一情况，多纪元胤早已指出："按陈养晦序曰：至伤寒一诀，乃陈公长卿之所传也。又安陆雷芳易名《窥垣秘术》，序曰：羽客陈养晦之所持《伤寒五法》，出自陈氏长卿，据此，是书实为长卿著。汪氏(琥)以为出养晦，盖失检耳。石楷尝刊之藏书中。《海盐县志》因为楷自撰，亦误。"[⑨]

《(脏腑证治图说)人镜经》(8卷，附2卷)，《内阁目录》著录其作者为"明钱雷撰，

---

① 何时希.中国历代医家传录[M].北京：人民卫生出版社，1991，上册195页丘可封，443页邱可封，444页邱柳樊；中册136页柳樊邱.

② 见《(改订)内阁文库汉籍分类目录》，第195页。

③ 李汤卿.心印绀珠经[M].刻本，1542(嘉靖二十一年)：朱抝序.

④ 见《(改订)内阁文库汉籍分类目录》，第239页。

⑤ 刘默.证治百问[M]//石氏藏书.颐志堂本，1673(康熙十二年)：唐启哲序.

⑥ 朱保炯，谢沛霖.明清进士题名碑录索引[M].上海：上海古籍出版社，1979：1966.

⑦ 见《(改订)内阁文库汉籍分类目录》，205页伤寒五法、230页窥垣秘术。

⑧ 陈长卿(原误著录为陈志明).窥垣秘术[M].抄本[日本据明崇祯四年(1631)序刊本抄]：陈志明叙.

⑨ 见多纪元胤《中国医籍考》，第451页。

钱选、钱世忠稿”[①]。而《联目》云8卷正文“著者佚名”，2卷附录为“明代钱雷(豫斋)撰”[②]。二者孰是孰非？经核查该书，其中万历壬子（1612）吴用光序对此有明确的介绍：“《人镜经》……乃医叟钱雷氏，谓得诸其师宗泉王君……书八卷。其附录二卷，为钱叟所著，补其经之未称，可为医学津梁。”[③]可见《联目》著录为是。

编写书目，往往限于书目的性质，只能表现收藏品实际标明的题署，不可能完全反映学术研究的进展，这是情有可原的。但如果将收藏品中没有记载的内容，又不是学术研究新成果著录于书目，那就很容易使后人困惑。例如《痘疹慈幼津》著录为“明·赵继宗”撰[④]，但遍检原书，只有“王仲威来仪发梓”字样，绝无赵继宗撰的记载。《中国医籍考》著录此书为“无名氏”撰[⑤]，诚是。

另《内阁目录》有4处出现由“明·赵烨”撰或校的痘疹书[⑥]，笔者逐一核实，竟无一书有明赵烨参与编校的记载。仅《痘科秘传》的“书源”中列有6人之名，赵烨居第一[⑦]。在“书源”之前，尚有“医源”，列举人名26个。这些记载只是表明其引用前人书籍或言论的出处，并非作者署名。为此，笔者多方查阅其他工具书，看有无明赵烨所撰痘疹书，但至今尚未得见。类似这样的著录不仅不利于计点馆藏书种，也使得考镜文献源流节外生枝。

此外，在《内阁目录》著录中，属于作者朝代失误的例子主要有(限于篇幅，以下不作细考详注，所举书名均见于《内阁目录》)：

《伤寒图括活人指掌》的“宋·吴恕”，当作“元·吴恕”，吴氏书成于至元四年(1338)。

《闻人规痘疹验》的“元·闻人规”，当作“宋·闻人规”，闻氏后序署有“绍定壬辰”(1232)可以为证。

有同名书《秘传加减十三方》二种，一著录为“元·徐文仲”、一著录为“明·徐用和”，给人印象是两名作者所撰的同名书。但据多纪元胤引《稗史集传》徐克昭曰，“徐文中，字用和，宣州人也”[⑧]，为元代人，故此二书当合二为一。

又《疡医大全》的“明·顾世澄”实乃清代人。其书有顾世澄（一作颜澄）乾隆二十五年(1760)序，无论如何不能算明代人。

---

① 见《（改订）内阁文库汉籍分类目录》，第192页。

② 见薛清录《全国中医图书联合目录》，第33页。

③ 吴用光.人镜经序［M］// 脏腑证治图说人镜经.刻本，1612(明万历四十年)，卷首序.

④ 见《（改订）内阁文库汉籍分类目录》，第215页。

⑤ 见多纪元胤《中国医籍考》，第1062页。

⑥ 见《（改订）内阁文库汉籍分类目录》，214页痘疹世医心法、痘疹玉髓，215页痘科秘传、玉髓经金镜录全书。

⑦ 朱之黯，参定.毓麟芝室痘科秘传［M］.清刻本：卷首“书源”.

⑧ 见多纪元胤《中国医籍考》，第690页。

因笔误造成的人名著录错误主要有：

《黄帝内经素问节文注释》的“素俅”当为“黄俅”。

《选奇后方》的“金纲”当为“余纲”。

《宦邱（邸）便方》的“钱后崔”当为“钱后崖”。

《达生录》的“堵胤昌”当为“褚胤昌”。

《千金简易方》的“程轨”原是“程轨”。

《医方集宜》的“丁凤文”，“文”字衍。

《医学入门》的“李挺”当为“李梴”。

其余作者、书名著录的问题，兹不一一列举。其中有些问题也不是一般馆藏书目所能解决的。例如内阁文库所藏的题为“宋・崔嘉彦撰”的《脉诀》，已有考证指为托名之书，实乃元代张道中所著[①]。

又，在《内阁目录》中作为一种书著录的《脉诀秘旨》（题为宋・崔嘉彦撰）实际上是一种脉学丛书，包含了崔嘉彦在内的整个西原脉派的几种主要脉学著作[②]。

面对如此丰富而又复杂的馆藏书籍种类，《内阁目录》若有千虑一失之处，是不足为怪的。正是仰仗《内阁目录》的指引，笔者才得以顺利考察内阁文库所藏丰富的元明医籍，并在此基础上对以往许多难以入手的中医书籍进行文献学考证。

二、内阁文库所藏元明医籍的文献研究价值

前已述及，日本内阁文库与中国中医研究院图书馆同为当今世界收藏元明医籍原著最丰富的图书馆。其所藏元明医籍多达577种，首屈一指。其中不见于中国收藏者达111种。如此丰富的珍稀藏本对当今研究中医文献源流和医史发展具有很高的价值。更难得的是，日本江户时期著名的丹波（多纪）氏医学家族遗留在他们所收藏古籍上的手跋，对古籍考证而言是非常宝贵的资料。

（一）利用内阁文库的收藏对若干元明医籍的文献学考察

内阁文库中收藏的汉籍来自多个途径，种类繁多，书品不一。对于图书馆管理人员来说，如实准确地按图书馆学的要求登录编制书目，就已经尽职尽责了。但作为专门的医史文献研究者，则必须在已有书目的帮助下，充分研究第一手资料，从目录学角度考察相关的中国古籍，进而考镜各类中医文献发展的源流。

---

① 张同君．崔真人脉诀辨伪［J］．中医杂志，1990（10）：47-49.

② 张同君．崔嘉彦西原脉学及其学衡成就［J］．中华医史杂志，1992，22（1）：32-37.

在考察过程中笔者发现，由于收藏途径或版本的不同，有时原本同帙的一部书会被分散作为不同的书籍收藏。例如，明代的闵芝庆著有《伤寒阐要编》。很奇怪的是，多纪元胤《中国医籍考》载此书7卷[①]，而《内阁目录》却著录为“十一卷（卷一至卷四）”[②]。检视该书，的确起自卷五，终于卷十一。也正是由于这一事实，《内阁目录》对其卷数作了上述的著录。但再细阅，在该书卷五之前，有吴兴朱太复的“伤寒阐要编序”，并有卷五至卷十一的目录。书序目次俱全，无疑这是一本独立的书，并无残缺。

更令人不解的是，清初医学家汪琥（苓友）对《伤寒阐要编》有如下记载：“《伤寒阐要编》，明末时人撰，不著姓氏。书凡二帙。”汪氏所见该书有二帙，可谓节外生枝。因为检视原书，首尾俱全，并无二帙之分。可是，汪氏还进一步提到此书“其辨析成（无己）注再传之误，改补《明理论》烦热、虚烦、四逆与厥，复正方（有执）《条辨》削例，及六经篇原文颠倒之非，极其畅发。编名《阐要》，义可知矣”。似乎汪氏确实认真地阅读过此书。然将汪氏提到的内容逐一与《伤寒阐要编》对照，有的内容如“改补《明理论》烦热、虚烦、四逆与厥”，就不曾见到。

果真《伤寒阐要编》还有一部分内容散佚了吗？还是另有不同的版本？对此，连多纪元胤也为之迷惑：“按是书（指《伤寒阐要编》）闵芝庆所著。汪苓友称‘不著姓氏’及‘书唯二帙’，岂其所见，与今本异欤?”

然而待笔者检视到由金成无己原撰，闵芝庆删补的《伤寒明理论补》4卷之后，才恍然大悟：原来所谓二帙，指的是闵芝庆删补的《伤寒明理论删补》4卷和闵氏编撰的《伤寒阐要编》7卷。此二书每半叶行款字数均同，且卷次连续排列，所以到《伤寒阐要编》时，是从卷五开始，而终于卷十一，其实本无残缺。汪琥提到的一些不见于《伤寒阐要编》的内容，都可以在《伤寒明理论删补》中找到。对此二书合刊一帙的情况，其实《伤寒阐要编》朱太复序言已有交代：“……闵夫深为慨悼，奋然起而增注之，发成氏（无己）所未发不少矣。犹恐习于见闻，趋难移易，更作《阐要编》附之。”[③]闵氏在金成无己《伤寒明理论》一书基础上进行的删补、注释编为4卷，名之曰《伤寒明理论删补》。又将未尽之言另撰《伤寒阐要编》7卷，二书联袂行世。但因此二帙，一为江户写本，一为明刊本，收藏或有先后，故被视为异帙，而种种疑惑顿生矣。

此例看似仅仅涉及一书卷次的问题，实际上可将闵芝庆阐述伤寒的书籍联系起来，为研究提供方便。闵氏书中国无存，所幸内阁文库均有收藏，为解决这一问题提供了有利的条件。

---

① 见多纪元胤《中国医籍考》，第448页。

② 见《（改订）内阁文库汉籍分类目录》，第205页。

③ 闵芝庆．伤寒阐要编：卷五［M］．明刊本（有多纪元胤手跋）：朱太复《伤寒阐要编》序．

与上例相似的是《新刊风科本草治风药品》与《风科集验名方》。前者藏于内阁文库，而后者藏于静嘉堂文库。从以往的书志记载来看，二书都单独见于中国古代书目著录。例如清代徐乾学《传世楼书目》载："赵大中《风科本草治风药品》一卷。附《历代圣贤本草源流》一卷，自《本草衍义》至此，统为一目。抄，三本。"[①]至于《风科集验名方》，在明代赵琦美《脉望馆书目》、焦竑《国史经籍志》，清代钱谦益《绛云楼书目》、钱曾《述古堂藏书目》中都有记载。但是，目录学的记载除书名都有"风科"二字外，看不出二者有更多的联系。此二书中国均不存。笔者将复制回归的上述二书反复对照比勘，终于考证清楚其流传过程[②]。为免烦琐引证，兹将考证结果引述如下：

《风科集验名方》的成书，最早是金末京城太医赵大中奉敕编修。后逢金国战乱，大中避乱于吴山，其时大约在1234年。有赵子中者，传习赵大中之书。此书后为赵素在游历荆湖间获得，但已经失去了原书的序引。端平三年（1236），赵素持此书归蒙元。因他用此书治疗风症获效，乃补充此书之未备，再编此书。全书计10集，77类，632方。赵素晚年将此书授其徒刘君卿。刘氏后任湖广官医提举。元贞二年（1296），刘氏请左斗元校勘此书。左氏费时两年，于1298年增广此书为28卷，242类，1779方。经左氏增补的内容是原书的两倍。这就是明清书志著录的28卷的《风科集验名方》。

左氏在校勘增补《风科集验名方》之余，"又取经史子集、古今圣贤名医治风药品、治理制度、动风食忌列于前，庶成全书"[③]。这一部分的内容，就是内阁文库所藏的《新刊风科本草治风药品》。可以证明该本草原是《风科集验名方》卷首附加部分的另一个重要证据，是该本草不仅存有《风科集验名方》书前所有的序言，而且其卷首作者署名也和《风科集验名方》完全一样。这就说明此二书虽一以本草名书，一以验方名书，实际上原来同存一帙。自宋代以来，方书的前后附以该书常用药品，简介其性味功治，业已形成风气。故《风科集验名方》之前附以《新刊风科本草治风药品），正是宋代的遗风。

有些相关的元明医籍，由于分别存于中国和日本，限于条件，中国学者比较难以了解它们之间的传承关系。笔者借助在内阁文库考察藏书的机会，经常将中、日两国的藏书进行比较，得以明了某些书籍的传承关系。

例如，中国现存有多部《保安堂三补简便验方》，明代王象晋编。其序称："此予旧刻

---

① 李茂如，胡大福，李若钧．历代史志书目著录医籍汇考［M］．北京：人民卫生出版社，1994：516.（引清徐乾学《传世楼书目》）

② 郑金生，肖永芝．《风科集验名方·新刊风科本草治风药品》解题［M］．日本现存中国散逸古医籍（第二报）．北京：中国中医研究院中国留史文献研究所，1998：63-70.

③ 赵大中，等．风科集验名方［M］．刻本，杭州：刘世荣刊，1306（元大德十年）：左斗元自叙．

《简便验方》也，稿今三易矣。”① 既然此书是三补，那么，此前的初刻、二刻是否存世呢？查内阁文库藏有《重刻增补简便验方》8卷，著录为明王象晋之书②。该书是否就是王象晋旧刻《简便验方》呢？取原书相互比较，始知内阁文库所藏，虽确实含有王象晋旧刻《简便验方》，但又由明代樊如柏增补了其他的医籍3种。故《重刻增补简便验方》8卷，实际上是樊如柏编印的一套丛书，连王象晋旧刻（厘为4卷）在内，含书4种，刻板于崇祯六年（1633）③。作为一套丛书，其作者应该著录为“明·樊如柏辑刻”，而不应该署名王象晋。

樊氏在刻成《重刻增补简便验方》之后的次年，又再次续刻此书，并另外增加了书二种，名为《续刻简易验方》，此书亦收藏于内阁文库，不过在《内阁目录》中被著录为樊如柏之作。在系统地研究了现存的与王象晋有关的医籍之后，笔者勾画出这些医籍的传承关系，表列如后④。

《简便验方》的传承关系

藏于日本者　　　　　　　　藏于中国者

明·王象晋编：

1.《简便验方》

↓1616年编

2.《增补简便验方》————→3.《保安堂三补简便验方》4卷

↓编年不明　　　　　　　　1644年编

明·樊如柏补辑：

4.《重刻增补简便验方》8卷，含书4种

↓1633年刻

5.《续刻简易验方》10卷，含书6种

1634年刻

诸如上述通过考察而辨明的元明医籍传承源流的其他实例，还可见于已出版的《日本现存中国稀觏古医籍丛书》（人民卫生出版社，1999）各影印书后解题，以及课题报告

① 王象晋．保安堂三补简便验方［M］．作者自刻本，1644（崇祯十七年）：自序．

② 见《（改订）内阁文库汉籍分类目录》，第224页。

③ 樊如柏．重刻增补简便验方叙［M］// 重刻增补简便验方．江户写本：卷首．

④ 郑金生．《续刻简易验方》解题［M］// 日本现存中国散逸古医籍（第三报）．北京：中国中医研究院中国医史文献研究所，2000：86-89.

书《日本现存中国散逸古医籍》(第一、二、三报，中国中医研究院中国医史文献研究所，1997—2000)，本文不再赘举。

前已述及，内阁文库收藏的元明医籍中，有一部分带有藏书者的手跋(以多纪氏手跋居多)。这些手跋对研究中医文献具有很高的价值。

(二)多纪氏手跋的学术价值初探

据统计，在内阁文库收藏的1632部医书中，属于江户医学馆旧藏书达913部。其次为红叶山文库(374部)、昌平坂学问所(134部)、毛利高标(114部)等[①]。江户医学馆的多纪氏祖孙三代不仅精于临床治疗，而且在中医文献学方面的造诣也十分深厚。他们在收藏医书的时候，经常采用手跋的方式，将搜寻、交换、阅读、抄写、校勘、考证、评述等方面的心得随手记录在书中。

笔者计算，在所有内阁文库收藏有手跋的中医书中，以多纪(丹波)祖孙的手跋占绝大多数(共计131书)。笔者与北京中医药大学梁永宣副教授将内阁文库所藏多纪氏父子的手跋全部阅读并抄录，研究结果将另撰专文。这里仅略举数例，以窥多纪氏文献学研究成就之一斑。

在研究多纪氏手跋之前，笔者曾揣测，多纪元胤在他的《中国医籍考》中，已然经常用夹注的形式表达他的研究心得，也许这些夹注就是其收藏书籍中的手跋。经检视多纪元胤手跋之后，才发现笔者的揣测并不完全正确。《中国医籍考》虽然的确存在多纪元胤的手跋内容，但其数量很少，而且仅仅局限于手跋中的考证部分。手跋中其他非常有价值的资料至今还没有为学术界所知。

从多纪氏手跋可知其博通群书、考证功夫确属上乘。例如《菉竹堂集验方》一书的明代刊本，仅署为"罗浮山人集"，并无名氏。多纪元胤在该书的手跋中对此有一段考证：

朱竹垞《姚氏族谱》序：万历初，光禄大夫柱国太子太傅工部尚书善长，登先文恪公榜，后年七十余，致政归里居，乐善好施，病者给以药，寒者给以衣，死者给以棺□。今所传《菉竹堂医方》，皆公手自抄，云云。壬申首夏读《曝书亭集》节抄附之。元胤。[②]

可见多纪元胤当时已怀疑此《菉竹堂医方》与罗浮山人的《菉竹堂集验方》有某种关系。当编写《中国医籍考》时，他又从地方志中发现了新的史料，即姚思仁(善长)著有《菉竹堂医方考》。于是，他把《罗浮山人菉竹堂集验方》和《姚思仁菉竹堂医方考》并载于《中国医籍考》中，又把他当年记载在《菉竹堂集验方》的手跋(略有修润)记录在二书之下，然后加上按语：

---

① 真柳诚，王铁策．日本内阁文库收藏的中国散佚古医籍［J］．中华医史杂志，1998，28(2)：65-71.

② 多纪元胤．手跋［M］//菉竹堂集验方．明刊巾箱本：书后．

按是书（指《菉竹堂医方考》）见于《浙江通志》引《嘉禾征献录》，姚思仁当是善长公，而岂与罗浮山人《集验方》为一书否？附以俟考[①]。

后来的史料证明，多纪元胤对此书作者的联想是正确的。今中国所存清康熙年间的中国刻本《重刊菉竹堂集验方》的序言中，已经非常明确地指出“太博姚公号罗浮”[②]，其所撰《菉竹堂医方》也就是《菉竹堂集验方》。

有的医书，若无多纪氏当时丰富的收藏和精心的考证，也许后世很难明了这些书籍的目录学相关内容。《医宗三法》一书的作者考订就是一例。

《医宗三法》内阁文库存其抄本，宫内厅书陵部存明刊本，且无论哪一种本子，都未署作者姓名。但多纪元坚却发现，“又有《病因论治》一书，分为乾元亨利贞五策，署曰秀水淑沙冯愈纂。天启元年岳和声为之序，云淑沙世宗朝人。今阅其书，全与是书无别。但文辞稍加节略，至药名亦用单名，殆似就是书而删订者。今录其序目，以存其梗概云”[③]。

根据《病因论治》“文辞稍加节略，至药名亦用单名”，多纪元坚谨慎地认为此书“殆似就是书而删订者”。但这一现在再也没有见到过的《病因论治》序目，却为笔者进一步考证《医宗三法》的作者提供了宝贵的资料。笔者根据前贤提示，又再细读《医宗三法》，在该书“百证图”小引中找到一条重要依据：“愈宗三法而编也”。这个“愈”字，正是冯愈的自称。所以，加上原先多纪元坚的所见，应该可以肯定，《医宗三法》的作者就是冯愈。

多纪一门三代这些不加粉饰的手跋，可以看出他们在考证某些书籍时的反复过程，从中也可以反映他们严谨的治学精神和道德风范。

《痘疹神应心书》的手跋考订最能体现治学的艰辛。多纪元胤因“是书不题撰人名氏，无序及跋文，从未详修于何代”，故留心此书的考订。后来他读到谭起巖《德馨堂集》所载的《痘疹神应心书》序，谓此书是“正统壬戌间上饶樊邱公[④]教授凌江时所著”。当时元胤因为此书中有的内容和魏桂巖《博爱心鉴》（成书年代晚于正统年间）相似，曾一度怀疑过《痘疹神应心书》“似非成于正统间者”。但后来他看到另一个版本的《痘疹神应心书》也有相同的内容，于是得出了结论：“乃桂巖《心鉴》，实原是书而作者。然其套袭之迹，人莫知之，或世盛行为。”

① 见多纪元胤《中国医籍考》，第791页。

② 姚思仁．菉竹堂集验方［M］．刻本，清康熙间序．

③ 多纪元坚．手跋［M］// 医宗三法．江户写本：书前．

④ 核之樊如柏《续刻简易验方》所录《痘疹神应心书》谭氏序，此处为“柳樊丘公”。笔者已在本文之前考订该书的作者为丘柳樊，字可封。多纪元胤将作者作柳樊邱，字可封。

盛行于世的魏直（桂巖）《博爱心鉴》原来不过是一抄袭之作，这对多纪元胤来说当然是一个很大的刺激。于是他在手跋中发了一通感慨："古之人著书传后，抑有幸、不幸，诚可慨也。余今录起巖序以弁之，并著此说而为表章。噫！樊邱公岂非于百世之下，得一知己乎！"[①] 从中也可看出元胤对自己的考订不免有些自得。

然而不久，他的一个友人借走了此书。数月后，友人告诉他，"是非桂巖所原樊氏"，因为在《痘疹神应心书》的"生物大论"中，直接引用了魏直（桂巖）《博爱心鉴》所以"深戒白术、半夏之语"。多纪元胤见此依据，信服此说。并自我检讨曰："读书不精，更滋深惭。"[②]

此后，他在《中国医籍考》中采用了正确的考证结果："考书中（指《痘疹神应心书》）载逆顺险三候图，及保元等汤，则其说原魏氏《心鉴》而演之者。非正统中人所著。起巖之语，殆不可信焉。孙一奎《痘疹心印》、朱一麟《治痘大成集》，采录其论，似出于嘉、万间者矣。"[③] 这一考订，提出了《痘疹神应心书》的成书大致年代，较之其友人所指又深入一步。

在内阁文库收藏的多纪氏手跋中，还可以看到学者之间为某一学术问题针锋相对的争议。有关《痘疹全书》学术源流的争议就是一例。

多纪元胤考证的意见是：

铜壁山人（指黄廉）《痘疹全书》……其书为后人所改掺者凡数四……盖其受枉者若此。兵燹之外，为书之灾厄矣。今视赵氏所刻，实似从山人而校录。乃识卷尾，告后之读者。[④]

但数年之后，医官池田晋对此书也做了长篇的考证，并在书后留下了手跋。池田晋的观点与多纪元胤正好相反，他认为不是别人抄黄廉的书，而是黄廉的书抄自明代万全的《痘疹全书》。多纪元胤虽然没有再用手跋的方式表示自己的意见，但从《中国医籍考》中《痘疹神应心书》在黄廉《痘疹全书》之下，仅全文附载池田柔行（晋）的跋语[⑤]，而不载他自己手跋中的见解，就可以明白元胤已经信服膺池田之说，而放弃了自己的旧见解。

比较多纪氏手跋和多纪元胤《中国医籍考》中的注说，可以发现他们为后人留下许多值得钻研的问题。例如，在朱丹溪《脉因证治》一书之后，有多纪元胤的手跋：

右本旧标丹溪先生四字，卷首改潜溪宋氏《格致馀论》题解以附之。而其初论脉，次因，次论，后乃论治，与黄世仁《本草权度》毫无差异。考世仁成化间以孝子闻，朝廷旌

---

① 多纪元胤．手跋［M］// 痘疹神应心书．江户写本：书后．

② 同①。

③ 见多纪元胤《中国医籍考》，第1051页。

④ 多纪元胤．手跋［M］// 痘疹全书．日本写本，1820（文政三年）：卷尾．

⑤ 见多纪元胤《中国医籍考》，第1043页。

其门，一时贤达，亦有传赞以褒奖之。其人物诚实可知。则恶致执古人之书，掩为所著以要名利耶？是后来重刊黄书者，附丹溪盛名而求售，是斯伎俩耳。余顷编《古今医籍考》，以其系假托，不著乎录也。西昌喻氏尝憾是书不行，彼偶未见之。①

但是，当《中国医籍考》问世之后，人们发现《脉因证治》并非被作为伪书而“不著于录”。而且无论在《脉因证治》还是《本草权度》之下②，注说中均不见有考证真伪之辞。何以多纪元胤自食其言？既然两书内容相同，其中必有一伪。元胤不将手跋中的考证记录于《中国医籍考》中，谅有深意。《中国医籍考》中另载有亡名氏《脉因证治》一条，并录有《四库全书提要》的考证意见，但亦不见多纪元胤自己的评述，对此，值得进一步加以研究。

多纪氏经常通过手跋直抒胸臆，发表一些很新颖的学术见解。这些见解笔者尚未在他处见到。其见解内容是多方面的，或评价古人之短长，或抉择书中之精粹。三言两语，极为传神。例如多纪元胤在《医垒元戎》一书后有如下评述：

余尝谓王氏（好古）之书，亲切著明。盖王才有余，而其勤不足。罗（天益）则啬于才而学术有馀。故王之学问出于独得，罗则恪守师说。然如王氏，可谓亦不忝其师矣。则如此书，为方技者，可不读乎？③

这一评述对后世阅读王好古、罗天益之书，可谓不无小补。又在《证治汇补》一书中，多纪元胤有如下手跋：

是就于诸书中择紧要之语，断章取义，间出新裁，荟萃以为一家言。诗人所谓集句者。盖使病机、脉象，便于记诵也。其所采每段，详疏出处，是不唯读者识其渊源，抑不攘古贤之成功为己有者，可以嘉尚也。唐李沂公辑丝桐精者，复制一琴，名百衲。则若是书，亦谓之百衲医书而可乎？④

元胤提出的“百衲医书”这个说法，是很有意思的一个医书种类命名。

此外，在多纪氏手跋中，我们还可以得知许多书籍的抄传年代、版本来源、抄传人姓氏，以及许多有关医书考订方面的资料，也可以从中体味多纪氏一门矢志不渝地搜书、藏书、校书、考书的苦乐，同时拜领他们高尚的学术道德和严谨的治学风范。这一部分宝贵的史料，亟待深入发掘，使其公之于世，为学界所用。

---

① 多纪元胤．手跋［M］// 脉因证治．日本写本，1816（文化十三年）：卷尾．

② 见多纪元胤《中国医籍考》，736 页本草权度、699 页丹溪脉因证治。

③ 多纪元胤．手跋［M］// 医垒元戎．刻本，1562（嘉靖四十一年）跋：书尾．

④ 多纪元胤．手跋［M］// 证治汇补．日本写本，医学馆 .1809（文化六年）：卷尾．

三、结语

笔者按一定的方法计点内阁文库所藏元明中医古籍，共得577种。经与中国各馆藏相比，可以认定内阁文库藏元明医籍数量之多，首屈一指。在计点、检视内阁文库所藏元明医籍的过程中，本文对《（改订）内阁文库汉籍分类目录》中的原著录，从同书异名和作者著录误差方面进行了考评。

此外，本文列举了若干利用内阁文库所藏元明医籍进行文献学考察的实例，并以多纪氏手跋为例，对该馆所藏医书中手跋的学术价值进行了初步的探讨。内阁文库丰富的收藏，以及该馆收藏医籍中的各种手跋，对中医文献研究都具有非常重要的学术价值，应予以重视，深入发掘。

［原载于《性别与医疗》，第三届国际汉学会议论文集·历史组，“中央研究院”近代史研究所（台北），2002年第33卷第1期213–241页］

后记：趁校对23年前发表此文之机，我又复习了其中的有关内容。其中通过读书学习到的考镜学术源流之例，激起了我这伏枥多年的老骥再奋蹄的雄心。

1999年我在日本内阁文库苦读了几个月的古医书，其中最多见的就是元明医籍，心里萌生了编撰一部《元明医籍考》的想法，就与挚友真柳诚先生讨论。他说这个志愿非常好，但是非常艰难。他还说小曾户洋先生也有过这个想法，最近他得知小曾户先生已放弃此计划，因为太困难了。我那时不到60岁，还不知深浅。有了这个想法之后，我在电脑里设了一个“元明医籍考”的文件夹，放入我设计的体例框架，收集的素材、书籍等材料。但我从日本回国后，又在欧洲访书，调查柏林的手抄医书、主编《海外中医珍善本古籍丛刊》、参与“本草纲目词典”的国际合作课题、与张志斌教授共同开展“本草纲目研究集成”等大型科研项目，一个接一个的课题，疲于奔命，难以分身。如今已至八旬，毕竟老了，跑不动了，才知道小曾户先生何以要割舍掉《元明医籍考》！这就像登山运动员放弃攀登心仪的高峰一样遗憾！

但修订好这篇文章后，我觉得只要还有一口气，《元明医籍考》还得干，即便自己有生之年完不成，也要交给后人一座烂尾楼，让后人再补起来，这才不枉费我在日本内阁文库苦读之劳，不枉费恩师马继兴引领我步入中医文献领域之心，也不枉我到人世走过一遭。

又赘言：读我此文，需要耐心，也要具备较深的目录学与医史学知识，因为这就是所谓“内史”“考据”的写法。读之枯燥无味，只有同行才知道其中甘苦与意义。每一个数据，每一条考证，虽只有几个数字，几句话，都需要逐一核对，都是好些个日日夜夜才能完成的事。此文也深受真柳诚先生量化史学的影响，在医史文献研究中讲究准确、逻辑与实证。虽然这种方法在现代不酷、不吸引人眼球，但我认为它并不过时，依然耐用。

冤哉，姚球！

——姚球医学著作初考

郑金生

姚球为清代康熙年间一位医学造诣很深的医家。现知其撰写和整理的医学著作不下6种，其中他自撰的《本草经解要》《景岳全书发挥》均被托名叶天士，整理的《周慎斋遗书》也被误作明人吴球所为，致使其名湮没不闻。今在前人考证基础上再为之补正。

一、《本草经解要》

这是清代非常有名的一部本草著作，刊本甚多。该书倍得陈修园青睐，故陈氏《本草经读》多引其论。后人又将该书与张志聪《本草崇原》、陈修园《神农本草经读》三书合为《本草三家合注》。但就是这样一部名著，署名却是当时的名医叶桂（字天士）。清代曹禾（字畸庵）《医学读书志》(1852）很早就为此书正名：

《本草经解要》四卷，为梁溪（在今无锡）姚球字颐真撰。自序学医始末，著书原委。门人王从龙跋，从龙叔海文序。又列参校人华元龙等一十八人名，为六安州守杨公子字远斋者所刻。

爾言可喜而多過其實又好言神仙不老固漢魏人
賀氣然也歷宋元明編纂益衆嘉隆間楚人瀕湖李
時珍撰綱目五十二卷載藥千八百七十一種時稱
大備顧讀者難之多約畧摘採各爲小帙然乇膚者
具而義蘊缺如今姚先生學易草廬本則更貫精而
不貴多於諸品擇時定位分五行以配藏府藥與疾
相應之故源委莫不瞭爲其關義若金在鎔其立言
如珠貫易奇而法度由來久於斯道信精義入神

书影：杨友敬字

但该书和姚氏所撰的《景岳全书发挥》最终未能以姚氏之名传世，乃“坊贾因书不售，剜补桂名，遂致吴中纸贵”。

曹禾所见的姚球《本草经解要》初刊本今已不存，唯有改名的最早刊本，现藏于中国中医研究院图书馆。此本削去姚氏自序和门人王从龙跋，仅存王云锦（字海文）、杨缉祖（字远斋）序。序中姚球（颐真）之名均剜去，补上叶天士之名。此本虽经书商作伪，但仍留有纰漏；该书“附余”中的杨友敬题字还是留下了“姚先生学易草庐本”之称（见上图），此足以证明《本草经解要》确实为姚球所撰。

然曹禾之说在清代知者甚少，《本草经解要》仍以叶天士之名广为流行。由于此书托名，故又使后人将姚氏学生王从龙等错认作叶天士门下，造成了学术传承的混乱。姚氏撰《本草经解要》，直到20世纪末的医药工具书才予以正名。

二、《景岳全书发挥》

《景岳全书发挥》4卷，是清代一部“辨正”类的著作。所谓“辨正”，就是指出前人著作中的偏颇弊端。张景岳的学说虽然在明代盛行一时，但入清以后，攻击者渐多。清代陆以湉《冷庐医话》(1858)曰：

张景岳偏主温补，尊而信之者不少，近日攻击之者亦复有人，如叶天士、魏玉璜、章虚谷、陈修园。其最著也，叶天士《发挥》一书，尤为深切详尽。究之景岳之重扶阳，时势适然，亦以救弊，学者循览其书，必当与《发挥》参观，斯不为其所误。

所谓“叶天士《发挥》一书”，指的就是《景岳全书发挥》。但《冷庐医话》同卷中，陆氏又指出《景岳全书发挥》非叶天士之作：

《景岳全书发挥》，世皆知为叶天士之书。按武进曹禾《医学读书志》，谓此书为梁溪姚球所撰，坊贾因书不售，剜补桂名，遂致吴中纸贵。又谓……《本草经解要》《医效秘传》《本事方释义》，皆伪托叶氏。余观数书中，《景岳全书发挥》为最胜。惟尽情斥詈之处，有伤雅道，知其非天士手笔也。

他引证的还是曹禾《医学读书志》。曹禾同时指出了《本草经解要》和《景岳全书发挥》都是姚球原撰的事实。叶天士为清康熙、乾隆年间名医，誉满天下。托叶氏之名的书销路好，这是书商作伪的目的。陆以湉认为清代的“辨正之书，徐灵胎之《医贯砭》、孔以立之《医门普度》、刘松峰之《温疫论类编》、姚颐真之《景岳全书发挥》(坊贾假托叶天士，其实乃姚所撰也)均可觉迷振愦”。可见姚球之作非常有见地，当时就引起了医学界的关注。但直到现在，当代医药文献工具书还没有将《景岳全书发挥》正名为姚球撰。

三、《周慎斋遗书》

周慎斋是明代人，名之蕖，宛陵(今安徽宣城)人。“自明以来，江南言医者，类宗周慎斋”(《本草述钩玄》卷首)。《周慎斋遗书》为周氏晚年行医心得，由弟子记录，未遑整理。这时有一人订正该书，使之传世。其序略曰：

明季江东周之蕖慎斋氏，生乎二千年后，而独得仲景之精髓，直驾李刘朱张而上，有非季世俗医所能仿佛二三也。但《遗书》数卷，出于门人之记录，未经校正，多有隐晦重复之弊。球久欲删烦去冗，订为定本。年来因注《易》未遑，近日《易》注告成，南阳《金匮玉函经解》亦已脱稿，于是删释《遗书》，更定卷帙，阴阳脏腑，气运色脉，经解方解，病机方案，分录十卷，以翼仲景《金匮玉函经》，作杂证之准绳，为后学之楷式，少医医者虚虚实实之病。球僭妄之罪，自知难追，然球自年十四即业医，继晷焚膏，诵读几三十载，幸得稍知一二，而性拙不能阿世，天之所以命我者，端在斯矣……乙酉申月勾吴逋人书于学易草庐。

这是一个没有说明姓氏的序文，但有作者之名（球）、号（勾吴逋人）、堂号（学易草庐）。他是谁？连清乾隆年间首次刊行《周慎斋遗书》的赵树元都不知道，直称之为“勾吴逋人名球者”。民国年间曹炳章所辑《中国医学大成》收录了《周慎斋遗书》，但在“勾吴逋人名球者”序前加了“吴序”二字，显然以为作序者是“吴球”。于是当代《中国历代医家传录》又堂而皇之地引据《中国医学大成》，把整理《周慎斋遗书》以及作序者的生平尽归吴球。但吴球是明代嘉靖、万历年间括苍（今浙江丽水）人，他岂能在序中说出“明季”“季世俗医”这样的话呢？

那么，这位“勾吴逋人名球者”究竟是谁？——姚球也！

“勾吴”是地名。勾（又与“句”通）是方言语气词，勾吴（句吴）就是古吴之地；“逋人”就是避世之人。此号只能说明作序者是吴地的隐士，不能说他姓吴。吴球是浙江丽水人，属于古越地，不可能有此名号。

再看“学易草庐”的来历。姚球精医、好《易》(《易经》)，此可见乾隆十六年（1751）《无锡县志》记载：“姚球，字颐真。生有异质，及长从师学医。问曰：曾读书乎？曰：未也。曰：不读书乌能医？球色沮，归而究心经史百家言数年，乃阅岐黄书。洞悉微妙。其术主于扶元气，助真阳，活人甚众。好学《易》。著《本草解要》，医家尤重之。子梦熊，邑诸生，有才藻。从球避暑惠山，大风起，舟覆，球溺死。梦熊跃而登岸，不见父，复入河，抱父而死。”

而在曹禾《医学读书志》中，直接指明姚球的堂号就是“学易草庐”：姚氏因好《易》，故名其堂为“学易草庐”。姚氏为无锡人，正是古吴所在地；姚氏又未入仕，故其号“勾吴逋人”。姚氏父子溺死之年是雍正十三年（1735）五月，而乾隆年间撰成的《无锡县志》距姚氏死年不过十几年，故县志所载姚氏“好学《易》，著《本草解要》，医家尤重之”，应该是可信的。所以为明代周之蕙整理《周慎斋遗书》的应该是姚球，其时在1705年，即康熙四十四年。吴冠姚戴，这是医史文献研究中的一个低级错误！

一名医家，编撰了两本很有价值的医书，又整理了一本名著，但近300年来，他的书始终被冠以他人之名行世，真可谓冤哉枉也！综合《医学读书志》《无锡县志》《周慎斋遗书》《初月楼闻见录》等资料记载，可知姚球的情况大致是：

姚球，字颐真，号勾吴逋人。梁溪（今江苏无锡）人。年十四即业医，继晷焚膏，诵读医书几三十载，撰成《金匮玉函经解》，并整理《周慎斋遗书》(1705)。据《周慎斋遗书》姚序所言的时间推算，姚氏大约生于1662年。他平生好《易经》，曾注《易经》，且名其堂为“学易草庐”。雍正二年（1724）撰《本草经解要》。又撰《景岳全书发挥》。此二书行世后，书商易以叶桂（天士）之名，遂使洛阳纸贵。雍正十三年（1735），姚球与其子渡蓉湖，遇风舟覆，父子同溺死。今署姚氏之名的书还有《伤寒经解》8卷（见《全国中医图书联合目录》0626）。另撰《痘科指掌》一书，今佚。

综上所考，姚球确为一名很有医学建树的医家。他的医学著作多被人托名或误题，因此很有必要为之正名，以便考镜诸书的学术源流。

（原载于2005年11月庆祝中国中医研究院成立50周年论文集）

后记：2005年，中国中医研究院成立50周年，同年该院改名中国中医科学院，计划编一部论文集。我想拿已发表的论文似乎有敷衍塞责之嫌，还是另写一篇吧。于是拿这篇新稿上投。我对文章发表的刊物向来是不讲究的。咱们这些医史文献的文章，也进不了SCI，有地方发表就行，于是也没有再在其他杂志发表。但能为姚球伸冤正名，往高了说，是有助于考镜学术源流；往低处说，积个阴德吧。套用一句日本多纪元胤说过的句式：“噫！姚球先生岂非于百世之下，得一知己乎！”

谈民间旧抄本医书中的“打胎”

郑金生　[德]文树德(Paul U. Unschuld)

一、本研究缘起

2001—2006年，我和文树德教授共同研究德国柏林所藏中国民间医药旧抄本。这部分旧抄本共881种，分别收藏在柏林国立图书馆与人类学图书馆。2012年，我们的研究成果正式出版，名为 *Chinese Traditional Healing—The Berlin Collections of Manuscripts Volumes from the 16th through the Early 20th Century*[①]（《中国传统医疗——柏林藏16—20世纪初手抄本》）。研究中发现，民间医药抄本的内容与正统中医印本医书存在若干明显差异，例如，民间医药抄本记载的人工堕胎（包括绝育）的行为及方法大大多于印本医书，且多称之为“打胎”。这一现象促使我们就这些抄本中的“打胎”资料进行研究，并探讨与之相关的社会基础与实际意义。

二、民间医药抄本中的“打胎”及相关词汇

柏林藏881种中国民间医药旧抄本中，有48种记载了“打胎”方。这些“打胎”方多数分布在方书(311种)抄本中，所占比例达15.4%。若排除抄自印本医书(80余种)的抄本，仅以民间家抄自用的医方抄本来统计，则“打胎”方所占的比例更大。几乎每5种私家医方抄本中，就有1种记载了“打胎”内容。这足以说明“打胎”是民间医药抄本颇为关注的一个问题。

在48种抄本中，表达人工终止妊娠的词汇达24个。这些词汇出现的频次（见括号中的数字）如下：

---

① Paul U. Unschuld，Zheng Jin sheng. Chinese Traditional Healing—The Berlin Collections of Manuscripts Volumes from the 16th through Early 20th Century. 3vols. Brill：Leiden，2011.

打胎(31)、下胎(3)、断产(3)、堕胎(2)、下私胎(2)、堕孕(2)、打私胎(1)、打孩子(1)、打生(1)、打双胎(1)、下生胎(1)、取胎(1)、治生胎不下(1)、断生(1)、退孕(1)、绝胎(1)、脸面方(1)、女人(1)、下鬼胎(1)、不怀胎(1)、不可言传(1)、辞子(1)、五家把海取(1)、五家把(1)。

其中“打胎”使用的次数最多[①]，相当于其他所有词汇使用频次的总和。印本医书常用的“堕胎”“下胎”“断产”三词在抄本中也可见到，且比其他词汇使用频次稍高，但远不及“打胎”使用广泛。民间医药抄本所用术语中的“打”字，具有排出、消灭、消除等含义，可组合成打虫、打积、打痞积、打肉积、打食、打食痰、打痰、打血等术语。“打胎”的含义比“堕胎”更加明确而单一，就是人工把孕育中的胎儿“打”下来。“打生胎”更明确了是“打”具有生命的胎儿。“打生”[②]不过是“打生胎”的简称。但抄本中还没见到“打死胎”一说。大概是因为“打死胎”属于职业医生职责范围，故民间抄本无意采用其法。“打胎”衍生词“打私胎”[③]，其中“私胎”的意思是非法妊娠。“打孩子”[④]是民间更为俚俗的“打胎”说法。

印本医书多用的“堕胎”“下胎”“断产”等词，其含义并非单一。“堕胎”既可指人工流产，也可指自然流产。如《续名医类案》载：“方节庵之夫人朱氏，屡受产难，因就医乞堕胎方。”[⑤]此处指的就是人工流产方。而《古今医案按》载：“石山治一妇，长瘦，色黄白，性躁急，年三十余，常患堕胎，已七八见矣。”[⑥]这里的“堕胎”是病名，指自然流产。“常患堕胎”(或名“滑胎”)则属于习惯性流产。唐代王焘《外台秘要》将这一意义的“堕胎”称为“数堕胎”[⑦]。

“下胎”(或作“去胎”)在印本医书中多用于人工流产，但主要用于下死胎，或终止无法继续的妊娠。例如，《景岳全书·妇人规》提到“妊娠腹痛血多，腰酸下坠，势有难留”“若胎已死，当速去其胎以救其母”“凡气血衰弱，无以滋养其胎；或母有弱病，度其终不能成者，莫若下之”，可用“下胎《小品方》”[⑧]。这里的“下胎”，也就是“打胎”，但都不是指终止正常妊娠。有时印本医书中的“下胎”，其义相当于病名“堕胎”(自然流产)。

---

① 见 *Chinese Traditional Healing*，第3卷，第414页。

② 见 *Chinese Traditional Healing*，第3卷，第2784页。

③ 见 *Chinese Traditional Healing*，第2卷，第840页。

④ 见 *Chinese Traditional Healing*，第2卷，第789页。

⑤ 魏之琇.续名医类案：卷二四[M].北京：人民卫生出版社，1957：600.

⑥ 俞震.古今医案按：卷九[M].上海：上海科学技术出版社，1959：308.

⑦ 王焘.外台秘要：卷三三[M]//海外回归中医古籍善本集萃(11)，影印日本江户影宋精写本.北京：中医古籍出版社，2005：2595.

⑧ 张介宾.景岳全书：卷三八：妇人规[M].北京：人民卫生出版社，1991：844.

例如,《普济方》“玉仙散”加减法有:“频频下胎，血脉不住，米饮下。”[①]所谓“频频下胎”，与前述“数堕胎”意义相同。此外在合成词“催生下胎”中，“下胎”实指促进分娩。“下死胎”则指排出已死胎儿。“下胎衣”则指排出胎盘。民间抄本中同样有使用“下胎”来表示“打胎”的例证。其衍生词有“下生胎”[②]“下私胎”[③]，意义局限于人工终止正常或非法的妊娠。例如，抄本《医方集抄》是清末广东民间医生唐廷光家藏医方秘本，该本的“下私胎方”，即等于“打私胎”(终止非法妊娠)。

民间旧抄本中的“断产”一词，早在南北朝陈延之《小品方》、唐代孙思邈《千金要方》等书中已经出现，意为绝育。例如,《小品方》载有“断产方”，云服之“终身不产”。该书还记载了能“治妊身欲去之并断产方”[④]，说明断产方也可同时具有去胎作用。民间抄本《女科秘传》设置“断产门”，内载打胎方10余首[⑤]，可能就是沿袭了古代去胎兼断产的传统。民间抄本中的“断产”衍生词则有“断生”[⑥]“绝胎”[⑦]，其用法多同《小品方》之去胎兼断产。附带一提的是,《妇人大全良方》中提到:“石门县令妻，年三十四，断产已十六年，服此药便有孕。”[⑧]其中的“断产”实际上是长期不孕或不受孕的意思，并非永久绝育。

上述词汇的比较表明，多数民间抄本采用“打胎”一词来表示人工终止妊娠，确实比印本医书所用的“堕胎”“下胎”“去胎”等词更为直白而准确。

此外，民间抄本中还有某些“打胎”的隐晦词，可以反映人们忌讳“打胎”一词的微妙心理。这些词汇有：

“辞子”：见抄本《大小男妇杂症丹方》“辞子丸”。其方为“用水银五钱，菜油煎过，入猪肝蒸吃数次，永不生产”[⑨]。可见“辞子”是“断产”“断子”等绝育法的委婉说法。

“脸面”：见抄本《丸散处》“脸面方”[⑩]。其功能“打胎立下”，故实乃打胎方。推测这类打胎方多针对非法妊娠者，因为非法妊娠是有失脸面的。

---

① 朱橚.普济方：第八册“妇人”：卷三二八［M］.北京：人民卫生出版社，1959：306.

② 见 *Chinese Traditional Healing*，第2卷，第1393页。

③ 见 *Chinese Traditional Healing*，第3卷，第1393页。

④ 见〔南北朝〕陈延之《小品方》。转引自《〈妇人良方大全〉校注补遗·卷九》(上海：上海科学技术出版社，1991：386).

⑤ 见 *Chinese Traditional Healing*，第3卷，第2004页。

⑥ 见 *Chinese Traditional Healing*，第3卷，第2050页。

⑦ 见 *Chinese Traditional Healing*，第2卷，第935页。

⑧ 陈自明.《妇人良方大全》校注补遗［M］.熊宗立，补遗.薛己，校注.余瀛鳌，等，点校.上海：上海科学技术出版社，1991：316.

⑨ 见 *Chinese Traditional Healing*，第3卷，第1820–1821页。

⑩ 见 *Chinese Traditional Healing*，第3卷，第2181页。

“不可言传”：抄本《中医秘方》中属打胎内容的方名为“不可言传”[①]，可能是抄者不想让人一眼就知道此方的性质，故用此名。

“女人”：以“女人”为方名，见抄本《药性》[②]。该方有旁注“看来是打胎”。因此该方可能是转抄而来，故抄者自己也不理解此方名。其实这也是打胎方另一种罕见的隐晦说法。

“五家把”“五家把海取”：见抄本《各科药方》[③]。其方内容确属打胎方，但方名的字面意义不明，可能属于民间黑话。

上述民间抄本多种关于打胎的隐秘说法，都不见于印本医书。这就提示，尽管民间抄本多抄录打胎方，但“打胎”在中国旧时社会生活中仍属忌讳。

三、抄本与印本医书中对“打胎”的认知

无论中外，“打胎”（人工终止妊娠）都是社会日常生活中不可避免的行为。在对待“打胎”的问题上，西方医学奠基人希波克拉底（Hippocrates）早在公元前四五世纪就已提出的医家职业道德规范包括：“尤不示人以服毒或用坐药堕胎。”[④]而与此同时的中国医学家似乎还没有关注到这个问题。但这不等于说中国早期社会不存在堕胎行为。汉成帝时（公元前32—公元前7），赵飞燕恃宠怀妒，残害所有怀孕或生子的后宫嫔妃。甚至有人说当时“后宫饮药堕胎者无数”[⑤]。中国唐代以前的医方书中，还没有见到禁止提供堕胎药方的戒律。相反在晋、唐之间的医方书里，经常可以看到目的十分明确的药物堕胎法。

晋代至唐代有很多医方本来就是民间方。而民间方对在必要时终止妊娠并无忌讳。例如，晋代葛洪《肘后方》记载了“治妊身得病欲去胎方”[⑥]，这说明当时对因病无法继续妊娠时，可以用药物终止妊娠。日本丹波康赖的《医心方》非常完好地保存了唐代以前中国医学的原貌，其中记载了较多的唐代及其以前的堕胎法。例如，该书卷二二“治任（妊）妇欲去胎方第卅七”一节中[⑦]，记载了如下诸家的下胎方及下胎理由：

《产经》云：治任身胎二三月欲去胎方……服之，其子即糜（縻）腹中，令母不疾。千

---

① 见 *Chinese Traditional Healing*，第3卷，第2036页。

② 见 *Chinese Traditional Healing*，第3卷，第1534页。

③ 见 *Chinese Traditional Healing*，第3卷，第1996–1997页。

④ 希波克拉底．希波克拉底文集［M］．赵洪钧，武鹏，译．合肥：安徽科学技术出版社，1990：1.

⑤ 李樗，黄櫄．毛诗李黄集解：卷一［M］．《四库全书》本．

⑥ 葛洪．补辑肘后方：卷四［M］．尚志钧，辑校．合肥：安徽科学技术出版社，1996：207.

⑦ 丹波康赖．医心方：卷二二［M］．北京：人民卫生出版社，1993：502–503.

金不易。《千金方》同之。

《小品方》：任身欲去子方……又云：妇人得温病欲去腹中胎方……

《千金方》云：任身得病事烦去胎方……

《葛氏方》云：或不以理，欲去胎方……

《录验方》云：煮牛膝根服之。

《如意方》云：去胎术……有子即下，永无复有。

《拯要方》云：任（妊）娠欲去胎方……

上述诸方的“去胎”“去子”都不是去死胎（去死胎另有专节），而是民间抄本的“去生胎”方。至于“去胎”的理由，有的方仅含混地用一个“欲”字，例如，“任身胎二三月欲去胎”“欲去子”“欲去胎”。但也有方说明了理由，“妇人得温病欲去腹中胎”“任身得病事烦去胎”，这都是指妊娠患病，尤其是患温热疫病，可能给妊妇带来麻烦（“事烦”）的情况下，为了保全母亲（“令母不疾”）而施行的下胎术。《葛氏方》里的“或不以理，欲去胎”一语，非常隐晦。什么是“不以理”？从字面上来看，可能是妊娠不符合当时的“理”。这种“理”，可能是“伦理”“道理”“正当理由”，因此“不以理”可能指非正常或非法妊娠。上述的“去胎”实际上都是去生胎，也就是打胎。

那么，上述医方书能否作为中国正统理论医学的代表作？恐怕不能。唐代及其以前的《肘后方》《小品方》《录验方》《如意方》《拯要方》等书，实际上更多反映了当时民间医药的状况，其中的下胎方可能转录自当时的民间医药抄本。随着宋代理学兴盛，礼教对妇女的束缚力量越来越大，不符合封建伦理的妊娠，越来越不被正统社会认可。因此，终止非法妊娠就有纵容不伦行为的嫌疑。但在日常生活中，多种原因导致的妊娠难以为继的情况又无法禁绝，于是民间某些掌握堕胎技术的人就借机牟利。宋代张杲《医说》记载了一则“下胎果报”的故事：

京师有一妇人，姓白，有美容，京人皆称为“白牡丹”，货下胎药为生。忽患脑疼，日增其肿，名医治之皆不愈。日久溃烂，臭秽不可闻。每夜声唤，远近皆闻之。一日遂说与家中云：“我所蓄下胎方，尽为我焚之。”戒子弟曰：“誓不可传此业。”其子告母云：“我母因此起家，何弃之有？”其母曰：“我夜夜梦数百小儿咂我脑袋，所以疼痛叫唤。此皆是我以毒药坏胎，获此果报。”言讫遂死。《名医录》。[①]

这则故事把“毒药坏胎”归于损阴德行为。在佛家看来，这样的行为自然会有“果报”。但这则故事反映的深层问题是：社会上确实有下胎的需求，因而打胎也就有市场。民间持有下胎秘方的卖药人，以及最能接近妊产妇女的稳婆，最容易施行“打胎”术。

---

① 张杲．医说：卷十［M］// 四库全书本，35.

清代杨雪崖《闻见录》曾记载了一则顺治初年稳婆“堕胎恶报”的事：

昆山稳婆范氏，专为堕胎。未及一年，一家十一口，俱患异症相继死。范忽梦四青衣执牌云：“拿堕胎首犯！”遂得疾，旦夕叫号。告邻人曰：“今日方知淫、杀二业（孽）最重。大家女婢，为主人逼通。主母妒忌，必欲堕胎。更有闺女、孀妇，失身怀孕。尼姑亦所不免。或儿女太多，或生产艰难，俱来寻告。只缘贪财，故手害多命。”[①]

这段话中详细列举了需要打胎的情况。例如，女婢被主人强奸而怀孕，主母不容，强迫女婢堕胎。更多见的是未婚的闺女，丧夫的孀妇，受戒律压抑情欲的尼姑，不慎失身怀孕。此外，儿女太多，生产艰难的妇女，也需要终止妊娠，以减轻家庭负担，或避免生育事故。这些堕胎理由，涉及许多无法避免的、严峻的现实生活问题。无视上述堕胎需求，将会迫使更多的女性丧命，或因多子女造成许多家庭生活的困难。因此，正统医书虽然会记载堕胎恶报的故事，抨击那些借堕胎牟利的行为，但并未一律禁用堕胎药，而是秉承晋、唐以来医家一贯的原则，在母有疾、不害母的情况下可以人工堕胎。

例如，宋代《妇人良方大全》“妊娠胎动安不得却须下方论”认为：“夫妊娠羸瘦，或挟疾病，脏腑虚损，气血枯竭，既不能养胎，致胎动而不坚固、终不能安者，则可下之。免害妊妇也。”[②]可见“免害妊妇”(俗称“保大人”)是医家是否施行下胎术的基本原则。同书“断产方论”又云：

欲断产者，不易之事。虽曰天地之大德曰生，然亦有临产艰难，或生育不已，或不正之属，为尼为娼，不欲受孕而欲断之者，故录验方以备所用。然其方颇众，然多有用水银、虻虫、水蛭之类，孕不复怀，难免受病。[③]

这说明即便是正统的妇科医家，也不反对为生产艰难、过多生育、非法妊娠或特殊妇女群（尼姑、妓女）施行终止妊娠的手段。但医家更关心的是如何避免药性强烈的下胎方对人体造成的伤害。因此《妇人良方大全》无论下胎方还是断产方，药性比较平和。例如，其书所载下胎方“桂心散”等，不用毒药，其主药不过是牛膝而已。

明代名医薛己在转录《妇人良方大全》上述文字时，删除了“或不正之属，为尼为娼，不欲受孕”一句，这表明薛氏对非法妊娠或断产还是心存顾忌[④]。明代张介宾对下胎、断产也持大致相同的态度。他认为：

下胎、断产，本非仁者之事。然有妇人临产艰危，或病甚不胜产育者，则下胎、断产

---

① 见《增订达生篇》后附杨雪崖《闻见录》，1870，13.

② 见《〈妇人良方大全〉校注补遗》：卷十三，第381页。

③ 见《〈妇人良方大全〉校注补遗》：卷十三，第386页。

④ 薛己．校注妇人良方：卷十三“断产方论第六”［M］// 薛立斋医学全书．北京：中国中医药出版社，1999：915.

之法有不得已，亦不可废者也。至若水银、䗪虫、水蛭、斑蝥之属，不惟伤胎，且伤母矣，用者不可造次。[①]

张氏把下胎、断产视为"非仁者之事"，清代黄凯钧也把"不用堕胎药"作为医家的功德[②]，这大概是明清正统医界普遍看法。但张景岳仍从医学的角度，提出在不得已的情况下，不能废除"下胎、断产之法"。张氏书里提到"母有弱病，度其终不能成者，莫若下之，以免他患"，就属于不得已而下胎之例。至于其他原因引起的无法继续的妊娠，张氏并未涉及。张景岳列举的下胎、断产之法，皆属转引前人（如《千金方》《小品方》等）之方，没有出示他自己的经验。由此可见，正统医家对公开堕胎方法还有着深深的忌讳。

清乾隆年间医家吴道源也提到类似的绝胎行为："产妇生育艰难，意欲断产，非细事也。或因生产不顺，每育则钩割；或因不正，或娼尼等，不愿孕育而欲绝胎者，每以毒药断之。殊不知产育虽断，而其受病更深也，智者鉴诸。"[③]吴氏提到的绝育需求，包括"生育艰难"与"不正"孕育。他没有从因缘果报的角度指责断产行为，只是忧虑毒药断产会引起更多的问题。

对不属于非法妊娠的堕胎，正统医家一般都会网开一面。例如，前引《续名医类案》记载的"方节庵之夫人朱氏，屡受产难，因就医乞堕胎方，服之无效"。又，"孙昼三仲媳，因儿女过多，不欲产乳，胎前屡用下胎药，不应"[④]。因畏惧产难或苦于儿女过多，要求堕胎，不属非法，因此如果就医也能求到堕胎方。

部分妇产科书中并不忌讳介绍安全有效的终止妊娠药[⑤]，有的书甚至公开介绍下胎经验。如清代阎纯玺云："予谓下胎莫妙佛手散，即香桂散亦能下胎，又何用大黄、附子以助之?"[⑥]

一般说来，医家出示的下胎方有三个特点：下死胎，避毒药，保孕妇（未见用于婚外妊娠）。本草书中记载的许多药物具有堕胎作用，其目的并非指导堕胎用药，而是防止误用而引起堕胎。因此许多医药书中都记载了"妊娠禁忌用药歌"，目的就是防范毒药害人。

关于孕妇堕胎的事例屡见于印本妇科书中，其中多数是因堕胎不慎引起严重后果的案例。这类记载更促使医家们不轻易打胎，以免出事故，影响到医家的生计。于是许多孕妇无奈之下，亲身冒险试验道听途说所得到的堕胎方。例如，明代薛立斋曾治一妇："苦于

① 张景岳．景岳全书：妇人规：产育类［M］．北京：人民卫生出版社，1991：859.
② 黄凯钧．友渔斋医话：橘旁杂论：上卷［M］// 中国医学大成本．
③ 吴本立．女科切要［M］．佘德友，点校．北京：中医古籍出版社，1999：83.
④ 见魏之琇《续名医类案：卷二五"感证"王士雄按》，第640页。
⑤ 沈金鳌．妇科玉尺：卷三"临产·治临产诸病"。
⑥ 阎纯玺．胎产心法：卷上"诸痛论"［M］// 中国医学大成续集．

生育。孕及三月，以面粉、烧酒调服堕胎。胎去，下血不止……”[①]明代王肯堂也提到“自去其胎”引起的严重后果。又“江应宿治汪镐妻三十一岁，厌产，误服打胎药，下血如崩”[②]。可见因厌产而冒险服用打胎药的事确有发生。印本医书所用打胎方有“剪红丸”[③]，或用“草药以败血海，为下胎之谋”[④]。其中指出自我打胎具有很大的风险。

相比之下，民间医药抄本多注重实用的法与术，不注重理论论说。柏林收藏的中医抄本只有《女科秘传》“断产门方”之前有一段抄自“二家”的叙述：

断产去胎，俱不忍之事。或产育艰，累经危险；或每岁一产，生育不已；或尼姑、娼妇之流；或偷生不正之类，苦于受胎而喜于断者。因虑不能支持，有伤性命故也，方可绝之。[⑤]

此论与前述陈自明、薛己、张介宾、吴道源的说法比较相似，都体谅到妇女生育艰难或生育频繁，可以施行下胎、断产术。但《女科秘传》的说法更为宽松。该书没有把“断产去胎”作为“非仁者之事”——这当然很伤害施术者的自尊——而是用“俱不忍之事”的说法，说明主观上是不忍心，但实际上又不得不为。该书把“不能支持，有伤性命”(即不能对付胎孕，会危及孕妇的生命)作为主张使用打胎法的底线，而不论是否是非法妊娠。

在另一种抄本《丹字药方本》[⑥]中记载了“断欲丸”“断胎散”“下生胎方”，这些方自成系列。其中“断欲丸”使用的范围是“室女、寡妇、师尼欲求男子不得者”，意在降低这些性压抑者的情欲。“断胎散”是为避孕而设，据说服用了这类的药方之后，就不会生孩子。“下生胎方”则是万一怀孕，可用此药终止妊娠。室女、寡妇、师尼也是人，是人都有情欲，都可能遭受胎孕之苦。民间抄本准备的这些系列药方，正是为她们而设。

那么，就具体打胎方法来看，印本与抄本有没有明显的区别呢?

四、民间旧抄本中的“打胎”方

柏林藏中国民间旧医药抄本数量是有限的，要想准确地比较印本与抄本中打胎方的差异非常困难。本文只能就现有的资料，提出一些粗糙的比较意见。

在印本医书中，从晋唐而下的诸多打胎方，其药性绝大多数比较平和。宋代陈自明

---

① 见魏之琇《续名医类案》，第600页。

② 陆拯．王肯堂医学全书：证治准绳：女科［M］．北京：中国中医药出版社，1999：2194.

③ 同②，第2195页。

④ 同②，第2252页。

⑤ 见 *Chinese Traditional Healing*，第3卷，第2004页。

⑥ 见 *Chinese Traditional Healing*，第2卷，第1394页。

(字良甫)《妇人良方大全》所列的牛膝汤、桂心散等下胎方，其中的主药不过是牛膝而已。桂心散所含的药物是桂心、栝蒌、牛膝、瞿麦、当归，没有任何可能直接伤害妊妇的药物。《妇科问答》[①]提到的断产药“无忧散”，其药物为白芷、赤芍、川芎、当归、丹皮、玄胡索、蓬术、陈皮、花粉，其药性也不是很峻烈。比较而言，印本书的断产方比下胎方用药更为峻厉，会用上油煎水银这样可以伤害人体的药物。许多印本的堕胎方所用药物平和得匪夷所思，令人怀疑这些药物怎么可能会有下胎的作用。

民间抄本多数终止妊娠方采用口服药物，且多含毒剧药物。例如，抄本《药性跌打损伤》[②]的“打双胎方”，使用了巴豆、斑蝥(斑蝥)等毒药。其方后注“不是义人，不可乱传”，说明抄者也知道此方的伤害作用，因此提示此方不能乱传，尤其不能传给不义之人。又如抄本《丸散处》[③]“打胎立下”的“脸面方”，使用了朱砂、巴豆、麝香、斑蝥、红娘子、急性子等峻烈药物。抄本《丸散本》[④]的4个打胎方中，使用了麝香、斑蝥、红娘子、牵牛子、巴豆、大黄等具有毒性或者泻下作用的药物来终止妊娠。该抄本为民间小药房所抄，可见这类药房有时也会抄录这样的打胎方以备用。具有毒性的虫类药为民间打胎常用。例如，抄本《中医秘方》[⑤]的抄者是一名医生，他所抄的“不可言传方”内容为：“红娘五分，班毛（斑蝥）五个，射（麝）香二分，共为蜜丸，送入阴户，一夜即下。”此类药方流传很广，可见于不同地区的医药旧抄本中。例如，抄本《总理丸散药案》[⑥]记载的打胎方为韵语：“一巴豆，二红娘，班毛（斑蝥）配麝香。硇砂随月用，敷在肚脐尚（上）。一住（柱）香之时，胎下即效。”无独有偶，抄本《民间方汇录》[⑦]也记载了此打胎方歌：“一巴豆，二红娘，班毛配射(麝)香。磁砂随月用，敷(在)肚脐上。一炷香之时，胎下即效。”这说明该药方(巴豆、红娘子、斑蝥、麝香、硇砂）是民间流传的一个重要打胎方。

在印本医书中，已经提到有妊妇使用草药打胎，但没有出示具体的打胎方。抄本《药方杂抄》[⑧]记载了一首打胎方，由“西城卖架膏子的王恺传”。其方使用的是金地萝、极极子、小朝阳药并子、菜子秆，很难完全知道这些药名究竟指什么药物。该抄本中从“蔡定元”处得到的“永不坐胎”(永久绝育)方，只有两味药：石头上药、血余。但“石头上药”是什么药，很难考究。

① 郑氏．妇科问答：产后三十四问［M］//妇科秘书八种．北京：中医古籍出版社，1999：55.
② 见 *Chinese Traditional Healing*，第2卷，第1200页。
③ 见 *Chinese Traditional Healing*，第3卷，第2181–2182页。
④ 见 *Chinese Traditional Healing*，第3卷，第2160页。
⑤ 见 *Chinese Traditional Healing*，第3卷，第2037页。
⑥ 见 *Chinese Traditional Healing*，第3卷，第2793页。
⑦ 见 *Chinese Traditional Healing*，第3卷，第2805页。
⑧ 见 *Chinese Traditional Healing*，第2卷，第1507页。

印本医书中可见到的用油煎水银来“断子”的药方，有两种民间抄本予以转载。其中抄本《手抄医书》[①]“断子法”为：“用油煎水银，一日方息。空心服枣核大一丸，永断孕，不损人。”而抄本《大小男妇杂症丹方》[②]“辞子丸”为“用水银五钱，菜油煎过，入猪肝蒸吃数次，永不生产。”由此可见，无论印本还是抄本医书，都使用毒剧药物水银来绝育。这可能对妊妇引起严重后果。

印本医书堕胎方多用的药物之一是牛膝。该药用于堕胎首见于《神农本草经》中，其历史超过2000年。抄本医书也经常用牛膝打胎。例如，《手抄医书》[③]“妊病下胎”方为：“用牛夕（膝）一两，酒一中（盅），煎七分，作二服。”比较特殊的是，抄本医书外用牛膝引产。此法见于《抄便用杂方》[④]的“打胎方第一”，该法之下特意说明“验过”。其法用土牛膝根插入宫颈口引产。此法也可见于《应验良方》[⑤]。此法的源头，大概可推到唐代《外台秘要》记载的阴道坐药去胎法：“牛膝六七茎，绵缠，槌头令碎，深内至子宫头。”[⑥]可见民间抄本中往往保留着非常古老的治疗方法。此法直到现代在民间仍可见用于人工流产。

民间打胎法的特色，大概是外用打胎法。前述牛膝根插入宫颈口即是一例，也有把内服具有强烈毒性的药物变为外用药的用法。例如，抄本《医治良方》[⑦]“下鬼胎方”，将麝香、砒霜、巴豆、红娘子、斑蝥、白芷、大花粉等药物的粉末盛装成阴茎的样子，从阴道塞入，借以引起流产。抄本《各科药方》[⑧]详细地记载了一个外用打胎方：

巴豆一个，红娘二个，班毛（斑蝥）三个，皂角二钱，蒺藜三钱，花粉三分，木香三分，丁香三分。每月加射（麝）香一分，外用。以上八味，共为细末，加葱白以（一）块调做龟头样，上做马口，将药塞在内。用绢布套外，用细绳扎紧，用一笔管，将绳串透，令妇人坐稳，将此物入妇人阴户内，对着花心，觉疼，立刻胎下。将此药抽出。六七月不可打。

这是一个非常巧妙的外用药方。同样的方法也可见于抄本《应验良方》[⑨]。该抄本有“打胎药线方”，其法将药物粉末装进一个小绢囊，用线系住，留线头七八寸，将线头穿入笔管内拖紧，使药囊顶着笔管头，被送进阴道内。然后抽出笔管，让线头露在阴道外，以便及时抽出药囊。此法明显与《各科药方》所载属于同一外用法。这类外用引产法的具体效

---

① 见 *Chinese Traditional Healing*，第2卷，第1803页。
② 见 *Chinese Traditional Healing*，第3卷，第1821页。
③ 见 *Chinese Traditional Healing*，第2卷，第1803页。
④ 见 *Chinese Traditional Healing*，第2卷，第1484页。
⑤ 见 *Chinese Traditional Healing*，第2卷，第933页。
⑥ 王焘．外台秘要［M］．北京：人民卫生出版社，1955：923.
⑦ 见 *Chinese Traditional Healing*，第2卷，第1789页。
⑧ 见 *Chinese Traditional Healing*，第2卷，第1534页。
⑨ 见 *Chinese Traditional Healing*，第2卷，第933页。

果如何，目前还很难认定。但此法明显是为克服内服药物毒性而采用的一种外用法。此类民间打胎外用药法可能也借鉴了古代阴道坐药的方法，但从使用的频率来说，抄本医书显然高于印本医书。

五、结语

本文依托德国柏林所藏中国民间医药881种旧抄本，探索其中48种抄本所记载的日常生活中发生的“打胎”行为。经比较，民间医药抄本打胎内容与正统中医的印本医书存在若干明显差异。例如，民间医方抄本记载打胎方的比例明显高于同类印本医书。这些抄本表达人工终止妊娠时，使用了24个词汇，其中“打胎”一词使用频率较高。民间通俗的“打胎”一词含义明确，而印本多用的“堕胎”“下胎”“断产”等词往往具有多重含义。中国传统医学在对待终止妊娠的问题上，一直不曾一概禁绝，而是区别对待。正统医学虽然认为“下胎、断产”并非“仁者之事”，但在可能损害妊妇时，并不反对人工堕胎。自古以来，民间存在借堕胎牟利的现象。各种不同理由的终止妊娠需求是民间打胎行为存在的社会基础。民间抄本打胎的范围更为广泛，也包括了非法妊娠。正统印本医书中，打胎药方多数比较平和，且多为内服药。而民间打胎药方使用的药物多为毒性比较强烈的药物。为克服内服打胎药的毒性，民间继承并改造了一些古代的阴道坐药法，将其作为外用打胎法。

（原载于《中国社会历史评论》2013年第14期41–50页）

后记：此文是2012年7月24—27日在天津召开的“日常生活史视野下中国的生命与健康”国际研讨会上我提交的论文。2001—2005年，我应德国文树德教授之邀，赴慕尼黑大学医史所合作研究柏林国家图书馆藏的中医抄本。中医抄本与印本究竟有没有区别？区别还是有的，在对待“打胎”这个问题就有用词、看法与用药法等方面的不同。印本医书公开发行，其内容必须符合社会道德要求。但民间抄本则不同，它可记录一些印本医书所无的内容，例如，打胎法、催情法、禁咒法、走方医秘法等私密文字。本文选择其一，予以探讨。德国学者研究医药历史，不限于医药学家的活动史，也包括民间百姓如何自疗、如何接受医药教育等方面，视野很开阔。文树德教授与我合作研究民间抄本的成果主要体现在 *Chinese Traditional Healing—The Berlin Collections of Manuscripts Volumes from the 16th through Early 20th Century*（《中国传统医疗——柏林藏16—20世纪初手抄本》）一书中，该书只有英文版，无中文译本。

陈承的籍贯、生平及其对医药学的贡献

郑金生

北宋名医陈承，主要著作为《重广补注神农本草并图经》。他对我国医药学的发展作出了一定的贡献。

宋代对陈承的籍贯，有不同说法。元祐七年（1092）林希为陈承本草著作所作序文称“阆中陈氏子承”，见唐慎微《重修政和经史备用本草》；大观二年（1108）艾晟谓“武林陈承”；南宋初方勺又云“余杭人陈承”。后二说则并存于陈衍《宝庆本草折衷》中。

林希序中对陈承编书主旨、医术、身世均有交代。其中提到：“承之先世为将相。欧阳子所谓四世六公者。承其重孙。”欧阳子即欧阳修。考“四世六公”一语，原出欧阳修所作《太子太师致仕赠司空兼侍中文惠陈公神道碑铭并序》。该序云：“高幢巨毂，四世六公。惟世有封，秦楚及齐，尚书中书，仪同太师。”文惠陈公即陈尧佐，其兄尧叟，谥曰文忠；弟尧咨，谥曰康肃；皆为宋初将相。其父陈省华，为秦国公；祖陈昭汶，为楚国公；曾祖陈诩，为齐国公。此即所谓“四世六公”。陈尧佐籍贯见《宋史》：“高祖翔，为蜀新井令，因家焉，遂为阆州阆中人。”陈承为尧佐曾孙，祖籍阆中，当属无疑。

然而与林希为同时代人的艾晟、方勺为什么又说陈承是杭州一带人呢？笔者经考证认为，这是因为陈承在这一带从事医药活动。据林希云，陈承“少孤，奉其母江淮间”，可知陈承早就出川，东向江淮。其后陈承医名显扬于杭浙，不明其身世的艾晟、方勺则误将他寓居之地作为故里。林希为陈承作序时，正在杭州做官，对陈承所知甚详，这一事实本身就提示陈承当时也在杭州。

陈承对杭浙的熟悉，可在他对药物的解说中见其一斑。今存陈承的药物解说44条，有5条（丹砂、石膏、菖蒲、阿魏、竹实）涉及两浙、钱塘，反映了他对浙江药物的土名、采集、栽培及商品情况之熟悉，远胜他处。如石膏条云：“今钱塘人乃凿山取之，甚多。捣为末，作齿药货用。浙人呼为寒水石……乃知陈（陈藏器）不识钱塘，明矣。”陈藏器为浙江四明人，陈承犹讥其不识钱塘，可见陈承俨然以了解钱塘自居。因此陈承行医于武林，亦属可信。如此，则宋代二种说法可得圆满解释。近代有的辞书记陈承为“闽中人”或“安徽贵池人”，均误，毋庸多辨。

据《宋史》载，陈承的曾祖陈尧叟留意医药，“有《集验方》，刻石桂驿”；其宗叔陈汉卿“医药皆精妙”(《欧阳文忠公集》)，可知陈承家族不乏通医之人。然陈承自幼丧父，奉母江淮，改习医学，并无家传。陈承的医学知识“出于图书”。他“少好学，尤喜于医，该通诸家之说”，由于刻苦学习各种医籍，故能“精识超绝”。据载，人“有奇疾，众医聘眙，不知所出。承徐察其脉，曰当投某剂，某刻良愈，无不然者”。林希谓：“鬼臾区、岐伯远矣，吾不得而知也。其视秦越人、淳于仓公、华它(佗)辈为何如？识者当能知之。”这一评价是相当高的。

如果说林希一家之言难免溢美的话，那么方勺《泊宅编》所载则反映了陈承在民间的声望：“余杭人陈承亦以医显……陈好用凉药……俗语云：‘藏用檐头三斗火，陈承箧里一盘冰’。”

陈承的主要著作为《重广补注神农本草并图经》23卷。南宋陈衍述其书体例为：“尝编《神农本草》与《图经》二书，并聚为一。发明余蕴，以古今论说与已所见闻立为议论一篇，篇端冠以‘谨按’两字，间列图经之后。”从而解决了《嘉祐补注神农本草》与《图经本草》二书“传者不博，而学者不兼有”(《重修政和经史备用本草》)的困难。该书刊于元祐七年(1092)，又迅速传至东瀛(今日本)，日本《香要抄》(1156)一书在91种药品下，引有陈承书中的图和文。艾晟校修《大观本草》(1108)时，摘引该书陈承的议论部分，每条冠“别说云”以为标记。李时珍因此称陈承原书名为《本草别说》，竟沿用成习。

大观年间(1107—1110)《太平惠民和剂局方》(又名《和剂局方》)进表之末，有“将仕郎措置药局检阅方书陈承”的署名。今存陈承议药条文中，好几处谈到药材进贡数量和交易情况，这与他在药局任职不无关系。他为《和剂局方》的编撰所作贡献是不言而喻的。

陈承生卒年不详。从上述二著作成书年代推测，约生活于11世纪下半叶至12世纪初。

(原载于《浙江中医杂志》1982年第11、12期529-530页)

后记：陈承是宋代本草史的重点人物之一。我读研时为了写论文，对他进行了一番考证。研究生毕业以后，遂抽空把其生平考证撰成此文，文中解决了在宋代就有异说的几个问题。这样的文章，在网络发达的今天，原可不必收入本《文选》。但这毕竟是40多年前刚出道不久的考证文章，要靠翻书去寻找证据，并不是一件容易的事。故敝帚自珍，仍将其收入本《文选》。

明季太医傅懋光传略

郑金生 胡乃长

傅懋光，会稽（今浙江绍兴）人，生活于明万历至崇祯年间（1573—1644）。傅氏年轻时“业儒”，生活极为贫困，据称其时“家徒四壁，毫无生计”。他之所以弃儒习医，有一段颇为有趣的插曲。一日白昼，傅氏正要提笔临摹字帖，忽然屋里群鼠喧闹，来来往往，成群结队，骚扰不休。懋光非常诧异。不一会儿，一只长三四寸的老鼠，好像在模仿人的姿态一样，坐于炉上，用前爪盘曲，学着人样向傅懋光打躬作揖三次；然后端坐如前，又举爪作揖，如此反复三次。傅懋光既惊且怪，不由得掷笔投鼠。这一偶然的小事，使他浮想联翩。他不仅将群鼠无意识的动作，想象成向他作揖礼拜，而且由此发出感慨，认为由于自己太贫贱，“不镇物怪”，才使得群鼠白日相戏（这段故事后来被傅氏称为“礼鼠揖光”），于是他将此事及个人感念禀告父母，想改变一下困窘的处境。父母遂命他离开乡里，北上京城。从此，傅氏走上究医之路，其时20余岁。

傅懋光在京师（今北京）住了一年多，开始研究医道。凡《素问》《难经》等诸家医书，皆详加诵读，经过一段时间的学习，他获得了一些医学知识。他认为，学医不仅需要“灵性聪明”，更主要的是“从兢惕中有一种仁慈更难”，要做到对病家“仁慈”，“惟忠孝本性，一点良知发脉者，方可入道”。傅氏所说“忠孝本性”当然还带有封建思想烙印，但也反映了他学医有一个比较正确的指导思想。这大概也是他在此后几年医疗技术迅速提高的原因之一。

在京究医三四年后，懋光奉父之命往边东（今辽宁一带）寻找胞弟。此时正遇上边东“遍地皆时疫”，给了傅懋光一个施展本领的机会。他积极地制方救人，所治“皆得十全八九”，疗效之高，可以想见。傅氏治疗“所活甚众”，却“不取其利”，实践了他学医时所悟得的医家之道。其医德之高尚，于此可见一斑。

又过了4年，傅氏再次返回京师。这一年京城时疫盛行。据同时在京城的张景岳所记（见《景岳全书》），其时为万历乙巳（1605）。傅氏又施药救人，求治者众多，“其门如市”。可知他高超的医术、良好的医德，已在群众中产生了广泛的影响。究医以来10多年的医疗实践成为他以后进入宫廷的基础。

万历丁未(1607)，经过礼部考核，傅懋光被授以吏目(从九品)一职，送往圣济殿供事。圣济殿即原御药房（嘉靖十五年时所改）。傅懋光除在此从事医疗外，还兼任太医院教习官。因教习勤劳，10年以后(1617)被升为御医(正八品)。这10年的宫廷诊疗和教学活动，进一步提高了他的医学理论水平。

傅懋光医疗活动中的一件大事，就是在他升为御医的同年主持了对朝鲜内医院医官的讲学。这一年(万历四十五年)朝鲜内医院教习御医崔顺立等，将他们行医时所生“疑义”，来我国进行“证正”。经朝廷查访，得知御医傅懋光曾任教习官，可充“正教”(主讲)。又委派三名副教官，在太医院与朝鲜医官进行了医学交流。由朝方提问，傅懋光等答辩。这是一次高水平的学术讨论。全部内容以纪要的形式汇成《医学疑问》一书。其中可反映傅氏等人的渊博学识与科学态度(见《医学疑问》序)。因教习朝鲜内医院医官崔顺立有功，万历己未(1619)，傅懋光升为上林苑右监丞。傅氏为中朝医学交流作出了贡献。

天启癸未(1623)，傅氏升为太医院院判(正六品)。次年(1624)，又升为院使，这是太医院最高官职，由于给皇帝治病有功，同年升为鸿胪寺卿(正四品)。万历丙寅(1626)，又加升为大常寺少卿(正四品)。后因明季政治形势的动荡，一度退居。直到崇祯元年(1628)，礼部又复其原职，不久于1635年升为太常寺卿(正三品)。这在当时是一种破例之举，因为明隆庆元年(1567)曾“议准太常寺别途出身者，官至少卿而止”。

从“礼鼠揖光”，弃儒习医，经过50年，傅懋光达到了当时医家出身者所能达到的最高职位。他在50年的医疗生涯中，“呕心究习”医学，时常手辑心得。70岁时，著成《医宗正脉》一书，传之后人。惜此书不见传世(《中国医籍考》仅录其书名)，唯书前“自叙”被辗转留存下来(参见《续经济考》)。

傅懋光一生，在行医的头20余年中，救治民疾，其功甚大，表现了他高尚的医德和高超的医术。在宫廷供职时，又为中朝医学交流作出了贡献。

（原载于《绍兴中医》1983年第1期30–31页）

后记：1981年，我与研究生同窗学友胡乃长君奉李经纬老师之命，南下寻访京内所无的中医书，为编纂《中医人物词典》搜集素材。至长沙湖南省图书馆，见有清代王鸿绪所撰《续经济考》稿本，书名看似与医无关，实乃中医书目。此后《湖南省古籍善本书目》(常书智、李龙如主编，岳麓书社，1998)即将该书归于“医家类”。该书载“《医宗正脉》5卷，明加太常寺卿掌太医院事院使会稽傅懋光辑”。此书已佚，却有自叙存于《续经济考》。因稿本不许拍摄，遂手抄此书，并全文抄录此自叙。此后又得见傅氏所撰《医学疑问》一书，证明该“自叙”所说“教习朝鲜内医院正付崔顺立等”事，果然不假(参本书正文《〈医学疑问〉——明末中朝医学交流纪实》一文)。后10余年，又从日本复制回归傅懋光《医学集要经验良方》，为研究傅懋光又增添了新的资料。

鉴于《续经济考》尚无整理本问世，故全文录此自叙于下，以供研究之用。

“自叙曰：光业儒时，家徒四壁，毫无生计。一日晴昼，群鼠闹甚，光方投笔摹帖，鼠逐队扰扰[1]，鼓行往返，光诧异之。俄一鼠三寸，学人坐于炉上，以前腕学人盘轩，举手端拱，向光揖让者三，而再坐如前，举手如是者三。光掷笔投鼠，感慨贫贱，不镇物怪。且告父母，命走京师。住京年余，《素问》《难经》诸子各书详诵之，始知医之难，而知医必得灵性聪明，从兢惕中，有一种仁慈更难。惟忠孝本性，一点良知发脉者，方可入道。又三年，父命往边东寻胞弟，适遇遍地皆时疫，光制方治人，皆得十全八九，不取其利，所活甚众。越五年，再于都门，是年时疫盛行，光施药救人，其门如市。万历丁未，礼部考首等，始授吏目，送圣济殿供事。丁巳，因教习本院勤劳，升御医。己未，又因教习朝鲜内医院正付崔顺立等，以功升上林苑右监丞。天启癸亥，升院判；甲子，升院使。保和圣躬有劳，升鸿胪寺卿。丙寅，加升太常寺卿。因逆焰摧折致仕。今上元年，礼部复题原职，乙亥升太常寺卿。光今年七十，溯礼鼠揖光，北向垂五十年，食医之报，从郎星以跻卿月，皆属于礼曹，则礼初鼠之征也。而其间呕心究习，手辑成习，不敢不稍为论著，传之其人，以副圣朝之仁政。”

① 扰：原文如此，或为“挠”之异写。

张冠李戴的“药王”

郑金生

一、张冠李戴的韦慈藏“药王”

“药王”是中国古代民间广为人知的医神。自古至今，各地出现过许多“药王”。但是，医学史有明确记载的“药王”不是在民间被多数地区奉为药王的唐代孙思邈，而是唐代的韦慈藏。

韦慈藏在唐代并没有太大名气，在正史中也没有为之立传，又无任何医学著作传世，为什么会被捧为“药王”呢？

韦慈藏仅为《旧唐书·张文仲传》中附带提及。张文仲传称张氏“少与乡人李虔纵、京兆人韦慈藏，并以医术知名”。《医部全录》综合《旧唐书》记载，云：“韦慈藏，京兆人，以医术知名。则天初为侍御医，景龙（707—709）中光禄卿。”由此可知，韦氏不过是则天朝数位名医中的一人，其声望还比不过与其同时的张文仲。

是谁把他捧作“药王”呢？是比韦氏晚850多年的徐春甫。他在《古今医统大全》（1556）中第一次记载：“韦讯，道号慈藏。善医术，常带黑犬随行，施药济人。元宗重之，擢官不受。世仰为药王，医家多祀之。”稍晚于徐氏的陈嘉谟又进一步在《本草蒙筌》（1565）中用图配画的形式表达了同样的意思：“药王姓韦氏，名讯，道号慈藏，大唐人。医中之圣，药中之王。灵应如神，人皆仰之。今医家皆图绘其像而祀之。历代名医图赞曰：‘大唐药王，德号慈藏。老师韦讯，万古名扬。’”

我们可以很清楚地看出陈嘉谟是取材于《古今医统大全》中的某些内容①。但不同的是，这里又冒出个“老师韦讯”。明朝人根据什么把“慈藏”变成韦氏的道号呢？怎么又称其

① 后记：拙文此说有误。韦慈藏药王的出现最晚当为明代熊宗立《医学源流》(1450)，该书文字附于熊氏《名方类证医书大全》(1446)之后。其中的人物是否汲取了唐代甘伯宗《名医录》，尚未见考证。徐春甫乃取熊氏之书。陈嘉谟《本草蒙筌》原无插图，乃明崇祯元年(1628)刘孔敦增补绘图刻本所加。

为韦讯呢？又是谁叫他作老师呢？《旧唐书》明明说韦氏官至光禄卿，哪来的“擢官不受”，牵着黑狗到处施药救人呢？说是“世仰为药王”，可是在明以前并没见有如此抬举韦氏的记载，这又是从何说起呢？

笔者粗略地查阅了一些唐宋时的文献，发现传说韦慈藏是药王不过是张冠李戴，错而又错。韦慈藏绝无韦讯一名，而带黑犬的其实是另外两位先生。唐代王松年《仙苑编珠》卷下载：“韦俊龙跃……韦俊亦卖药愈疾于人间。常以黑犬相随。以则天如意年（692）中，过嵩岳少林寺请斋饭诿犬，僧怒，善俊乃含水一馔（噀），犬化为黑龙，乘以冲天。”宋代道士陈葆光在《三洞群仙录》卷五“善俊乌龙”一节中进一步引《高道传》的记载云：“道士韦善俊访道，周游名山，遇神仙授三皇檄召之，得神仙之道，常携一黑犬，号曰‘乌龙’。所至之处，必分食以饲之。一日将游少林寺，僧方斋，善俊乃牵犬于其侧，分斋食以饲焉。僧曰：‘人未食而食犬，可乎？’曰：‘吾过矣。’乃谢之，寻出寺去。众望之，师行愈远而犬愈大，遂化为乌龙，师乘之而去。”元代道士赵道一的《历世真仙体道通鉴》卷三六专为韦善俊立传，其文洋洋3000言，文长不录，其中也有黑犬化为乌龙的传说。有意思的是，赵道一连韦善俊的祖宗数代都一清二楚：“韦善俊者，其先出京兆，高祖逍遥不仕。祖宣敏，尝为巩县令，因家于巩。父昂，好山水……”仅此数则文献，足以说明牵黑狗行医的不是韦慈藏，而是韦善俊。鉴于韵语的需要，韦善俊或被简作“韦俊”，不知怎的，后来就讹为“韦讯”了。

可是，即便是唐宋道士们编的书中也没有韦善俊是“药王”的记载，这“药王”又从何而来？唐代还真有一位既姓韦，又牵条黑狗的医生被封为“药王”。可是此人并非京兆人，而是当时一位从疏勒国来的姓韦的医生。疏勒是古西域国名，故治在今新疆喀什市。从我国现在的版图来说，这是民族地区的一位名医。赵道一《历世真仙体道通鉴》卷四三载：“韦古：韦古，字老师，疏勒国人。身衣毛袍，腰悬数百葫芦，顶戴纱巾，手持藜杖，常以一黑犬同行。唐玄宗时入中国，每施药饵以救人疾痼，行莫不愈。玄宗重之，敬称药王。厥后其犬化为黑龙，乘之冲天而去，时在开元二十五年（737）也。”药王的称号应该说在这儿是最早出现的。韦古，字老师，这也可以说明为什么陈嘉谟《本草蒙筌》有“老师韦讯”一说了。

韦古携犬，后黑犬化为黑龙冲天，这很像是从韦善俊的有关传说演化来的。但玄宗重之，敬称“药王”，却又是《历世真仙体道通鉴》所独有。到了明代，好事者把韦慈藏、韦善俊、韦古三个姓韦的仙贤混为一谈，把韦善俊、韦古两个人的事捏合在一块，凑在韦慈藏身上，于是才出现了韦慈藏是“药王”的错中错。

二、从黑犬随行到携虎同行

无独有偶的是，民间所尊的“药王”孙思邈身边也跟着一只道具式的畜生，但这不是狗，而是虎。当今孙思邈的家乡流传的神话，是说孙思邈如何治好了一只病虎，以后这只老虎就成了孙氏的坐骑。说孙思邈治过老虎，史书未见记载，可是史书上真有过为老虎治病的人，这就是晋代的郭文。

郭文，历史上实有其人。《晋书》卷九四有传，略曰“郭文，字文举，河内轵人也”“每游山林，弥旬忘返”“入吴兴余杭穷谷无人之地，倚木于树，苫覆其上而居焉，亦无壁障。时猛兽为暴，入屋害人，而文独宿十余年，卒无患害”“尝有猛虎忽张口向文，文视其口有横骨，乃以手探去之。猛兽明旦致一鹿于其室前”。郭文探虎口，史书有载，令人不得不信，且作为一个长期在野外与动物相处的人来说，为一只虎治骨鲠，也在情理之中。此后的道家书中，郭文成了一位大仙家。王松年《仙苑编珠》：“郭文探虎：东晋郭文，字文举，隐余杭大辟山。尝有一虎来文前，大张其口，文知其鲠，以手入喉中，探去其骨也。”

到了陈葆光《三洞群仙录》，郭文治虎的故事又有了新的发展：“郭文驯虎：《仙传拾遗》：郭文，字文举，洛阳人。居大壁岩。一旦，有虎张口至前，若有所告。文举以手探虎口中，得骨，去之。明旦，虎衔一死鹿致石室之外，自后虎常驯扰于左右，亦可抚而狎之。文举出山，虎亦随焉。虽在城市众人之中，虎俯首随行，不敢肆暴，如羊犬耳。或负书册盐米归山……”

与陈葆光差不多同时期的南宋陈衍的《宝庆本草折衷》第一次把治虎的故事移植到孙思邈身上：“更有病虎，伛偻痿乏，蹲伏拜投，疗之，□□□□□，拥卫真人，不敢离也。”陈衍没有出示这个传说的出处，但可以说，至少在南宋以前，已经有了孙思邈治虎的记载。陈衍所处的时代，还能看到一些今已佚散的医书，加之陈氏治学十分严谨，不轻易发表个人意见，因此该书所据当为前人之书的有关材料。例如，孙思邈何时被誉为“真人”的呢？陈衍记曰：“孙思邈，号泰元真人，此号见于《千金髓方》首。”这是研究孙思邈的学者没有注意到的一条史料。《宝庆本草折衷》一书第一次把龙、虎与孙思邈联系起来，所以陈衍自己也在《孙思邈传》的赞语中说：“最可惊诧，龙虎蒙成。”而在此之前，有关孙思邈的神话主要和龙有关。

三、孙思邈与龙的种种传说

在中国的神话中，龙是最常出现的神化动物。孙思邈作为一个伟大的医学家，在民间很早就被神化了。有关孙氏和龙的传说有很多，主要有以下几种。

1. 解救昆明池龙：最早见于唐代段成式的《酉阳杂俎》。另宋代尚存的一种《玉函方》序中也提到了这个故事。

2. 解救泾阳小龙：此见于《宝庆本草折衷》引录。这个故事和《幽怪录》中提到的中静能救龙的传说有一定的联系。

3. 思邈修表：伊、洛二水之龙为之降雨救旱，见于《独异志》。

4. 治龙之疾：《宝庆本草折衷》引录“又骤雨，真人掬檐水扬玩，谓龙有疾。俄而老妪□前□，真人令以□相见。须臾云罩病龙，俯首敛鳞，徐徐向下，疗之，即□云腾跃而去”。这一个故事和至今流传的孙思邈坐虎针龙的画像已经非常接近。陈衍在引录孙氏治病龙的传说时，也发现这个传说和早已有之的马师皇治龙的故事有联系。马师皇治龙是现知此类神话中最早的，《列仙传》中早有记载，后世《道藏》中的一些唐、宋、元代的书籍均属转载。其中《历世真仙体道通鉴》所引最详：“马师皇，黄帝时马医也。知马形气死之诊，理之辄愈。后有龙下向之，垂耳张口。师皇曰：‘此龙有病，知我能理。’乃针其唇下口中，以甘草汤饮之而愈。后数有疾龙出其陂，告而治之。一旦龙负而去。”

正是由最后一个治龙的神话，加上前述治虎的传说，最后终于形成了“龙虎蒙成”的美妙结局，把孙思邈的医术拔高到了令人神往的境界。

明代才被某些人糅合各种传说而捧为“药王”的韦慈藏，毕竟没有深广的群众基础，因而在民间的祭祀中被奉为“药王”的还是孙思邈。而几乎所有关于孙思邈“药王”的塑像，都有坐虎针龙的标志。

（原载于《寻根》1995年第2期36–37页）

后记：该文最早在1994年第九届医史会议上宣读，原名《药王与孙思邈龙虎蒙成考》，后为《陕西卫生志》转载，最后修订在《寻根》发表。《寻根》是河南教育出版社主办的一家杂志，考虑此杂志未必很多人知道，所以我把这篇文章收入了本《文选》。

说起药王与药王庙，我从1980年第一次去陕西耀县（今属铜川市）调查孙思邈故里孙家塬、第一次去河北安国调查药王庙，就与这个题目结了缘。几十年来发表了《安国药王庙小史》《药王是谁》《中国历代药王及药王庙探源》《古来药王知多少》《药王与药王庙的历史研究还有待深入进行》《药王来源杂谈》（见书后“题录”）等文。拙著《药林外史》也设有“历代药王与药王庙”一节，其中对安国药王庙的介绍尤其详细。

1984年，我随药史分会去安国考察，该县领导听说我对药王庙“门儿清”，连药王菩萨两个夫人的封号来历都一清二楚，觉得有点神奇，于是召集了县里科级以上的干部来听我讲药王与庙。那天我十分在意地把药王从汉代邳彤讲到元代贾辅、明代的皮场王、民间的皮匠，从牌坊上的“封加南宋”谈到药王及两位夫人的来龙去脉，又从安国谈到临近的任丘扁鹊庙……我以为，从此他们药王庙前的介绍牌应该写得更符合史实了。

2024年我旧地重游，去安国看药王庙。小庙门脸依旧，但庙后新建一座比整个药王庙占地还大的三皇大殿，庙前建了一个大广场，广场上矗立高大的水泥“药王”。一问是哪个“药王”？原来还是几十年前介绍牌上的“汉代云台二十八将邳彤”，一霎时我心里“拔凉拔凉”的：在新造“历史人物”塑像面前，几十年的考证研究被“啪啪”打脸！

此生又为读书来

——丁福保医学业绩概述

郑金生

“丁福保”的名字在20世纪上半叶很响亮，因为他编纂的书籍覆盖面极广（算学、医学、小学、诗词、佛经、道藏、古钱等），惠泽各界。那么，丁先生究竟以哪门学问见长？这就不免见仁见智了。《辞海》设有“丁福保”条，但没有像多数人物词条那样给予定义，只是罗列其简历与成就：

丁福保（1874—1952），江苏无锡人，字仲祜。肄业于南菁书院。曾任京师大学堂及译学馆教习。后创办医学书局于上海。除编印医学书籍外，又编有《说文解字诂林》《文选类诂》《佛学大辞典》《古钱大辞典》《全汉三国晋南北朝诗》《历代诗话续编》《清诗话》等。①

笔者受本丛书主编②之邀，有幸为丁福保先生撰写其医学生平。为此笔者除浏览《丁福保医学论文集》所收诸文之外，还寻找了其他一些参考资料，希望能为读者展现丁先生不凡的一生。但丁先生一生的兴趣与活动太多，他编纂的书，数都数不过来，更遑论浏览一遍了。好在手边有丁先生自撰的《畴隐居士自传》《畴隐居士学术史》，又蒙王传超先生、牛亚华研究员所赠多篇有关的文著，这才使笔者敢于下笔。

当读到《畴隐居士自传》“题五十岁小影”两首诗时，笔者自觉已能感悟到先生一生最重要的志趣：

年华五十如弹指，误落尘凡剧可哀。夙世未能成佛去，此生又为读书来。

---

① 辞海编辑委员会.辞海[M].上海：上海辞书出版社，2002：763.

② 指《二十世纪初中医名家医学文集丛编》，由王咪咪主编。该丛编第二集中收录了丁福保、章太炎、陈邦贤、王吉民的医学论文集，其中有他们的论文汇集，正是笔者主要依据的材料。本篇中所提“本论文集”均指《二十世纪初中医名家医学文集丛编》。

藏书十万又三千，笑侯傲王别有天。莫谓老夫生计拙，长安卖药自年年。[①]

丁先生40余岁后向佛，故此二诗乃佛家子弟感悟一生之作。丁先生自嘲“误落尘凡”，但他却不怨艾，因为最值得他自傲的是能与书结缘：“夙世未能成佛去，此生又为读书来。”“藏书十万又三千，笑侯傲王别有天。”好读书，可补未能成佛之憾；好藏书，可以笑傲王侯！而且丁先生欣慰自己还有一门谋生的技艺，那就是“长安卖药”。他在上海行医近30年，这是他一生最重要的生计来源。

丁先生一生爱书、读书、钻书、教书、译书、编书、藏书、捐书，其编纂的书籍之多，早已不能用“著作等身”来形容。限于本文主题，这里只能介绍丁先生与医学相关的事与书。在此之前，先简介一下丁先生的生平。

一、求学与谋生之路

丁先生在40岁时对他的前半生有个简要总结：“余自垂髫后，即喜披览典坟，为义理辞章考据之学者十余年；奔走衣食，任算学教授者六年；翻译医书，为人治病者十余年。”[②]可见他在成人之后至40多岁之间，在为谋生、求学而奔忙，主要致力于医学，其次是算学。因此本节先重点介绍这段经历。

（一）读书、教书与译书——40岁以前

清同治十三年（1874）六月廿二日，丁先生出生于无锡。丁氏家族自元末从常州迁至无锡，虽无显宦达官，却不乏靠读书中举得以仕进（多为地方官）的先人[③]，故其家也属书香门第。丁先生7岁[④]入私塾。其兄丁宝书比他长8岁。在他13岁时，其兄“为之讲解《左传》《史记》《汉书》及《文选》等，学大进”[⑤]，丁宝书与当地的裘葆良、吴稚晖、廉泉等（后来皆成名）为友，故丁福保也能经常听到他们之间的“雅言宏论”，且“得益良多”。

丁先生15岁时，见当地好学之士“皆肄业江阴之南菁书院，治考据词章之学”，特别羡慕。这时的丁先生已经“通治汉魏六朝数十百家之文”，文才横溢，被吴稚晖（1865—1953）视为“奇童子”。但他少时有痰饮之疾，曾卧床不起数日，当地名医张聿青为之诊治见效（1889）[⑥]，这使他领略了中医的疗效。光绪二十一年（1895），丁先生22岁，终于如

---

① 丁福保．畴隐居士自传［M］．上海：诂林精舍出版社，1948：17.

② 丁福保．佛学丛书［M］．上海：上海医学书局，1920：自序．

③ 丁福保．畴隐居士学术史·家世［M］．上海：诂林精舍出版社，1949：1-2.

④ 为求与丁福保自述等文所言岁数相符，本文也采用虚岁计岁法。

⑤ 见丁福保《畴隐居士自传·著述》，第55页。

⑥ 转引自高毓秋《丁福保年表》［中华医史杂志，2003，33（3）：184］。

愿以偿以算学考取南菁书院。该书院丰富的藏书让他“狂喜不已”“荡目遨魂”。被书迷住的丁先生立即手抄该院藏书目一册，并默默许愿：“他日果能处境稍裕，必照此书目尽购之！”[①]他的这一宏愿成了他以后藏书十万三千的动力。

在南菁书院求学期间，长沙王先谦先生（1842—1917，字益吾）为他指示了国学治学门径，且告诫他为学必须明心、养心。丁先生由此奠定了文字学、书目学等国学的坚实基础，也确定了读书穷年，屏绝外慕的人生方向。此时丁先生尤好许慎《说文解字》等书，并有编写《说文解字诂林》的计划。他以后编纂的多种著名的文史书，无不与南菁书院所学有关。可见丁先生在青年求学之时，就有读一门书，即整理编纂一门书的志趣，这一志趣至老不移。也就是在1895年，丁先生因病关注医学，他甚至把这一年作为他“专治医学”的起点日[②]。

1897年，丁先生24岁，7月结婚，8月间就奉父命与其兄赴南京参加乡试（此前一年丁先生得补无锡县学生员）。此时其父结核久病已笃，在他兄弟俩进场考试完后即病故。父临终而未侍奉在旁，使丁先生抱憾终天，从此绝意功名。[③]此年正值戊戌变法前一年，时局变化多端，国运日衰。已成家的丁先生，面临养家重任，不得不为生计着想。丁先生说的“为义理辞章考据之学者十余年”，大概就结束在这一年。

丁先生自幼兴趣广泛，在他进南菁书院前，就曾拜同里华蘅芳（1833—1902，字若汀）为师学习算学（勾股测量、代数等）。入南菁书院后又从华世芳（1854—1905，字若溪）继续学数学。在华氏兄弟的教导下，他的数学功底日渐深厚，且学算的同时就开始整理数学书籍。后人说“任何学术经（丁）先生之统治，无不条理井然，集其大成”[④]。这一特长在他学算学之时已经体现出来。华蘅芳是清末数学家、翻译家和教育家，对丁先生非常赏识。在丁父亡故次年（1898），华氏推荐丁先生到无锡新创设的俟实学堂担任算学教习，且为丁先生所编《算书书目提要》（1899）作序。序末华氏心疼地说“丁子近日亦以习算太勤，身体渐瘠”，建议要兼顾“体操卫生之学，习劳以健身体”[⑤]。丁先生家藏医书甚多，自幼亦“性喜习医”，且著有《卫生学问答》（1899，刊于1900）[⑥]。他“因自身的病弱而走上学医的途径”[⑦]，正得益于华蘅芳的提醒。丁先生以算学教学出道，以为自己一生将会隐于“畴人”（历算学者）之间，故自署别号“畴隐”。在无锡教数学的薪资自然微薄，使得丁先生至“年

---

① 见丁福保《畴隐居士自传·国学》，第2页。

② 见《丁福保医学论文集》（待出版）之《新医学丛书总序》。

③ 丁福保．畴隐居士六十自述［J］．青鹤，1934，2（13）：2.

④ 见丁福保《畴隐居士自传·著述》，第57页。

⑤ 见丁福保《畴隐居士自传·算学》，第18页。

⑥ 丁福保．历代名医列传：赵静涵先生［M］．上海：上海文明书局，1913：87.

⑦ 见丁福保《畴隐居士学术史·中日文化交流》，第159页。

终无度岁资，始觉乏钱之苦，求人之难”。于是他“发愤重读《史记·货殖传》，始知谋生有术”。

1900年，丁先生27岁，这一年最重要的事是他面见了赵元益先生（1840—1902，字静涵）。赵先生是华蘅芳的表弟，通晓中西医学及算学，是清末翻译西医书的名家，尤喜藏书。丁先生所著的《算学书目提要》中提到赵元益译的《数学理》，指出该书“已寓微分之理”，深得赵元益赏识，早有文字之交。初次见面以后，丁先生十分钦慕赵氏学问与医术。1901年，丁先生结束了近3年的俟实学堂算学教学，先赴苏州东吴大学堂求学。是年暑假后因久病不愈，再赴上海，住在赵元益家，养病、学医，兼习日本文字①，后迁入江南制造局工艺学堂习化学②。赵氏与丁畅谈医学历史，品鉴中西医学③。赵氏的译书经验及医学思想，对丁先生产生了非常重要的影响。

1901年春，著名洋务派代表人盛怀宣（1844—1916）在上海设东文学堂。该学校以讲习日文为主，罗振玉（1866—1940）为校长，日本人藤田丰八为教习。首届招生40名，投考者600余。丁先生一举得中，并在此校系统学习了日文及医学、化学等。丁先生在东文学堂非常勤奋，第二年（1902）就翻译了他的第一本书《中等日本文典译释》。丁先生初次译书，信心尚不足，故化名“丁福同”。

1903年，清朝廷举办经济特科考试，张之洞任阅卷官。作为各地新学堂的优才生，丁先生上京参加了经济特科复试，并第一次游览了东华门。由于官场倾轧，这次的经济特科考试并没有因才录用。但此时丁先生《算学书目提要》已被编入京师大学堂审定书目，其《卫生学问答》也有较大影响。④因此，同年他受张之洞之聘，在京师大学堂译学馆担任算学及生理学教习。此时的丁先生，正值而立之年，踌躇满志，豪气万丈，但又谨慎仁厚。他为自己立下的座右铭是：

待人当慈祥和厚，情谊纯挚；处世当深沉不露，用心缜密。作事当坚忍勇毅，于千辛万阻之中，不许有半个难字出口！愈困难，余積危，而我必有驾而上之之魄力，以战胜此群魔，以达我之目的。⑤

由于丁先生“教授有法”“讲授精勤，生徒翕服”，其薪资不断提高，最后月薪达白银120两。但教学并非丁先生志趣，因此2年多后丁先生还是辞职南归。这大概就是丁先生所说“奔走衣食，任算学教授者六年”（包括在无锡等地教书）的一段经历。在北京译学馆

---

① 丁福保．畴隐居士六十自述［J］．青鹤，1934，2（13）：3.

② 丁福保．医学与佛法［J］．良友，1930（48）：12.

③ 见丁福保《历代名医列传·赵静涵先生》，第87页。

④ 见高毓秋《丁福保年表》，第185页。

⑤ 同②。

期间，丁先生开始接触佛学，成为他中年向佛的起点。

1905年，丁先生返回上海。此后数年，他往返上海、无锡等地，按他自己的意愿，整理编写算学书，创办“译学公会”，又参与创办“中国医学会”，组织翻译出版医书数十种。这段时间虽然他屡遭挫折，但编书、译书志趣不改。盛怀宣曾以年薪2000两的高薪聘他教书，他还是以“编刊诸书无暇晷，坚辞不往”①。至1908年，丁先生在上海开始正式行医。

宣统元年（1909），丁先生35岁，正值壮年，迎来了他一生最大的考验与机遇。此年4月，南京督院举行了医科考试。此前科举已废4年，这次医科考试不再取八股文，而以策论考试。考题侧重中西医比较，涉及多方面的实际问题。丁先生以其中西医知识及宽阔的视野，应试游刃有余，获得了这次考试的最优等开业证书。②这份开业证书从此被视为珍宝，悬挂在他家的厅堂③。

考试结束后，他被端方（1861—1911）委派为考察日本医学专员，于当年5月20日赴日本，27日抵横滨，对“日本各科医学，及明治初年改革医学之次第，与日人所录用之中药，以及一切医学堂医院之规制课程，均调查无少遗”。这次考察持续近一月，日程安排极为紧凑，参观的地方与项目很多，从丁先生的日记来看，考察所见对他是一次极为强烈的冲击。经过明治维新之后的日本医学，已基本西化。其细致严谨的医事制度与医学分科，各种先进的医疗设施、执着认真的研究风气……令他目不暇接。

历史证明，委派丁先生为考察特使，乃真得其人！此时他已是“中西兼贯，算术医学，尤其专长”。加之他天性好书，又有专拨之购书款，于是他趁机购买了“新旧书籍药品千余金”。他不光考察日本的西医，也到上野公园帝国图书馆阅览图书，读了日本汉医抄本《栎窗类钞》，见其中记载中医的医事典故“精确详明，惜此书不传至中国”。其时日本的汉医已遭灭顶之灾，但丁先生不仅考察了彼邦的针灸研究，还查阅了“和汉医请愿之理由，内载汉医学校课程表，自一年级至四五年级，如内科、外科、妇人科、小儿科等，各随年级分授。其教科书皆为汉医所应用者”④。可见丁先生对日本的考察也涉及日本传统医学的内容。顺带一述的是，他还在日本购买了“唐慧琳撰的《一切经音义》百卷、辽希麟撰的《续一切经音义》十卷”等书，收获极为丰硕。

同年6月27日，丁先生一行考察回国，当时《申报》对此大加报道，且云“为医界从来未有之盛举，未始非吾国医学改良之起点也”。从4月参加医科考试，到6月考察日本归来，这几个月的经历引起了上海同仁的关注与好奇。为应付咨询者之问，丁先生把考试

---

① 见丁福保《畴隐居士六十自述》第3页；高毓秋《丁福保年表》，第185页。

② 见丁福保《畴隐居士自传·记游》，第30页；丁福保《畴隐居士学术史·往游日本记》，第167页。

③ 梁俊青．丁福保先生访问记［J］．医药世界，1949，3（2）：49.

④ 见丁福保《畴隐居士自传·记游》，第31页；丁福保《畴隐居士学术史·往游日本记》，第168–189页。

题目及答案，以及考察日本的详细情况，分别整理发表，成为当时医界颇为热门的读物。

回国之后，丁先生就着手消化、翻译、推广他从日本购回的大量医书及文史书。在繁忙的诊务之余，发挥他惯有的读书、研究遴选、融会贯通，再整理或翻译成新书的工作法。几年之间，据丁先生自己的统计，他“借径日文译成医书六十八种”，整个医书有83种。现代学者研究，从1904年开始到1914年，十几年间经丁先生亲自翻译或组织翻译的日本医书已超过百种，其中既有转译、编译或编述之日本西医书，也有翻译日本人自撰的西医书籍①。他的《丁氏医学丛书》于1913年在德国都郎万国卫生赛会及罗马万国卫生赛会获最优等奖，可见其影响之大。

丁先生40余岁之时，其事业正盛。据他自己总结，40岁以前已成“《医学丛书》《文学丛书》《进德丛书》，凡三部”。但过了40岁以后，他却转身向佛，他的别号“畴隐”之后又增添了“居士”二字，其研究方向及工作重点迎来了一个大转变。

（二）学佛、藏书刊书与慈善事业——40岁以后

丁先生立意向佛，乃在40岁以后。1916年正月，“因病缠绵至十余日，又消化不良，全身衰弱已极。顾来日之渐短，悼往事之可悔，于是览佛氏书”②。然茹素注经，则在1918年。丁先生《畴隐居士六十自述》及《畴隐居士七十自述》均载：“戊午（1918）……大儿永康忽得精神病。是岁余始茹素，笺注佛经。”

又据丁先生《佛学丛书》自序，他学佛也与对人生的思考有关：

然蹉跎荏苒，年逾四十，而道不明，德不立。晓夜以思，为之惧且耻，茫乎未知人生究竟为何也。于是悉弃其向所为学，一心学佛。聚经万余卷，积数年之力，钻研穷究，始知内典之博大精深，非世间书籍所能比拟。

丁先生称年逾40岁后“一心学佛”，只是表明他要把主要精力放在学佛而已。其实他早在京师大学堂时，就已经接触佛书，并从中摘录警语以为座右铭，或以为这是他读佛书的起源③。从他的活动及所编书籍来看，其实佛经的研究也只持续了六七年。这段时间内，他于1919年出版了《佛学大辞典》④，嗣后又从事佛学书的普及工作，编有关书籍20多种。

---

① 关于丁福保编纂、翻译的著作，除丁福保《畴隐居士学术史》《畴隐居士自传》《畴隐居士六十自述》《畴隐居士七十自述》(《健康家庭》1943年第4卷第1至第6期）等文著的记述外，还有赵璞珊撰《丁福保和他早期编著翻译的医书》[中西医结合杂志，1990，10(4)：248-249]；牛亚华《中国汉译医学著作在日本的流传和影响》[中华医史杂志，1997，27(4)：233]；伊广谦《丁福保生平著作述略》[江西中医药学报，2003，15(1)：31-32]等文章载述。

② 丁福保．医学与佛法[J]．良友，1930(48)：13.

③ 见丁福保《畴隐居士自传·著述》，第58页。

④ 同②。

至1924年，丁先生认为“余流通佛书之初愿，至此已告一段落”。但其持斋茹素，慈悲为怀，直至终老。

鉴于丁先生此后的许多研究与医学关系不大，其民国以后的活动不再逐年罗列。本节仅举其业绩之大者，以说明丁先生之勤勉仁慈。丁先生在40岁以后对道藏之学也花费了很大的精力。1922年，丁先生因为“习道家言者，苦于无书可读，乃发家中藏书，择道书中精华一百种，分为十集，名曰《道藏精华录》，付梓以饷阅者，兼印《道藏续编》”。这也是一项很大的工程。1924年，他开始了30多年前发愿要整理《说文解字》的工作，耗费巨资，于1928年出版《说文解字诂林》全书。此书千余卷，被誉为“集许学之大成”。1932年又出版《说文解字诂林补遗》16册。此外，1930年他又编刊了素来喜好的多种文学书，如《汉魏六朝名家集》40家、《历代诗话》及《历代诗话续编》各28家、《清诗话》42家、《全汉三国晋南北朝诗》56卷等，总计数十种。

60岁以后的丁先生，如老骥伏枥，犹自志在千里。其家旧藏古钱数百枚，后来又陆续添买600余枚。这些古钱又激发了他研究古代钱币的嗜好。1935年编辑《古泉大辞典》，辑录中日各家研究古钱的成果。此后数年，又陆续编《古泉大辞典拾遗》《历代古泉图说》《历代泉谱》等书。[①] 真不可想象丁先生晚年以衰弱之躯，还能有如此精力从事诸多巨著的编纂，其执着勤勉之精神，令人感佩！

丁先生一生能挤出这么多时间从事研究与刊书，和他不参与政治、不慕功名有很大的关系。他从1897年参加乡试未能给父亲送终，遂“绝意功名”。1903年被高薪聘为京师大学堂教习，但却因“匏繫都门，非余所好”，辞职返乡。“匏繫”是一个比喻，匏瓜多当摆设，喻难尽其用。后来东渡日本，声名鹊起，丁先生依然回归故里，按自己的意愿求学、编书。据载袁世凯复辟时，有人劝丁先生出山，丁先生以诗明志。其中有“牛医贱技吾藏拙，五斗原来不折腰”一联，恰当地表示了他甘于行医、不事权贵的心迹。

但丁先生并非“宅”在书房的书蠹虫，他也乐于社会服务，参加各种社会团体，并在教育、媒体、医院等部门出头露面。因此获得了20多个头衔（诸如董事、会长、理事、院长之类）。但丁先生“大半不就，不肯担任，恐念想喧动，坏我静功也”！[②] 这个“静功”当然不是气功的一种，而是不为名利动心的内功修养。正是得益于“静功”，他虽身处清末民初纷乱的时局，以及中西医之争的漩涡中心，却能免去许多烦恼与纷争，静心地干自己的事业。

感情细腻丰富的丁先生在50多岁以后，常遇亲友凋亡，总是哀伤不已。由此他感悟到“世间一切，缘来则聚，缘尽则散。一棺附身，万事都已。此时除所作之功德罪孽外，

---

① 丁福保．畴隐居士七十自述［J］．健康家庭，1943，4（3–4）：24.

② 见丁福保《畴隐居士自传·社会服务》，第61页。

无一物可以带去”，于是他“誓尽此一生，归依净土”。晚年的丁先生大作善事，捐献钱款、藏书、古钱等，以作慈善事。[①]他在遗嘱中将其藏书与所藏文物全部捐献给国家[②]，真正做到了“尽此一生，归依净土”。

丁先生在67岁（1941）总结自己的一生说：

余之一生，可以四字尽之，曰求学，曰谋生而已。所谓求学者，求文学、小学、算学、理化学、生理卫生学、医学、校勘学、佛学、道学、古泉学是也。所谓谋生者，为算学教习、为医生、为书业商是也。[③]

其中医学（也包括生理卫生学）兼跨求学、谋生两方面。行医作为丁先生的职业，从1908年开始到1931年止，前后延续23年。他决定杜门谢客，是因为年近六旬，想补读少年未读诸书。在民国老一代医家中，丁先生学医与行医的时间都不算长，但他在当时的中西医界均有良好的影响。本论文集收录的丁先生部分论文可窥其医学见解之一斑。

二、学无中西，惟求其是

探求丁先生的一生，可见他最长久的职业是行医。但他的医学既非正规科班出身，也非耳提面命、幼承家学。据丁先生自述：“岁乙未（1895），余复养疴于江阴南菁书院。是岁也，为余专治医学之日。”也就是说，南菁书院作为“专治医学”之始，这是一般人所意料不到的。因为他以算学考入南菁书院，在院中主要学的是文史和算学，并没有医学的课程。这只能理解为他开始自学医学。丁先生还说，他此后在无锡教算学3年，在京师教算学兼生理学两年半，“授课之暇，辄徒事于医籍，如蛾逐照，如蚁附膻，必神昏目倦，嗒然偃寝而后已，而不自知其深嗜之至于斯，为乐之至于斯也”[④]。如此算来的话，他从1895年至1905年这10多年间，一直在苦读医书。

（一）学贯中西

那么，丁先生的医学有没有师授？有文章称，丁氏27岁时，在上海从名中医张聿青学习中医，后遇赵元益先生，朝夕问学[⑤]。但丁先生自述中仅提到1900年冬，“往游上海，

---

① 丁福保．畴隐居士六十自述［J］．青鹤，1934，2（13）：6.

② 见高毓秋《丁福保年表》，第188页。

③ 同②，第25页。

④ 见《丁福保医学论文集》（待出版）之《新医学丛书总序》。

⑤ 赵璞珊．丁福保和他早期编著翻译的医书［J］．中西医结合杂志，1990，10（4）：248.（该文将张聿青误作张韦青）

谒张聿青、赵静涵先生谈医学”[①]，这只是一次短暂的拜访。丁先生谈到他的医学引路之师，谓“授我以医学者，赵静涵先生也”[②]；“受业于新阳赵静涵先生习医，兼习日本文字”[③]。他真正得到赵氏传授医学的时间是在1901年，次年赵氏即亡故。

赵元益对丁先生的影响，以《历代名医列传·赵静涵先生》[④]及《医话丛存·赵静涵先生家传》[⑤]记载最详。前者详细记载了丁先生“造先生之庐而受业”的经过，并长篇记录了赵师对医学的见解。后者详述了赵元益的生平及整理中医的遗愿。赵先生外祖是一名中医，“家藏《灵枢》《素问》以来医书数百种。（赵）先生自幼习见之，而又鉴于太夫人为庸医所误也，乃发箧治医方，尤笃信张仲景之法，为人治疾有奇效，名噪一时，远近争求之。”可知赵氏先学中医，且有实践经验。赵氏表兄华蘅芳在沪译馆翻译西书，邀赵氏同往，从事校译。同治初（1862），英国传教士傅兰雅（John Fryer，1839—1928）来华，与赵氏讨论医学，且合作翻译了西书9种，其中6种属于西医书。赵元益还曾于1890—1891年以医官身份，随薛福成（1838—1894）出使英、法、比利时、意大利四国使馆工作，对西洋医学有切身的了解。赵氏有感中国历代良医“综计其数，不过二十有二人而已”，且“陵夷至今，有江河日下之势也”，因此，他“博采自汉以来之医方，一一施诸实行”。他对丁先生说：

设天假之年，他日者，使得尽搜彼国医书之良者，与君朝夕肆力于此，简其精要者，博而大者，译而刊之，以寿吾国民。则吾国民之抱病无方者，庶其有赖，而又不止此。吾国医方，得西国之医理，而益可证明之。沟通中西之学说，医道庶几其中兴也。[⑥]

赵氏对中西医的评鉴给丁先生留下了深刻的印象。可以说，此后丁先生肆力于翻译编刊西医之良书，正是为了实现赵氏的遗愿。丁先生在《赵静涵先生家传》后记曰：“余以庚子岁（1900）从先生游，研究古今中西医学之得失，稍稍得其门径。先生尝谓《内经》、本草伪谬孔多，若非重加刊定，讵可通行？福保服膺。”如果从时间来计算，丁先生在赵宅逗留时间很短，但从所得中西医知识来看，赵元益确实是他的医学领路人。赵氏的医学，有中有西，其西医知识乃直接从西方医书得来。丁先生在此以前的医学知识，从他的《卫生学问答》（1898）中，可以看出其知识体系既有当时西方卫生学译著的内容，也有中国古代医书中的养生知识，与赵元益的路子相同。所以赵元益堪称丁先生的医学导师。

---

① 丁福保．医学与佛法［J］．良友，1930，（48）：12.

② 见《丁福保医学论文集》（待出版）之《新医学丛书总序》。

③ 丁福保．畴隐居士六十自述［J］．青鹤，1934，2（13）：4.

④ 见丁福保《历代名医列传·赵静涵先生》，第86-89页。

⑤ 丁福保．医话丛存·赵静涵先生家传［M］// 丁氏医学丛书．上海文明书局，1910：114-116.

⑥ 同④，第88页。

那么，丁先生系统的医学知识是从哪里得来？这就不得不提上海的东文学堂。这是一所以学习日文和日本书籍为主的学校，丁先生回忆在此校的经历说："余于医学稍得一二新智识，皆从日文中来。余之日文，皆得力于(盛)宫保设立之东文学堂。"[①] 日本江户时期（1603—1867）之初，兰医（荷兰医学）就已经传入日本。经过200多年的译释、融合，其势力越来越大。至明治维新时期（1868—1911），西洋医学已在日本占据了统治地位。日本翻译西医知识时，常采用已有的传统汉医术语，其中"卫生"一词，已从中国古代养生扩大到整个医务和保健。中国古代养生基本属于个人行为，但到明治维新时期，"卫生"概念已扩大到社会健康、环境卫生（如阳光、水质、空气、饮食、居处等方面）。丁先生早年的《卫生学问答》，不仅汲取了日本"卫生"一词，内容也比较接近，但其中还有部分中国传统养生保健知识。经过在东文学堂的系统学习，已有中医基础的丁先生，又较全面地掌握了从日本传来的西医知识。中西两种医学在丁先生的头脑里已经经过多年的会通与比较，所以他在1903年被张之洞聘到京师大学堂教书时，除算学而外，又加授一门"生理学"课。有了这些年扎实的医学学习，丁先生终于在1909年的南京督院医科考试中独占鳌头。

这次考试在《畴隐居士自传》中被列入"南洋医科考试"一章。其题目涉及中西脉学之得失、中西药学之异同、用西法详阐《玉堂闲话》药麻脑部手术之证治、爱克斯光线之功用、中西针法、鼠疫病因疗法、《说文解字》"恖"字以证知觉属脑之说。其中需要用中西医两种知识的考题就有5则。其中脉学、药学、针法的比较都是当时颇有争议的问题。

丁先生是怎样应对这些考题的呢？其答案见于《畴隐居士自传》，文长难录，仅扼要摘其一二，以明丁先生的中西医比观。

考题一：《内经》论脉有三部九候，至晋王叔和，始有两手之寸关尺，候五藏（脏）六府（腑）。后世因之。而西人脉候，则以中医分配藏府（脏腑）为妄，其得失奚若？

丁先生的回答，先回顾中医脉学起源，认为王叔和以寸关尺分候五脏六腑，乃"附会支离""误后学而坠良才"；又回顾西医合信氏以寸关尺为妄，"谓一脉可验全身之病则可，谓某部之脉独决某经之病则不可"的观点。然后表明自己的看法："吾国古来相传之诊脉法，以历数千年之经验而得者，其说固未尝非也！"为论证这一观点，他将脉分为"至数"（频率）、"调节"（节奏）、"个个脉状"（脉波），用临床所见所得，不厌详悉地罗列以上3类脉在不同的生理（男女、老幼、昼夜、姿势、饥饱、情绪变化等）、不同的病理状态下（体温、各种内外传染等疾病、中毒、精神病等），用来诊断疾病的依据。最后他亮出了自己的结论：

---

① 见丁福保《畴隐居士学术史·中日文化交流》，第157页。

据近世之学说，则知脉搏不仅可以验周身之病，各脏腑之病亦未尝不可验之，特不可强分寸关尺以分藏府（脏腑）耳！以王叔和较合信氏之说，固王氏失而合信氏得矣。若以今之学说证之，合信氏亦未必无失。要之脉学古疏今密，古拙今巧，非今人之才胜于前人也，有古之疏且拙者以为基，而今之巧且密者遂缘是以起。由合信氏之时以观王氏，亦犹之据今之学说而视合信氏也。然则昔之以为得者，今人既以为失，而今之以为得者，又安知后人不以为失耶？学说以研究而日新。新者主之，旧者奴之，方可与世界学者相见于文明之坛。又乌取夫颛己守常，姝姝焉自悦其故迹，终古而不化哉！①

这篇策论观点明确，说理严密。他虽然不同意中医传统的三部脉候五脏六腑之说，但是并不否定中医数千年的诊脉经验，并且能从西医诊断的角度，罗列大量无可辩驳的临床依据，说明脉诊可以诊脏腑及其他特殊疾病，并非只能诊周身之病。他认为现代的进步是建立在古人基础上的，且这种进步也要不断更新，不能守常不化，否则就无法“与世界学者相见于文明之坛”。换言之，固守旧说、不思更新，就无法使本来有经验基础的学说进入世界文明行列。

笔者通读完丁先生的考题答案，才知道先生并非如他在报刊上发表的科普文章那样只知道一些浅近的西医常识与卫生方法，原来他对西医各种疾病的诊断及生理病理知识如此熟悉，不愧为京师大学堂的生理教习！同时也体会到先生并不抹杀中医的实际经验，他能用西医知识来证明中医脉诊可诊脏腑之疾，从本质上来说，就是在用西法理论阐释中医脉诊经验的可靠性。窥豹一斑，笔者也由此体察到丁先生论病说理不谈五行、气化，却也能被当时的中医界所尊崇的奥妙所在。

限于本文主旨与篇幅，以下不再详细罗列丁先生全部的考题答案。南洋医科试卷实际是他对中西医某些问题的策论，即便现在读起来，也还是能给人以启发。丁先生的策论观点都很明确，语言却朴实平和，分析问题以理服人，不走极端。单独摘出他的某几句话，似乎是他在“反中医”“攻击中医”，但若全面了解他说话的时间与对象，以及他一贯的基本观点，就会发现他一贯坚持“学问无论中西，惟求其是”，不带偏见。从这点出发，在中西医论争最激烈的20世纪二三十年代，丁先生不树敌、不攻讦，我行我素，挑选他认为对国民有用的医学知识予以介绍，并力主国医科学化。

在丁先生的眼里，医生的职业是“天壤间至难之业”。他在《论医之目的》一文（见本论文集）中，无不辛酸而又活灵活现地勾画了当医生的磨难：忙碌、恓惶、耐心、隐忍、疲顿、无奈，治疗无效时还要面临病家切齿，同业飞谗。遇到猛毒可怖之传染疾患，医生要像战士一样“投身凶焰，与将士之暴原野、冒锋镝，殆无以殊。然将士之陨首疆场者，

① 见丁福保《畴隐居士自传·社会服务》，第37页。

犹得垂名竹帛，流芳千祀，而遗族或犹叨国家之恩恤焉。医不幸而死，则唯有最亲爱之家人，热泪数行，抚棺一恸已耳”。在他看来，医生只有好坏之分，没有中西医高下之分。他见到“晚近以来，号称新医学家者，鲜衣肥马，日事嚣凌。论前辈则横加蜚语，治疾病则草菅滋甚”[①]，这等医生，在丁先生眼里，不过是“浮薄”之辈而已。民病则国亦病，民寿则国亦寿。真正的业医者，必须以“救济疾苦”为己任，才能对国民有益。

（二）国医科学化

丁先生所处的时代，正值清末民初。其时腐朽的清王朝已是千疮百孔，早已无力通过政府来扶持、管理和改进医疗状况。随着清末人口波动变化，社会对医生的需求量也随之急增。我国古代曾经有过的官办医学教育、医学考试等制度，但未能在清代传承并发扬。大量未经系统训练的医生，乃至游医充斥城乡。皇家因针刺火灸不能施于龙体而取消了针灸科。原本在宫廷医学分科占一席之地的中医针灸、推拿疗法只能交给民间理发师来施行。江南水网地区随着都市发展，人口密集，水源污染，环境恶劣。加之外来传染病传入，瘟疫流行，使清代成为历史上疾病最为肆虐的朝代。种种社会以及医界自身的问题，限制了中国传统医学的发展，也使中医管理与学术的许多弊病日渐增多。清后期汹涌而来的西医，对当时的中医造成了巨大的学理冲击和医疗市场挤压，迫使中医承受自强革新前的阵痛。

面对中西医碰撞，丁先生有他自己的观点。他认为“中西医不可互存私见，当从学术方面着想”，力避攻讦，虚心探讨，“总之各有短长，互有得失。在现在之中医界，自宜采取他人之所长，以补己之不逮。”[②]他对中医的效验是肯定的:“吾国医药有四五千年之经验，能治愈之病甚多，且有物资秘方，其灵验有在西药之上者。所以今之患病者，尚有一大部分笃信吾国医药，而无丝毫之疑也。”也就是说，他认准了中医有经验、有疗效、有群众基础，这是不动摇的根本。但他也毫不隐晦地指出中医的缺点所在：“然国医大之缺点在于无解剖学、生理学、组织学、胎生学、细菌学、病理学等基础医学之知识。又无传染病及各种内科学之世界知识，故政府开医学大会，或国际开防疫大会等，国医皆不克列席。甚至与西医在病家会诊，凡论列病原、症候、病理等，仅有西医理论，而国医则不能赘一辞也。”[③]中医缺乏与世界学者交流的地位，令他忧虑。

当西医解剖及某些生理常识已经普及之时，再去看中医古籍中的某些记载，就会发现其中的糟粕。丁先生举了几个例子来说明这个问题。

---

① 见丁福保《历代名医列传·赵静涵先生》，第89页。

② 见《丁福保医学论文集》(待出版)之《中医简易疗法及医生道德问题》。

③ 见《丁福保医学论文集》(待出版)之《国医科学化之我见》。

其一是宋代庞安常论“子痫”之病理治法，说是“胎儿出胞，误执母肠胃，则成斯病”。治疗时只要隔着肚皮用针刺胎儿的虎口，儿手松开病就好了。其二是宋代《妇人良方》催生丹方有说明，说服一丸就能生产，男婴儿会左手握着丸药出来，女婴儿会右手握着丸药出来。丁先生对前者的批评是“未知胎儿在子宫内，毫不与肠胃相通”，对后者的批评是“未知不消化之药剂，不能奏效也”。此外，他还批评了“主张炼服处女之经水，可以补摄命根者；有谓烧犊鼻裈（内裤）服之，可以免病之再发者……诸如此说，不遑枚举，皆妄诞之甚者也”。在社会教育已将数理化及基本人体生理知识普及的情况下，再为丁先生所批评的上述荒诞药物及理论曲意辩护，很难得到民众的认可。

丁先生后来在中央国医馆提出的“国医科学化”，是在他几十年医疗经验及实地考察中外医学的基础上凝练出来的见解。他深切认识到“中国医药，实在很有神秘的特长处。所以今日尚含有多大势力，为一般人所信仰”。例如，他见过用单方治愈花柳病的案例，也验证过用脚鱼（鳖）疗脚气。因此，他说：“于此可知‘以土补土法’，一若伏龙肝的止泄泻，殊有意义，未可厚非。苦参子之于痢症，蜒蚰之于喉肿，常人尚能知之。此等神秘似的特长处，只须加以提纲挈领的整理法，旁参互考的阐明法，不特中医可博多人的采声，而世界医学从可改观矣。”① 这是从发掘中医实践经验的角度提出来的中医整理观。

对他震撼最大的还是他在日本考察的见闻。宣统元年（1909）的考察日本医学之行，应该载入史册。与薛福成考察西欧不一样，这次日本考察的重点是明治维新以后的日本各科医学现况、改革医学之过程、一切医学堂医院之规制课程，以及日本汉方、中药、针灸等的现状。这是一次深度考察，目的是“振兴医学之助”。这次考察参观了日本的东京养育院、青山医院、帝国脑病院、胃肠医院、传染病院、冈山孤儿院、帝国医科大学、顺天堂医院等许多医学机构，对其建筑、制度、设备、人员、费用等都有非常详细的记载。日本对国外先进的医学吸收与消化的能力很强，到明治维新之时，以北里柴三郎为首的一批科学家在细菌和免疫制剂方面的研究已经迈进了世界先进行列，并有所创新。丁先生不仅亲见了日本多所医院的规模与设备，也深切地感受到彼邦学者竞相追赶的研究风气，对比国内医者大多为了自身衣食而奔忙、无暇从事医学研究，他已经觉察到两国医学之间的巨大差距。

作为一名医生，他无力就国家的医疗保健制度进行改革，但他秉承从赵元益那里得到的启示，“尽搜彼国医书之良者”“简其精要者，博而大者，译而刊之”。这也是丁先生回国以后，不为高薪聘请所动，一心一意翻译从日本购回的大量医书的原因。他在《新医学丛书总序》（见本论文集）中说：

① 见《丁福保医学论文集》（待出版）之《中医简易疗法及医生道德问题》。

近世东西各国医学之发达，如万马之腾骧，如百川之汇（会）萃，磅礴浩瀚，骎骎乎随大西洋之潮流，渡黄海岸，入亚东大陆。俾不才肆其雄心，穷其目力，运其广长之舌，大陈设而吸饮焉，岂非愉快事哉……而各学科光怪陆离之新理新法，一若对万花镜之回转循环，使人应接不暇。虽日写五千言，积以数年之久，犹不足尽译其所长，以供医林之参考。甚矣！夫医籍之浩博也，不得不延人翻译，以代草创之劳矣。余则黾勉朝夕，笔之削之，一再以书，往往至模糊不可辨，不自知手腕之几脱也。

这段话既表达了他对汹涌而来的东西方各国医学新进展的激动、感奋之情，也表达了他时不我待的紧迫心情。以他个人之力，即便一日翻译5000字，几年也翻译不完，于是他只好请人翻译，自己再修改。他夜以继日地挥毫笔削，都“不自知手腕之几脱”，可见其辛劳之一斑。

丁先生翻译或编译的书籍究竟有多少种，很难统计出绝对准确数字，一般认为有300来种。这是因为其书类型众多，名称或变，统计不易。就医书而言，也很难有绝对准确数字，有的医书因中西兼有，甚至很难将其归于西医抑或中医。据最近的研究，至清宣统三年（1911），丁先生先后转译、编译或编述之日本西医书几种至百种，翻译日本西医书籍百余种。①另据丁先生《畴隐居士自传》中统计，其医学著述83种，其中涉及综合医学基础、解剖、生理卫生、组织、病理、诊断、药物与处方、传染病、肺病、神经系病、皮肤病、杂病、妇科、胎产、求孕与避孕、性病、护理、催眠与按摩、摄生自疗、中医、医学史、身之肥瘦法等24类②。但这些书中，还不包括其晚年所出版的多种医书。笔者依据1930年丁先生的自述统计，1901—1920年，丁先生共出版医书133部（有无重复书种不明）③。

丁先生所译之书，内容广泛，语言浅近通俗，多切临床实用，贴近民众防病治病所需，且能及时翻译介绍日本西医研究的新进展。因为他学贯中西，故时或糅合中西医学于一书，力求“达旨”，并非完全忠实于西医原著之外在形式。清末在华外国医师与中国学者合译之书，多侧重系统翻译西医各科经典，严谨有余而通俗不足，宜于医学生教学而不宜于面向民众普及。丁先生从日本转译或编述之书行世，就使西医知识更容易为广大社会民众所知。丁先生在晚年的时候，说他所刊行的书虽有数十种，但“皆带有时间性。时过境迁，宛似已陈之刍狗，无足述”④。但这些书在当时所发挥的积极作用，不可埋没。

至于丁先生所出中医书，据统计，还不到他所出医书的十分之一，而以融合中西或

① 牛亚华．中国汉译西医学著作在日本的流传和影响［J］．中华医史杂志，1997，27（4）：231–234.

② 见丁福保《畴隐居士自传》，第56–57页。

③ 丁福保．医学与佛法［J］．良友，1930（48）：12，13，22.

④ 丁福保．畴隐居士六十自述［J］．青鹤，1934，2（13）：7.

纯属西医的居多[①]。另有学者统计，其中医书就有《内经通论》《伤寒论通论》等30余种[②]。这种统计差距，关键在于对其书归属的理解不同。检视《中国中医古籍总目》，其中《丁氏医学丛书》载书4种，《丁福保医学丛书》载书7种[③]。但其中就有日本学者所著《医界之铁椎》《删定伤寒论》2种。从本论文集所收的"《新内经》序""《新难经》十条"来看，《新内经》乃"甄录所编译之组织、解剖、生理、病理、产科等篇若干首，以古医书之舛讹者附注于各条之下"，与传统的《内经》已完全不一样。《新难经》也是一样，与中医《难经》无一相同。例如：

第三十难曰：患伤寒者，左胸何以疼痛？答曰：因脾脏欲肿大故耳。

第三十一难曰：患伤寒者，其皮肤呈苍白色，此何以故？答曰：伤寒当发热期间其赤血球减少，更兼皮肤血管之血流不足，故虽至恢复期，其皮肤亦呈苍白色。

其实际内容是采用中医病名及症状，再用西医之理论予以阐释。然而这就是丁先生心目中的新医学模式。究竟应该算中医书还是西医书，自然会引起争议。

那么，丁先生所主张的"国医科学化"，是否都如上述诸书一样，取中医之病名病状，采西医之理论阐释呢？也未必尽然。丁先生在《国医科学化之我见》中所阐释的科学化，"系以科学方法整理改进，俾成为有系统之学科"，这就涉及用科学方法来整理改进中医的学术体系与分科。按先生的整理法，"选择各医书之最简要者，为简易科，极详细者为正科，复将两科书目，用提要钩玄之法，作为提要，任人选择，为朝夕补读之资，此即所谓科学化也"[④]。此属文献整理法。所谓"简易科"，是取各类医书的最简要者，可作入门书及手册；所谓"正科"，是取各类医书中最详细者，可作参考工具书。在精选两科医书后，将其书目"用提要钩玄之法，作为提要"，作为指导选书之用。丁先生认为，若"先将简易科各书，相与熟玩而强记之"，"然后再选读正科各书，必能一门深入，使国医为真正之科学化"。可惜丁先生并没有先拟出一个两科书目，给后世读书作一引导。

当然，丁先生上述文献整理方法，并不是他"国医科学化"的全部内容。在涉及一些具体问题时，他还会提出其他一些方法。例如，他对中医针灸的疗效是非常肯定的，认为针灸所治的许多疾病，"皆西人之所未尝研究者"，所以西方人因不懂而轻视。但日本的针科医生则不同，"皆能明解剖、生理、病理、诊断、内外诸科，故能将新旧学说融会贯通，以发明针学之神奇。而吾国之为针师者，大抵以薙（剃）发匠任之，漫无学识。"[⑤]由

① 赵璞珊．丁福保和他早期编著翻译的医书［J］．中西医结合杂志，1990，10（4）：248–249.

② 伊广谦．丁福保生平著作述略［J］．江西中医药学报，2003，15（1）：31–32.

③ 薛清录．中国中医古籍总目［M］．上海：上海辞书出版社，2007：962–963.

④ 见《丁福保医学论文集》（待出版）之《国医科学化之我见》。

⑤ 见丁福保《畴隐居士自传》，第56–43页。

此看来，对针灸的整理，丁先生是希望能像日本针科医生一样，贯通新旧学说，发明针法神奇。

又如，在药物的“科学化”方面，丁先生倾向于“辨质之法”，即成分分析法，认为此法“本化学而多实验，其法精密”。他对清末的中药状况十分忧虑：“近来西药之势力日益扩张，设一旦尽用西药，则吾国之药物几全废弃，而外人择吾废弃之药，稍加制炼，增十倍之利，仍售诸吾民，则每岁漏卮之大，何可限量。”对此状况，他的对策是：重新整理旧本草，将药物分成6类。毫无功用、不堪入药者为一类，价昂而功用甚少者一类，古人仅知其功用之一半者为一类，本草全误其功用者为一类，东西洋之药物学家尚未知其功用、为吾国之所特有者为一类，其效见于古书而今人不敢常用、宜揭出之以保国粹者又为一类。然后“拟用化学辨质之法，将中药之不堪入药者去之，功用甚微者抑之，全误其功用者纠正之，西人未知之药物，为吾国所特有者发明之，略见于古书而今人不敢用者，光大而昌明之。凡中药之已见于东西洋之药物书，而已晰其成分者，分别部居而荟萃之，易辨气味而为辨质，亦未始非吾国药物学进化之一大关键也”①！

丁先生对中药“易辨气味而为辨质”的主张虽然有些偏激，但强调整理旧本草，甄别区分药物疗效，注意发掘我国特有的发明，努力用现代化学辨质（分析）方法去发扬光大我国固有的传统药物，还是很有见地的。

由于丁先生大半生忙于编刊书籍，无暇过多参与社会活动。他能拨冗参与当时的中央国医馆编审会，并应允担任委员，说明他对研究发展中医药十分重视。受时代局限，丁先生的“国医科学化”内容并不系统，甚至有某些偏颇之处，但“国医科学化”的设想，直到今天，仍然是发展中医药的重要方面。

三、附言

关于丁福保先生的简要生平，以及他在医学方面的业绩与见解，笔者以一孔之见，写下了以上的介绍。丁先生一生的活动与业绩绝非此小文所能概括，挂一漏万、数据欠准确之处恐亦难免。完成上述介绍，笔者已深深为丁先生的一生所感动。先生在而立之年为自己立下的座右铭，犹在耳旁：

待人当慈祥和厚，情谊纯挚；处世当深沉不露，用心缜密。作事当坚忍勇毅，于千辛万阻之中，不许有半个难字出口……

丁先生费了大半辈子心血译述刊行的医书，至今大多数已经过时，不再风靡于世。他

---

① 见丁福保《畴隐居士自传》，第56–39页。

一生致力于“国医科学化”实践，有的做法被沿袭下来，有的尝试却被人忘却。但他在那个时代所放出的光辉，永远不会被湮没。他是一位全才，兴趣如此广泛，在不同的领域都能做出辉煌的业绩，确实超凡脱俗。他最早在南菁书院所学的治学门径——书目学，被他广泛应用于各个领域。他初入算学领域，所编的第一部书就是《算书书目提要》。以后他在医学、文学、佛学、古泉、道藏等领域游弋之时，都注意编写书目，为后人留下了宝贵的入门工具书。

伊广谦先生注意到丁先生在中医文献方面的卓越建树，提到丁先生原拟编撰一部囊括经史子集四部目录的目录学著作《四部总录》，由于卷帙浩大，未能全部印出。1955年由商务印书馆将其中子部医家类提出，出版了《四部总录医药编》一书，共著录医书1500余种。① 笔者作为医史文献研究者，经常受惠于先生所编此书。丁先生另外还留下了一部医史人物工具书《历代名医列传》，别开生面设置“附录”，记录了英、美、德4位医学科学家的生平业绩。该书从周代到清末，上下数千年，只记载了30位名医。很明显这是秉承赵元益对医史人物的品鉴思想而遴选出来的。书中各传并非出一人之手，但多数是丁先生亲撰。这些传记将人物写得栩栩如生，并经常插有个人评述。故其书名为“列传”，实则几近评传，别有风味。

先生中年以后向佛，乃是诚心皈依，所以才有晚年的许多慈言善举。先生自幼患结核，几次大病濒死，且毕生忙碌不已，却寿至79岁高龄，这和他自通医术、善于养生不无关系，但“仁者寿”恐怕也是原因之一。他以“夙世未能成佛去”为憾，但“此生又为读书来”，给人间留下数以百计的著作。今年是先生诞辰140周年，晚辈谨以此小文祭奠先生在天之灵！

（郑金生写于2014年3月）

后记：此篇与随后的三篇人物介绍，都是未发表之文。此四文原为王咪咪主编《二十世纪初中医名家医学文集丛编》第二集的各大师医学论文集前的人物介绍。但文成之后，论文集却未能出版，故将此四文先收入本《文选》。

丁福保先生在近代医史上非常有名，他出版的医书之多令人咋舌。但我过去对他的生平知之甚少，更不知道他的主要业绩在哪里。借写此文的机会，沿着丁先生走过的路，一路观览其所作所为，宛如游览苏州庭园，移步换景，又每景皆令人赞叹！丁老的一生，就是与书有缘，难怪他会说“此生又为读书来”。写完此文，真真地喜欢上了这位老前辈，他的志趣、智慧、心态、毅力、人品，无一不让人钦佩敬重，让人怀念。

---

① 伊广谦．丁福保生平著作述略［J］．江西中医药学报，2003，15（1）：31–32.

大师谈医是与非
——章太炎先生中医论说简介

郑金生

国学大师章太炎先生是近代风云人物之一。《辞海》"章太炎"条给他的定位是"中国民主革命家、思想家、学者"。无论谈论中国近代历史，还是涉及国学诸多方面，都会涉及"章太炎"这样一个响亮的名字。

按说这样一位民主革命家、国学大师，似乎与中医没有太大的关系。但笔者在步入医史领域这30多年间，章太炎先生的大名却不断撞击耳膜。1983年在厦门开会时与医史前辈学者范行准先生相处的一周内，更体察到范老对其师祖太炎先生的敬重之情。由于个人研究领域的限制，笔者一直没有机会深入了解章太炎先生的业绩，仅在平时阅读中断续得知他若干令人惊叹的人生片段。这次为《章太炎医学论文集》撰写作者介绍，笔者得以大致了解太炎先生坎坷不断的生平。

一、民主革命与国学研究背景

章太炎（1869—1936），名炳麟，浙江余杭人，故人称"余杭先生"。他的一生以其青壮年时最为坎坷，其时正值改朝换代、跌宕不安的时代。他的学识、性格、政治取向等诸多因素，使他在那个时代的政治舞台上尽情发挥，因而也遭到许多磨难。光绪年间，他积极参与维新运动。戊戌"百日维新"失败后（1898），为躲避清政府缉捕，他携家避难海外，流亡日本。在日本期间，他结识了孙中山，推翻清廷之志弥坚。1900年，他剪辫明志，投身民主革命。1903年，他为邹容《革命军》写序，惹怒了清廷，被捕判刑3年，与邹容同在一狱。3年后太炎先生出狱，被孙中山派人迎到日本，直到辛亥革命推翻清王朝才返回沪上。

民国初建，百废待兴，政局波动，扑朔迷离。对于章太炎先生来说，这是很不平静的一段时期。辛亥革命后最初一两年，太炎先生还很风光。1912年袁世凯当总统时，他被任命为东三省筹边使，次年还得到了袁世凯授予的二级勋章一枚。袁世凯篡权不久，即倒行逆施，实行独裁专制，太炎先生遂投入讨袁行列。他曾把袁世凯授予的勋章当作扇坠子，在总统府门口公开斥责袁世凯包藏祸心。他这样近乎疯狂的举动，岂能被袁世凯所容？袁世凯于是将他软禁了近3年，直到袁死后（1916）才恢复自由。

此后数年，张勋复辟，军阀混战不断。据时人评述："章氏自入民国，盖犹思以儒者服官，抒其治平之略。故于民元时曾一入京师，膺东三省筹边使之命。其后稔知袁氏之不可与有为，幽囚不屈，被放南归。会值南北分裂，北洋部曲，相继秉国，遂终其身杜门里居，不复为世用。"（见本论文集[1]梦蕉之《悼章太炎先生》）也就是说民国之初，太炎先生还曾想以儒者身份参与国家治理。当他认识到袁世凯的祸心之后，抗争不屈而遭软禁。此后南北分裂，北洋军阀执政，他就闭门不出，也不再为当局所任用。北洋军阀统治结束后，国民政府也不愿意让太炎先生"搅局"，采用"养起来"的办法让他"殚心讲学"。故在民国建立之后，太炎先生逐渐淡出政治，回归国学研究。

太炎先生的国学研究功底十分深厚。他最初名为"学乘"，字"枚叔"，可见他对汉代辞赋家枚乘是何等地景仰（后改名为"炳麟"）。因对清廷的不满，又使他无比仰慕明末清初的思想家、学者顾炎武（1613—1682）。顾氏既是反清复明的义士，又是学问渊博的学者。顾炎武初名"绛"，为此，太炎先生也改名"绛"，号"太炎"。太炎先生自幼入私塾，又受家学影响，系统学习了文字音韵学，并深研许慎《说文解字》、顾炎武《音学五书》等书籍，打下了初步的国学基础。1890年，太炎先生遵父遗训，进了当时杭州著名的书院诂经精舍。该书院由经学大师俞樾主持，崇汉学、轻理学，所以太炎先生的国学又更加精进。此后，他陆续写了很多国学研究著作，名声远播。他曾在沪、杭一带办报、讲学。1906年起，他在日本逗留5年多，又在日本成立国学讲习会，或为留学生开班讲学，弟子日益增多。这段时间太炎先生撰写了很多文著，也培养了一批高才弟子。

进入民国以后，太炎先生在政治上的活动逐渐减少，但在学术上的活动则日渐增多。民国七年（1918），太炎先生曾在四川、重庆等地讲学。这一年北洋政府教育部公布了中国第一套为汉字注音的"注音字母"。这套字母源于1913年读音统一会制定的方案，该方案以章太炎记音字母为基础，选取了其中的15个字母。可见太炎先生对中国古文字的研究卓有贡献。1925年，太炎先生又创办《华国杂志》，并游鄂湘讲学。1932年移居苏州，在国学会讲学。1935年，特立章氏国学讲习会，开立讲堂，常年主讲，并创办《制言》半月刊。太炎先生先后讲学近40年，弟子甚多。其中包括黄侃、吴承仕、朱希祖、钱玄同、周树人（鲁迅）、沈兼士等人，后来皆成了名家。

太炎先生的国学研究范围非常广泛，涉及经学、文学、语言学、历史学、哲学等许多

---

① 指《章太炎医学论文集》。本篇中所提本论文集均指《章太炎医学论文集》。

方面。鉴于太炎先生的辉煌国学成就非笔者浅陋学识所能概括，同时也不是本篇小文讨论的主题，因此不再多加引述。

本文以上对太炎先生极为简略的介绍，其中并没有涉及他的医学活动。太炎先生并非以医为业，但他在20世纪中医发展最为艰难的二三十年代所发表的若干中医文章，以及其门下众弟子，却对当时中医发展产生了一定的影响。本论文集搜罗了太炎先生逝世前10多年的主要医论文章，可以反映国学大师是如何对待中医的存废问题，以及对继承发展中医的某些重要见解。

二、毁誉交集

太炎先生谈医的文章，主要发表在1920—1930年间。在北洋军阀统治之初（1912），时任教育总长的汪大燮就鼓吹“废去中医，不用中药”。此后十几年，中医一直在为生存而抗争。1927年，余云岫又提出了“废止旧医以扫除医事卫生之障碍案”，并在当时的第一次中央卫生委员会上通过。此举激起了全国中医的愤怒，中医界抗争浪潮一浪高过一浪，中西医论争也就愈演愈烈。

北洋军阀时期，军阀连年混战。这段时间太炎先生逐渐远离政治漩涡中心，回归故里从事讲学，并开始热衷于中医的研究。其弟子陆渊雷介绍说：“余杭章太炎先生，国学泰斗，文章巨宗，常以其余绪治医。既博闻强记，识见卓绝，而游其门、相与上下议论者，又皆一时之俊。是以每以（拟）一义（议），足令越人却步，仲景变色。”越人即秦越人，亦即扁鹊。陆氏的这番评论，确实把太炎先生捧得很高。他还说太炎先生是“中医之发明家，前无古人”（以上均见《陆渊雷医学论文集》第432页），则不免有点言过其实。陆氏得太炎先生亲炙，有时与先生论医，先生“竟日不倦”，结合太炎先生生性好动、好谈的秉性，这倒是可信的。张破浪也是太炎先生的崇拜者，他认为“太炎师实为医药界中近世之集大成也”（见本论文集《治温退热论》）。

据太炎先生另一名入室弟子章次公介绍，在上海国医学院初创时（1929），“乃敦请先生为院长，发凡起例，皆经先生所手订。规摹始立，医药之书，亦渐推明。医林髦士，翕然从风，遂为全国斗勺。追维创导，所以摩荡人心者，则民族革命之导师余杭先生，亦即国医革新之导师。”（见本论文集《章太炎先生之医学》）太炎先生除担任上海国医学院院长外，还曾担任过上海中国医学院的首任院长（1927）。可见在当时的中医界，国学大师太炎先生的声望是很高的。

毋庸讳言的是，当时对太炎先生医论也有完全相反的评价。本论文集中收录的陆士谔《对章太炎进一驳言》就是其中之一。该文认为太炎先生对五行学说的批评，属于“好高立异，定以驳去古说始快吾心”的不当之举。其后果是：“一旦驳去古说，将历代名医著述，尽摧毁无遗乎？”陆士谔在此文之前，引述了一段宋代故事：

苏东坡为宋代文学名人，文余之暇，偏喜谈医。当时人士因信仰其文，并信仰其医，以致圣散子一方，遗祸直及於（于）清代。盖医学尚虚怀，文人多自信。以自信之人，事虚怀之学，必何其不为所误？

这一故事原出宋代叶梦得《避暑录话》，说的是苏东坡为“圣散子方”作序的事。“圣散子方”以大队热药为主，当时有侠士巢谷得“异人”传授此方，据说“凡伤寒不问证候如何，一以治之，无不愈”。苏东坡好奇，为此方作序。此方又附在苏氏好友、名医庞安时《伤寒总病论》之后，故得以广为流传。北宋末，此方盛行于京师，“太学诸生，信之尤笃”。结果在瘟疫流行时，此方“杀人无数”。陆士谔引这一故事，是暗示太炎论医，不过是文人自信无所不能的纸上谈兵。但因名人效应，文人的虚谈则可能遗祸误人！

太炎先生曾为陆渊雷《伤寒论今释》作序，云：“医以疗病为任，得其疗术，即原因亦可不问。”此文更是引来批评，或认为太炎先生“虽不明言推翻中医，而阴推翻中医之学说”，且身为“国中通儒，职任又为国医学院院长”，却在为反中医邪说“推波而助澜”！（见《医学杂志》第72期《致章太炎书》）太炎先生不以医为业，他老来谈医，却很少为人治病，缺少临床经验。这一点也常为反对他的人所诟病。陆渊雷对此曾加以解释：“顾先生之家人戚属，偶撄小疾，辄外召医，不自与药，与药亦不甚效。盖学问家之医学，固未可与临病之工较一日之短长也。”可见他并不掩饰太炎先生不善临床治疗的一面，但他认为太炎先生论医，是属于“学问家之医学”，与临床普通医生无法比较。

太炎先生死于1936年。1949年以后，在整理中医学术、编写全国中医统编教材等过程中，太炎先生的多数医学观点并不被看重。近年来，中医学术期刊上虽然也有若干谈太炎先生医学思想的论文，但大多偏于“扬善”，对先生那些引起争议的观点和文章每每回避不谈。不过这些文论有一点是共同的，都指出太炎先生绝不属于废止中医派人物。这一点在本论文集中多处可以体现。例如，太炎先生《原五行》第一句话就是“中医不可废也”！太炎先生在多篇文章中旗帜鲜明地表明了这一观点。

如何来总结毁誉交集的太炎先生的学术思想？如何来评价他论医的价值？他究竟是一位国医导师、中医发明家，还是一位空谈误人、阴损中医的文人？这就必须从他的文著中去寻找答案。太炎先生名满天下，要讨论他的医学思想，非常不易。尤其对于笔者这样的后学，似乎更加困难。对此，早在民国间就有人提到：“章氏之学术，应由其门弟子为系统之阐扬叙述。”（见本论文集梦蕉之《悼章太炎先生》）循此思路，本文拟从太炎先生弟子章次公对其师医学学术的总结入手予以分析。

三、太炎先生学医三事

章次公（1903—1959）是近代名医。他20岁左右就学于上海中医专门学校。后“因海宁孙世扬之介，执贽门下（太炎先生门下），言医药之学，启发恳至，采获实多”。太炎先生有这样一位高弟，自然在传授之时倾其所有。

章次公言，他所得太炎先生学医真传有三件大事："贯习群方，用资证验，一也；上不取《灵枢》《内》《难》，下不采薛、叶诸家，以长沙为宗师，二也；兼综远西之说，以资攻错，三也。"（章次公《章太炎先生之医学》）

以下按此三事分别介绍太炎先生的医学思想。

（一）贯习群方，用资证验

章次公不愧是太炎先生衣钵传人，他对老师整体学术思想把握得十分准确。他在《章太炎先生之医学》中提到，太炎先生平生学术，"始则转俗成真，终乃回真向俗"，"不好与儒先立异，亦不欲为苟同"。他还引用老师的话："尝谓学术无大小，所贵在成条贯。制割大理，不过二途，一曰求是，再曰致用。下譣[①]动物植物，上至求证真如，皆求是耳；人心好真，制器在理，此则求是、致用更互相为矣。"（章次公《章太炎先生之医学》）

太炎先生治学既以求是、致用为目的，自然特别关注中医"证验"问题。而中医证验的临门一脚，就在处方是否能获良效。所以太炎先生将"贯习群方"作为学医的第一要事。这种"群方"泛指一切有效的药方，包括单方验方。太炎先生两位弟子都提到他重视单方的言论。章次公云："章氏太炎，谓药之初兴，单方而已，皆人类本能所发明。"陆渊雷则说："记得章太炎先生说过，医药的第一步是单方，单方都是病人自己发明的。单方渐渐多起来，汇齐记录，便成一部本草。"［谢仲墨《国药之历史观与改进论》（初续），见《谢仲墨医学论文集》第73页］这实际上指源于医疗经验记录的单方。

在本论文集中，收录了一篇太炎先生撰于1923年的《拟重刻古医书目序》。该序提到"《甲乙》《肘后》《鬼遗》及《证类本草》、孙辑《神农本草》，本医师所不可阙者"。其中葛洪《肘后备急方》属于早期民间效验方汇集，《刘涓子鬼遗方》则记录了大量的外科内服、外用方。两部本草（《神农本草》《证类本草》），一为现存本草书的源头，二是宋代集大成的本草专著，其中蕴藏着古代大量的治疗经验。太炎先生称之为"医师所不可阙者"，足见他说的"中医不可废"确实是肺腑之言。因为他最重视的就是中医的临床疗效。因为方药书中记载了大量可资证验的治疗经验，这就意味着中医不可能也不应该被废止。在这篇序中，还可看出太炎先生对许多方书切中肯綮的评价。

例如，太炎先生认为："《本事续方》亦多胜处，《良方》伤于奇峻，《局方》偏于香燥，诚如昔人所指，然如至宝丹、四君子汤、二陈汤、香薷饮等，人所共晓。不得其书，则冥冥不知缘起矣。"他能从《中藏经》"用药与古绝殊"，推断出此书并非三国华佗所撰，当"出自晚宋"。理由是唐代"《外台秘要》所录元化诸方，此并不见，颇疑宋臆造"。太炎先生

① 譣：《说文解字》中指出其义同"问"，此处即过问、了解之义。

以其宏富的经学知识及校勘考证方法，提醒学医者“宜得善本而读之”。对此他举例说明：成无己注解的《伤寒论》与林亿校正的宋版《伤寒论》并不相同。成无己删除的一些内容对阅读和使用伤寒方有着切实的负面影响。此外，该序还提到：“《活人书》《三因方》《圣济总录》《儒门事亲》，今上海皆有印本，其余单行者殊少。”并寄希望于后人能够更多地重刻古医书。太炎先生对重刻古医书寄予厚望，正是对中医宝库的重视，这和某些把中医称为“旧医”“伪科学”，视为医疗卫生发展障碍的人有着根本的不同。

除此以外，在本论文集中，还经常可以看到太炎先生例举他所见到的当时医术高明的老中医是如何用中药取得显著疗效的，也可以看到太炎先生许多对医方用法的分析。至今在上海中医药大学图书馆还存有《章太炎先生手写古医方》一书，可见他对“贯习群方”确实是身体力行。

（二）“以长沙为宗师”

即以张仲景（据载曾任长沙太守）为宗师。按说“宗长沙”这件事中医无人不赞成，但太炎先生的“宗长沙”却另有附加内容：“上不取《灵枢》《内》《难》，下不采薛、叶诸家。”这样的提法无论是当时的中医界，还是强调学习中医“四大经典”的现代中医，都会视之为离经叛道之言。在这件事上受太炎先生影响最大的是其弟子陆渊雷先生。不过，陆氏宗张仲景并非全是中医尊崇医圣的传统，而是受日本吉益东洞等名医的影响。陆氏鄙薄叶天士，更是言辞激烈。那么，陆氏在“宗长沙”这点上与太炎先生有无区别呢？

本论文集所收《中医新生命》第21期“编者附识”中提到：“太老少时读子部医家类，于医颇有得。及东渡得东医名著数十部，益耽好而深入。”也就是说，太炎先生的医学知识，乃是从小读医书所得，而他在日本逗留的数年之中所阅览的日本汉医名著数十部，无疑加深了他对中医的爱好。本论文集中没有见到太炎先生尊崇日本古代医家的言论。偶尔提到日本时，多为日本人对某些西医病名译法的弊病。陆渊雷则不同，他公开声称“鄙人所读中医书，日本人的著作为多。至于平时实际治病、博取衣食的小本领，也从日本医书中得来。”（《陆渊雷先生讲演录》，见《陆渊雷医学论文集》第416页）可见太炎先生的“宗长沙”与其弟子陆渊雷还是有所区别的。关于太炎先生如何“宗长沙”，本节下文还将展开讨论，这里先谈谈太炎先生为什么提出“上不取《灵枢》《内》《难》，下不采薛、叶诸家”。

1. 上不取《灵枢》《内》《难》

“上不取《灵枢》《内》《难》”，也就是不遵从被中医奉为理论源头的经典之作。这种提法若在古代封建社会中，属于“大逆不道”，医家会群起而攻之。但清末民初以来，骂中医以显示得风气之先的人不在少数，攻击中医某些理论的事已不足为奇。严复、梁启超等在先，章太炎、余云岫等随后，都分别批评了中医某些经典理论。倘若这些人是当时的“愤青”“后学”，早就被中医耆老呵斥为无知狂悖了。不同的是，当时抨击中医经典理论的这批人，都是熟谙文史、烂读经书的学者。太炎先生批评中医理论最著名的文章，就是本论文集开首第一篇《原五行》，也就是五行考。

和太炎先生经学文著的晦涩艰深相比，其医学论文则言简意赅。这篇文章第一句大给中医打气："夫中医不可废也!"但接下来的话是："然或谓中医为哲学医，又以五行为可信，则前者近于辞遁，后者真令人笑耳。"太炎先生把有人说中医为"哲学医"，讥为"辞遁"。"辞遁"即"遁辞"，也就是没话找话来搪塞。又把相信"五行"贬为笑话!

他凭什么说信五行"真令人笑"呢？首先他罗列了一系列的依据，说先秦的"五行"根本就不是中医说的五行概念，就连《洪范》里的五行，也只谈五行之性，并无五行生克内容。为了增强说服力，他拉上了清初名医尤在泾，说尤氏《医学读书记》有"客难五行义，语亦近实"。所谓"客难"，说的是"五行生克之说，非圣人之言也，秦汉术士之所伪撰也!"[①]此客之言和太炎先生的看法是完全一致的。他明确表示："五行之论，亦于哲学何与？此乃汉代纬候之谈，可以为愚，不可以为哲也！"为了证明他论说的可靠，还列举医圣张仲景医书中只有平脉篇、辨脉篇及《金匮要略》略谈到五行，其他篇绝少有五行说。因此，他认为不采用五行，也不损害中医的实体。因为医家治病，如同"行师"(即用兵打仗)，变化无穷，全在"一心察微而得之"，谈不上什么"哲学"，那是哄人的。至于五行说的危害，他说："五行之说，昔人或以为符号，久之妄言生克，遂若人之五脏，无不相孳乳，亦无不相贼害者。晚世庸医，藉为口诀，则实验可以尽废，此必当改革者也。"

这些话的意思是，五行说曾被古人作为一种符号，久而久之就有人拉上了"生克"。这样一来，就好像人的五脏没有不互相滋养的，也没有不互相残害的。后来的庸医把这种五行说当作实有之事天天念叨，于是(脏腑生理病理)就再也不用实验了——这就是太炎先生认定五行学说必须改革的根本原因所在。

在太炎先生另一篇文章《首论五行之无当实用》中，也阐述了同样的思想。他认为《素问》《难经》中以五脏比附五行。"其始盖以物类譬况，久之若实见其然者"，意思是一开始五脏配五行。不过是一种物体之间的象形比类，但时间长了居然变得好像"实见其然"，似乎五脏实际就是按五行生克套路去运转。这也就是前面提到的"晚世庸医，藉为口诀"的意思，"庸医们"把一种类比误认为是客观存在的真理。太炎先生进而引用他最熟悉的古文《尚书》、今文《尚书》，指出其中就有两种不同的五行搭配法。他甚至说：如果有人在古文、今文两种学说之外，再去设计一套五行搭配，也未必不能通。在他看来，"分配五行"本来就不是中医诊治的真确本事。若据守一种人为派定的五行说，"辗转推演"看起来在藏象病候方面言之成理，"实则了无所当"，所以太炎先生认为这种五行说还是不用它算了。

---

① 尤怡. 医学读书记[M]. 北京：人民卫生出版社，1991：41.

太炎先生驳斥五行说的文章一出，立即引起了当时部分医家的反对。这些反对的文章固然无法否定太炎先生对五行不同概念，以及战国秦汉不同含义的考证，但也指出与中医实际结合的五行说，已经不是汉儒五行本义。从来没有中医能单纯靠五行说诊治疾病，但五行说在中医发展的历史上，确实在归类性质相近的事物，理解不同脏器之间互相依存、互相制约的关系等方面发挥了积极作用。后世有的医家侈谈五行，机械理解，甚至误把比类当成事实，这固然不对，但高明的中医更看重的是在五行框架下总结出来的某些医理与经验。例如，“见肝之病，知肝传脾，当先实脾”“金、水相生”“补火生土”“滋水涵木”等治则，看似用了五行说，实际上都是行之有效的医疗实践经验。

太炎先生虽然对五行说非常鄙视，但他并不像余云岫那样要彻底挖去中医的祖坟。余氏《灵素商兑》是对中医理论的全面清算，把中医理论贬得一无是处，但太炎先生只局限于抨击五行，对阴阳等其他理论还不至于深恶痛绝。太炎先生与余云岫过从甚密，在谈到余氏之见时，说他“似以《伤寒》《金匮》《千金》《外台》为有用，而上不取《灵》《素》《难经》，以其言脏腑血脉之多违也；下不取四大家，以其言五行之为辞遁也。剽剥太过，亦信有之。”

总的来说，太炎先生“上不取《灵枢》《内》《难》，下不采薛、叶诸家，以长沙为宗师”，与余云岫的“上不取《灵》《素》《难经》，下不取四大家”，确实非常相像。只不过太炎先生觉得余云岫的主张有那么一点“剽剥太过”，也就是损中医损得太厉害了。太炎先生并不全盘否定中医，只是觉得中医最值得效法的就是张仲景一人。可是不知道太炎先生是否想过：张仲景并非生而知之，也是在继承基础上再创新。《伤寒论》与《素问·热论》有千丝万缕的联系，其中论脉也与《难经》一脉相承。连太炎先生在谈论《伤寒论》时，也引用了《难经》“伤寒有五”的话，若上不取《素问》《难经》，岂非掐断了仲景学说的根源？自仲景而下，千余年间无数医家在仲景医书指导下不断发展中医辨证论治思想与方法，又岂能只读仲景一人之书？《素问》《灵枢》《难经》之中虽然有五行之说，但这并非其全部内容，还有极为丰富的藏象、经络、病原、病候等内容。因鄙薄五行说而“上不取《灵枢》《内》《难》”，无异于泼洗澡水连孩子也一起泼出去。

2. 下不采薛、叶诸家

与“上不取《灵枢》《内》《难》”相比，“下不取薛、叶诸家”，不过是学术派别之分，无关中医根本。清代宗仲景伤寒者，大多与温病学家抵牾。至清末民初，中医界或认为“四家进于《千金》《外台》，叶、徐又进于四家”（见本论文集《原五行》），即金元四家比唐代《千金要方》《外台秘要》要更先进一步，叶（天士）、徐（大椿）又比金元四家更胜一筹。但太炎先生不认可这种说法。作为医学局外人的太炎先生，为什么要扬弃清代兴起的薛（雪）、叶（天士）温病之学？关键在于他们对疾病概念与治法用方的不同理解。

太炎先生认为：“温病、热病本在五种伤寒之中，栀豉汤、白虎汤、大承气汤，非治温病而何？其治之则各有法，而非叶天士辈专务甘寒者所能废也。”也就是说，太炎先生认为温热病本来就是广义伤寒范畴，原有不同治法。但叶天士辈专用甘寒清凉以治，引起了太炎先生的反感。在这一点上，他与清末陆九芝很有共同语言。因此他夸赞“近人陆九芝善治温热，悉归本于《伤寒论》，痛斥叶天士、吴鞠通辈生地、麦冬、犀角、牛黄之非，议论快绝”！同时又贬斥“叶氏之流，于病状尚未说明，先以五行之谈为铺张，则直是油腔滑调矣！”（见本论文集《〈伤寒论〉演讲词》）

陆渊雷贬斥叶天士，几近人身攻击，但太炎先生不认可温病学派，主要还是学术分歧。太炎先生对温病学派的整体评价是：“至近今治温病方，叶香岩开其端，吴鞠通继其后，王孟英统其成，惟孟英胆气较叶、吴为大。”（见本论文集《〈伤寒论〉演讲词》）可见太炎先生认真读过温病学派的著作。他也承认温病方并非无效，只是所治疾病并非真正的温病。例如，他说：

然银翘、桑菊等方，服而即愈者，恐亦非真温病，不过小小风热，或少阳之游热耳。如真为温病，此等方亦不能治，必《伤寒论》中栀子白虎等汤，治可奏效，而叶、吴辈以为苦寒遏伏，不如改用甘寒，讵知真正温病，未有不致阳明者。苦寒尚有泄热之功，甘寒则徒增液而厚肠胃。不独此也，更有以为温病药总寒凉，每令早服犀角，而反致神昏谵语者比比。（见本论文集《〈伤寒论〉演讲词》）

可见从根本上来说，太炎先生不认为清代温病学派所说的温病是真正的温病，只有《伤寒论》栀子、白虎等汤的适应证，才叫真温病。由此看来，问题的症结在于太炎先生对仲景《伤寒论》的理解。因此，以下不再罗列他对温病的偏见，重点谈谈太炎先生“宗长沙”的具体内容。

3. 太炎先生论伤寒

太炎先生对张仲景的崇敬，有多种原因：“以仆所身验者，汉唐两宋之术，固视金元为有效。若乃不袭脏腑血脉之讹，不拘五行生克之论者，盖独仲景一人耳。”也就是说，他认为，像仲景医术这样既“有效”，又不承袭前人讹误、不拘守“五行生克者”，古代只有仲景一家。当然，太炎先生并非不知道《伤寒论》“平脉”“辨脉”篇及《金匮要略》中也涉及五行，但他却以“是其洮（淘）汰未尽者”这样纯属想象的理由来遮掩，好自圆其说——这多少有失学者的严谨。

尊崇《伤寒论》，若仅在其疗效，那是把仲景之说视为纯粹经验，太炎先生并非如此。他认为仲景伤寒能治西医看不好的病，不能说是侥幸。太炎先生还特别提出一个观点：“如曰治疗虽善，未足以成医学。《伤寒论》固参合脉症以求病情，然后处方，亦不可云徒善治疗也。”（见本论文集《原五行》）也就是说，有人认为有疗效的医术也未必能称之为“医学”，即够得上一门“学”；但太炎先生指出，仲景伤寒是“参合脉症以求病情，然后处方”，属于有理论的辨证施治，绝不仅是“徒善治疗”。笔者以为，这大概也是太炎先生说“中医不可废”的理由。

太炎先生对《伤寒论》的看法，可见于本论文集的《〈伤寒论〉演讲词》一文。他认为“《伤寒论》一书，大概是治外感的书”，而且是“广义的伤寒”，不是《难经》中5种伤寒（中风、伤寒、湿温、温病、热病）“专指发热恶寒”之一种。因此他反对“自唐以来，或以狭义视《伤寒论》”的偏见，也反对“金刘河间以为《伤寒论》只论伤寒，与温病无干”的说法。相反他认为，《伤寒论》中已包括了温病与温热病治法（“阳明一篇，全为热病而设，所谓正阳阳明，即热病是也”）。他特别欣赏柯韵伯的论点：“柯氏又谓伤寒只太阳、少阴有之，肝胆为发温之原，阳明为成温之薮，其病伤寒者鲜矣。语尤精辟！”

这样一种广义的“伤寒”病，即便《难经》中的5种伤寒“恐亦不能包括，何况太阳一种乎”？因此，太炎先生认定：“治外感症法，悉自《伤寒论》出，可无疑义。”在治疗方面，太炎先生对温病“药总寒凉”“每令早服犀角”的现象极为反感。他认为犀角止血，有收缩血管之功用，“阳明病原有自汗，今反以犀角收之，于是将邪逼入肠胃，神昏谵语，自然起矣”。因此，太炎先生强调：“仲景方法，本甚圆活，用之得当，效如桴鼓。”在太炎先生眼中，“《伤寒论》全是活法，无死法”，因此“阳明无再传三阴之理，而三阴反借阳明为出路”。他还认为“伤寒本非极少之病，亦非极重之病”，乃“常见之病”，病之轻者，可不药自愈。

对日本人将西方“肠窒扶斯”（typhoid）译为“伤寒”（今亦称“肠伤寒”），太炎先生认为“究未确当”，且考此病当属于“吾国《伤寒论》太阳篇中之抵当汤证也”“非可以证伤寒全体”。用抵当汤治“肠窒扶斯”，毕竟是太炎先生的一种理论推导，他自己并没有这方面的治疗经验。其弟子章次公在《章太炎先生之医学》中评论说：“先生此论，足使西医骇怪却走！要非浮夸无据者，他日果验之于病、碻卓（确凿）不拔者，亦治肠窒扶斯一大发明也。”当然，“肠伤寒”早已不是疑难之病，也无须再用抵当汤去做试验治疗。

总之，太炎先生对仲景医术推崇备至，且宣称“中医之胜于西医，大抵伤寒为独甚”。但“脏腑锢病，则西医愈于中医，以其察识明白，非若中医之悬揣也”。意思是说内脏的顽疾，西医要胜过中医，因为西医对内脏“察识明白”，中医则不免凭空臆测。这种中西医比较观与当今一般人认为的“西医长于治急症，中医长于治慢性病”似乎有较大的差距。太炎先生为了证明伤寒治法胜过西医，还罕见地展示了他的两例验案，一是用钟乳补肺汤为丸，治当时西医不能治的“肺痿”，二是用越婢加术汤治疗西医放水至3次仍不愈的“里水”，据称“皆痊愈”。可见太炎先生对伤寒的研究并非纸上谈兵。

太炎先生学医三事中的最后一事，是“兼综远西之说，以资攻错”。这一主张出自他这样一位国学大师之口，意义自然非凡。

（三）兼综西说，以资攻错

章次公提到太炎先生把“兼综西说”作为学医第三件大事，但笔者在现存的太炎先生文著中，还没有找到一篇专论“兼综西说”理由的文章。而先生其他文章里，又大多都会“兼综西说”，尤其是在脏腑、病证的考证方面，更是如此。甚至有的文章直接以西医病名为文题，如“论急性粟粒性结核病”“论肠窒扶斯即太阳随经瘀热在里及治法”等。太炎先生认为：“西医与中医治疗上结果之比较，彼西医重在解剖实验，故治脏腑病见长；吾中医求岁时节令，故治时感病见长。”（见本论文集《〈伤寒论〉演讲词》）由此可见，太炎先生确实服膺西医的解剖实验，并经常借用西医解剖来诠释中医某些有争议的脏腑组织。

太炎先生对中医某些脏腑的考证中，最为有名的是三焦考。“三焦”是中医藏象中至今悬而未决的脏器，历代有多种不同的说法。太炎先生的意见：“即西医之所谓淋巴腺者是。”

他的理由是：从名称来看，《素问》将三焦称为“孤府”，是因为淋巴腺到处都有，没有可配对的脏器。从解剖部位来看，所谓“半表半里”，半表指腠理，因为腠是三焦通会元真之处，即所谓淋巴腺布于周身者；半里是指内在胸腹之中的淋巴腺体。太炎先生认为：“考解剖学中言淋巴干，左曰胸管，由下而上，右曰右淋巴管，由上而下，大约所谓胸管即是上中二焦，其淋巴管之在下者，即是下焦，且《经》言下焦别回肠，则系淋巴管在下者无疑。总之，三焦是腺，似属可靠。”（见本论文集《〈伤寒论〉演讲词》）《内经》说三焦为“决渎之官”，是因为“三焦为津液之原”。章次公介绍太炎先生观点时提到：“《内经》所言上焦如雾，中焦如沤，下焦如渎，是象其形。又曰：三焦者决渎之官，水道出焉，是指其用。”（见本论文集章次公《章太炎先生之医学》）

太炎先生对三焦不仅考其实质，还能用来解释病证。例如，本论文集中《治温退热论》一文，太炎先生用三焦来解释少阳病：

少阳病在三焦。三焦为水道，内则鬲上、鬲下、脐下，如上焦、下焦、中焦；外则布列肌腠，通会元真。而内外诸淋巴管，本无维网，末流渐会如二大干，右曰右淋巴总干，左曰胸管。此二者又各相注。二干皆入静脉，称干者，依日本人语，其实此乃众流所汇，是末非本，不得称干。故发热不能无间断，而为寒热往来也。少阳亦或发热不断，然无过二三日。

这样的解释，虽未必能得到大家的公认，但毕竟自成一说，且能自圆其说，比传统六经解释似乎更能迎合现代人的口味。

在病证考方面，太炎先生著有《猝病新论》4卷（今本更名为《章太炎医论》，不分卷，有38篇论文），其中约3/4的论文是讨论疾病，尤其是对某些急性病发表了他独特的见解。前文提到的“肠窒扶斯”（肠伤寒）的考证，是其中比较突出的例子。太炎先生兼综西说后形成了他自己的一套中西合璧理论。这套理论常会被信手拈来解释各种病证，常令人一时分不清哪是中、哪是西。例如，先生解释伤寒太阳病、阳明病：

太阳病营卫兼病，营即血脉，周布于外者。血之循环，展（辗）转便利，发热无间断时也。阳明病热聚胃肠，大论言阳明病胃家实，然亦兼统肠言，如云胃中有燥屎五六枚，屎在肠不在胃，故可知。而散布血脉者但其分支，热既凑聚于府（腑）中，故不能循环迅疾，特哺时则发潮热也。（见本论文集《治温退热论》）

以上解释，看似流畅成理，但仔细琢磨，就知道其中已然融入了西医的血液循环之论，且将中医的“营”直接解释为“血脉”，把太阳病“发热无间断时”解释为体表血脉的循环便利，阳明病晡时发潮热解释为腑中的血脉分支不能循环迅疾。这实际上早已脱离了中医六经辨证的体系，直把太阳、阳明作为实体血脉分布的区域了。

在太炎先生所处的时代，西医的水平仍然是有限的，尤其是治疗方法，与当今的西医相差甚远。即便是当时的西医解剖、生理病理等学科的水平，也很有限。因此太炎先生所兼综的西说，用今天的眼光看来其实也很肤浅。但如果用历史的眼光来看，作为国学大师的太炎先生能有“兼综西说”、完善自身的想法，已是难能可贵。太炎先生论述中医疾病，很少完全依据中医理论，大多有意无意地引入西医说法来诠释中医病证。这些引证，也未必都是依从西医之说。例如，他有一文名为《论微生菌非伤寒热病因》，就不取当时的西医之说。鉴于这方面的文章大多与当今中西医的认识水平相差太远，本文不予赘述。

太炎先生的弟子章次公、陆渊雷等，无不继承了其师的衣钵。陆渊雷“方术则中土，理法则远西”的主张，比太炎先生“兼综西说”要更彻底地采纳西医理论。至于与太炎先生关系甚密，也自称为太炎弟子的余云岫，则全盘否定中医理论，接纳西说。“兼综西说”也好，“理法远西”也好，在当时作为一种探索改良中医的思路，并非想废止中医，似乎也无可非议。他山之石，可以攻玉。时至今日，中医汲取西医之长，或采纳西医的某些研究思想方法来提高完善自己，乃是历史潮流。但如何在兼综西说的同时，注意探究中医理论及实践的精粹与实质，避免以“综法”为名，行偷换替代、篡改曲解之实，避免以“现代科学研究”为名做有损中医理论合理内核的事，这才是关键之处。

客观地说，太炎先生本非业医之人，主要精力不在医，因此其医论文著不算很多。加之他所谈论的大多属于理论，实践经验很少，难以吸引众多的临床医生。与其他民国中医界风云人物相比，太炎先生晚年的医学活动恐怕只能算是“客串”的“票友”级，难以充当实力雄厚的中医界主角。虽然章次公总结了太炎先生的学医三事，但谁要想归纳其系统学术思想，就会觉得可用的材料太少，因而很难形成严密的体系。太炎先生虽然被上海中国医学院、上海国医学院推为首任院长，这很大程度上是凭借其国学大师的名气，而未必是因为其中医学识已到了引领潮流的高度。从1920年到1936年太炎先生逝世，前后不过十几年，因此太炎先生实际的医学活动时间还是很短暂的，他对中医所能产生的实际影响实在无法高估。时至今日，连章次公先生所传的太炎先生学医三事也很少有人知道，只是他对中医五行说的批评有时还会在医史书中被提到。

就笔者目前所见的资料，可以说章次公对太炎先生的业绩最为了解。次公先生在《章太炎先生之医学》一文中除介绍太炎先生的医学成就之外，还特别称赞了先生的考证功夫，列举了他可“悬诸国门”的几项重大考证成果，这是太炎先生很值得大书一笔的医学业绩。

四、精要之言在考证

章次公认为，在清末民初，以经师（经学大师）身份研究医术的除太炎先生外，还有四川尊经书院的廖平（1851—1932）。廖平治今文经学，尝辑评中医古籍20余种。但在章次公看来，他的中医学术水平远不如太炎先生。章次公认为太炎先生“精要之言，则在考证。若论三焦即淋巴腺，张仲景事状考，古今权量考，湿温论治诸篇，可悬之国门”。

太炎先生师从名家，国学功底深厚，以他精湛的国学功夫来考证医学问题，自然出手不凡。关于“三焦即淋巴腺”“湿温论治”，前文已简要述及。“古今权量考”本论文集未收载，可见于《章太炎医论》[①]，这里主要介绍太炎先生的《张仲景事状考》(见本论文集)。

东汉末的张仲景虽被誉为医圣，但史书上并没有他的传记。关于仲景的记载，主要见于林亿《伤寒论》序，其中引甘伯宗《名医录》所载张仲景云：“南阳人，名机，仲景乃其字也。举孝廉，官至长沙太守。始受术于同郡张伯祖，时人言，识用精微过其师。所著论，其言精而奥，其法简而详，非浅闻寡见所能及。”除此以外，历代医家对仲景身世并无更详细的了解。

太炎先生先列举《太平御览》中《何颙别传》所称何颙与张仲景的同郡关系，以及张仲景治王仲宣的案例。皇甫谧《针灸甲乙经》序中谈到的仲景诊王仲宣案更为详细，两者可互相印证。由此入手，太炎先生据何颙籍贯（南阳襄乡）及与仲景的辈分关系，认定仲景确为南阳人，进而分析与何颙相关的郭泰、贾彪、曹操、荀彧等人所处时代，推断仲景与曹操、荀彧为同辈人。又依据《魏志》所载，先生得出王粲（字仲宣）在荆州郡遇到仲景，其时约在建安二年（197）；再依据荆州刘表与原长沙太守南阳张羡之间的争斗，推断张仲景官长沙太守“宜在建安七年后”。此后，太炎先生转而分析南阳张氏家族的历史，推测仲景著《伤寒论》的时间（“建安七八年中”）与年龄（“中身”，即中年）；还附带考证了张仲景与华佗生活的时代，判断华佗早于仲景数十年，且“仲景处荆州，元化谯人，踪迹多在彭城广陵间，故两人终身不相遇”；兼带批驳了宋代孙奇以为《金匮要略》乃华佗临死所遗的错误推测。太炎先生最后分析了三国史志没有为仲景作传的原因，并依据仲景“事何颙，依刘表，交王粲，所与游皆名士”，怀疑张仲景除精于医术之外，还可能有其他值得称赞的言行。

这一番考证，环环相扣，列史实如数家珍，初步揭开了千余年遮蔽医圣张仲景身世的重重帷幕。作为仲景的铁杆“粉丝”，太炎先生考证出了张仲景的生平，厥功甚伟。

太炎先生另一个重要考证，是弄清了王叔和的基本情况。虽然本论文集没有包括这一考证，但通过谢仲墨的追述与引用，可了解这一考证的梗概。在伤寒学派中，王叔和是仅

---

①《章太炎医论》原名《猝病新论》，人民卫生出版社于1957年出版，2006年再版。

次于张仲景的人物。他不仅编次了《伤寒论》，还撰写了《脉经》。但关于王叔和的历史记载，却凤毛麟角。章太炎《葑汉微言》(1915—1916）是其弟子歙县吴承仕所记，其中有论医者得二三条。除论张仲景外，还考得“王叔和即王熙”。

该文起句：“张仲景名机，见林亿所引《名医录》。而王叔和之名，则世所不知。”接着太炎先生从《太平御览》卷七百二十，找出了高湛《养生论》引述的“王叔和，高平人也。博好经方，洞识摄生之道”，以及王叔和的“食不欲杂”等养生之论。又引《千金方》卷二六食治篇所载“河东卫汎”，其中提到：“高平王熙，称食不欲杂，杂则或有所犯，有所犯者，或有所伤……”其论说正与高湛《养生论》所引大同。因此太炎先生推断：“高平王熙，即高平王叔和也。”太炎先生又进一步考证“卫汎”：“《御览》卷七百二十二，引张仲景方序曰：‘卫汎好医术，少师仲景，有方识，撰《四逆三部厥经》，及妇人《胎藏经》《小儿颅囟方》3卷，皆行于世。’汎得引叔和语，则叔和与汎同时。《甲乙经》序云：‘近代大医令王叔和撰次仲景，选论甚精，指事施用。’叔和与士安同时，晋初已老，疑其得亲见仲景也。”①

短短500余字，就考出了王叔和名熙，高平人。他的养生言论曾被仲景弟子卫汎引述，而晋初皇甫谧又说他“撰次仲景”，说明王叔和与卫汎都是同时代的人，甚至有可能“亲见仲景”——太炎先生这番考证真令人拍案叫绝！

限于篇幅及本文主题，这里无法尽数列举太炎先生的中医考据成就。除本论文集所收疾病等考据之外，太炎先生还有若干论文见于《章太炎医论》，重要文章有《论旧说经脉过误》《论素问灵枢》《论本草不始于子仪》《论伤寒论原本及注家优劣》《论中藏经出于宋人》《论古今权量》等。

太炎先生再传弟子范行准、谢仲墨先生，都是精于考证的医史学家，都留下了比太炎先生更为丰富的中医历史与学术的考据文著。谢仲墨在考得“甄权曾官主簿”后，感慨地说：“余钻研故纸，得此环宝，其喜可知。然追溯钩稽之方法，则又感太炎先生之赐矣。”②范行准先生的《中国病史新义》以及许多医史论著，更是中医历史文献考据的卓越典范。太炎先生的弟子中，余云岫著有《古代疾病名候疏义》，考证古代疾病源流，甚有利于中医疾病史研究。可见太炎先生的历史考证方法对后人的深刻影响。章次公在评论太炎先生时说：“先生于学，精思冥悟，于医靡不然。片辞单语，有发千古之覆者。”此言虽不无溢美之嫌，但平心而论，后世中医界博古通今能与太炎先生比肩者，恐怕是寥若晨星！作为国学大师的太炎先生，能乐于参与中医学术讨论，尤其是能以其精湛的国学知识考证中医许多学术问题，不能不说是一件大幸事！

① 谢仲墨．谢仲墨医学论文集［M］．北京：学苑出版社，2011：493.

② 同①，第494页。

五、赘言

太炎先生逝去已经70多年，关于他的经学业绩，至今研究者不乏其人，但其医学业绩还很少有人了解。网络、报纸上偶或可见的是太炎先生好吃臭豆腐之类的趣事逸闻，对太炎先生的学术见解却少有正面报道。先生留下的医学著作，在《全国中医古籍总目》中只有3种，一是《章太炎先生手写古医方》，二是《伤寒杂病论读本》(铅印)，均只见一个图书馆有藏。其影响最大的《猝病新论》，曾于1938年在章氏国医讲习所铅印，1949年后，人民卫生出版社又两次以《章太炎医论》为名排印，这是过去了解太炎先生医学学术的唯一门径。本次王咪咪主编拟编纂的《章太炎医学论文集》，又从民国杂志搜寻了众多的一手资料，可与《章太炎医论》互补互证，不啻为了解太炎先生学术又开启了另一扇大门。

中医的主体形成于古代，其学术演变受几千年的时代风尚影响，加之印刷技术的广为运用亦不过千余年，辗转流传到今的中医学术与文献，很有可能存在错简误文、尘封垢积等情况，亟待剔抉爬梳、刮垢磨光、推陈出新。继承发展中医学术固然需要靠临床验证、试验研究，但若缺乏像太炎先生这样精深的文献考证，就有可能差之毫厘，失之千里。当代许多出色的学者把中医学术与历史文献考证紧密结合，成果斐然。仅笔者供职的中国中医科学院，就前有谢宗万先生《中药材品种论述》《中药品种理论与应用》，后有黄龙祥先生《中国针灸学术史大纲》《针灸腧穴通考》等著作，其学术成就绝非单纯临床与实验所能替代，甚至可以说这些考证成果是从事中医临床与实验的基础平台。

时过70多年，我们再看太炎先生的医论，也许会觉得他拉扯当时西医粗浅的知识来解释中医已经过时，也许会觉得他对某些疾病的论治观点过于偏颇，但太炎先生对中医学术历史及文献娴熟而精炼的考据，以及对当时某些医家不明自家的学术源流，弄虚谈玄，甚至把比喻当成实事等弊端的批评，仍然值得我们借鉴！

（郑金生写于2014年3月）

后记：本文同上文，皆系未发表之文，原用于《章太炎医学论文集》之前的作者介绍。至于撰后感想，均见文中，不复赘言矣！

医史学科奠基人
——王吉民先生创建医史学科业绩简述

郑金生

论辈分，王吉民先生是我的师爷辈。愚生也晚，未能得到先生亲炙，但步入医史领域之后，受先生之惠甚多。在撰写《清史·医药卫生志》的“中医学与西医传入”部分时，王先生与伍连德先生合撰的《中国医史》(*History of Chinese Medicine*)更是我朝夕摩挲的参考书。该书中丰富的医史资料令我兴奋不已，也震撼不已。

接下为《王吉民医学论文集》撰写一篇“医家生平”的任务之后，我又进一步翻阅了王先生的许多文著，这才发现他的业绩不仅在于撰写了第一部英文的《中国医史》，更重要的是，他在建立医史学会，创办医史杂志，编制医药期刊目录、医史文献索引，汇集西译中医典籍目录，筹办医学图书馆、博物馆等许多医史学科的基础建设方面，筚路蓝缕、披荆斩棘，完成了许多重大的奠基工作！

民国初期，正是中医备受挤兑之时。先生能振臂奋起，用英文向世界介绍中医辉煌的历史，大为中医张目。继而他又汲取西方医史学科之长，广联同好，呕心沥血在中国创建医史学科。在当时能这样做的学者，可谓凤毛麟角！这是因为：不懂中医、不爱中医，则缺乏扬我中医的激情与动力；而不会西文，不谙西学，又无法从大处着眼，去为创建医史学科奠定坚实的基础。

时势造英雄，王吉民先生所生之地、所出之家、所处之时，为他建功立业提供了必要的条件。

一、虎门中医文化交汇之家

王吉民（1889—1972），又名嘉祥，字承庆，号芸心，出生于广东省东莞市虎门镇。虎门就是赫赫有名的林则徐销烟之地。它临海面洋，处在华洋交流的最前沿。明代以来，无论西洋传入的火器还是番薯，都会先顾此地。清末民初，同处珠江入海口周边的中山、东莞、香港等地更是西洋传教、通商的要道。也因此这里民风开放，人才辈出，涌现了许多风云人物。

道光年间，虎门王屋的王元深精于中医，又是在粤传教的先行者。其子王煜初、王谦如均承父业，习医而兼传教。这样一个基督教家庭，到了王吉民先生这一代，更多出法学、实业界的人才。王谦如先生时为香港礼贤会牧师，有子女9人，最幼之子即王吉民先生。

生于牧师之家，王吉民先生自幼有条件接受华、洋两种文化教育。先生7岁时随父移居香港，初入高氏私塾，继之先进香港圣保罗书院，后转香港皇仁书院就读①。1905年，先生16岁，进入香港西医大学堂，1910年毕业，旋即应外商轮船公司之聘，担任船医，借此得以随船出洋，历经美国、墨西哥等国，由此开始了他的行医生涯。先生因毕业于西医大学堂，故以西医为业。除间歇性担任船医外，大部分时间在国内从事医务工作，曾担任过上海中国防疫医院院长（1911—1913）、沪杭甬铁路管理局主任医师、全路总医官（1915）等职。

王先生出道之时，正值清廷覆亡、民国初兴之时。其时西医大举传入中国已近百年。西医的理论知识、诊疗方法、教育体系、医药报刊以及医疗机构体系等，都已经广泛传播，并在中国站稳了脚跟。清末民初，在华西医逐渐由外国传教士为主体，转为以华人西医为主体。中西文化的碰撞、医疗市场的争夺等诸多原因，引起了中西医之间激烈的论争；互较短长、各争输赢，在当时的医界时可见之。王吉民先生在这样的论争中自然不会无动于衷。

在一般人看来，王先生西医出身，自当为西医说话。其实不然！人们很少注意到，王先生还有中医的家学渊源。根据王先生自述：

曩者先祖精研中医，浏览典籍，凡有秘方，试诸亲友，辄有奇效。尤以自制万应膏、保安油为最。时余尚肄业于西医大学也。尝陪侍左右，调剂制方，窥其门径。又遗书命读，索其秘奥。先祖曰："中医不可轻视而轻弃也有若是。"余谨识之。及夫学成问世，遂不觉自揣其愚，而有光大中医学说之一念。②

由此可知，王吉民先生对于医学，其实是中西医皆通。因此在他早期的文章中，就已经是中西医并重了。例如，1920年先生发表《中国历代考医与医学之制》，回溯中国古代医师考试制度、医学分科，以及"合试经书"（即需要考试的主要医书）等③，其中还涉及明代考试女医之始等问题。这篇文章对于当时有人攻击中医无考试制度的说法，无疑是强有

① 萧惠英．王吉民年表［M］// 王吉民中华医史研究．广州：广东人民出版社，2011：750.（以下涉及先生经历，多引此年谱，不另出注）

② 王吉民．中国历代医学之发明［M］// 王吉民中华医史研究．广州：广东人民出版社，2011：1–2.

③ 王吉民．中国历代考医与医学之制［M］// 王吉民中华医史研究．广州：广东人民出版社，2011：101–104.

力的反驳。此外，王先生还发表了《中国麻醉药》一文，指出“吾国典籍论及麻醉法之事实”，并列举了古代几个已知的麻醉方。西医乙醚麻醉法在道光二十六年（1846）传入中国后，西医外科手术因突破了重要的麻醉关而飞速发展。王先生在此文记曰：“夫吾国古代发明最多，每驾乎欧美之上，及后渐失渐亡……麻醉药一项，咸谓清道光二十六年英医单柏森氏所创始，其用至广，不知吾国周朝已盛行。”[①] 可见王先生很早就注意考证中医某些内容的历史，以应对社会上对中医的各种非议。

正因为王先生既有中医家学渊源，又接受了西医系统训练，因此他对中西医学秉承的是尊重历史、尊重事实、力求会通的态度：

学贵会通，虽派别各殊，要皆各有所长。党同伐异之见，士君子所不取，医亦犹是也。而世之论医者，谓一切西法胥出中土，此守旧之言，固失诸偏。其或务新者，复每谓中法不经，谬悠荒诞，则其言又失诸不公矣。谓中医墨守旧章，拘滞不化，不若西医进步之神速，鲜进取之精神则可；谓绝无所发明，不值于世界医学史上留一位置则不可。如血液循环、隐秘疗学、麻醉法、灌肠术、探尿管、水治法、按摩术，凡此种种，世之所谓新发明者，古代多有之，时去西医萌芽之时代尚远也。质言之，中医之错误，固不必深讳；而见长于人者，亦勿容自隐。前人未尝阐发，正赖后人表彰之。过与不及之谈，皆非天下之通义也。[②]

这一段表白，说明了王吉民先生对中西医的正确认识。尤其是其中提到中医“见长于人者，亦勿容自隐。前人未尝阐发，正赖后人表彰之”，这正是王先生出道以后就对中医历史研究倍感兴趣的基本出发点。但王先生最终将研究医史、建立中国医学史这门学科作为自己终身的事业，却与一桩强刺激的事件有关。

二、存国粹、矫外论，知耻而奋起

这件让王先生很受刺激的事由一本外文书引起。

此书名为《医学史》(*History of Medicine*)，美国医史学家嘉立森（F. H. Garrison）撰，出版于1913年。该书讲的是世界医学史(故有中文名《世界医学史》)[③]。这样的书，王先生不会不看。但让他惊奇的是：“《世界医学史》一巨册，全书千余页，论沿革綦详，独论东医二三页，中医半页耳。且复言多疵谬!”[④]

---

① 王吉民 . 中国麻醉药［M］// 王吉民中华医史研究 . 广州：广东人民出版社，2011：492–493.

② 王吉民 . 中国历代医学之发明［M］// 王吉民中华医史研究 . 广州：广东人民出版社，2011：1.

③ 傅维康 . 医史园地悉心耕耘50年——著名医史学家王吉民［J］. 中华医史杂志，1987，17(3)：145.

④ 同②，第2页。

中国数千年的医学史，在此书中还不到半页，真不可思议！为什么？是歧视、无知，还是别的原因？

王吉民先生的友人、近代著名医家伍连德先生同样有这样的疑问。大约在1916年，伍连德先生读了嘉立森的《世界医学史》。激愤之中，伍先生驰函嘉立森，想问个究竟。嘉立森的回答是："中医或有所长，顾未见有以西文述之者。区区半页之资料，犹属外人之作，参考无从，遂难立说。简略而误，非余之咎！"

嘉立森客气而不无保留地说"中医或有所长"，但他却不认为世界医学史只给中医半页是他的错。因为他看不到用西文介绍中医的资料，你让他如何立说？王吉民先生见了此回答，感叹地说："呜呼，诚是也！西人之来中国也，初不加以细察。见有所未见者，即笔之于书，以为即尽调查之能事。其于医也亦然。于是符咒、仙方、童便、胎胞等种种不良印象，以讹传讹，一一披露于西籍中，引起其国人之蔑视，而不知吾国之医学，固有颠扑不磨之艺术者在也。"

靠外国人将走马观花、猎奇般的"调查"所得，添油加醋介绍给他们的国人，自然无法得到真实的历史。只有靠中国人自己，才能把"颠扑不磨之艺术"之中医展现给世界。

在这件事的激励下，王吉民先生从此开始有系统、有目的地收集资料，撰写文章，联络各方同志，"起而正之"。1925年，他把大学毕业以后15年间手不释卷摘录下来的中国医史资料，以及平时发表的文章加以整理，汇辑成编，撰成了长篇的《中国历代医学之发明》，用中文在《中华医学杂志》发表。该文按西医的体系，分外科、解剖、生理、卫生、内科、疗学六章，介绍了中医的麻醉药、灌肠术、导尿管、针灸科、按摩术、割治法、生理解剖、病理解剖、血运（血液循环）、神经、优生、卫生、药物、免疫、疾病史（鼠疫、梅毒、脚气、痨风、天痘）、诊断等。显然，这是准备写给西方世界看的，其中多涉及一些技术发明，很少有中医理论的探讨。这篇长文是王吉民先生拟用英文写中医史的先声。他很客观地评述了自己的工作："非敢云有益医道，或可于保存国粹，矫正外论，不无小补云尔。"

王先生说得不错！他的医史论述也许在某些人看来，对中医治疗并无多少实际意义，但从"保存国粹，矫正外论"的角度来看，岂止"小补"，实在是功莫大焉！王先生完成《中国历代医学之发明》之后，又与好友伍连德先生合作，制订计划，终于在1932年完成了英文的《中国医史》（*History of Chinese Medicine*），向世界展示了中国医学之所长。该书初版问世后影响很大，王老意识到此书意义重大，又费时数年，加以增删修订，于1936年完成了该书的第二版。该书成书80多年，至今仍是西方研究中国医史的重要参考书。

《中国医史》分上下两编。上编从公元前2697年谈到公元1801年，列举许多中国古代医史人物、书籍与医学成就。下编以传教士来中国为开端，稍事回顾明代及明以前中西医学交流之后，集中笔墨介绍19世纪及其以后西医传入中国的历史。王、伍都精通英文，又都是西医出身，因此能充分利用当时许多西医传入的第一手资料，详述西医传入中国的缘起、途径、教育状况、医院建设等许多史实。从现代的眼光来看，该书的古代史部分内容相当薄弱，但近代史部分却成为当今研究不可或缺的参考资料。王、伍二位先生受嘉立森《世界医学史》的刺激，埋头潜心于中国医史史料的发掘与整理，终于拿出了闻名世界的《中国医史》。二位前辈的志气、骨气与毅力，值得后人景仰仿效！

王吉民先生写出《中国医史》，不是争一时之气，更不是他研究中国医史的终结，而是建立医史学科的一个重要的里程碑，一个新的起点。作为一名精通西医西学的学者，他深知组织中国医史的研究队伍、创建一门医学史专门学科，比写一部医史书要重要得多。

三、潜心医史学科的基本建设

王吉民先生在出道之后不久，于1915年加入中华医学会，其时他26岁，就已成为该会的早期会员之一。早期的中华医学会里，还有不少外国学者。该团体的许多运作方式充分汲取了国外学术团体之长。进入这个学会之后，王先生愈发知道，建立与发展一门学科，必须建立相关的学术团体，才能广交同志，共襄大业。很快，他在中华医学会崭露头角。1917年他成为《中华医学杂志》分科编辑，1926年担任该杂志中文版副总编辑。处在学术团体这样一个位置，王先生更知道建立一个新的学科应该做哪些工作。

从王先生早期发表的论文，可以窥见他部分学科建设计划：

1926年，他的《答征求旧医书之来函》，说明他非常关注中医书籍的收藏与研究；

1927年，他编撰了《中国历代医事年表》，梳理了中国近4000年的重大医事；

1928年，他利用精通英文、信息来源广泛的优势，考察了当时用西文翻译的中医古籍，发表了《西译中医典籍考》；1936年又予以补充，再次发表《西译中医典籍考》(2)；

1929年，他发表了《中国医报调查表》；

……

这些文章里透露出王吉民先生很早就在筹谋整理，为研究中国医学史做好一些基础工作。

1935年，王吉民先生与其他志同道合的学者终于迈出了历史性的一步——商议在中华医学会之下新设医史委员会。最终决定由王吉民任主席，伊博恩任书记，组成了5人的委员会。次年中华医学会理事会认可通过医史委员会。该委员会虽然无法举行正式的成立会议，唯靠文件往来联络各地委员，但是这毕竟点燃了医史专门学术团体的星星之火。

中华医学会下新设的医史委员会在成立之初的两年里，就依靠《中华医学杂志》编辑了两期医史专号，是为医史杂志的滥觞；筹备成立“医史陈列室”，并征集到最初的陈列品数十件，以及部分医史珍籍、图画及相关实物，是为此后医史博物馆之先声；建立了中医图书室，两年内就收藏中国医书1087卷，该图书室至今仍然存在，收藏了众多珍贵的中医古籍；收集医史论文，趁中华医学会年会之际举办医史文献展览，等等。编制中国医学史教科书也被列入了计划[①]。由此可知，该委员会人数虽少，但其建立之初，就已经将一个学科必需的基础建设列上了议事日程。

创业维艰，其中的辛苦至今还可以从王吉民先生许多学会工作报告中窥知一二。在王吉民先生现存的文章中，有至少20多篇学会报告或会议纪要。这些文章也许算不上学术论文，但其中所记载的王吉民等先辈为创建医史新学科而做的大量工作、经历过的艰难困苦，令我们这些后来人肃然起敬！王吉民先生的下面这段话，证明他一直在为中国建立医史学科而奋斗：

医史尚为新颖学科，近始编入教程。是以吾国医学虽具悠久之历史，而曩昔医士鲜注意及之，致使丰富之史料乏人整理。然医史研究早感需要，欲得学术机关以从事此种工作者，亦大有人在。直至1935年广州医学大会时，乃第一次召集会议，着手组织医史委员会，其宗旨为促进医史学术之探讨与研究。[②]

可见王吉民先生早已经认识到，需要建立专门的"学术机关"、组织专门的工作者，才能促进医史学术之探讨与研究。1937年，原中华医学会医史委员会升格为独立的中华医史学会，王吉民为首任会长，可谓是众望所归！中国的医史研究从此开创了新纪元，进入了有组织、有计划的发展新阶段。该学会集合了当时医史学界许多著名的老前辈：北京的李涛，担任首任学会副会长；范行准先生在学术研究及建设中华医学会中医图书室方面卓有成效；宋大仁先生在收集医史图画文物等方面亦多有成绩……这支学术队伍从此薪火相传，绵延至今，愈加壮大。

中华医史学会建立之初，就很明确地提出了六项工作：

（1）搜集有关医史之材料。

（2）发行医史杂志。

（3）翻译中医典籍。

（4）刊行会员医史著作。

（5）建立中医图书馆。

（6）筹设医史博物馆。

每一项工作都是医史学科必不可少的基本建设。80年后的今天，上述各项工作均已取得辉煌的成就。饮水思源，端赖王吉民等前辈的高瞻远瞩，为此后该学科的发展指明了道路。

王吉民先生在上述医史学科基本建设中，身体力行，完成了许多开创性的工作。今略举其大者。

---

① 王吉民．医史委员会报告［M］// 王吉民中华医史研究．广州：广东人民出版社，2011：545-546.

② 王吉民．中华医史学会五年来之回顾［M］// 王吉民中华医史研究．广州：广东人民出版社，2011：581.

（一）医药报刊目录及医史论文索引

王先生认为："西哲有言，欲定一国文化之优劣，当视其出版物之多寡以为断。故欲知一国医药之进步，亦可由其医报之数量以测之。"因此近代中国本土的杂志甚少，但在外国医师编辑的医药杂志带动下，国内医药期刊也越来越多。王吉民先生自称"于医报性有所癖"，故非常注重国内报刊的资料收集。1929年他发表了《中国医报调查表》。1932年发表了《四年来中国医药之定期刊物》。1933年，王吉民先生又追溯了当时国内医药期刊的源流，整理了当时国内所存174种杂志的有关情况，并予以简要评述，其成果见于1936年发表的《中国医药期刊目录》一文[①]。在其影响下，后人汇集各时期医药期刊目录的工作从此未曾间断。这些期刊目录为研究当时的医药发展提供了重要的信息。

作为医史专科，当时尚在起步阶段。王吉民先生认为："在今日之中国，欲研究一种专门学术，每苦参考及文献之缺乏。且前人已有同样之研究，而后人往往未悉；或前人已有极好之心得，初不知也，及至苦心钻研、竭力研讨之过程中，忽发觉先得我心者，斯时当必感相见之恨晚。则此项重复工作，难免有多费宝贵光阴之越。"为了让对此感兴趣的研究者及时得到最新研究进展，他很注意收集医史文献之文著。1936年，他发表了《中国医史文献索引》[②]。该索引"将皮藏医籍及杂志中有关医史著作，分论文及图书两种，先做狭义之搜辑，以为初稿"，该索引收论文近300篇，书籍40余种，第一次展示了当时所有的医史文著。

王吉民先生这项工作一直没有停顿。他在1957年编辑出版了《中文医史论文索引》，至1965年共编辑出版10辑，另有补遗2辑[③]。其间还曾得到过医史前辈李涛、陈邦贤先生的帮助[④]。王先生过世后，上海中医学院（现上海中医药大学）医史博物馆继续了王先生所开创的索引范例，由高毓秋等继续编撰而成《中文医史文献索引（1792—1980）》，收论文条目14337条，并有分类、篇名、作者3个索引，于1986年印行。在此之前数年，中医研究院（现中国中医科学院）医史文献研究室也在王吉民先生《中文医史论文索引（1908—1964）》基础上，编成《医学史论文资料索引（1903—1978）》，收论文10200余条，其中补充增收论文4000多篇，于1980年印行。该室于1982年改为中国医史文献研究所，又于1989年出版《医学史文献论文资料索引（1979—1986）第二辑》，又收入条目12000余条[⑤]。此后医史界编纂医史论文索引的工作一直没有停顿，但这一工作的起源，皆得益于王吉民

① 王吉民．中国医药期刊目录［M］// 王吉民中华医史研究．广州：广东人民出版社，2011：354-361.
② 王吉民．中国医史文献索引［M］// 王吉民中华医史研究．广州：广东人民出版社，2011：270-284.
③ 上海中医学院医史博物馆．中文医史文献索引（1792—1980）［M］．（内部印刷），1986.
④ 李经纬．前言［M］// 医学史论文资料索引（1903—1978）．（内部印刷），1980.
⑤ 李经纬．说明［M］// 医学史文献论文资料索引（1979—1986）第二辑．北京：中国书店，1989：3.

先生的开山之功。

（二）筹建医史博物馆

医史研究固然有赖于文献资料，但实物也是不可或缺的客观依据。在建立中华医学会医史委员会之初，王吉民先生已经注意对医史实物的收集，以为筹备成立“医史陈列室”之用。中华医史学会独立之后，“筹设医史博物馆”是六项任务之一。1937年，王先生在“筹设中国医史陈列馆刍议”中，明确了该馆的三大功用：

（1）保存：收集历代医药物品，如雕刻、画像、图书、用具等，妥为保存，以免散失。

（2）研究：所藏各品，足供学者研究，借以考察医学之变迁、治疗之演进。

（3）教育：对学生为有效之教授方法，为民众可作宣传医药常识之利器。

这3条功用，总结得如此周全完备。但要实施对医史实物的收藏，却是步步不易。为了让大家对医药史料实物产生兴趣，他在1937的中华医学会年会上，开办了一次“医史文献展览会”。会上的展品多达1000余件，其中包含历代的制药工具、药瓶、针灸与外科用具、古医籍、画像等。这些展品引起了参会者很大的兴趣，让大家明白了医药实物的意义与功用，从而得到许多热心人士的赞同与支持。

也就是在1937年，日本军国主义分子发动了“卢沟桥事变”。此后不久，上海被日本侵略军占领，这给建立医史博物馆带来很大的困难。但在王吉民先生1938年的会务报告中可以看出，几乎每个月的会务报告都会有医学文献陈列馆（或称为医史博物馆）和图书馆的工作进展。例如：

3月，医学文献陈列馆布置就绪，供人观览。搜集之物有嘉约翰主编之《西医新报》一册（最早用中文刊行之医学杂志）、小药罇十余事，象牙制病女模型一具，此模型乃旧式女子在就医时用以指示其病证部位者。

4月，各方惠赠物件有十大名医镜框二具、三皇镜框一具、中国木乃伊相片一张、1847年Fortune氏《漫游中国记》一册、1863年Fortune氏《中日访问记》一册。已故唐乃安医师瓷器图画四十张、红木匣盛雕砚十方。其中也有王吉民先生个人所赠泰西医事名画十二幅等物件……①

嗣后医史博物馆每年的活动与增加的收藏品来源均见诸报告，极为清晰透明。看着这些藏品不断增加，可以想见身为博物馆的倡导者与馆长，王吉民先生花费了多少心血！

抗日战争胜利之后，尤其是1949年中华人民共和国成立之后，王吉民先生一手建立起来的这所博物馆发展得更为迅速。1959年，经上海市卫生局决定，中华医学会医史博物馆改属上海中医学院，馆址及陈设均迁至中医学院内，并由王吉民先生继续担任馆长。如

---

① 王吉民．会务报告［M］// 王吉民中华医史研究．广州：广东人民出版社，2011：549-564.

今的上海中医药大学内，医史博物馆已是独立的一座雄伟大楼，馆内藏品非常丰富。1949年后，国内医史博物馆不断增多。中国中医科学院的中国医史博物馆、陕西中医药大学医史博物馆、成都中医药大学医史博物馆、广州中医药大学医史博物馆……抚今追昔，王吉民先生的远见卓识，以及他排除万难的建馆经历，值得在医学史上大书一笔。

附带一提的是，王吉民先生还身体力行，对医史文物进行了许多研究。他曾发表过多篇此类文章，如《徐大椿画眉泉记真迹序并小传》《中国医史文献图说四则》《中国医事艺术品集影》《在华新医先进像传》《晚明医人张卿子像》《傅青主父子书卷》等，充分发挥所藏文物画卷的作用。

除以上两方面之外，王吉民先生在建立中医图书馆上，也与建博物馆一样，投入了大量的精力，最终建立了收藏中医珍稀古医籍甚富的中华医学会上海分会图书馆。在日寇侵占上海期间，他冒着巨大危险，将收藏的中医珍本与文物安全保存下来。有关收藏、保护古医籍的许多事件，本文从略。

在医史教育方面，王吉民先生虽非专职教师，但却早已关心医史教育。开展医史教育，既是提高民族及中医自信心的重要一环，也关系到医史研究是否后继有人。对此，王吉民先生有着清醒的认识。因此，他早在1929年就曾受聘于中法医学院，担任医史讲师。1938年，他又被聘为上海医学院医学史副教授。经王吉民及其他医史前辈的推动，到1940年，民国教育部教育委员会决议中已经写入应注重中国医学史教育之文，又规定六年制医学专科于第四学年应增加医史课一小时。当他发现蓝森著《外科上之人物及事件》适合作为医史教材时，立即撰文予以推介。中华人民共和国成立以后，医史学会于1950年成立医史教材编辑委员会，王先生担任委员。1951年，他又被卫生部教材编审委员会医史组聘为特约编辑，积极投入了中国医学史的教材编辑，为医史学科的教育贡献他全部的经验与知识。

王吉民先生28岁时就担任《中华医学杂志》分科编辑，对编辑杂志富有经验。在医史学会初建的阶段，还没有条件独立创办医史杂志，此时王先生就设法在《中华医学杂志》出版医史专号。1947年，中英文合刊的《医史杂志》于上海创刊，王吉民先生为主干。1952年，他担任《医史杂志》第二届编辑委员会主任。此后虽然在该杂志的编辑职务不断变化，但他始终关注着医史这块学术交流园地。

在王吉民先生及其他医史前辈精心呵护下，医史学科不断成长壮大。王先生在医史学科基本建设的各个方面都有所建树，本文只能择其要简述如上。

在繁忙的会务、杂志编辑、图书馆管理、博物馆管理等工作之余，王吉民先生还发表了许多医史研究论文。

四、王吉民医史研究论文

除了学会报告等会务文件，王吉民先生撰写的中英文医史研究论文有百余篇。出道早期，他的英文医史论文较多，但中、晚年之后主要是中文论文。王先生研究的兴趣甚广，除《中国历代医学之发明》等中医学历史重大发明研究之外，王先生的研究兴趣主要涉及疾病史、西医传入事件与人物、中医历史人物以及其他医史相关内容。

作为一名医生，王吉民先生自然会关注疾病史。清末民初，西方传教士对中国麻风病、精神病的诊治颇有兴趣。大概是受此影响，王先生先后发表了《中国麻风之简史》《中国旧有麻风治疗方法》《中国最早之麻风专家——孙思邈》《中国麻风病史中之名人》等文。1949年后还发表了《中国近代精神病学发展概况》一文。

在国内医学人物研究方面，王先生的论文涉及古代名医孙思邈、张卿子、傅青主、徐大椿、薛生白等，有关内容较为简单。这类文章中，最有参考价值的是介绍了某些西医人物，其中既有中国的西医，也有国外医师。孙中山先生早年毕业于香港西医书院，曾与王先生的伯父王煜初有过友好往来。有这两层关系，王吉民先生对孙中山的学医经历自然比较熟悉，也因此先后发表了《孙中山医学毕业年期之考证》《孙中山先生求学和行医时期的史实》两篇颇有分量的论文。王先生对我国最早出国学医的先行者心怀敬意，曾撰文介绍黄宽、金韵梅的事迹。王先生还曾为清末民初东莞医师尹端模立传，赞叹他与嘉约翰编译医书、首创《医学报》(1894)等业绩。

在王吉民先生的医学人物类文章中，以介绍国外西医人物为多。早在1920年，他就发表了《耳力氏列传》，介绍德国医学家耳力氏(Paul Ehrlich)在细菌的化学疗法方面的贡献，尤其对药物(606)研究的经过介绍甚详。出身基督教家庭的王先生，对传教士医师自然更是熟悉。他撰写过《在华新医先进像传》一文，介绍早期来华传授西医最著名的6位医师，即皮尔逊(Alexander Pearson)、哥利支(Thomas Richardson Colledge)、伯嘉(Peter Parker)、洛卡(William Lockhart)、合信(Benjamin Hobson)、嘉约翰(Glasgow John Kerr)。文中讲述他们来华传播西医的经过与业绩。另有《霍梦慈博士传》，则介绍了美国霍梦慈博士(Dr. Oliver Wendell Holmes)的生平，其中对霍梦慈博士在妇产科预防产褥热的功绩记述尤详。英国学者伊博恩(Bernard Emms Read)是王吉民先生志同道合的朋友，对西医教育、医史研究尤其热衷。伊博恩逝世后，王先生满怀深情地写了一篇《哲学博士伊博恩传》，以示纪念。1949年以后，王吉民先生也有数篇谈西洋传教士的文章，但此时立场已大不相同。此类有《伯驾利用医药侵华史实》《美帝利用教会医师侵华史实》《太平天国期间在清廷雇佣军里的两个外籍军医》等文。但对与中国友好的瑞士医史学家斯格里西(H. E. Sigerist)，王先生在《医史学家斯格里西逝世》一文中颂扬了他对世界医史学的功绩。

以上所举王吉民先生发表的人物文章，看起来似乎不是很多。其实在王、伍《中国医史》一书中，对古今医家的介绍非常丰富，尤其对传教医师的记载最为周详。除此以外，王吉民先生还发表了其他一些中国与海外的医药交流之类的文章，例如，《康熙皇帝吃西药》《关于金鸡纳霜传入我国的记载》《祖国医药文化流传海外考》等，本文不一一予以介绍。

特别要指出的是，王吉民先生对《本草纲目》的研究，以及1953年在中国掀起的李时珍研究热潮中，均建立了不朽功勋。

早在1932年，王、伍《中国医史》就有专章介绍李时珍和《本草纲目》，称该书“是在中国药物学方面最好的著作”“不朽的著作”，并详细介绍了《本草纲目》的构成和价值。尤其可贵的是，该文较多地介绍了当时国外对《本草纲目》的研究和评价，指出该书“叙述了不少有价值的物质，如高岭土、优美露、大风子油与麻黄素。西方的科学家直到近代才知道这些物质”[①]。王、伍二人还引用了西方人的评价来说明《本草纲目》的价值。例如，考尔托斯（F. Conrtois）在关于《中国植物学》的一篇评论中说道：“《本草纲目》作者的功绩在于收集和保存了前人最好的材料，并对他们给以总的看来是相当恰当的评价。”波特·史密斯（Porter Smith）也说：“很多植物，有‘胡’‘夷’或‘海’字的，都是来自国外。它们是被如汉代的使节张骞等这样的人物从中亚、西亚带回的，并在中国一带土地上也生长。我们不得不对他们能坦率地承认很多植物在某种意义上来说都是进口的而加以称赞。《本草纲目》介绍了很多奇妙的、无稽的与讨厌的东西，但是李时珍尽量使他的书能一目了然，并纠正了一些最荒谬的错误。”此外，该书还初步介绍了国外学者对《本草纲目》的研究与翻译。

由《中国医史》一书发端，王吉民先生对《本草纲目》的研究热情有增无减。1935年，王先生发表了《英译本草纲目考》一文[②]。1942年，王吉民先生又再次发表了《本草纲目译本考证》[③]，使人们了解该书在国外的影响。尽管他当时的这些考证还有不完善之处，但在《本草纲目》外传研究中，王先生是一位先行者。他第一次涉及《本草纲目》外传的历史，并对该书予以颂扬。在中医被社会自以为摩登的人士斥为旧医的时代，王先生能下这么大的功夫，调查《本草纲目》被转译成外文在国外流传的史实，这无疑是在为中医的声誉张目！

1949年以后，有关李时珍的研究遇到了一个契机：1953年初，莫斯科大学主楼落成。让中国人感到无比鼓舞的是，李时珍的画像与其他59位世界著名科学家的画像一同镶嵌在该主楼的廊厅上方。这对中华人民共和国成立初期的中国人民来说，是提高民族自信心、自尊心的极大助力。王吉民等先生抓住这一机遇，再次发表《李时珍本草纲目外文译

---

① K.Chimin Wong，Wu Lien-teh. History of Chinese Medicine［M］.Tai bei：Southern Materials Center. Inc，1985：106-109.（王吉民，伍连德.中国医史：第二版［M］.台北：南天书局，1985：106-109.）中文译文取自1966年由马堪温、蔡景峰等学者翻译的《中国医史》，内部发行。

② 王吉民.英译本草纲目考［M］// 王吉民中华医史研究.广州：广东人民出版社，2011：347-350.

③ 王吉民.本草纲目译本考［M］// 王吉民中华医史研究.广州：广东人民出版社，2011：324-331.

本谈》[①]，还新撰了《德译濒湖脉学的小考证》一文，且不失时机地以中华医学会上海分会、中国药学会上海分会、中华医学会上海分会医史学会的名义，筹划了“李时珍逝世三百六十周年纪念大会”。

1954年2月19—28日，历史上第一个李时珍文献展览会在上海慈溪路41号中华医学会上海分会大礼堂开放。会上展出了医史学会多年收集的李时珍相关研究成果以及照片和文物，其中包括与李时珍及《本草纲目》相关的画像图表、传记论文、《本草纲目》各种版本、《本草纲目》各国译本以及其他有关文物。其中最为引人注目的是蒋兆和绘制的李时珍画像原件、张慧剑拍摄的8幅李时珍家乡及墓地的实地考察照片。可见该会的学术档次之高，内容之充实，对推动李时珍研究发挥了很大的作用。王吉民先生所编的《李时珍文献展览会特刊》，详细地记录了该会的有关情况（见左图）。这次大会以后，王吉民先生又陆续发表了《李时珍先生年谱》《李时珍文献参考资料汇目》等文，为有关李时珍的研究竭尽全力。

《李时珍文献展览会特刊》封面

王吉民先生逝世已经40多年了。他80岁以前，就已经把家里收藏的许多图书资料捐献给国家。但在“文革”中，年过八旬的他，也没能逃过冲击，并因此而郁然离世。但是如今他的家乡不曾忘记他，为他出版了《王吉民中华医史研究》一书[②]。中西医界不会忘记他，《王吉民医学文集》将成为对王先生永久的纪念。

（郑金生写于2015年7月11日）

后记：王吉民、伍连德两位先生的*History of Chinese Medicine*，行内人士习称《王伍医史》，其第二版的英文版在1985年由台湾南天书局影印一次，2009年上海辞书出版社又再影印。1966年，该书的中文版也已翻译并排版完毕，但因“文革”骤起，未能正式出版，但该中译本的复印件仍在医史界内部广传。近些年来，当年中译本的主译人蔡景峰老师已近百岁高龄，又将该译本重新校译，目前仍在校稿中，期待这部早期医史经典著作的中文版能早日面世。

① 王吉民．李时珍本草纲目外文译本谈［M］// 王吉民中华医史研究．广州：广东人民出版社，2011：341-346.

② 虎门镇人民政府．王吉民中华医史研究［M］．广州：广东人民出版社，2011.

专家专史闯路人
——中国医学史开山大师陈邦贤

郑金生

陈邦贤先生是现代中国医学史的开山鼻祖。1978年我考取医史硕士研究生，导师组3位导师中，李经纬、蔡景峰二师一直在陈邦贤老先生（以下简称“陈老”）身边工作。我毕业留所工作以后，与李、蔡二师同处一办公室，经常能听到他们谈起陈老。老师们谈得最多的是陈老种种和善可亲的言行，这是师祖陈老给我的最初印象。

1982年，中医研究院医史研究室升格为中国医史文献研究所。首任所长李经纬老师在建所前后的日子里，已着手夯实医史学科的许多基础建设，其中包括整理出版前辈的手抄稿本。李老师让我来设计陈老《二十六史医学史料汇编》①的封面，这是我最初接触的陈老遗留的医史手泽。在陈老那个时代，要从二十六史中剔抉医药史料，得要有多大的毅力，花多少工夫，恐怕是当今学子难以想象的！但此书还只是陈老搜寻爬梳古代中国医学史料的一小部分工作。

从我留在研究所工作至今，倏忽间30多年就过去了。如今我也从该所退休数年，再让我来为《陈邦贤医学论文集》写“医家生平”，自然更能体会陈老毕生的艰辛。但近些年医史所的环境已然大变，许多陈老留下的手泽，以及李经纬老师任内汇集的医史论文档案丧失殆尽。所以我手头关于陈老的史料，除家藏陈老的《中国医学史》②《中国医史人名志》③之外，就只有李经纬老师撰写的数篇回忆录④，以及《陈邦贤医学论文集》的电子稿了。然而这些资料已经包括了陈老最重要的业绩。我在温习这些史料时，更细致

① 陈邦贤．二十六史医学史料汇编［M］．医史研究室（内部印行），1982.

② 陈邦贤．中国医学史［M］．上海：商务印书馆，1937.（即《中国文化史丛书》第一辑）

③ 陈邦贤，严菱舟．中国医学人名志［M］．北京：人民卫生出版社，1956.

④ 李经纬．中国著名医史学家——陈邦贤［J］．中华医史杂志，1986，16（4）：193-198;《中国医史学家陈邦贤》，原载于《中国当代医学家荟萃》，长春：吉林科学技术出版社，1988;《陈邦贤卷》，见《中华中医昆仑》（第二集），北京：中国中医药出版社，2012：185-223.

地了解了师祖开辟医学专史学科的思路与过程，也深为前辈们披荆斩棘的闯路精神所感动。

一、简要生平

陈老的生平，以李经纬老师在《中华中医昆仑》中的专稿所述最为详尽。本文摘取李师大作，以成此节。

陈邦贤（1889—1976），字冶愚、也愚，晚号红杏老人①，原籍江苏镇江，生于江苏盐城县沙沟镇。陈老虽为一代医史学宗师，但不像许多民国时期的中医师一样成长于医学世家，或毕业于各种医学专科学校。他的父亲陈槐庭是沙沟镇的一名私塾先生。很自然，陈老从小入私塾接受的还是清末学子惯常学习的四书五经。不过他有个舅父叫李天培，却是世医出身。李天培的祖父李文荣乃镇江名医，撰有《知医必辨》一书传世。因此在陈老13岁时，其舅父就将《知医必辨》作为陈老自学启蒙之书。受此影响，陈老在攻读儒家经典的同时，接触到了很多中医古籍，有了中医学的基础。陈老1905年进兴化县学校（新式学堂）读书。接触西医则是在1907年考入江苏省简易师范之后。师范院校不同于医药院校，但在当时的师范学校中，开设有普通的生理卫生课程。在师范学校两年的学习，给陈老打下了最初的西医学基础。

陈老师范毕业（1909）之后数年，先后在镇江卫生医院任中医内科医员，扬州江苏省立第五师范学校及省立第八中学任校医、生理卫生教员、舍监等职。此时正值清廷行将覆亡的最后几年，西学在华日盛，华洋之学在很多方面产生冲突，中医学也处于中西医激烈碰撞的动荡之时。勤于学习、善于思考的陈老面对这样的时局，有很多自己的想法，希望有机会充实自己的医学知识，解除思想上的疑团。也就是在这时，他深深受到上海丁福保的感召。丁福保在1905年辞去京师大学堂译学馆的教职后，返回江南，往返于上海、无锡等地，参与创办“中国医学会”，编译了许多医学书籍。宣统元年（1909），丁先生参加了南京督院举办的医科考试，运用其广博的中西医知识，获得了考试最优等开业证书，旋即又被委派为考察日本医学专员，对当时的日本医学进行深入的考察，收获甚丰。这次的日本考察在社会引起很大的反响，《申报》大加报道，称此举为“医界从来未有之盛举，未始非吾国医学改良之起点也”。这样震动全国的事，使陈老深受触动。宣统二年（1910），丁先生在上海创办《中西医学报》及中西医研究会，以研究、交流中西医学、振兴中国医学为宗旨。

---

①《中华中医昆仑：第二集》，第222页有“陈邦贤常说：‘我的号叫冶愚，既冶己之愚，也冶人之愚，我应该是一位教育家。’他为自己在杏坛工作而欣慰，自号‘红杏老人’。”

丁福保先生的学术主张与陈老素所思考不谋而合。当陈老得知丁先生在沪创办新医学研究社教授西医学时，即驰函丁先生，畅谈了自己的经历与感想。他介绍说："贤幼时喜习医学……十年来每有暇，咸涉猎医书，兼研究普通生理卫生学。"同时他也披露自己在学习《内经》《难经》等书时所发现的问题，并"恳祈仿欧美函授例，用通函教授法教授……以中医为体，西医为用，补助旧学之不足"。陈老的这一建议深合丁先生之意。因此，丁先生将陈老来函刊载在《中西医学报》[①]，并复函商讨函授内容。丁、陈二老共创的函授法从此风行国内医界。一年后，陈老以函授新医学讲习所最优等学员的身份毕业。嗣后丁先生又约请陈老到上海协助其工作，陈老也借此机会能在上海中日医校学习[②]，学力随之不断增长，眼界日益开阔。陈老文笔甚佳，又异常勤勉，此后经常在《中西医学报》等报刊发表文章。以师从丁福保为契机，陈老开始在医界崭露头角。

民国之初，陈老才20来岁，精力充沛，风华正茂。这段时间又得到丁福保之助，如虎添翼。他在谋生糊口之余，广交同道，切磋学问，创办医报，撰文著书[③]。此时他已经萌生了专攻医史之志，并于1914年发起成立了中医医学史上第一个医史研究会。从1914年开始，陈老在《中西医学报》连载其《中国医学史》文稿，先后持续两年。又经过几年的磨砺与积累，到陈老30岁的时候，用文言完成了《中国医学史》一书（1919），次年该书由上海医学书局刻印。

陈老这部《中国医学史》不仅是他自己的第一部医史著作，也是中国第一部医史专著，"开数千年来专门学者治专门史之新纪元"[④]。陈老在回忆该书第一版问世之后的影响时说：

此书诞生忽忽已十七年，颇引起中外人士的注意。外人如美国杜威博士，日本如朝鲜连山医学研究所、满洲医科大学[⑤]，以及日本富士川游、市村瓒、内藤虎、廖温仁诸博士，均颇重视此籍。国内外各大学图书馆亦均藏有此书。[⑥]

除《中国医学史》之外，陈老还把他学习中医经典的心得编为《素灵新义》《医学门径语》《中外医事年表》先后出版[⑦]。然而《中国医学史》等书的出版，并没有改善陈老的生

---

① 陈邦贤．陈也愚来书［J］．中西医学报，1910（宣统二年）5月，第1期．

② 李经纬．陈邦贤卷［M］// 中华中医昆仑：第二集．北京：中国中医药出版社，2012：190.

③ 谭天骥，撰．陈邦贤，按语．意园读医书笔记［M］．上海：上海成德学社铅印本，1913.

④ 陈邦贤．中国医学史［M］．上海：商务印书馆，1937：10.

⑤ 朝鲜连山医学研究所、满洲医科大学，此二机构均系日本侵占朝鲜及我国东北时在当地所建。为忠实原引文，未加删改。

⑥ 同④。

⑦ 这些再版书籍的信息为陈邦贤：《素灵新义》，1921年铅印本；陈邦贤、万钟：《医学门径语》，民国上海医学书局铅印本，1924；陈邦贤：《中外医事年表》，1926年中西医学报铅印本，1929年新苏书局铅印本（见薛清录：《中国中医古籍总目》，上海：上海辞书出版社，2007：16，452，871）。

活条件。20世纪二三十年代，中医备受挤兑，更遑论医史学者了。谋生的艰难，家庭的重担，一直压在陈老肩上。李经纬老师曾谈到陈老这段艰难的岁月：

先生在世时，每忆起三十年代前后，父母谢世，生活艰难。又加之夫人故去，抚养众多子女，落于他一人身上。令人钦佩的是先生正是在这样的环境下，一边操持家务，管理教育大大小小的子女，一边在学校任教和兼校医看病，一边还要大量涉猎古今医书文献和报章杂志，一边更要撰写论文专著，或编辑小报期刊，为开展中国医学史研究做出了出色的贡献。[①]

1934年，陈果夫创办江苏省立医政学院，培养卫生行政、教育、中医、西医四方面的高级人才。陈老以其医史业绩，被聘为该学院医学史、疾病史的教授，此时陈老已过45岁。陈老在该校的时间虽然只有短暂的4年，但却完成了《中国医学史》的第二版，实际上这是全新的第二部《中国医学史》。江苏省立医政学院中医进修班的学员叶劲秋、耿鉴庭等后来都成为名中医，耿鉴庭成为一位医史学家，也都得益于陈老的教育引导。

也就在《中国医学史》第一版（1919）与第二版（1936年脱稿）之间的17年间，陈老又奋笔写出了《药学史》《疾病史》《卫生行政史》《防疫史》《医事教育史》等若干种书[②]。所惜这几种书原稿均不知所终，只有若干与诸书相关的论文还留存于世。陈老《中国医学史》第二版问世（1937），在国内的影响大大高于第一版，个中原因有内有外。所谓“内”，即陈老第二版《中国医学史》本身进行了一些修改。例如，改文言文为白话文、变更篇章、充实内容等，使该书的质量大大提高；至于“外”，则和外部环境渐变、该书被收入《中国文化史丛书》有关。20世纪30年代以后，经过全国中医抗争，中医的处境略有改善。该书被商务印书馆纳入《中国文化史丛书》，即将中国医学视为中国文化的一部分，因而提高了该书的地位。陈老的第二版《中国医学史》在此后的岁月多次重印，已成为我国医学史著作的一个亮丽的品牌。

也就在《中国医学史》第二版出版之年，抗日战争全面爆发，随后国民政府内迁重庆。1938年，陈老随迁入川，先后任四川中学卫生组长、重庆师范学校卫生主任，教育部医学教育委员会编辑委员兼中医教育专门委员会主任委员、编译馆编审等职。在这段非常时期内，陈老的医史研究自然要受到影响，但却不曾中断。家中住处狭小，他就利用茶馆，甚至在防空洞里也坚持读史书，摘录医学史料，开始了他的《二十六史医学史料汇编》浩大工程。他的学生李经纬老师至今还记得他常说的话：“做学问要勤，不怕慢，就怕站。”“做学问不怕笨，贵在坚持，勤能补拙。”[③]靠这般精神，这股韧劲，以及对医史学的痴爱，他

① 李经纬．中国著名医史学家——陈邦贤［J］．中华医史杂志，1986，16（4）：193-198.

② 李经纬．陈邦贤卷［M］// 中华中医昆仑：第二集．北京：中国中医药出版社，2012：215.

③ 同②。

不仅积累了大量的二十六史医药史料，而且编纂了《医学史纲要》(1943年西南医学杂志社予以铅印)等书[①]。能在战乱颠沛流离之中不忘收集史料、出版医史新著，在医史这一行里，不知道还有谁能与陈老比肩!

抗战胜利后，陈老返回江苏时，别无长物，唯有怀里抱着的一大包袱医史书稿。此后，他兼任江苏医学院（今南京医科大学前身）医学史教授，同时兼任南京中央大学附中校医。相对稳定的生活，使陈老能继续他在重庆的各项工作。建国之初，陈老又受命担任镇江市人民政府卫生科科长。一位学者从事行政工作，看起来似乎较为困难。但陈老渊博的中西医知识，宽厚实诚的人品，却让他在调解当地中西医之间的矛盾、让个体开业人员逐渐联合开诊方面大显身手。他有个雅号叫“和事佬”[②]，就是来源于他出色的处理中西医关系、善于沟通与团结同事的工作经历。陈老的医史专长与出色的行政组织能力，终于使他在65岁时获得了一个最恰当的位置。

1954年，陈老被推荐入京，参与中医研究院（今中国中医科学院）的筹建。次年，他受命担任卫生部中医研究院医史研究室副研究员、副主任。按说在他这个年龄，已经到了该退休的时候，但一门新的学科、一个新的专业研究部门需要陈老这样德高望重的学者去做领头人。在医史文献研究室，他如愿以偿专心专职从事中国医史文献研究。此后的十几年，他以年迈之躯，领导科室人员完成了《二十六史医学史料汇编》(1964)，同时还开展了《十三经医学史料汇编》《诸子集成医学史料汇编》等巨大工程。这段时间内陈老的文著主要是发表在杂志的部分正史中的医学史料，以及少数疾病史的史料，例如，本论文集[③]中的《有关妇产科的一些史料》(1955)、《神农本草经中关于疾病的史料》(1957)等。

在这段时间内，陈老做了一件比开展医史学史料基础建设更为重要的大事——培养医史专门人才。前面提到1934年陈老已经在江苏省立医政学院教授过医史学，其弟子有后来成为医史学者的耿鉴庭。1945—1952年他担任江苏医学院医史教授时，后来成为当代医史学中坚的张慰丰老师就曾在该校得到过陈老的亲炙。但这样培养的医史人才毕竟太少。1955年，卫生部在中医研究院举办了“第一届西医离职学习中医研究班”，承担该班医史教学的就是陈老与李涛先生。1956年，教育部、卫生部指示中医研究院医史研究室开设“医学史高级师资进修班”(一年)，专门为全国高等医药院校培养医史师资。这批学员中有张慰丰、姒元翼、龚纯、孔淑贞、王有生、郭成圩等，他们都成为此后国内的医史教

① 陈老在抗战期间撰写的医书还有:《花柳病救护法》(1939)上海医学书局铅印本，1940(见薛清录《中国中医古籍总目》，上海辞书出版社，2007：707);《新本草备要》上海中医书局，1955；香港：医林书局(见裘俭等《新中国六十年中医图书总目》，2010：1435)。

② 李经纬．陈邦贤卷[M]// 中华中医昆仑：第二集．北京：中国中医药出版社，2012：194.

③ 指《陈邦贤医学论文集》。本篇中所提本论文集均指《陈邦贤医学论文集》。

学骨干。1958年5月，“第一届西医离职学习中医研究班”结业，该班学员李经纬、蔡景峰分配到医史研究室，正式拜陈邦贤老为师，并一直跟随陈老开展各项医史研究。在此前后，北京的李涛先生、上海的王吉民先生也各自培养了若干弟子，如程之范、傅维康等。正是依靠建国后培养起来的李经纬、程之范、蔡景峰、张慰丰、傅维康等一批医史接班人，中国的医史学科才得以续绝存根，并能在“文革”之后迅速发展壮大，形成当今数百专门人才的队伍，当年小小的医史研究室才能在1982年升格为中国医史文献研究所。当年陈老1册《中国医学史》才能扩展为4册《中国医学通史》以及多种多样的医学专科史著作，形成了燎原之势。

正当陈老医史研究室的各项研究工作日益红火之时，“文革”骤然而来。陈老一生痴迷医史，忠厚待人。据李经纬老师回忆，陈老为人仁、善，从未发过脾气，更不会声色俱厉训斥他人。对待学生无不视为家人，和颜悦色，热情至诚，以至于被学生誉为“圣人”。对同事、同道，陈老总是以一个仁者的精神处理彼此关系，从不计较个人恩怨①。然而“文革”期间他也照样受到冲击，并被遣送回原籍，直到1972年才落实政策重返北京。回京以后，他一如既往忙于医史资料的收集整理，直到1976年病逝，才最终放下他毕生酷好的医史事业。就在人生最后的4年内，他还参与了《中草药汇编》的编纂，编写了《食疗本草》《食疗方》《简易方》《中国疾病史稿》《中国医史年表》《中国近代史年表》《近代医学书目》等著作②。

陈老是近现代医史学的闯路人。他倾毕生的精力，构建医史学学科的学术框架，搜集古今浩瀚的医史史料，为后人架桥铺路。在医学史学术内容方面，他的建树至今仍有着深刻的影响。

二、医史学术业绩

陈老是医学史的闯路人，但在他闯路的同时，还有一人也在这条路闯荡——那就是与陈老同年出生的王吉民（1889—1972）。比较两位医学史闯路人，其业绩虽然有若干重叠，但更多的是各有千秋。王吉民与伍连德用英文撰写的第一部《中国医史》（*History of Chinese Medicine*），影响最大的是在国外。在医史学科建设方面，王吉民注重的是建立学术团体（中华医史学会），集合全国的医史力量；创办《中华医史杂志》，编制医史论文索引，借以交流医史研究信息；收集医史文物、筹建医史展览，并最终建成了医史博物馆。由于家庭背景、学历、职业和生活环境的不同，陈邦贤老的主要精力放在中国医学史的内

---

① 李经纬．陈邦贤卷［M］// 中华中医昆仑：第二集．北京：中国中医药出版社，2012：217-223.

② 李经纬．中国著名医史学家——陈邦贤［J］．中华医史杂志，1986，16（4）：93-198.

涵构架与历史上各类文献的史料汇集、人才的培养等方面。这二老的医史专长可以说是互补互助，真可谓中国医史学科的莫大福音。要论陈老的医史业绩，必须首先提到他对中国医学史影响最大的三个版本（以下姑且称之为“版”）《中国医史学》。这三版医学通史在38年内先后完成，集中体现了陈老建构中国医学史这门学科的思想与方法。

（一）中国医学史的内涵与建构

陈老三个版本的《中国医史学》，构架、内容，甚至某些观点都有所不同。这是因为陈老的学识也在与时俱进。但是，在中国医学史的内涵理解方面，陈老的观点基本上是一以贯之的。

陈老在最早出版的《中国医学史》中，就已经解答“医学史”的定义、既往史、定位、目的、作用、研究方法，以及中国医史的起源、分期、主要内容等许多属于学科建构的基本问题。在第二版《中国医学史》中，这些问题在“例言”与“绪言”中表达得更为清晰明了（以下所引凡不单独标注出处者均见于陈老第二版《中国医学史》）。

中国古代历来重史。陈老说“纪事的书叫做史”，“我们人类是日趋于进化的。史就是研究人类进化的遗迹”。从这一点出发，陈老认为，“以史学的方法，研究医学知识进展的过程，叫做医学史，或叫做医史学”。“医学史”就是“医史学”这个提法，陈老在1945年以后有所修正，但对“医学史”的定义则没有太大的变化。

“医学史”应该如何定位？陈老推崇的是英国哲学家培根（Francis Bacon，1561—1626）的说法：“英国大哲学家培根，他说是提倡科学，非从科学史着手不可。他曾拟定一《自然科学分类史》的书目，凡一百三十种。举凡天地现象、物理、化学、矿物、植物、医药、心理、教育、社会，莫不赅备。欧洲科学的进步，都莫不归功于培根的科学史。”

也就是说，陈老赞同培根的说法，将医学史归于科学史，从内容来说，与一般人文科学的历史有所不同。那么，医学史研究者应该是哪一类的人呢？陈老服膺于梁启超的说法：

梁任公说：“今日所需之史，当分专门史与普遍史之两途……治专门史者，不惟须有史学的素养，更须有各该专门学的素养。此种事业，与其责望诸史学家，毋宁责望各该专门学者。而凡治各专门学之人，亦须有两种觉悟。其一当思：人类无论何种文明，皆须求根底于历史。治一学而不深观其历史演进之迹，是全然蔑视时间关系，而兹学系统终未由明了。其二，当知今日中国学界已陷于‘历史饥饿’之状况，吾侪不容不亟图救济。历史上各部之真相未明，则全部分之真相亦终不得见。而欲明各部分之真相，非用分功的方法，深入其中不可。此决非一般史学家所能办到，而必有待于各学之专门家，分担责任。此吾对专门史前途之希望也。

梁启超这段话主张专门史要专门学者，非一般史学家所能胜任。从目前治科技史的人员来说，确实大多都经过所治学科的基本训练。梁启超把专门史看作是历史学的一部分，认为不明了专门史，则全部历史的真相还是看不到。这种观点深得陈老赞同。因此，虽然医学史属于自然科学史范围，但它同时又是整个历史学不可分割的组成部分。

陈老在确定医学史内涵与定位时，引用了培根与梁启超的相关论说。但是要论医学史这门崭新的学科的许多问题，就只能凭借自身的理解了。首先，中国古代也有名为"医史"或记载医学人物的专书。这类书与陈老的"医学史"有什么区别呢？陈老认为："中国关于医史学、医学史，向无专书。唐甘伯宗的《名医传》久经散佚，明李濂的《医史》、徐春甫的《古今医统大全》、清代所编的《图书集成·医部列传》(《古今图书集成·医部全录》)，都是传记的体裁，不能记述历朝医事的沿革及其进化的理由。"

因此，中国古代的医史人物传记体裁书，其内容和陈老建立起来的中国医学史不尽相符。陈老建立的医学史，至少要包括这三类内容："第一类关于医家地位的历史，第二类关于医学知识的历史，第三类关于疾病的历史。"而且"在研究这三类史料时，当先研究每一个时代环境的背景和文化的现状"。这样去讲述医学的历史，才能算得上是现代的医学史，而非简单的医史人物传记。

陈老提出的医学史三大类内容，在今天看来，似乎还不够全面，但确是最基本的三大内容。他提出研究医学，应该先研究每一时代的背景与文化，这一观点即便在数十年后的今天，依然那么鲜活前卫。当今时兴的医学"内史""外史"研究法，在陈老看来，也许根本无需区分内外，它们本来就应该结合起来进行医史研究。在陈老看来："我们中国是一个有数千年文化的民族国家，历代的学术思想演变得很厉害的。学术思想是人类生活奋斗中所孕育的灿烂之花。因为人类要满足他们的生存的欲望，便须和四围的环境奋斗。奋斗的结果，便造出人类的文化来。各式各样生活的方式，就是文化的结晶。学术思想，就是文化的精神。所以学术思想总离不了环境的影响，同时又总是归结到人类生活的改进。医学是文化的一部分，当然离不开环境的影响和人类生活的改进。"

真不敢相信这些话出现在将近80年前的陈老口中！"医学是文化的一部分"，多么明确简洁！"医学是文化的一部分，医学史就是一部分的文化史。"反观当今某些人侈谈"医学文化史"，将医学文化研究作为最新、最时髦的主题。殊不知医学本身就是文化，医学史本身就是文化史研究的一部分。祖师爷很早就提出了这个命题！陈老不仅提出了医史研究应该注意时代环境与文化现状，而且在《中国医学史》的"例言""绪言"中进行了高度的概括。例如，"例言"中说：

本书关于历代医学的变迁，极为注意。如周时有阴阳风雨晦明之说，汉时有阴阳五行之说，晋时道家之说混入，唐时佛教之说混入，宋时受性理影响，清时注重考古之学，以及科学医的输入，均纤悉详载，俾读者可以知历代医学变迁的因果。

这些归纳在现代看来似乎司空见惯，但在中国医学史初创之时，陈老就能高屋建瓴提出医学变迁的文化背景影响，确属难能可贵。在《中国医学史》绪言中，这类论说更为详细，实在可以作为中医思想史的大纲。这些论说高度概括了各历史时期的思潮对医学理论变迁产生的巨大影响。

新兴的医史学如何构建？这是陈老必须面对的问题。在1919年初版《中国医学史》，陈老打破了传统人文史学的纲鉴体，采用了篇章体。其分章以中国朝代为纲，分十二章，前十章次第为太古之医学、周秦、两汉、两晋至隋、唐、宋、金元、明、清、民国。最后两章为“中国医事年表”“历代太医职官”。各章之中，一般以医政、著名医家、医药之进步、疾病史为序展开。这样的医学专史，确实前无古人。

但陈老在十几年后《中国医学史》第二版中，将十二章缩减为五篇，依次为上古的医学（周秦以前）、中古的医学（汉代至宋元）、近世的医学（明清）、近代的医学（民国以来）、疾病史。这样的历史分期很明显是受西方历史书的影响。该书将“疾病史”与历史分期并列，从分篇层次来看，没有采用同一标准，确有可商榷之处。但我体会，当年的陈老，太想在一本医学通史书中囊括他想包括的全部内容，因而才会有如此不甚完美的分篇章法。又过了20年，陈老完成了第三版《中国医学史》。这一版如第二版一样，篇章设置变化很大，完全抛弃了西洋式的分期法，又回到第一版的中国传统朝代分章法。其中第一章为“原始的医学”，第二章至第十章则从夏商到清代，第十一章为“太平天国及辛亥革命后的医学”，第十二章为“中华人民共和国的医学”。这样的分章，参照了当时标准的社会发展划分法。受当时的政治影响，太平天国被提高到朝代层次，而“民国”一词也不再采用。从三个版本的《中国医学史》历史分期来看，陈老在这个问题上并没有固守一个模式，而是顺应时代潮流，勇于探索、勇于更新。中国医史分期至今仍然是一个值得讨论的问题，陈老的三种分期尝试，给后人留下了宝贵的经验。

此外，陈老在《中国医学史》绪言中，还提到了中医的学派问题，提到了“历代政府重视医学，莫过于宋代”的结论，提到了“金元始为门户之学”等问题，这些论述在几十年后依然是热门话题。

最令我难忘的是，陈老在《中国医学史》例言开篇的第一句话：“本书的目的在宣扬文化，提倡科学，整理国故，复兴民族。”在绪言里，我又再次读到陈老宣称，《中国医学史》“其目的在发皇中国固有之文化”。再往细里说，陈老认为：“研究医学史，要研究过去的医学是怎样的演变，现在的医学是怎样才有这样的奇迹，并且可以推想到将来可以有怎样的进化。”这就是研究医学史的目标。只有将这一研究目标装在心里，医学史研究才不会变为书斋里少数人的癖好，也不应该在医学学科中没有地位。因此，陈老的《中国医学史》绝不应该被视为普通的个人著作，而应该作为医史学科划时代的标志。该书中对医史学科提出的许多很有深度的问题仍然值得后人不断探索，不断出新。

当然，毋庸讳言，《中国医学史》作为草创之作，从现在的眼光看来，在史料与史论的处理方面还有可改进之处。史学著作应该特别注意史料的详明与周密。这一点《中国医学史》确实做得很好，书中史料丰富，出处详明，尤其是某些疾病史，搜罗出了非常有意义的史料（见鼠疫等病）。但该书史料虽多，却往往平行罗列，缺乏有逻辑、有深度的论述。

尤其是在某些章的疾病名称之下，资料罗列现象更为严重。此外，无论是疾病分类还是论述，明显以西医病名或眼光来整理中国固有的医学，这就无法突出中国医学的特色。以西学为中心的史学，不一定就是“科学”“先进”之路。陈老的一生主要在清末、民国间渡过，因此他受旧时代风气影响之处在所难免。当然，史料与史论处理的某些不足，并不是医史学科的根本问题。作为中国医学史的开山之作，其最重要的价值应该是该书在建构中国医学史方面的杰出贡献。

此外，陈老对中国古代各类文献的医学史料的搜罗整理，也是陈老对医史学科建设的一大贡献。

（二）医学史料的搜集与整理

史料是医学史研究的基础。因此陈邦贤老与王吉民老都很注意收集史料这一基础工作。王吉民老最为关注的是书目收集与相关论文索引，陈邦贤老则在非医学文献方面下功夫最多。

陈老认为，医学史料大致可分为三类：“一类是历代医学文献，这些文献为数虽然不少，但都是已经为历代医学家初步加工整理出来的成品，材料集中，寻检比较便利。另一类是非医学文献，这一类比较分散，寻检不便。还有一类就是历代保存下来的文物、古迹，这一类需要通过实地调查研究，才能加以应用。”[①] 也就是说，陈老认为最难找的就是非医学文献。他迎难而上，选择了这一类的文献作为搜集整理对象。

陈老对非医学文献类型与作用有过精辟的分析：“在古代的各种文献中，二十六史记载的材料，在我国古代社会中，具有一定的代表性。先秦时代的文献，本来就比较缺乏，十三经在一定程度上也足以反映当时社会各方面的情况。此外，先秦及汉魏六朝诸子，都是当时社会各阶层及其不同思想的反映，也具有相当的代表性。如果把这些文献中与医学有关的资料摘录出来，使医史工作者得以随时寻检，以补充医学文献在某些方面的不足，这对于研究当时医学发展的概貌是不无益处的。”陈老这么说了，同时也这么做了！

本文前面已介绍，早在抗战时期，陈老就已经在极为艰苦的条件下，单打独斗，开始了《二十六史医学史料汇编》的编写工作。1955年，也就是在他调到北京中医研究院之后的第二年，陈老陆续发表了部分工作成果，其中包括《史记》《汉书》《后汉书》《南史》的医学史料。陈老在每一册书的前面，有一个简短的介绍。除介绍该书医学史料的分章节内容之外，还有一段该书史料特殊价值的评议。如《史记医学史料汇辑》中说：

医学的起源，是由劳动人民创造的，扁鹊、仓公结合劳动人民向疾病作斗争的经验，把（让）祖国医学逐步脱离了巫术的范围，成为祖国经验的医学，这是值得后世所推崇的。

---

① 陈邦贤．二十六史医学史料汇编［M］.（内部印行），中医研究院中国医史文献研究所，1982：自序．

从公元前四五世纪到公元前一二世纪，这是医与巫作斗争的时期，也就是科学与宗教的斗争时期，扁鹊创始了医学分科，在邯郸为带下医，在洛阳为耳目痹医，在咸阳为小儿医，随俗为变。扁鹊发明了脉法，决生死，所以司马迁说："今天下言脉者，由扁鹊也。"仓公不仅传黄帝、扁鹊脉书五色诊病，并且发明了记病历的方法，为后世医生记叙医案留下了范例。当时的治法一面有针砭石、汤液、按摩等唯物的方法，一面又有祈祷、卜筮、反神、扶形等唯心的方法。（见本论文集）

这段评议写成的时代，使之不免带上时代的烙印。例如，把祖国医学视为一种"经验的医学"，这是不够全面的。但有这样的介绍毕竟比没有好，这对资料汇辑之类的书籍非常有必要。可惜的是，在1982年印行的《二十六史医学史料汇编》中，每一书前都没有加上任何评议。

陈老从每一正史典籍中搜罗资料的范围十分广泛，涉及医事制度、医学人物、医学文献、寿命·胎产、养生·卫生、解剖史料·脏腑经络、疾病（分科）、病因·诊断·治疗、药品、兽医和兽疫。在没有电脑的时代，这些材料要在通读二十六史的基础上，一字一句地摘录下来，然后再加以取舍分类。无数日夜的辛劳，只有干过这一行的人才能体味到。

更令人扼腕的是，这么一项有益于后世的大工程，在行将竣工的20世纪60年代，居然被具有高度"无产阶级专政"觉悟的"审稿者"认为具有大量"封资修"内容[①]，被勒令必须加以删节，成为他们心目中的"洁本"才能出版。无奈之下，陈老只有违心地服从。尽管如此，《二十六史医学史料汇编》最终还是未能在陈老生前正式出版。直到1982年建立中国医史文献研究所的时候才内部印行。陈老当年的无奈之情至今还能在该书前言中窥知一二。

该书前言中，陈老委婉地写道，"从史料学的观点出发，应用史料必须忠实于原作，不加删节地予以之摘录"，但接着他立即声明，"显属反动、十足唯心的和假造的材料""根本没有任何意义，就不该介绍给读者"。可能是为了给"审稿者"说明某些材料尚须保留的理由，陈老在该书的前言里花费了很多笔墨来讲述，将"卜巫、画符、念咒等唯心的方法"附在唯物材料之后的处理方法，并且表示，"对于唯物方面的材料，我们是穷收博采，抱着搜罗全尽的愿望。而对于众多的唯心材料，我们只举其大要，罗列少数几条比较具有代表性的，使读者能知其概要就够了"，在这样的思想压力下，"抉择与筛选"很不容易。陈老特别指出，被删除的内容包括正史里记载的寿命超过70岁的人物材料，因为"考虑到这些主要记载当时统治阶级人物活动的材料，很难代表当时整个社会人口真实的平均寿命，因此，决定予以舍弃"。舍弃的史料还有"历代帝王的生产分娩过程的描述"，因为

① 李经纬．陈邦贤卷［M］// 中华中医昆仑：第二集：北京：中国中医药出版社：216–217.

这“分明是作者有意加以美化的”。即便收入某些医事制度，也要先批判一番，说“所谓正史，只能反映统治阶级的观点。一些属于上层建筑的医学事件（如医事制度），就是为统治阶级剥削广大人民而设的，是为他们服务的。在廿六史中，根本没有，也不可能有反映整个社会制度医药全貌的材料”。时至今日，再读这些解释和声明，我丝毫不觉得这是陈老“提高了思想觉悟”之后的表白，只觉得其中透露出的万般无奈。不过这类的问题并非仅仅可见于陈老的书中。20世纪五六十年代的中医书籍（甚至包括校点整理的古医籍）都不同程度存在着随意剔除“反动”“唯心”“糟粕”的现象，更不用说将非医药书中的某些医药史料纂辑起来的书籍了。

《二十六史医学史料汇编》尽管经过删节，但毕竟完整印刷问世。陈老其他的几部类似的汇编，至今已影踪全无。这些书包括《十三经医学史料汇编》《诸子集成医学史料汇编》两部大书。1978年我进医史文献研究室读研究生时，已不曾见过这两部书的草稿，也许是在“文革”中丧失殆尽。若没有政治运动的摧残，这些史料还能留存到今，那该是多么大一笔医史史料财富啊！

以上简述了陈老的医史学术业绩最主要的部分。陈老研究的范围很广，除通史编纂与医学史料汇集之外，他在疾病史、卫生行政史、药学史、防疫史、医事教育史、医学学派史等许多方面都有专门的研究。在《陈邦贤医学文集》中，收集了陈老的《论历代医学之流派》《中国脚气病流行史》《有关妇产科的一些史料》《几种急性传染病的史料特辑》等文，读者从中还可领略陈老的某些思想。

作为陈老的再传弟子，我有幸能继承师祖未竟的事业。但很惭愧的是，过去对陈老的生平和业绩知之不多。趁此机会温习了陈老的辉煌业绩，感触良多，受益甚大。最后，我要感谢恩师李经纬研究员，他为我撰写此文提供了许多宝贵的材料。李老师追随陈老近20年，深得陈老真传，并将陈老开创的医史事业不断发扬光大。他撰写的《中华中医昆仑·陈邦贤卷》3万余字，内容极为丰富。对陈老生平业绩感兴趣的读者，还可参阅李师之书。

（郑金生写于2015年11月1日）

后记：在我给老一辈医家撰写的生平介绍中，陈老是离我最近的一位。但可惜的是，我居然是退休以后多年，才开始了解祖师爷的生平和学术思路。要是我进入医史领域之初，就有人给我讲解前辈们的业绩，那肯定更有利于我的研究。当年我步入本草领域时，与尚志钧老师首次见面时，尚老就将自己的生平与治学经历讲给我听，我后来据此撰写了《本草文献学家尚志钧先生》一文（参“文著题录”）。正因为熟知尚老的学术经历，所以我以后的本草研究就知道研究前沿在哪里，研究空间还有哪些，并且汲取前辈的教训，不重犯某些错误。因此，了解前辈的学术经历，不光是为了让后人记着他的业绩，更重要的也是为了给后人的研究带来方便。

中外文化交流的史料甄别

郑金生

苏仲湘、于良两位学者就古代美洲与中国交往问题发表了各自独特的见解［分别见《人民日报》(海外版）1987年4月2日、8月16日、8月27日的“中外文化交流”专栏］，读后很受启发。于良的文章（下称“于文”）介绍了国外学者的研究方法和动态，主张从文化地理学角度探索中外文化交流，确实是一个饶有兴味的重要课题。

于文依据元代贾铭《饮食须知》一书，认定花生、玉米、甘薯3种美洲作物在元代已有记录，并推测它们至少在元代时已经在我国广泛种植。苏仲湘先生赞同于文的观点，认为“这是哥伦布始通美洲之前，美洲与中国物产已有交往传播的有力证据”。但是，问题就出在《饮食须知》是否真正撰成于元代。我提出这个问题，旨在表明研究文化交流时，必须对所引用文献进行甄别，这样立论才能站得住脚。

《饮食须知》中记载有原产美洲的植物，这一点农学史学家胡道静先生早在1954年就已经注意到了。(见《农书・农史论集》154页）他提到这部书中载有南瓜。日本学者渡边正认为南瓜原产于南美，并考证了南瓜传入日本的年代和路线（见《明清时代的科学技术史》422页）。我因赴日本参加第十二届国际东西方医学比较史学术会议的需要，撰写了《中国明代的食物养生及其相关文献》一文，其中无可回避地考证了《饮食须知》的真实性和几种美洲植物传入中国的最早记载等问题。根据反复校比，我认为《饮食须知》只是一部伪作，不可引为元代史料。

《饮食须知》最早被清代曹溶《学海类编》丛书（1831年刊）收载，除此之外，未见明代及清中期以前的书目记载，这在文献辨疑时是一大疑点。当然，据此还不足以判断其为伪书。为此，我将所见同类书籍逐一从内容上进行比勘，从而发现《饮食须知》是在明代穆世锡《食物辑要》一书基础上略事增删，冠以元代贾铭的名字而成的一部伪作。何以见得《食物辑要》一定早于《饮食须知》呢？因为《食物辑要》中引用的文献大多注明出处，其中引有明代好几位学者的议论。《饮食须知》原封不动地保留了这些引文，但却把文献出处一一抹去。《饮食须知》实际上是《食物辑要》书末的一个篇名，作伪者取来作为书名，以免露出马脚。穆世锡在1605—1614年间撰辑成《食物辑要》，其原书今藏于台湾，北京图书馆有缩微件。据此，《饮食须知》不可能是元代的作品，只是清人的伪作而已。我深恐自己孤陋寡闻，于是趁便在今年8月初到上海求教于胡道静先生。胡老说他“早已觉察到《饮食须知》不可靠，《学海类编》里还有好些托名之作。”因胡老工作繁忙，无暇深究。回京之后，我又见到胡老手书，信中再次首肯了笔者的一得之见。

当然，否定了《饮食须知》为元人之作，并不表明我反对在哥伦布始通美洲之前，美洲与中国物产已有交往的观点。据我对有关文献的研究，明代有好些书中记有美洲植物。明代《食物本草》中首次记载了落花生，“藤蔓茎叶似匾豆，开花落地，一花就地结一果，大如桃。深秋取食之，味甘美异常，人所珍贵”。从其形态及结果方式来看，无疑是今天的花生。但其果实“大如桃”显然有误，恐怕是误传或误刻，要说“大如栎”还差不多。根据这一描述，明代画家绘出了第一幅花生的彩图。薛己书约撰成于1505—1519年，距哥伦布始通美洲仅后很短的时间。在薛己之后的多种同类书（如吴禄《食品集》、穆世锡《食物辑要》等四五种）均转载或略加增补了有关花生的认识。很有意思的是，我在《本草品汇精要》(1505年成书）的康熙重绘本中发现了玉米的彩图，它被当成了薏苡的一个新品种。如果这幅图同样见载于《本草品汇精要》弘治原本（今藏日本杏雨书屋)，那么，则可断定玉米至少在1505年已传入中国。所惜我尚无法得见该书。

一般认为，在早于哥伦布始通美洲的书籍《滇南本草》中，也有好几种美洲植物见载。但是，由于对《滇南本草》成书年代尚存争议，现存该书的版本又都晚于16世纪，因此，笔者不敢凭此立论。

在探索中外文化交流时，对所用史料一定要认真予以甄别，立论才会立于不败之地。苏仲湘先生引清人檀萃《滇海虞衡志》之说，因檀萃未出示依据，只能看成是一种推测而已。我期望与国内外同道共同努力，看能否搜寻到证明1498年以前中国和古代美洲文化交流的可靠史料依据。

［原载于《人民日报》(海外版）1987年9月8日第2版］

后记：1987年，我写了一篇题为《中国明代的食物养生及其相关文献》的文章，因此对明代食疗文献比较熟悉。正好此时《人民日报》(海外版）接连发了几篇文章谈美洲与中国交往和问题，其中一篇认定哥伦布始通美洲之前，美洲与中国物产已有交往传播。其依据是一部元代贾铭的《饮食须知》里载有美洲作物。但此结论十分玄乎，因为仅凭一书所载，乃是孤证，孤证不立。更重要的是，《饮食须知》乃清代伪书，这就更难成立了。于是我写了这篇短文，提醒立论之前，要注意甄别史料的真伪。但拙文中也有错误，就是把《食物本草》作者误作“薛己”，后据张志斌研究员考证，此书乃明代汪颖增订，成书之时当在汪氏退隐之后(约1550年前后)[①]。数年后我检视了《本草品汇精要》弘治原本(成书于1505年)，其中确实有玉米图，被冠以“薏苡”之名。这说明在哥伦布发现美洲之后不久(约10多年)，玉米就已传入中国，但这毕竟还是在哥伦布之后，不可能提前到元代。

① 张志斌．明《食物本草》作者及成书考［J］．中医杂志，2012，53(18)：1588-1591.

两极看中医与中医理论“蚕山”说

郑金生

目前社会上对中医有两种很极端的说法。一种大家大都知道，就是有些人所说的，中医退回到民间医学的地位，意思就是说中医不能和西医平起平坐。西方也有这样的看法，即中医还是低一档次，不允许中医给病人打针、动手术，也就是说中医不能和西医的doctor一视同仁。他们的说法有个核心，就是中医的地位太高，要取消。这是一种观点，而且前一段时间闹得非常厉害，让中医界许多人义愤填膺。很有意思的是，许多层次比较高的中医反而表现得比较淡定，不那么激动。为什么呢？主要是觉得这种说法并不稀奇，也不是第一次，不屑一顾。他们觉得如果你去和这些人辩论，简直就是抬举了这些人。

另一种极端就是，有些人把中医吹得比什么都好。比如，有人说“中医必将引领21世纪医学发展新潮流”。我在网上看到一个专门谈中医的网站，它说“国外著名科学家、医学家一再指出，经络问题可能包含着若干项诺贝尔奖性质的课题”。注意是“若干”，不止一项。说中国要拿诺贝尔奖，最有希望的是中医药。他们说中医学是大发明，而且其发明的重要程度大大超过了其他四大发明。

这两种观点都很极端：一种是中医要取消，一种是中医无限好。后者认为现代社会对中医太不重视了，因此提出口号要“挽救中医”，或者“复兴”中医。我是搞医学史的，我可以说，历朝历代的中医，从来没有像现在这么受到重视，甚至可以说是受到保护。政府没有任何要消灭中医的政策，谈“挽救”言过其实。我们该怎么样对待这两种极端的思想？这里我主要想谈一下这两种看法的焦点问题，也就是中医理论的问题。

在20世纪二三十年代，攻击中医的人并非像现在某些人那样对中医无知。比如，余云岫先生其实对中医的研究很深，他的国学底子也非常深厚。他并不全盘否定中医的疗效，而且对中药非常推崇。可是，他就攻击中医的阴阳五行，说这个理论不行。最近网上看到何祚庥先生的意见，他说他以前得了个什么病就是中医给治好的，他也不全盘否定中医的疗效，但他认为中医的理论全是糟粕，应该把中医理论给废掉。这些否定中医的人攻击最厉害的就是中医理论中的阴阳五行说。

可是，现在主张“复兴”中医的人特别讲究这个阴阳五行。他们打着维护中医理论的旗号，用很现代的理论和词汇去解释阴阳五行理论。有人把这个论题提得非常高，说是思想理论界的一大突破，甚至是二次科学革命的导火索，甚至把这个革命的阶段都给列出来了。我认为这个说法也行不通。一些人把中医吹得太高，反而把中医置于没有发展空间的境地。我想，现在那些主张“废止中医”的人未必有力量害死中医，而这些人无限吹捧中医倒可能严重损害中医的声誉；这些人很让真正的中医头痛，因为他们把中医过度诠释，甚至曲解。其实连续向左转就转到右边去了。比如，有人谈到，古代的“无中生有”就是宇宙大爆炸理论的体现；但是，我相信古人说“无中生有”的时候，根本就不知道这个宇宙有多大，更不知道宇宙大爆炸。这是后人想象的古人世界，完了之后就说古人之说有多么多么科学。可是，这能解决什么问题呢？

其实，用现代概念去“拯救”、去抬高中医理论，“文革”时期最厉害。那个时候，中医的“辨证论治”简直就是整个辩证法。例如，“一分为二”在张景岳那时就提出来了，多了不起！那时许多现代辩证法术语都可以与中医理论挂靠起来，几乎把整个中医理论说成了现代的辩证法。我是1978年读硕士研究生的，那个时候盛行“系统论”“黑箱理论”“控制论”等，用它们来证明我们中医理论多好、多完美。可是这些理论是现代产生的，你还得依靠人家的现代理论去说明古代中医理论的正确。为什么要那么没底气？为什么要把中医理论打扮得那么完美？中医理论真有那么严密、那么系统？我从不认为古代中医理论能够达到这么完美的高度，当然也不认为现代医学理论已十分完美。一种理论能在历史某一时期发挥其积极作用就很不错了，为什么要指望现在的中医理论就到了一种终极程度？

现在有些人谈中医的“复兴”，实际上是要让中医“复旧”。我和一位同事交谈，他提倡“纯中医”。我说，这种中医你找不到，要找你到清代去找。因为现在提倡“复兴”却缺少“复兴”的文化环境，现代人中学时都学数理化，直到进中医学院才开始学习“阴阳五行”，然后灌输或者说弥补一些古代的知识。可是，我们整个社会已经进入现在的时代，“神舟七号”飞船都已上天了。时代不同了，现在提倡“纯中医”，哪里能做到？这个所谓“复兴论”实际上已经影响到了中医教育问题。比如，某些自以为是“正统中医”的人，对提“中医现代化”很反感，说中医现代化就是中医西医化；还有一些人认为我们中医学院学西医纯粹是多余，说现在培养的中医是“中不中，西不西”，因此他们建议在中医学院砍掉西医课程；还有人说，现在中医学院培养的学生就是埋葬中医的人。听那意思，只有“师带徒”才最好，似乎培养只会言必谈阴阳五行，一点不懂现代医学、不懂现代抢救技术的医生才是中医。这不是自取灭亡吗？人家主张废止中医的人就是巴不得你中医退回到民间位置，别搞大学教育，别学习其他医学的长处，闭关自守，“师带徒”，自生自灭。可见我们有些看似维护中医的人，口口声声“复兴”中医，实际上出的主意全是馊的，是自己在贬损中医。

现在有些人打着“复兴”的旗号，喜欢用现代的东西牵强附会地去解释古代的东西。为什么这些人会受到一定的欢迎？因为这是在说“我们中国比你好啊”“你看我们中国多厉害——古已有之”，符合人们喜听好话的心态。不错，现代的火箭虽已上天，但原始的火箭还是我们中国发明的。问题是：古代制造原始火箭的技术，距离造出“神舟七号”还差得很远，我们能固守以往的辉煌，不再努力学习，不再求进取吗？

在现代，我们怎么来看待中医理论？我认为不能否定它在特定历史阶段对中医发展起到的支撑、指导作用，或者说提供一种解释工具的作用。现在对阴阳说攻击得比较少，而对五行说攻击得比较多，为什么？这大概和中华人民共和国成立后我们的教育有关。辩证唯物主义、一分为二、对立统一，这些都深入人心了，而阴阳说属于对立统一的范畴。但是，中华人民共和国成立后围绕着五行说的争论很激烈，反对者认为五行说是循环论，五行说是简单化等。

与此相反的是，现在也有人极力吹捧五行说，连在古代就已衰败的“五运六气”学说，现在也有了大学教材。我们读书的20世纪60年代，“五运六气”还进不了教材，现在却有越吹越神乎的趋势。学了40多年中医的我，对此也很困惑。既然来自两个极端的意见焦点都集中到中医理论上，那我们怎么看待这个问题？你是把它全盘肯定还是全盘否定呢？我在这里提出一个自己的看法，希望大家批评。

我认为，中医理论在中医发展过程中的作用类似“蚕山”。“蚕山”也就是“蚕簇”的俗称。什么是“蚕山”？蚕在结茧吐丝之前要放些支撑物，主要是稻草之类的东西，形状可以不同，这就是蚕山。然后蚕就在蚕山上面结茧。大家都知道，蚕要是没有蚕山是结不成茧的。研究中国医学的历史就可以发现：在中国，最早出现的是经验医学，然后有很长一段巫医盛行的时期。巫医有没有自己的理论？当然有，但它用的是鬼神论。到了战国时期，巫医越来越难取信于人，理论中医这时就越来越显示出它的先进性。可那时候中医的实践水平还是很低的，它怎么样能形成自己的理论呢？关键是它能把当时的哲学、社会学等凡是能用得上的东西都吸收进来编织自己的理论体系。

有人一谈中医理论，好像全是哲学。不完全是这样的。中医很多理论也是从自身实践中总结出来的。比如，经络学说、藏象理论中的许多成分，很多都来自医疗实践的总结。中医理论就是在实践中不断充实成形的，来源很广，并非只有五行学说这一个理论。早期的理论医学为了和巫医斗争，拉了很多东西进来说理，比如，社会结构。人体有“器官”，为什么叫“器官”？因为中医把心肝脾肺肾这些脏器，比喻成社会的某些角色，如“君主”“相傅”“将佐”等官职名称，这就借鉴了社会结构，不属于阴阳五行。理论中医在早期引进了很多东西来解释中医，这样它才在与巫医的斗争中取得了胜利。我们现在的中医理论是在奴隶社会、封建社会形成的东西，很粗糙。它当时拉过来的东西我觉得就类似让蚕结茧的“蚕山”。“蚕山”的材质可以不一样，但作用就一个：为蚕结茧提供最基本的支撑物。对中医而言，就是帮助初级实践层面上的中医结出自己的理论之“茧”。

中医早期的理论，后来不断发展，充实进了很多医疗实践中总结出的更为细致的理念。现在的中医，没有人会单纯靠哲学层面的阴阳五行说去看病，而是运用具有实际指导意义的医学阴阳五行说。这样的理论并不机械，也不是简单地循环。中医的生命力在于它的疗效，这种疗效与理论有密切的关系。没有理论的中医，那是原始的民间经验医学。理论中医就是以某些类型的“蚕山”为支架，然后在医疗实践的基础上，逐渐抽丝结茧，形成了一套套适用于治疗的、具有经验基础的理论。当然，谁都知道，最有实用价值的应该是蚕茧，而不是蚕山。可是话要说回来，虽然你要的是蚕茧、蚕丝，但没有蚕山，蚕就无法抽丝结茧。不是那几根稻草重要，而是依傍它形成的丝茧最重要。但是，那几根稻草的作用绝对是不能否定的。谁要是彻底否定中医的理论，比如，阴阳五行说我们都不用，能行吗？我看至少目前不行。因为这个理论是个整体，你否定这个理论，与此相关的其他方面很快就不行了，就会说不通。就如同一座大厦，抽去一根主要的支柱，其整个理论大厦就塌下来了。

所以我认为，既不能否认蚕山的历史作用，也不能把这个蚕山当作蚕丝使用。

中医理论是在奴隶社会、封建社会形成的。当时的文化条件、技术条件不允许你像现在一样对解剖了解得那么细。为什么我相信中医？因为中医确实很卓越，它就是在当时那样的条件下，在2000多年前就利用“蚕山”把初步的理论体系建立起来了。然后在“蚕山”的支撑下，把继续观察到的一些东西充实进去，再不断体系化，然后用来指导实践，出了错误再去修改。在这个过程中，中医积累了很多经验，也涌现了许多新的理论。以此为基础的中医理论发挥了较好的指导作用，所以中医很有疗效。但中医绝对不能包治万病。我承认西医当前在中国仍然是医疗主力。我曾经开过这么一个不很恰当的玩笑：如果在中国，中医停业三天，固然要造成很大的损失，可是西医要是停业三天，那损失之大就更不好说了。中西医各有所长，应该取长补短，相辅相成，不能互相贬损，一家独尊。

怎样看待中医理论？我想，中医理论在不同时代引入、借鉴了多种学说，但是精华的东西是它所得到的治疗经验，或者说是总结出来的治疗规律，这些东西才是现在很值得去研究的。不能随心所欲指责中医理论不科学，不能只看表面名词，要了解其理论的实质。“蚕山”虽然简单，但未必是可有可无的东西。比如，阴阳说，不管哪个学科恐怕都能牵涉到。这不单是中医独有的，农家有过，兵家也有过，恐怕古代没有什么自然学科不用阴阳学说的。中医借用阴阳理论，用它作为宏观框架，结合人体的不同征象，来解释“阴盛、阳盛，阴虚、阳虚”等许多问题，这就非常有用。类似例子不胜枚举。中医的“辨证论治”，就是根据表象去分析内在的病因病机。因为古代没有现代那样的解剖条件，也没有显微镜、内窥镜，就靠眼睛、耳朵、鼻子、嘴巴、手等，所以才形成“望闻问切”四诊，过去中医就是根据这些去收集所有可能获得的诊断材料，根据这些去分析人体内部的状况，然后确定治疗原则，这就叫“辨证论治”。

可是，现在有些人怎么去研究中医呢？可能是因为某些人讲究辩证唯物主义过于偏颇，以至于形成了一个逻辑：中医是科学的，科学的东西是唯物的，所以经络理论等是建立在实有其物基础上的。根据这个逻辑，20世纪后半叶的五六十年间，有些人一直在寻找经络实质，花了非常多的钱，出了很多的故事。比如，某国的一位专家说他找到了经络实质是一种“小体”，在人体里串联起来形成经络，并用他的名字叫这小体为“某某某小体”。可是后来证实这是假的，这并不是什么“经络实质”。目前有些人做了不少课题，花了很多钱，可是到现在为止经络实质还是没找着。

在经络学说研究方面，我特别赞同我的朋友黄龙祥教授的观点。什么是经络理论？就是古人观察到体表和体表、内脏和体表的某种联系后，对它们进行解释而形成的东西。比如，肚子疼，掐掐或者针刺足三里可能就不疼了，这是实在的，也是能证明的。针灸确实有止痛的作用，这是千真万确的事情。可是现行的经络循行的线条是人为构建的。

黄龙祥教授在他的《中国针灸学术史大纲》里提出这么一个观点：历史上的经络学说有多种，但现在一谈到中医理论好像就是教科书上的那些理论，很多人都不知道中医理论在古代所表现出来的多样性。黄龙祥说，我们现在熟悉的只是其中一种经络理论。也就是说，传世的经络学说只是古代某一时期、某一个地域、某一学派，对其所总结的人体特定部位之间的特定联系的一种解释。黄龙祥先生用了一个比喻：人体上下左右、内脏和外表有联系，这是一个客观存在的事实。针刺人体某一部位就能治疗某一处的疾病，这是经验性的。中医通过宏观观察得到的经验是“珍珠”，要研究就研究这些。经络学说是把珍珠串起来的那根“绳子”，这根珍珠链是人为的。没有这根链，珍珠会散乱；有了这根链，并不是说它就只能是一种串联法。现在你是要去证明“绳子”正确，还是要去证明“珍珠”的宝贵？绳子可以用各种方式串联珍珠，你可以串6颗也可以串12颗。不能只以其中的一种作为终极理论，那只是过渡理论的一种而已。

同样道理，中医说“肝开窍于目，肾开窍于耳”，这是内脏和体表，还有上和下的联系，这些东西有的确实是可以观察出来的，可有的却是理论推导出来的。现在你是去研究实践中形成的经验和规律呢，还是去验证很多种人为理论中的一种理论呢？问题就在这里。黄龙祥教授否定了前面花了很多钱研究经络实质的工作，意思就是你永远也别想找到“十二经”这个东西的实体。我的想法是，阴阳五行说等理论只是帮助我们编织中医理论之茧的最初骨架，在当时的历史条件下它起的作用是积极的，可是不能说“蚕山”是最实用的东西，靠那几根“稻草”是绝对治不了病的。就像不能用稻草做衣服，而要用蚕茧去抽丝织布一样。

我是搞中药研究的，中药里面也有很多这样的问题。中药的理论有些是历史的误解，是人为造成的。如果想用实验来证明这些历史文化造成的东西，简直是风马牛不相及。我想“解铃还需系铃人”，如果是由于历史文化造成的理论，就要用历史文化方面的东西去予以解释，去寻根溯源。

其实，用整体观来研究现代科学，把整体观和还原论结合起来，这个我能接受。中医的整体观确实是很重要的。如果因为“头痛”去看大夫，医生说去查个CT，但不管你头痛得如何，就看你的指标是否正常。把病人的“头痛”化解成各种各样的电波、图案，这是还原论。检查指标正常，不能说你没病，只能说现在的技术还无法探测其病因。没病为什么还头痛？西医所说的病其实不完全等于中医的病。中医认为只要是不舒服、只要觉得痛苦，那就是病。医生的责任就是解决你的痛苦。所以中医在某些方面是比较人性化的，也能解决许多病人的切身问题。

当然，说西医完全是还原论也是不对的。西医也讲究整体，现代的社会医学就比古代中医高明很多。对中医的未来，我的看法是：中医只要有疗效，就绝对灭亡不了，不管怎么说“废止”“取消”都没有用。但是中医若是没有疗效，那怎么挽救也没用，怎么说它迟早也要灭亡，目前最多只能是苟延残喘。问题是中医的疗效是有目共睹的，所以我不担心中医的未来。

我想咱们可否把思路调整一下，就是把中医在长期观察和实践中得出来的治疗经验、技术，乃至在此基础上总结出来的理论，用我们现代的方法（不排除用西医的方法）进行研究，然后逐步形成新的理论。这可能是中医保存、发展的道路之一。我的想法就是怎么样保存我们中医实践和理论的精髓，无须刻意固守那些在奴隶社会、封建社会中借用过来的某些词汇。

现在把中医叫中医学，有理论又有实践才能叫“学”。临床治疗时，中医的经验是很关键的。医生有他的经验积累，年龄越大经验越丰富。什么叫经验？有些大夫可能一辈子就是用几个方子，这种事的确有。《本草纲目》中药物有1892种，可是现在药房里有多少种？一般医生经常用药最多也有一两百种，这就是他的用药经验和范围。

我现在很困惑的是什么？现在中国已不太走红的东西在国外却特别受欢迎，特别能赚钱。我的一个德国朋友用针灸赚了很多钱。那么针灸为什么在中国反而受挫？是不是这个技术对外国人特别有效呢？不是。这和社会经济有很大关系。中国的针灸费用比较便宜，但在德国针一次就四五十欧元。针灸不赚钱，谁愿意去做针灸医生？中医过去的骨伤科不开刀，常用手法。现在与时俱进，也结合开刀动手术，这在学术上来看是完全合理的。但在临床上，往往一看病就是要动手术。因为手法与手术两者的收费是大不一样的。长此以往，中医某些骨科手法技术就要失传了。所有这些都不是中医理论造成的，是整个社会经济的问题。要是不再注重发挥临床治疗优势，中医的市场会越来越小。现在谈中医的发展，经常会提到一个数字，中华人民共和国成立初期中医统计是50万，现在统计是30万，中医究竟是发展了还是萎缩了？这个问题我不展开说了。但我不认为这是国家对中医的不重视。从党的政策来说，对中医可以说是优惠有加了。有些情况是历史的必然，是和它在社会上的作用成比例的，不能用简单的数字来说事。

（原载于《科学文化评论》2009年第6卷第5期15–21页）

后记：老友廖育群研究员担任中国科学院自然科学史研究所所长期间，经常组织一些学者开学术沙龙。人数不多，也不需要准备论文提纲、发言稿什么的，大家轻松地围坐在一起，谈谈科技史研究相关的问题。我很怀念在那种宽松自由的环境中，大家即兴交谈，说真话、说人话，不戴面具、不求功利。作为医史学者，自然会谈到社会上对中医的种种看法，以及自己对这些看法的观点。这篇文章就是会议组织者根据我的即兴发言录音，整理成文，再经过我个人审读，最后形成的文稿。

微信广泛运用后，可以看到社会上对中医的种种看法，互相掐架、恶语相向的也不少。由于对中医有偏见的多数是不了解中医的人，所以我一般不花时间和精力去参与社会群议。我不担心中医会被黑掉，更担心的是由于我们中医自己的认知出了问题，以至于给中医治疗与教育带来危害。年已老矣，想说的、该说的话，再不说就没时间了。但也不能倚老卖老，胡说海说。所以，我凭着自己熟悉的本草知识，就张仲景所用的药物，去考察其原本的功效与来源。借此考察，看看1000多年后，哪些地方出现了偏差？为什么会出现偏差？这些研究所得，都见于我与张志斌教授合著的《仲景经方药源》之中。我觉得，也许这样做才实实在在对中医未来发展有用。

中日韩越传统医学之相互交流与促进

郑金生

东方医学所涉及的各国医史学者互相交流、各自发展的历程，阐释各国传统医学的特征及其形成过程，是非常有意义的事。中国与日韩越诸国的传统医学自古至今一直在不断地互相交流，并在交流中互惠互利、互相促进。本次国际会议各国学者的论文，实际上就是一次最新的交流，体现了多方面的研究新进展。笔者因为学识有限，一时无法写出一篇既高度概括、又准确显示中医发展轨迹的文章。因此，我只能抽取与本次会议主旨有关的内容，谈谈中国与日韩越诸国传统医学之间相互交流与携手共进的几个问题。在此之前，本人先谈谈学习本次会议几篇日韩越传统医学论文之后的若干感受。

一、奇文共欣赏

非常高兴的是，本次会议有两篇反映越南传统医学发展历史的论文。中国和越南山水相连，同饮一江水，同闻晨鸡鸣，中越医学交流早在秦汉时期就已经开始。但自明清以来，这方面的史料日趋稀少，所以我国医史界对越南传统医学的发展情况知之甚少。即便是在当今《中国医学通史》巨著中，所载与越南医学交流的文字也是寥寥无几。《中国医学百科全书·医学史》虽然对中越之间的医学交流有所记载[①]，但内容偏于明以前的药物。Duong 女士写的《越南阮朝时代传统医学》与真柳诚先生写的《越南医学轨迹》两文，可以说是让人耳目一新、获益良多。这是我从事医学史研究30多年来第一次读到的关于越南传统医学史的专文，深为其中丰富的史料而惊叹。

这两篇文章分别梳理了越南不同时期的传统医学，讨论了各时代的医学人物、文献及其医学发展的源流与特点。其中列举的许多越南著名医家与文献都是我闻所未闻的。真柳诚先生的论文中提到，“进士编纂医药书，或可称为越南医学特征之一”。这恐怕也是中

① 李经纬，程之范．中国医学百科全书：医学史［M］．上海：上海科学技术出版社，1987：104–105.

日韩三国比较少见的一个医学现象。Duong女士的论文对越南阮朝时代的医学历史介绍尤详，让我们首次知道了越南在汉字废止之前的百余年医学发展概况。可以说，这两篇论文都填补了中越医学交流的许多空白之处。此外，我们也从这两篇文章中了解到越南当今的东医学藏书处所与研究机构、越南医学文献现存与研究进展等情况，为今后各国学者进一步开展交流提供了方便。笔者平素与真柳诚先生联系较多，知道他最近几年多次赴越南调查传统医学文献。本次会议上他展示了越南考察的部分成果，并请越南学者将其研究成果介绍给中日韩三国的医史界，这是一件非常值得庆幸的大事，表明东方医学历史文献研究的范围又得到了一次重要的扩充。对越南传统医学发展轨迹与文献研究进行概括，笔者认为是本次会议学术研究的一个亮点，一次重要的开拓。相信今后这方面的研究还将深入进行，还会涌现越来越多的研究成果。

近20余年来，中国与韩国医学的交流日益频繁。两国学者之间的联系渠道越来越多，并且已经共同开展了一些调查与研究。我们很高兴地看到，近年来韩国学者对韩医及韩医文献的研究取得了引人注目的进展。其中最引起轰动的事件是韩国学者成功地使《东医宝鉴》列入了世界记忆遗产名录。这是进入21世纪以来，韩医学者取得的突出成就。此举为东方医学文献列入世界文化遗产开了一个好头，积累了申报世界记忆遗产名录的经验。因此，笔者对韩医学者取得的这一重要成果表示由衷的祝贺。笔者以为，这一成功不仅是韩医学的荣耀，实际上也提升了整个东方医学文献的地位。我们应该以此为契机，进一步扩大战果，继《东医宝鉴》捷足先登之后，推动更多的东方医学优秀著作进入世界记忆遗产名录。

韩国安相佑先生的论文清晰简要地展示了韩国医学形成的轨迹。该文客观地介绍了在吸纳、汇聚、类编中国医学文献的同时，逐渐结合本国医药经验与医疗实际，对中医学进行消化、筛选、扬弃，最终形成以重视经验医学与创建四象医学理论为特征的韩医学的历史进程。其中突出地介绍了《东医宝鉴》在东医形成过程中的历史作用。在我所读过的韩国学者撰写的医史文献论文中，该文堪称上乘之作。金南一先生就韩医的学术流派形成与发展进行了探索，其论点自成一家之见。医学学派如何划分这个问题，至今在中国也是见仁见智，因此在流派划分的问题上出现不同的意见是很正常的事。探讨一种医学中各学术流派的形成，实际上不可能指望一文定江山。鉴于学术流派探讨是韩医史研究中的一个全新课题，因此笔者很期待作者在借鉴中日传统医学学派划分经验的基础上，使其研究更上一层楼，有更加开阔的视野，获得更为成熟的研究成果。

小曾户洋先生撰写的《日本汉方医学形成之轨迹》一文，高屋建瓴、举重若轻地简要介绍了日本汉方医学发展的全过程。日本在6世纪以前，主要通过朝鲜半岛导入中国医学。后历经数朝，收集、藏护了大批中医古籍，并涌现了诸如后世方派、古方派、折衷派、考证派等不同风格的学术流派。江户后期，日本汉方医学的发展如日中天，名家辈出，成果斐然。但进入明治时期后，日本汉方医学遭遇了被废止的厄运，濒临灭顶。近100多年来，一息尚存的日本汉方医学，经许多前辈医家殚精竭力地维持与传播，终于在20世纪后期完全复活。这是小曾户洋先生给我们展示的日本汉方医学形成的轨迹。小曾户洋先生研究日本汉方医学数十年，论著宏富。其大作看似平铺直叙，但其中每一史实，都有着切实的史料和研究成果为支撑。因此我把该文视为日本医史学界对汉方医学历史的总结之作。

小曾户洋先生的论文，鸟瞰式地展现了日本汉方医学发展全景。远藤次郎先生的《启迪集与日本医学的自立》，则以曲直濑道三的《启迪集》为中心，研究了日本汉方医学中后世派的演变过程。该文简要清晰地剖析了道三的著作，以及透过这些著作所体现出来的学术思想。其中特别提到，道三对中国明代熊宗立《医书大全》的冷落忽视，隐含着与汲取和气氏及丹波氏流派之半井家主流医学的对抗情绪。也就是说，道三推崇丹溪之学，旨在改变此前日本受中国"局方医学"影响的局面。

日本镰仓时代，民间临床医学兴起，此时正值中国南宋"局方医学"盛行。"局方医学"的特点，是施用成方成药。其便利之处是"可以据证检方，即方用药。不必求医，不必修制"。金元北方地区因为地域阻隔，没有受此影响。但南宋及元代南方，惯用"局方"，已经到了"官府守之以为法，医门传之以为业，病者恃之以立命，世人习之以成俗"的地步①。朱丹溪是元代南方人，深知"局方医学"之流弊。他撰写的《局方发挥》，强调辨证论治、反对滥用香燥之药，使医学风气为之一变。熊宗立的《医书大全》(1446)，是刻书家在前人同类书基础上再加增订的一部方、论结合的医方书②。熊氏本人并非临床医家，因此他的《医书大全》并不能代表明代前期医学发展的主流。熊氏书坊地处福建建阳，由于地利之便，《医书大全》很快传到日本，幸运地成为日本首次刊刻的医书，并对日本医学产生了一定的影响。但《医书大全》在中国明清医学中，却少有人知，近代几乎濒临失传。到明代中期，以《和剂局方》为代表的"局方医学"经丹溪批判，已经日渐衰微。其时的《医书大全》根本不能反映明代医学发展的主流。而道三所处的时代，日本的和气、丹波等典药诸家正以中国的《和剂局方》《医书大全》引导临床。因此，尊崇丹溪之学的曲直濑道三强调"察证辨治"、冷落《医书大全》，他应该说是新学风的倡导者。至于为什么道三之学最终在日本并未占据主流，这里就不展开评论了。远藤先生对其历史作用分析得非常到位，对了解道三之学颇多裨益。

附带想提一下的是，《启迪集》所谓"格式化"的表达形式，是否借鉴了佛教"科疏方式"。笔者对"科疏方式"不大了解，但知道在中国医书中，很早就采用过这类的示意

① 朱震亨．局方发挥［M］// 朱丹溪医学全书．北京：中国中医药出版社，2006：33.

② 熊宗立．名方类证医书大全［M］．上海：上海科学技术出版社影印，1988：序页"芟证归类，措方入条。复选诸名方中，有得奇效而孙（允贤）氏未尝采者，与夫家世传授之秘，总汇成编，凡二十四卷，目之曰《医书大全》"。

图表达法。与《启迪集》表述方式最为接近的是南宋《脉诀理玄秘要》中的“脉象纲纪图”[①]，该图显示了脉学中一而分三、三而合一的关系。《脉诀理玄秘要》是西原脉派的主要脉学著作之一。这一脉派是南宋及元代之间在江西庐山形成的。该学派在完成了从《王叔和脉诀》到李时珍《濒湖脉学》之间的过渡作用之后，就几近销声匿迹。但这一脉派的著作却在日本完整地保存下来。“脉象纲纪图”不仅可见于《脉诀理玄秘要》，也可以见于日本所藏的宋代崔真人（名嘉彦）《脉诀秘旨》中。日本医家有机会接触到“脉象纲纪图”，因此似乎不能排除《启迪集》的表述法是受《脉诀理玄秘要》影响的结果。

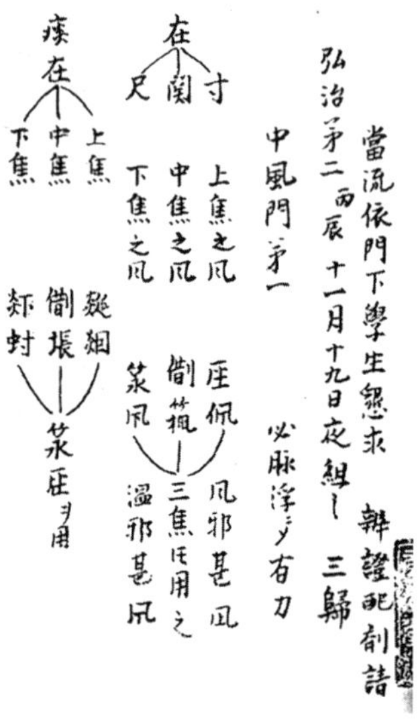

“格式化”的表达形式

《脉诀理玄秘要·脉象纲纪图》

以上是本人学习几篇邻邦医史学者论文的粗浅体会。下面想就汉字文化圈内各国医学交流中的一些有趣现象，以及中国医学在发展进程中领受邻邦医学之惠的某些史实，谈谈自己的研究心得。

二、医学交流杂议

关于汉字文化圈内各国传统医学之间的关系，真柳诚先生曾用“树木”来作比喻。他认为中国医林的多种树木之果实，运至周边之地，适应各处风土的种子有选择地发芽，并与当地原生植物融合，形成了各得本土营养的特色森林。这个比喻生动形象，意境也颇为优美浪漫。

① 刘开．脉诀理玄秘要［M］．刻本，朝鲜，明嘉靖本．

比喻毕竟是比喻，有时无法全面精确显示被比喻事物的复杂态势，但笔者还是想再用“水”来作比喻，借以显示东方医学在交流促进方面的总态势：在东方大地上，各地水系不论长短大小，都有自己的源头。水往低处流，一个水系在某一时段或河段的水多了，就会通过各种管道漫流到其他水系。其他水系水量不足之时，也会主动引入外来之水。然而任何一条水系，在其流注的过程中，必然要接纳沿途各地的水源，以丰富自己的水量，才能形成磅礴之势。这个比喻想说明的是，东方各国传统医学都有自己本土的源头，但其发展并不同步。中国古代医学发展先行了一步，所以其丰富的知识曾经向周边国家传播。而中医丰富知识的取得与积累，也曾经不断接纳周边各国传统医学的内容。因此，双向交流、互相促进，是中国与周边国家传统医学之间关系的主流。

东方医学所属各国医学互相之间的交流，有着山水相连，或一衣带水的地理之便，又有汉字圈的文化之利。此外，古代东方各国又同属以农耕为主的社会，食性及生产方式都比较接近。因此无论药物资源、文字及文献载体、生活习性等各方面的相适性，都为传统医学的交流带来了莫大的便利。总体说来，古代中国与周边各国医学的交流活动是自然而又和谐的，如水之势，由高就低；如雨之施，润物无声。东方医学各国之间的医学交流，没有西医传入时借医布道，或用手术刀劈开国门之类的宗教、政治或功利色彩，没有剧烈的文化冲突，也没有医疗市场之争。传播者无傲人之心，受容者无屈从之意。虽然有时政府会利用医疗机会来向邻邦示好，商人会从贩卖医书中获利，但这些现象无论古今，都是很正常的社会现象，无可非议。正因为自古以来东方各国医学交流存在如此自然和谐的交流方式，我们这些后来的学者才能如此融洽和谐地溯源寻流，谈古论今，了无窒碍。

在本次会议上，日韩越各国学者都不约而同地阐释了中国医学本土化（或“自国化”）的演进过程，都肯定了本国文化在这一进程中所发挥的决定性作用。如果本着“有者求之，无者求之”的研究态度，就不难发现，各国本土文化的重要作用，不仅体现在中国医学传入之后，甚至在导入中国医学之初，已经发挥了巨大的自由遴选作用。这一结论，可以从各国不曾导入，或虽导入而不曾受容的中医内容中窥见一斑——此即所谓“无者求之”。以下试举数例：

1987年笔者初次进入日本之时，发现日本各地水域中的龟、鳖奇多。而日本任何食品超市均未发现出售这两种中国人餐桌上的滋补佳品。除此以外，中医讲究的许多滋补食品或药品（如莲子、银耳、燕窝、枸杞等），在日本并不时兴。中国人重视龟、鳖滋补作用，始自元代朱丹溪。丹溪倡导将血肉有情之品用于滋阴。此后将龟、鳖用于补养日益在中国深入人心，以至于当今龟胶、鳖精已成滋补名品。日本医学虽然深受朱丹溪的影响，却未见受容其滋补思想与药物。以食用海鱼为主的日本人，连淡水鱼类都不屑一顾，更遑论去品尝形容丑陋、肉少难烹的龟和鳖了。日本的龟、鳖至今自由自在地生活着，也许正得益于日本医家没有接受中医龟、鳖滋阴的理论。不仅如此，若考察日本汉方医学文献，不难发现，还有很多不曾被日本接受的中医内容。此外，中医的药食补虚，还有中国妇女生育后的“坐月子”，以及许多日常服药与进食的“忌口”规矩等，在日本似乎闻所未闻。日本的脉诊远不如中医那样讲究。日本的推拿按摩方式套路似乎与中医也不大一样。诸如此类，都显示各国自身文化对接受外来医学具有先决作用，而不仅仅是对已导入国外医学的改造与革新。

中医文化对华人有潜移默化的影响，但未必能使周边国家产生共鸣。其中的原因，恐怕在于导入中医的国家首先重视的就是中医疾病治疗的内容，尤其是传染病和内科治疗。他们无暇或无意光顾饱含中医文化特色的非治疗内容（如前述滋补药食、产妇调养等），或非医学急需的技艺。古代东方各国医学传播的方式，是受容国能根据自身文化特点，有选择地自由导入外来医学的主要原因。医学文献是中医向周边国家传播的主要媒介，而非医学人员本身。尽管日本曾经向中国派遣了遣隋使、遣唐使等人员，尽管也有丹波康赖、鉴真等医家或僧侣的归化，但这些人员无心也无力在异国强行全盘推广中医文化。自古以来（尤其是宋代以后），汉字文化圈内的国家可以通过中医文献，自主选择中医可受容部分，不存在任何压力。这一点与清代西洋医学传入中国有着本质的不同。

此外，由于地域的关系，周边国家接受的中医内容，因地域传播而产生的时间差，无法与中医本土发展同步。中国有句古语：“礼失而求诸野。”当今中国南方语言中，还保留某些古代中原语汇的发音。这说明一样事物由中心向外发散传播，经过一段时间，可能该事物在发散源已经消失或更新换代，但在周边地区仍持续传播或使用。有时离发散源越远的地区，该事物越能保存原始的面貌。中医外传周边国家，同样存在类似的问题。有些看起来是某些国家医疗特色的内容，追溯起来，其源头可能还是来自外来医学。

众所周知，日本汉方医用药的剂量很小，每包药大约只相当于中国南方医生开出的小儿用量，而且其药材都是粗颗粒生药。这样的剂型大致相当于中国古代的煮散。为什么日本医家用药如此俭省？是其本土特色，还是受外来影响？对此现象，笔者曾与日本友人多次讨论过，听说日本学者对此现象有水质、体质等多种解释法。但笔者认为，日本当今的用药方式，实际上是中国北宋时好用煮散之风的遗存。

日本在平安时代（794—1192）虽然保存了大量的中医古籍，但这些古籍都属于手抄本，深藏馆阁，未能在日本广泛传播。到镰仓、南北朝时（1192—1392），中国宋代印刷医书大量传入，使日本医学状况发生较大改变。正如小曾户洋先生所指出，这一时期，“医学中坚力量由以往贵族社会宫廷医向禅宗僧医转换，医疗对象亦以贵族为中心转向一般民众”①。然而正是此时传入的北宋文献，大量使用煮散方。

从北宋初的《太平圣惠方》，到北宋末的《和剂局方》，煮散是最主要的用药方式。《太

① 小曾户洋．日本汉方医学形成之轨迹［C］．第二届日中韩医史学会共同专题研讨会论文集，2010.

平圣惠方》将前代许多汤液方改造成煮散方。《博济方》则几乎全用煮散代汤。《和剂局方》将近1/3的方剂是煮散方，就连以汤、饮为名的方剂，也几乎全用煮散。煮散的特点，就是采用颗粒生药进行煎煮，每剂不过数钱。促使煮散兴起的历史原因，宋代名医庞安时认为是“唐遭安史之乱，藩镇跋扈。迨及五代，四方药石，鲜有交通，故医家少用汤液，多行煮散”[①]。也就是说，因战乱分裂造成药材供应紧张，当时的医家采用了节约药材的煮散法。煮散虽兴起于五代，但因惯性而盛行于北宋。南宋药材供应丰富，促使更有利于药商竞争的“饮片”兴起，煮散渐次湮没。“饮片”在南宋以后，成为中医汤剂用药的主要形式。其用药量虽然比较大，但“饮片”有很多煮散所没有的优势，因此至今沿用不替。

日本镰仓时代，《太平圣惠方》《和剂局方》等书传入日本，而《和剂局方》是北宋官药局的成药配制专书。日本医药家受《和剂局方》影响，采用其中的煮散方，是很自然的事。笔者推测，也许因为煮散正好适应日本的国情，于是这一方式就在日本医学中被固定下来，无论经方、时方，皆用煮散。当然，笔者对日本用药剂型之源的推测，能否得到日本医史学者的首肯，还有待时日。但笔者预测，类似日本的煮散现象肯定还在其他地方有所体现。

中医发展后浪推前浪，不同时代的时兴医书更迭迅速。许多在中国早已不再风光的书籍，在周边国家却可能还在时兴，这是一个很有趣的文化现象。综观日韩越三国的传统医学，其对中国明代一批综合性临证医书非常欢迎。其中《寿世保元》《万病回春》《医学入门》等书的影响最大。这些书的特点是面面俱到，四平八稳，浅显易懂，易于施行。尽管这些书籍在清代也很有市场，但它们不能代表中医学发展的主流，所以不如叶天士、徐大椿、陈修园等医家的著作受人追捧。清代以后，日本本土汉方医学快速发展，并形成了自己的特色。在这段时间内，中医再出现新鲜医术或思想，已很难被日本医家接受。例如，清代中医最值得称道的温病新学说，最有名的叶天士等医家，以及清代兴起并成为当代中医主要诊法之一的舌诊，都未能对日本及其他周边国家产生较大影响，就是最明显的证明。

以上是笔者对东方国家之间医学交流的几点粗浅体会。医学交流从来是双向的。日韩越诸国学者的文章中都很坦诚地表述了从中医受益的历史。但是，必须看到的是，中医在发展过程中，从周边国家的医药中也受益良多。以下略述一二。

① 庞安时．伤寒总病论：卷六［M］// 丛书集成初编．上海：商务印书馆，1936：130.

三、邻邦医学之惠

中医自古以来就不断地从国外医药中受益。与中国山水相连的越南、韩国，一衣带水的日本，给予中医的受益最多。但这三国对中医的影响又各有侧重。以下分药物、文献、学术三方面予以简述。

（一）药物及用药经验的汇聚

中药中有很多是外来的药物（天然药物为主，少数是制剂），但这个“很多”具体是多少？笔者曾经在一次国际会议上宣读过题为“中国古代对外国药物知识的接纳”的论文[①]。文中粗略统计，1911年以前的中国本草著作中，有230种药物来自国外。其中非中国原产的药物有195种，还有中国虽产但外来药物质量更佳者35种。这些外来药约占全部中国古代药物的10%。另外，当今中医仍在使用的古代外来药还有50余种，超过了当今中医常用药的10%。这还不包括作为药物被古本草记录的几十种外来食物。

最早输入中国的外国药物主要来自邻邦，其中以中国南部或西南的国家为主，如越南、柬埔寨、印度尼西亚、印度等国。这些国家处于亚热带或热带，盛产香药。粗略统计古代（主要集中在汉代至唐、宋时期）这些国家有83种药物进入中国。据古本草书记载，产于九真、交州、爱州、交趾（均属今越南）等地的沉香、丁香、诃黎勒、郁金、苏方木、水苏等数10种药物很早就成为中医的常用药。交趾的良种薏苡也在汉代传入中国。可以说，自古以来，越南与中国的药材贸易就没有停止过。这方面的记叙在历代史志中多有记载，兹不赘述。

位于中国东北部的朝鲜，很早就向中国输入其药物。从药物种类来看，早期朝鲜传入的药物数量不多，不过10来种。但朝鲜与中国药物知识交流的历史很早。梁陶弘景《本草经集注》、唐《新修本草》等书中就记载了许多古代朝鲜（或称高丽、新罗、百济）的药物。其中记载最多的是朝鲜的人参。南北朝时高丽“人参赞”是证明古代人参为五加科植物的最重要的依据[②]。朝鲜的细辛、款冬、蔄茹、白附子、五味子、昆布、海藻、芜荑、膃肭脐、琥珀等，很早就纳入中国本草。中国虽产但朝鲜所产已形成地道药材的还有新罗荆芥、新罗薄荷、新罗松子（海松子）、新罗榛子等。因此，中国传统药物学中实际上已经包括了

---

① 郑金生．中国古代对外国药物知识的接纳——谈中国本草文献中对非中国原产药物的结合．此文曾用英文于2002年9月9—12日在中国科学院上海交叉学科研究所成立揭碑及国际会议上宣读，尚未在报刊正式发表。

② 唐慎微《重修政和经史证类备用本草·卷六》（北京：人民卫生出版社，1957：146）中有“陶隐居云：（人参）乃重百济者，形细而坚白，气味薄于上党。次用高丽，高丽即是辽东，形大而虚软，不及百济。……高丽人作《人参赞》曰：三椏五叶，背阳向阴。欲来求我，椴树相寻。”

周边国家所产的药物及其相关的知识。

有关邻邦药物的传入，本文无法悉数列举。下面再略述医学文献方面中国从邻邦所得到的裨益。

（二）医学文献的返传与引进

从整体来看，古代（尤其是中国明代以前）东方医学的文献以中国传向周边国家者居多。但是，随着周边国家传统医学的发展，越来越多的邻邦传统医学文献返传中国。返传的医学文献大致可分三类：其一为中国业已散失，却被外国珍藏或翻刻的中医文献；其二是外国医家主要根据中医文献类编的医书；其三是外国医家编纂的传统医学书。但无论是哪一类的医学文献返传，大都有益于中医的发展。

首先谈谈中国失传古医籍的返传。最早的返传始于北宋。其时《黄帝针经》(即《灵枢经》)在中国已经失传。这时高丽将该国珍藏的《黄帝针经》回赠中国。宋元祐八年(1093)，北宋朝廷将回归的《黄帝针经》诏颁天下[①]。此举使中医经典著作《黄帝内经》得以全璧传世。

此后返传的中医古籍，零零散散，难以逐一追寻。但只要翻开《全国中医图书联合目录》(新版名为《中国中医古籍总目》)，就可以发现，数以百计的中医名著善本，绝大多数由日本返传，少数来自古代朝鲜。其中有原本，也有翻刻本或手抄本。这部分医书得以保存，是中医的幸运。这些书中有《黄帝内经太素》《黄帝蛤蟆经》《黄帝明堂灸经》《(真本)千金方》《太平圣惠方》等，还有《小品方》《新修本草》(均为残卷)等珍贵的卷子本抄本。

日本是输入和翻刻中医古籍最多的国家。据真柳诚先生统计，江户时期有传入记录的804种医书中，314种曾经和刻出版过，出版次数达到679次[②]。其数量之多，令人咋舌。笔者指导的硕士研究生白华曾经以《中国馆藏和刻中医古籍的考察与研究》为题撰写学位论文。该文指出，目前中国国内馆藏和刻中医古籍221种，共448版次。其中返传比例较高的是《内经》类、《伤寒》《金匮》类与针灸类，其种数达到国内收藏和刻本的70%以上[③]。

此外，古代朝鲜刊刻的医书，也对保存中医古籍有重要作用。例如，《纂图方论脉诀集成》仅有朝鲜刻本，具有很高的文献价值，其保存了宋元时期中医脉学的一批重要文献(其中池荣《脉诀注解》、李駉《脉诀集解》等均为佚书)。今存世的朝鲜刻本或活字本的

① 宋史·哲宗纪、宋朝事实类苑［M］// 丹波元胤．中国医籍考．北京：学苑出版社，2007.

② 真柳诚．江户期传入的中国医书及其和刻［J］．日本现存中国散逸古医籍的传承史研究利用和发表(第三报)，2000：6.

③ 白华．中国馆藏和刻中医古籍的考察与研究［D］．北京：中国中医研究院，2003.

中医古籍中，有数种是中国已经散佚的古医籍，还有10余种则是中医古籍版本中没有的朝鲜版本。这批医书目前已经经由日本返传中国。

如今除中国之外，日本是保存中医古籍（多为清初以前之书）最多的国家。但不幸的是，日本明治维新之后，日本传统医学遭到灭顶之灾。随之而来的是，日本收藏的中医古籍也风光不再。许多珍贵的中医古籍被封藏在图书馆，但流入民间的数量也很大。时在日本的黄遵宪记载说："变法之初，唾弃汉学，以为无用，争出以易货，连樯捆载，贩之羊城。余到东京时，既稍加珍重，然唐钞宋刻，时复邂逅相遇。"黄遵宪叮嘱杨守敬注意收购这些珍贵古籍。杨守敬也发现"日本古籍甚多……隋唐以下金石文字，亦美不胜收。彼国自撰之书，与中土互证者尤多"[①]。因此杨守敬、李盛铎、罗振玉、丁福保等学者竭尽全力，抢救回归了大批中国古籍，其中古医书占了很大的比例。据现存杨守敬观海堂藏书目录记载，其医书达512种，2400余册。在清末中国学者抢救回归中医古籍的过程中，日本学者也给予大力协助，如日本著名医家森立之就曾出手帮助杨守敬。李盛铎则在日本人岸田吟香、目录学家岛田翰的帮助下，买回了大批中医古籍。这是历史上第一次大规模的海外中医古籍回归故里。这批回归医书有些已经翻刻，再度传播，有力地推动了此后的中医发展。

清朝覆亡之后，日本民间所藏的部分中医古籍陆陆续续通过各种途径返传中国。虽数量不多，但难以精确统计。一直到20世纪末，才由中日学者联合开展了第二次大规模的海外中医古籍回归故里课题。1996年，时在日本研修的中国医史学者王铁策先生提出开展调查回归日本现存中国散逸古医籍的设想。此后十几年间，在真柳诚等日本学者大力支持下，我们先后开展了一系列课题，得到日本国际交流基金会亚洲中心、国家中医药管理局、国家科学技术部、中国中医科学院等的资助，从日本等国复制回归中国失传古医籍170种，以及珍稀古医籍刻本或抄本250种（其中绝大多数来自日本）。近几年来，回归的中医古籍已经陆续出版了《海外回归中医善本古籍丛书》(含子书61种，续集含子书20种)、《日本现存中国稀觏古医籍丛书》(含子书15种)、《海外回归中医古籍善本集粹》(含子书21种)、《珍版海外回归中医古籍丛书》(含子书20种)、《中医古籍孤本大全》(海外部分，含子书8种)。在日本代代珍藏的这些中国失传的中医古籍的再度问世，必将为今后的中医研究增添许多新的资料。

其次，古代日本、朝鲜医家还编纂了若干中医类书，其中保存了大批珍贵的中医资料。本文无法悉数罗列这些书籍的名目，仅略述其中最令中医钦佩的两部医书。其一是日本丹波康赖编撰的《医心方》(984)，其二是朝鲜金礼蒙组织编纂的《医方类聚》(1443—

① 杨世灿．杨守敬学术年谱［M］．武汉：湖北人民出版社，2004：77.

1445）。前者保存了很多在《千金要方》《外台秘要》等书中所未见的医学内容，为研究中国六朝及隋唐医学书籍原貌提供了极为珍贵的资料，后者的成就更加辉煌。日本著名医家多纪元坚称赞说："网罗荟萃称集大成者，未有如朝鲜国所辑《医方类聚》也。"该书采摭医书150余部，"而宋元佚书亦复为不尠。盖篇帙之富，为见存医籍之冠。学者犹铸山为铜，煮海为盐，真方术之大观，济生之宝筏也"①。笔者与张志斌研究员曾合作发表《古代朝鲜医学对保存中国古医籍的贡献》一文②，其中重点讨论了《医方类聚》保存中医古籍的重要意义。鉴于古今学者对此两部名著已有较多的研究，故本文不再详细罗列有关的研究进展。

除上述二书之外，古代日本、朝鲜还曾编写了多种医学类书、全书或方书，其中也保存了许多中国古代的佚存古医籍。但日韩医学古籍中，究竟收载了多少中国失传的古医籍，对此还无全面系统的研究。这一工作还有待深入进行。

最后要谈的是外国医家编纂的传统医学书。在中国出版的许多当代中医书目中，都包括了返传中国的周边国家传统医书，其中主要是日韩医书，也有少量的越南医书。这些日韩越传统医籍有古代刻本或抄本，也有近代以来的翻印本。其中不少日韩医籍已经反复在中国翻印，成为中医研究的重要参考书。

在中国出版的引进国外医书很多，今略举数例。中国大陆和台湾地区均出版了日本多纪元胤的《中国医籍考》、冈西为人的《宋以前医籍考》。此二书已经成为中国从事医史文献研究的必读之书，并促进了当代中医文献书目的编纂。包含日本众多医学名著的《皇汉医学丛书》（人民卫生出版社，1955）在中国已颇有名气。已出版的《中国本草全书》（华夏出版社，1999）巨著中，影印了百余种日本、韩国医家所撰的本草相关著作。韩国的《东医宝鉴》（出版多次）、《乡药集成方》、《济众新编》等书也早就在中国影印或校点出版。韩国郑敬先原撰、杨礼寿校正的《医林撮要》一书，过去在中国不为人知，近年从日本复制底本，由梁永宣等校点出版（学苑出版社，2007）。学苑出版社近年出版的《中医药典籍与学术流派研究丛书》，均为学术质量很高的日本医书，已经出版的除《中国医籍考》外，还有《本草经考注》《素问次注集疏》《素问考注》《素问释义》《灵枢讲义》《伤寒论考注》《日本医家伤寒论注解辑要》《日本医家金匮要略注解辑要》等。当代小曾户洋先生编著的《日本汉方典籍辞典》也迅速被引进介绍到中国。这套医书是中日学者联袂校点、译注的，其中中国学者郭秀梅与日本学者冈田研吉等致力尤多。

当代中国大量翻印周边国家的传统医书，说明越来越多的中医人员注意到这类医书的

① 丹波元坚．聚珍版医方类聚序［M］// 浙江省中医药研究所，重校．医方类聚．北京：人民卫生出版社，2006：书首．

② 郑金生，张志斌．古代朝鲜医学对保存中国古医籍的贡献［J］．浙江中医杂志，2008，（3）：128－131.

学术价值。可以说，当今许多庋藏于日、韩的古医籍，在其本土可能市场不大，无法出版，但中国的中医界却视如珍宝，引进之后予以影印或校点。朝鲜《医方类聚》这样卷帙浩繁的医书，当代中国业已两次整理校点、一次全书影印。如果说在中国明代及以前，主要是以中国医书向周边国家传播为主的话，那么近代以来，这种局面已被打破。周边国家传统医籍输入中国日渐增多，方兴未艾。这些医书的价值绝不仅仅是保存了中国古医籍的资料，更主要的是其中许多出色的学术见解，对中医的整理研究、临床运用，能提供非常有价值的参考。

（三）学术新成就的导入

笔者对周边国家传统医学所取得的学术成就，有一个逐渐深入的认识过程。笔者习医之初，仅知道古代中医输出曾对周边国家医学发展产生了巨大影响。步入医史文献领域之后，所见愈广，才了解到邻邦尚存有诸多医学文献，其中引用并保存了大量的古代中医文献资料。至于对邻邦医学学术水平的最初认识，是在30年前笔者得见《医学疑问》之后。

《医学疑问》是明万历年间中朝医官互相讨论医学问题的记录。其时朝鲜多次派遣医官，带着学习中医的疑问，就质于明太医院。万历四十五年（1617），在太医院内，由朝鲜医官崔顺立等问难，明太医院御医傅懋光等答疑，此书即为讨论的纪要。笔者在阅读该书之后，深为朝鲜医官读书之精细、问题之深刻而震撼。朝鲜医官最关心的问题是与治疗相关的治法药物，但同时也质疑某些理论问题。身为国家医官，地位很高，却仍然虚怀若谷，不懂就问，其研究中医之精诚，确实令人感动。此后笔者把读此书的体会写成文章发表①，并更关注朝鲜、日本的医学内容。

1999年，笔者有机会赴日本访书，并得以与真柳诚先生朝夕与，共讲论医史问题。从真柳先生处了解到朝鲜医官不仅求教于明太医院，也曾数十次过海求教于日本医家，留下了很多互相问难的笔谈记录。在日本期间，笔者又得见另一种中朝学者讨论医学问题的书籍《答朝鲜医问》，该书后由梁永宣教授将其研究结果发表于世。由此可知在中国明代后期，朝鲜医官是如何如痴如醉般地钻研中医古籍的。

是年，笔者在日本内阁文库盘桓数月，潜心阅读其馆藏中医书籍。在这些日本收藏的医书中，经常可以看到日本医家阅读或抄校完毕之后，随手写下的一些感言，是谓“手跋”。从这些手跋中可以得知日本医家是如何刻苦痴迷地搜寻、阅读、校勘、研究中医书籍的，其中有些手跋阅之令人动容。例如，《医垒元戎》一书有多纪元简手跋12条，多纪元坚手跋1条。多纪元简在宽政壬子（1792）年底得见“秘府所藏”《医垒元戎》，于是趁“每宿直舍，携家藏本，得校十之三四，犹且考之明朝诸书所引援，必有所厘正”。他在校完

① 郑金生.《医学疑问》——明末中朝医学交流纪实［J］.浙江中医杂志，1983（8）：375-376.

每一卷后都留有手跋，今摘其中三则：

卷五末："壬子十一月十九日夜三更校于直舍。是日大雪，朔风如刀，呵手把笔。元简记。"

卷六末："壬子冬十一月廿五日夜二更校讫。炉火消尽，寒威最甚。元简记于直舍。"

卷七末："壬子腊月初三校于直舍。是夜寒殊甚，十指如僵。元简记。"①

学富五车、身为医官的多纪元简，居然精勤不倦，趁着值班空隙校勘医书。寒冬腊月，雪夜火尽，缝风如刀，十指如僵，多纪元简依然呵手把笔，三更不眠。由此可知多纪氏钻研中国医书到了何等痴迷的程度。窥豹一斑，日本有这样严谨勤奋的医家，其学术整体所能达到的水平就可想而知了。

此后笔者阅读了很多日本的医书，尤其服膺于江户时期医家撰写的医书。这些医书中没有任何虚玄之论，有的只是实实在在的考察研究医药的心得。例如，日本医家对《伤寒论》用药的研究，并没有采用动物实验方法，也不讲求化学成分，而只是全面细致地排比诸方加减用药的主症，有者求之，无者求之，从而考定每一药切实的功效。这种传统的比勘研究方法大胜空谈药物五行属性、法象归经，具有很强的说服力。在运用传统的历史追溯、文献考证、比勘筛选等方法研究医药方面，日本江户医家可以说是发挥到了极致。笔者在研究中最常查找的就是日本多纪元简的《医剩》。该书所列每一主题的文字虽然不多，但总能纵横捭阖，把握该主题发展的历史节点，为后学指点门径。

20世纪上半叶，正当日本汉方医学在其本土遭逢噩运、一蹶不振之时，中国学者大量引进日本医家所撰汉方医书，从中学习借鉴其研究中医的心得。此时被引进中国的有日本出版的《东洞全集》（［日］吴秀山编，1917）、《杏林丛书》（［日］富士川游等撰，1921）、《和汉医籍学》（［日］浅田贺寿卫编，1929）等书。中国医家裘吉生编印的《三三医书》（1924）等99种书中，包括日本医家所撰之书8种。此后的中国医家所编丛书中收入日本医书，已成寻常之事。民国年间引进日本医书最多的当推陈存仁所编《皇汉医学丛书》（1936），收书72种，包括《中国医籍考》等十几种多纪氏父子所撰之书。此丛书流传甚广，至今在50多个图书馆藏有该丛书初印本，现代又重加影印出版。

民国的中医名家中，推崇日本汉方医学者不乏其人。最著名的是陆渊雷。他曾说过："鄙人所读中医书，日本人的著作为多。至于平时实际治病、博取衣食的小本领，也从日本医书中得来。"（见《陆渊雷先生讲演录》，《自强医学月刊》1929年第1期）陆氏最喜欢的日本汉医著作，主要有野津猛男《汉法医典》、浅田宗伯《勿误药室方函口诀》、丹波元简《观聚方要补》，这些医书的共同特点是注重实效。陆氏认为日本人做学问，具切实功

① 王好古．医垒元戎［M］．刻本，1562（明嘉靖四十一年）多纪氏跋：每卷之末．

夫，是以可取。日本江户医家研究张仲景医书，并非采用西学，也不用中医的阴阳五行、脏腑经络等理论去推导，而是用传统的模拟、实践方法，归纳每一药物方剂的效用，因此很得陆渊雷赏识。陆氏说：

日本在二百年前，出了个名医吉益东洞。他把仲景所用的药，一味味体贴出用法标准。现在日本复兴中医，也是吉益东洞的功劳。东洞的用药标准，都有很明白的规定。不像中国人一样，只说些寒热温凉、活血理气等模模糊糊的话。近时又经那班新医翻成旧医的日本人，加一番实验修改，尤其来的确切了。在下照他们的话试用过几次，都是有效的。(见《用药标准》,《自强医学月刊》1930年第25期)

陆渊雷两部成名之作是《伤寒论今释》《金匮要略今释》，两书都属于阐释仲景医方的医书。陆氏说他从日本的书报中了解到“日本的中医，完全是仲景派。他们有许多西医，倒过来改习中医，佩服张仲景到五体投地的地步，说仲景医方的功效，比‘洋方’要捷速而妥当，而且有许多‘洋医’无法医治的病，用仲景法可以速治”。所以陆氏坦率地说:“在下因此格外听信张仲景与吉益东洞，知他们决不哄人!”

综上所述，陆渊雷的学术取向受日本汉医的影响很大。他最佩服日本多纪元简父子的考订、吉益东洞的古方、浅田宗伯的时方。由此可知，日本汉方医学，对中国近代某些中医的临床治疗也有一定的影响。

1949年以后，中国的中医学得到了与西医平起平坐的地位。当代中医在发展过程中，日益关注日本汉方医学曾经取得的学术成就。当今中医研究的许多重大项目中，都很注意采录日本医家的学术研究成果。例如，获得国家科技进步三等奖的《神农本草经辑注》(马继兴等，人民卫生出版社，1995)，其中就引用了许多日本医药学家的考证成果，采录最多的是日本森立之《本草经考注》中的研究所得。王洪图主编的《黄帝内经研究大成》(北京出版社，1997)中，也收录了许多日本医家的相关书篇及研究新见解。至于采用日本医家学术成果的其他中医著作，本文受篇幅限制，无法逐一列举。

笔者所从事的本草历史文献研究领域，更多地受益于日本前辈学者渡边幸三、森立之、冈西为人、宫下三郎等先生的研究。可以坦率地说，笔者研究中国本草学，实际上也是冈西为人等日本本草研究前辈的私淑者。

日本学者对《内经》《伤寒论》《金匮要略》《神农本草经》，以及针灸文献的研究尤其深入。近年来，日本的某些出版社陆续影印了一批有关《内经》《伤寒论》等日本医家的研究名著。中国的学苑出版社也在逐步将日本学术水平甚高的一批医书予以校点、译释，介绍给中国读者。可以想见，今后中医研究者还会更多地学习日本前辈医家的研究方法、成果，促进当代中医的发展。

除日本汉方医学之外，韩国朝鲜的一些经典著作，如《东医宝鉴》等，在中国也有很大的影响。鉴于个人的治学范围有限，平日接触韩国学者及医书不多，因此很遗憾无法详述韩医学的学术成就对中国医学的多方面影响。

本节上述的历史事实都说明，在中国医学与周边国家交流过程中，也曾经从多方面受惠于邻邦的医药学。所以，东方医学所属各国的交流，无论古今，都是互惠互利、互相促进的。有鉴于此，今后还应该进一步加强各国传统医学的交流，不仅要交流在传统医学范围内的学术研究新成果，还要交流在当代如何利用现代科技与思想，来整理研究、发扬提高传统医学的心得和进展，以期互相促进、共同提高。

三、结论

中国与日韩越诸国的传统医学自古至今一直在不断地互相交流，并在交流中互惠互利，互相促进。本次国际会议各国的论文，就是这交流中最新环节之一，体现了多方面的研究新进展。关于越南传统医学不同历史时期的发展轨迹回顾，颇有新意，填补了越南医学史的多方面空白。韩国、日本学者对自己国家传统医学发展既有宏观总结，又有个案（如《启迪集》）分析与新领域（如韩医学术流派）探索。

由于地理、文化、生产方式与生活习惯诸多便利，东方医学各国之间的医药交流具有先天的相适性，交流方式自然和谐。但因各国自身文化的不同，在医学交流过程中又都逐渐形成了本土化的特点。本土文化对接纳外来医学的影响，不仅表现在外来医学传入以后，由于交流的主要载体是医学文献，因此各国文化实际上在导入外来医学之初，已经发挥了巨大的自由选择作用。不同地域形成的交流时间差，会导致各国医学发展的不同步，也会导致某些方面的差异（本文用日本煮散剂型来说明这一问题）。

东方各国之间的医学交流从来都是双向的。古代日韩越诸国曾接受中医传入之益。与此同时，中国医学也从邻邦医学受惠良多。本文从中药学汇聚了邻邦的药物与用药经验、邻邦医学文献的返传与引进、导入邻邦医学学术新成就以促进本国医学发展三方面展开回顾，列举事例，说明邻邦医药学对中医药曾经产生过的影响与促进作用。这一历史事实提示，今后更应加强各国传统医学的交流，以便在现代条件下，促进对传统医学的整理研究与发扬提高。

（原载于真柳诚《跨境的传统，飞翔的文化——汉字文化圈之医史》，福建科学技术出版社，2014年，158-182页）

后记：2010年6月11日，由真柳诚先生主持的第二届日中韩医史学会共同专题研讨会在日本茨城大学水户校区召开。这次会议的主题是“跨境的传统，飞翔的文化——汉字文化圈之医史”，参会的有中、日、韩等六国144名代表，是一次盛大的会议。会后论文集被翻译成中文在中国出版。

附　录

文著题录

说明：本题录按完成或发表年为序排列，每年有关的书在前，文在后。

凡文章之名前有“*”者，均为《文选》正文收录之文。

部分文著或加“后记”，内容同正文诸文后之“后记”。

1971

《中草药学》[M].江西药科学校革委会，编.试用教材，内部发行，1971.

后记：1970年7月，我分配到江西药科学校草药连，刚参加工作，尚无能力撰文写书。故20世纪70年代的书，并非个人业绩，仅显示个人经历、记录参与编书、接受过的教育与历练。1970年学校尚未招生，又正值中草药群众运动兴起，故我被派到《中草药学》编写组。“文革”期间写科技书都不署人名，只署单位名。记得主事者有范崔生老师、林英教授、钱正贤医生、两位药检所老师（忘其名）等。中医研究院的冯增春老师为该书手绘彩色图10余幅。本人协助看清样、校稿、到印刷厂送稿等杂务，借此机会熟悉了书籍编纂、校对、印刷排版等全过程。

1973

《中药炮制学》[M].江西药科学校，编.内部发行，1973.

后记：此书草药部分与诸老师集体编写，范崔生、杨文达等老师是主力。本人做一些辅助工作，并绘制了几幅墨线图。借参与此书编写的机会，学习了炮制学知识。

1977

《中药鉴定学》[M].成都中医学院，主编.上海：上海人民出版社，1977.

后记：此书是中医学院教学走上正轨以后的第一批《中药鉴定学》教材，其时我已经在北京中医学院中药系进修过中药鉴定学一年，因此与杨文达老师一起代表江西中医学院参与该书编写，并赴成都中医学院参加教材审议会。记忆中主要编者人员有成都中医学院的贾敏如、北京中医学院的严智慧等老师，我第一次参与教材编写，学习到不少教材编写知识。

1980

Anguo—“Medical City”（安国：药都）[J]. 中国建设，1980（8）：42.

后记：这是研究生在读期间发表的一篇文章。其时“文革”结束不久，百废待兴，安国药市也重新开办。《中国建设》（英文版）想报道一下安国的历史情况，就找到中医研究院，院里见是谈历史，就找李经纬老师。李老师见是药材方面的事，就让我去安国调查，然后写篇文章。于是我与摄影员王琴去了安国。虽然是一篇小文，我也没敢懈怠：先查了《祁州志》以及旧杂志有关安国市场的报道，然后仔细考察了安国药王庙的建筑、碑文等，当时是冒着寒冷抄写碑文的。那时的药王庙残破不堪，可随意拍照、拓碑。我特别注意到的是药王庙门口牌坊上方前后两个匾额题词（“恩被河北”“封加南宋”），为什么要写“封加南宋”？然后又拿着介绍信去药材公司，公司找了两位老药工与我座谈。我学过中药鉴定，对药物自然很熟悉，交谈之中两位老药工引为同行，无话不谈。在安国待了4天，回来写了此文。以此为契机，后来我写了一系列的药王与药王庙的文章。

★注意中药品种的历史性［J］. 中医杂志，1980，21（7）：77-78.

关于孙思邈的著作问题 [J]. 郑金生，执笔 . 医史与文献研究资料，1980（7）：5.

后记：1979年结束中西医结合研究生班集体“补课”后，研究生各自回到导师门下接受训练。我们5位同学，受李经纬等老师委派，前往陕西耀县孙思邈故里、延安两地实地采访约月余，随行者有医史博物馆丁鉴塘老师（负责传授考古、拓片技术等），摄影员王琴女士（负责拍摄图像等）。此行乃我们自己尝试实地调研、收集资料与实物，收获颇丰。归来后分工执笔，各写一篇考察文章，结集为内部刊物《医史与文献研究资料》第7期，我负责执笔撰写《关于孙思邈的著作问题》。文章很长，之后也未公开发表。

★《履巉岩本草》初考［J］. 浙江中医杂志，1980（8）：338-340.

古代的人工养珠和驯麝取香 [J]. 中华医史杂志，1980，10（1）：36.

后记：此乃补白小文。其时与李经纬、蔡景峰、马堪温3位老师同处一办公室，蔡师编辑《中华医史杂志》，时常会出现文后排版有空缺的情况，就问我们有没有研究新得可作补白者。于是就将做论文过程的一些小发现撰成补白文。下文也属于此类补白文。

《唐本草》以前的本草图 [J]. 中华医史杂志，1980，10（2）：82.

《重辑新修本草》简介 [J]. 国外医学（中医中药分册），1980（6）：16.

后记：1980年尚在研究生学习期间，此时已经可以接触到一些日本同行的著作，故将学习心得撰成书评。

《本草概说》简介[J].国外医学(中医中药分册)，1980(5)：16.

后记：第一次接触到日本冈西为人先生的《本草概说》，深受启发。他提出的主流本草与旁支本草的概念，本草发展的源流顿时如登泰山之顶，一览无余。我学习本草，除尚志钧老师面授机宜外，还得到冈西先生遥相指点，才能不走弯路。我最早向国内同行介绍此书原本，该书有中文本已经是40余年之后了。

1981

古代的中药粉碎工具及其演变[J].中华医史杂志，1981，11(1)：35.

后记：在撰写《宋代本草史》论文时，见宋代制药工具已大不同于前代，于是从粉碎工具角度撰成此文。

《本草纲目》图版的讨论[J].邬家林，郑金生.药学通报，1981，6(4)：9-11.

后记：邬家林学兄进入研究生班时，是全班最年长的大哥，完全是老师辈。他的专业是中药材品种研究，师事谢宗万老师。因邬兄的专业与本草联系颇多，故我二人经常在一起讨论学术问题。其时《本草纲目》版本中，已发现清末张绍棠刻本篡改甚多。邬兄在研究秦皮时发现明末钱蔚起本药图亦有篡改。此发现亦引起我的兴趣，于是二人联手，撰成此文，奠定了此后《本草纲目》版本分3个体系的格局。该文亦被《本草纲目研究札记》收录(见该书188-189页)。

神谷本《绍兴本草》的初步研究[J].中医杂志，1981，22(2)：59-61.

后记：此文是硕士论文《宋代本草史》中涉及《绍兴本草》的研究所得，鉴于其考察过程附见于后来出版的《南宋珍稀本草三种》，故未将此文收入《文选》正文。

《宝庆本草折衷》及其贡献[J].浙江中医杂志，1981(4)：180-183.

后记：此文撰写背景与上文同。

《宋代本草史》[D].1981年7月通过答辩。

后记：这是硕士论文，参见正文收录的《宋代本草史》(提要)后记。

* 中药材经验鉴别法及其发展[J].中药材科技，1981(2)：28-30.

漫话“光明子”[J].中药材科技，1981(3)：43.

1982

★宋代本草史(提要)[J].中华医史杂志，1982，12(4)：204–208.

★陈承的籍贯、生平及其对医药学的贡献[J].浙江中医杂志，1982(11–12)：529–530.

★“龟甲、败龟、龟板”考辨——论龟甲当用上、下甲[J].中医杂志，1982，23(3)：56–58.

后记：这是我的第一篇单味药的考证文章。1970年我大学毕业后分配到江西药科学校，实际上我就已经从医转药。1978年考研之后，又从药转史。因此，在此后的研究中，药物研究也就成了我研究生涯非常重要的内容。我缺乏系统的植物、动物、矿物学专业训练，这对药物来源考证固然不利，但现有的药物基原考证，又每每缺乏从历史文献角度的研究，故在药物考订中，我注意扬长避短，另辟蹊径，以解决药物来源的种种问题。我的药物考证文章不多，主要研究业绩体现在我与张志斌研究员合编的《本草纲目药物古今图鉴》《仲景经方药源》二书中。

★从唐代底野迦到宋代人工牛黄[J].中成药研究，1982(2)：34–35.

★旋覆花汤中的“新绛”考[J].辽宁中医杂志，1982(1)：42–43.

《新修本草》尚志钧辑本评介[J].中药材科技，1982(6)：37.

后记：这是在拜访尚志钧老师之后，为他的书写的书评。

1983

★明季太医傅懋光传略[J].绍兴中医，1983(1)：30–31.

试谈李时珍的本草考辨方法[J].药学通报，1983，18(10)：7–11.

后记：此文是为1983年纪念李时珍逝世390周年而撰，蒙陈新谦老师青睐，在他主编的《药学通报》发表。陈老是中国药学会药史分会的创始人之一，故他任主编时《药学通报》经常登载药史论文。他卸任以后，该杂志登载的药史、本草之类的文章大大减少。

中药书籍资料的查找与利用[J].中药材科技，(一)1983(2)：40;(二)1983(3)：38;(三)1983(4)：36;(四)1983(5)：29;(五)1983(6)：39;(六)1984(1)：37;(七)1984(2)：42.

后记：20世纪80年代初，我认识了《中药材科技》的总编辑钱巨今老师，且交情日深。钱老师将我写的这篇讲座稿连载了7期，在当时本草研究还不普遍的情况下，如何深入浅出介绍古代药物知识、如何查找这些知识的文章自然是受欢迎的。后来很多年轻学者告诉我，当年就是看了这篇文章，才知道古本草资料并不神秘。虽然此文比较实用，但毕竟属于科普讲座稿，所以未收入本《文选》正文。1985年，此连载被收入《中医药各科文献介绍》(福建科学技术出版社，1985)一书。

★《医学疑问》——明末中朝医学交流纪实［J］. 浙江中医杂志，1983(8)：375-376.

日本寺庙里的唐代中药［J］. 科学实验，1983(2)：4.

讲究煎药方法［N］. 健康报，1983-8-21.

1984

《食疗本草》[M]. 孟诜，张鼎，撰. 谢海洲，马继兴，翁维健，郑金生，辑. 北京：人民卫生出版社，1984.

后记：1980年底，“药膳”开始兴起，人民卫生出版社贾维诚编审约请谢海洲主任、马继兴研究员、翁维健讲师辑佚《食疗本草》，马老师有出国任务，遂将所掌握的资料交付给我，让我参与此事。这是我第一次独立辑佚古医书，尝试按前人辑佚方法完成此辑佚本，并据马老师口授的考察提纲，撰写书后附录的《食疗本草文献学的研究》一文。1981年马老师回国后，审查我完成的初稿，并加修改，予以出版。此为《食疗本草》继中尾万三辑本之后，国内学者的再次辑佚本。在此本基础上，1993年上海古籍出版社约请我与张同君合作完成《食疗本草译注》。

安国药王庙小史［J］. 中药材科技，1984(3)：42-43.

应该请犀角“退役”[J]. 药学通报，1984，19(3)：62.

后记：1983年在蕲春成立药史学会之后，与《药学通报》主编陈新谦老师交往渐多，陈老师刊登我的一些小文作为补白。以下几篇皆此类小文。

遵古、知古与鉴古［J］. 药学通报，1984，19(7)：58.

“煮散”值得提倡吗？［J］. 药学通报，1984，19(8)：63.

★《医学史》分卷的框架和体例［J］. 郑金生，刘素慧. 辞书研究，1984(5)：14-16.

★《证类本草》中“唐本馀”的考证［J］. 浙江中医杂志，1984，19(6)：282-283.

1985

本草文献学家尚志钧先生［J］. 郑金生，谢海洲 . 药学通报，1985，70（1）：54-55.

后记：1980年我就登门拜访过尚志钧老师，聆听他讲述其本草研究生涯的得失，在此基础上我撰写了这篇短短的传记。尚老认为拙文写得很实在，能反映其真实的人生，所以在其专著《本草人生——尚志钧本草文献研究选集》（上海中医药大学出版社，2007）中也选入了拙作。但我认为不是拙作"写"得好，而是尚老一生的学术经历令人感奋动情，是他的品德让人钦佩。

★中医文献学刍议［J］. 上海中医药杂志，1985（11）：38-40.

★试论《本草纲目》编纂中的几个问题［M］// 中国药学会药学史学会 .《李时珍研究论文集》. 武汉：湖北科学技术出版社，1985：73-112.

谈谈中国医学的世界之最［J］. 光明中医，1985（2）：17.

后记：以下几篇是在《光明中医》杂志发表的科普小作。此杂志乃光明中医函授学校创办。创办之初，约我写数篇闲散小品，活跃版面。

萝卜上场，医者还乡［J］. 光明中医，1985（2）：42.

名医绰号趣谈［J］. 光明中医，1985（2）：35.

近四年来本草史的研究［M］// 中医年鉴（1984）. 北京：人民卫生出版社，1985：404.

李时珍及其著作的研究［M］// 中医年鉴（1984）. 北京：人民卫生出版社，1985：398.

1986

The Collation and Annotation of the Rare Book Lü Chanyan Bencao：A Medical Literature Reserch Project by Zheng jinsheng（《履巉岩本草》考校）［C］//Paul U.Unschuld. *Approaches to Traditional Chienese Medical literature*. Kluwer Academic Publishers，Dordrecht/Boston/London.1986.

后记：1986年8月，我第一次出国，赴德国慕尼黑大学医史研究所，参加由该所新任所长文树德教授组织的第一届国际中医文献学术研讨会，我提交的论文是"《履巉岩本草》考校"。也就是在这次会议上，我结识了长我3岁的文树德教授（Prof. Paul U. Unschuld），开启了我们近40年的合作研究。

智齿命名的由来[J].光明中医，1986(3)：39.

后记：以下几篇是在《光明中医》杂志发表的科普小文。此杂志乃光明中医函授学校创办，以后忙碌，也就没有再写此类文章。

古代医家求师的启示[J].光明中医，1986(2)：31.

苦读勤记，终成大器[J].光明中医，1986(2)：31.

宋代医药商标漫谈[J].光明中医，1986(2)：35.

药王是谁？[J].光明中医，1986(4)：36.

1987

《中国医学百科全书·医学史》[M].李经纬，程之范，主编.上海：上海科学技术出版社，1987.

后记：研究生毕业后，我留在医史室，追随李经纬老师从事医史研究。其时李老师主编该书，原定马堪温老师任副主编兼学术秘书，后经钱信忠部长同意，让我接任学术秘书一职。该书编写力量强大，都是老师辈，独我资历最浅，学识尚浅，故除了在该书“中国医学史部分”做了一些分内的工作，“世界医学史部分”则全由张慰丰等老师承担了本应由学术秘书负责的工作，十分抱歉，至今犹愧。也就是通过参与此书的编写，我结识了很多国内的医史前辈（如范行准、邓铁涛、傅维康、张慰丰、姒元翼等老师），得到他们的许多关爱与指教，非常难得，感激不尽。

《老年生活与健康》[M].北京：北京科学技术出版社，1987.

后记：这是一本科普书。20世纪80年代我才研究生毕业不久，没有课题压身，比较清闲。在人民卫生出版社出版了《食疗本草》辑佚本之后，我与该社老编辑贾维诚老师非常投缘。他约我参编此书，我只写了其中的第二章“食疗”。此书也没收藏，都忘记主编是谁。

★中外文化交流的史料甄别[N].人民日报(海外版)，1987-09-08(2).

★《续神农本草经疏》解疑[J].江苏中医杂志，1987(1)：46.

★李中立及其《本草原始》的考察[J].中华医史杂志，1987，17(1)：32-34.

Dietary Hygien and Allied Literature in the Ming Dynasty-History of

Hygiene（中国明代的食物养生及相关文献）[C] //Ishyaku Euro of America，Ine. Publishers. 1991，Japan China.

后记：1987年9月，我出席了在日本东京召开的第十二届国际东西方医学比较史学术会议，宣读的论文是《中国明代的食物养生及相关文献》。这是我第一次去日本参会。在此会上有幸结识了日本著名科技史学家薮内清、矢数道明、山田庆儿、酒井等先生，与真柳诚先生结下了深厚的友谊，并一直保持密切的联系与合作。

1988

《中医人物词典》[M] . 李经纬，主编 . 上海：上海辞书出版社，1988.

后记：此书是追随李经纬老师编写的第一部中医辞书。从1981年研究生毕业，到该词典最终出版，花了近8年。我是4名具体撰稿人（另外3位是王致谱、傅芳、胡乃长）之一。李老师为了收集更多的第一手资料，派我与学友胡乃长，扛着沉重的翻拍架，带着一部相机，从北京往东南下，经苏州、上海、杭州、宁波、南昌、长沙、广州、桂林、贵阳、重庆、昆明、成都等城市，在各城市图书馆内访查京内所无的中医书籍、报刊资料，借以撰写人物传记。此次全国访书，为我此生中非常重要的一次学习机会，期间搜寻到不少稀见的书籍，拍摄了4个电影拷贝盘那么多的缩微胶片。可惜那时还没有数码相机，翻拍速度慢，受光线的影响严重。但也庆幸那时还没有受经济大潮的影响，看书翻拍都不收费，也无限制，故能较好地完成资料收集任务。在与上海辞书出版社合作期间，接受了该社老编辑们严格的辞书编纂训练，在该社校稿长达半年，学习了很多辞书编纂的知识。此后又多次与上海辞书出版社合作，皆十分融洽愉悦。作为一名从事文字工作的学者，能得到高水平的编辑先生指教，是一件幸事！

《饮食起居》[M] . 北京：科学普及出版社，1988.

后记：此书是老院长陈绍武主编的《中医知识丛书》中的一种，属中医科普书。这是我第一本独著的书，才8万余字，小册子。但当时此类书还不十分普遍，第一次印刷居然就印了35000册。

《家庭中医百科全书》[M] . 唐由之，蓝思聪，贾维诚，主编 . 北京：人民军医出版社，1988.

后记：此书亦是受贾维诚老师约请，在其中担任编委，负责撰写“食疗”部分。

《现代方剂手册》[M] . 王致谱，陆寿康，伊广谦，郑金生，盛维忠，傅芳，编写 . 福州：福建科学技术出版社，1988.

后记：此书是当时几位同辈在一起商议编写的实用中医方剂书，旨在方便临床使用。

宋代政府对医药发展所起的作用[J].中华医史杂志，1988(4)：200.

后记：在完成硕士论文《宋代本草史》时，我较广泛地涉猎了宋代各方面的史料。在学习宋代史书(《宋会要》《宋大诏令集》等)时，摘取了其中政府所发布的一些有关医药的政令，撰成此文。

中药药学史研究[M]//中国药学年鉴(1986).北京：人民卫生出版社，1988.

1989

《历代中药文献精华》[M].尚志钧，林乾良，郑金生，编写.北京：科学技术文献出版社，1989.

后记：1980年首次登门拜访尚志钧老师以后，我们一直联系不断。浙江中医学院的林乾良老师学识广博，视野开阔，是我一直敬重的中药学老师。在与二位老师交往中，大家都有同感，即中国本草目录学调查研究一直比较薄弱，遂商议联袂编写《本草述要》一书。在两位老师的指导下，商定本书分上中下三编，上编“本草概要”，相当于总论；中编“本草要籍”，详介重点本草；下编“本草大系”乃按时代罗列之历代本草简介。林老师还亲自撰写了上编中的首篇，尚老师提供了他历年辑佚古本草的部分材料。我则在两位老师的指导下，充分利用京内及本院图书馆收藏的大量古本草，以及全国访书所得本草材料，撰成此书。另外，其时日本本草学家冈西为人《本草概说》也已传入中国，本书撰写时充分汲取了该书的一些新颖观点。由于书中多数文字都是看原著之后写成，因此在收集的本草数量，以及内容上皆比前人稍有进步。在进入图书出版编辑阶段，出版社提出“本草述要”的书名不太通俗，很多人还不知道“本草”的含义，建议改名为《历代中药文献精华》。在20世纪80年代，能有出版社肯出此书已属不易，经向两位老师请示，均同意按出版社的意见更改书名。书成之后，3位作者得书1000本(每册6.6元)，以为报酬。

尚志钧老师逝世之后，北京科学技术出版社于2019年出版《尚志钧本草文献全集》，其中《历代中药文献精华》再版，我又从头到尾校读了一遍，只纠错误，未添新说，以存旧貌。

《中药文献的检索与应用》[M].施顺清，主编.上海：上海科学技术出版社，1989.

后记：1983年我在《中药材科技》杂志上发表了《中药书籍资料的查找与利用》(连载7期)，文中介绍了中药古籍的查找方法。也就是因为这篇连载，我被邀请参加本书“本草文献部分”的撰写，并担任编委。

★宋金元时期南北分裂对医学发展的影响[J].医学与哲学，1989(2)：18–21.

★中药研究应注意了解药物兴衰史［J］. 中医杂志，1989（1）：48-49.

中国古代彩绘药图小史［J］. 浙江中医杂志，1989（9）：422-424.

★诺藤、含水藤与大瓠藤原植物的考订［J］. 中国中药杂志，1989，14（3）：6-7.

百川汇海，千年一贯——评《历代中药炮制法汇典》［J］. 中国中药杂志，1989，14（1）：26-27.

后记：中国中医研究院中药研究所王孝涛老师是我非常敬重的老前辈之一。我在大学毕业后从事中药教学时，走访了江西著名的炮制门派樟树帮、建昌帮的发源地清江与南城，深知中药炮制是中医药富有特色的重要组成部分。但古代并没有出色的中药炮制专著，大量的炮制法散存在各方书中。王老师在1973年就完成了《历代中药炮制资料辑要》一书，在此基础上又完成了《历代中药炮制法汇典》（江西科学技术出版社，1986），该书以药物为单元，汇集160部方书的中药炮制资料，使千余年的中药炮制资料贯于一书，为中药炮制的现代研究奠定了基础，所以我提笔写下了这一书评。

1990

《古老的中国医学——中国医学编年史研究》［M］. 王树岐，李经纬，郑金生. 台北：纬扬文化事业有限公司，1990.

后记：1987年台湾开放大陆探亲以后，两岸交流也逐步开展。时任中国协和大学教务长、中华医学会副会长兼秘书长的王树岐教授受台湾纬扬文化事业有限公司的约稿，撰写此书，并邀时任中国医史文献研究所所长李经纬研究员合作，得李老师提携，我也参与了此书的撰写。该书以时代为序，分作5篇，各篇下再分章，选取各种疗法及各医学分科中之大事、要闻、重要书籍或人物等，独立成章。此与教材式的医史书还不大一样，颇类医史普及书。

《食物本草》［M］. 郑金生，刘晖桢，王立，张同君，校点. 北京：中国医药科技出版社，1990.

后记：此书乃明代姚可成补辑，但原书题作“元 东垣李杲 编辑，明 濒湖李时珍 参订”。此书若不校点出版，考镜源流，很容易混淆视听。在完成全书校点之后，我撰写“校点后记”，对该书的作者、资料来源、版本等，均予以考证。

★“道地药材”的形成与发展（Ⅰ）［J］. 中药材，1990，13（6）：39-40.

★“道地药材”的形成与发展（Ⅱ）［J］. 中药材，1990，13（7）：43-45.

1991

《全国中医图书联合目录》[M].薛清录，主编.北京：中医古籍出版社，1991.

后记：作为医史工作者，我深知编制目录的重要学术意义。非常荣幸，薛清录老师邀请我参与该书的编写，承担“本草书目”部分的任务。此后的《中国中医古籍总目》我也参与了编写。

曲节草的本草考证[J].中药材，1991，14(10)：44-45.

后记：曲节草的来源诸书有多种说法，为了确定这些药物在《中华大典·药学分典》的位置，我不得不去做一些考证。此药即一例。但我考证的结论是，曲节草以爵床科马蓝 *Baphicacanthus cusia*(Nees) Brem. 的可能性最大。陈修源《曲节草之本草重考证》[中药材，1992，15(6)：37]指出我考证的不足，谓是爵床科九头狮子草 *Peristrophe japonica*(Thunb.) Brem.，他的考证更细致准确。我在拙作《本草纲目药物古今图鉴》中引用了陈先生的结论。抛砖引玉，此之谓也。

1992

《世界百科名著大辞典·自然和技术科学》[M].陈远，于首奎，梅良模，等.济南：山东教育出版社，1992.

后记：时间久了，已经忘记是哪位先生约我为该书“中医部分”撰稿，写了些什么内容也没印象了。

《中国大百科全书·中国传统医学》[M].中国大百科全书总编辑委员会，《中国传统医学》编辑委员会.北京：中国大百科全书出版社，1992.

后记：此书是我在20世纪80年代后期的主要工作之一。非常幸运的是，结识了责任编辑全如瑊老师。在全老师的指导下，学友陆寿康与我是早期该书框架的草拟人，此后我担任该书的编委之一、“医史文献”分支副主编、特约编辑。此书是中医第一部大百科全书，在编写过程中学习到了许多编写大百科全书的知识，也执笔撰写了若干条目。该书于2000年出版第二版，更名为《中国大百科全书·中医》。

《医学小百科·医史》[M].钱信忠，主编.天津：天津科学技术出版社，1992.

后记：对此书的印象已经不清晰，我只是其中的编者之一。

《食疗本草译注》[M].孟诜，著.郑金生，张同君，译注.上海：上海古籍出版社，1993.(2007年再版)

《食疗本草译注》[M].孟诜，原著.张鼎，增补.郑金生，张同君，译注.上海：上海古籍出版社，2021.(2023年出版修订本)

后记： 继在人民卫生出版社完成《食疗本草》辑佚之后，蒙胡道静先生提携，将《食疗本草》现代白话译注的任务交给我。其时张同君助理研究员与我都在所科研办工作，遂合作完成该译注任务。此版于2007年再版，略变更体例，修润文句。2021年，该书收入上海古籍出版社《中国古代名著全本译注丛书》。其时张同君编审已任人民卫生出版社中医室主任，仍与我再次对该书的体例、字词等细节予以调整，并汲取近几十年中药来源的研究进展与成果，核定修正，推出新版。

文树德博士《本草史》评介［J］. 中国药学杂志，1992，27（Z）：55-56.

后记： 文树德先生师从那琦教授学习本草学，并于1986年出版了 *Chinese Medicine。A History of Pharmaceutics*，我的书评就是针对此书而发。

1993

★《天宝单方药图》考略［J］. 中华医史杂志，1993，23（3）：158-161.

1994

《药类法象·用药心法》（校点本）［M］//《金元四大家医学全书》. 天津：天津科学技术出版社，1994.

《珍珠囊药性赋》（校点本）［M］//《金元四大家医学全书》. 天津：天津科技出版社，1994.

后记： 此系应高文柱先生之约，为该丛书校点的李东垣之书，校点者郑金生、张同君。

Research of the Development of Bencao in Southern Song Dynasty（南宋本草的发展研究）［C］// The 4th International Congress on Traditional Asian Medicine，P11，August 19-21，1994，Tokyo，Japan（第四届亚洲传统医学大会论文集第11页）.

后记： 1994年8月19—21日，我赴日本东京参加第四届东亚国际传统医学史大会，并宣读英文论文。会上见到时在日本留学的原黑龙江中医学院医史教师王铁策副教授，听他说起日本收藏的散佚中医古籍之事，以及开展回归这些散佚古医籍的设想。

运用现代科学技术促进中医发展的历史必然［J］. 中国中医药科技，1994，31（3）：36-37.

后记： 此文乃杂志社约稿。我赞同运用现代科学技术来促进中医发展，故从历史发展的角度论证其必要性。

1995

⋆张冠李戴的“药王”[J]. 寻根，1995(2)：36-37.

Current Issues and Trends in the Study on Chinese Medical History(中国医史研究的现状与趋势——从医史角度兼论传统药物的研究).

后记： 1995年4月10—11日，我赴首尔参加韩国首尔大学举办的“韩中国际学术研讨会”(Korea-Sino International Seminar), Traditional Oriental Medicines and Development of New Natural, Drags, Natural Products Research Institute, Seoul, 93，提交了英文论文。

巧成本草业的唐慎微[M]// 廖育群，杨志超，主编.《中华骄子》. 北京：龙门书局，1995：71-74.

后记： 好友廖育群约写之科普文，下文同。

医药杂家赵学敏[M]// 廖育群，杨志超，主编.《中华骄子》. 北京：龙门书局，1995：147-150.

1996

《新编中药学辞典》[M]. 王本祥，主编. 天津：天津科学技术出版社，1996.

后记： 我在此书中为编委之一，负责本草文献和药物性能部分的编写。

《中国古代科学技术史纲·医学卷》[M]. 廖育群，主编. 沈阳：辽宁教育出版社，1996.

后记： 挚友廖育群研究员曾任中国科学院自然科学史研究所所长，因性情、治学颇多投合处，故交往甚密。此书我只是编者之一，写了几个条目。

Female Medical Workers in Ancient China(中国古代的女性行医者).

后记： 1996年8月，我赴韩国首尔参加第八届东亚科学技术史国际会议，提交了英文论文《中国古代的女性行医者》。该文梳理了中国历代出现的女性医者，文章很长，之后也无暇整理发表。该文提到了明代女医谈允贤的生平及其医案著作《女医杂言》，后于1999年发表专文《明代女医谈允贤及其医案〈女医杂言〉》。

医药文献学家马继兴研究员[J]. 中国药学杂志，1996，31(2)：115-116.

后记： 马继兴老师是我的4位导师之一，自从跟随老师学习之后，我得以接受医药文献系统训练，此后在整理研究医药文献方面也继承了老师的事业，并在老师的支持下，完成了《中华大典·药学分典》(老师是顾问)、国家科技部“国内失传中医善本古籍的抢救回归与发掘研究”项目（老师名列第一）。老师晚年有十几年与我同住在一个小区，师母又是最好的贤妻良母，故而对学生视如子女，我们平时来往甚密，亲如一家。作为老师的第一个研究生、大弟子，我一直追随老师组织药史学会，对老师的业绩与性格十分熟悉，因此为老师撰写了此传记。

中国历代药王及药王庙探源［J］. 中华医史杂志，1996，26（2）：65-72.

后记： 这是我关于药王研究系列文章中的一篇，考虑到《中华医史杂志》容易查找下载文章，我选了发表在《寻根》的《张冠李戴的“药王”》作为此类文章的代表，并附以“后记”。

神农一脉连中日［N］. 郑金生，赵中振. 中国中医药报，1996-12-04（3）“学术”栏.

后记： 1996年10月，我作为中国药学会药史学会代表，与赵中振教授一起陪同日本药史代表团周游中国主要的药史纪念地，归来后写了这篇报道。

★走方医伪药初探［J］. 中药材，1996，19（11）：587-590.

欧洲展示中医药的窗口——柏林人类学博物馆中医药展览述评［J］. 中国药学杂志，1996，31（5）：313-314.

后记： 1995年9月28日，柏林－达勒姆人类学博物馆（Museum fuer Volkerkunde SMB，Berlin-Dahlem）举办“回春——中医药历史实物与图片”展览（HUICHUN—Chinesische Heilkunde in Historischen Objekten und Bildern）正式开幕。我作为该展览的学术顾问应邀至柏林参与了这一展览筹备和布展的部分工作，因而对这次展览有比较详细的了解，于是写下了这一报道。

1997

《中国古代的养生》［M］. 北京：商务印书馆国际有限公司，1997.

后记： 这是继《饮食起居》之后，我的第二本中医养生普及性著作，其中的内容比《饮食起居》要丰富得多，但其时仍属改革开放不久，还有一些约束，未能较好地反映古代养生全貌。

早期中药发展中的巫文化浸染，台湾“中央研究院”历史语言研究所“医疗与中国社会”研讨会，1997-06-26.

后记： 1997年6月，第一次赴台参加“医疗与中国社会”研讨会，我提交了这篇论文。这次会议没有出版论文集，虽然原稿尚存，但也无心再发表。其中的主要观点在后来的

《药林外史》中某些篇章都有体现。

★现代中国医学史研究的源流（节录）[J]. 郑金生，李建民. 大陆杂志，1997，95（6）：26-35.

孤本从今不孤单，济世活人广流传——《中医古籍孤本大全》出版有感［N］. 中国中医药报，1997-03-10（3）.

后记：《中医古籍孤本大全》在20世纪90年代后期出版，这是中医古籍存真续绝的重要举措，我写了这篇报道。此后我为该丛书陆续写过几十篇提要，非常支持该丛书的出版工作。

古来药王知多少?［J］. 医学科普，1997（6）：28.

后记：这是关于药王研究的科普小文。

打击迷信活动古今谈［J］. 科协论坛，1997（4）：36.

后记：弘扬科学，打击迷信活动，是每一位科研人员的社会责任。本文引述历史记载，阐述即便在古代，迷信活动也是要遭受打击的。

1998

《中国科学技术史·医学卷》[M]. 廖育群，傅芳，郑金生，合著. 北京：科学出版社，1998.

后记：由廖育群先生约请，我们三人各写一段，合为此书。

《中国科学技术史·人物卷》[M]. 金秋鹏，主编. 北京：科学出版社，1998.

后记：该书所载为中国科学技术史上的著名人物，本人撰李时珍条目，万余字。

《中华本草》[M]. 国家中医药管理局《中华本草》编委会. 上海科学技术出版社，1998.

后记：《中华本草》是当代一部伟大的药学著作，本人仅在"本草史专业"（主任委员为凌一揆、刘继林）中任委员之一，所做工作微不足道。

药王与药王庙的历史研究还有待深入进行［J］. 中华医史杂志，1998，28（3）：封三.

后记：拙文《中国历代药王及药王庙探源》发表后，王旭光先生批评其中的某些错误之处，故写此文向王先生致谢、向读者道歉，并补充了若干新发现史料。

本草の変遷（本草的变迁）[J]. 東京中医学報，1998（2）：87–101.

后记：时间久了，我也记不起这样的题目下我究竟写了些什么。但从该文篇幅来看，似乎还不短呢。

李时珍——医中之圣，药中之王 [M] // 孙小淳，郭书春，郑金生，等.《科学巨星（11）》. 西安：陕西人民教育出版社，1998.

后记：该书是科技史所的友人约请，参与《世界著名科学家评传丛书》的撰写工作。本人是5位编者之一，其中孙小淳写张衡、郭书春写刘徽、闵宗殿写贾思勰、杨文衡写徐霞客。其他4位都是各自领域的研究大家，有幸与他们共写一本书。此书属于评传，语言虽通俗，内容却很严谨，没有某些科普书喜欢编造故事的现象。

1999

《〈本草纲目〉索引》[M]. 郑金生，王咪咪，杨梅香，张同君，编. 北京：人民卫生出版社，1999.

后记：《本草纲目》内容浩瀚，要查找其中的某一内容十分不便。人民卫生出版社编辑王淑珍有意编此书索引，我欣然承担起这一任务。此书都是手工作业，底本为人民卫生出版社出版的刘衡如校点本。此书出版不久后，随着电脑的普及，查找电子版的《本草纲目》变得容易，故此书的作用也就逐渐式微。但这项基本工作，为此后我赴德国开展《本草纲目》研究提供了很大的方便。

《日本现存中国稀觏古医籍丛书》[M]. 马继兴，真柳诚，郑金生，王铁策，小曽户洋，肖永芝，选辑. 北京：人民卫生出版社，1999.

后记：1995年4月25日，日本茨城大学教授真柳诚、旅日学者王铁策来北京，与马继兴和我等商讨开展抢救失散海外的中医古籍课题。从是日起，中日学者联合开展这一课题。由中国医史文献研究所为课题主持单位，日本北里研究所东洋医学综合研究所参与协作，开展"日本现存中国散逸古医籍的传承史研究利用和发表"课题。首批资助来自日本国际交流基金亚洲中心（资助620万日元，合当时人民币50余万元）。我们采取争取经费—复制回归一批—研究一批—出版一批的方法，先回归中国失传之中医古籍书种，再回归中国稀见之古医籍版本。《日本现存中国稀觏古医籍丛书》是第1批（15种）回归的古医籍，多数是仅有孤本存世者。

★明代女医谈允贤及其医案《女医杂言》[J]. 中华医史杂志，1999，29（3）：153–156.

清以前本草図の作風と價值（清以前本草图的风格与价值）[J]. 日本醫史雜志，1999，45（2）：296-297.

后记： 1999年4月，得友人真柳诚帮助，从日本科学振兴会获得赞助，我赴日本开展散佚日本的中医古籍调查。在此期间，我参加了日本第100届医史年会（东京），发表论文“清以前本草图的风格及其价值”（英文），后此文译成日文在《日本醫史雜志》刊载。

★中药早期药理考略［J］. 大陆杂志，1999，98（6）：15-35.

2000

《中国大百科全书·中医》[M]. 傅世垣，主编. 北京：中国大百科全书出版社，2000.

后记： 此书是《中国大百科全书·中国传统医学》(1992) 第二版更名之作。此版我为副主编之一、“医史文献”分支主编。

《中国医学通史·现代卷》[M]. 蔡景峰，李庆华，张冰浣，主编. 北京：人民卫生出版社，2000.

后记：《中国医学通史》是李经纬、程之范、蔡景峰等老师主编的大型医学通史著作。我仅在“现代卷”担任编委，负责药物史部分条目的撰写，所做贡献甚少。

《中医文献辞典》[M]. 余瀛鳌，李经纬，主编. 北京：北京科学技术出版社，2000.

后记： 此书为《中医人物词典》的姊妹篇，是中国医史文献研究所集体编写的标志性工具书之一。本人为编委兼秘书，撰写其中本草相关条目。

Paul U. Unschuld，Zheng Jinsheng.Handschriften Als Quellen Chinesischer Medizingschichte（手抄本中的中国医学史资料）[J]. Monumenta Serica（华裔学志），2000（48）：471-494.

后记： 2001—2005年，我应文树德教授的邀请，赴德国慕尼黑大学医史研究所与他合作从事柏林国家图书馆藏中医抄本的研究。我们合写了《手抄本中的中国医学史资料》，译成德文予以发表。

此文亦有英文本：Manuscripts as Sourses in the History of Chinese Medicine，Paul U. Unschuld and Zheng Jinsheng，*Medieval Chinese Medicine*，The Dunhuang Medical Manuscripts，edited by Vivienne Lo and Christopher Cullen，Routledge Curzon，London and New York，2005.

★近代医史研究的重要史料——1949年前的医药期刊概述［J］. 古今论衡，2000（5）：123–129.

识别用科学名词装点出来的新迷信——健康法中的逆流剖析［J］. 捍卫科学尊严文萃，2000（3）：29–31.

郑金生，李红珠. 药学史研究综述［M］//《中国药学年鉴》（1990）. 北京：人民卫生出版社，2000.

2001

★紫草茸名实功效考辨［J］. 卢穗万，郑金生. 中国中药杂志，2001，26（8）：562–565.

海外所藏及国内《联目》未载之本草古籍述略［J］. 中华医史杂志，2001，31（1）：7–12.

后记：此文是抢救回归日本现存中国散逸古医籍课题的阶段成果报道。最终的详细内容可见《海外中医珍善本古籍丛刊提要》（中华书局，2017），故未收入本《文选》。

王文洁《太乙仙制本草药性大全》内容及写作特点浅析［J］. 时珍国医国药，2001，12（2）：171–172.

后记：此文是编纂《中华大典·药学分典》过程中的副产品。

黄连の品种と炮製、效能（黄连的品种与炮制、效能）［J］. 中医临床（日本），2001，22（4）：15–19.

实用而富有时代气息的新作——《现代中药学辞典》简介［N］. 中国中医药报，2001-09-05（3）.

学海遗珠——敦煌医药文献［J］. 中国卫生画报，2001（4）：34–35.

千年古药现真形［J］. 中国卫生画报，2001（5）：58–60.

药王来源杂谈［J］. 中国卫生画报，2001（6）：32–34.

2002

《中国本草全书》［M］. 鲁军，主编. 北京：华夏出版社，2002.

后记：这是一部中国古本草及相关资料的大型影印丛书，多达410册，每册600页。主编鲁军先生是中国文化研究会（民间学术组织）主任，他虽然比我小5岁，却和我同一年成为研究生，不过他是北京大学研究生。2006年，正是我担任《中华大典·药学分典》主编，并且已经开始抢救回归海外散佚古医籍课题的时候，鲁军先生邀请我担任《中国本草全书》学术委员会主任委员，负责丛书子书选目，乃至参与复制海外珍稀本草书等工作。从该项目启动，到2002年整套书印刷出版，花了6年，其速度之快，效率之高，令人咋舌！其质量也很高，获得2003年第四届全国古籍整理优秀图书一等奖。鲁军先生编纂该书时采用的管理方法、工作流程，乃至全套电脑作业法，启发我打破《中华大典》手工剪贴、纸本校点旧模式，加快了《中华大典·药学分典》的编撰速度。

《海外回归中医善本古籍丛书》[M].北京：人民卫生出版社，2002.4—2003.1.

在本丛书中，由本人点校之子书，不署人名，唯有合作者时，才列出全部点校人名（所有子书，均仅标册号）。

《通真子补注王叔和脉诀》第一册

《补注通真子脉要秘括》第一册

《脉诀理玄秘要》第一册

《诊脉须知》第一册

《洁古老人注王叔和脉诀》第一册

《王叔和脉诀图要俗解大全》第一册

《仁寿堂药镜》第九册

《图注备要本草诗诀》第九册

《增补图经节要本草歌括》第九册

《日用本草》第九册

郑金生、杨梅香点校:《药性会元》第九册

《医方药性·草药便览》第十册

郑金生、甄雪燕点校:《本草补》第十册

郑金生、甄雪燕点校:《吸毒石原由及用法》第十册

郑金生、黄齐霞点校:《药性要略大全》第十册

郑金生、王铁策点校:《秘传音制本草大成药性赋》第十册

郑金生、梅梅香、欧阳志刚点校:《甦生的镜》第十一册

《医学管见》第十二册

《素问遗篇》第十二册

《脉微》第十二册

《医医》第十二册

《说疗》第十二册

郑金生、杨梅香点校:《儒医精要》第十二册

后记：此丛书是继《日本现存中国稀覯古医籍丛书》之后的第二批海外回归古医籍课题成果，但采用校点整理方式，收书62种，厘为12册。这些书籍都是从海外回归数百种珍稀古医籍中遴选出来的，无论内容还是版本，都有可圈可点之处。此书推出后，取得当年重印的业绩，影响甚大，获得2003年第四届全国古籍整理优秀图书二等奖、2004年中华中医药学会科学技术奖·著作奖一等奖。与此同时，国家科技部课题“国内失传中医古籍的抢救回归与整理研究”获2004年北京市科技进步奖二等奖、2004年中华医学会科技进步二等奖、2004年中华中医药学会科技进步二等奖。

《神农本草经疏》(校注本)[M].北京：中医古籍出版社，2002.

后记：明代有四大本草(另外3种是《本草纲目》《本草汇言》《本草蒙筌》)。在编写《中华大典·药学分典》过程中，我都想亲自把这些重点本草逐一校点，但《本草蒙筌》因王淑民等同事已校点过，所以我就将精力集中在明代其他3本书，《神农本草经疏》就是其中之一。

Chinesisch—Sprachkurs fuer Medizin und Alltag**(《中文课本——日常医疗与会话》)[M].文树德，郑金生，合编.Springer-Verlag Berlin Heidelberg，2002.**

后记：2002年在慕尼黑研究柏林藏中医抄本时，文树德教授想编一本以日常医疗会话为主的中文课本，旨在教德国人学习中文。于是我编制中文课本，他用德语翻译并讲解。效果如何？我还真不知道，因为我不懂德语，无法施教。

★蔡西山《脉经》考[J].中华医史杂志，2002，32(2)：82-84.

The Research on the Colored Illustrations in Ming-era Material Medica Manuscripts Shiwu Bencao(明抄彩绘本《食物本草》的研究).

后记：2002年8月18—24日，第五届东亚医学史会议在德国一个小城市Halle(哈雷)召开。其时我正在慕尼黑合作研究柏林藏中医抄本，也出席了这个会议，并宣读了英文论文。会后没有论文集，此文后经充实补充，汇入《明代画家彩色本草插图研究》一文，在台湾《新史学》2003年第4期发表。

迎接国内失传中医古籍回归之路[M]//彭春龙，等，主编.《春华秋实，继往开来：中国医史文献研究所建所二十周年纪念文集》.北京：中医古籍出版社，2002：132-136.

★日本内阁文库所藏元明医籍的初步考察[C]//《性别与医疗》第三届国际汉学会议论文集·历史组.台北：“中央研究院”近代史研究所.2002，213-241.

*The Reception of Foreign Medical Knowledge in Imperial China—A View on the Integration of Pharmaceutical Substances of Non-Chinese Origin in Chinese Materia Medica Literature（中国古代对外国药物知识的接纳——谈中国本草文献中对非中国原产药物的结合）.

Huang Di Nei Jing Su Wen. Nature，Knowledge，Imagery in an Ancient Chinese Medical Text（黄帝内经素问：古代中国医经中的自然、知识与意象）[M]. Unschuld P U.，With an appendix by Paul U. Unschuld assisted by Zheng Jinsheng and Hermann Tessenow：The Doctrine of the Five Periods and Six Qi in Su Wen 66 through 71 and 74. Berkeley，Los Angeles，London：University of California Press，2003. Second printing，2006.

后记：1986年我与文树德教授订交之后，他就开始申请翻译《本草纲目》课题，并得到欧盟委员会的资助，在筹划组建国际合作团队过程中，文教授意识到准备工作没做好，合作翻译时机不成熟，故将资助款退回欧盟，开始准备翻译工作。为此，他申请了翻译《黄帝内经素问》课题，并得到德国科研协会（DFG）资助；1991年，他邀请我与他合作。1992—1993年，我赴慕尼黑工作了15个月，期间协助文树德教授收集整理《素问》相关的中外论文近4000篇及相关著作近百种。进入翻译阶段后，我则协助准备中文资料，然后与文树德教授并肩坐在电脑前逐字逐句翻译《素问》。最艰难的阶段是翻译“七大论”的五运六气，这种在中国也很少有人能懂的学说，要让外国人理解并翻译出来，自然是困难重重。好在那时文先生与我正值壮年，精力充沛，最后完成了该书的全译及注释，并于2003年正式出版了《黄帝内经素问》英译本。通过翻译《素问》，文树德教授与我之间的合作越来越默契，由此也开启了此后的柏林藏中医抄本研究、《本草纲目》研究等课题。

2003

鄭金生先生が語る：中薬学の歴史と発展（郑金生先生演讲：中药学的历史与发展）[J].（インタビユ）中医臨床（東洋学術出版社），2003，24（3）：8-14（日文）.

吴仲广及其脉学著作考 [J]. 中华医史杂志，2003，33（1）：16-19.

后记：这是我在做海外回归古医籍研究的所得。流散在海外的中医古籍中，还保留着其他逸散已久的书籍，吴仲广的脉书就是一例。此类文章的研究结果，最后都归结到2017年的《海外中医珍善本古籍丛刊提要》一书，故本《文选》不予收录。

*明代画家彩色本草插图研究 [J]. 新史学，2003，14（4）：65-120.

《补遗雷公炮制便览》文字作者考 [J]. 白华，郑金生. 中药材，2003，26（Z）：

57–59.

日本藏中国散佚古医籍中的新发现（论文未正式发表）.

后记：2003年1月7日—2月6日，我在日本茨城大学人文学部工作，受日本“东京临床中医学研究会事务局”邀请，给“东京中医研会”会员举行了一次“中药功效变迁的历史原因及背景”讲座。1月8日接受《中医临床》杂志的采访。2月1日，我参加日本京都市京大会馆，平成十四年度（2002年）文部科学省研究费特定领域研究“東アジア出版文化の研究”研究会第六回（F）“出版交流”班，宣读论文《日本藏中国散佚古医籍中的新发现》。

*历代中药功能变迁的原因及其背景.东京临床中医学研究会演讲稿，2003.

吸毒石及其传入考［J］.甄雪燕，郑金生.中国药学杂志，2003，38（7）：552–554.

后记：甄雪燕是我2000—2003年招收的硕士研究生，论文题目是《明末“以人补人”用药风气兴衰的研究》，曾与我合作校点《本草汇言》《本草补》《吸毒石原由及用法》等书。

银耳（白木耳）小考［J］.白华，郑金生.中药材，2003，26（Z）：23–24.

后记：白华是我2003—2006年招收的硕士研究生，论文题目是《中国馆藏和刻中医古籍的考察与研究》，我们曾合作写过几篇文章。

汪机与他晚年力作《伤寒选录》［N］.中国中医药报，2003–02–17（8）.

祛病强身话导引［N］.健康报，2003–02–27（4）.

明·赵继宗《儒医精要》的是是非非［N］.中国中医药报，2003–04–21（8）.

《日用本草》的庐山真面目［N］.中国中医药报，2003–07–28（8）.

2004

Catalogue of Chinese Medicine Books In the Needham Reseach Institute（李约瑟研究所收藏中医线装书目录）.

后记：2004年12月4—30日，我在英国剑桥大学李约瑟研究所访问，见该所李约瑟收藏的中医线装书并无目录，遂费时20多天，编成此书目提要。此提要未出版，打印后在李约瑟研究所供读者查阅。

★新浮现《补遗雷公炮制便览》研究初报[J].郑金生，裘俭.中国药学杂志，2004，39(5)：389-391.

Insights gained in the Process of Compiling an Index to the BCGM（编制《本草纲目索引》过程中的所得所见）.

后记：2004年12月4—30日，我在英国剑桥大学李约瑟研究所参加李时珍国际研讨会，宣读此论文。

《中医古籍孤本大全》子书内容评介（2002—2007）

［明］王文洁《太乙仙制本草药性大全》

题［明］兰茂原著，［清］范洪等抄录《滇南本草图说》

［明］俞汝溪《新刊雷公炮制便览》

［明］周祜、周禧合绘《本草图谱》

［明］宫廷画师绘《补遗雷公炮制便览》

［明］曹金《传信尤易方》

［元］艾元英原撰，［明］陈嘉猷增补《（鼎雕）陈氏家传如宜妙济回生捷录》

［明］邹元标《仁文书院集验方》

［明］王文谟《（新锲王氏家传）济世碎金方》

［明］黄建中《玉笥龙瑞方》

［明］朱權《延寿神方》

［明］吴惟贞《（吴氏家钞）济世良方》

［清］朱颜驻《壶中医相论》《壶中药方便》

［明］郑泽《墨宝斋集验方》

［宋］刘信甫《活人事证方》《活人事证方后集》

［明］钱国宾《备急良方》

［宋］方导《方氏家藏集要方》

［明］许宏《湖海奇方》

［明］吴勉学《汇聚单方》

［元］孙仁存《仁存孙氏治病活法秘方》

［元末明初］滑寿《五脏方》

［宋］余纲《选奇方后集》

［明］龚居中《（太医院手授经验）百效内科全书》

［明］王拳《大河外科》

［明］刘汉儒《全幼对症录》(《对症用药赋》)

［明］冯其盛《幼科辑粹大成》

［明］胡大成《新编鸿飞集论眼科》
［明］佚名《明目神验方》
［清］释传杰《明医诸风疠疡全书指掌》
［明］饶鹏《（新刊东溪节略）医林正宗》
［明］周礼《医圣阶梯》
［清］朱凤台《医学集要》
［明］叶云龙《士林余业医学全书》
［明］吴文炳《医家赤帜益辨全书》
［元末明初］滑寿《医学引彀》
［明］唐相原《辨症入药镜》
［明］余世用《敬修堂医源经旨》
［明］赵金《医学经略》
［明］黄河《济世丹砂》(《医学汇纂济世丹砂》)
［清］祝登元《心医集》
［清］李梦龙《医法指南》
［明］解桢《医学便览》
［明］闵道扬《医学集要》
［明］冯愈《医宗三法》
［明］王大德《百病回春》(《百病回春要紧真方》)
［明］薛己《（薛立斋先生）内科医按摘要》
［清］祝茹穹《祝茹穹先生医印》
［清］王明德《医学心传·历年医案》
题［明］文征明《尊生图鉴》
［清］蒋士吉《望色启微》
［明］吴景隆《脉证传授心法》
［明］汪机《伤寒选录》
［清］李栻《伤寒述微》
［清］张泰恒《伤寒类证解惑》

后记：古籍解题或内容提要，是一类比较特殊的文章，属于在单行出版的古籍前面，撰文介绍该书的作者、内容、流传历史及价值等内容。它不同于一般杂志发表的文章，也不同于整理古籍的校后记。所以本《文选》未收入此类文章，仅在此作为题录，存此备考。以上所列，是为中医古籍出版社《中医古籍孤本大全》2002—2007年间撰写的54种书的内容提要，仅录作者名与书名，出版社名、出版年等从略。

《古代中医妇产科疾病史》评介［J］. 中华医史杂志，2004，34（1）：60-62.

后记：《古代中医妇产科疾病史》的作者张志斌博士，与我同出李经纬老师门下。她主攻疾病史，硕士期间研究的是疫病史，博士选择妇产科专科史作为论题。其论文于2000年出版专书。疾病史是医史非常重要的一块内容，直接与临床医学接轨。过去此类论文或多或少是拿西医标准衡量中医疾病认识的是非，甚至多数以西医病名为文著题目，但此书“本着历史研究的求真原则，将各时期妇产科疾病史的发展放到其自身本来的历史环境中，尽可能真实地显示它的原始面貌与动态发展过程”，令人耳目一新，于是我发表此书评，予以褒扬。

灵禽、嘉肴与妙药［M］// 乙酉贺岁 . 北京：人民美术出版社，2004：172-173.

2005

《海外回归中医古籍善本集粹》［M］. 曹洪欣，主编 . 郑金生，柳长华，副主编 . 北京：中医古籍出版社，2005.

后记：此丛书是海外回归古医籍课题的第3批成果，共24册，在中国中医科学院成立50周年之际，作为“中医古籍抢救工程”成果之一，共收录海外回归的珍稀古医籍21种，予以影印。每种书都重新编制目录，撰写解题。

《本草备要》［M］. 汪昂，撰 . 郑金生，整理 . 北京：人民卫生出版社，2005.

后记：该书是人民卫生出版社的《中医临床必读丛书》之一。策划、主持出版这套丛书的是时任该社中医室主任的张同君编审。她抓住了国家中医药管理局设立培育名医、“读经典做临床”的机遇，配合研修项目推出一套临床必读精选书。张编审原就职于中国医史文献研究所，投在马继兴老师名下，所以她对中医古籍非常熟悉，也熟知中医临床及文献界知名作者的特长，因此这套书的选目与选择整理人都堪称准确。故而这虽然看似一套中医的普及书，但导读、底本、校勘等环节都做得可圈可点。这套书出版后影响面甚大，性价比很高，至今畅销不衰。2017年又出版了典藏版。我在此套书里作为整理责任人或参与者的书还有《医宗金鉴》《银海精微》《慎柔五书》《目经大成》《眼科金镜》《得配本草》《串雅内外编》《本草原始》。

《药林外史》［M］. 台北：东大图书公司，2005（第一版），2022（第二版）. 桂林：广西师范大学出版社，2007（中文简体版）.

后记：21世纪初，李建民先生主编《养生方技丛书》，邀请我写一本药史方面的书。此书的读者对象是一般民众，要求语言通俗，但参考文献必须按照学术文著的标准出示，这对我来说也是一次考验。我是学医出身，由医转史，过去习惯于撰写“内史”。面对长于外史研究的台湾同行，会不会献丑露怯？但开弓没有回头箭，答应写书，就一定尽力，于是我以《药林外史》为题完成了此书。该书出版后反响很好，但大陆读者很难买到，于是广西师范大学出版社从台湾购买了此书的中文简体版版权，请我增加了几十幅图片，修改了少许错误。大陆发行的中文简体版本，很受读者欢迎。2022年，台湾东大图书公司又出版了第二版，此版我仅略事修正，并未增加新内容。

《本草汇言》[M].倪朱谟，原著.郑金生，甄雪燕，杨梅香，校注.北京：中医古籍出版社，2005.

后记：这也是做《中华大典·药学分典》的副产品。《本草汇言》在书目记载有4个明刊本，但经逐个寻找原书，核对比较，发现没有一个是明代刊本，甚至连清初刻本都不是，而是清康熙中期的刻本。最早的刻本今存北京军事医学科学院图书馆。这一考察过程，非常有利于确定校勘底本与主校本。书后不仅附有药名索引，还附录了“《本草汇言》增引人名、书名”，以及长达1.8万字的“校后记”。这也是我比较满意的一次古医籍整理，自以为该书的整理有一定的深度。

“《补遗雷公炮制便览》解题”“《补遗雷公炮制便览》注说”[M]//《补遗雷公炮制便览》(仿真影印线装).上海：上海辞书出版社，2005.

后记：这是《补遗雷公炮制便览》仿真影印本，有关情况见本《文选》“新浮现《补遗雷公炮制便览》研究初报”的后记。

★冤哉，姚球！——姚球医学著作初考[C]//庆祝中国中医研究院成立50周年论文集，2005.

The Aims Pursued by Ming & Qing Authors of Commentaries on the ***Shen nong bencaojing***(从《神农本草经》注释看明清注家的真实目的).

后记：2005年8月15—20日，文树德教授在德国慕尼黑主持召开了第十一届国际东亚科技史及医学史会议，国内来了很多参会者。我当时在文树德教授当所长的研究所合作研究中医抄本，因此也就帮着做些接待中国与会者的杂务，结识了许多过去从未谋面的中国同行。这次会议组织得非常好，参观了许多巴伐利亚美丽的景点。至于这篇论文，宣读过了就撂一边了，也没想着去发表。

2006

《医宗金鉴》[M].吴谦，等，编.郑金生，整理.北京：人民卫生出版社，2006.

《银海精微》[M]. 佚名氏，撰. 郑金生，整理. 北京：人民卫生出版社，2006.

《慎柔五书》[M]. 胡慎柔，撰. 郑金生，整理. 北京：人民卫生出版社，2006.

《目经大成》[M]. 黄庭镜，著. 李怀芝，郭君双，郑金生，整理. 北京：人民卫生出版社，2006.

《眼科金镜》[M]. 刘耀先，辑著. 韦企平，郑金生，整理. 北京：人民卫生出版社，2006.

★ The Vogue for Medicine as Food in the Song Period (960–1279 CE)(关于宋代"以药入食"风气的思考)[C] //Asian Medicine，Tradition and Modernity，2006，2(1)：38–58.

★论中国古本草的图、文关系 (On the Relationship between the Text and Illustrations in Ancient Chinese Works on Materia Medica)[C] // 傅汉思，莫克莉，高宣，主编.《中国科技典籍研究——第三届中国科技典籍国际会议文集》. 郑州：大象出版社，2006：210–220.

国内失传中医古籍的复制回归与发掘整理之路 [M] // 崔蒙，朱冬生，主编.《中医药信息研究进展》. 北京：中医古籍出版社，2006：361–366.

后记：这是海外回归散佚古医籍课题的阶段报道。相关内容可见《海外中医珍善本丛书》前言（中华书局，2016）。

《本草纲目》无须"神化"——略谈《本草纲目》中的缺陷与谬误 [J]. 科技中国，2006(5)：16–20.

后记：我写了很多颂扬李时珍与《本草纲目》的文章，但针对现代某些"神化"李时珍与《本草纲目》的现象，我也只有发表此批评文章，希望纠正这种不良现象。

中药疗效和炮制的外史研究 [J]. 中华医史杂志，2006，36(4)：197–200.

后记：讨论炮制与功效的外史研究，是我颇为关注，但无法分身投入其中的一个领域。我的主要观点见本《文选》的《历代中药功能变迁的原因及其背景》一文。考虑到本篇已发表在比较易得的杂志，故未收录此文。

《笔记杂著医事别录》郑序 [M] // 陶御风.《笔记杂著医事别录》. 北京：人民卫生出版社，2006.

后记：这是我写的第一篇书序。我与陶兄订交30多年，一直保持密切联系。我去上海出差，常相约聊天，真有酒逢知己千杯少之感！陶兄对我说："研究本草以方书为背景，研究方书以医案为背景，研究中医以中国文化为背景。”乃真知灼见也！拙作《仲景经方药源》中多遵陶兄之言，利用方书解决很多问题，有此良师益友，人生之幸！

2007

《图说中医·养生》[M]. 张志斌，郑金生 . 北京：人民卫生出版社，2007（第一版），2011（第二版）.

后记： 2005年我在完成德国的柏林藏中医抄本课题后，返回国内，张志斌研究员邀请我参加她与李经纬老师主编的《图说中医》科普小丛书。此丛书体量虽小，但插图非常漂亮。主笔者除主编、副主编外，还有黄龙祥和我。虽然都是忙人，但大家都亲自执笔撰写，不假手学生，很能见真功夫。我自己对此小书的图文也非常喜欢，这本书的图尤其漂亮。

《南宋珍稀本草三种》[M]. 郑金生，整理 . 北京：人民卫生出版社，2007.

《履巉岩本草》. 王介，撰绘 . 郑金生，校注 .

《绍兴校定经史证类备急本草》. 王继先，校定 . 郑金生，辑校 .

《宝庆本草折衷》. 陈衍，撰 . 郑金生，校点 .

后记： 本书得到国家古籍整理出版专项经费资助。此南宋珍稀本草3种指：《履巉岩本草》《绍兴校定经史证类备急本草》《宝庆本草折衷》。我在做硕士论文时就已经完成了对这3种本草书的整理，并曾以复印、油印的形式，将整理本用于行内交流。本书的责任编辑张同君编审曾与我共事过，知道此3本书的学术价值，因而在她转到人民卫生出版社工作之后，就为该书申请了出版资助，最后顺利出版，圆了我让它们重见天日之梦。

《温病大成》(第二部)[M]. 张志斌，主编 . 福州：福建科学技术出版社，2007.

《温热类编》. 杨梅香，郑金生，校点 .

《加批时病论》. 杨梅香，郑金生，校点 .

《南病别鉴》. 杨梅香，郑金生，校点 .

《伤寒翼》. 郑金生，校点 .

后记： 2005年，以时任院长曹洪欣为总主编，本所医史室主任张志斌研究员为执行主编，开始了《温病大成》的编写，我作为其中的一名编委，也参加了部分工作，校点了其中几种古医籍。

《中国中医古籍总目》[M]. 薛清录，主编 . 上海：上海辞书出版社，2007.

后记： 此为薛清录老师主编的《全国中医图书联合目录》改版，很荣幸再次参加该书的编写，负责诊法、本草书目。

《本草原始》[M] . 李中立，撰绘 . 郑金生，汪惟刚，杨梅香，校点 . 北京：人民卫生出版社，2007.（2023年该书又出版了重刊本）

《得配本草》[M] . 严洁，施雯，洪炜同，同纂 . 郑金生，整理 . 北京：人民卫生出版社，2007.

后记：以上3本书均属《中医临床必读丛书》，参见2006年《本草备要》后记。

《串雅内外编》[M] . 赵学敏，纂辑 . 吴庚生，外注 . 郑金生，纪征瀚，整理 . 北京：人民卫生出版社，2007.

论本草书中的写实插图与艺术插图 [M] // 王淑民，罗维前，主编 .《形象中医——中医历史图像研究》. 北京：人民卫生出版社，2007：83-89.

后记：2005年9月15—17日，参加在北京香山召开的由英国威尔康研究所主持的国际研讨会议，我在会上宣读了这篇论文，后收入人民卫生出版社出版的中文版。此文后来又被译成英文“*Observational Drawing and Fine Art in Chinese Materia Medica Illustration*”，收入 *Imagining Chinese Medicine by Vivienne Lo and Penelope Barrett*, Brill, 2018：151-160. 我在该文使用了“艺术插图”一词，是仿“艺术摄影”而组成的词，旨在说明绘图者从艺术表现而构思创绘的非写实一类的图形。

《补遗雷公炮制便览》一书的坎坷经历 [J] . 裘俭，郑金生 . 中医文献杂志，2007（3）：46-48.

后记：参见《补遗雷公炮制便览》考校本的后记。

中医理论能否变革 [M] // 中国科学技术协会学会学术部，编 .《中医药的科学研究》. 北京：中国科学技术出版社，2007：110-112.

2008

《中华大典 · 医药卫生典 · 药学分典 · 本草图录总部》[M] . 成都：巴蜀书社，2008.

后记：这是《中华大典·医药卫生典·药学分典》(以下简称《药学分典》)的第一批成果。《中华大典》是国务院批准开展的文化出版工程，主编为任继愈先生。其下《医药卫生典》主编是时任中国中医研究院院长傅世垣。1994年，《药学分典》正式启动，我任主编，面临复制底本经费严重不足、国外还存有十几种散佚本草古籍难以回归、字数达2000万字等问题，不仅要从整理古籍，更要编排现代文本，真是困难重重。但面对国家交给的任务，我作为专攻本草的学者，没有理由退缩。此后，1995年开展抢救回归海外散佚古医籍课题；1996年横向联合，协助鲁军先生完成《中国本草全书》影印丛书。经过十几年奔走国内外，学习《中国本草全书》全程电子化作业，终于完成了资料收集工作。鉴于文字整理工程浩大，一时难成，故于2008年先出版《药学分典·图录总部》。该总部共5册（其中2册为彩图），共计收图21059幅（含彩图4425幅）。此书面世，信心大增，5年后（2013）终于完成《药学分典》文字部分，共计10册，2175万字，超额完成任务。

我曾把完成《药学分典》作为终生最大的目标，因为这是本草学科的资料平台，能建立这样的平台，是一个本草学者最大的梦。感恩所有帮助过我的各界友人，其中有大典办公室伍杰主任、已故傅世垣院长的坚定信任，已故巴蜀书社老社长段文贵一言九鼎（他答应只要我能收集齐药图，他就能在大典经费之外，出资全部出版）、巴蜀书社段志红社长十几年的大力支持，还有团队内和我同心同德、坚持到底的王咪咪、张志斌、汪惟刚、万芳等研究人员。

《珍版海外回归中医古籍丛书》[M].曹洪欣，主编.北京：人民卫生出版社，2008.

后记：此丛书是海外回归古医籍课题的第5批成果，共10册。其时曹洪欣教授任中国中医科学院院长。在他的大力支持下，促成了本套丛书的出版。我与王咪咪副研究员任副主编。此丛书共收录海外回归的珍稀古医籍20种，予以影印。

《中国药学会百年史》[M].中国药学会，编.北京：中国人口出版社，2008.

后记：我曾于1997—2007年任中国药学会常务理事，药学史专业委员会第四届、第五届主任委员。在即将卸任之际，迎来中国药学会成立100周年。作为药学史专业委员会主任，参与撰写本会历史义不容辞。此书我担任第一副主编。撰写此书的难处，不在资料收集，也非学会发展不够，其中原因非此题录三言两语所能说清，有心者请看原书。

古代朝鲜医学对保存中国古医籍的贡献[J].郑金生，张志斌.浙江中医杂志，2008，43(3)：128-131.

后记：此文是从事海外回归课题时，注意到古代朝鲜医书中也保存了许多中医古籍，于是整理成文。

*本草研究的概况与创新[J].上海中医药大学学报，2008，22(5)：4-8.

在德从事中医文献合作翻译与研究的体会[C]//《中华医学会医史分会第12届1次学术年会论文集》.2008：115-118.

后记：2008年参加中华医学会医史学分会，我提交了这篇文章。这一年我办理了退休手续，次年正式退休。这时在国外工作也有十几年了，有人问我：一个从事医史研究的人员在国外都干些什么？怎样与外国学者合作开展研究？故写此文，权当答客问。

2009

走进中医药的"金谷园"——《本草纲目》导读[M]//刘衡如，刘山永，钱超尘，郑金生，编著.《〈本草纲目〉研究》.北京：华夏出版社，2009：2022-2025.

李时珍与《本草纲目》研究源流评述[M]//刘衡如，刘山永，钱超尘，郑金生，编著.《〈本草纲目〉研究》.北京：华夏出版社，2009：2026-2078.

后记：2008年，时任华夏出版社社长、总编辑的高文铸先生与我谈起一件事，华夏出版社"《本草纲目》研究"入选了"全国古籍整理出版规划资助项目"，正在找专家完成。高先生与我皆出马继兴老师门下，知我以本草为业，希望我参加该项目。我听了这个项目的宗旨与规划，觉得这个项目确实很好，很值得干，但当时国内对《本草纲目》的研究还到不了这个项目要求的深度与广度，要组织开展达到规划要求程度的项目，无论人员、经费、时间都满足不了。从完成该项目的时间要求来看，我只能先摸清古今《本草纲目》研究的成就与现状，以及对《本草纲目》的内容与价值做些研究。高先生同意我的想法，于是我写了此2篇长文。最后形成了《〈本草纲目〉研究》一书，该书以刘衡如、刘山永父子的《本草纲目》校注本为主体，后附钱超尘老师的《本草训诂》长文，加上我的2篇长文，可以说是为今后的《本草纲目》研究做些准备工作吧。此后，2015年，张志斌研究员与我共同组织了"本草纲目研究集成"项目，具体内容见本"题录"2016年。

宋代"茶汤"兴衰考辨[J].苏诺，郑金生.中医药文化，2009，4(1)：42-45.

后记：苏诺是我的博士研究生，2006—2009年在读，博士论文题是《古代保健"茶汤"的医学史研究》。有感于宋代保健"茶汤"始盛终衰，可能对现代有一定的借鉴意义，故师生合撰此文。

《中国历代名医碑传集》序[M]//方春阳，编著.《中国历代名医碑传集》.北京：人民卫生出版社，2009.

后记：方春阳先生（1945—2023）曾任浙江省中医药研究院《浙江中医杂志》社长。我于1980年在该杂志发表《〈履巉岩本草〉初考》一文，他是此文的责任编辑。那时我们还未谋面，后来在一次学术会上我们见面，聊起过去，才知道是他帮我推出了我的第一篇真正的学术论文。此后我们经常联系，非常投缘。他对中医历史文献研究非常痴迷，旧体诗词也写得非常好，当过浙江省西湖诗社社长。他出版了好几种大型的中医书，其中《中国历代名医碑传集》最显其功力。春阳兄认我为知音，邀我为该书写序，我岂能躲懒？奈何春阳兄的身体一直欠佳，2023年因病故去，我未能及时得知此噩耗，哀甚！愧甚！他还留下一部800万字的巨著《中国历代名医列传》（又名《中国古代医家传记汇编》），至今未能出版。遗著埋没压箱底，思之令人泪沾襟啊！

★两极看中医与中医理论“蚕山”说［J］. 科学文化评论，2009，6（5）：15-21.

2010

《海外回归中医善本古籍丛书（续）》［M］. 曹洪欣，主编. 郑金生，张志斌，副主编. 北京：人民卫生出版社，2010.

在本丛书中，由本人点校或整理之子书，不署人名，唯有合作者时，始出全部点校人名（所有子书，均仅标册号）。

赵大中，原编. 赵素，补阙. 左斗元，校补. 郑金生，真柳诚，点校.《风科集验名方》第一册.

刘会，纂辑. 郑金生，杨梅香，校点.《脉法正宗》第六册.

龚居中，编辑. 农汉才，郑金生，校点.《内科百效全书》第七册.

王文谟，编辑.《济世碎金方》第七册.

后记：此丛书是海外回归古医籍课题的第4批成果，是2002年出版的《海外回归中医善本古籍丛书》校点本的续集。此续集由时任中国中医科学院院长曹洪欣任主编，张志斌研究员与我任副主编，属“中医古籍抢救工程”的成果之一，共收海外回归珍稀古医籍24种（含附录2种），我参与整理其中的4种书。

★中日韩越传统医学之相互交流与促进［M］// 真柳诚，编.《跨境的传统，飞翔的文化——汉字文化圈之医史》. 福州：福建科学技术出版社，2014：158-182.

2011

《图说中医·中药》［M］. 北京：人民卫生出版社，2011.

后记：出道后我一直忙着做《中华大典·药学分典》、海外回归等课题，很少再写科普书。此小书虽然很小，但还是下了一番功夫，能反映古代中药发展的基本面貌。

《图说中医·中医的历史》［M］. 张志斌，李经纬，郑金生，著. 北京：人民卫生出版社，2011.

后记：这是师生合作的一本小书。要把古代中医历史浓缩到这样的一本小书，自然也要花点功夫，但倒不是很难，毕竟从事医史研究工作已经30多年了，老马虽然不能奋蹄疾驰，但识途认路还是可以的。

谦卑才子谢仲墨［M］// 王咪咪，编纂.《谢仲墨医学论文集》. 北京：学苑出版社，2011：4-30.

后记： 本所王咪咪副研究员1979年即与我成为同事，此后对我的工作十分支持，在我主编的《中华大典·药学分典》《海外中医珍善本丛刊》等大型类书或丛书中作为副主编，贡献甚大。她自己主持的民国中医期刊课题，经过十几年的收集整理，在学苑出版社出版了《二十世纪初中医名家医学文集丛编》第一辑（参正文《近代医史研究的重要史料——1949年前的医药期刊概述》一文后记）。咪咪主编邀我为第一辑收入的谢仲墨、张锡纯、张山雷、时逸人、陆渊雷5位医家撰写生平介绍，此义不容辞。这些医家都是我敬仰的前辈，借此机会探索他们的学术特点及业绩，并将所得与读者分享。另外我还为咪咪主编的该文集第二辑撰写了5位医家的传记，但此集至今未出版，故先将原稿收入本《文选》正文。

振兴医药，沟通中西——张锡纯学术思想简介［M］// 王咪咪，编纂 .《张锡纯医学论文集》. 北京：学苑出版社，2011：4–27.

半生精诚通神鬼——儒医张山雷［M］// 王咪咪，编纂 .《张山雷医学论文集》. 北京：学苑出版社，2011：3–27.

整理医学为职志——时逸人生平学术简介［M］// 王咪咪，编纂 .《时逸人医学论文集》. 北京：学苑出版社，2011：4–31.

陆渊雷——书生性情坎坷路［M］// 王咪咪，编纂 .《陆渊雷医学论文集》. 北京：学苑出版社，2011：3–29.

《聚珍版圣济总录》影印说明［M］// 赵佶，敕编 .《聚珍版圣济总录》. 西南师范大学出版社，人民出版社，2011.

2012

《补遗雷公炮制便览》[M]. 佚名宫廷画师，编绘 . 郑金生，考校 . 上海：上海辞书出版社，2012.

后记： 在《补遗雷公炮制便览》仿真影印本后，我应约撰写此考校本。该本保留原彩图，但文字全部排印，并补充了原缺的若干图、文，并在后记中详细介绍了该书从发掘到整理的全过程。

Chinese Traditional Healing the Berlin Collections of Manuscripts Volumes from the 16th through Early 20th Century（中国传统医疗：柏林藏16—20世纪初手抄本）[M]. Paul U. Unschuld，Zheng Jinsheng. 3 vols，Holand，Brill. Leiden（荷兰莱顿出版社），2001.

后记： 2001年8月至2005年11月、2007年5月至2008年4月，我应德国慕尼黑大学医史研究所文树德教授之邀，赴慕尼黑合作研究德国国家图书馆藏中医抄本千余种。合作研究由德国科研协会（DFG）资助。2012年正式出版该书3册，除介绍中医抄本的特点与价值之外，将千余种抄本按书目要求详细著录其责任人、时代、内容、特点等内容。此书仅有英文版，中文原稿至今无暇整理出版。

2013

《中华大典·医药卫生典·药学分典》[M].成都：巴蜀书社，2013.

后记： 见2008年《中华大典·医药卫生典·药学分典·本草图录总部》。

文树德教授的中国医学研究之路[J].中国科技史杂志，2013，34(1)：1-17.

后记： 我与文树德先生的学术合作持续至今，已近40年，此文详细记录了文树德教授的中国医学研究之路以及截至该文撰稿为止的业绩。嗣后《中医药文化》又发表了访谈文章 *Research on Chinese Medicine by Professor Unschuld*（*Part Two*）：*Translation of Ancient Chinese Medical Literature and Approaches*（《文树德教授的中医研究：古代中医文献的翻译及方法》）。

★谈民间旧抄本医书中的“打胎”[J].中国社会历史评论，2013（14）：41-50.

Zheng Jinsheng. Über da tai 打胎 –Abtreibung in alten volksmedizinischen Handschriften Chinas，*Sudhoffs* Archiv，Franz Steuber Verlag，Stuttgar，2013（97）：1，102-120.

2014

《圣济总录》[M].赵佶，敕编.郑金生，汪惟刚，犬卷太一，校点.北京：人民卫生出版社，2014.

后记：《太平圣惠方》《圣济总录》是北宋两部大型方书。因为部头大，所以很少有人敢动手校勘。人民卫生出版社在20世纪五六十年代有过排印句读本，如果该社再不重校，这书的市场可能就被其他出版社抢走了。张同君主任也意识到这一点，就请我来作主将为此书重校。协助我校勘此书的有我大学同班学友汪惟刚主任医师，他退休后就喜欢做古籍整理工作，从2008年起就协助我做《中华大典·药学分典》，又协助我校勘了好几种中医古籍，甚为感谢！犬卷太一君是日本来华留学生，我请他帮助去大阪杏雨书屋核查该馆所藏《圣济总录》，作为旁校本。此书的责任编辑除张同君主任外，还有张虹编审，她的编辑水平也很高，合作非常愉快。

★大师谈医是与非——章太炎先生中医论说简介（旧藏稿）.

★此生又为读书来——丁福保医学业绩概述（旧藏稿）.

《三丰张真人神速万应方》考［J］. 张志斌，郑金生. 中医文献杂志，2014，32（4）：1-4.

后记：这是在做《本草纲目研究集成》过程中的副产品。此书在《本草纲目》中被引用，但却不是用《万应方》这个书名，而是用《集效方》《张三丰方》等多个名目。此书原刻本已亡佚，存世的仅有日本抄本，故据此写成此文。

《本草纲目》现金陵版重修本［N］. 中国中医药报，2014-01-03（8）.

后记：这是一篇报道，报告最新发现的一种金陵本重修本，此文亦收入张志斌、郑金生主编的《本草纲目研究札记》（北京：科学出版社，2019）中。

2015

★专家专史闯路人——中国医学史开山大师陈邦贤（旧藏稿）.

★医史学科奠基人——王吉民先生创建医史学科业绩简述（旧藏稿）.

2016

《本草纲目研究集成》［M］. 张志斌，郑金生，主编. 北京：中华书局，2016—2020.

后记：2015年，在王永炎院士、科学出版社领导们的大力帮助下，张志斌研究员与我向国家出版基金申报了“本草纲目研究集成”课题，并于2015年举办了课题启动会，此后则是6年持续紧张的工作。《本草纲目导读》的出版，为该课题拉开了序幕。共出版了8部子书（《本草纲目导读》《本草纲目图考》《本草纲目影校对照》《全标原版本草纲目》《本草纲目续编》《本草纲目引文溯源》《本草纲目研究札记》《本草纲目药物古今图鉴》）。本“题录”为方便查找，此后不按出版年为序，逐一罗列诸书。

《本草纲目导读》［M］. 郑金生，张志斌，著. 北京：科学出版社，2016.

后记：参上书后记。

《本草纲目影校对照》［M］. 张志斌，郑金生，校点. 北京：科学出版社，2018.

《本草纲目影校对照·药图与序例》1册

《本草纲目影校对照·百病主治药》1册

《本草纲目影校对照·水火土金石部》1册
《本草纲目影校对照·草部》3册
《本草纲目影校对照·谷菜部》1册
《本草纲目影校对照·果部》1册
《本草纲目影校对照·木与服器部》1册
《本草纲目影校对照·虫鳞介部》1册
《本草纲目影校对照·禽兽人部》1册
《本草纲目影校对照·附录》1册

后记：这是“本草纲目研究集成”课题中部头最大、费功最多的一部子书，共12册。该部采用影印、校勘对照、繁体竖排、全式标点、保留原版式等方法，使此书的校勘整理水平又上了一个台阶。

《全标原版本草纲目》[M]. 张志斌，郑金生，总主编. 北京：科学出版社，2019.

后记：该书共2册，即《本草纲目影校对照》，删除影印部分，保留校勘文字，以方便一般读者购置。

《本草纲目引文溯源》[M]. 郑金生，张志斌，主编. 北京：科学出版社，2019.

《本草纲目引文溯源·图例百病主治水火土金石部》1册
《本草纲目引文溯源·草部》1册
《本草纲目引文溯源·谷菜果木服器部》1册
《本草纲目引文溯源·虫鳞介禽兽人部》1册

后记：该书4册，首次创用“引文溯源”方式来整理《本草纲目》。此法旨在解决原书“引而不确，注而不详”的问题，在形式上既存时珍原文之真，又保留其引文之真，有利于参引时珍所引原文，又能展示时珍“剪繁去复”的深厚功底。对《本草纲目》全部引文，竭泽而渔式地予以追溯原文，不藏拙护短，提高原文的文献价值。

《本草纲目续编》[M]. 张志斌，郑金生，于大猛，编著. 北京：科学出版社，2019.

后记：该书5册，收集自《本草纲目》编成之年（1578）至1911年间后出之药物资料，以及时珍所未见的1578年以前的资料，仿《本草纲目》体例，撷粹删重，存古辨误，并注意运用现代研究成果，编成此续集。

《本草纲目研究札记》[M]. 张志斌，郑金生，主编. 北京：科学出版社，2019.

后记：该书1册，展示在《本草纲目》的校注、溯源、图文考释等研究中的思路与依据，并收录其他各子书未能详细展示的相关研究，使《本草纲目研究札记》既可以体现整个丛书研究的“总后台”，也可以成为其他研究之“新舞台”。

该札记中既收录已经发表过的相关论文，也收纳新撰写的论文。我在此书中新撰（或合撰）了若干篇文章。

《本草纲目药物古今图鉴》[M].郑金生，张志斌，编著.北京：科学出版社，2020.

《本草纲目药物古今图鉴·总论与水火土金石部》1册

《本草纲目药物古今图鉴·草部》2册

《本草纲目药物古今图鉴·谷菜果木服器部》2册

《本草纲目药物古今图鉴·虫鳞介禽兽人部》1册

后记：该书4部6册，共考药1459种，引用古药图近2万幅。书前有总论，论述历代本草图之演变发展。各论按《本草纲目》部类药物原序，择古代本草有图之药，先“品图”，即按该药古图出现时间顺序罗列诸图，其下比较分析各图传承关系，找出原创之图。次为“文录”，摘取古本草中与考证药源有关的主要文字。再次为“鉴药”，据上述图文及现代相关研究，考证药物来源，分析诸图得失。终以“小结”，说明考证所得，或附以现代植物及药材照片。

《海外中医珍善本古籍丛刊》[M].郑金生，主编.北京：中华书局，2016.

后记：此书是抢救失散海外的中医古籍课题的第6批成果，也是总结性的成果。2013年，中华书局的徐蜀编审、郭又陵编审与我商谈出版全部海外中医珍善本古籍影印丛书事宜，双方一拍即合。出版社为此申请了国家出版基金课题，感谢国家出版基金给予了最大的支持！2016年，该课题按时完成了出版任务。回顾此课题，始于1995年，至此经历了20余年，终于圆满成功。整个丛书共403册，收录海外回归之珍善本古医籍427部（同书不同版本、丛书、合刊书等均计为一部），若按不同内容的书目计，则含子书513种。每一部书前均按实际内容新编目录。丛书最末一册为《海外中医珍善本古籍丛刊提要》，但此册也有单行本。此书的责任编辑为宋安莉编审、蔡宏恩编辑，他们给予我们很大的帮助。

此书获得中国出版协会古籍出版工作委员会“2016年度全国优秀古籍图书奖一等奖”、中国出版协会国际合作出版委员会“2016年度引进版优秀图书奖”、中国中医科学院“‘十二五’科技创新突出贡献奖”等多个奖项。

《太平圣惠方》[M].王怀隐，等，编.郑金生，汪惟刚，董志珍，校点.北京：人民卫生出版社，2016.

后记：继《圣济总录》之后，汪惟刚、董志珍贤伉俪又协助我完成了《太平圣惠方》的校点。该书后附有长篇校后记，对底本的调研与选择、药名用字的考察等均有记录。责任编辑崔长存先生在保证该书的质量方面提出了很多有益的建议。正是由于此书的合作，我们建立了深厚的友谊，保持良好的合作关系。

★海外求书二十年——国内失传珍稀中医古籍调研回归之路［M］// 国家古籍保护中心办公室，编.《书卷多情似故人》. 北京：国家图书馆出版社，2016：65-69.

关于《本草纲目》异体字取舍的研究［J］. 张志斌，郑金生，于大猛，等. 中国中医基础医学杂志，2016，22（7）：873-875.

《本草纲目》整理研究的再思考［J］. 张志斌，郑金生. 中医杂志，2016，57（22）：1896-1900.

《本草纲目》引用书名核准之研究报告［J］. 张志斌，郑金生，于大猛，等. 北京中医药大学学报，2016，39（10）：824-827.

后记：以上3文都是编写《本草纲目研究集成》过程中的研究所得。

何首乌考辨［J］. 梁鹂，郑金生，赵中振. 中国中药杂志，2016，41（23）：4456-4461.

后记：这是时任香港浸会大学中医药学院副院长赵中振教授组织写的一篇论文，内容包括何首乌起源与流传的本草考证、中日药典的不同记载、炮制前后变化等相关研究。我只是提供了部分古代本草资料来源，其余皆是梁鹂、赵中振二位的研究。

2017

《海外中医珍善本古籍丛刊提要》［M］. 郑金生，张志斌，著. 北京：中华书局，2017.

后记：此书即《海外中医珍善本古籍丛刊》第403册，但又另有单行本，将海外复制回归的427部古医籍逐一予以解题。

《本草纲目》金陵本的常见讹误及订误方法研究［J］. 张志斌，郑金生. 北京中医药大学学报，2017，40（12）：999-1003.

郑金生，张志斌.《本草纲目导读》散谈［M］//《本草纲目研究札记》：33-38.

郑金生，张志斌，侯酉娟，汪惟刚.《本草纲目引文溯源》研究发微［M］//《本草纲目研究札记》：78-85.

郑金生，张志斌.《本草纲目药物古今图鉴》药与图之互鉴思考［M］//《本草纲目研究札记》：100-105.

郑金生，张志斌．古代《本草纲目》主要版本承继表［M］//《本草纲目研究札记》：137.

郑金生，张志斌．从“水松”看《本草纲目》早期版本传承［M］//《本草纲目研究札记》：153-158.

郑金生，张志斌．江西本在《本草纲目》诸版中的地位与贡献［M］//《本草纲目研究札记》：176-181.

郑金生，张志斌．《本草纲目》江西本系统版本概说［M］//《本草纲目研究札记》：181-195.

* 郑金生，张志斌，汪惟刚．《本草纲目》所引《汤液大法》考［M］//《本草纲目研究札记》：239-244.

文树德，郑金生，张志斌．疑义相与析——中德学者探讨《本草纲目》问答录［M］//《本草纲目研究札记》：447-501.

后记：此文收录了文树德教授在翻译《本草纲目》期间，与我讨论某些字词中文意义的文字。这些文字日积月累未加整理，后经张志斌研究员为之整理，而成此文。

青霞子及《宝藏论》考［M］//《本草纲目研究札记》：254-265.

* “青黏”考［M］//《本草纲目研究札记》：348-353.

* 葥藤考［M］//《本草纲目研究札记》：356-357.

Research on Chinese Medicine by Professor Unschuld（Part One）（文树德教授研究中医之一）：Introducing Chinese Medicine to the West from a Study on Chinese Herbs（本草）[J] .Chiense Medical Culture，2017（春季刊）：26-30.

后记：此文乃承《中医药文化》杂志约稿，分两期介绍文树德教授在海外翻译传播中医典籍的业绩与方法。

《中振说本草》序［M］//赵中振，著．《中振说本草》．香港：万里机构·万里书店，2017.

后记：赵中振教授是我多年的挚友，他1982年毕业于北京中医学院（现北京中医药大学），旋即考入我院谢宗万研究员门下读硕士研究生。谢老师门下的弟子和我都很熟稔，因为我也算谢老师门下的“二师兄”了（大师兄是邬家林教授）。1983年我们开始订交，此后一起从事本草药史研究，无论他在日本还是香港，我们都经常见面，亲如兄弟。中振才气横溢，精力过人，对弘扬本草厥功甚伟。他的书很多，我给他的3本书写过序，这是其中最早的一篇。

《苏图研究》序［M］//《本草纲目研究札记》：599-600.

后记：“苏图”是孙启明先生（1929—2004）对苏颂《本草图经》的简称，《苏图研究》是孙先生的遗著。孙先生临终前将此书未完稿让其侄邮寄给我，托付我找机会将它出版。此书有裨《本草纲目》药物研究，故张志斌研究员为此书补充图片，规范文字，收入《本草纲目研究札记》，完成了孙先生的托付。我则在此书前写下序，述其原委，寄托哀思。

2018

Dictionary of the Ben cao gang mu, Vol. Ⅲ：***Persons and Literary Sources***（《本草纲目词典Ⅲ：引用人名与书名》）［M］. Zheng Jinsheng，Nalini Kirk，Paul D. Buell，Paul U. Unschuld. Oakland：University of California Press，2018.

后记：2009年12月3日至2011年12月15日，文树德教授在德国柏林洪堡大学Charité医科大学中国生命科学研究所组织《本草纲目》研究课题，并邀请了中国的张志斌教授、华林甫教授和我加入其国际团队。张志斌教授负责《本草纲目》病证名，华林甫教授负责不同时期的行政区划名及其他地理相关名，我则负责该书引用的人名与书名，用中文诠释其意义，再由文树德教授组织西文学者翻译成英文，最终形成了《本草纲目》词典的三部子书，由美国加利福尼亚大学出版社分别在2017、2018年出版。

两种《本草纲目》金陵版在河南发现［N］. 郑金生，赵中振，张志斌，张志杰，梅全喜. 中国中医药报，2018-03-21（8）.

后记：河南郑州太龙药业邢泽田总工程师既是名闻遐迩的“双黄连之父”，又是著名的民间收藏家，其家藏中医药古籍既多且精，其中就有新发现的一种《本草纲目》金陵本。此篇报道，即介绍2018年3月10日考察组在郑州邢泽田老家考察金陵本的详情。

《本草纲目》引文溯源的研究［J］. 郑金生，张志斌，汪惟刚，侯酉娟，李强. 中医杂志，2018，59（11）：903-904，914.

后记：此是《本草纲目研究集成》课题的有关研究论文。

2019

马继兴先生的4项标志性成果——谨以此文纪念恩师马继兴先生［J］. 中医文献

杂志，2019，37(6)：72、75.

后记：2019年8月22日，恩师马继兴先生因病与世长辞，享年94岁。自师母前几年先走之后，马老师日常起居都是师姐照应。但不幸的是，师姐也因癌症于2019年初过世。师姐住院前已将马老师送养老院，此后所里也组织学生每周皆去探望。不能看书做研究的马老师进养老院后很快衰弱迟钝，不过数月便患病住院，虽经全力抢救，亦无力回天。我等弟子送葬抬棺、填土堆坟，哀莫大焉。故谨以此文，以志恩师之业绩，以寄哀思。

《本草纲目全本图典》书评［J］. 中国实验方剂学杂志，2019，25(13)：231-234.

后记：此书乃时任中药所所长陈士林研究员（现为院士）之大作，其配图（多为药物之现代摄影）精美，考订精详，遂为之评价。

2020

《本草博物志》序［M］// 王家葵，著.《本草博物志》. 北京：北京大学出版社，2020.

后记：王家葵教授供职于成都中医药大学，博学多闻，书法自成一家，文著甚多，对本草文献、道家文献的研究皆很有造诣。他近年来更是走笔如龙，如有神助，佳作频出，《本草博物志》仅是其中之一。能为这样的佳作写序，倍感荣幸！

2021

《本草备要点评》［M］. 汪昂，撰. 郑金生，点评. 北京：中国医药科技出版社，2021.

后记：此书是我第二次整理《本草备要》。第一次是在人民卫生出版社的《中医临床必读丛书》中校点该书，但这次是在中国医药科技出版社点评《本草备要》。相同的是，策划组稿编辑仍是张同君编审。这套点评本属于《中医古籍名家点评丛书》系列，选目大致与人民卫生出版社的《中医临床必读丛书》相同。点评是深度整理古医籍的形式之一。就《本草备要》而言，点评能告诉读者，哪些药物、哪些功用的记载能在现代使用及其使用情况。从实用角度来看，点评读物更适合现代中医临床运用。这套丛书有好几本本草书，但因2015—2020年正是国家出版基金项目《本草纲目研究集成》实施阶段，争分夺秒，无法抽出时间多做几本本草书，仅以此书作为我深度整理本草著作的试点。

中国医史学科的教育科研先驱李涛［J］. 中华医史杂志，2021，51(2)：67-74.

后记：李涛是现代医史学前辈，余生也晚，未能得李先生亲炙。适逢老同事王咪咪老师要做第二批民国医学大家论文集，邀我在李涛文集前撰写其生平。这是一个了解李涛先生的好机会，于是写成此文。然咪咪老师这套书因故搁浅，此文压在箱底，时任《中华医史杂志》主管的牛亚华研究员得知此事后，索稿一阅，提了一些中肯的意见，我遵嘱修改后投稿得以发表。

《宗中汇西临证实录》序［M］// 史载祥，黄柳华 .《宗中汇西临证实录》. 北京：人民卫生出版社，2021.

后记：史载祥主任医师是首都国医名师、中日友好医院的中西医结合心内科首席专家，我能与他结缘是因为我们都是1978年在中医研究院中西医结合研究生班同学。也得益于这一层缘分，我几次患重病都仰仗大师兄妙手回春，救命之恩，无以为报。2021年师兄贤伉俪主编《宗中汇西临证实录》杀青，邀我作序，遂撰此文，以彰其德其术。

2022

《国家图书馆藏中医稿抄本精粹》［M］. 张志斌，郑金生，主编 . 广西师范大学出版社，2022.

后记：这套丛书是我第二次在广西师范大学出版社出书。第一次是该社从中国台湾东大图书公司购买了在大陆出版《药林外史》中文简体版的版权。这次出书，是由广西师范大学出版社聘请张志斌研究员与我共同主编《国家图书馆藏中医稿抄本精粹》。该丛书被列入“十三五”国家重点图书出版规划项目。与我们以往主编的《海外中医珍善本古籍丛刊》不同的是，这套丛书的策划、整体设计及底本复制等均由广西师范大学出版社负责，策划人是徐蜀编审与郭又陵编审，也是老朋友了。作为主编，我们的责任是选目、子书编目，撰写各书前的提要（含形制、内容提要、著录及传承），处理影印中可能出现的错简、漏叶等问题。此书不用我们亲自去忙底本复制等事务，让我们能静心于该书的选目与研究。该社编辑的敬业精神也堪与中华书局比美，合作非常愉快。非常荣幸的是，该书获得了“2023年第八届中华优秀出版物图书奖”。

中医抄本体量很大，国外收藏极为分散，至今没有系统整理过。上海中医药大学段逸山老师的团队对此做过一些工作，也出版了上海图书馆藏的一些抄本，加上我们的工作，毕竟还是其中的一小部分。希望今后能有同道继续在这一领域耕耘，庶几不使遗珠长久埋没。

2023

《日本汉方医学与中医学——主要流派及诊疗特点》序［M］// 戴昭宇，著 .《日本汉方医学与中医学——主要流派及诊疗特点》. 北京：求真出版社，2023.

后记：戴昭宇博士曾在2000年与我合作，攻读博士学位，以优异成绩毕业并获得博士学位。他是一位非常优秀而又实诚的学者，日语尤其出色，在中日两国传统医家交流方面做了大量的沟通与促进工作。此书是在他的博士论文基础上的延伸与扩展，是了解日本汉方医学历史及现状的好书，故我乐之为序。

《中振说本草纲目》序［M］// 赵中振，著 .《中振话纲目：走出书斋探本草》. 北京：中国人口出版社，2023.

后记：挚友赵中振教授在新冠疫情期间，费时600天，完成了《中振说本草纲目》系列讲座，并结集出版专书。我自然是乐于为他的大作写序，向读者介绍他为此书奋斗的过程。

2024

《医典重光——珍版海外中医古籍善本丛书》［M］. 郑金生，张志斌，主编 . 北京：人民卫生出版社，2024.

以下所列该丛书的5种子书，是我校点整理之书，除书名、作者朝代及姓名、出版年之外的信息均省略。

《小青囊》（影印本、校点简体本、校点繁体本）［M］. 王良璨，编 .2024.

《医学统宗》（影印本、校点简体本、校点繁体本）［M］. 何柬，补遗续撰 .2024.

《洁古老人注王叔和脉诀》（影印本、校点简体本、校点繁体本）［M］. 张元素，注，张璧，述 .2024.

《药性会元》（影印本、校点简体本、校点繁体本）［M］. 梅得春，编辑 .2024.

《仁寿堂药镜》（影印本、校点简体本、校点繁体本）［M］. 郑二阳，辑 .2024.

后记：2022年，人民卫生出版社齐立洁编审与我共商开展《医典重光——珍版海外中医古籍善本丛书》的编纂整理。复制回归散佚于海外的中医古籍是我们学术生涯中的一项重要工作，再度整理这批医书，自然义不容辞。该项目整体计划是60种，第一批15种，第二批25种，第三批20种。每种书有3种形式：影印、简体校点、繁体校点。这是我们从来没尝试过的一种新形式。经过2023年的紧张工作，自2024年起，第一批15种中，已经出版了9种。其余书籍的整理出版仍在进行之中。

外来医学与本土文化关系浅谈［M］// 陈明，主编 .《跨越边际的古代东方医

学》. 上海：中西书局，2024.

后记：陈明教授在中国传统医学与周边国家的文化交流方面做了大量的工作，出版了很多高质量的专著。他邀请我为他主编的《跨越边际的古代东方医学》撰文，我因穷忙，无暇撰写新文，故以2010年在日本召开的第二届日中韩医史学会发表的论文《中医学交流杂议》为基础，扩展而成此《外来医学与本土文化关系浅谈》一文。

《本草纲目》定位评说与整理方法破局［J］. 中医药历史与文化（第六辑），2024，3（2）：58-81.

后记：退休以后，我忙于课题，已经很少写文章。《中医药历史与文化》总编辑陈玉梅编审不辞劳苦，光顾茅庐，组织一组《本草纲目》的稿件，并通过吉林中医药大学约请文树德教授与我去该大学演讲。盛情难却，遂协助请文树德教授、张志斌研究员、赵中振教授联袂完成一组稿件，在该刊发表。此文即我撰写的一篇心得。

2000余年本草，在他笔下朗若列眉［N］. 中国科学报，2024-04-26（3）.

后记：我在1980年曾撰文评介过日本冈西为人先生的《本草概说》，此书日文版引我入本草之门，并在我的研究生涯中一直陪伴着我。2024年，该书的中译本在广西科学技术出版社首次出版，约我写书评，欣然命笔。

2025

《仲景经方药源》［M］. 郑金生，张志斌，著. 北京：人民卫生出版社，2025.

后记：此书乃药物研究专著，希望探讨汉代张仲景经方用药之源，即药物的来源与此药在原方中的作用。过了约1800年，仲景所用之药，所取之效，究竟与当今所用同名药有何差别？若有差别，则分析其可能的各种原因，这就是撰写本书的宗旨。书序中提到，“药物珍稀，小人为牟利而作伪；来源形似，外行因不慎而误采的行为，以及由此产生的各种伪品，不是本书讨论的重点”，重点是“医家、药家因本身认知导致的药源差误”。因此该书通过“医、药、史三者结合，寻找经方用药的古今差异，分析造成差异的原因，指出对中医临床用药、药物生产等产生的影响利弊，探明仲景时代所用药物真貌”，这就是该书的主题。

《欧美收藏稀见中医书丛刊》［M］. 郑金生，张志斌，主编. 北京：学苑出版社，2025.

后记：此丛刊是抢救失散海外的中医古籍课题的第7批成果。前6批成果都是以从日本复制回归的医书为主，这批回归书属欧美所藏中医书。《欧美收藏稀见中医书丛刊》属于课题成果，总课题名为“中医药古籍与方志的文献整理”，属国家科学技术部科技基础性工作专项资金项目（课题号：2009FY 120300）。2009年，我们受课题主持人曹洪欣院长的委托，负责该课题下的一个子课题“欧美中医药古籍文献的调查、回归与整理”。在此之前，2001—2005年，我受文树德教授之邀，在慕尼黑大学医史研究所从事德国收藏中医抄本的研究，这是为在欧洲开展中医古籍藏本调研的尝试。经过十几年在欧美各国开展多方调研，发现了一些国内稀见的中医古旧书籍。这批成果还没来得及汇入2016年在中华书局出版的《海外中医珍善本古籍丛刊》，另外在学苑出版社出版。此丛刊分4册，共收书33种，以影印为主。但如果底本过于潦草或模糊，或内容艰涩，则配合校点整理，以便读者阅读。

《赏文物话中医：医药文物说解》序［M］// 甄雪燕，编著 .《赏文物话中医：医药文物说解》. 北京：清华大学出版社，2025.

后记： 甄雪燕副教授是我2000年招收的研究生，毕业后获硕士学位，此后供职于北京中医药大学医史文献教研室，近年又调入该校中医药博物馆医史部，并写了这本科普著作。自己的学生能著书立说，自然是非常欣慰的事，于是为她的书写了此序。

文著分类索引

说明： 凡文名前有“*”者，均已收入本《文选》正文，其前有两个页码者，前一个为正文页码，后一个为“文著题录”页码。

书籍

编著（主编或合编、独著或合著）

参编（参与编撰、撰写部分内容、做辅助工作等）

402 《中国医学百科全书·医学史》
406 《中国大百科全书·中国传统医学》
412 《中国大百科全书·中医》
403 《中医人物词典》
412 《中医文献辞典》
413 《中国本草全书》
412 《中国医学通史·现代卷》
423 《温病大成》
425 《中国药学会百年史》
404 《中药文献的检索与应用》
406 《全国中医图书联合目录》
423 《中国中医古籍总目》
406 《世界百科名著大辞典·自然和技术科学》
406 《医学小百科·医史》
408 《新编中药学辞典》
408 《中国古代科学技术史纲·医学卷》
410 《中国科学技术史·人物卷》
402 《老年生活与健康》
403 《家庭中医百科全书》
403 《现代方剂手册》
410 《中华本草》
396 《中草药学》
396 《中药炮制学》
396 《中药鉴定学》

古籍整理（单行本、子书等）

414 《通真子补注王叔和脉诀》
414 《补注通真子脉要秘括》
414 《脉诀理玄秘要》
414 《诊脉须知》
414，438 《洁古老人注王叔和脉诀》
414 《王叔和脉诀图要俗解大全》
414，438 《仁寿堂药镜》
414 《图注备要本草诗诀》
414 《增补图经节要本草歌括》
414 《日用本草》
414，438 《药性会元》
414 《医方药性·草药便览》
414 《本草补》
414 《吸毒石原由及用法》
414 《药性要略大全》
414 《秘传音制本草大成药性赋》
414 《甦生的镜》
414 《医学管见》
414 《素问逸篇》
414 《脉微》
414 《医医》
415 《说疗》
415 《儒医精要》
423 《履巉岩本草》
423 《绍兴校定经史证类备急本草》
423 《宝庆本草折衷》
428 《补遗雷公炮制便览》
429 《圣济总录》
432 《太平圣惠方》
430 《本草纲目影校对照》
423 《温热类编》
423 《加批时病论》
423 《南病别鉴》
423 《伤寒翼》
431 《全标原版本草纲目》
400 《食疗本草》
406 《食疗本草译注》
405 《食物本草》
415 《神农本草经疏》

文章

医药史

医史人物

医史杂论

文献研究

古医籍评介

药物

书评

书序

科普

其他（综述、报道、杂评）

作者简历

郑金生，1946年阴历五月廿二日出生于江西南昌，汉族。

学历、就业及受教育经历

1965年9月　江西中医学院中医本科，学制4年，其间于1968年12月赴江西生产建设兵团四团务农，1970年7月分配工作。

1970年7月—1978年10月　1970年分配到江西省药科学校中草药鉴定教研室任教，1972年该校并入江西中医学院，于1975年转入方药教研室任教。期间于1972年10月—1973年9月在北京中医学院中药系中药鉴定组进修。1977年8月—1978年8月在南昌市传染病院进修。

1978年10月—1981年7月　中国中医研究院中国医史文献研究所硕士研究生。

1981年7月—2009年5月　中国中医研究院（2005年改为中国中医科学院）中国医史文献研究所工作。期间于1987年3—9月赴北京第二外语学院进修英语。

2009年5月退休。退休以后先后返聘于中国中医科学院中医药信息研究所、中医临床基础理论研究所、中国医史文献研究所。

学术职位

1990年　晋升副研究员

1996年　晋升研究员

2008年　评为二级研究员

学术经历及任职

1985—1993 年 任中国医史文献研究所科研办公室主任。

1992 年 2 月—1993 年 5 月 德国慕尼黑大学医史研究所客座教授（合作翻译《素问》）。

1993 年 7 月—1997 年 6 月 任中国医史文献研究所所长。

1997—2007 年 任中国药学会药学史专业委员会第四届、第五届委员会主任委员。

1999 年 3 月—2000 年 1 月 日本茨城大学人文学部外国人研究者。

2000—2006 年 受聘为中国中医研究院学位评定委员会委员、中国中医研究院第一批中医医史文献（中药史）学术带头人。

2001 年 7 月—2005 年 11 月 德国慕尼黑大学医史研究所客座教授（合作研究柏林藏中医抄本）。

2002 年 4—5 月 受聘为台湾“中央研究院”历史语言研究所客座教授。

2003 年 1—2 月 日本茨城大学人文学部外国人研究者。

2004 年 12 月—2005 年 1 月 日本茨城大学人文学部外国人研究者。

2005 年 8 月 获评国务院政府特殊津贴专家。

2006 年 受聘为中国中医科学院科技委员会委员。

2007 年 8 月—2011 年 12 月 德国洪堡大学 Charité 医科大学中国生命科学研究所客座教授（合作研究《本草纲目》）。

2014 年 5 月—2015 年 4 月 德国洪堡大学柏林 Charité 医科大学中国生命科学研究所客座教授（合作研究方剂抄本）。